5., vollständig überarbeitete Auflage

Oliver Fülling

Inhalt

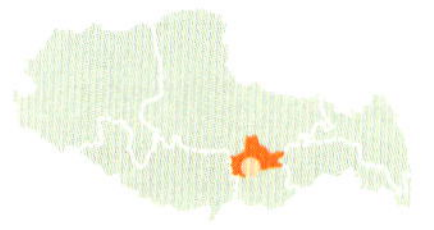

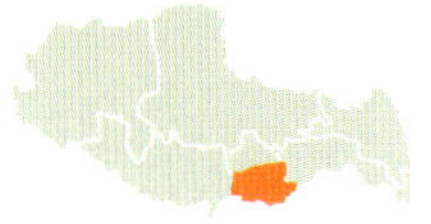

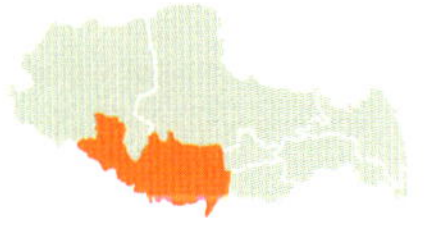

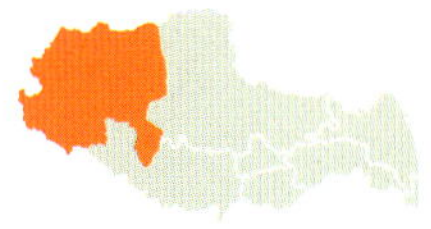

Stippvisiten in Chinas Metropolen 338

Anhang 352

Themen

TIBET
Die Highlights

Tibet, versteckt hinter den mächtigsten Gebirgsketten der Erde, ist eine Welt voller Wunder: weite Hochtäler, kleine Dörfer inmitten endloser Gerstenfelder, wilde Schluchten, hohe Pässe, auf denen Gebetsfahnen flattern, Klöster in versteckten Seitentälern und buddhistische Pilger auf dem Pfad der Erleuchtung.

1 JOKHANG

Tibets Nationalheiligtum in Lhasa ist das pulsierende Zentrum des tibetischen Buddhismus und der eindrucksvollste Einstieg in die komplexe spirituelle Welt des Schneelands. Den ganzen Tag ist die Luft erfüllt von den gemurmelten Mantras der Pilger. S. 160

2 POTALA-PALAST

(Abb. Folgeseite) Im gewaltigen Winterpalast des Dalai Lama manifestiert sich der Höhepunkt tibetischer Baukunst. Gleichzeitig hat sich hier der mystische tantrische Buddhismus sein unvergessliches Denkmal geschaffen. S. 165

2

3 KLOSTER GANDEN Das Gründungskloster der Gelugpa thront auf einem Berg in 4300 m Höhe. Auf der Kora, dem heiligen Umwandlungsweg um Ganden, bieten sich spektakuläre Aussichten über das Kyi-Chu-Tal. S. 199

4 NAM TSO Wie ein Ozean breitet sich der paradiesisch gelegene See aus. Eingebettet in eine Bergwelt aus Sechs- und Siebentausendern gehört er zu den heiligsten Seen Tibets. S. 210

4

5 KLOSTER SAMYE

Das älteste Kloster Tibets ist ein Symbol für den Aufbau des Universums. Hier fand das Konzil von Samye statt, auf dem sich die indische Tantraschule als buddhistische Richtung in Tibet durchsetzte. S. 225

6 YUMBULHAKHANG

Die Tempelburg der Yarlung-Könige hoch über dem Tal der Yarlung Chu ist das älteste Bauwerk Tibets und ein beliebter Ort, um Glücksbringer zu verstreuen. S. 237

5

6

7 KUMBUM CHÖRTEN IN GYANTSE Bei der Begehung dieses dreidimensionalen Mandalas, das den Zusammenhang von Mensch und Kosmos versinnbildlicht, durchläuft man symbolisch den buddhistischen Erlösungsweg bis ins Nirvana. S. 250

8 TASHILHUNPO Der Sitz des Panchen Lama in Shigatse gehört zu den eindrucksvollsten Klosterstädten Tibets und birgt in der Maitreya-Halle (Chamkhang Chenmo) eine riesige Skulptur des Zukunftsbuddhas. S. 260

8

9

10

9 **MOUNT EVEREST** Auch wenn man den höchsten Berg der Welt nicht bezwingen möchte, lohnt sich die Anfahrt zum Mount Everest Base Camp durch die faszinierenden Landschaften des Qomolangma-Nationalparks. S. 276

10 **KAILASH KORA** Die Umrundung des Kailash, des wichtigsten Pilgerziels für tibetische Buddhisten, Bönpa, Hindus und Jainas, gehört zu den eindrucksvollsten und nachhaltigsten Erlebnissen einer Reise nach Westtibet. S. 298

11

11 TSAPARANG Die imposanten Ruinen der Hauptstadt des alten Königreichs Guge gehören zu den großen Kulturzeugnissen Tibets. S. 308

12 BASUM TSO (DRAKSUM TSO) Der türkisblaue See ruht in der alpinen Landschaft des malerischen Kongpo-Tals in Osttibet. S. 322

13 RIWOCHE TSUGLAGKHANG (Abb. Folgeseite) Das mächtige Kloster in Osttibet ist ein altes Zentrum buddhistischer Gelehrsamkeit, in dem heute wieder 400 Mönche leben. S. 333

12

13

Reiseziele und Routen

Ob Tempelfreaks, Buddhisten, Naturliebhaber, Extremsportler, Hobbyfotografen oder einfach nur aufgeschlossene, neugierige Menschen – alle werden in Tibet eine unvergessliche Zeit erleben, ja ihr Denken und Fühlen neu definieren. Denn eine Reise durch Tibet gehört zu den nachhaltigsten Erfahrungen, die man machen kann. Dünne Luft und extreme Klimabedingungen dürfen einen allerdings nicht schrecken, und auch lange Fahrzeiten, einfache Hotels und primitive Reisebedingungen müssen in Kauf genommen werden.

Aber wer sich ganz unvoreingenommen auf das Erlebnis Tibet einlässt, kann über solche Unannehmlichkeiten sicher leicht hinwegsehen. Für Reisende, die sich körperlich und mental nicht ausreichend vorbereiten oder die das Land einfach nur konsumieren wollen, kann eine Tibetreise auch zum Fiasko werden.

Reiseziele

Der Weg ist das Ziel – auf kaum ein anderes Land trifft das so sehr zu wie auf Tibet. Kein Wunder also, dass für viele Tibetreisende die An- oder Ausreise nach und von Tibet den eigentlichen Höhepunkt ihrer Reise darstellt.

Karg, einsam und von scheinbar endloser Weite ist die Strecke von Xining über Jyekundo in der Provinz Qinghai, dem ehemaligen **Amdo** (S. 44).

Spektakulär, gefährlich und von einer unglaublichen Dramatik sind die zwei Straßen über den Westen Sichuans, dem alten **Kham** (S. 45), nach Lhasa. Entbehrungsreich, zeitraubend und gerade dadurch unverwechselbar tibetisch ist die Fahrt über das ehemalige **Guge-Königreich** in Westtibet (S. 47) nach Kashgar, während die Reise über den **Friendship Highway** (S. 48) von/nach Nepal mit spektakulären Landschaften aufwartet.

Lebendige Orte des Glaubens

Liebhaber von **Tempeln** und buddhistischer Alltagskultur, der geheimnisvollen buddhistischen Ikonografie sowie von dunklen, mystisch wirkenden und nach Yakbutter riechenden Hallen, Kammern und Höhlen, die vom sonoren Vibrato der Mönche, die ihre Sutren herunterbeten und vom andächtigen Gemurmel der Pilger erfüllt sind, werden sich im Paradies wähnen. **Pilgerstätten** sind der ideale Ort, um Menschen aus ganz Tibet zu treffen und auch mit ihnen in Kontakt zu kommen.

Es ist kein Problem, drei Wochen Tibet ausschließlich mit Tempelbesuchen zu gestalten. Wer dagegen nur ein paar Klöster und Pilgerstätten besuchen möchte, sollte eine gezielte Auswahl treffen, um nicht irgendwann tempelmüde zu werden.

Zu den Highlights, die man nicht versäumen sollte, gehören der **Jokhang** (S. 160), das buddhistische Herz Tibets, und die großen, einstmals staatstragenden Klöster **Drepung** (S. 195), **Sera** (S. 188) und **Ganden** (S. 199) in und um Lhasa. Das Kloster **Samye** (S. 225) nahe Tsethang ist das älteste Kloster Tibets und entspricht in seiner Anlage dem buddhistischen Universum. Der Sitz des Panchen Lama, das Kloster **Tashilhunpo** (S. 260) in Shigatse mit seinen prachtvollen Hallen und stillen Winkeln, ist eine kleine Stadt für sich und gehört zu den schönsten Anlagen Tibets. Bei der Besteigung des **Kumbum Chörten** (S. 250) im Kloster Pälkhor Chöde in Gyantse durchmisst man symbolisch den buddhistischen Erlösungsweg. Eine ganz eigene Stimmung strahlt das Kloster **Sakya** (S. 268) in Sakya aus, das eher einer gewaltigen Festung gleicht und

? Fragen und Antworten

Seit Oliver Fülling 1985 nach fünf Tagen auf einer Lkw-Ladefläche zum ersten Mal in Lhasa eintraf, hat ihn Tibet nicht mehr losgelassen. Damals durfte er nur drei Tage bleiben. Wegen der Feierlichkeiten zum 20-jährigen Bestehen der Autonomen Region Tibet mussten alle Ausländer das Land verlassen. Doch von diesem Zeitpunkt an zog es ihn fast jedes Jahr nach Tibet, wo er die Verwandlung von einem fast mittelalterlich anmutenden Land in ein modernes Tibet hautnah miterlebte.

■ Reichen zwei Wochen, um das Land zu entdecken?

Klares Nein! Wer jedoch nur wenig Zeit zur Verfügung hat, muss seinen Aufenthalt sehr sorgfältig planen und sollte nicht zu viel Programm in die Tage packen, sonst verbringt man mehr Zeit mit den Fahrten als bei den Sehenswürdigkeiten. Für die Highlights in Zentraltibet und für die Überlandfahrt nach Nepal sind zwei Wochen aber durchaus ausreichend.

■ Ist Tibet ein teures Reiseland?

Ja! Aufgrund der Notwendigkeit, die gesamte Route im Vorfeld über ein Reisebüro zu buchen, ist eine Reise durch Tibet relativ teuer.

■ Muss wirklich die gesamte Reise im Vorfeld gebucht werden?

Leider ja. Seit 2008 sind die Reiseregelungen für Tibet stetig verschärft worden. Durfte man sich bis dahin relativ frei bewegen und auch öffentliche Verkehrsmittel benutzen, ist man nunmehr für die gesamte Reise verpflichtet, mit einem gecharterten Fahrzeug, Fahrer und Guide zu reisen. Ohne die Vorlage einer Buchung bekommt man auch kein Permit für Tibet. Wichtig ist es, bei der Buchung keinen Programmpunkt zu vergessen. Vor Ort ist es fast unmöglich, die genehmigten Reiseziele zu ändern oder zu ergänzen.

■ Wann ist die beste Reisezeit?

Zwischen Mai und Oktober kann es tagsüber dank intensiver Sonneneinstrahlung ausgesprochen heiß werden. Im Winter ist es in der Sonne durchaus angenehm warm, aber sobald diese hinter Wol-

einst das mächtigste Kloster Tibets war, während das kleine Kloster **Rongbuk** (S. 276) am Fuße des Mount Everest auf einer Höhe von fast 5000 m die spektakulärste Lage Tibets für sich beanspruchen kann.

Zu den wichtigsten Pilgerzielen zählen neben den genannten Tempeln auch der **Barkor** (S. 159), der heilige Umwandlungsweg des Jokhang, der vom frühen Morgen bis zum späten Abend von Tausenden von Pilgern umrundet wird. Auch alle anderen Klöster werden von sogenannten **Koras**, heiligen Umwandlungswegen, die auch um Seen und Berge führen können, umgeben. Ihre Begehung hinterlässt stets einen tiefen Eindruck vom religiösen Leben Tibets.

Trekkingtouren in den Bergen

Berge sind den Tibetern heilig. Auf jeder Passhöhe flattert ein Wald aus Gebetsfahnen im ewigen Wind, und Haufen von Mani-Steinen türmen sich in den blauen Himmel. Auf den Trekkingtouren erlebt man neben der einzigartigen Natur, spektakulären Fernsichten und einer unglaublichen Weite auch die eindrucksvolle Symbiose aus Landschaft und Kultur.

Der bewegendste Pilgertrek führt um den **Kailash** (S. 298), den heiligsten Berg der Tibeter. Für die Wanderung, die auch westliche Besucher

ken verschwindet oder man sich im Schatten aufhält, wird es eisig kalt. In den Sommermonaten sind auch die Nächte in Zentraltibet recht mild. Dennoch kann es immer wieder zu Kälteeinbrüchen kommen, sodass man sich ganzjährig für alle Wetterlagen wappnen muss. Meine bevorzugten Reisemonate sind der Mai und Oktober, wenn das gute Wetter besonders beständig ist. Auf den höheren Bergen kann es ganzjährig schneien, dann werden die Passstraßen für die Weiterfahrt gesperrt. Im Sommer taut der Schnee allerdings schnell wieder weg, sobald die Sonne wieder herauskommt.

■ Muss man Angst vor der Höhe haben?

Nein. Aber man muss die Höhenanpassung sehr ernst nehmen. In Tibet bewegt man sich durchschnittlich auf über 4000 m Höhe. Da liegt bei uns schon ewiger Schnee. Ganz anders in Tibet, wo die Schneegrenzen bei über 5800 m liegen. Wer mit dem Flugzeug in Lhasa eintrifft, befindet sich ohne Übergang auf fast 3700 m Höhe, und das spürt man sofort: Erste Anzeichen sind leichter Schwindel, Übelkeit, Kopfschmerzen und Kurzatmigkeit, wenn man beispielsweise die Treppe seines Hotels hinaufsteigt. In den ersten drei Tagen gilt es viel zu trinken, sich viel Ruhe zu gönnen und möglichst auf Alkohol zu verzichten. Alter und Fitness haben übrigens wenig Einfluss darauf, ob man höhenkrank wird. Entscheidend ist die vernünftige Höhenanpassung.

■ Ein Ziel für die ganze Familie?

Tibet ist ein sehr anstrengendes Reiseland, und Kinder werden die langen Überlandfahrten und vielen Klöster sehr schnell langweilig finden. Auch muss man bedenken, dass Kinder dieselben Preise wie Erwachsene bezahlen, sobald sie größer als 1,20 m sind. Mit der Höhenanpassung haben Kinder erfahrungsgemäß nur wenig Probleme.

■ Wann ist die Sicht auf den Himalaya am besten?

Am ehesten sieht man den Qomolangma (Mt. Everest), Lhotse, Makalu, Cho Oyu und Shisha Pangma im Winter und in den Monaten April, Mai, September und Oktober. In der Monsunzeit von Juni bis August hängen fast immer dichte Wolken über den Gipfeln des Himalaya und man muss schon viel Glück haben, will man einen Blick auf einen der Achttausender erhaschen.

Noch Fragen? **www.stefan-loose.de/globetrotter-forum**

Demut vor der Einzigartigkeit der Natur und des Lebens lehrt, benötigt man zwei bis drei Tage.

Ein wenig wie Reinhold Messner darf man sich auf dem dreitägigen **Trekking von Dingri zum Mount Everest Base Camp** (S. 278) fühlen, wenn man den Spuren des großen Bergsteigers folgt, der den Mount Everest von Norden als Erster im Alleingang bezwungen hat.

Eine populäre, recht einfach durchzuführende Tour, auf der man das Leben der Nomaden, alpine Landschaften und den Pilgeralltag erlebt, führt in vier bis fünf Tagen vom **Kloster Ganden zum Kloster Samye** (S. 202). Da dieser Trek mehrfach auf über 5000 m führt, ist eine gute Kondition und ausreichende Höhenanpassung nötig.

Ebenfalls sehr gut zu realisieren ist die drei- bis viertägige Trekkingtour vom **Kloster Tsurphu nach Yangpachen** (S. 209), auf der man einem herrlichen Querschnitt von alpinen Tälern, wilder Natur und buddhistischer Kultur begegnet.

Heilige Seen

Nicht nur die Berge sind den Tibetern heilig, sondern auch viele Seen, die fast immer in grandiose Landschaften eingebettet sind. Um die heiligen Seen führen Pilgerwege (Koras), für deren Bewältigung man aber meist viele Tage benötigt. Wer nicht vorhat, die Seen zu um-

Pilger hängen am Nam Tso ihre Gebetsfahnen in den ewigen Wind.

runden, sollte sich dennoch einen mindestens zweitägigen Aufenthalt gönnen, um die herrliche Natur, die unglaubliche Stille und die Spiritualität der Landschaft zu genießen. Kein Reisender kann sich der Faszination des in der kargen Wildnis des Changtang liegenden heiligen **Nam Tso** (S. 210) nicht weit von Lhasa entziehen. Er ist der größte See in der Autonomen Region Tibet, gleicht aber eher einem weiten Ozean und hat für tibetische Buddhisten eine große spirituelle Bedeutung.

Die alpine Schönheit des ätherischen **Basum Tso** (S. 322) nahe Bayi ist ebenfalls atemberaubend. Umgeben von Wäldern und schneebedeckten Bergen kann man am See eine herrliche Atempause vom kargen Hochland einlegen.

Auf dem Weg von Lhasa nach Gyantse passiert man den pittoresken, türkisfarbenen und

Beschlagnahmte Reiseführer

Es kommt leider immer wieder vor, dass Tibet-Reiseführer, und das betrifft auch dieses Buch, in Lhasa bei der Ein- oder Ausreise mit dem Flugzeug von und nach Kathmandu oder bei der Ausreise auf dem Landweg nach Nepal konfisziert werden. Als Gründe wurden die Erwähnung des Dalai Lama im Register, die Grenzziehung nach Arunachal Pradesh oder Aksai Chin, der Titel des Buches (Tibet statt Autonome Region Tibet) oder gar die Abbildung von Mönchen bemüht. Versuchsweise haben wir in der letzten Auflage das Stichwort „Dalai Lama" aus dem Register gelöscht. Die Zahl der beschlagnahmten Reiseführer ist dadurch zwar zurückgegangen, allerdings sind die Grenzbeamten äußerst erfinderisch, wenn es um Gründe für die Beschlagnahme geht. Die neueste Begründung: Die Karte auf der Umschlagrückseite stelle Tibet als eigenständiges Land dar.
Einige Reisende haben gute Erfahrungen damit gemacht, ihre Bücher in gebrauchtes Packpapier oder alte Zeitungen einzuschlagen und dann tief im Gepäck zu verstauen.

heiligen **Yamdrok Tso** (S. 240), dessen aus Weideland bestehende Ufer geradezu zum Wandern und Fahrradfahren einladen. Nebenbei ist der See der größte Nistplatz für Zugvögel in Südtibet.

Zu guter Letzt gibt es noch den **Mapham Yutso** (Manasarovar, S. 303) am Fuß des Kailash, den heiligsten unter den drei heiligen Seen Tibets, der nach buddhistischer und hinduistischer Überlieferung die Quelle des Ganges, Brahmaputra, Indus und Sutlej ist.

Altstädte und Architektur

Es gibt in Tibet nicht nur Tempel und Natur, sondern trotz des Zustroms von Chinesen noch viele kleinere Orte und Dörfer mit tibetischem Flair und tibetischem Leben. Auch die alten, über das Land verteilten Festungen zeugen noch heute von der Baukunst der alten Tibeter. Die beste Atmosphäre und das ursprünglichste Leben findet man grundsätzlich abseits der chinesischen Stadtteile mit ihren langweiligen, in ihrer Modernität oft fehl am Platz wirkenden Betonbauten. Bezaubernd ist die **Altstadt von Lhasa** (S. 172). Von der Altstadtsubstanz ist noch genügend erhalten geblieben, um ihr einen besonderen Reiz zu verleihen. Seitdem die Unesco die Aufnahme der Altstadt in das Weltkulturerbe wegen bereits begangener Bausünden abgelehnt hat, wird sogar der Denkmalschutz ernst genommen. Die tibetischen Viertel von **Tsethang** (S. 232) und **Gyantse** (S. 246) kämpfen zwar auch gegen die wuchernden chinesischen Vorstädte, haben sich aber dennoch viel von ihrem ursprünglichen Charakter bewahrt.

Die interessantesten Ruinen findet man im alten **Guge-Königreich** (S. 307) in Tsada/Zanda, während die königliche Festung **Yumbulhakhang** (S. 237) bei Tsethang als ältestes erhaltenes Bauwerk Tibets gilt. Die spektakulärste unter den alten Festungen ist der **Dzong von Gyantse** (S. 248), ein mächtiges Bauwerk, das noch immer drohend über Gyantse thront, während die ehemalige Residenz des Dalai Lama, der **Potala-Palast** (S. 165) in Lhasa, das mit Abstand prachtvollste Gebäude Tibets ist. Kein Pilger lässt es sich nehmen, ihn zu umrunden und sich an seiner Vorderseite niederzuwerfen.

Die größten Feste

Tibets Feste geben einen tiefen Einblick in die tibetische Kultur. Tibeter lieben es, zu feiern und zu picknicken, und so ist jedes Fest eine farbenfrohe Orgie aus in wallende, rote Roben gehüllten Mönchen, festlich gekleideten Menschen und aufwendig geschmückten Frauen und Män-

Kulturschock

Tibet existiert in der Vorstellung vieler Reisender in Form eines mystischen Shangri-La, eines spirituellen Zufluchtsorts in einer korrupten und materialistischen Welt. Für sie repräsentiert Tibet alles, wonach sich die Menschheit heute sehnt, weil sie es entweder verloren oder noch nicht erreicht hat oder weil es in Gefahr ist, aus dem menschlichen Umfeld zu verschwinden. Auch für Menschen ohne religiöse Bindung symbolisiert Tibet oft die noble Tradition, sich in einem zunehmend standardisierten, ideologisch ausgerichteten und materialistischen Zeitalter auf sich selbst und das Leben nach dem Tod zu konzentrieren. Für andere wiederum ist die Autonome Region Tibet ein Ort der Unterdrückung, in dem der Buddhismus ausgetrocknet und die Kultur zwischen den Mahlzähnen chinesischer Repression zermalmt wird.

Viele Reisende empfinden daher die Begegnung mit dem realen Tibet als Kulturschock, weil sie nicht auf das „wahre" Tibet treffen, das sie aus der einschlägigen Literatur kennen, oder weil Tibet doch ganz anders ist, als es die heimischen Medien vermitteln. Tatsächlich ist Tibet beides, geheimnisvoll und geschunden. Wer mit einer vorgefassten Meinung kommt, wird sie, wenn er nur will, bestätigt finden. Denn in Tibet gibt es eine Menge Unterdrückung, aber trotzdem ist religiöses und kulturelles Leben überall präsent, nicht nur für Touristen. Doch Vorsicht, Tibet ist kein Supermarkt der Spiritualität. Das Schneeland lässt sich nicht konsumieren, aber jeder, der mit offenen Augen und offenem Herzen durch das Land reist, wird sein ganz persönliches Tibet-Erlebnis mit nach Hause nehmen.

nern. Wer es irgendwie einrichten kann, sollte sich zum **Losar** (S. 65), dem tibetischen Neujahr, nach Lhasa aufmachen. Dann wimmelt die ganze Stadt von Pilgern und putzt sich festlich heraus.

Buddhistische Feste bieten einzigartige Eindrücke vom religiösen Leben, denn an diesen Tagen sind alle Mönche auf den Beinen und in den Klöstern werden große Zeremonien durchgeführt. Besonders feierlich geht es naturgemäß zum **Geburtstag Buddhas** und dem Tag der Erleuchtung Buddhas, dem **Saga Dawa Düchen** (S. 66), zu.

In den Sommermonaten finden in verschiedenen Orten Reiterfeste statt. Zu den beliebtesten gehören das **Changtang-Chachen-Reiterfest** in Nagchu (S. 65) in Osttibet und das **Reiterfest von Damshung** (S. 65) nordöstlich von Lhasa.

Wer Cham-(Masken-)Tänze und das Ausrollen von Riesenthankas miterleben möchte, sollte das **Thankafest von Drepung** (S. 62) in der Nähe von Lhasa im Juli/August und das dreitägige **Festival in Shigatse** (S. 62) im Juni nicht verpassen.

Reiserouten

Das größte Problem einer Reise nach Tibet ist die schiere Größe und Abgeschiedenheit des Landes. Das zweitgrößte Problem sind die hohen Reisekosten, da man als Ausländer keine öffentlichen Verkehrsmittel nutzen darf, und als Drittes kommen noch mögliche Restriktionen bei der Beantragung der notwendigen Permits (S. 94) hinzu. All das erfordert, sofern man nicht zu den glücklichen Langzeitreisenden oder zu den Gruppenreisenden gehört, im Vorfeld eine gründliche Reiseplanung. Am einfachsten ist es natürlich, wenn man bereits von zu Hause aus alles organisieren kann. Wer unterwegs beschließt, einen Abstecher nach Tibet zu machen, muss etwas Zeit und Nerven mitbringen: Mit ein wenig Glück kann man zwar bereits nach zwei Tagen Aufenthalt in China nach Tibet weiterreisen, aber manchmal hat man auch Pech und wartet bis zu einer Woche auf das Tibet-Permit.

Solange man Tibet von China aus erreicht und auch wieder verlässt, ist das weniger ein Problem. Viele Reisende fliegen aber nach China und haben den Weiterflug von Kathmandu gebucht, und da kann jede Verzögerung in Stress ausarten. Nach dem Erbeben in Nepal 2015 wurde beispielsweise die Grenze nach Nepal bei Zhangmu geschlossen. Seit 2017 gibt es einen neuen Grenzübergang bei Gyirong, allerdings verhindern in der Monsunzeit immer wieder Erdrutsche auf nepalesischer Seite die Weiterfahrt. Wer die Route nach Kathmandu plant, sollte also in jedem Fall ein ausreichendes Zeitpolster haben. Aber auch für alle anderen Reisenden gilt: Tibet ist der falsche Ort für ein vollgepacktes Reiseprogramm. Hier braucht man Zeit, Geduld und die Ruhe, auch einmal zwei oder drei Tage

Gut zu wissen

Eigentlich ist es schwierig, in Tibet von irgendetwas enttäuscht zu sein, aber die chinesische **Politik** macht es möglich. Hat mal wieder eine Gruppe Mönche sich geweigert, den Dalai Lama zu schmähen, oder hält die Regierung die Lage einmal mehr für „sensibel", kann es zu generellen Einreisesperren oder zur Abriegelung von Klöstern kommen. So steht nicht zuletzt das Kloster Drepung immer wieder im Visier der Staatsmacht und wird für Besucher dann tagelang geschlossen.

Probleme ganz anderer Art bereitet das **Wetter**. So kann es ganzjährig vorkommen, dass der Pass zum Nam Tso zugeschneit und nicht passierbar ist, dass die Straßen nach Westtibet weggespült werden und die Fahrt zum Kailash oder die Ausreise nach Nepal unmöglich werden bzw. die Anfahrten deutlich länger als geplant dauern. Viele Regionen Tibets sind Wildnis, und solche Ereignisse sind hier normal.

Um die **Eisenbahnfahrt nach Lhasa** wird ein großer Rummel gemacht. Die Fahrt selbst ist eher langweilig. Man sollte sie als das nehmen, was sie ist: eine bequeme und bezahlbare Möglichkeit, nach Tibet zu reisen oder Tibet zu verlassen.

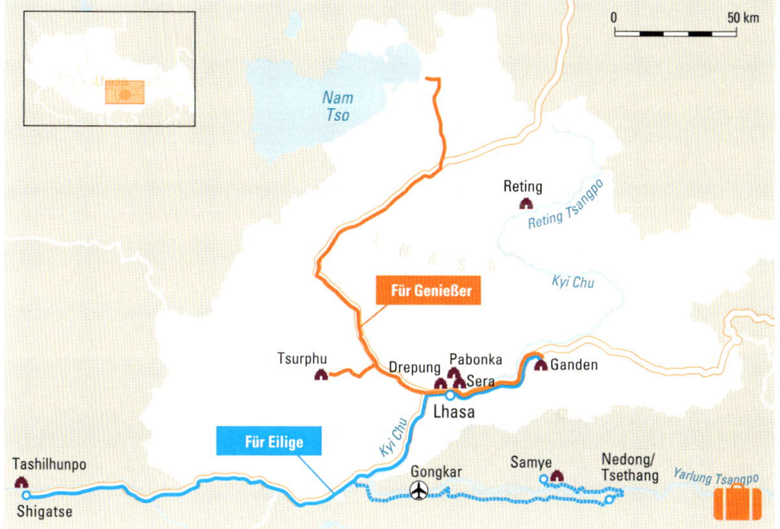

Verzögerung zu verkraften, weil es mal wieder nicht weitergeht.

Tibet kompakt

■ 1 Woche

Wer nur eine Woche in Tibet zur Verfügung hat, kann natürlich viel Programm hineinpacken und Sehenswürdigkeiten abhaken, aber deutlich tibetischer ist der Versuch, ein wenig Langsamkeit zu praktizieren und sich ganz auf den Alltag der besuchten Orte einzulassen.

Für Eilige

Was auch immer man vorhat, am ersten Tag in Lhasa muss man sich akklimatisieren, viel trinken, viel schlafen und dem Drang widerstehen, seinen Besichtigungsmarathon zu beginnen. Aber nach dem ersten Nickerchen darf man einen Spaziergang über den **Barkor** (S. 159), den heiligen Umwandlungsweg um den Jokhang, machen. Wer sich gut genug fühlt, besucht am zweiten Tag vormittags den **Jokhang** (S. 160) und nach einer ausgiebigen Siesta am Nachmittag den **Potala-Palast** (S. 165).

Den dritten Tag kann man für einen Ausflug zu den Klöstern **Sera** (S. 188) oder **Drepung** (S. 195) nutzen. Am Nachmittag schafft man vielleicht noch den Besuch des **Ramoche-Tempels** (S. 173) und einen langen Bummel durch Lhasas **Altstadt** (S. 172).

Wer genug vom Stadtleben hat, kann am vierten Tag mit dem Zug auf der 2014 eingeweihten Bahnstrecke nach **Shigatse** (S. 258) fahren. Am fünften Tag hat man genügend Zeit für den Besuch des Klosters **Tashilhunpo** (S. 260) und des **Dzong** (S. 259), die ehemalige Festung der Stadt. Auch das tibetische Viertel von Shigatse lohnt einen Besuch.

Alternativ kann man eine zweitägige Geländewagen-Tour zum Kloster **Samye** (S. 225) und nach **Tsethang** (S. 232) buchen, wo man die alte Festung **Yumbulhakhang** (S. 237), die **Königsgräber** (S. 238) und die beiden **Klöster Trandruk** (S. 237) und **Mindroling** (S. 223) besuchen kann. Am sechsten Tag heißt es zurück nach Lhasa fahren. Am siebten Tag könnte man noch einen Besuch des herrlich gelegenen Klosters **Ganden** (S. 199) anschließen, oder man nimmt an einer Tour zum heiligen See **Nam Tso** (S. 210) teil.

Für Genießer

Die ersten drei Tage verlaufen wie oben beschrieben (s. Route „Für Eilige"). Am vierten Tag lohnt der Ausflug zum **Nam Tso** (S. 210), um dort herrliche Natur und ein genuines Stück Tibet zu erleben. Den fünften Tag sollte man für die weniger spektakulären Sehenswürdigkeiten in Lhasas Altstadt reservieren. Auf dem Weg dorthin liegen die kleinen, ursprünglichen Tempel **Gyüme** (S. 173), **Meru Sarpa** (S. 174), **Karmashar** (S. 174) und das Nonnenkloster **Ani Sangkhung** (S. 174), das moslemische Viertel, Thanka-Galerien und vieles mehr.

Am sechsten Tag kann man zum **Kloster Tsurphu** (S. 208) fahren, das in einem herrlichen Tal versteckt liegt. Den letzten Tag könnte man mit einem Besuch des Sommerpalasts **Norbulingka** (S. 170) und einer Wanderung zum **Kloster Pabonka** (S. 194) oder aber mit einem Ausflug zum spektakulär gelegenen **Kloster Ganden** (S. 199) verbringen.

Tibet über Land

■ 10 Tage

Von Lhasa nach Kathmandu

Diese Tour war bis zur Schließung des Grenzübergangs Zhangmu/Kodari 2015 die am meisten gefahrene in Tibet – zu Recht, denn entlang dem Friendship Highway nach Nepal erlebt man einige der wichtigsten und schönsten Sehenswürdigkeiten Tibets. Zwar wurde im August 2017 im nur 80 km weiter westlich gelegenen Grenzort **Gyirong** eine neue Grenzstation für den internationalen Tourismus eröffnet, aber da Monsunregenfälle die Straßen auf nepalesischer Seite oft schwer beschädigen oder Erdrutsche eine Weiterfahrt verhindern, kommt es vor allem in den Sommermonaten immer wieder vor, dass eine Weiterfahrt nach Nepal für mehrere Tage unmöglich wird. Die hier vorgeschlagene Route kann man in jedem Fall bereisen, allerdings muss man, falls die Grenze nicht passierbar sein sollte, nach Lhasa zurückfahren und von dort nach Nepal fliegen.

Am besten gönnt man sich für die Route mindestens sechs Tage plus einen Puffertag. Auf diese Weise kann man sich in **Lhasa** (S. 154) drei Tage akklimatisieren und die wichtigsten Sehenswürdigkeiten anschauen.

Man beginnt die Reise nach Westen am vierten Tag mit einer Fahrt entlang dem heiligen See **Yamdrok Tso** (S. 240) und von dort weiter nach **Gyantse** (S. 246), wo man sich am fünften Tag genügend Zeit für den Besuch des Kumbum Chörten und des **Dzong** (S. 248) lassen sollte, bevor man in Richtung Shigatse weiterfährt. Tempelfreaks und Liebhaber tibetischer Kunst können vor Shigatse noch einen kleinen Umweg zum **Shalu-Kloster** (S. 256) machen.

Am sechsten Tag kann man in Ruhe das Kloster Tashilhunpo und das tibetische Viertel von **Shigatse** (S. 260) besuchen, bevor man sich auf

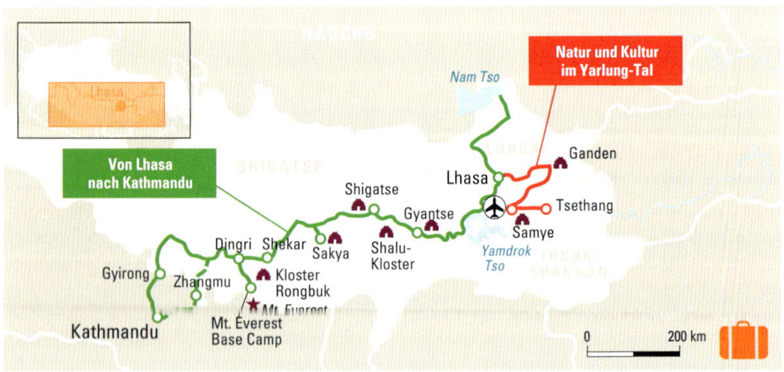

die Fahrt nach **Sakya** (S. 268) mit seinem mächtigen Kloster macht.

Nach dem Besuch Sakyas geht es am siebten Tag weiter in Richtung Shekar und von dort zum **Mount Everest Base Camp** (S. 276) und dem Kloster **Rongbuk** (S. 276). Den ganzen achten Tag kann man mit Wanderungen und Spaziergängen, zum Beispiel vom Kloster zum Base Camp verbringen. Am Abend fährt man nach **Dingri** (S. 277), wo man mit ein wenig Glück einen herrlichen Blick auf den 8188 m hohen Cho Oyu genießt. Am neunten Tag geht es dann über Shigatse, wo man eine Übernachtung einplanen muss, zurück nach Lhasa oder, falls der Grenzübergang nicht gerade geschlossen ist, weiter nach **Gyirong** (S. 284) und am nächsten Tag nach Kathmandu.

Natur und Kultur im Yarlung-Tal

Diese Reisevariante ermöglicht es Trekkingliebhabern, auch bei einem kürzeren Aufenthalt in Tibet, die Natur sehr unmittelbar zu erfahren, ohne auf das Kulturerlebnis verzichten zu müssen. Die ersten drei Tage dienen der Akklimatisierung und der Besichtigung der wichtigsten Sehenswürdigkeiten in **Lhasa** (S. 154). Gleichzeitig sollte man eventuell fehlende Ausrüstung für das Trekking von Ganden nach Samye (S. 202) ergänzen. Da die gesamte Organisation vom Reisebüro übernommen wird, muss man eigentlich nur die Verpflegung abklären. Wer diesbezüglich Sonderwünsche hat, sollte diese dem Trekkingguide mitteilen.

Den vierten Tag kann man für einen Ausflug zum **Nam Tso** (S. 210) und eine weitere Akklimatisierung nutzen. Je nach persönlicher Fitness dauert die Wanderung vier oder fünf Tage. In jedem Fall hat man im Anschluss an die Trekkingtour noch genügend Zeit für die Besichtigung von **Samye** (S. 225) und **Tsethang** (S. 232), bevor man am zehnten Tag nach Lhasa oder direkt zum Flughafen zurückkehrt.

Tibet klassisch

- 2 Wochen

Wer zwei Wochen Zeit für Tibet hat, kann die Region des Verwaltungsgebiets von Lhasa genauer erkunden. Auf relativ kleinem Raum gibt es hier eine Fülle herrlicher Landschaften und einsamer Klöster zu entdecken.

Kleine Reise durch Zentraltibet

Wer mit knappem Budget reist oder einfach nicht gerne lange Fahrten über Land unternehmen möchte, findet in der Umgebung viele spannende Möglichkeiten, das Land, seine Menschen und einige interessante Klöster kennenzulernen. Die einzelnen Sehenswürdigkeiten sind von Lhasa am besten im Rahmen einer Rundreise zu besuchen, damit man nicht jedes Mal nach Lhasa zurückfahren muss. Übernachten lässt sich in einfachen Klosterunterkünften, oder man zeltet.

Nach den ersten drei Tagen in **Lhasa** (S. 154) bietet sich zunächst der Abstecher zum **Nam Tso** (S. 210) an, wo man wenigstens eine Übernachtung einplanen sollte. Von dort geht die Rundfahrt weiter zum **Kloster Reting** (S. 214), in dessen Umgebung man herrlich wandern kann. Von Reting führt ein Weg ins **Lhundrub-Tal**, das ebenfalls zu langen Wanderungen einlädt. Die nächsten Stationen sind das Kloster **Drigung Thel** (S. 206) und das Nonnenkloster **Tidrum** (S. 207), das man auch über eine schöne Wanderung erreichen kann. Auf der Rückfahrt nach Lhasa lohnt noch ein Abstecher zum Kloster **Ganden** (S. 199).

Für die gesamte Rundreise sollte man ein Minimum von fünf Tagen einschließlich der Besichtigungen einplanen. Dann könnte man sogar mit der viertägigen Trekkingtour von **Tsurphu nach Yangpachen** (S. 209) beginnen und anschließend zum Nam Tso fahren. In diesem Fall benötigt man für die gesamte Tour etwa neun bis zehn Tage.

Tibet intensiv

■ 3 Wochen

Trekking um den Kailash

Für diese Reise braucht man Sitzfleisch, sollte sich ausreichend an die Höhe angepasst haben und vor allem in einer guten körperlichen Verfassung sein. Wichtig ist, sich in **Lhasa** (S. 154) genügend Zeit, also mindestens vier Tage, für die Akklimatisierung zu nehmen. Der Kailash ist weit vom nächsten Flughafen entfernt, und wenn man akut erkrankt, geht viel Zeit für die Fahrt ins nächste Krankenhaus drauf. Die Fahrt bis zum Ausgangspunkt der Kora um den **Kailash** (S. 295) lässt sich in drei Tagen bewältigen – dann sind aber keine Besichtigungen unterwegs drin.

Für die **Kora** (S. 298) benötigt man drei Tage, und für die Pause am **Mapham Yutso** (Manasarovar-See, S. 303) sollte man noch einmal einen Tag einrechnen. Das macht insgesamt elf Tage, d. h. es bleiben genügend Tage für Besichti-

Klöster in imposanter Lage

Das Kloster Ganden in 4300 m Höhe ist eine der beeindruckendsten Klosteranlagen Tibets.

- **Chiu** Der kleine Tempel steht malerisch auf einem kargen Felsen mit freiem Blick auf den Mapham Yutso im Osten und den Kailash im Norden. S. 305
- **Ganden** Es ist das Kloster mit der spektakulärsten Lage und den besten Fernblicken. S. 199
- **Khyunglung** Das Kloster ist zwar nur noch eine Ruine, aber die steht in einer einzigartigen, unwirklichen, aus erodiertem Sandstein geformten Landschaft. S. 306
- **Pälkhor Chöde** Es wird vom natürlichen Halbrund eines freistehenden Felsenrings eingefasst und schließt die malerische Altstadt von Gyantse ab. S. 249
- **Reting** Die Anlage schmiegt sich an einen malerischen Berghang inmitten eines uralten Waldes aus Wacholderbäumen. S. 214
- **Rongbuk** Es ist auf 4980 m das höchstgelegene Kloster der Welt und bietet die schönste Aussicht, nämlich auf den Mt. Everest. S. 276

gungen, die man sinnvollerweise auf die Hin- und Rückfahrt verteilt, um die langen Fahrzeiten etwas aufzulockern. Hier bieten sich die an der Strecke liegenden Sehenswürdigkeiten in **Gyantse** (S. 246), **Shigatse** (S. 258) und **Sakya** (S. 268) an, die eine langsame Annäherung an Tibets wilden Westen ermöglichen, während man auf der Rückfahrt am **Palku Tso** (S. 283) vorbei einen Abstecher zum **Mount Everest Base Camp** (S. 276) einschieben kann.

Rundreise durch den Osten

Noch wird der Osten Tibets sehr stiefmütterlich behandelt. Das liegt zum einen daran, dass es nicht immer einfach ist, die Permits zu bekommen (2012–2016 wurden für die Präfektur Chamdo und Teile der Präfektur Nyingchi gar keine Genehmigungen ausgestellt), zum anderen reisen die meisten Touristen nach Nepal aus, und das liegt nun mal in der anderen Richtung. Eine Rundreise durch den Osten Tibets bietet den vielleicht besten Einstieg in die unglaubliche Abgeschiedenheit des Schneelands, seine landschaftliche Vielfalt, aber auch in den buddhistischen Alltag.

Von Lhasa aus passiert man zunächst das Kloster **Ganden** (S. 199), das man als ersten Stopp einbauen sollte. Dank guter Straßen gelangt man noch am selben Tag bis zum herrlich gelegenen See **Basum Tso** (S. 322), der auch

Wo Tibet am schönsten ist

- **Kailash** Nicht nur der Blick auf den heiligsten Berg Tibets ist atemberaubend, auch die Landschaft rund um den Berg ist pure Dramatik. S. 295
- **Mount Everest Base Camp** Die Landschaft am Fuße des höchsten Berges der Welt ist spektakulär, und schon die Fahrt dorthin ist an Abwechslung kaum zu überbieten. S. 276
- **Nam Tso** Wie ein riesiger Ozean breitet sich der einsame Nam Tso entlang der 7000er der Nyanchen-Thanglha-Kette aus. S. 210
- **Nyangtri** Die Stadt selbst ist nichts Besonderes, die Umgebung aber ist unglaublich malerisch und voller Urwälder, aus denen bis zu 7000 m hohe schneebedeckte Gipfel ragen. S. 322
- **Yamdrok Tso** Selbst für erfahrene Tibetreisende ist die Landschaft am größten Süßwassersee Tibets immer wieder ein Traum. S. 240

Draksum Tso geschrieben wird. Weiter östlich breitet sich die Region Kongpo aus mit den beiden Orten **Bayi** (S. 323), wo das bedeutende Lamaling-Kloster steht, und Nyiangtri (Nyingchi), wo der heilige Berg der Bön-Religion, der **Bön Ri** (S. 325), wartet. In **Pome** (S. 328) kann man einen kurzen Zwischenstopp einlegen, um die spektakuläre Landschaft in der Umgebung zu erkunden.

Dann führt die Route weiter zum schön gelegenen **Ra'ok Tso** (S. 328). Ab hier geht es nach Norden, vorbei am Flughafen **Pangda** (S. 329), dem weltweit am zweithöchsten gelegenen Airport. Nächste Station ist **Chamdo** (S. 330), die einzige größere Stadt in Osttibet. Hier ist das interessante Jampaling-Kloster zu besichtigen. Auf dem Weg zurück über **Riwoche** (S. 333) mit dem 1276 gegründeten Kloster Riwoche Tsuglagkhang passiert man einige herrliche buddhistische und Bön-Klöster. Der Besuch des **Sog-Klosters** (S. 336) muss aber extra auf dem Permit gelistet werden. Der heilige See **Nam Tso** (S. 210) bildet den Abschluss dieser aufregenden Rundfahrt.

Majestätisch ragt der Mount Everest in den tiefblauen tibetischen Himmel.

Klima und Reisezeit

Tibet trägt den Beinamen „Schneeland", ein Name, der weite, schneebedeckte Winterlandschaften suggeriert – weit gefehlt. Tatsächlich ist das Klima vor allem eines: extrem. Wobei es natürlich viele regionale Besonderheiten gibt. Das Klima eines Großteils des Landes ist kühl, windig und trocken. Aber egal, wo man sich aufhält, innerhalb eines Tages kann man das gesamte Spektrum tibetischer Klimaverhältnisse erleben, und das reicht von flirrender Hitze bis zu eisiger Kälte, oder wie es in Tibet heißt: „An einem Tag kann es vier Jahreszeiten geben." In einigen Hochlagen kann man Kälte und Hitze gleichzeitig erleben, nämlich dann, wenn man sich in den eisigen Schatten stellt und den Körper in die heiße Sonne reckt. Ein weiteres Problem ist die extreme Lufttrockenheit und die intensive UV-Strahlung.

Die **Schneegrenze** liegt in Zentraltibet bei 6300–6500 m, in Osttibet und südlich des Himalaya zwischen 4600 m und 6000 m. Im Sommer sinken die Temperaturen auf den weiten Hochflächen des Changtang nachts knapp unter den Gefrierpunkt, während es tagsüber bis zu 25 °C warm werden kann, in der direkten Sonne auch noch heißer. Im Winter können die Temperaturen bis minus 40 °C reichen, tagsüber aber bis auf 10 °C oder sogar 15 °C ansteigen.

Im Großen und Ganzen kann die Autonome Region Tibet in vier große **Klimaregionen** eingeteilt werden, und zwar das trockene, eisige und windige Hochplateau im Norden und Westen, die klimatisch milderen Täler und ariden Regionen im Süden, die regen- und schneereichen Waldregionen des Ostens und die hohen Berge mit ihren tiefen Flusstälern und Bergseen im Südosten, die von ausgesprochen unterschiedlichen Wetterverhältnissen geprägt sind.

Die beste **Reisezeit** hängt in Tibet ganz davon ab, was man vorhat. Prinzipiell kann man das ganze Jahr über reisen. Die touristische Hauptsaison dauert von Mai bis Oktober. Besonders voll wird es zu den chinesischen Feiertagen um den 1.–3. Mai und 1.–5. Oktober sowie an den drei Tagen um das Qingming-, Drachenboot- und Mondfest (Daten S. 61). In dieser Zeit sind u. U. alle Hotels und Verkehrsmittel ausgebucht, und die Besucherzahlen bei den Sehenswürdigkeiten werden begrenzt.

Blick auf den Manak-Stausee 60 km vor Gyantse

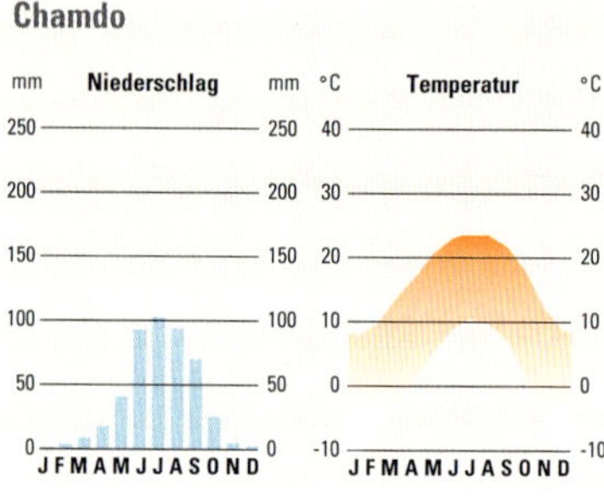

Lhasa

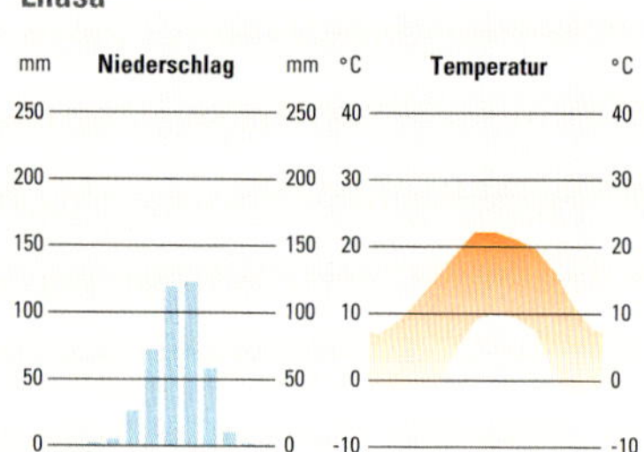

Frühling

Der Frühling reicht in den meisten Regionen von März bis Mai. In dieser Zeit kann der Wind überaus stark werden und Staub- oder Sandstürme verursachen. Zum Trekken ist dies eine der besten Jahreszeiten, da es tagsüber noch nicht so heiß wird. Für Bergsteiger ist die Vormonsunzeit im Mai die günstigste Zeit, da das Wetter dann noch sehr beständig ist. Wer den Mount Everest nicht, wie meistens, wolkenverhangen sehen möchte, sollte ebenfalls im April oder Mai reisen, wenn der Bergriese oft viele Tage hintereinander in seiner ganzen Pracht zu sehen ist. Auch für Osttibet ist dies eine gute Reisezeit, da es kaum regnet. Die Nomaden bezeichnen diese Zeit als die „Goldenen Monate", weil sich die Vegetation dann in ihrer ganzen Pracht präsentiert. Probleme kann es für Individualreisende im März geben, da es in diesem Monat einige sensible politische Gedenktage gibt (S. 62). Ab April beginnt langsam die Tourismussaison und viele Hotels und Veranstalter geben ihren Kunden noch bis Ende des Monats gute Rabatte.

Sommer

Juni, Juli und August sind die Sommermonate. In dieser Zeit wird es in Zentraltibet meist sehr warm und in der Sonne richtig heiß, und es finden viele der Reiterfeste statt. Im südlichen und östlichen Tibet formt der Himalaya eine Barriere gegen den Regen bringenden Monsun, sodass der Monsun im Hochland nicht so heftig ist wie z. B. in Nepal oder Bhutan. Allerdings fällt im Juli und August dennoch der meiste Regen, und zwar mehr als die Hälfte des gesamten Jahresniederschlags. In Südost-Tibet beginnt die Regenzeit bereits im April und die Niederschlagsmenge ist deutlich höher als im Hochland. Zusammen mit den Schmelzwassern der Gletscher und der Schneeschmelze steigen dann in ganz Tibet die Pegel vieler Flüsse dramatisch an, sodass es vor allem ab August zu Überschwemmungen und Erdrutschen kommen kann, die viele Straßen unpassierbar machen.

Vor allem Reisen nach Westtibet und nach Nepal können im Juli und noch mehr im August unmöglich werden, wenn zuweilen ganze Straßenabschnitte in die Schluchten gespült werden. In dieser Zeit können die Temperaturen vor allem im Changtang sehr stark zwischen Tag und Nacht sowie Sonne und Schatten schwanken. Temperaturunterschiede von bis zu 40 °C (nachts minus 15 °C und tagsüber plus 25 °C) sind keine Seltenheit.

Herbst

Der Herbst dauert von September bis November und ist meist kühl und trocken. Nachts kann es auch in Lhasa bereits empfindlich kalt werden,

Monsun

Die Bezeichnung Monsun leitet sich von dem arabischen Begriff *mausim* ab und bedeutet „Saison". Tatsächlich bezeichnet der Monsun einen Wind, der im jahreszeitlichen Wechsel seine Richtung ändert. Der Monsun kommt hauptsächlich im Indischen Ozean vor und bläst im Allgemeinen von April bis Oktober aus Südwest und von Oktober bis April aus Nordost, also der entgegengesetzten Richtung. Der Südwest- oder Sommermonsun wird in Indien, Nepal und Bhutan meist von schweren Regenfällen begleitet und ist dadurch das bestimmende Klimaereignis der Region. Ab Oktober wird der Südwestmonsun durch ein kräftiges Kältehoch mit trockenen Luftmassen über Sibirien abgelöst, die sich erwärmen und als Wintermonsun Richtung Südwesten abwandern.

während es tagsüber angenehm warm oder zum Teil sogar richtig heiß ist. Die im August einsetzenden Überschwemmungen durch Schnee- und Gletscherschmelze ziehen sich bis in den September, sodass es vor allem im Straßenverkehr noch immer zu Behinderungen kommt, da viele Wege und Brücken unterspült oder zusammengebrochen sein können. Ansonsten ist diese Zeit eine der schönsten zum Reisen. September und Oktober gelten als die besten Monate für eine Reise zum Kailash. Für Osttibet sind Oktober und November eine gute Zeit, da die Wetterverhältnisse dann wieder halbwegs stabil sind und man gut über die Pässe kommt. Ab Anfang November beginnt die Wintersaison und viele Hotels und Reiseveranstalter senken ihre Preise deutlich.

Winter

Der größte Vorteil im Winter, der von Dezember bis Anfang März dauert, sind die niedrigen Preise und die wenigen Touristen. Den Hauptnachteil bekommt man in den Hotels zu spüren, denn die meisten sind auch im Winter unbeheizt. Tagsüber wird es in tieferen Lagen wie in Lhasa in der Sonne selbst im Winter zwischen 15 °C und 20 °C warm, sodass der seltene Schnee immer schnell schmilzt. In höheren Lagen, im Changtang-Hochland und in Westtibet können die Temperaturen aber auch wochenlang bei minus 40 °C verharren, weshalb dies keine gute Zeit für Fernradler ist. Schnee fällt vor allem in hohen Lagen, sodass viele Pässe nicht passierbar sind, aber dafür herrscht eine tolle Fernsicht. In diese Zeit fallen auch einige der wichtigsten tibetischen Feste, und vor allem Lhasa ist dann voller Pilger. Die Anreise über Land von Yunnan oder Chengdu nach Tibet ist im Winter und vor allem gegen Ende des Winters meist unmöglich, da viele Pässe wegen des Schneefalls blockiert sind.

Nomadencamp im Qomolangma-Nationalpark

Reisekosten

Ob Globetrotter oder Buddhist, Studienreisender oder Aktivurlauber, jeder wird andere Prioritäten setzen. Wie teuer eine Reise nach Tibet letztendlich wird, hängt unabhängig vom Reisetyp von vielen im Voraus planbaren Faktoren, aber leider auch von vielen Unwägbarkeiten ab. Zu den planbaren Faktoren gehören der gewohnte und gewollte Lebensstandard, die Reiseform vor Ort und die gewünschten Aktivitäten. Zu den Unwägbarkeiten gehören Höhenkrankheit, Erdrutsche, Überschwemmungen, Wetterkapriolen und politische Restriktionen. Diese Ereignisse können günstigstenfalls zu Verzögerungen führen, deren Kosten überschaubar bleiben, schlimmstenfalls können sie eine Reise beenden oder teure Umwege erforderlich machen. Auch wenn man die Reserve nicht benötigt, sollte man genügend Geld dabeihaben oder einen höheren Betrag auf seinem heimatlichen Konto bereithalten, um notfalls auch einen ungeplanten Flug aus Tibet raus bezahlen zu können.

Tagesbudget

Da alle Unterkünfte, Sehenswürdigkeiten und Transporte im Vorfeld gebucht werden müssen, schlagen vor Ort vor allem die Kosten für Mahlzeiten, Einkäufe und Trinkgelder zu Buche. Wer in einfachen Lokalen speist, kann mit etwa 20–30 € (rund ¥150–225) am Tag auskommen. Etwas komfortabler reist man sicherlich mit 40 € (etwa ¥300) pro Tag, denn dann sind auch mal eine Pizza oder ein Kneipenbesuch in Lhasa drin. Dazu kommen noch die Trinkgelder, die für die Guides und Fahrer fällig werden. Hier gilt als Faustregel, dass Führer etwa ¥20 und Fahrer ¥10 pro Tag und Teilnehmer bekommen sollten, wenn man mit ihrer Leistung zufrieden war.

Übernachtung und Essen

Am besten teilt man dem Veranstalter direkt mit, welche Hotelkategorie man wünscht. In einem durchschnittlichen Hostel zahlt man für ein Bett im Dormitory ¥30–60. Ein Doppelzimmer im Hostel kostet je nach Ausstattung (mit oder ohne Bad) ¥100–300. Für ein Doppelzimmer in einem Mittelklassehotel zahlt man ¥300–900 und für ein Doppelzimmer in einem Hotel der gehobenen Klasse muss man ¥700–1500 hinblättern.

Außer Frühstück sollte man die Mahlzeiten nicht mitbuchen. Nur dann kann man die Restaurants selbst auswählen. In den auf ausländische Touristen ausgerichteten Restaurants in Lhasa kann man zwar locker ¥200 oder mehr für eine Mahlzeit ausgeben, aber ansonsten kostet die durchschnittliche Mahlzeit in einem tibetischen oder chinesischen Restaurant ¥10–30 und in einem Restaurant mit westlicher Küche ¥20–60. Eine Flasche Bier kostet im Restaurant ¥5–10, in den besseren Restaurants aber auch bis zu ¥20 und im Laden je nach Marke ¥2–5.

Eintrittsgebühren

Eintrittsgelder sind im Tourpreis meist enthalten. Wer viele Tempel besuchen möchte, hat natürlich auch höhere Kosten. Für den Potala in Lhasa zahlt man ¥200, der Jokhang kostet immerhin noch ¥85 und der durchschnittliche Eintrittspreis für viele Klöster liegt bei ¥20–50. Wer in den Tempelhallen fotografieren möchte, muss eine separate Fotografiererlaubnis erstehen, die meist ¥50–70 pro Halle beträgt. Wer Videos dreht, zahlt das Zehnfache. Mehr und mehr Tempel sind seit 2015 allerdings dazu übergegangen, das Fotografieren und Filmen ganz zu verbieten. Der Eintritt in Nationalparks und

Naturschutzgebiete ist ebenfalls hoch. Das Mount Everest Base Camp kostet beispielsweise ¥180 Eintritt.

Transport

Transporte und insbesondere die Anreise nach Tibet reißen das größte Loch in jedes Reisebudget. Die **Anreise** mit dem Zug (Hardseater/Hardsleeper/Softsleeper) von Beijing kostet ¥360/720/1144, von Shanghai ¥403/793/1263, von Guangzhou ¥447/865/1468, von Chongqing ¥302/628/998, von Chengdu ¥302/628/998, von Xi'an ¥294/612/970 und von Xining ¥224/495/781. Die regulären Preise für den Flug nach Lhasa betragen etwas weniger als das Doppelte des Softsleeper-Preises. Dazu kommen noch die Permitkosten, die je nach Stadt und Reisebüro bei ¥400–1400 liegen.

Busfahrten innerhalb Tibets sind Ausländern aktuell nicht erlaubt. Sollte sich das je wieder ändern, muss man mit etwa ¥0,16/km im normalen Bus und etwa ¥0,35–0,70/km im Sleeper- oder Luxusbus (abhängig von der Region) rechnen. So kostet ein Bus von Lhasa ins 280 km entfernte Shigatse ¥38–¥80 und der Sleeperbus ins 1715 km entfernte Ali etwa ¥600.

Was kostet wie viel?

Bier	¥2–10
Snack in der Garküche	¥5–10
Teller gebratene Nudeln	¥10
Fleischgericht	¥15–25
DZ einfach	¥100–300
DZ Mittelklasse	¥300–900
Dorm-Bett	¥30–60
Taxifahrt (Stadt)	¥10
Eintritt	¥20–50
Eintritt Nationalparks	¥50–180
Internet pro Std.	¥4–10
Landrover (4 Pers.) p. P./Tag	¥155–330

Das **Chartern von Landrovern** schlägt mit rund ¥4–5/km zu Buche. Pro Tag sollte man umgerechnet ¥155–330 p. P. (bei vier Personen und inklusive Zusatzkosten für den Fahrer) einplanen, vorausgesetzt man findet genügend Mitreisende.

Für Trekkingtouren und andere arrangierte Ausflüge muss man zwischen ¥1800 und ¥3000 pro Tag rechnen, die man durch die Anzahl der Mitreisenden teilen kann.

Der Friendship Highway ist die Hauptverkehrsader nach Nepal.

Travelinfos von A bis Z

Auf eigene Faust durch Tibet? Das geht leider nur sehr begrenzt. Auf den folgenden Seiten gibt es Antworten auf die wichtigsten Fragen: Wie reist man nach und durch Tibet? Welche Genehmigungen werden benötigt? Muss man sich impfen lassen? Was gehört in den Rucksack? Gibt es in Tibet Geldautomaten? Welches sind die schönsten Trekkingrouten? Und schmeckt Buttertee wirklich ranzig?

GEMAHLENER CHILI; © OLIVER FÜLLING

Kurz und knapp

Flugdauer Frankfurt – Chengdu 10 Std., Chengdu – Lhasa 2 1/2 Std.

Einreise Benötigt werden der Reisepass, ein China-Visum und ein Tibet-Permit.

Geld Währung ist der Yuan Renminbi. Geldautomaten gibt es in den größeren Orten.

Internet Viele Hotels und Restaurants bieten kostenlos WLAN an.

Zeitverschiebung MEZ plus 7 Std., während der Sommerzeit plus 6 Std.

Inhalt

Anreise

Die meisten Tibet-Besucher reisen via **China** auf dem Luft- oder Landweg ein. Eine der beliebtesten und auch am einfachsten zu realisierenden Varianten ist die Einreise nach Tibet über China und die Ausreise auf dem Landweg nach **Nepal**. Die Einreise von Nepal nach Tibet über den Friendship Highway nach Lhasa ist möglich, aber mit vielen bürokratischen Unwägbarkeiten und hohen Kosten verbunden. Nach dem Erdbeben 2015 in Nepal wurde der Grenzübergang bei Zhangmu geschlossen und die Stadt selbst evakuiert. Im Sommer 2017 öffnete 80 km weiter westlich bei Gyirong ein neuer Grenzübergang. Eine weitere Einreisemöglichkeit besteht über die westnepalesische Stadt Simikot nach Purang. Von Gangtok in **Sikkim (Indien)** kann man nach Yadong einreisen. Diese letzten drei Varianten stehen aber ausschließlich regulären Tourgruppen offen. Abenteuerlustige können schließlich noch über Pakistan oder Kirgistan nach Kashgar reisen und von dort via Yecheng (Kargilik) nach West- und Zentraltibet weiterfahren.

Reisen und Klimawandel

Der Klimawandel ist vielleicht das dringlichste Thema, mit dem wir uns in Zukunft befassen müssen. Wer reist, erzeugt auch CO_2: Der Flugverkehr trägt mit einem Anteil von bis zu 10 % zur globalen Erwärmung bei. Wir sehen das Reisen dennoch als Bereicherung: Es verbindet Menschen und Kulturen und kann einen wichtigen Beitrag für die wirtschaftliche Entwicklung eines Landes leisten. Reisen bringt aber auch eine Verantwortung mit sich. Dazu gehört darüber nachzudenken, wie oft wir fliegen und was wir tun können, um die Umweltschäden auszugleichen, die wir mit unseren Reisen verursachen. Wir können insgesamt weniger reisen – oder weniger fliegen, länger bleiben und Nachtflüge meiden (da sie mehr Schaden verursachen). Und wir können einen Beitrag an ein Ausgleichsprogramm wie **www.atmosfair.de** leisten.
Dabei ermittelt ein Emissionsrechner, wie viel CO_2 der Flug produziert und was es kostet, eine vergleichbare Menge Klimagase einzusparen. Mit dem Betrag werden Projekte in Entwicklungsländern unterstützt, die den Ausstoß von Klimagasen verringern helfen.

nachdenken • klimabewusst reisen

atmosfair

Mit dem Flugzeug

Von einer Ausnahme abgesehen, kann man nur von Flughäfen innerhalb Chinas nach **Lhasa** fliegen. Der einzige internationale Flug geht von Kathmandu nach Lhasa. Da es sehr schwierig ist, für diese stets ausgebuchte Verbindung Tickets zu bekommen, kann man alternativ einen Flug von Kathmandu nach Kunming, Chengdu oder Guangzhou nehmen und von dort nach Lhasa weiterreisen. Tibet Airlines plant zwar Flüge nach Indien, allerdings sind diese in erster Linie für Hindu-Pilger, die zum Kailash reisen wollen, gedacht.

Vom Zeitaufwand her ist zunächst einmal relativ egal, ob man einen internationalen Flug nach Beijing (S. 340), Shanghai (S. 349), Guangzhou (S. 346), Chengdu (S. 343), Chongqing, Kunming oder in eine andere Stadt wählt. Von allen genannten Städten gibt es Flüge nach Lhasa. Für welchen Zielort man sich entscheidet, hängt also eher vom jeweils günstigsten Flugpreis, der Zeit, die man vorher in China verbringen möchte, und den persönlichen Interessen ab. Wer Kosten und Zeit sparen möchte, ist mit **Chengdu** als Ausgangsort sicher am besten bedient, da man hier die besten Rabatte für den Weiterflug nach Lhasa bekommt und auch die größte Auswahl an Flügen hat.

Flugtickets

Flüge können über ein Reisebüro, über Internet-Anbieter oder direkt bei der Fluggesellschaft gebucht werden. Um den jeweils günstigsten Flugpreis herauszufinden, sollte man alle Optionen ausprobieren. Eine gute Suchmaschine zum Preisvergleich ist www.swoodoo.com. Die vergünstigten Spezialtarife und befristeten Sonderangebote kann man nur bei wenigen Fluggesellschaften in ihren Büros oder direkt über ihre Websites buchen; sie sind jedoch immer auch in auf Flüge spezialisierten Reisebüros erhältlich.

Da man für die Beantragung des China-Visums einen vollständigen Reiseplan vorlegen muss, lohnt es sich auch, die Flugpreise von Reisebüros, die auf China spezialisiert sind, zu vergleichen. Diese Büros können einem bei der Buchung meist gleich einen fiktiven Reiseplan ausstellen, mit dem man dann das Visum beantragen kann (Einzelheiten dazu S. 94).

Flüge ab Europa

Je nach Fluggesellschaft, Jahreszeit und Aufenthaltsdauer in China bekommt man ein Economy-Ticket von Deutschland, Österreich und der Schweiz hin und zurück nach **Beijing, Chengdu, Shanghai** oder **Guangzhou** ab etwa 400–550 € (inkl. aller Steuern und Gebühren). Hochsaison für Flüge nach China ist das Sommerhalbjahr, in dem Flüge im Juli und August am teuersten sind und bis zu 1000 € oder mehr kosten können. Teuer sind auch die Zeiträume um das chinesische Neujahr (S. 61), die Woche um den 1. Mai und die erste Oktoberwoche, wenn viele Chinesen zu ihren Familien zurückkehren. Zu diesen Terminen muss man frühzeitig buchen, da die Flüge dann schon Wochen im Voraus ausgebucht sind.

Eine besonders interessante Option sind Nonstop-Flüge nach **Chengdu**. Angeboten werden sie von Air China und Lufthansa ab Frankfurt sowie KLM und China Southern ab Amsterdam. Größter Vorteil dieses Fluges ist, dass man sich den recht teuren Inlandflug von Beijing, Shanghai oder Guangzhou nach Lhasa erspart, da die Flüge von Chengdu nach Lhasa bei rechtzeitiger Buchung wegen der vielen Verbindungen ziemlich preiswert sind. Wer mit einer chinesischen Airline nach China fliegt, bekommt den ersten Weiterflug im Inland meist stark ermäßigt, und wer ohne Zwischenaufenthalte bis zum Zielflughafen reist, zahlt oft gar keinen Aufpreis. So kann man bereits für 450–550 € in viele chinesische Städte fliegen. Gabelflüge (z. B. Hinflug nach Beijing, Rückflug ab Shanghai) sind in der Regel etwas teurer, ermöglichen dafür aber eine flexiblere Reiseplanung.

Eine günstige Alternative können Jugend- und Studententickets sein (je nach Airline für alle jungen Leute bis 29 Jahre und Studenten bis 34 Jahre). Sie sind immer dann eine gute Option, wenn alle Sonderangebote ausgebucht sind. Außerhalb der Hauptsaison gibt es den Hin- und Rückflug von Frankfurt nach Beijing oder Shanghai ab etwa 600 €. Viele Fluggesellschaften bieten regelmäßig Sonderangebote an. Dann kann man z. B. mit Air France oder KLM für etwa 550 € von vielen Flughäfen in Deutschland, Österreich und der Schweiz über Paris oder Amsterdam nach Beijing, Shanghai, Guangzhou oder Chengdu und zurück fliegen.

Tickets für Flüge von und zu anderen deutschen Flughäfen als Frankfurt oder München sind oft teurer. In diesem Fall kann es attraktiver sein, mit einem **Rail-&-Fly-Ticket** per Bahn nach Frankfurt oder München zu reisen (entweder bereits im Flugpreis enthalten oder nur 30–60€ extra). Man kann je nach Fluglinie auch einen preiswerten Zubringerflug der gleichen Airline von einem kleineren Flughafen in Deutschland buchen. Außerdem gibt es **Fly-&-Drive-Angebote**, wobei eine Fahrt vom und zum Flughafen mit einem Mietwagen im Ticketpreis inbegriffen ist.

Air China, www.airchina.de, fliegt zweimal täglich nonstop von Frankfurt, täglich außer Di nonstop von München, Di, Fr und So nonstop von Düsseldorf, Mo, Do, Fr und So von Wien nach Beijing sowie täglich von Frankfurt nonstop nach Shanghai. Der größte Vorteil bei dieser Airline ist, dass man den Weiterflug zu einer beliebigen Stadt in China – Lhasa ausgenommen (diesen Flug kann man nur über ein Reisebüro, sinnvollerweise dort, wo man auch seine Tibetreise organisiert, mit einem ausgestellten gültigen Tibet Travel Permit buchen) – zu einem geringen Aufpreis mit buchen kann. Auf vielen Strecken ist der Anschlussflug ab Beijing oder Shanghai sogar inklusive. Man darf dann in Beijing bzw. Shanghai einen Zwischenstopp einlegen.

Austrian Airlines, www.aua.com, fliegt Mo, Mi und So von Wien nach Beijing.

China Eastern Airlines, 💻 www.flychina eastern.com, fliegt täglich nonstop von Frankfurt nach Shanghai und bietet die Möglichkeit, zusammen mit dem internationalen Flug einen Anschlussflug im Inland für 50 % Ermäßigung zu buchen. Von Zürich und Wien gibt es Zubringerflüge nach Frankfurt, die im Flugpreis inbegriffen sind.

China Southern Airlines, 💻 www.flychina southern.com, www.csair.nl, fliegt je einmal täglich von Amsterdam nach Beijing, Shanghai und Guangzhou sowie So und Mi nach Chengdu.

Hainan Airlines, 💻 global.hnair.com, fliegt täglich von Berlin-Tegel nach Beijing. Die innerdeutschen Zubringerflüge von zahlreichen Städten nach Berlin werden von verschiedenen Airlines wie Euwowings oder Easyjet durchgeführt und sind im Flugpreis enthalten.

KLM, 💻 www.klm.com, fliegt einmal täglich von Amsterdam nach Beijing, einmal täglich nach Guangzhou, zweimal täglich nach Shanghai sowie Fr, So und Mi nonstop nach Chengdu. Die Zubringerflüge von fast allen deutschen, österreichischen und Schweizer Flughäfen nach Amsterdam sind im Flugpreis bereits enthalten.

Lufthansa, 💻 www.lufthansa.de, fliegt von Frankfurt dreimal täglich nach Beijing, zweimal täglich nach Shanghai und einmal täglich nach Guangzhou (Kanton), Di, Mi, Do, Sa und So nach Nanjing, Di, Do und Sa nach Qingdao, Mo, Mi, Fr nach Shenyang sowie Di, Fr und So nach Chengdu. Von München geht es zweimal täglich nach Beijing und je einmal täglich nach Shanghai.

Swiss, 💻 www.swiss.com, fliegt täglich von Zürich nach Beijing und Mi, Do, Fr und Sa nach Shanghai.

Die Dauer eines Nonstop-Flugs von Frankfurt nach Beijing liegt bei neun bis zehn Stunden, nach Shanghai bei zehn bis elf Stunden und nach Guangzhou bei elf bis zwölf Stunden, mit Umsteigen in Europa oder im Nahen Osten (Emirates, Qatar, Etihad und Oman Airlines) bei einigen Stunden mehr. Der Nonstop-Flug von Frankfurt oder Amsterdam nach Chengdu dauert etwa neun bis zehn Stunden.

Check-in

Ohne einen gültigen Reisepass und ein Visum wird man nicht an Bord eines Flugzeugs nach China gelassen. Bei den meisten internationalen Flügen muss man zwei Stunden vor Abflug am Schalter der Airline eingecheckt haben. Die hier genannten Gesellschaften bieten aber auch einen Check-in übers Internet an. Am Flughafen muss man dann nur noch sein Gepäck aufgeben und spart sich die langen Warteschlagen. Wegen des starken Passagieraufkommens zwischen Europa und China und des noch immer nicht ausreichenden Angebots an Flügen ist die Überbuchung der Chinaflüge beinahe zum Standard geworden. Einige Fluggesellschaften bieten Passagieren, die bereit sind, auf einen späteren Flug umzubuchen, Geldprämien von 300 € und mehr. Ein schönes Zubrot für die Reise, wenn man Zeit hat.

Rückbestätigung

Bei den meisten Airlines ist die Bestätigung des Rückflugs nicht mehr notwendig. Allerdings empfehlen alle Airlines, sich dennoch telefonisch zu erkundigen, ob sich an der Flugzeit nichts geändert hat, denn kurzfristige Änderungen der genauen Abflugzeit kommen beim zunehmenden Luftverkehr heute immer häufiger vor.

Wenn die Airline allerdings eine Rückbestätigung *(reconfirmation)* bis 72 oder 48 Stunden vor dem Rückflug verlangt, sollte man auf keinen Fall versäumen, kurz anzurufen, sonst kann es passieren, dass die Buchung im Computer der Airline gestrichen wird. Das Ticket verfällt dadurch aber nicht, es sei denn, die Gültigkeitsdauer wird überschritten, aber unter Umständen ist in der Hochsaison nicht sofort ein Platz in einem anderen Flieger frei.

Flüge ab China

Der rasant wachsende chinesische Tourismus nach Tibet hat zu deutlich verbesserten Flugverbindungen nach Lhasa und zu anderen neu eröffneten Flughäfen in Tibet geführt. Die Fertigstellung der Eisenbahnlinie nach Lhasa hat sich auch auf die Flugpreise ausgewirkt. Sie kosten nur noch etwa das Doppelte eines Liegewagentickets im Softsleeper (S. 88). Zu den hier angegebenen Flugpreisen kommen noch die Kosten für das Permit (S. 94), die, auch wenn es offiziell eigentlich nur ¥50 kostet, in jeder Stadt unterschiedlich sind. Derzeit „konkurrieren" Air China,

Reisen nach Tibet – eine Gratwanderung

Gefahren ...

Aus Sicht der chinesischen Machthaber ist der Tourismus nicht nur als Devisenquelle attraktiv. Er kann auch dazu beitragen, die Assimilierung der tibetischen Kultur voranzutreiben. In den größeren Städten sind die typischen Kennzeichen des Massentourismus bereits zu erkennen. Die heiligen Ritualwege werden zu orientalischen Jahrmärkten, auf denen Händler mit den Touristen Geschäfte machen wollen. Aus Bauern werden Andenkenverkäufer, aus Hirten Hotelboys, aus Landarbeiterinnen Zimmermädchen oder in letzter Zeit verstärkt Prostituierte. In abgelegenen Gebieten sind Energieknappheit und Umweltzerstörungen Folgen des Tourismus. Bergsteiger und -wanderer benötigen das knappe und kostbare Feuerholz, das dann den Einheimischen nicht mehr zur Verfügung steht. In Nepal und Nordindien hat diese Entwicklung bereits dramatische Züge angenommen.

Zudem versuchen die chinesischen Behörden, den Touristen Chinas Anspruch auf Tibet nahezubringen. Selbst manche tibetischen Reiseführer – zumindest wenn sie für chinesische Agenturen arbeiten – geben die offizielle Sicht der Dinge wieder, wonach Tibet schon immer ein Teil Chinas war. Die chinesische Prinzessin Wencheng, die im 7. Jh. an den Königshof von Lhasa heiratete und als „Beleg" für Chinas Anspruch auf Tibet herangezogen wird, ist an den Touristenorten in Form von Bildern oder historischen Wencheng-Gedenkstätten allgegenwärtig.

Schließlich spricht noch gegen den Tibet-Tourismus, dass China das Visum dafür ausstellt, und das bedeutet faktisch eine Anerkennung der chinesischen Herrschaft.

... und Chancen

Reisen nach Tibet bergen aber auch viele Chancen, nicht nur für die Erweiterung des eigenen Horizonts. So können Besucher Augenzeugen der Unterdrückung werden und dazu beitragen, Verbrechen öffentlich zu machen oder sie womöglich zu verhindern. Unter den Augen der Öffentlichkeit wird China seine Macht nicht mit derselben Brutalität durchsetzen wie unter Ausschluss derselben. Dazu kommt, dass das Interesse an der tibetischen Kultur die Tibeter darin bestärkt, an ihr festzuhalten. Während die chinesische Propaganda diese Kultur zumeist als „veraltet", „rückständig" oder gar „barbarisch" diffamiert, erweisen die Fremden ihr durch einen Besuch Achtung und Respekt. Das ist ein wichtiger Beitrag für den inneren Widerstand gegen die chinesische Assimilierung. Vielleicht gewinnen sogar die chinesischen Gäste mehr Respekt vor der tibetischen Kultur, denn der stark zunehmende chinesische Individualtourismus vor allem junger Chinesen bringt mittlerweile auch viele kritische chinesische Reisende ins Land, und viele von ihnen sind ausländischen Reisenden gegenüber nicht nur sehr aufgeschlossen, sondern auch ungewöhnlich offen.

Dieser Text stammt mit freundlicher Genehmigung vom TID e.V., 💻 www.tibet-initiative.de.

Sichuan Airlines, China Southern Airlines, China Eastern Airlines und Tibet Airlines mit relativ fixen Preisen um Passagiere. Immerhin: Man hat die Wahl der Fluggesellschaft, und je nach Saison bekommt man sogar Rabatte von 20–30 %. Die 2010 gegründete **Tibet Airlines** verbindet die Flughäfen Tibets mit zahlreichen kleineren Flughäfen in ganz China, während die anderen Fluggesellschaften nur von den unten genannten großen internationalen und sehr wenigen kleineren Flughäfen fliegen. Die Flüge nach Lhasa können Ausländer leider nicht im Internet buchen. Man kann sich aber bei 💻 www.elong.net über die günstigsten Flugpreise informieren und diese dann als Verhandlungsbasis im Reisebüro, in dem man den Flug bucht, nutzen.

Von **Chengdu** (S. 343) in Sichuan gibt es täglich bis zu 12 Flüge mit Air China, Sichuan und Tibet Airlines nach Lhasa (¥1960, mit Rabatt ab ¥630).

Von **Beijing** (S. 340) starten je nach Saison ein- oder zweimal täglich Flüge von Air China, 💻 www.airchina.com.cn, China Eastern Airlines, China Southern Airlines und Tibet Airlines nach Lhasa (¥3260, mit Rabatt ab ¥1460).

Von **Shanghai** (S. 349) fliegen China Eastern Airlines, 💻 www.ce-air.com, von März bis Oktober einmal täglich, im Winter Mi, Fr und So, und Tibet Airlines täglich (¥3360, mit Rabatt ab ¥1660).

Von **Guangzhou** (S. 346) aus fliegt China Southern Airlines, 💻 www.csair.com, von März bis Oktober täglich, im Winterhalbjahr Di und Sa (¥2930, mit Rabatt ab ¥1750).

Weitere Flüge verkehren 7x tgl. von **Chongqing** (¥1890), 5x tgl. von **Xi'an** (¥2280, mit Rabatt ab ¥1140), 6x tgl. von **Xining** (¥1823, mit Rabatt ab ¥720), 4x tgl. von **Kunming** (¥2260, mit Rabatt ab ¥780), 1x tgl. von **Lijiang** (¥1610, keine Rabatte), 1x tgl. von **Zhongdian/Shangri-La** (¥1380, mit Rabatt ab ¥840), und wer den Weg nach **Chamdo** geschafft hat, kann sogar von dort fliegen: Täglich hebt ein Flugzeug vom zweithöchstgelegenen Flughafen der Welt (4334 m) Bamda/Pangda Richtung Lhasa ab (¥1380).

Im Mai 2008 wurde in **Kangding** der dritthöchste Flughafen der Welt auf einer Höhe von 4280 m eingeweiht. Von hier gibt es aktuell vier Flüge pro Tag nach Lhasa (¥1446).

Flugarrangements

Achtung: Flüge nach Tibet können nur im Rahmen einer von einem autorisierten Reisebüro organisierten Reise und mit einem gültigen Tibet-Permit gebucht werden. In den meisten Budgethotels und Hostels in Beijing, Chengdu, Chongqing, Guangzhou, Kunming, Shanghai, Xi'an und Xining oder über die auf S. 84 gelisteten Websites kann man solche Arrangements buchen. Sie enthalten mindestens den Hinflug nach Lhasa und das offizielle Permit mit dem gewünschten Programm für die gebuchte Aufenthaltsdauer.

Flüge ab Nepal

Air China fliegt im Sommer jeden Di, Do und So, Sichuan Airlines an den übrigen Tagen von Kathmandu nach Lhasa. Tickets hierfür gibt es nur im Zusammenhang mit einer von einem nepalesischen oder tibetischen Reisebüro organisierten Tour. Der Flug kostet US$650–770, dazu kommen etwa US$120 für Visum und Permit.

Ansonsten besteht noch die Option, mit China Southern Airlines von Kathmandu nach Guangzhou (ab US$250), mit China Eastern nach Kunming (ab US$240) oder mit Air China nach Chengdu (ab US$220) zu fliegen und von dort weiterzureisen.

Auf dem Landweg

Viele Wege führen über Land nach Tibet, aber Individualreisende dürfen öffentliche Verkehrsmittel jeweils nur bis zur Grenze der Autonomen Region Tibet benutzen. Spätestens dann darf man nur noch im Rahmen einer gebuchten Tour (man muss keine Gruppenreise buchen, sondern kann auch als Einzelperson reisen) weiterreisen. Die offizielle Begründung dafür lautet, dass es für Ausländer zu gefährlich sei, in Tibet mit Bussen zu reisen, und sie bei einer organisierten Tour besser vor den Gefahren der Strecke geschützt seien. Tatsächlich ist es aber wohl so, dass die Behörden nicht wollen, dass Ausländer unbeobachtet und unkontrolliert durch Tibet reisen.

Von Nepal aus gibt es drei Möglichkeiten, nach Tibet zu reisen, aber für Individualreisende ist nur die Strecke von Kathmandu nach Lhasa (solange die Grenze nicht wegen Erdrutschen gesperrt ist) eine realistische Option.

Von Golmud nach Lhasa

Die Strecke von Golmud, dem früheren Endpunkt der Eisenbahn in der Provinz Qinghai, nach Lhasa ist 1160 km lang. Bis zur Fertigstellung der Tibetbahn (von Golmud nach Lhasa) war die trostlose Wüstenstadt in der Provinz Qinghai das wichtigste Eingangstor für die Überlandfahrt nach Lhasa. Heute fährt nur noch ein Bus täglich, der für die Strecke 14–20 Stunden benötigt, von Ausländern aber nicht mehr benutzt werden darf. Interessant ist Golmud allerdings weiterhin für Reisende, die aus Tibet kommend von Golmud mit dem Bus nach Dunhuang (7–8 Std.) in der Provinz Gansu an der alten Seidenstraße weiterreisen wollen.

Die **Bahnfahrt** dauert je nach Zug zwischen 13 und 14 1/2 Stunden. Die 1142 km lange Eisenbahnlinie führt nahezu parallel zur Straße und ist landschaftlich eher langweilig. Das Hauptpro-

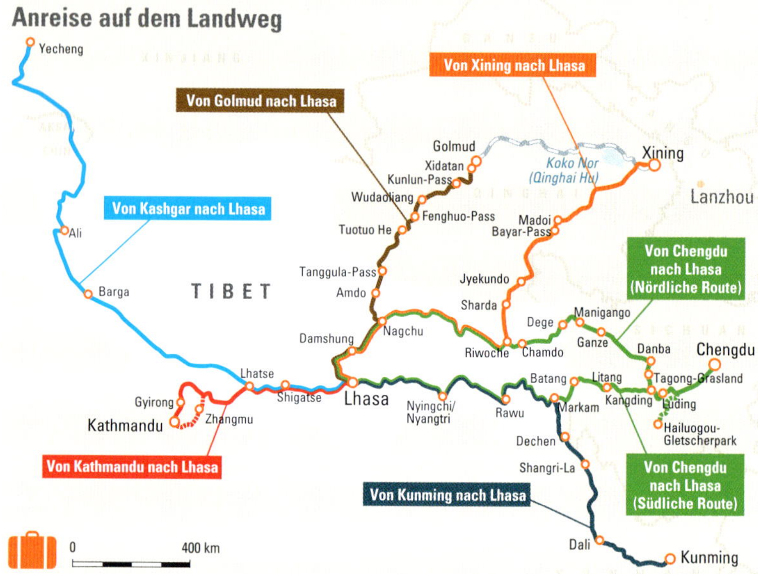

blem wird sein, neben dem Permit überhaupt einen Sitz- oder Liegeplatz zu bekommen. Die Züge kommen aus allen Winkeln Chinas und sind natürlich brechend voll. Mit ein wenig Glück kann man aber an Bord vielleicht noch ein Ticket für den Hard- oder Softsleeper erstehen. Die Fahrt von Golmud nach Lhasa kostet im Hardseater ¥141, im Hardsleeper ¥358 (untere Liege) und im Softsleeper ¥565 (untere Liege). Wer seine Fahrt entlang der Strecke unterbrechen möchte, muss Zug Z6801 aus Xining nehmen. Dieser Zug hält in Amdo, Nagchu und Damshung. Ansonsten hält noch Zug Z9809 aus Xining in Nagchu, aber nicht in den anderen Orten an der Strecke.

Die Strecke von Golmud nach Lhasa ist auch bei **Fahrradfahrern** beliebt. Vor allem im Juli und August sind hier viele chinesische Radfahrer unterwegs. Die strapaziöse Route ist vor allem auf dem Abschnitt von Golmud nach Amdo selbst für erfahrene Radler eine Herausforderung, da man hier steile Auffahrten bewältigen muss. Höchster Pass auf der Strecke ist der Tanggula-Pass mit einer Höhe von 5231 m. Aktuell darf man aber auch diese Route als Radfahrer nur im Rahmen einer gebuchten Tour radeln.

Beste Reisezeit für die Golmud-Route ist Mai bis September, da dann das für dieses Plateau typische angenehme Klima herrscht. Von Juli bis August steht der Raps in voller Blüte und verwandelt ganze Landstriche in ein gelbes Meer. In der Zeit kann es aber auch stark regnen, sodass die Straßenverhältnisse sehr schlecht sein können.

Einige **Highlights** am Wegesrand sind Xidatan, von wo aus man herrliche Blicke auf das schneebedeckte Kunlun-Gebirge hat; Wudaoliang, das für sein ungewöhnliches Mikroklima bekannt ist – man muss hier selbst im Juli und August mit Schneegestöber rechnen; Tutotuo He (Marchu), eine der Quellen des Yangzi, des längsten Flusses Chinas; der Tanggula-Pass, der die Grenze zwischen der Provinz Qinghai und der Autonomen Region Tibet markiert, und schließlich noch Nagchu (S. 336) mit dem überraschend großen Kloster Shabten sowie Damshung (S. 210), Ausgangspunkt für eine Fahrt zum spektakulären Nam Tso (S. 210).

Von Xining nach Lhasa

Von Xining hat man zwei Möglichkeiten, nach Lhasa zu reisen. Die eine führt am Koko Nor

(Qinghai Hu) entlang nach Golmud (S. 43), die andere über Madoi (Mato) nach Jyekundo (Yushu) und dann über Riwoche und Nagchu nach Lhasa. Diese rund 2150 km lange Route ist so etwas wie eine Hintertür nach Lhasa, da man sich bis Sharda (Nangchen), das 1019 km von Xining entfernt liegt, noch auf dem Boden der Provinz Qinghai bewegt und daher bis hierher kein Permit benötigt. Auf der wenig bereisten Strecke gibt es kaum Checkpoints, sodass man relativ unbehelligt von bürokratischen Schikanen reisen kann. Wer Schwierigkeiten beim Kauf der Bahntickets oder der Organisation der notwendigen Permits hat, kann sich an Snowlion Tours, 💻 www.snowliontours.com, in Xining wenden.

Der Abschnitt der Tibetbahn zwischen Xining und Golmud gehört zu den landschaftlich spektakulärsten Strecken in China und führt am Nordufer des Qinghai-Sees entlang. Wer von Xining mit der **Bahn** nach Lhasa reisen will, hat zwar zahlreiche Züge zur Auswahl, aber kurzfristig ist es nahezu ausgeschlossen, ein Ticket zu ergattern. Die Züge sind viele Wochen im Voraus schon ausgebucht, und wer diese Fahrt plant, muss sie entsprechend frühzeitig buchen. In Xining selbst starten die Züge Nr. Z6801 und Z9809. Für die 1972 km lange Strecke (Hardseat ¥224, Hardsleeper ¥495, Softsleeper ¥781) benötigt er 22 Stunden. Weitere Züge sind Zug Nr. Z21, Z165, Z223 und Z265. Bei diesen Zügen muss man versuchen, an Bord einen Liegewagenplatz zu bekommen, sofern man überhaupt ein Ticket verkauft bekommt.

Es gibt zwar **Sleeperbusse**, die vom Busbahnhof Xining Qichezhan (jenseits des Flusses gegenüber vom Hauptbahnhof) via Golmud direkt nach Lhasa fahren (1946 km). Ausländer dürfen diese Busse aber offiziell nicht benutzen. Vom gleichen Busbahnhof fahren sechs Busse täglich nach Jyekundo (Yushu, ¥191–211). Die 819 km lange Fahrt dauert rund 17 Stunden, aber man kann auch erst ins 490 km entfernte **Madoi** (Mato, Maduo, tgl. 8 Uhr, ¥110) fahren. Hier lässt sich für rund ¥500 pro Person ein Jeep zu den beiden herrlich gelegenen Seen Kyaring und Ngoring Tso chartern, die traditionell als Quelle des Gelben Flusses (Huang He) gelten.

Hinter Madoi führt die Straße auf den 4828 m hohen **Bayar-Pass** hinauf, der traditionell die Grenze zwischen Amdo und Kham markierte. Gleichzeitig bildet er die Wasserscheide zwischen Yangzi und Gelbem Fluss. Rund 170 km hinter dem Pass erreicht man **Jyekundo**, eine Stadt, die 3700 m hoch inmitten eines echten Niemandslandes liegt und bei einem Erdbeben 2010 fast vollständig zerstört wurde. Der Wiederaufbau war allerdings Anfang 2014 abgeschlossen.

Knapp 200 km hinter Jyekundo liegt **Sharda** (Nangqian, tgl. 8.30 Uhr, ¥60), das früher eines von fünf unabhängigen Königreichen Osttibets war. Nach weiteren 80 km passiert man dann die Grenze zur Autonomen Region Tibet (von nun an darf man nur noch mit einer gebuchten Tour weiterfahren) und gelangt nach **Riwoche** (S. 333). Von hier kann man einen Abstecher ins 105 km entfernte Chamdo machen, was aber wegen der Permit-Pflicht schwierig werden kann, oder man setzt seine Reise Richtung Westen nach Bachen, Nagchu und Lhasa fort.

Auch diese Strecke kann man natürlich mit dem **Fahrrad** bewältigen. Dafür muss man mindestens vier Wochen einkalkulieren. Die Nationalstraße 214 ist zwar überwiegend gut ausgebaut, aber es gibt auch immer wieder längere Abschnitte, die neu ausgebaut werden und dann nur mühsam zu befahren sind. Zahlreiche, bis zu 4800 m hohe Pässe müssen überquert werden und erfordern eine gute Kondition.

Von Chengdu nach Lhasa

Von Chengdu führen zwei Wege nach Tibet: die südliche Route mit einer Länge von 2115 km und die nördliche Route mit einer Länge von 2414 km. Beide Strecken gehören zum Spektakulärsten, was man in China an Landschaften erleben kann. Die südliche Route führt von Chengdu nach Ya'an, Kangding, Litang, Batang und Markam bis nach Pangda (Bamda), dem Flughafen von Chamdo, und dann über Pashod/ Baxoi, Pome, Nyingchi und Bayi nach Lhasa. Die nördliche Route führt von Chengdu, Wolong, Dawei, Danba, Daofu und Garze nach Manigango, Dege/Derge und Chamdo, von wo die Straße dann über Bachen und Nagchu nach Lhasa verläuft. Beide Strecken sind in den letzten Jahren umfassend saniert und asphaltiert worden. Seit 2012 war es ausländischen Reisenden – vermutlich wegen der zahlreichen Selbstverbrennungen tibetischer Mönche in Osttibet – verboten, die nördliche oder südliche Route nach Lhasa zu befahren (auch nicht als Reisegruppe). Seit 2017 dürfen die Strecken wieder bereist werden, allerdings besteht immer die Möglichkeit, dass Reisebeschränkungen sehr kurzfristig wieder eingeführt werden. Wer diese Strecken bereisen möchte, sollte sich unbedingt bei einem Reiseveranstalter (S. 83) über die aktuellen Restriktionen informieren.

Die südliche Route darf bis **Batang** an der Grenze zur Autonomen Region Tibet ohne Permit bereist werden, die nördliche Route bis **Dege/ Derge**, das ebenfalls den Übergang nach Tibet bildet. In den beiden Orten jenseits der Grenze, Jomda im Süden und Markam im Norden, gibt es scharfe Kontrollen.

Sollten keine Reiseverbote bestehen, benötigt man für die südliche Route etwa sieben oder acht Tage und für die nördliche Route bis zu zehn Tage. Die Orte, die man unterwegs besuchen möchte, müssen im Vorfeld mit dem Veranstalter festgelegt werden. Nur so erspart man sich Schwierigkeiten mit den Permits und Nachverhandlungen mit den Fahrern. Die Kosten für die Tour belaufen sich auf ca. ¥15 000–20 000 pro Person für den Jeep inklusive Fahrer, Benzin und Übernachtungs- sowie Verpflegungskosten für den Fahrer. Bevor man sich für einen Veranstalter entscheidet, sollte man unbedingt mehrere Angebote einholen. Man kann mit bis zu vier Personen reisen und sich so die Kosten teilen. Zu den Ausgaben für den Jeep kommen dann noch die Hotels, Eintrittsgelder und das Essen.

Beste Reisezeit für beide Routen ist Mai bis Oktober. Im Winter kann Schneefall die hohen Gebirgspässe für lange Zeit unpassierbar machen. Selbst im Sommer wird man auf dem Weg so ziemlich jedes Klima von heiß bis eisig kalt erleben. Man muss regelmäßig mit Gewitterstürmen oder sogar Schneefall rechnen. Schneien Pässe zu, kann es mit Mehrkosten verbundene Verzögerungen geben. Wer entlang einer der beiden Strecken reist, muss bedenken, dass man ab Kangding an der südlichen und Dege an der nördlichen Route kein Geld mehr wechseln kann. Man sollte also genügend Bargeld dabeihaben.

Südliche Route

Diese Strecke entlang der Nationalstraße 318 bietet eine ganze Reihe von Höhepunkten und dürfte eine der höchstgelegenen, aufregendsten, aber auch gefährlichsten Straßen der Welt sein. Zwischenstopps lohnen sich in **Luding** (Anfahrt mit dem Bus nach Kangding, s. u.), von wo aus man einen Abstecher zum Hailuogou-Gletscherpark machen kann, dessen 14 km langer Gletscher Nr. 1 sich die Ostflanke des 7556 m hohen Gongga Shan (Minya Konka) hinunterzieht. Im Schatten des Gongga Shan ist **Kangding** der nächste lohnende Halt (Direktbusse via Luding ab Xinnanmen-Busbahnhof in Chengdu, 8x tgl., 8 Std., ¥107–129). Neben der reizvollen Umgebung gibt es mehrere Tempel zu sehen.

Etwa 110 km nordwestlich von Kangding kann man einen Umweg über das Tagong-Grasland, den Wilden Westen Sichuans machen. Von Kangding verkehrt morgens um 6 und um 6.30 Uhr je ein Bus nach **Litang** (8 Std., ¥87), dem höchstgelegenen Landkreis entlang der Straße. Die kleine Stadt liegt 4014 m hoch und ist der Geburtsort des 7. und 10. Dalai Lamas. Neben der fantastischen Landschaft und dem großartigen Kloster Litang Chöde sind vor allem die Reiterfestspiele, die in der Regel am 1. August beginnen und zehn Tage dauern, einen Besuch wert. Sie gehören neben dem Reiterfest von Jyekundo zu den farbenfrohsten und bekanntesten Festen Amdos und Khams.

Von Litang fährt täglich mindestens ein Bus nach **Batang** (7.30 Uhr, 3 1/2 Std., ¥68, Direktbus ab Kangding 6 Uhr, ¥151). Wer ihn verpasst oder kein Ticket bekommt, kann versuchen zu trampen (um ¥100). Die freundliche Stadt liegt nur 32 km von der Grenze nach Tibet und ist der letzte Ort, den man ohne Genehmigung besuchen darf. Auf einer Höhe von „nur" 2740 m gelegen, kann man sich hier von der Höhenluft Litangs erholen und das Batang Chöde mit seinen 500 Mönchen besuchen. Von Batang fährt mindestens ein Bus pro Tag nach **Markam/Gartok** (S. 329). Es ist aber unmöglich, für diese Fahrt reguläre Tickets zu bekommen, da die Strecke für individuell reisende Ausländer tabu ist.

Wer mit gechartertem Geländewagen unterwegs ist, hat – sofern die Route für Ausländer freigegeben ist – keine Probleme; von Markam geht es dann weiter nach Pangda/Bamda (S. 329), dem Flughafen von Chamdo, und dann über Pashod/Baxoi (S. 328), Pome (S. 328), Nyingchi (S. 323) und Bayi (S. 323) nach Lhasa.

Nördliche Route

Die nördliche Route führt eigentlich entlang der Nationalstraße 317, aber es lohnt sich, die Strecke über Luding, Kangding und das Tagong-Grasland zu fahren und dann von dort einen Bus nach Danba zu nehmen. Alternativ gibt es einen Direktbus von der Chadianzi-Busstation in Chengdu nach **Danba** (351 km, Abfahrt 6.30 Uhr, 9–10 Std., ¥115).

In der Umgebung von Danba sind einige reizvolle tibetische Dörfer verstreut, die man besuchen kann. Von Danba fahren Busse nach **Ganze/Garze**, das bereits an der Nationalstraße 317 liegt. Der lebhafte Marktflecken auf einer Höhe von 3394 m bietet bereits pures tibetisches Leben und mit dem Garze Gompa auch einen wichtigen Tempel. Der nächste Ort, der eine Unterbrechung lohnt, ist **Manigango/Manigange**, eine eher unattraktive Siedlung, aber ein guter Ausgangspunkt für einen Besuch des Yihun Lhatso, eines heiligen alpinen Sees in einer atemberaubenden Umgebung 13 km südwestlich von Manigango, und des Nyingmapa-Klosters Dzogchen Gompa etwa 50 km nördlich der kleinen Stadt. Berühmt sind auch die Suopo, antike Wachtürme, die etwa 5 km östlich des Ortes stehen.

Täglich hält ein Bus (meistens gegen 11 Uhr), der nach **Dege** (3–4 Std, ¥35) weiterfährt. Der Weg nach Dege ist mühsam und gefährlich, und wer in die Tiefe schaut, wird nicht wenige abgestürzte Fahrzeuge sehen. Vor Dege passiert man den über 5000 m hohen Tro La, eine echte Herausforderung für die Lungen. Doch wer es bis hierher geschafft hat, wird bereits ein unvergessliches Stück Tibet erleben.

Die Weiterreise mit öffentlichen Verkehrsmitteln von Dege nach Chamdo ist nahezu unmöglich, da die Strecke streng überwacht wird.

Von Yunnan nach Lhasa

Ähnlich schwierig wie die südliche Route von Sichuan gestaltet sich die Anreise über Land von Yunnan nach Lhasa. Die Strecke führt entlang der Nationalstraße 214 von Dali über Lijiang nach Zhongdian, das vor einigen Jahren in das romantischer klingende Shangri-La umgetauft wurde. Zhongdian ist sowohl von Chengdu als auch von Kunming gut zu erreichen und verfügt über einen eigenen Flughafen. Die Überlandstrecke ist bis Dechen/Deqen frei, das Problem beginnt auf dem Stück von Dechen nach Markam, wo die Yunnan-Route auf die südliche Route von Chengdu nach Lhasa trifft.

Wie auch auf den anderen Strecken kann man aber in **Shangri-La** Jeeps chartern, die ab ¥15 000 pro Wagen kosten. Die Fahrzeit nach Lhasa beträgt eine Woche. Für die Organisation der Tour kann man sich an Khampa Caravan in der 1 Hongxuelang Lu, ✆ 0887-828 8648, 💻 www.khampacaravan.com, wenden. Das Büro ist darüber hinaus auf Trekkingtouren in der Umgebung spezialisiert. Ein weiterer verlässlicher Anbieter ist Haiwei Trails in der 19 Beimen Jie, ✆ 0887-828 9245, 💻 www.haiweitrails.com.

Wie auch von Chengdu aus war es Ausländern und ausländischen Gruppen seit 2012 nicht erlaubt, die Route von Shangri-La nach Lhasa zu befahren. Auch hier gilt, dass man sich schon im Vorfeld erkundigen muss, ob die Strecke im geplanten Reisejahr freigegeben ist.

Von Kashgar nach Lhasa

Bei Drucklegung war es nicht mehr möglich, in **Yecheng** in der Autonomen Region Xinjiang Busfahrkarten für den Bus ins rund 1100 km entfernte **Ali** (S. 312) in Tibet zu erstehen. Auch diese Etappe muss also über ein Reisebüro in Lhasa oder schon von zu Hause aus organisiert werden. Die gesamte Strecke von Yecheng bis Lhasa ist 2743 km lang und gehört zur weltweit durchschnittlich am höchsten gelegenen Straße überhaupt. Zwei Pässe liegen über 5400 m hoch, ansonsten befindet man sich meist auf einer Höhe über 4000 m. Von Dezember bis Februar ist die Straße in der Regel nicht befahrbar.

Für **Radfahrer** ist diese Strecke sicher die größte Herausforderung. Vor allem der erste Teil bis Ali ist besonders schwierig zu bewältigen. Man muss oft lange, unbewohnte Abschnitte überwinden und sich entsprechend gut mit Verpflegung und Wasser ausrüsten. Für die gesamte Strecke sollte man nicht unter fünf Wochen einplanen. Einen Erfahrungsbericht über diese Strecke findet man unter 💻 www.woife.org.

Vom 1. Oktober bis Anfang April werden keine Permits für Westtibet und den Kailash ausgestellt. Diese Route kann also nur im Sommerhalbjahr befahren werden.

Von Kathmandu nach Lhasa

Eine beliebte Variante war bis 2015 die Einreise nach Tibet von Kathmandu via **Kodari** auf der nepalesischen und **Zhangmu** auf der tibetischen Seite. Nach dem großen Erbeben in Nepal musste Zhangmu evakuiert werden, da Geologen befürchteten, dass der Berghang, an dem Zhangmu klebt, abrutschen könnte. Bis heute ist noch nicht geklärt, ob die Bewohner eines Tages zurückkehren können und diese Grenze wieder geöffnet werden kann. Schon kurze Zeit später wurde beschlossen, das 80 km weiter westlich liegende **Gyirong** für den internationalen Tourismus zu öffnen und ein großes, modernes Grenzgebäude zu bauen. Allerdings konnte der geplante Eröffnungstermin im Juni 2016 nicht realisiert werden, schwere Monsunregenfälle hatten die Straßen auf nepalesischer Seite unpassierbar gemacht. Im August 2017 war es dann endlich so weit und die Grenze in Gyirong wurde offiziell eingeweiht.

Für 2019 gelten folgende Preise: Eine achttägige **geführte Tour** mit Flug von Kathmandu nach Lhasa und Rückfahrt über den Friendship Highway nach Kathmandu kostet etwa US$1925 pro Person bei zwei Teilnehmern und US$1745 pro Person bei vier Teilnehmern. Dazu kommen noch einmal ca. US$120 für das Visum und Permit. Für eine viertägige Tour nach Lhasa inklusive Hin- und Rückflug ab und nach Kathmandu muss man mit etwa US$1455 pro Person bei zwei Teilnehmern und US$1395 pro Person bei vier Teilnehmern plus Kosten für das Visum rechnen. Die endgültigen Preise hängen allerdings sehr stark von der tatsächlichen Anzahl der Teilnehmer, der gebuchten Hotelkategorie und den enthaltenen Besichtigungen ab.

Verlässliche Anbieter sind Nature Trail Trekking in Kathmandu, Chakslbari Marg, Block No. 591, Thamel, ✆ 00977-1 470 1925 oder 470 1805, 💻 allnepal.com, und Great Holidays, GPO Box 703, Kathmandu, ✆ 00977-1 421 3003, 💻 www.tibettourstravel.com (weitere Anbieter S. 83). Am besten hält man sich eine Weile in Kathmandu auf, um ein Gefühl für die aktuelle Situation zu bekommen und die verschiedenen Möglichkeiten auszuloten. Zu beachten ist, dass man bei Einreise aus Nepal nach Tibet nicht nach China weiterreisen kann. Das Visum wird nur für den Zeitraum der Tour in Tibet ausgestellt. Bereits ausgestellte Visa für China werden in Kathmandu von der chinesischen Botschaft entwertet.

Botschaften und Konsulate

Vertretungen Chinas im Ausland

Deutschland

Für die Beantragung des Visums in Deutschland sowie alle Fragen zur Einreise nach China muss man sich an das zuständige **Chinese Visa Application Service Center (CVASC)**, 💻 www.visaforchina.org, wenden. Die Botschaften und Generalkonsulate Chinas in Deutschland geben keine Auskünfte. Für alle Zentren gelten folgende Öffnungs- und Abholzeiten:
Entgegennahme von Visaanträgen ⌚ Mo–Fr 9–15, Visa-Abholung ⌚ Mo–Fr 9–16 Uhr, Telefonische Beratung ⌚ Mo–Fr 9–16 Uhr.

Botschaft der VR China,
💻 www.china-botschaft.de/det.
CVASC, Invalidenstr. 116–119, 10115 Berlin,
✆ 030-9799 2000 0.

Generalkonsulat der VR China in Frankfurt,
💻 http://frankfurt.china-consulate.org/det.
CVASC, Bockenheimer Landstr. 51-53,
60325 Frankfurt, ✆ 069-2691 9130.

Generalkonsulat der VR China in Düsseldorf,
💻 http://dusseldorf.china-consulate.org/det,
CVASC, Pempelforter Straße 50,
40211 Düsseldorf, ✆ 0211 540 8850.

Generalkonsulat der VR China im Hamburg,
💻 http://hamburg.china-consulate.org/det.
CVASC, Willy-Brandt-Str. 57, 5. OG,
20457 Hamburg, ✆ 040-3231 0600 0.

Generalkonsulat der VR China in München, 💻 http://munich.china-consulate.org/ger, CVASC, Lutzstr. 2, 80687 München, ✆ 089-5892 7460, ⏲ Mo–Fr 9–15 Uhr.

Österreich

Botschaft der VR China, Visastelle: Neulinggasse 29, 1030 Wien, ✆ 01-710 3648 (tel. Auskunft nur Di und Do 9–11 Uhr), 💻 www.chinaembassy.at. ⏲ Mo und Mi 8.30–11 und 14–16, Fr 8.30–11 Uhr.

Schweiz

Botschaft der VR China, Visastelle: Lombachweg 23, 3006 Bern, ✆ 031-351 4593, 💻 www.china-embassy.ch, ⏲ Mo–Fr 9–12 Uhr. (telefonische Auskunft Mo–Fr 14–17 Uhr)
Generalkonsulat der VR China in Zürich, Visastelle: Mythenquai 100, 8002 Zürich, ✆ 044-209 1500 (nur Di/Fr 16–17.30 Uhr), 💻 http://zurich.china-consulate.org/det.

Ausländische Vertretungen in China

Beijing

Deutsche Botschaft, 17 Dongzhimenwai Dajie, Bezirk Chaoyang, U-Bahnlinie 10 Agricultural Exhibition Center, ✆ 010-8532 9000 oder in Notfällen außerhalb der Bürozeiten ✆ 010-8532 9202 (diese Telefonummer gilt für ganz China, also auch für die Generalkonsulate!), 💻 www.china.diplo.de (diese Website gilt auch für die Generalkonsulate, zu denen entsprechende Links führen), ⏲ Mo–Do 8–12, 13–17, Fr 8–12, 12.30–15 Uhr.
Österreichische Botschaft, 5 Xiushui Nanjie, Jianguomenwai, U-Bahnlinien 1, 2 Jianguomen, ✆ 010-6532 2061, Notfallnummer außerhalb der Bürozeiten für ganz China ✆ 139 10 82 90 44, 💻 www.bmeia.gv.at/oeb-peking/, ⏲ Mo–Fr 9.30–11.30 Uhr.
Schweizer Botschaft, 3 Dongwu Jie, Sanlitun, U-Bahnlinie 10 Agricultural Exhibition Center, ✆ 010-8532 8888, 💻 www.eda.admin.ch/beijing, ⏲ Mo–Fr 9–12 Uhr.

Shanghai

Deutsches Generalkonsulat, Konsular- und Rechtsangelegenheiten: Jing'an, 8/F SOHO Donghai Plaza, 299 Tongren Rd., U-Bahnlinien 2, 7 Jing'an Temple, ✆ 021-6032 6500, ⏲ Mo–Fr 8.30–11.30 Uhr.
Österreichisches Generalkonsulat, 3/F, 3A Qihua Building, 1375 Huaihai Zhonglu, U-Bahnlinien 1, 7 Changshu Rd., ✆ 021-6474 0268, 💻 www.bmeia.gv.at/botschaft/gk-shanghai.html, ⏲ Mo–Fr 9.30–12 Uhr.
Schweizer Generalkonsulat, 22/F, Building A, Far East International Plaza, 319 Xianxia Lu, U-Bahnlinie 2 Loushanguan Rd., ✆ 021-6270 0519, 💻 www.eda.admin.ch/shanghai, ⏲ Mo–Fr 9–12 Uhr.

Guangzhou

Deutsches Generalkonsulat, 14/F, Teem Tower, 208 Tianhe Lu, U 1, 3 Tiyu Xilu, ✆ 020-8313 0000, ⏲ Mo–Fr 8.30–11.30 Uhr.
Österreichisches Generalkonsulat, Unit 1202, Teem Tower, 208 Tianhe Lu, U-Bahnlinien 1, 3 Tiyu Xilu, ✆ 020-8516 0047, ⏲ Besuchszeiten müssen telefonisch erfragt werden.
Schweizer Generalkonsulat, 27/F, Kingold Century, 62 Jinsui Lu, ✆ 020 3833 0450, 💻 www.eda.admin.ch/guangzhou, U-Bahnlinien 3, 5 Zhujiang New Town, ⏲ Mo–Fr 8.30–12 Uhr.

Chengdu

Deutsches Generalkonsulat, Western Tower, 25/F, 19 Renmin Nanlu, Si Duan (Sektion 4), U-Bahnlinie 1 Nijiaqiao, ✆ 028-8528 0800, ⏲ Mo–Do 8–12.30 und 13–16, Fr 8–13 Uhr.

Visum für Nepal

Das Visum für Nepal muss man nicht im Voraus beantragen. Man bekommt es unbürokratisch im Immigration Office an der Grenze in Rasuwa Ghadi, dem ersten nepalischen Ort hinter dem Grenzübergang Gyirong auf tibetischer Seite. Am Flughafen in Kathmandu bekommt man das Visum ebenfalls unbürokratisch nach Zahlung der Visagebühr. Benötigt werden ein Passfoto und US$25 in bar. Wer keine US$ hat, kann auch in Yuan (¥200) oder Euro (25 €) bezahlen.

Österreichisches Generalkonsulat, Unit 3603, 36/F, Yanlord Landmark Tower, 1 Renmin Nanlu Er Duan (Sektion 2), ✆ 028 6511 0621, U-Bahnlinie 1 Jinjiang Hotel, ⌚ Mo 13–18, Di 16–19, Mi 13–18, Do 16–19, Fr 13–17 Uhr.

Einkaufen

Lhasa ist seit Jahrhunderten der wichtigste Handelsplatz Tibets und Kreuzungspunkt von Handelsrouten aus China, Indien und Zentralasien. Das ist bis heute so geblieben, und die Altstadt ist ein einziges Marktzentrum. Ähnlich gut kann man auch in Shigatse einkaufen, während das Angebot in den entfernteren Orten naturgemäß ausdünnt.

Riesig ist die Auswahl an Schmuck und Souvenirs, wobei das Gros aus Nepal kommt, wo die Sachen teilweise auch deutlich billiger gekauft werden können. Wer keine nepalesische Ware möchte, sollte eine der zahlreichen Manufakturen in und um Lhasa aufsuchen. Hier kann man bei der Entstehung von Schnitzereien, Thankas, Räucherstäbchen, tibetischen Zelten usw. zusehen und dann die echte Ware meist auch kaufen.

Eine Initiative zur Förderung tibetischen Kunsthandwerks ist die **Tibet Artisan Initiative** in Lhasa, die sich angesichts der übermächtigen Materialschlacht aus China und Nepal die Aufgabe gesetzt hat, das lokale Kunsthandwerk unter dem Schlagwort „made in Tibet by Tibetans“ zu fördern. In Lhasa betreibt sie mit dem Dropenling Lhasa Villages Handicraft Shop (S. 182) ein eigenes Geschäft für den Verkauf der Produkte. Wer in solchen Geschäften einkauft, bekommt nicht nur authentische Ware, sondern trägt auch dazu bei, dass die alten Kunsthandwerkstechniken erhalten bleiben.

Handeln

In den großen Kaufhäusern sind die Preise meist fix und man bekommt zumindest schon mal einen Eindruck, was die Sachen kosten können oder dürfen. In den Kunsthandwerksabteilungen der Kaufhäuser kann man dennoch versuchen, ein wenig zu handeln. Doch was ist der richtige Preis? Tatsächlich ist der „korrekte“ Preis immer der, bei dem beide Seiten das Gefühl haben, ein gutes Geschäft gemacht zu haben. *Die* Verhandlungstechnik gibt es nicht, nur verschiedene Ansätze, erfolgreich seine eigenen Preisvorstellungen zu erreichen. Kommt einem die erste Preisvorstellung des Verkäufers absurd hoch vor, sollte man ebenfalls mit einem absurd niedrigen Preis beginnen. Je billiger die Ware ist, desto besser kann man verhandeln, und zwar auch ohne Tibetisch- oder Chinesischkenntnisse. Ein Taschenrechner reicht. Je hochwertiger die Ware, desto weniger Verhandlungsspielraum wird es geben.

Bücher

In den wenigen größeren Ortschaften gibt es meist eine Buchhandlung der staatlichen **Xinhua**-Kette. Diese Läden zeichnen sich durch ihre Lieblosigkeit aus. Dennoch lohnt es sich, hier ein wenig zu stöbern, denn immer wieder landen in den Regalen ausgesprochen interessante Werke über Tibet, darunter sogar so kritische Bücher wie *Competition and Coexistence, Human Wildlife Conflict in the Chang Tang Region of Tibet*, eine WWF-Studie aus dem Jahr 2007 auf Englisch und Chinesisch über den Eingriff des Menschen in die Natur Tibets und die Folgen. Manchmal gibt es auch englischsprachige Bücher über regionale Sehenswürdigkeiten, die man dann tatsächlich nur im örtlichen Xinhua-Shop erstehen kann. Das Angebot in Lhasa ist besser, vor allem weil es hier neben dem recht gut ausgestatteten Xinhua auch noch private Buchläden wie beispielsweise **Guxiuna** (S. 182) gibt, die sich auf Bücher über Tibet spezialisiert haben.

Edelsteine und Schmuck

Reichhaltiger Schmuck aus verschiedenen Edelsteinen gehört zu den auffälligen Charakteristika Tibets und bildet einen farbenfrohen Kontrast zur kargen Landschaft. Schmuck bedeutet vor

Türkise, Korallen und Bernstein

Türkise, Korallen und Bernstein gehören zu den beliebtesten Schmucksteinen Tibets. Ihnen wird auch die größte Schutzfunktion gegen Geister und Dämonen zugeschrieben. **Türkise** (Gyu) werden zwar auch in Tibet gefunden, aber die wirklich guten Steine kommen aus dem Iran. Besonders wertvoll und begehrt sind die tiefblauen Türkise (zu den Farben S. 228). Der Türkis gilt im Volksglauben als Sitz der Schattenseele La. Diese Schattenseele kann ihren Träger zeitweise verlassen und ist damit dem Einfluss von Geistern ausgesetzt, die sie verletzen oder gar rauben können. Die Folge sind Krankheit oder geistige Schäden. Um diese Schattenseele an ihre Person zu binden, tragen die meisten Tibeter einen Türkis bei sich. Ganz nebenbei soll er auch verhindern, dass man als Esel wiedergeboren wird.

Eine große Nachfrage besteht auch nach der roten **Koralle** (Lyi Ru), die die Lebenskräfte im Allgemeinen fördern, aber auch für ein langes Leben sorgen soll. Zusätzlich soll sie blutstillend und -kräftigend wirken und Menstruationsprobleme verringern helfen. Zusammen mit dem Blau des Türkis werden die magischen Eigenschaften beider Schmucksteine verstärkt.

Der gelbe **Bernstein** (Spossel) schützt vor Gelbsucht. Um zu verhindern, dass die Schattenseele über das Gehirnchakra im Kopf den Körper verlässt, tragen Frauen im Gebiet von Derge gelbe Bernsteinscheiben mit einem blauen Türkis in der Mitte auf der Stirn. Schmuckbänder aus Bernsteinen, Türkisen und Korallen reichen als magischer Schutz der Chakren, Energiezentren des Körpers, oft entlang der Wirbelsäule vom Kopf bis zur Taille.

allem für die Frauen mehr als nur Zierde. Er weist auf die regionale Herkunft und die soziale Stellung hin, ist gewissermaßen Geldanlage und darüber hinaus Schutz gegen Geister und Dämonen. Natürlich soll der Schmuck auch die Weiblichkeit der Tibeterinnen betonen, denn ihre Kleidung unterscheidet sich kaum von der des Mannes. Der Erwerb von Schmuck ist überwiegend Angelegenheit der Männer. Anschließend geht er aber in den Besitz der Frauen über und dient der materiellen Absicherung beim Tod des Ehemanns. Entsprechend auffällig ist das unglaubliche Angebot an Edelsteinen, allerdings dürfte es sich fast ausnahmslos um falsche Edelsteine aus den Fabriken Chinas handeln. Dennoch sind diese farbenfrohen Steine von großer Bedeutung im tibetischen Alltag und werden als Opfergaben, Schmuck oder bestimmte, meist buddhistische Symbole benutzt. Im Tibetischen steht das Juwel (Rinpoche) darüber hinaus für reinkarnierte Lamas, die ebenfalls den Titel Rinpoche tragen. Edelsteine sind zudem Embleme, die für die verschiedenen Buddhas und ihre Lehren stehen können. In der tibetischen Tradition sind vor allem fünf Substanzen besonders wichtig, und zwar **Gold**, **Silber**, **Koralle**, **Perle** und **Vaidurya**. Bei dem Vaidurya handelt es sich um den blauen Beryll oder Aquamarin, und er kommt in den Farben Weiß, Gelb, Rot, Grün und Blau vor. Umgekehrt werden diese Farben wiederum mit kostbaren Steinen gleichgesetzt.

Die begehrteste Farbe beim Beryll ist das transparente, intensive Blau, und das ist – anders als an den Schmuckständen der Märkte – in der Natur nur selten zu finden. Also muss nachgeholfen werden. Dies geschieht bei echten Steinen entweder durch Erhitzen, durch Einfärben des häufiger zu findenden und damit billigeren Achats oder ganz einfach durch Verwendung von synthetischem Quarz oder gar Glas. Dadurch lässt sich die Fälschung aber auch ganz gut erkennen. Man ritzt einfach mit einem scharfen Metallgegenstand über den Stein. Bei der Fälschung bleibt ein weißer Kratzer, und den wollen natürlich die wenigsten Händler auf ihrer angeblich „echten" Ware riskieren, sodass sie einem diesen Test untersagen werden. Wer echte Steine oder auch Korallen sucht, muss schon Fachgeschäfte aufsuchen und mit entsprechend hohen Preisen rechnen.

Ansonsten kann man ganz in einer variantenreichen und farbenprächtigen Vielfalt an Ketten, Haarspangen, Armbändern, Ringen usw.

schwelgen, die, ob echt oder imitiert, zumindest immer fantasievoll gearbeitet sind.

Gzi-Steine

Eine ganz besondere Bedeutung hat der Gzi-Stein (auch Dzi-Stein), ein gebänderter oder geätzter Karneol, Chalzedon oder Achat. Der idealerweise zylindrische oder walzenförmige Stein ist in der Regel schwarz oder braun und weiß gebändert und weist ein bis mehrere Augen auf. Er kann sich an den Enden verjüngen und gilt dann als „weiblicher" Gzi, während der dickere, ein wenig tonnenförmige Gzi als männlicher Stein gilt. Je mehr Augen er hat, desto wertvoller ist er.

Besonders kostbar und vor allem selten sind antike Gzis mit neun Augen und einer Musterung, die an eine Swastika erinnert. Ihr Wert war im alten Tibet so hoch, dass man sogar ein kleines Bauernhaus dafür bekam, während man heute Hunderttausende Yuan für antike Gzi-Steine zahlt.

Die Steine selber, die als abgelegter Schmuck und damit als Gabe von Göttern gelten, werden meist beim Umpflügen von Feldern gefunden. Tatsächlich handelt es sich wohl um Grabbeigaben aus prähistorischer oder neolithischer Zeit. In einem aufwendigen Prozess des Ätzens haben sie ihre Musterung bekommen. Echte Gzis aus Achaten, Chalzedonen und Karneolen kosten mehrere Hundert bis 5000 €. Heute werden die Gzis im großen Stil vor allem in Taiwan zwar nach altem Feuerätz-Verfahren, aber aus anderen Materialien hergestellt. Sie kosten dann wenige Yuan, werden aber in vielen Geschäften auch schon mal als „echte" Steine für mehrere Tausend Yuan angeboten, daher sollte man als Laie tunlichst die Finger davon lassen und teure Steine nur über zuverlässige Schmuckhändler zuhause erwerben.

Eine andere Form des Gzi ist der rundliche Chalzedon, der gewundene rötlich-braune, weiße oder goldfarbene Bänder aufweist. Aber egal ob Achate oder Chalzedone, die Gzi-Steine dienen quasi als universelle Amulette und bis heute sogar als Zahlungsmittel. Die echten Gzi-Steine können in besonderen Leihhäusern, die man meist an Marktplätzen findet, verpfändet werden. Auf den Märkten und in den Souvenirgeschäften bekommt man allerdings meist nur Imitate aus Porzellan, Kunstharz oder anderen Materialien.

Kristalle

An einigen Ständen und in vielen Geschäften wird man Kristalle finden. Auch sie haben neben ihrem materiellen oder ästhetischen einen besonderen symbolischen Wert. So stehen sie für die Klarheit des Geistes oder – wenn aus Kristall kleine Kultgegenstände oder Stupas hergestellt werden – für ihre diamant- *(vajra-)*gleiche Natur. Die Kristalle werden meist in ungeschliffener Form verkauft und dienen dann außer als Schmuckgegenstände auch zum Aufstellen, z. B. auf Hausaltären, wo sie die Richtungsgottheiten, die zum Osten gehören, symbolisieren, da nach buddhistischer Auffassung die Ostwand des Weltenberges Sumeru aus Kristall besteht.

Kunsthandwerk und Antiquitäten

Die Läden in Lhasa und Shigatse quellen über vor Antiquitäten, deren Farbe gerade erst getrocknet ist oder deren Ruß, der die Sache älter aussehen lassen soll, die Hände schwarz färbt. Tatsächlich sollte man eher auf die Qualität der Arbeit achten als darauf, ob sie wirklich alt ist, denn echte Antiquitäten sind nicht nur schwer zu bekommen, sie dürfen auch nicht ohne Weiteres ausgeführt werden.

Ansonsten reicht das Angebot von geschnitzten Masken über reich verzierte Messer oder Yak- und Pferdegeschirr bis hin zu filigranen Buddha-Statuen oder Gebetsmühlen. Schön sind auch die in Tibet hergestellten Möbel, bei denen der Schwerpunkt auf farbenprächtiger Dekoration liegt.

Die meisten Stücke sind zum Mitnehmen oder Verschiffen sicherlich zu groß, aber man findet auch zahlreiche schön gestaltete Schmuckkästchen und Behälter.

Teppiche

Die Teppichknüpferei gehört zu den ältesten Traditionen Tibets und ist seit alters in den Städten Lhasa, Shigatse und Gyantse angesiedelt. Als Qualitätsmerkmal der Wolle gilt, je härter das Leben der Schafe, desto besser ihre Wolle – zumindest aus Sicht der Teppichmacher. Tibetische Schafe leben das ganze Jahr über in Höhen jenseits von 4000 m. Im Frühjahr fällt ihnen die Wolle, die sie in den warmen Sommermonaten nicht zu ihrem Schutz benötigen, in großen Büscheln aus und wird von den Nomaden eingesammelt. Da sich die Wolle ausgezeichnet für die Teppichweberei eignet, ist sie sehr teuer und geht fast ausschließlich in den Export, während die meisten tibetischen Teppiche aus importierter Wolle gewebt werden.

Nach ihrem fast unaufhaltsamen Niedergang wurde die Teppichweberei in den 1970er-Jahren von Exiltibetern in Nepal wiederbelebt. Erst Mitte der 1980er-Jahre gründete der tibetische Geschäftsmann Kesang Tashi eine erste Teppichfabrik namens Khawachen, 💻 www.innerasia rugs.com, die sich auf die traditionelle Herstellung mit handgesponnener tibetischer Wolle besann, aber mittlerweile nur noch für den Export produziert. 2006 wurde mit Tanva eine weitere Fabrik eröffnet, die Teppiche nach traditioneller Methode herstellte. Da es allerdings immer schwieriger wurde, genügend qualifizierte Teppichweber zu finden, wurde die Produktion 2012 eingestellt.

Eine besondere Teppichform ist der „Wangden Drumse", der ausschließlich von Männern in den Dörfern außerhalb von Lhasa bzw. anderen Teilen Tibets gewebt wird. Sie sollen zu den ersten geknoteten Flor-Teppichen Tibets gehören und werden bis heute für die Klöster als Sitzunterlagen zum Meditieren hergestellt. Einige Beispiele für solche Teppiche gibt es bei Dropenling in Lhasa (S. 182) zu sehen und natürlich zu kaufen.

Thankas

Als Souvenirs beliebt sind auch Thankas (S. 141). Sie sind meist knallig bunt und nicht immer besonders qualitätsvoll. Auch hier gilt: Wer etwas

© OLIVER FÜLLING

Weberin am Kloster Reting

Besonderes sucht, muss spezielle Galerien oder die Ateliers der Künstler aufsuchen und relativ tief in die Tasche greifen.

Der beste Ort, um Thankas zu erstehen, ist sicherlich Lhasa, da es hier eine große Zahl an Galerien und hervorragenden Künstlern gibt, die die Thankas auch als Auftragsarbeiten herstellen.

Essen und Trinken

Tibet ist nicht gerade mit kulinarischen Höhepunkten gesegnet, aber zumindest in Lhasa und Shigatse gibt es eine große Auswahl an ordentlichen Restaurants aller Art, die ein breites Spektrum an tibetischer, nepalesischer, indischer, chinesischer und teilweise auch westlicher Küche bieten. Die Qualität in vielen Restaurants ist dank der großen Konkurrenz sogar meistens ganz anständig, und nach den kulinarisch entbehrungsreichen Überlandfahrten freut man sich zugegebenermaßen auch schon mal über eine saftige Pizza.

Gibt es einmal keine englische Speisekarte, was vor allem außerhalb der größeren Orte und fast grundsätzlich in den chinesischen Restaurants der Fall ist, kann man in die Küche gehen und dort auf die Zutaten zeigen, die man zubereitet haben möchte. Allerdings wird das Essen dann fast immer auf die gleiche Art gekocht, sprich alles wird zusammen gebraten, und der Geschmack ist auf Dauer recht eintönig. Ist in einem chinesischen Lokal doch einmal eine englische Speisekarte vorhanden, sind die angegebenen Preise meist deutlich höher als auf der umfangreicheren chinesischen Karte.

Tibetische Küche

Die traditionelle Alltagskost ist schnell beschrieben. Das Leben und die Arbeit auf den hoch gelegenen Weiden und Feldern ist anstrengend und macht hungrig, und der große Appetit wird mit riesigen Mengen an meist gekochtem Yak- oder Lammfleisch, dicken Scheiben Yak-Butter und **Tsampa**, gekneteten Bällchen aus Hochlandgerstenmehl, gestillt. Das Ganze wird mit Unmengen an gesalzenem Buttertee runtergespült. Fisch steht nur selten auf dem Speiseplan: Zwar ist der Fleischgenuss ein fest verwurzelter Bestandteil des kulturellen Erbes, aber es galt als inhuman, ein Leben zu töten, wenn dabei gerade einmal eine Hand voll Fleisch herauskam.

Vegetarier

Für Vegetarier ist Tibet ganz sicher kein gutes Pflaster. Die karge tibetische Nahrung basiert traditionell auf Yak- und Lammfleisch, und in Verbindung mit den extremen Witterungsbedingungen ist eine vegetarische Ernährung selbst für die buddhistischen Mönche ein nicht zu verwirklichender Luxus. Allerdings gibt es in Lhasa mittlerweile das eine oder andere vegetarische Restaurant, und wer im übrigen Tibet unterwegs ist, kann zumindest in den chinesischen Restaurants meist vegetarische Gerichte bekommen. Wer sichergehen will, dass kein Fleisch untergemogelt wird, sollte sich das Gemüse in der Küche selber zusammenstellen. Die gute Nachricht ist allerdings: Immer mehr Mönche und Laien versuchen angesichts der immer besser werdenden Versorgung, eine fleischlose Ernährung zu verwirklichen. Das Angebot an vegetarischen Gerichten dürfte damit in Zukunft sicher reichhaltiger werden.

Verbesserte Anbau- und Distributionsmethoden haben in den letzten Jahren allerdings dazu geführt, dass Nahrungsmittel wie weißes Mehl zum Backen von Brotfladen, Reis, Kartoffeln, Rettich, Spinat, Sellerie oder Paprika auch in den Zelten der Nomaden keine Ausnahme mehr sind. Ambitionierte tibetische Köche sorgen wenigstens in Städten wie Lhasa und Shigatse dafür, dass die tibetische Küche variantenreicher und qualitätsvoller wird.

Beliebt und fast überall zu haben sind **Momos**, kleine gekochte oder gebratene Teigtäschchen, die mit Hackfleisch und Zwiebeln gefüllt sind. Eine Variante sind die **Logo Momos**, die wie runde Pasteten mit einem Loch in der Mitte aussehen. Logo Momos werden gedämpft, von außen sind sie leicht gesalzen und schmecken besonders als Beilage zu Eintöpfen und Gerichten mit einer kräftigen Soße. Meistens werden sie mit **A tsa ra**, einer einfachen, aber würzigen Tomatensoße zusammen serviert. Besonders lecker sind die **Shog Go Sha Momos**. Dafür wird Kartoffelbrei zu kleinen Kegeln geformt, die mit einer Mischung aus leicht gesalzenem Rindfleisch gefüllt werden. Danach werden die Kegel frittiert und mit einer würzigen Soße serviert – köstlich.

Tsib Ma sind Rippchen auf Tibetisch. Naturgemäß handelt es sich um Lammrippchen, die erst gekocht und dann frittiert oder geschmort werden. Dazu gibt es eine Gewürzmischung aus Salz, Pfeffer und anderen Gewürzen.

Wer auf Nudeln steht, sollte **Pö Thuk** (Thukpa) probieren. Diese dicken und sättigenden Nudeln werden in einer schmackhaften Brühe mit etwas Yak-Fleisch und einigen Gewürzen serviert. Eine andere Nudelvariante ist **Pag Tsa Mar Gu**, die wie Conchiglie aussehen. Tatsächlich

Tsampa

Tsampa ist in weiten Teilen Tibets noch immer das Hauptnahrungsmittel. Um es herzustellen, wird Hochlandgerste mit heißem Sand, der die Hitze gleichmäßig verteilt, in großen, flachen, eisernen Schalen oder Schüsseln über offenem Feuer geröstet und nach dem Aussieben des Sandes gemahlen. Beim Verzehr sollte man also immer auf Sandkörner oder sogar kleine Steinchen gefasst sein. Die Gerste enthält keine natürlichen Klebstoffe und kann daher nicht zu Brot verarbeitet werden. Zum Rollen eines Tsampa-Bällchens oder zum Formen des länglichen Pa, dem tibetischen Brotersatz, wird die Gerste mit Yak-Butter und Tee, Joghurt oder Suppe verknetet.

Tibeter freuen sich, wenn man eine Einladung zum Tsampa-Essen annimmt, und vor allem, wenn es einem dann auch noch schmeckt. Sinnvoll ist es, dass man sein Tsampa selber knetet und sich die Portionen nicht von den Gastgebern in seine Schüssel füllen lässt. Die Mengen werden sonst so groß sein, dass man kaum eine Chance hat, sie aufzuessen. Außerdem hat man so einen Einfluss auf die Menge an Yak-Butter und Tee, mit der man sein Tsampa zubereitet.

Die Gastgeber werden einen manchmal fragen, ob man sein Tsampa kneten oder „lecken" *(kort-te)* möchte. Bei dieser Variante wird die Gerste mit Yak-Butter, Tee und Zucker krümelig geknetet. Die entstandenen Streusel werden dann mit den Fingern an der Oberfläche glatt gestrichen und das Ganze mit Tee aufgegossen. Den Tee trinkt man aus, dann wird die obere, aufgeweichte Schicht Tsampa aufgeleckt und neuer Tee eingegossen. Das geht so lange, bis alles aufgegessen ist. Tsampa ist auf diese Weise nicht nur besser verdaulich, sondern schmeckt auch bedeutend besser als in der trockenen Bällchenvariante.

Noch heute tragen Tibeter auf dem Land stets ein Säckchen Tsampa bei sich. Es stillt nicht nur den Hunger, sondern ist auch hervorragend dazu geeignet, streunende und aggressive Hunde zu besänftigen, die aus unerfindlichen Gründen gerne Tsampa fressen.

handelt es sich um kleine Teigklümpchen, die mit salziger Butter, braunem Zucker und Käse aufgetischt werden. Ein einfaches Nudelgericht ist **Thanthuk**, gebratene Nudelquadrate.

Wer zum tibetischen Neujahr in Tibet weilt, sollte das traditionelle tibetische Neujahrsgericht **Drolma Dresel** nicht verpassen. Dabei handelt es sich um eine in Tibet vorkommende Wurzel, die ein wenig wie eine kleine Süßkartoffel aussieht. Die Wurzeln werden gekocht und in glitzernder Yak-Butter und einer Schicht Zucker und manchmal auch Reis serviert.

Muslimische Küche

Muslimische Händler reisten bereits seit der zweiten Hälfte des ersten Jahrtausends regelmäßig nach Tibet, als das Land Teil eines großen eurasischen Kultur- und Handelsraums war und viele der Handelswege kontrollierte. Bis heute bilden die Muslime, meistens Angehörige der muslimischen Hui-Nationalität, in den Städten eigene Kommunen wie in Lhasa, und entsprechend verbreitet ist die muslimische Küche in allen größeren Ortschaften Tibets. Zu erkennen sind die Restaurants meist an einer grünen Flagge, die vor der Eingangstür angebracht ist und manchmal arabische Schriftzüge trägt. Die meisten Restaurantbesitzer kommen aus den Provinzen Gansu oder Xinjiang, wo große muslimische Bevölkerungsgruppen leben. Im Zentrum der Küche stehen Lamm-, Rindfleisch- und Nudelgerichte.

Zum Standard gehören wie überall in Zentralasien **Kebabs**, die auf Märkten und vor allem bei Einbruch der Dunkelheit auf belebten Straßen frisch gegrillt werden. Lecker sind **Pilaws** und natürlich das Nan-Brot, das frisch aus dem Ofen besonders köstlich ist. Typische Gerichte der muslimischen Küche Chinas sind **Roujiabing**, flache Brottaschen, die mit Lammfleisch gefüllt sind, **Niuroumian**, Nudeln in einer Rindfleischbrühe, und **Lamian**, „gezogene Nudeln". Lamian sind selbst gemachte Spaghetti, und schon das Zuschauen bei der Herstellung ist ein Genuss.

Ein Teigkloß wird geknetet, in die Länge gezogen, auf den Tisch geschlagen und dann zusammengedreht, erneut gezogen, auf den Tisch geknallt usw., bis daraus Spaghetti in der gewünschten Dicke entstanden sind. Serviert werden diese entweder als Niuroumian oder gebraten, oft zusammen mit Paprika, Tomaten, Zwiebeln, viel Knoblauch und Auberginen.

Sichuan-Küche

Die chinesische Küche in Tibet ist nahezu identisch mit der Sichuan-Küche. „Hundert Speisen schmecken hundertmal anders", heißt es in Sichuan. Gemeint sind die unzähligen scharfen Geschmacksnuancen. Aber der Gaumen gewöhnt sich erstaunlich schnell an die Schärfe der Sichuan-Küche, die sich nur einen kurzen Moment entfaltet und dann genügend Raum für das eigentliche Geschmackserlebnis aus süßscharfen, aromatisch-scharfen, bitterscharfen, pikant-scharfen und sauer-scharfen Aromen lässt.

Die Sichuan-Küche liebt die starke, ja extreme Würze und die großzügige Beigabe von Schnittlauch, Frühlingszwiebeln und vor allem Knoblauch, ein Usus, den die Sichuaner auf das Wetter zurückführen: Im schwülheißen Sommer bringen die mit Chili oder Pfeffer gewürzten Speisen die Menschen zum Schwitzen und somit zur inneren Abkühlung, wogegen im Winter genau der gegenteilige Effekt erreicht wird. Fast alle chinesischen Restaurants in Tibet sind Sichuan-Restaurants. Allerdings fehlt ihnen außerhalb von Lhasa und Shigatse die Raffinesse.

Zu den bekannten Gerichten der Sichuan-Küche gehören so delikate Speisen wie **Yuxiang Rousi**, süßscharfes Schweinefleisch in Streifen, **Guaiwei Jikuai**, gebratene Stücke vom Huhn mit bitter-scharfem Geschmack, **Huiguo Rou**, „Schweinefleisch, das in den Topf zurückkehrt", **Zhangcha Kaoya**, in Tee und Kampfer geräucherte Ente, und, nicht zu vergessen, das vielleicht bekannteste Gericht **Mapo Doufu**, in reichlich Chiliöl gebratene Tofu-Würfel, die mit Hackfleisch, schwarzen fermentierten Bohnen und geriebenen roten Pfefferkörnern (Capsicum) serviert werden.

Frühstück

Das tibetische Frühstück, **Tsampa und Buttertee**, ist nichts, wonach man sich unbedingt sehnt. In tibetischen Restaurants bekommt man aber auch schon mal Rührei mit Tomate. In den Hotels von Lhasa, Shigatse und Gyantse findet man zwar durchaus einmal ein echtes Frühstücksbuffet mit Eiern, Joghurt, Brot, Müsli, gebratenen Nudeln usw. oder westliche Gerichte wie Pfannkuchen, Porridge und Sandwiches, aber außerhalb dieser Städte wird man sich mit pappigem Toast, süßer Marmelade und dem einen oder anderen gebratenen, oft vor Fett triefenden Spiegelei oder Omelett begnügen müssen.

Auch das chinesische Frühstück ist gewöhnungsbedürftig, aber wer es mag, bekommt es wenigstens fast überall. Es besteht im Allgemeinen aus einem in siedendem Öl ausgebackenen Gebäck namens **Youtiao** und einer Schale **Xifan**, eine geschmacksneutrale, wässrige Reissuppe. Dazu wird würziges, eingelegtes Gemüse gereicht, und manchmal gibt es ein hart gekochtes, in einem Sojasoßensud gegartes Ei dazu. In besseren Hotels sind zusätzlich verschiedene gebratene Gemüsegerichte, gebratener Reis und gebratene Nudeln erhältlich. An den Straßen werden vielerorts **Baozi** verkauft, frisch gedämpfte, heiße, mit Fleisch oder Gemüse gefüllte Teigklöße, die ein wenig an Dampfnudeln erinnern. Sie sind überaus schmackhaft und vor allem sättigend. Beliebt sind auch **Jiaozi**, chinesische Ravioli, die ebenfalls mit Fleisch gefüllt sind und entweder in Wasser gekocht oder gebraten werden. Die Jiaozi tunkt man in eine Mischung aus Sojasoße und Essig.

Teehäuser

Anders als viele tibetische Restaurants sind die Teehäuser meist urgemütliche Einrichtungen mit tiefen, teppichbedeckten Tischen. Auf dem Land steht meist ein großer, eiserner Ofen in der Mitte, der nicht nur das Teehaus beheizt, sondern auch zum Kochen des Teewassers dient. Um den Ofen reihen sich großzügig bemessene Bänke, die ebenfalls mit Teppichen oder dicken Kissen ausgelegt sind. In Teehäusern ohne Ofen

Alles (in) Butter

Yaks sind für die Tibeter so etwas wie die Essenz des Lebens. Sie dienen als Zugtiere in der Landwirtschaft, als Wolllieferanten für die Zelte der Nomaden und als Tragtiere; sie liefern überaus nahrhaftes Fleisch, das ideal für das Leben in großer Höhe geeignet ist, ihre Knochen werden zu Gebetsketten verarbeitet, und selbst der getrocknete Dung wird als Brennstoff in den baumlosen Hochebenen genutzt. Die Yak-Kühe, die man allerorten auf den Weiden sieht, sind jedoch keine Yaks, sondern Kreuzungen aus Yaks und Kühen. Sie heißen Dri und werden gemolken. Jeder Tibetreisende wird täglich auf mannigfaltige Weise auf ihre Milchprodukte stoßen.

Auf den Straßen wird frischer **Joghurt** (Sho) und getrockneter **Käse** verkauft. Der Käse wird aus der Buttermilch gewonnen, die bei der Butterherstellung übrigbleibt. Die Buttermilch wird erhitzt und abgeseiht, und dabei entsteht ein krümeliger Käse, der so steinhart wird, dass man daran zweifelt, ob er überhaupt essbar ist. Aber ähnlich wie getrocknetes Yak-Fleisch dient er vor allem den Nomaden und Pilgern als Wegzehrung, an der man den ganzen Tag kauen kann. Dem westlichen Gaumen schmeckt tibetischer Käse nur, wenn er nach Schweizer oder norwegischer Technik hergestellt wird. Solchen Käse findet man allerdings fast nur in Lhasa.

Buchstäblich in ganz Tibet bekommt man dagegen **Yak-Butter**, eine Art Universalsubstanz für den profanen und religiösen Alltag. Die Butter wird meist sorgfältig in Yak-Mägen verpackt und Scheibe für Scheibe verkauft. Ihr Geschmack ist herzhafter und die Konsistenz fester als bei unserer Butter. Kein echtes tibetisches Gericht oder Getränk kommt ohne diese Butter aus. Sie wird für die Herstellung von Tsampa und Buttertee benötigt, und fast alle tibetischen Gerichte schwimmen in einem Meer aus Buttersoße. Doch nicht nur in der Nahrungszubereitung spielt die Butter eine Rolle, sondern auch in vielen Bereichen des täglichen Lebens. In den Tempeln dient sie als Grundstoff für die unzähligen Butterlampen, deren Ruß die Wände mit einem schmierigen, schwarzen Film überzieht, auf Festen werden prachtvoll geschmückte Butterskulpturen für die Prozessionen hergestellt, die Nomaden benutzen die Butter als Sonnenschutzmittel und die Bauern als Schmiermittel.

in der Mitte gibt es auch große quadratische Tische, die von teppichbedeckten Bänken umstellt sind. Die Teehäuser bieten eine Menge Atmosphäre, guten Tee, aber auch Bier oder andere Getränke und eine kleinere Auswahl an Snacks wie Kartoffeln, Momos oder Rührei. Dort, wo viele westliche Reisende die Teehäuser besuchen, ist die Speisekarte oft schon umfangreicher.

Selbstversorger

Das Angebot an **Obst** ist zumindest in den größeren Orten erstaunlich reichhaltig. In den niedriger gelegenen Gebieten Ost- und Südtibets gedeihen verschiedene Obstsorten und selbst in der Umgebung von Lhasa werden Aprikosen-, Apfel- und Pfirsichbäume kultiviert. Kaufen kann man das Obst auf den Märkten. Manchmal findet man in kleinen Orten auch ein Geschäft, meist Zwischenhändler, die das Obst und Gemüse auf- und weiterverkaufen. Man sollte unbedingt darauf achten, das Obst grundsätzlich zu schälen.

In Städten wie Lhasa, Shigatse oder auch Tsethang gibt es große und teilweise gut ausgestattete **Supermärkte**, in denen man sich für lange Überlandfahrten oder selbst organisierte Treks mit Instantnudeln, Fertiggerichten, getrockneten Früchten, Nüssen, Schokolade und allem, was man sonst noch so zu brauchen meint, eindecken kann. Eier und Gemüse, um die ewig gleich schmeckenden Instant-Nudelsuppen ein wenig aufzupeppen, bekommt man meist auch in kleineren Orten. Viele Dörfer, zumindest jene mit Straßenanbindung, haben wenigstens einen kleinen Supermarkt, der den Namen allerdings meist nicht verdient. Hier werden Grundnahrungsmittel, Süßigkeiten und natürlich die obligaten Nudelsuppen verkauft.

Die Verbreitung weißen Mehls hat dazu geführt, dass in mehr und mehr Orten auch **Bäckereien** öffnen. In Lhasa bekommt man sogar schon richtige Leckereien wie Kuchen, Brot, Gebäck, Pizzaecken und belegte Sandwiches, die ein reichhaltiges Frühstück auf dem Zimmer oder manchmal sogar in einem angeschlossenen Café garantieren. Wer gerne Kaffee trinkt, bekommt in den meisten Supermärkten Nestlé- oder Maxwell-Kaffeepulver, das bereits portionsweise abgepackt und mit Milchpulver und Zucker versetzt ist. Wer sich darauf nicht verlassen möchte, sollte sich Kaffee mitbringen.

Die alte Tee- und Pferdestraße

Von der Tang-Dynastie (618–907) bis zum Beginn des 20. Jhs. wurde der Tee über die „Alte Tee- und Pferdestraße" nach Tibet transportiert. Mit diesem Namen werden die zwei alten Handelswege – einer über Zhongdian (Shangri-La) in Yunnan und der andere über Ya'an in Sichuan – bezeichnet, die zwischen den hoch aufragenden Bergen, dort, wo Tibet, Yunnan und Sichuan aneinander grenzen, nach Tibet führen. Zur Blütezeit des Handels in der Nördlichen Song-Zeit (960–1127) kaufte der Kaiserhof jedes Jahr mehr als 20 000 Pferde aus Tibet und bezahlte sie mit Tee aus Sichuan. Der Tee-gegen-Pferde-Handel erreichte seinen Höhepunkt in der Ming-Zeit (1368–1644), als über die Hälfte des in Sichuan produzierten Tees nach Tibet verkauft wurde. In dieser Zeit nutzte der Kaiser den Tee als wichtiges Gut, um gute Beziehungen zu hohen Würdenträgern und der Oberschicht von Geistlichen und Adligen in den tibetischen Gebieten zu pflegen. Bereits in der Tang-Zeit war ein eigenes Büro für Tee und Pferde gegründet worden, das sich in Xindian westlich von Chengdu befand und den gesamten Tee-gegen-Pferde-Handel über tausend Jahre lang kontrollierte.

Getränke

Tibet und Buttertee sind eins, er gehört zum Alltag wie die Mönche zum Kloster und nicht umsonst heißt es hier, dass ohne Tee „kein Morgen und kein Abend vergehen". In Verbindung mit dem chinesischen Wort Cha für Tee und dem alten Wort Böd für Tibet ergibt sich die Bezeichnung **Bödcha**, „Tibetertee". Um ihn zuzubereiten, benutzt man zu harten Ziegeln oder Blöcken gepressten, meist minderwertigen Tee, der gekocht und dann mit Butter, Soda und Salz in einem hohen, zylinderförmigen Gefäß verquirlt wird. Die Konsistenz dieses Gebräus ist ein wenig cremig und der Geschmack gewöhnungsbedürftig, aber wer bei Tibetern eingeladen ist, sollte ihn ohne mit der Wimper zu zucken trinken, da es als grob unhöflich gilt, den Tee zurückzuweisen.

Vor allem auf dem Land, wo die Butter wochen- und monatelang in Yaklederbeuteln aufbewahrt wird, ist ihr Geschmack oft ranzig. In diesem Falle hilft es ein wenig, die obere Fettschicht beim Trinken leicht wegzupusten. Als Gast bekommt man permanent Tee nachgeschenkt, meist nach jedem Schluck und wenn man die Tasse abstellt. Tibeter trinken übrigens bei jeder sich bietenden Gelegenheit und bis zu 40 Tassen Buttertee am Tag!

In vielen Restaurants bekommt man glücklicherweise auch süßen **Milchtee** (Cha Ngamo), der meist aus nepalesischem schwarzen Beuteltee und frischer Milch aufgegossen wird. Manchmal kann man den Zucker selbst zufügen.

Das chinesische Nationalgetränk ist ebenfalls Tee, und guten **grünen Tee**, der drei- bis viermal wieder aufgegossen werden kann, bekommt man in allen größeren Ortschaften. Man trinkt ihn ohne Zucker und Milch und oftmals nur mit einem Hauch von Teeblättern, die im Glas verbleiben. Heißes Wasser für den Tee bekommt man sogar in den Zügen. Einen Becher und Teebeutel oder -blätter sollte man also auf jeder Fahrt griffbereit haben.

Das tibetische **Bier** heißt Chang und ist ein aus Gerste gewonnenes, leicht alkoholisches, weißes und säuerliches Gebräu. Es kann ziemlich erfrischend und gut, aber auch ganz schön scheußlich schmecken. Meist wird es aus großen Blechkanistern eingeschenkt und vor allem auf Festen in Unmengen getrunken. Beliebt und verbreitet ist chinesisches Bier, das meist unseren alkoholreduzierten Leichtbieren ähnelt. Allerdings bekommt man fast ausschließlich große Flaschen à 630 ml. Am preiswertesten ist das Lhasa Beer, dicht gefolgt von Snow und Huanghe, während das von einem amerikanischen Joint Venture gebraute Pabst Blue Ribbon (Landai Pijiu) etwas teurer ist. Nicht selten wird man übrigens gefragt, ob man kaltes oder warmes Bier möchte: Viele Chinesen trinken es nämlich gerade im Winter lieber ungekühlt.

Zu festlichen Anlässen wird aus Gerste gebrannter **Schnaps** (Arak) getrunken. Auch Chinesen stoßen zu einem guten Essen gern mit hochprozentigen Schnäpsen an. Sie sind meist sehr scharf oder schmecken intensiv nach Medizin (böse Zungen sagen Diesel) und sind auf jeden Fall sehr gewöhnungsbedürftig. Wenn man in China oder Tibet auf Englisch „wine" (Wein) angeboten bekommt, ist damit immer Schnaps gemeint. Schnaps bekommt man in Restaurants übrigens nicht im Glas, sondern man muss immer die ganze Flasche kaufen.

Ansonsten gibt es noch zuckersüße, klebrige chinesische **Limonade** (Qishui) und nicht minder süße **Traubenweine** (Putao Jiu), wobei halbwegs guter Wein selbst in Tibet auf dem Vormarsch ist. Coca-Cola und Co. haben seit 1989 das gesamte Land im Sturm erobert und sind auch im letzten Winkel Tibets noch zu haben. Auch **Mineralwasser** in Flaschen ist in den meisten Orten erhältlich. Auf keinen Fall sollte man das Leitungswasser trinken.

Fair reisen

Reisende sind im Gastland nicht bloß unbeteiligte Zuschauer. Ihr Verhalten hat Auswirkungen auf die Umwelt und die besuchten Menschen. So verbrauchen Touristen z. B. mehr Strom und Wasser als Einheimische und produzieren mehr CO_2 und Müll. Natürlich hat der Tourismus auch

Fair und grün – gewusst wo

Eine Manufaktur, die nach traditionellen Methoden produziert, ein Atelier, das lokale Künstler fördert, eine Massage von Blinden, die in einer speziellen Schule ausgebildet werden, oder eine Trekkingtour, von der alle Beteiligten profitieren: Auch in Tibet findet man mittlerweile Anbieter, die sich dem Thema Nachhaltigkeit und gegenseitige Hilfe besonders verpflichtet fühlen. Sie sind in diesem Buch mit einem Baum-Symbol gekennzeichnet.

Umweltbewusst wandern

- Wer eine Trekkingtour unternimmt, sollte grundsätzlich **kein Feuer anzünden**. Holz ist in den meisten Regionen eine Rarität und wird von den Einheimischen benötigt. Besser ist es, Benzinkocher und genügend warme Kleidung mitzunehmen.
- **Müll** unbedingt wieder mitnehmen. Das Verbuddeln ist keine Lösung, sondern fördert die Erosion der empfindlichen Böden. Außerdem wird vergrabener Müll von Tieren ausgebuddelt. Die beste Lösung ist die Müllvermeidung, indem man verschließbare Behälter mitnimmt und das Verpackungsmaterial in Lhasa zurücklässt.
- In **Fluss- oder Bachläufen** sollten auf keinen Fall Waschmittel benutzt werden. Sie führen zur Zerstörung der aquatischen Ökosysteme beispielsweise durch Algenbildung. Auch der Abwasch sollte in einer ausreichenden Entfernung von mindestens 50 m vom Wasserlauf erledigt werden.
- Wenn im Gelände Pfade vorhanden sind, unbedingt **auf den Wegen bleiben**. Abkürzungen an Hängen schaffen neue Wege und damit Erosionsflächen.

gute Seiten: Er hat vielen Menschen einen Weg aus der Armut gezeigt, ihnen ermöglicht, einen Beruf zu ergreifen, sich weiterzubilden. Er regt lokale Investitionen an, verbindet Kulturen. Außerdem werden Naturräume geschützt, die ohne ihn vermutlich längst verschwunden wären. Wer mit Herz und Verstand reist, kann also einiges bewirken. Anregungen gibt es in diesem Buch und bei folgenden Initiativen:

Fair unterwegs, www.fairunterwegs.org
Tourism Watch, www.tourism-watch.de
Studienkreis für Tourismus und Entwicklung, www.studienkreis.org
United Nations Development Programme, www.cn.undp.org

Stichwort Umweltschutz

- Die **An- und Abreise** mit dem Flugzeug verursacht CO_2. Über Kompensationsprogramme lässt sich der Ausstoß neutralisieren (s. Kasten S. 39); **vor Ort** lieber Busse und Bahnen (z. B. die Tibetbahn) nehmen als einen Inlandflug.
- **Klimaanlagen** sind wahre Stromfresser; vor Verlassen des Zimmers daran denken sie auszuschalten, falls das nicht durch Ausstecken der Schlüsselkarte automatisch geschieht.
- Finger weg von **Souvenirs** aus bedrohten Pflanzen und Tieren, wie Bärentatzen, Schneeleopardenfelle oder Huftiergeweihe. Das Washingtoner Artenschutzabkommen verbietet den Import nach Europa sowieso. Das gilt auch für so manche traditionelle Medizin.
- **Tierschutz** ist in Tibet praktisch unbekannt – umso wichtiger ist es, bestehende Initiativen wie den World Wildlife Fund (WWF), en.wwfchina.org, der sich auch in Tibet stark engagiert, zu unterstützen. Der WWF sucht auch laufend freiwillige Helfer, die die Arbeit vor Ort für eine begrenzte Zeit unterstützen.
- In vielen Gebieten in Tibet ist sauberes **Wasser** knapp, bitte sparsam damit umgehen.
- Wer **Tourismusbetriebe** nach Umweltschutzmaßnahmen fragt und auswählt, schärft das Bewusstsein für dieses Thema.
- In Tibet muss man mit Guides und Fahrer reisen. Dadurch hat man sehr unmittelbar die Gelegenheit, das Thema **Umweltschutz und Müllvermeidung** zur Sprache zu bringen. Allerdings darf das nicht besserwisserisch geschehen, sondern sollte über behutsame Erklärungen erfolgen.
- Auch ein **kleiner Beitrag** hilft: wenn es geht, lieber Trinkflasche nachfüllen statt Plastikflasche kaufen, Akkus statt Batterien verwenden, Einkaufsbeutel statt Tüte wählen und biologisch abbaubare Shampoos und Seifen verwenden.

Mensch im Fokus

- **Respektvoll miteinander umgehen**, klar, aber nicht jedes Fettnäpfchen ist auf Anhieb zu erkennen. Tipps zur Etikette, den Besonderheiten im Kloster und bei Einladungen gibt es auf S. 92.
- Mit dem Portemonnaie lässt sich Einfluss nehmen: wenn möglich **lokal** buchen, **Touren** auch danach auswählen, ob alle Beteiligten profitieren; **Souvenirs und Kunsthandwerk** direkt vom Produzenten kaufen oder darauf achten, dass die Ware **fair gehandelt** wurde.
- Auch wenn's schwerfällt: **bettelnden Kindern** kein Geld geben. Wirksamer sind Spenden an Kinderhilfsorganisationen oder Bildungseinrichtungen vor Ort.
- Im **Forum anders reisen**, 💻 www.forumandersreisen.de, und **CSR-Tourism-Certified**, 💻 www.tourcert.org, sind Tourismusprojekte, Unterkünfte und Reiseveranstalter gelistet, die sich nachhaltigen Tourismus auf die Fahnen geschrieben haben.

Feste und Feiertage

Offizielle Feiertage

Der genaue Zeitraum der freien Tage zum Frühlingsfest, 1. Mai, Drachenbootfest, Mittherbstfest und Nationalfeiertag wird jeweils zum Jahresbeginn bekanntgegeben. Fällt ein gesetzlicher Feiertag in China auf ein Wochenende, so wird er meistens am darauffolgenden Wochentag nachgeholt, am nachfolgenden Wochenende muss dann gearbeitet werden.

1. Januar: Neujahr
1. Tag des 1. Mondes (25.1.2020, 12.2.2021, 1.2.2022): Frühlingsfest (der Tag davor und danach ist ebenfalls Feiertag)
8. März: Internationaler Frauentag (halber Tag frei)
12. März: Aufforstungstag
4. oder 5. April (4.4.2020, 4.4.2021, 5.4.2022): Qingming-Fest (Fest der Lichten Klarheit)
1. Mai: Tag der Arbeit (drei freie Tage)
4. Mai: Jugendtag zum Gedenken an die 4.-Mai-Bewegung 1919 (halber Tag frei)
5. Tag des 5. Mondes (27.5.2020, 14.6.2021, 3.6.2022): Drachenbootfest (Duanwu Jie)
1. Juni: Kindertag
1. Juli: Gründungstag der KPCh
1. August: Gründungstag der Volksbefreiungsarmee
15. Tag des 8. Mondes (13.9.2019, 1.10.2020, 21.9.2021, 15.8.2022): Mittherbstfest (Zhongqiu Jie) oder Mondfest.
1./2./3. Oktober: Nationalfeiertag zur Gründung der VR China (3 Tage frei)

Buddhistische Feste

Das Leben der meisten Tibeter war seit alters hart und eintönig. Unterbrochen wurde der Alltag einzig durch zahlreiche Feste, die stets auch einen religiösen Bezug hatten. Sie sollten die Menschen an die Religion erinnern und das Wohlergehen der Gemeinschaft sichern. Um ihren religiösen Zweck zu erfüllen, müssen Feste stets nach festen, überlieferten Regeln ablaufen. Viele Feste haben ihren Ursprung noch in der vorbuddhistischen Zeit und stehen mit dem Jahresablauf in Beziehung, z. B. Neujahrs- oder Erntefeste. Den religiösen Bezug haben die Feste immer noch, aber die Chinesen haben versucht, die großen Festtage in Touristenattraktionen umzuwandeln und auf bestimmte Orte zu begrenzen, um sie besser kontrollieren zu können, da insbesondere zum Monlam-Fest 1959, 1988, 1989 und zuletzt 2008 einige der gewalttätigsten antichinesischen Demonstrationen stattfanden.

Die Termine der traditionellen Feste orientieren sich am tibetischen **Mondkalender** (S. 98) und fallen daher im westlichen Kalender jedes Jahr auf einen anderen Tag. Eine Liste der entsprechenden Festdaten im westlichen Kalender findet man unter 💻 www.men-tsee-khang.org, 💻 www.tibettravel.org/tibetan-festivals und mit Reiseangeboten zu den einzelnen Festen unter 💻 www.tibettravel.org/tibet-tour-calendar.

Jeder Mondmonat hat eine Reihe von Tagen, an denen sich Tempelbesuche ganz besonders lohnen, da dann zahlreiche Rituale abgehalten werden und man ein intensives Gefühl für die gelebte Religion in Tibets Klöstern bekommt. Der **8. Tag** jedes tibetischen Monats ist der spezielle Tag der Darbringungen für den Medizinbuddha und für Tara (eine weibliche, friedvolle Manifestation erleuchteter Weisheit). Der **10. und 25**. jedes Mondmonats ist der Tag ritueller Darbringungen für die Gottheiten Cakrasamvara (tib. Demchok), eine tantrische Verkörperung Buddhas und „göttliche" Manifestation der Weisheit und des Mitgefühls aller Erleuchteten und noch spezieller der Vereinigung von Glückseligkeit und der Erkenntnis der letztgültigen Realität, der Leerheit, und Vajrayogini (tib. Dorje Khandro), eine der Hauptinitiationsgöttinnen des späteren, tantrischen Buddhismus und eine persönliche Schutz- und Meditationsgottheit, sowie für Padmasambhava, den Gründer der Nyingma-Tradition.

Am **15. Tag** zum Vollmond finden Sutrenrezitationen und Meditationen zu Ehren des Buddha Amitabha statt, und zum Neumond am **30. Tag** gibt es Rituale und Meditationen für Buddha Shakyamuni. Ein weiteres wichtiges Ritual ist schließlich noch **Sojong**, eine Art Reinigungsritual, bei dem die ordinierten Mönche und Nonnen Fehler beim Einhalten ihrer Gelübde bereinigen und diese wiederherstellen und von ihrem Lehrer spezielle Ratschläge und Ermutigung empfangen. Es findet am 14. oder 15. und 29. oder 30. Tag eines jeden Mondmonats statt.

Die im Folgenden aufgelisteten Feste bilden eine kleine Auswahl aus dem umfangreichen Festkalender Tibets. Zu ihnen strömen stets zahllose festlich gekleidete Pilger nach Lhasa und verleihen der Stadt einen ganz besonderen Reiz.

Inoffizielle Gedenktage

Es gibt Zeiten, da ist es fast unmöglich, nach Lhasa zu gelangen. Dazu gehören neben den Besuchen hochrangiger chinesischer Politiker die Tage vor den großen Festen, wenn besondere Sicherheitsmaßnahmen ergriffen werden und alle Verkehrsmittel und Hotels ausgebucht sind. Aber es gibt auch den einen oder anderen kritischen Gedenktag, der natürlich nicht offiziell, aber sehr wohl in den Köpfen der Tibeter gefeiert wird. Zu diesen empfindlichen Tagen, an denen die Einreise oder auch das Herumreisen erschwert sein können, gehören:

5. März: An diesem Tag begannen die Proteste von 1989, die zur Ausrufung des Kriegsrechts in Tibet bis April 1990 führten.

10. März: Jahrestag des Aufstands von Lhasa gegen die Chinesen (1959)

23. Mai: An diesem Tag musste Tibet 1951 das von China aufgezwungene 17-Punkte-Abkommen unterzeichnen.

6. Juli: Geburtstag des Dalai Lama

27. September: Beginn des Aufstands von 1987

1. Oktober: An diesem Tag eröffneten 1987 chinesische Soldaten das Feuer auf demonstrierende Mönche.

10. Dezember: Internationaler Tag der Menschenrechte und Beginn der Proteste von 1988

Februar/März

Vertreibung der bösen Geister: 29. Tag des 12. Mondmonats (letzter Tag des Jahres)

Losar: tibetisches Neujahrsfest, 1. Tag des 1. Mondmonats, S. 65.

Chotrul Düchen: Während der ersten beiden Wochen des neues Jahres wird gefeiert, dass Buddha jeden Tag ein neues Wunder vollbrachte, um die Verdienste und den Glauben zukünftiger Schüler zu steigern. In diese Zeit fällt auch das Monlam Chenmo (Großes Gebetsfest). Der 15. Tag des 1. Mondes ist der „Tag der Wunder". An diesem Tag wird des Wunders von Sravasti gedacht, der Niederlage der sechs Widersacher des historischen Buddha und seiner Lehre.

Gelugpa Monlam Chenmo, großes Gebetsfest in Lhasa und Shigatse: 4. bis 25. Tag des 1. Mondmonats. Der 15. Tag bildet den Höhepunkt, und der 25. Tag des 1. Mondes ist der feierliche Endpunkt dieses Festes. Zu diesem Anlass versammeln sich die Mönche der drei großen Klöster in Lhasa und prozessieren mit einer Statue von Jampa (Maitreya) um den Barkor, S. 66.

Butterfest bzw. Lichterfest (Chönga Chöpa): 15. Tag des 1. Mondmonats. An diesem Tag werden am Barkor in Lhasa, aber auch in vielen

Monlam und die Politik

Die Krux für die chinesischen Machthaber in Tibet ist, dass die einheimischen Mönche und Nonnen nicht einfach nur ihr Seelenheil im Sinn haben – das wäre der Regierung vermutlich am liebsten –, sondern auch die Speerspitze der Unabhängigkeitsbestrebungen Tibets bilden. Für die Mönche und Nonnen garantiert nämlich allein die Unabhängigkeit Tibets die Autorität der buddhistischen Lehre in Tibet. Damit sind Konflikte geradezu vorprogrammiert.

Insbesondere das Monlam-Fest wurde zum machtvollen Ausdruck des Unabhängigkeitsbestrebens tibetischer Mönche. Das ist kein Zufall, denn bereits 1409 war das Fest eigens eingeführt worden, um in Zeiten des Bürgerkriegs und zusätzlicher Kriege gegen die Mongolen und Chinesen den Niedergang des Buddhismus aufzuhalten und ein neues Zeitalter des Buddhismus vorzubereiten. Unter chinesischer Knute wurde und wird dieser Niedergang erneut massiv betrieben, und das Monlam-Fest kann somit an seine ursprüngliche Bedeutung anknüpfen. Bereits 1959 war am 10. März zum Ende des Monlam der Aufstand von Lhasa ausgebrochen. 1986 durfte das Monlam-Fest nach über 20 Jahren des Verbots erstmals wieder im vollen Umfang begangen werden. In China war man entsprechend nervös, wie immer, wenn viele Tibeter sich versammeln. Tausende von Mönchen aus den verschiedenen Klöstern und über 10 000 Menschen kamen zum Feiern zusammen.

Dieses und das Monlam-Fest 1987 verliefen friedlich, doch 1988 kam es am 5. März, dem letzten Tag des Monlam, zu Protesten. Einige Mönche sangen während der Prozessionen Unabhängigkeits-Slogans. Auf die Aufforderung der Chinesen, ihre Protestgesänge einzustellen, reagierten sie nicht, woraufhin die chinesische Polizei auf die Mönche losging. Ein Khampa aus Osttibet, der sich zwischen die Mönche und die Polizei stellte, wurde erschossen. Als die Mönche seine Leiche in einer Prozession um den Barkor trugen, griff die Polizei zunächst nicht ein, später ging sie aber mit Schlagstöcken, Gas und schließlich mit Waffen auf die demonstrierenden Mönche los. 18 Tibeter kamen an diesem Tag ums Leben und über 800 wurden eingesperrt.

Seit 1987/88 kam es zu einer Reihe von Protesten. Das Monlam-Fest 1989 wurde von den Mönchen boykottiert, und am 5. März kam es zu den bislang größten anti-chinesischen Demonstrationen. Die Situation eskalierte: Drei Tage währten die Straßenkämpfe, in deren Verlauf über 100 Tibeter starben und zahllose chinesische Geschäfte niedergebrannt wurden. Am 8. März wurde das Kriegsrecht über Tibet verhängt und erst Ende April 1990 wieder aufgehoben. Die Monlam-Feierlichkeiten im Jokhang, die von den drei Staatsklöstern ausgerichtet werden (allen voran Drepung), wurden daraufhin bis auf Weiteres eingestellt.

Heute ist das Monlam-Fest zwar staatlicherseits nicht mehr verboten (wie noch 2001), aber das Amt für Religiöse Angelegenheiten hat sich so stark eingemischt und es für seine Zwecke zu nutzen versucht, dass die Mönche beschlossen haben, unter diesen Umständen lieber gar nicht zu feiern. Das gilt auch für das Shoton-Fest (S. 64). Im März 2008 kam es dennoch wieder zu gewalttätigen Ausschreitungen, die diesmal eine ganz neue Dimension der Gewalt erreichten und auch von Teilen der nicht mönchischen Bevölkerung getragen wurden.

Tempeln, große Butterskulpturen aufgestellt. Das Fest soll auf den 5. Dalai Lama zurückgehen, der in einem Traum das Paradies gesehen haben soll. Um es dem Volk anschaulich zu erklären, ließ er einzelne Szenen aus Tsampa und Butter gestalten. Auf alle Fälle glauben die Tibeter, dass ihnen die Butterfiguren auf ihrem Weg zur Stärkung des Glaubens und zur Vervollkommnung helfen.

Mai/Juni

Geburtstag Buddhas (Fodan, nach chinesischer Tradition): 8. Tag des 4. Mondmonats nach dem chinesischen Mondkalender (30.4.2020, 19.5.2021, 8.5.2022). Zwar feiern die Tibeter Buddhas Geburtstag (s. Saga Dawa Düchen) eigentlich später als die Chinesen, dennoch strömen bereits an diesem Tag viele Pilger in die Tempel.

© OLIVER FÜLLING

Farbenfrohes Erntefest in Tsangtok unterhalb vom Kloster Ganden

Tsurphu Festival: 10. Tag des 4. Mondmonats. Früher waren der Höhepunkt des Festes die Cham-Tänze für den Karmapa. Seit dessen Flucht nach Indien gehört es zu den eher kritischen Ereignissen, die streng überwacht werden.

Saga Dawa Düchen: 15. Tag des 4. Mondmonats. Geburt, Erleuchtung und Parinirvana Buddhas, S. 66.

Pferderennen in Gyantse (Tamang): 15. Tag des 4. Mondmonats. Zu diesem Fest, das auch an die Schlacht gegen die britischen Truppen unter Colonel Younghusband erinnert, wird u. a. ein riesiges Thanka aufgehängt.

Juni

Festival in Shigatse: 14.–16. Tag des 5. Mondmonats. Das Fest dauert drei Tage und beinhaltet Cham-Tänze und das Ausrollen von riesigen Thankas.

Festival in Samye: 15. Tag des 5. Mondmonats. An zwei Tagen finden Cham-Tänze statt und Hunderte von Pilgern, die fast alle ihre festlichsten Trachten tragen, besuchen speziell an diesen Tagen durchgeführte Zeremonien.

Juli/August

Chökhor Düchen: 4. Tag des 6. Mondmonats. An diesem Tag wird Buddhas erste Predigt, das „Andrehen das Dharmarads" zelebriert.

Ganden-Festival: 15. Tag des 6. Mondmonats. Mit einer großen Zeremonie werden im Kloster Ganden bei Lhasa die 25 heiligsten Reliquien, die sonst unter Verschluss stehen, ausgestellt.

Thanka-Fest von Drepung: 30. Tag des 6. Mondmonats. Höhepunkt ist das Ausrollen eines riesigen Thanka. Mit diesem Fest beginnt auch das Joghurt-Fest (s. u.).

August/September

Shoton, Joghurt-Fest in Lhasa: 1.–7. Tag des 7. Mondmonats. Das Fest beendete die oft monatelange Meditationszeit der Mönche in Drepung und beginnt hier auch mit Zeremonien und dem Ausrollen der Riesenthankas. Von Drepung verlagert sich das Fest dann in Richtung Norbulingka, wo es Aufführungen tibetischer Opern und natürlich die obligaten Picknicks gibt. Dabei werden Unmengen an Joghurt gegessen, mit dem sich ursprünglich die Mönche nach Beendigung ihrer jährlichen dreimonatigen Klausur stärkten.

Badefest (Garma Rigyi) in Lhasa: Erste Dekade des 7. Mondmonats. Das Badefest dauert eine Woche. Wenn das Siebengestirn am nächtlichen Himmel erscheint, beginnen die Bewohner Tibets, in Bächen und Flüssen zu baden, und zwar bis es nach einer Woche wieder entschwindet. Nach volkstümlicher Überlieferung kommt das Baden im Fluss zu diesem Zeitpunkt der Gesundheit zugute.

Changtang Chachen Reiterfest: 10.–16. August. Es gibt eine Reihe von Reiterfesten in Tibet, aber das Festival von Nagchu gehört zu den prachtvollsten. Aus Angst vor tibetischen Zusammenrottungen sind die Reiterfeste in der Autonomen Region Tibet allerdings in Stadien verbannt worden, wo man den Darbietungen gegen Eintritt folgen kann.

Reiterfest von Damshung: 30. Tag des 7. Mondmonats. Dieses ebenfalls prachtvolle Fest findet in der gesamten ersten Woche des 8. Mondmonats statt.

September/Oktober

Ongkor, Erntefest: 1. bis 7. Tag des 8. Mondmonats. An diesem Tag kommen vor allem die Bauern zusammen und feiern die Ernte.

November/Dezember

Lhabab Düchen: 22. Tag des 9. Mondmonats. In den Tempeln wird Buddhas Herabkunft vom Himmel gefeiert.

Paldan-Lhamo-Fest in Lhasa: 15. Tag des 10. Mondmonats. An diesem Tag wird die Schutzgottheit des Jokhang in Lhasa in einer feierlichen Prozession um den Barkor getragen.

Tsongkhapa-Fest: 25. Tag des 10. Mondmonats. In den Gelugpa-Klöstern finden an Tsongkhapas Todestag Feiern und Prozessionen mit Bildnissen des Gelehrten statt.

Januar/Februar

Neujahrsfest in Shigatse: 1. Woche des 12. Mondmonats.

Losar

Bis mindestens zum Jahr 1027, vermutlich aber noch bis ins 13. Jh., wurde das **tibetische Neujahr** am Ende des 10. tibetischen Monats gefeiert und fiel damit auf die Wintersonnenwende. Spätestens ab dem 13. Jh. wurde dann von den Klöstern der in China übliche Jahresanfang zu Beginn des ersten Mondes durchgesetzt. Gleichzeitig ist Losar das größte nicht religiöse Fest Tibets mit Opern, Pferderennen und Bogenschießen. Wie in fast allen anderen Kulturen auch, ist der Übergang ins neue Jahr eine Zeit, in der unheilvolle Mächte, böse Einflüsse und negative Geschehen des auslaufenden Jahres verbannt und ausgetrieben werden, um ein glückliches neues Jahr zu garantieren.

Vor dem Fest werden die Kloster- und Häuserwände neu geweißt, in dieser Zeit muss man äußerst wachsam sein, um nicht von oben mit flüssigem, weißem Kalkwasser überschüttet zu werden. In den Klöstern sind die Mönche in der Neujahrszeit permanent mit Gebeten, Zeremonien und Festlichkeiten wie den **Masken- bzw. Cham-Tänzen** beschäftigt, die alle bösen Dämonen vertreiben sollen. In einigen Gegenden wie in Amdo bei den Golok beteiligen sich männliche Laien an den Tänzen, die den Kampfgeist der Gemeinschaft gegen das Böse versinnbildlichen. Bei diesen Tänzen werden auch Schwerter benutzt, die symbolisch die Dämonen am Übertritt ins neue Jahr hindern, während Knallkörper sie vertreiben sollen.

Die Bevölkerung der meisten Regionen leistet ihren Beitrag, indem sie vor ihren Hausaltären Zeremonien abhält und den Platz vor ihren Häusern mit heiligen tibetischen Schriftzeichen und Symbolen wie der Swastika, den acht Glück bringenden Zeichen oder mit Muscheln schmückt. Die Familienmitglieder werden neu eingekleidet, die Häuser einer **Grundreinigung** unterzogen, neue Gebetsfahnen aufgehängt, Butter wird für die Öllampen im Tempel gespendet und für den Silvesterabend ein Festmahl vorbereitet. Durch all diese Handlungen sollen die negativen Kräfte des alten Jahres beseitigt werden.

Das **Festmahl** am Vorabend des Neujahrsfestes muss nicht unbedingt reichhaltig sein, aber in jedem Falle gehören die Orakelsuppe (Guthuk) und Momos dazu. Guthuk heißt eigentlich „Neunersuppe" und besteht aus neun Zutaten wie Fleisch, Gemüse, Teigtaschen und Käse. In den Teigtaschen sind kleine Gegenstände aus neun verschiedenen Materialien versteckt, die den Charakter desjenigen zeigen sollen, in dessen Schale sie landen. So steht ein Stück Wolle für eine faule Person, Chili für Scharfzüngigkeit oder ein Wacholderzweig für einen guten Charakter. Das Ganze entspricht also ein wenig unserem Bleigießen. In den Momos werden Geldstücke oder Lose mit guten Wünschen für das neue Jahr versteckt. Am Morgen des Neujahrstages werden Verwandte besucht, oder man trifft sich zur tibetischen Oper, allen voran „König Gesar", es werden Katas ausgetauscht und insgesamt Unmengen an Buttertee, Chang oder Schnaps konsumiert.

Monlam

Das Gelugpa Monlam Chenmo (Großes Gebet für den Frieden) wurde 1409 von Tsongkhapa in Lhasa eingeführt. Es dauert offiziell vom 4. bis zum 25. Tag des ersten Mondmonats. Ihren Ursprung haben einige der Zeremonien in exorzistischen Bräuchen zum Jahreswechsel. Unter Tsongkhapa bekamen die überlieferten Rituale eine neue Symbolik. Zu jener Zeit lebten die Menschen in einer Ära des Niedergangs und der Schwächung der Lehre Buddhas. Das **Gebetsfest** sollte den Niedergang abwenden und ein neues Zeitalter einläuten, in dem Buddha Maitreya, der zukünftige Buddha, in die Welt kommen würde, um die Lehre neu zu verkünden.

Die Zeremonien sollten Kriege, Seuchen und Hungersnöte verhindern und gute Ernten, den Frieden und das Wohlergehen der Gemeinschaft sichern. Zusätzlich verteilte die Regierung im Auftrag des Dalai Lama an die anwesenden Mönche Heilkräuter gegen Krankheiten, Nahrungsmittel und Geld gegen Hungersnöte. Damit vor dem Jokhang genügend Platz für die vielen Mönche aus den Klöstern Ganden, Drepung, Sera und den beiden tantrischen Fakultäten war, ließ Tsongkhapa eigens einen großen Versammlungshof an den Jokhang anfügen. Dreimal täglich bevölkerten bis zu 25 000 Mönche den Jokhang und den Platz davor, um die Gebetszeremonien abzuhalten. Traditionell durften Pilger ihre Anliegen auf Papierstreifen an die Klostervorsteher übergeben. Die Anliegen wurden vorgelesen und in die Gebete eingeschlossen.

Ganz wichtig waren die **Debatten** der qualifiziertesten Mönche während des Monlam-Festes. Die Kandidaten, die ein bis zu 20 Jahre dauerndes Studium hinter sich hatten, mussten sich über einen Redewettstreit in ihren Klöstern für die Teilnahme an den Debatten qualifizieren. Während der Monlam-Disputationen mussten sie sich dann gegen die gelehrtesten Mönche der großen Gelugpa-Klöster behaupten. Die 16 besten Teilnehmer erhielten den Titel des Lharampa-Geshe und konnten in die höchsten Ränge der geistlichen Hierarchie aufsteigen. Die **Geshe-Prüfungen** in Tibet wurden 1959 eingestellt und erst mit dem Monlam-Fest 1986 wieder eingeführt. Nach 1988 wurden sie erneut eingestellt und erst 2005 wieder erlaubt. Das erklärt auch den großen Mangel an hohen Gelehrten der Gelugpa (Gelbmützenschule) innerhalb der Autonomen Region Tibets.

Ein weiterer Höhepunkt und gleichzeitig der Abschluss des Monlam-Festes ist die **Prozession** mit der Maitreya-Statue aus dem Jokhang um den Barkor. Danach kehren die Mönche in ihre Klöster zurück. In seiner traditionellen Form wird das Monlam-Fest nur noch in Kham und Amdo und hier vor allem in den Klöstern Labrang und Kumbum gefeiert. Allerdings werden die Feierlichkeiten aus wirtschaftlichen Gründen auf drei Tage konzentriert, und zwar finden am ersten Tag die Thanka-Zeremonien, am 2. Tag die Cham-Tänze und am 3. Tag die Maitreya-Prozessionen statt.

Saga Dawa

Das Saga Dawa-Fest (Saga Dawa Düchen) ist neben Chotrul Düchen, Chökhor Düchen und Lhabab Düchen das vielleicht wichtigste und heiligste dieser vier großen buddhistischen Feste. Es findet am 15. Tag des 4. Mondmonats statt. Gefeiert werden **Geburt, Erleuchtung und Tod von Buddha Shakyamuni**. Die Bezeichnung

Saga Dawa kommt von „Sakya-Monat", und oft beginnen die Mönche schon zu Beginn dieses Monats verstärkt zu beten und heilige Stätten zu umrunden. Ein Hintergrund dieses religiösen Engagements ist, dass jede gute Tat an diesem Tag doppelt zählt – und jedes Vergehen natürlich auch. Manche sind sogar der Auffassung, dass gute Taten oder Vergehen an diesem Tag hundertmillionenfach zählen. Entsprechend sind die Pilger gegenüber den Mönchen und Bettlern zum Saga Dawa natürlich besonders großzügig, was stets eine große Zahl von Bettlern anzieht.

Früher wurden zum Saga Dawa viele Verurteilte amnestiert, gefangene Tiere freigelassen und sonstiges Gutes getan. Anschließend traf man sich festlich gekleidet zum Picknick. Heute umrunden zahllose Pilger den Lingkor und den Barkor in Lhasa, und es gibt Opernvorführungen.

Die meisten Klöster haben ihre eigenen Saga-Dawa-Festlichkeiten, aber am interessantesten sind die Zeremonien sicherlich in **Tarboche** am Kailash. Zu dem festlichen Anlass pilgern Tausende Tibeter aus allen Teilen des Landes zu ihrem heiligsten Berg, um das Aufstellen eines riesigen Gebetsfahnenmastes zu beobachten.

Der Brauch, diesen Mast jedes Jahr aufzustellen, geht bereits auf vorbuddhistische Zeiten zurück, als der durch einen Pfahl dargestellte Weltenbaum im Weltbild der Schamanen Himmel, Erde und Unterwelt verband. Auch in den tibetischen Zelten wird die rückwärtige Stütze noch immer als heiliger Pfahl bezeichnet. Die buddhistische Vorstellung vom heiligen Berg Meru, der Achse der Welt, löste die Vorstellung vom Weltenbaum zwar ab, aber am Kailash sind beide Vorstellungen lebendig geblieben.

Fotografieren

Speicherchips, Ersatzakkus und Ersatzbatterien bekommt man in Lhasa und teilweise auch in Shigatse und Tsethang. Allerdings sind sie meist sehr teuer und nicht immer vorrätig. In Lhasa kann man seine Digitalbilder auf CDs brennen lassen und so die Speicherkarten wieder für neue Bilder freibekommen.

Fast alle Museen und Tempel verbieten das Fotografieren oder Filmen in den Hallen. Wer dennoch Fotos machen will, muss an der Kasse oder beim Aufsicht führenden Mönch eine meist sehr teure Erlaubnis erwerben. Manchmal gilt diese für das ganze Kloster, manchmal muss man aber auch pro Halle bezahlen. Die Kosten für eine solche Fotografiererlaubnis liegen in der Regel um ¥50–70 für eine Halle. Wer filmen möchte, zahlt um die ¥700 oder mehr. Seit 2015 sind allerdings viele Klöster dazu übergegangen, das Fotografieren in ihren Hallen ganz zu verbieten.

Strengstens verboten ist es, sich den tibetischen Beerdigungsritualen zu nähern. Fotografierwütige Touristen, die ohne jeden Anstand mit Teleobjektiven auch noch den letzten Zentimeter der Toten ablichten wollten, haben dafür gesorgt, dass eine feindselige Stimmung gegen ausländische Beobachter entstanden ist. Einige Ausländer wurden dabei durch Steinwürfe schwer verletzt. Wer also zufällig oder geplant auf eine Himmelsbestattung (S. 206) stößt, sollte den Fotoapparat schon aus Pietätsgründen wegpacken.

Verboten ist schließlich auch noch das Fotografieren militärischer Einrichtungen.

Frauen unterwegs

Tibet ist für Frauen ein ausgesprochen sicheres Reiseland, und auch in abgelegeneren Gebieten oder Stadtteilen kommt es sehr selten zu sexuellen Belästigungen. Dennoch ist es in den Regionen von Kham und Amdo – nur dort darf man mit öffentlichen Verkehrsmitteln reisen – in der Vergangenheit vor allem in überfüllten Bussen oder auch beim Trampen mit Lkw zu Anmache oder Grabschereien durch tibetische Männer gekommen. Tibetische Frauen lieben es zwar, sich aufwendig zu schmücken, aber sie kleiden sich eher unauffällig und bedecken alle Körperteile. Wer sich daran orientiert, keine Shorts oder knappe Oberteile trägt, wird auch nicht die falschen Signale aussenden. Angemessene Kleidung wird vor allem auch beim Besuch der Klöster erwartet. In einigen Klöstern dürfen Frauen nicht den Gönkhang (die Kapelle der Schutzgottheiten) betreten, da befürchtet wird, dass sie die mächtigen Schutzgottheiten erzürnen könnten.

Im Umgang mit fremden Frauen sind tibetische und chinesische Männer meist ausgesprochen rücksichtsvoll und höflich. Werden Frauen von einem Mann begleitet, können Chinesen allerdings sehr ignorant sein. Die meisten gehen schlicht davon aus, dass der Mann der Entscheidungsträger ist, und sprechen deshalb nur ihn an.

Geld

Währung

Die chinesische Währung heißt **Renminbi** (Volkswährung) und wird RMB abgekürzt. Oft wird man als Währungsbezeichnung auch den Begriff Yuan hören. Beide Begriffe werden synonym verwendet. Unterteilt ist der RMB in Yuan und Jiao: 1 Yuan (¥), umgangssprachlich meist Kuai genannt, entspricht 10 Jiao, umgangssprachlich meist Mao gesprochen.

Es gibt Scheine zu 1, 2, 5, 10, 50 und 100 Yuan sowie zu 1, 2 und 5 Jiao, außerdem Münzen zu 1 Yuan sowie zu 1, 2 und 5 Jiao. Die Yuan-Münzen werden außerhalb von Lhasa allerdings nicht als Zahlungsmittel akzeptiert.

Im Verlustfall

Bei Verlust oder Diebstahl der Kredit- oder Giro-Karte muss man diese sofort sperren lassen. Für alle **deutsche Karten** gilt folgende Sperrnummer ✆ 0049-116 116, 💻 www.sperr-notruf.de oder ✆ 0049-1805 021021 bei Instituten, die nicht an der Sperrnummer teilnehmen. Für **Österreich** gelten folgende Nummern: Maestro-Karte ✆ 0043-1-2048800, MasterCard ✆ 0043-1-71701 4500, VISA ✆ 0043-1-7111 1770. Für die **Schweiz** gelten folgende Nummern: Maestro-Karte ✆ 0041-44-2712230, Maestro-Karte/MasterCard/VISA UBS ✆ 0041-800-888601, Maestro-Karte/MasterCard/VISA Credit Suisse ✆ 0041-800-800488, MasterCard/VISA für alle anderen Banken ✆ 0041-58-9588383.

Wechsel von Bargeld und Reiseschecks

Reiseschecks und Bargeld werden von der Bank of China zu festen Kursen getauscht. Der Kurs ist überall gleich, sodass man in China an den Rezeptionen der großen Hotels (meist nur für Gäste) oder auch schon am Flughafen tauschen kann. Einige Hotels und manche Banken an den Flughäfen berechnen für den Umtausch eine Kommission, die bei bis zu ¥60–100 pro Transaktion liegen kann.

In Tibet muss man zum Wechseln von Bargeld die Filialen der **Bank of China** aufsuchen. Nach Voranmeldung wechseln aber auch einige Hotels (ab 3 Sterne) in Lhasa Bargeld für ihre Gäste. Der Geldwechsel ist aber nur in Lhasa, Shigatse, Tsethang, Ali und bei der Bank of China 100 m vom Flughafen Gongkar an der Zufahrtsstraße zum Highway nach Lhasa möglich, weshalb man immer genügend Bargeld bei sich tragen muss. Auf dem Land können die ¥50- und ¥100-Scheine oft nicht gewechselt werden. Vor der Reise in entlegenere Gebiete sollte man daher die großen Scheine bei einer Bank in kleinere Stückelungen umtauschen.

Gegen Vorlage der letzten Wechselbelege kann man überschüssige Yuan an Chinas internationalen Flughäfen zu einem allerdings schlechten Kurs zurückwechseln. Wer über Land nach Nepal ausreist, kann seine Yuan an der Grenze oder bei den Moneychangern in Kathmandu in nepalesische Rupien tauschen. Die Kurse sind recht gut, hängen aber vom eigenen Verhandlungsgeschick ab.

Bank- und Kreditkarten

Kreditkarten sind zum Bezahlen in Tibet wertlos, wenn man nicht gerade im Four Points by Sheraton oder im St. Regis absteigt. In allen chine-

Wechselkurse

1 €	=	7,57 ¥	1 ¥	=	0,13 €
1 sFr	=	6,66 ¥	1 ¥	=	0,15 sFr

Tagesaktuelle Wechselkurse findet man im Internet z. B. unter www.oanda.de.

sischen Großstädten und in den großen Orten Tibets gibt es aber **Geldautomaten** (ATM), an denen man mit seiner Kredit-, Bank- oder anderen Debit-Karten (mit Maestro- oder Cirrus-Symbol) und Geheimzahl Bargeld bekommt. Dabei kann man in der Regel die Automaten der Bank of China, China Construction Bank, HSBC und der Agricultural Bank of China nutzen. Umgerechnet wird zum Briefkurs. Die Gebühr beträgt pro Transaktion nur knapp 2 €. Der Maximalbetrag kann bei der Hausbank erfragt werden.

Wer seine Geheimnummer vergessen hat, kommt mit der Kreditkarte (nicht aber mit einer Bankkarte) zwar auch an Bargeld, aber nur bei der Zentrale der Bank of China in Lhasa, denn die Filialen haben keine Möglichkeit, die Kreditkarten zu prüfen. Verbreitet sind Visa und MasterCard. Ohne Wert waren bisher Karten von American Express. Es dürfen je nach Kreditinstitut nicht mehr als 1000–3000 € pro Monat am Schalter abgehoben werden. Meistens werden für die Barabhebung 3–5 % der Summe als Kommission verlangt.

Gepäck

Das Gepäck für eine Tibetreise muss sorgfältig und auf die geplanten Vorhaben abgestimmt, zusammengestellt werden. Entscheidend ist das Zwiebelschalenprinzip: Je mehr einzelne Schichten man kombinieren kann, desto besser kann man sich an die ständig wechselnden Klimabedingungen anpassen.

Die Gepäckliste auf S. 70 dient lediglich als Hilfe beim Packen. Sie ist keineswegs vollständig und kann nach individuellen Bedürfnissen ergänzt oder gekürzt werden.

Die Sicherheitschecks an chinesischen Flughäfen sind sehr streng. Grundsätzlich muss man nachladbare Akkus im Handgepäck verstauen. Feuerzeuge sind an einigen Flughäfen (z. B. in Xi'an) noch nicht einmal im aufgegebenen Gepäck erlaubt!

Ausrüstung für Trekkingtouren

Für Trekkingtouren in der Regenzeit oder durch die feuchten Wälder Osttibets haben sich **Dschungelboots** aus Armeebeständen bewährt, die man in einigen Geschäften in Chengdu oder in Lhasa bekommt. Wer Schuhgrößen ab 45 benötigt, sollte sich die Schuhe auf alle Fälle schon daheim besorgen. Solche Größen sind in China und Tibet kaum zu bekommen.

Grundsätzlich ist für alle Trekkingtouren ein warmer **Schlafsack** notwendig. Er sollte je nach Jahreszeit einen Komfortbereich von mindestens minus 5 Grad im Juli und August und minus 10–15 Grad im Frühjahr und Herbst abdecken. Wer im Winter durch das Hochland reist, benötigt einen Schlafsack, der einen Bereich bis minus 40 Grad abdeckt. Auch für eine normale Überlandreise lohnt ein warmer Schlafsack, weil die Bettwäsche in den einfachen Hotels so gut wie nie gewechselt wird. Daunen sind für die tiefer gelegenen Waldgebiete Osttibets und für die Regenzeit im Juli und August ungeeignet, da sie bei hoher Luftfeuchtigkeit nicht trocknen. Im Hochland sind sie aber die geeignetste Füllung, um gegen die eisige Kälte der Nacht zu

Geschenke

Es lohnt sich, das eine oder andere kleine Präsent im Gepäck zu haben. So kann man sich auf nette Weise revanchieren, wenn man eingeladen wird oder sich für eine besondere Hilfeleistung bedanken will. Empfehlenswerte Geschenke sind kleine Souvenirs aus der Heimat, noch besser aus dem Ort, aus dem man stammt. Becher, Teller, Kugelschreiber oder einfach Produkte mit Bildern oder Aufdrucken von Zuhause kommen immer gut an und schaffen einen persönlichen Bezug. Tibeter lieben Kitsch, und so dürfen es ruhig auch kitschige Souvenirs sein.

Gepäckcheck

Kleidung

- ☐ **Feste Schuhe** (für Trekkingtouren richtige Wanderschuhe)
- ☐ **Gummischuhe** (unter Duschen Pilzgefahr!)
- ☐ **Hosen / Röcke** aus Baumwolle, die nicht zu eng sitzen sollten
- ☐ **Hemden** oder **Blusen**
- ☐ **T-Shirts / Polo-Shirt**
- ☐ **Jacke** (wichtig ist eine warme Jacke, am besten mit Inlay, um sich den wechselnden Klimaveränderungen anpassen zu können)
- ☐ **Pullover**
- ☐ **Regen-/Windschutz** (eine leichte Jacke und Hose, z. B. aus Goretex, reicht, um sich gegen Wind und Regen zu schützen)
- ☐ **Sonnenschutz:** Hut/Brille (in unzerbrechlicher Box)/Sonnencreme
- ☐ **Socken** (zum Trekken warme Trekkingsocken)
- ☐ **Unterwäsche** (am besten aus einem Baumwoll-Polypropylen-Mix); für Frauen BH
- ☐ **lange Unterhose** (vor allem von Okt bis April)
- ☐ **Handschuhe** (gut sind lange Fingerhandschuhe aus schnell trocknendem Fleece oder auch Skihandschuhe)
- ☐ **Badekleidung** (falls man in heißen Quellen baden möchte)

Hygiene und Körperpflege

- ☐ **Zahnbürste**
- ☐ **Zahnpasta** in stabiler Tube
- ☐ **Shampoo/Haarpflegemittel** (die auf europäische Haare abgestimmt sind)
- ☐ **Nagelschere** und **Nagelfeile**
- ☐ **Rasierer** (in abgelegenen Gebieten ist ein Nassrasierer zu bevorzugen)
- ☐ **Kosmetika** und **Hautpflegemittel**
- ☐ **Papiertaschentücher**
- ☐ **Feuchties** (zur Hygiene unterwegs und wo es kein Wasser gibt)
- ☐ **Tampons** (ausreichend mitnehmen)
- ☐ **Toilettenpapier** (in einfachen Hotels und auf öffentlichen Toiletten nicht vorhanden)
- ☐ **Plastiktüten** (für schmutzige Wäsche und als Nässeschutz, Nachschub vorhanden)
- ☐ **Nähzeug**

Sonstiges

- ☐ **Adapter** (nur für Hongkong)
- ☐ **Taschenlampe**
- ☐ **Taschenmesser** (z. B. Schweizer Messer)
- ☐ **Reiseapotheke** (S. 74)
- ☐ **Notizbuch** und **Stifte**
- ☐ **Adressbuch** und **E-Mail-Adressen**
- ☐ **Reisepass** (evtl. Internationaler Studentenausweis und Personalausweis als Notfalldokument bei Passverlust)
- ☐ **Impfpass** (oder zumindest eine Kopie davon)
- ☐ **Geld** (Bargeld/Reiseschecks/Abrechnung über Schecks/Kreditkarte)
- ☐ **Flugtickets**
- ☐ **Kopien der Dokumente**
- ☐ **Reiseführer, Landkarten, Reiselektüre**
- ☐ **Handy** und **Ladegerät**

Wer in einfachen Unterkünften wohnen wird, braucht zudem

- ☐ **Seife**
- ☐ **dünne Handtücher**, die schnell trocknen (meist in den Hotels vorhanden)
- ☐ **Waschmittel** in der Tube
- ☐ **Plastikbürste** (zum Reinigen von Wäsche und Schuhen)
- ☐ **Tasse** oder **Becher** (für heiße Getränke)
- ☐ **Kordel** (als Wäscheleine)
- ☐ **Klebeband** (um zu packen)
- ☐ **kleine Schlösser** fürs Gepäck
- ☐ **warmer Schlafsack** für Trekkingtouren und Aufenthalte in größeren Höhen ab 5000 m

schützen. Das Gepäck zusätzlich mit einem Zelt zu belasten, lohnt sich nur, wenn selbst organisierte Outdoor-Touren geplant sind. Diese sind allerdings nur außerhalb der Autonomen Region Tibets erlaubt. Wer eine Trekkingtour über einen Veranstalter in Tibet bucht, braucht keine besondere Ausrüstung mitzuschleppen. Die Veranstalter stellen gegen eine geringe Gebühr Zelte, Schlafsäcke, Isomatten, Kochgeschirr und alles, was sonst noch benötigt wird, zur Verfügung.

In Lhasa gibt es zahlreiche **Outdoor-Geschäfte**, bei denen man fehlende Ausrüstung kaufen kann. Die Preise sind deutlich billiger als bei uns, und man erspart sich unter Umständen die Schlepperei durch China. Die notwendige Ausstattung für Globetrotter und Outdoor-Fans bieten Reiseausrüster auch übers Internet an:
Denart & Lechhart, 💻 www.globetrotter.de
Lauche und Maas, 💻 www.lauche-maas.de

Kleidung

Während einer Reise wird man eventuell von Einheimischen eingeladen. Handelt es sich um eine Hochzeit oder ein anderes Familienfest, wird erwartet, dass Gäste sich dem Anlass entsprechend kleiden. Deshalb sollte auch ein gutes Stück im Gepäck sein, das längere Reisen unbeschadet übersteht. Bei chinesischen Festen (außer bei Begräbnissen) trägt man keine weiße, blaue oder schwarze Kleidung. Bei der Auswahl der Kleidung empfiehlt sich eine Kombination aus lässig-bequemer und gut aussehender, „ordentlicher" Kleidung. In Tibet und China beurteilt man die Menschen weit mehr als in Europa nach ihrem Äußeren. Ein schmuddeliges Outfit stößt unmerklich auf Ablehnung. Auch allzu weit ausgeschnittene und eng anliegende Kleidung wird vor allem bei Frauen als obszön angesehen.

Wäsche waschen

Die Hostels und Hotels in größeren Städten wie Lhasa und Shigatse bieten preisgünstige Wäschedienste an. Hier kann man seine Wäsche allerdings auch problemlos selber waschen. Die meisten Bäder in den Hotels verfügen sogar über ausziehbare Wäscheleinen über der Badewanne. Unterwegs sind dagegen beide Möglichkeiten selten.

Wer auf einer Trekkingtour ist, sollte seine Wäsche auf keinen Fall in den Flussläufen waschen, auch nicht mit Waschmitteln, die biologisch abbaubar sind – sie sind es in der empfindlichen Natur Tibets nicht. Das Gleiche gilt natürlich auch für die Benutzung von Seife und Spülmittel. Grundsätzlich sollte man zum Waschen eine Schüssel benutzen und das Wasser mindestens 50 m oder weiter vom Flussbett entfernt entsorgen.

Gesundheit

Eines gleich vorweg: Wer nach Tibet reist, sollte in guter körperlicher Verfassung und, noch wichtiger, gesund sein. Nur so wird man sich an die Extrembedingungen eines Landes, das durchschnittlich über 4000 m hoch liegt, anpassen können. Lhasa ist mittlerweile eine moderne Großstadt, aber außerhalb von Lhasa sind die Verhältnisse teilweise mittelalterlich.

Grundsätzlich gilt, dass man in Tibet abseits der großen Touristenpfade nicht allein reisen sollte. Allein schon wegen der ständig präsenten Möglichkeit höhenkrank (S. 378) zu werden, sollte man mindestens zu zweit sein. Höhenkranke sind nicht mehr fähig, die richtigen Entscheidungen zu treffen, und daher auf die Hilfe anderer angewiesen.

In der Regel werden weder Chinesen noch Tibeter einem im Notfall oder bei einem Unfall helfen. Dahinter steckt die Grundeinstellung, dass man gegenüber Unbekannten keine Verantwortung trägt. Außerdem hängt stets das Problem der Bezahlung in der Luft. Ist das Opfer beispielsweise bewusstlos, lässt sich nicht in Erfahrung bringen, ob es die Krankenhauskosten bezahlen kann. Dann muss unter Umständen derjenige die Kosten tragen, der das Unfallopfer gebracht hat. Das wird natürlich niemand tun, und daher lässt man das Opfer lieber liegen.

Gesundheitsvorsorge im Überblick

In Tibet und China sind die gesundheitlichen Risiken trotz gelegentlicher Horrormeldungen über Vogelgrippe, SARS und winterlicher Smogglocken relativ gering. Wer ungeschältes Obst und rohe bzw. nicht ausreichend gekochte oder gebratene Speisen meidet und sich in den tieferen Lagen Osttibets so weit wie möglich vor Mü-

Tropenmedizinische Institute

Berlin, Spandauer Damm 130, Haus 10, 14050 Berlin, keine telefonische Beratung, Mo–Mi und Fr 8–12, Do 15–19 Uhr, tropeninstitut.charite.de
Dresden, Friedrichstr. 39, 01067 Dresden, 0351-480 3805, www.klinikum-dresden.de
Düsseldorf, Gebäude 13.57, Moorenstr. 5, 40225 Düsseldorf, 0211-811 7031, www.uniklinik-duesseldorf.de
Hamburg, Bernhard-Nocht-Str. 74, 20359 Hamburg, 040-428 180, www.bnitm.de
Heidelberg, Im Neuenheimer Feld 324, 69120 Heidelberg, 06221-562 2905, . www.klinikum.uni-heidelberg.de/Sektion-Klinische-Tropenmedizin.5489.0.html
Leipzig, Liebigstr. 20, 04103 Leipzig, 0341-972 4970, gastroenterologie.uniklinikum-leipzig.de
München, Leopoldstr. 5, 80802 München, 089-2180 13500, www.klinikum.uni-muenchen.de/Abteilung-fuer-Infektions-und-Tropenmedizin/de
Rostock, Ernst-Heydemann-Str. 6, 18057 Rostock, 0381-494 7511, www.tropen.med.uni-rostock.de
Tübingen, Wilhelmstr. 27, 72074 Tübingen, 07071-298 2365, www.medizin.uni-tuebingen.de/tropenmedizin
Wien, Lenaugasse 19, 1080 Wien, 01-4026 8610, www.tropeninstitut.at
Basel, Socinstr. 57, 4002 Basel, 061-284 8111 und 0900 575 131, www.swisstph.ch/de/
Weitere aktuelle Adressen von Tropenärzten und -instituten bietet die Website der Deutschen Gesellschaft für Tropenmedizin: www.dtg.org

ckenstichen schützt, braucht keine übertriebene Angst vor schweren Krankheiten zu haben.

Impfungen bei der Einreise aus Europa sind nicht vorgeschrieben. Sehr zu empfehlen sind Schutzimpfungen gegen Tetanus (Wundstarrkrampf), Diphtherie, Polio, Typhus und Hepatitis A, bei Aufenthalt von mehr als drei Monaten auch gegen Hepatitis B. Bei der Einreise aus einem Gelbfieberinfektionsgebiet (West- und Zentralafrika oder bestimmte Gegenden Südamerikas) ist der Nachweis eines Gelbfieber-Impfschutzes notwendig. Manche Ärzte raten wegen der Gefahr von Hundebissen in Tibet auch zum Impfschutz gegen Tollwut (S. 380).

Es ist ratsam, sich rechtzeitig um einen ausreichenden Impfschutz zu kümmern, vor allem den Basisimpfschutz aufzufrischen, wenn seit der letzten Impfung mehr als zehn Jahre vergangen sind. Da die Impfungen bis zu acht Wochen vor Abflug erfolgen müssen, empfiehlt es sich, frühzeitig den Hausarzt oder ein tropenmedizinisches Institut (S. 72) zu konsultieren. Alle Impfungen werden in einen **Internationalen Impfausweis** eingetragen, der zu den Reiseunterlagen gehört.

Nach Berichten der Weltgesundheitsorganisation (WHO) gehören große Teile Chinas zu Malariagebieten (vor allem in Südchina und im Gebiet des Yangzi Jiang). Genauere Informationen sollten beim Tropeninstitut eingeholt werden. Eine **Malaria-Prophylaxe** kann also bei einer Anreise nach Tibet über die tropischen Gebiete Chinas angeraten sein. Wer nur in Tibet reist, benötigt keine Prophylaxe. Wichtigster Schutz, auch gegen andere Tropen- und Infektionskrankheiten, ist die Vorbeugung gegen Moskitostiche durch konsequenten **Mückenschutz** (Moskitospray, Moskitonetz, bedeckende Kleidung).

Wasser sollte man nie aus dem Hahn trinken, Mineralwasser ist überall abgefüllt in Flaschen erhältlich. In den Restaurants bekommt man generell abgekochtes Wasser serviert.

Medikamente sind sehr preiswert und werden oft auch ohne Rezept abgegeben. Der Abschluss einer Reisekrankenversicherung mit Rückholversicherung ist dringend angeraten (S. 94).

Wer sich im Vorfeld über Risiken erkundigen möchte, kann sich im Internet unter www.crm.de und www.die-reisemedizin.de informieren oder sich an ein Tropeninstitut wenden. Eine Übersicht über Gesundheitsrisiken findet sich im Anhang unter „Reisemedizin zum Nachschlagen" (S. 377).

Medizinische Versorgung

Die ärztliche Versorgung in Krankenhäusern und Praxen in den Städten Tibets ist außer in Lhasa dürftig und in ländlichen Regionen schlecht. Wer ein **Krankenhaus** aufsucht, muss den Rechnungsbetrag grundsätzlich bar bezahlen, ohne Bezahlung wird man nicht behandelt. Wer die Notfallabteilung für Ausländer im People's Hospital in Lhasa aufsucht, sollte auf jeden Fall im Voraus nach den Kosten fragen, um genügend Geld organisieren zu können. Wer ernsthaft erkrankt, sollte ohne weitere Umschweife nach Chengdu (s. Kasten) oder Kathmandu ausfliegen, wo es jeweils Kliniken mit internationalem Standard gibt.

Hat man sich für ein Krankenhaus entschieden, gilt es, im Eingangsbereich die Anmeldung zu finden. Sie sieht normalerweise aus wie ein Ticketschalter am Bahnhof. Hier muss man ein Formular ausfüllen (Name, Adresse, Kontakttelefon, Nationalität). Hat man diese Hürde überwunden, wird die Anmeldungsgebühr fällig. Im rein chinesischen Krankenhaus sind das meist nur wenige Yuan. Man bekommt dann ein Behandlungsheftchen ausgehändigt. Dieses zeigt man einer Krankenschwester, die einen hoffentlich zum richtigen Behandlungszimmer führt.

Sitzt man dann beim **Arzt**, heißt es, mit Händen und Füßen sowie einem Lexikon zu erklären, was man hat. Oft findet sich aber auch jemand, der einem beim Übersetzen helfen kann. Normalerweise wird man nicht sonderlich gründlich – wenn überhaupt – untersucht, sondern der Arzt fragt, und man sollte möglichst präzise Antworten geben können. Am einfachsten ist es, wenn man eine halbwegs passende Selbstdiagnose stellen kann und möglichst viele Symptome seiner Krankheit von sich aus erwähnt. Auf dieser Grundlage stellt der Arzt die Diagnose und verschreibt die Medizin. Um sie zu bekommen, muss man an der Hauptkasse das Rezept und die Medikamente bezahlen und kann sie am Apothekenfenster gleich abholen.

In den größeren Orten gibt es **Apotheken** mit westlichen, chinesischen und tibetischen Medikamenten. Wer keine speziellen Medikamente benötigt, braucht also nichts mitzunehmen. Allerdings sind die Beipackzettel oft nur auf Chinesisch, weshalb man sich die Dosierung bereits in der Apotheke erklären lassen sollte.

Kliniken in Chengdu

Wer in Tibet so schwer erkrankt, dass er nach Chengdu ausfliegen muss, kann sich an folgende Klinik wenden:

Global Doctor Chengdu Clinic (Chengdu Zhensuo), 9-11/F, Section 2, 62 Kehua Beilu, 610041 Chengdu, U-Bahnlinie 1 Nijiaqiao, englischsprachige 24-Stunden-Hotline ✆ 028-8528 3660, 💻 www.globaldoctors.asia.

Wird man in Westtibet akut höhenkrank, bleibt oft nur die Möglichkeit, sich mit einem Jeep so schnell wie möglich nach Gyirong an der nepalesischen Grenze bringen zu lassen. Hier kann man den Weitertransport nach Kathmandu organisieren. Diese Option gilt allerdings nur, wenn der Grenzübergang geöffnet ist.

Hygiene

Hygiene ist außerhalb von Lhasa ein Fremdwort. Das gilt für die chinesischen und noch mehr für die tibetischen Verhältnisse. Wer sich für empfindlich hält, was Hygiene angeht, wird die Zustände vermutlich schockierend finden. Die Erklärungen sind vielfältig. Ein wichtiger Grund für die mangelnde Hygiene sind schlichtweg fehlende Wasserleitungen, sodass es außerhalb von größeren Orten kaum Möglichkeiten zum Duschen gibt. Viele Gästehäuser stellen aber **heißes Wasser** in Thermoskannen zur Verfügung, die zumindest einen Kurzwaschgang ermöglichen. Ansonsten findet man unterwegs immer wieder einmal heiße Quellen oder auf den Trekkingtouren den einen oder anderen Fluss. Auch die Mitnahme von feuchten Reinigungstüchern kann hilfreich sein.

Das Wechseln von **Bettwäsche** ist selbst in besseren Hotels keine Selbstverständlichkeit. In den einfachen Unterkünften außerhalb der größeren Städte wird die Wäsche mangels Wasser eher gar nicht ausgetauscht oder gewaschen. Hier hilft nur die Mitnahme eines eigenen Schlafsacks.

Vorschlag für eine Reiseapotheke

Basisausstattung

- ☐ **Verbandzeug** (Heftpflaster, Leukoplast, Blasenpflaster, Mullbinden, elastische Binde, sterile Kompressen, Verbandpäckchen, Dreiecktuch, Pinzette)
- ☐ **Alkoholtupfer**
- ☐ **Desinfektionsmittel** (Betaisadona Lösung, Kodan Tinktur)
- ☐ **Mückenschutz** (für Kinder: Zanzarin)
- ☐ **Sonnenschutz** mit UVA- und UVB-Filter

Schmerzen und Fieber

- ☐ **Fieberthermometer**
- ☐ **Paracetamol, Dolormin** (keine acetylsalicylsäurehaltigen Medikamente)
- ☐ **Buscopan** (gegen krampfartige Schmerzen)

Magen- und Darmerkrankungen

- ☐ **Perenterol**
- ☐ **Imodium** (bei Durchfall v. a. bei längeren Fahrten)
- ☐ **Elotrans** (zur Rückführung von Mineralien)
- ☐ **Talcid, Riopan** (gegen Sodbrennen)

Hauterkrankungen

- ☐ **Antibiotische Salbe** für infizierte oder infektionsgefährdete Wunden (Nebacetin RP)
- ☐ **Mittel gegen Juckreiz** nach Insektenstichen und Allergien (Soventol Gel, Azaron Stift, Fenistil Tropfen, Teldane Tabletten)
- ☐ **Cortison-Creme** für starken Juckreiz oder stärkere Entzündung (Soventol Hydrocortison Creme, Ebenol Creme, Systralsalbe)
- ☐ **Wund- und Heilsalbe** (Bepanthen)
- ☐ **Fungizid ratio, Canesten** (bei Pilzinfektionen)
- ☐ **Augentropfen** bei Bindehautentzündungen (Berberil, Yxin)

Reisekrankheit

- ☐ **Superpep Kaugummis, Vomex**

Bitte bei den Medikamenten Gegenanzeigen und Wechselwirkungen beachten und sich vom Arzt oder Apotheker beraten lassen.

Ein spezielles Kapitel sind die öffentlichen **Toiletten**. Meist handelt es sich um die eigentlich sehr praktischen und prinzipiell auch hygienischeren Hockklos. In Tibet bestehen sie allerdings aus unendlich dreckigen rechteckigen Öffnungen mit einer Sickergrube darunter. Die einzelnen Rechtecke sind vielfach nicht mit einer Trennwand versehen. Man hockt sich also in eine Reihe mit all den anderen. Für viele Reisende beginnen spätestens da die Schwierigkeiten. Dafür gibt es in nahezu jeder Straße ein öffentliches Klo (da viele der Häuser keines besitzen), das man am Geruch und an den Männlein-Weiblein-Symbolen erkennt. Toilettenpapier gehört übrigens immer mit ins Handgepäck!

Die **persönliche Hygiene** kann jeder selbst kontrollieren, und es empfiehlt sich, in dieser Beziehung äußerst penibel zu sein. Zu den Pflichten gehört regelmäßiges Händewaschen. Keinesfalls sollte man aus geteilten Gläsern trinken oder an den Zigaretten anderer Leute ziehen. Beim Duschen Gummischuhe oder Bade-Sandaletten tragen, die in den meisten Hotels kostenlos ausliegen (oft unter dem Bett). Da selbst kleinste Schnittwunden zu üblen Infektionen führen können, müssen sie sorgfältig gereinigt, mit einer antiseptischen Salbe behandelt und anschließend verbunden und trocken gehalten werden.

Essen sollte man prinzipiell nur in gut besuchten und sauberen Lokalen, die frische Lebensmittel in der Auslage haben und diese unter hoher Hitze zubereiten. Selbst in sehr einfachen Einrichtungen sind dabei kaum Probleme zu erwarten. Vorsicht geboten ist hingegen bei vorgekochten Speisen, die mehrere Stunden lang warm gehalten werden.

Schalentiere bilden überall in Asien ein potenzielles Risiko für Hepatitis A und sollten deshalb gemieden werden. Eigenhändig geschältes frisches Obst sollte keine Probleme bereiten, aufgetragene ungekochte Nahrungsmittel könnten dagegen mit unsauberem Wasser gewaschen worden sein.

Da auch schmutzige **Ess-Stäbchen** eine Gefahrenquelle sind, liegen in den meisten Restaurants inzwischen Einweg-Stäbchen aus. Wer ganz sichergehen will, sollte ein eigenes Paar Ess-Stäbchen dabeihaben.

Informationen

Es gibt eine Menge Möglichkeiten, sich im Vorfeld über Tibet zu informieren, und man sollte sie nutzen, um sich optimal auf einen Aufenthalt vorzubereiten. Neben vielen europäischen oder amerikanischen Websites finden sich auch englischsprachige Websites chinesischer und tibetischer Reiseveranstalter. Ob privat oder staatlich oder eine Mischung aus beidem, allen ist gemeinsam, dass sie trotz aller Restriktionen natürlich Geld verdienen wollen und müssen. Die Websites dieser Veranstalter sind nicht selten sehr fundiert und ausführlich und man findet zuweilen sogar detaillierte Informationen zur aktuellen Reisesituation in Tibet, zur Umgehung von Permit-Restriktionen auf dem Weg nach Tibet und vieles andere. Ein Blick auf die Seiten lohnt also allemal.

Aufgrund der Fülle an Websites können hier nur einige genannt werden.

Fremdenverkehrsämter

Das **China Tibet Information Center**, Room 1501, A2 Building, Hongfeng 2008, 305 Guang'anmenwai Dajie, Xicheng District, Beijing, ✆ 0086-10-5833 6009, 💻 eng.tibet.cn, bietet Nachrichten, Reiseinfos, Kultur und vieles mehr aus chinesischer Sicht. Nimmt man einmal die Propaganda aus, findet man viele brauchbare Informationen.

Das **Fremdenverkehrsamt der VR China** hat oberflächliche Infos zu Tibet und eine nicht wirklich hilfreiche Website. Zuständig für Deutschland und Österreich: Ilkenhansstr. 6, 60433 Frankfurt/M., ✆ 069-520135, 520136, 💻 www.chinatourism.de; zuständig für die Schweiz: Brandschenkestr. 178, 8002 Zürich, ✆ 01-201 88 77, 💻 www.travelchina.gov.cn/en/.

Infos im Netz

Allgemeines

Tibetfocus, 💻 www.tibetfocus.com, die Gesellschaft Schweizerisch-Tibetische Freundschaft informiert über das Land, seine Kultur sowie den Dalai Lama und gibt Reisehinweise. Dazu werden viele Fotos präsentiert.

Tibet Online, 💻 www.tibet.org, hat eine umfangreiche Linksammlung zu anderen Tibetseiten im Internet und viele eigene Artikel zu allen möglichen Aspekten Tibets.

Tibetergemeinschaft in der Schweiz und Liechtenstein, 💻 www.tibetswiss.ch, informative Website der in der Schweiz und in Liechtenstein lebenden Tibeter.

Politik

Australia Tibet Council, 💻 www.atc.org.au, liefert nicht nur gute Berichte über Politik, sondern auch viele Tipps zum Reisen in Tibet.

Exilregierung der Tibeter in Dharamsala, 💻 tibet.net, die Website bietet neben aktuellen Nachrichten aus der Politik viele weitere Hintergrundinfos zu Tibet.

International Campaign for Tibet Deutschland e.V., 💻 savetibet.de, Savetibet ist eine international agierende Organisation, die Aktionen, Infos und Kampagnen zur Unterstützung Tibets organisiert.

Internationale Gesellschaft für Menschenrechte, 💻 www.igfm-münchen.de, bringt viele fundierte Beiträge zu den politischen Verhältnissen in China und Tibet.

Tibet Initiative Deutschland, 💻 www.tibet-initiative.de, gibt regelmäßig Infoblätter zur politischen Situation heraus und organisiert Aktionen, um das Schicksal Tibets ins Bewusstsein einer breiten Öffentlichkeit zu rücken.

Religion und Kultur

Deutsche Buddhistische Union, 💻 www.dharma.de, der Dachverband der deutschen Buddhisten bietet Infos zum Buddhismus allgemein, aber auch Links zu allen Vereinigungen tibetischer buddhistischer Schulen.

Tibetisches Zentrum e.V., 💻 www.tibet.de, das Tibetische Zentrum Hamburg vermittelt in Seminaren, Studienkursen und Meditationsklausuren den tibetischen Buddhismus. Außerdem gibt es die überaus informative Zeitschrift *Tibet und Buddhismus* heraus.

Karma Kagyü Gemeinschaft Deutschland, 💻 kamalashila.de/institut/karma-kagyue-gemeinschaft, betreibt mit dem Kloster Langenfeld in der Eifel ein eigenes buddhistisches Zentrum und informiert auf der Website über Aktivitäten und Hintergründe zu dieser Richtung des Buddhismus.

Klösterliches Tibet-Institut Rikon, 💻 www.tibet-institut.ch, ist zum einen ein buddhistisches Kloster mit einer Mönchsgemeinschaft, hat sich aber auch zum Ziel gesetzt, nachfolgenden Generationen von Tibetern und westlichen Interessierten Kultur und Religion zu vermitteln.

Tibetische Medizin, 💻 www.tibetanmedicine-edu.org, hier bekommt man einen ersten Überblick über die tibetische Medizin.

Tibet Galerie, 💻 www.tibet-galerie.de, auf dieser Website werden unzählige tibetische Gottheiten vorgestellt und eine umfangreiche Einführung in die Thanka-Malerei geboten.

Reiseplanung

Extremtouren, 💻 www.changtang.de, auf der Website des Extremsportlers Frank Kauper, der 1997 als Erster das Changtang zu Fuß durchquert hat, bekommt man zahllose Tipps zur Organisation und Vorbereitung einer Extremtour durch Tibet. Zusätzlich gibt es viele Links zu anderen Abenteurern, die ebenfalls außergewöhnliche Trips durch Tibet realisiert haben.

Land of Snows, 💻 www.thelandofsnows.com, die Website von Jamin „Losang" Lee gehört zu den besten Websites für eine Reiseplanung mit ständig aktualisierten Infos zu Permits und zur Überland-Anreise nach Tibet.

Tibet Travel Service and Tour Operator, 💻 www.tibetguru.com, Website des Reiseveranstalters China Highlights Travel Service mit vielen Hintergrundinfos zu Tibet.

Veloreisen, 💻 www.betzgi.ch, der Extremradler Beat Heim beschreibt auf seiner Website u. a. seine Transhimalaya-Tour und Fahrradreise um den Kailash.

Natur

Tibet Environmental Watch, 💻 tew.org, hier findet man nicht nur viele Artikel zur Umweltsituation und -entwicklung Tibets, sondern auch zur Lage der Nomaden und zu anderen Themen.

Landkarten

Eine erste und gute Quelle für Landkarten ist die **Website** 💻 www.tibetmap.com. Hier gibt es historische Karten, Pläne von Klöstern, Regionalkarten und vieles mehr zum Herunterladen.

Eine sehr gute **Tibetkarte** ist im Reise Know-How-Verlag erschienen. Darin sind auch zahlreiche Klöster und Sehenswürdigkeiten eingetragen. Ein großer Vorteil dieser Karte ist, dass die verschiedenen Transkriptionen für tibetische Orte aufgeführt sind und, wenn auch nicht durchgehend, teilweise die tibetischen Zeichen.

Noch besser sind die Tibetkarten von **Gecko Maps**, 💻 www.gecko-maps.com, in denen sogar die verschiedenen Festivalorte gelistet sind.

In Lhasa selbst bekommt man gute zweisprachige (englisch-chinesische) **Stadtpläne** und weniger gute touristische Tibetpläne, auf denen man aber zumindest einen ersten Überblick bekommt. Xinhua in Lhasa verkauft den sehr detaillierten **Straßenatlas** Xizang Zizhiqu Dituce (Atlas der Autonomen Region Tibet) aus dem Chengdu Ditu Chubanshe (Chengdu-Kartenverlag). Er listet selbst entlegene Klöster und kleinste Straßen, ist aber ausschließlich auf Chinesisch beschriftet.

Internet

Zwar werden viele für nicht genehm gehaltene Seiten (darunter auch Facebook) in China blockiert und der E-Mail-Verkehr wird sicher überwacht, aber in aller Regel funktioniert das Internet in Tibet einwandfrei. Allen Medienberichten über langsames Internet in China zum Trotz, bieten viele Hotels, Cafés und Restaurants mittlerweile schnelles Breitbandinternet.

Internetcafés

Das Internet ist in den großen Orten das ideale Medium, sich aktuell über Reisebedingungen,

Wetter, Mitfahrgelegenheiten usw. zu informieren. Ein **Forum für Traveller** ist über 💻 www.stefan-loose.de zu erreichen.

Internetcafés sind in Lhasa, Shigatse, Tsethang, Ali und Chamdo verbreitet. Meist fungieren sie offiziell als Videospielzentren. Auch die Büros der China Telecom bieten Internet an. Für den Online-Zugang zahlt man meist ¥5 pro Stunde. Die meisten Hotels, Jugendherbergen und Hostels stellen ihren Gästen entweder per LAN-Kabel auf dem Zimmer oder über WLAN in der Lobby und gelegentlich in den Zimmern einen kostenlosen Internetzugang zur Verfügung. Die „Business Center" der guten Hotels berechnen allerdings nicht selten ¥20–30 und mehr pro Stunde, in preiswerteren Hotels kann man für ¥5–10 auch viertelstundenweise surfen. Der Seitenaufbau bei den Hotelrechnern läuft allerdings meistens quälend langsam.

E-Mail, Messenger und Skype

Am einfachsten und billigsten ist die Kommunikation via E-Mail und Messenger-App. WhatsApp funktioniert meist nicht. Alternativ kann man **WeChat** nutzen, das in ganz China überaus populär ist und auch zum Bezahlen genutzt wird. Man sollte allerdings rechtzeitig alle Leute, mit denen man kommunizieren möchte, darum bitten, diese App runterzuladen. Trotz Breitbandverbindung kann das Netz sehr langsam sein.

Wer mit **Laptop** reist, sollte ein LAN-Kabel mitnehmen. Oft gibt es auf den Zimmern besserer Hotels einen Internetanschluss, den man kostenlos nutzen darf. In guten Hotels sind solche Kabel oft auch schon montiert.

Einige Internetcafés in Lhasa bieten die Möglichkeit des **Telefonierens via Internet** mit Skype. Wer einen eigenen Laptop dabeihat, sollte sich dieses Programm unter 💻 www.skype.de herunterladen. Es ist kostenlos und ermöglicht das gebührenfreie Telefonieren mit anderen Skype-Teilnehmern. Auch der Anruf ins Festnetz ist nicht teuer, allerdings muss man dann im Voraus Geld auf sein Skype-Benutzerkonto einzahlen. Wichtig ist es, das Headset nicht zu vergessen, falls der Computer nicht mit einem Mikrofon ausgestattet ist oder man nicht möchte, dass andere die Gespräche via Lautsprecher mithören.

Kinder

Tibet bietet für Kids unglaublich viele spannende Dinge wie kleine Klettertouren, Spielen in den Sanddünen oder Wanderungen entlang der Koras um die Klöster, wo es immer viel zu sehen gibt. Was Kindern allerdings ganz sicher nicht gefällt, sind endlos erscheinende Besuche von Klöstern. Sie werden diesem Programmpunkt auf Dauer nicht mehr Interesse entgegenbringen als Kirchenbesichtigungen bei uns. Als Konzession an die Moderne sollte man sich die Mitnahme eines Laptops zum Abspielen von DVDs oder für Spiele überlegen. Die Planung von Besichtigungen und Wanderungen sollte grundsätzlich immer auch die Bedürfnisse der Kinder berücksichtigen.

Sehr wichtig ist die Einbeziehung der Kinder in die **Vorbereitung** der Reise. Kinder möchten am Planen oder Kofferpacken teilnehmen und ihre Wünsche sollten im Rahmen des Möglichen berücksichtigt werden. Es ist auch hilfreich, darüber zu sprechen, was es in Tibet zu sehen und zu erleben gibt.

Die **Anreise** per Flugzeug und die damit verbundene Zeitverschiebung ist immer beschwerlich, muss jedoch nicht zum Stress werden. Am lästigsten sind die Wartezeiten auf den Flughäfen. Man kann sie allerdings sehr gut nutzen, um sich und die Kinder in den überall vorhandenen Wasch- bzw. Mutter-und-Kind-Räumen in Ruhe zu waschen, die Zähne zu putzen und die Kleidung zu wechseln, was in den beengten Flugzeugtoiletten nur mit Mühe zu bewerkstelligen ist. Eine Rückentrage für die Kleinsten hat sich bestens bewährt, man kann sie notfalls auch im Flugzeug aufstellen und dem Kind somit ein Minimum an Bewegungsfreiheit geben. Ein Krabbelkind zehn bis zwölf Stunden auf dem Schoß zu halten, geht über die Kräfte eines einzelnen Menschen. Gerade als allein reisendes Elternteil sollte man sich nicht scheuen, Mitreisende und Flugpersonal um Hilfe zu bitten. In jedem Fall empfiehlt sich eine Ausrüstung wie für eine

Dreitagereise, denn für einen unvorhergesehenen Aufenthalt sollte man immer gewappnet sein.

Für die ersten Nächte **nach der Ankunft** braucht man ein gutes, möglichst ruhiges Hotel, in dem sich niemand übermäßig durch ein weinendes oder aufgedrehtes Kind gestört fühlt. Auch die Eltern brauchen gute Nerven und eine gute Konstitution, um den Jetlag zu überwinden. Ältere und reisegewohnte Kinder kommen mit der Umstellung eher zurecht, dennoch sollte man auf großartige Unternehmungen gleich nach der Ankunft tunlichst verzichten. Für die Nacht muss unbedingt etwas zu essen und zu trinken bereitgehalten werden.

Viele Kinder haben noch nicht verlernt, auf ihren Körper zu hören und tun bei der **Akklimatisierung** an die Höhe automatisch das Richtige, nämlich nichts. Sie haben nicht den Drang, gleich loszurennen und einen Besichtigungsmarathon zu starten, weil man ja nur einmal im Leben nach Tibet reist. Das ist gut so, und man sollte es ihnen als Erwachsener gleichtun. Wichtig ist es, viel zu trinken. Wasser bekommt man allerorten in Flaschen. Wie für Erwachsene auch ist eine Kopfbedeckung unabdingbar, und im Winter sind warme Unterwäsche und Kleidung ein Muss, da viele Räume nur sehr unzureichend oder gar nicht beheizt werden.

Nicht vergessen

- ☐ **Kinderreisepass** und **Visum**
- ☐ **Impfpass**
- ☐ **SOS-Anhänger** mit allen wichtigen Daten
- ☐ **Kleidung** – möglichst strapazierfähige Sachen
- ☐ **MP3-Player**
- ☐ **Spiele** und **Bücher**
- ☐ **Fotos** von wichtigen Daheimgebliebenen gegen Heimweh
- ☐ **Kuscheltier** (muss gehütet werden wie ein Augapfel, denn ein verloren gegangener Liebling kann allen den Rest der Reise verderben – reiseerprobte Kinder beugen vor, indem sie nur das zweitliebste Kuscheltier mitnehmen)
- ☐ **Sonnencreme** mit hohem Lichtschutzfaktor
- ☐ **Kopfbedeckung**

Keine übertriebene Angst vor Schmutz, Krankheiten und fremder Sprache! Kinder haben normalerweise gute Abwehrkräfte, finden leicht Anschluss und regeln viele Sachen nonverbal. Sie verstehen sehr schnell die Notwendigkeit, sich öfter als gewohnt die Hände zu waschen, kein Wasser aus der Wasserleitung zu trinken etc. Man sollte das Kind vor der Reise gründlich untersuchen lassen und darauf achten, dass es alle erforderlichen Impfungen – einschließlich solcher gegen Kinderkrankheiten – besitzt.

Natürlich bringt das Reisen mit Kind auch **Nachteile**. Es ist auf jeden Fall teurer, denn das Übernachten unter freiem Himmel oder die Benutzung einer glitschigen Gemeinschaftsdusche sind mit Kindern kein Vergnügen. Folglich wird man mehr auf Mittelklasse-Unterkünfte zurückgreifen. Mit Kindern lassen sich auch keine Mammut-Touren unternehmen, und dennoch muss mehr Geld für 1. Klasse-Busse oder Flüge ausgegeben werden. Kinder reisen in China und Tibet allerdings bis zu einer Größe von 1 m und mancherorts bis 1,20 m in **Zügen und Bussen** kostenfrei. Danach zahlen sie den vollen Preis.

Bei jeder noch so kurzen Fahrt sollte man etwas Proviant und zumindest ein Kinder-T-Shirt zum Wechseln im Handgepäck haben. Erwachsene können warten, bis irgendwann angehalten wird, wo es etwas zu essen/trinken gibt – Kindern verdirbt eine unfreiwillige Hungerkur oder Durststrecke nachhaltig die Lust am Reisen. Auf längeren Strecken muss man auch erhebliche Temperaturunterschiede einkalkulieren und mit entsprechenden Kleidungsstücken vorsorgen.

Das **Essen** macht Kindern meist großen Spaß, sie dürfen mit Stäbchen hantieren und lernen das auch schnell. Vor allem macht es ihnen Freude, aus der Mitte von den vielen Tellern zu nehmen. In den Restaurants oder in Bussen und Zügen wird man nie so etwas wie Kinderfeindlichkeit erleben; alle Angestellten oder Mitfahrer werden sich begeistert und stundenlang mit den Kleinen beschäftigen, sodass selbst lange Reisen entspannt ablaufen. Ganz nebenbei wird man dank der Kinder auch eine Menge Bekanntschaften schließen. Hauptnachteil bei aller Kinderfreundlichkeit der Tibeter und Chinesen ist für ausländische Kinder natürlich, dass sie be-

Sicher im Flugzeug

Für Kinder über zwei Jahre muss ein eigener Sitzplatz gebucht werden, der etwas günstiger ist als der für Erwachsene. Doch die Sitze sind nicht für Kinder gemacht – auch nicht der Sicherheitsgurt. Vermehrt ist es jetzt endlich möglich, einen Autokindersitz mit in den Flieger zu nehmen und die Kleinen kindgerecht anzuschnallen. Damit reisen die Kinder sicher und bequem. Auch für Babys unter zwei Jahren lohnt die Überlegung, einen Platz zu buchen: Im eigenen Sitz angeschnallt, erhöht sich ihre Sicherheit um ein Vielfaches. Vor Ort bietet der Kindersitz zudem Schutz auf Autofahrten. Leider lassen bisher noch nicht alle Gesellschaften einen solchen Sitz zu, und die, die es tun, verlangen eine Voranmeldung (eine Bestätigung sollte man sich schriftlich geben lassen). Alle anderen Systeme, etwa das Festschnallen des Kindes auf dem Schoß der Eltern, sind nachweislich untauglich.

sonders auffallen und in der Öffentlichkeit stets von einer Menschentraube umlagert sein werden. Blonde Ausländerkinder sind in Tibet natürlich ebenso eine Attraktion wie die tibetischen Sehenswürdigkeiten für westliche Besucher. Erfahrungsgemäß kommen Kinder aber gut mit dieser erhöhten Aufmerksamkeit zurecht und schon bald stört es sie kaum noch.

Mit einem Säugling nach Tibet zu fahren, ist wenig ratsam, da hier die Luft- und Temperaturbedingungen einfach zu extrem sind. Wer es dennoch wagen möchte, sollte bedenken, dass **Babynahrung und Wegwerfwindeln** in Tibet nur in Lhasa und Shigatse zu bekommen sind. Man kann zur Not aber auf die chinesischen Schlitzhosen, die überall erhältlich sind, zurückgreifen.

Maße und Elektrizität

In Tibet wird das metrische System benutzt. Es gibt also Kilometer und Kilogramm wie bei uns.

Die Netzspannung beträgt 220 Volt. Sinnvoll ist ein Weltreise-Adapter, da in China verschiedene, u. a. die amerikanischen, Steckernormen benutzt werden. Es kann vorkommen, dass man in ein und demselben Hotel drei verschiedene Steckertypen braucht. Die neuen Mittel- und Oberklassehotels haben sich weitgehend europäischen Normen angepasst.

Medien

Wer unterwegs nicht auf Musik verzichten möchte, wird einen MP3-Player, ein Tablet, Smartphone oder Ähnliches mitnehmen müssen. Das **Radioprogramm** ist für Musikliebhaber ausgesprochen unattraktiv. Das gilt auch für das **Fernsehen**. Die großen Hotels in Tibet verfügen über Satellitenempfang, aber anders als im übrigen China bekommt man hier keine englischsprachigen Sender zu sehen. Einige der guten Hotels zeigen auf eigenen Kanälen Videofilme oder bieten den Empfang von Spielfilmsendern.

In Tibet erhält man fast ausschließlich chinesische und einige wenige tibetische **Zeitungen**. In den Luxushotels in Lhasa bekommt man auch schon mal die englischsprachige Tageszeitung *China Daily*.

Nationalparks und Reservate

Offiziell werden bislang 38 Gebiete, die rund ein Drittel der Fläche der Autonomen Region Tibet ausmachen, als Naturschutzgebiete und drei Regionen als Nationalparks ausgewiesen. Weitere Naturschutzgebiete sollen in den nächsten Jahren hinzukommen.

Seit 2006 läuft ein auf 14 Jahre angelegtes Programm zum Wiederaufbau sogenannter Ökologischer Sicherheits- bzw. Pufferzonen, die die Naturschutzgebiete an ihren Rändern zusätzlich schützen sollen. Hier versucht man, Grasländer und Wälder zurückzugewinnen und die zunehmende Verwüstung einiger Regionen zu stoppen.

Das Hauptproblem für die Naturschutzgebiete ist naturgemäß der Mensch: Er dringt unaufhaltsam auch in die letzten, bisher sogar für nicht besiedelbar gehaltenen Gebiete vor. Immerhin arbeitet die chinesische Regierung seit einiger Zeit mit großen Organisationen wie dem WWF, en.wwfchina.org, zusammen, um die Folgen mangelnden Schutzes und des Vordringens der Menschen in die Schutzgebiete zu erforschen und entsprechende sozial verträgliche Gegenmaßnahmen zu ergreifen. Diese Kooperation erstreckt sich allerdings zunächst nur auf die drei Nationalparks. Zwei Naturreservate unterstehen nationaler Kontrolle und 13 der Aufsicht der Autonomen Region Tibet – und der fehlt schlicht das Geld und Personal für einen erfolgreichen Schutz.

Jahrhundertelang waren viele Gebiete Tibets so unwirtlich und unzugänglich, dass sich in ihnen einzigartige Ökosysteme bis in die Moderne erhalten haben. In den 1950er-Jahren zogen noch Hunderttausende tibetischer Antilopen, Gazellen und Kyangs (tibetische Wildesel) sowie Zehntausende Wildyaks und Blauschafe über die Hochebenen des Changtang, bis ab 1950 Straßen auch in den hintersten Winkel Tibets gebaut wurden, sodass Jäger selbst in bis dahin unzugängliche Gebiete vordringen konnten. In nur 50 Jahren verringerte sich die Anzahl dieser Tiere um vermutlich 90 %, und die Situation droht sich ähnlich dramatisch zu entwickeln wie seinerzeit die der Büffel in Nordamerika, deren Bestand von mehreren Millionen Tieren in kürzester Zeit nahezu ausgerottet wurde.

1985 wurden die ersten sechs Naturschutzgebiete eingerichtet, um zumindest die seltensten Tiere und wertvollsten Ökosysteme unter Schutz zu stellen, und zwar **Metok/Medog** (1999 in Yarlung Tsangpo Great Canyon Nature Reserve umbenannt), **Zayul**, **Pome Gang**, **Nyingchi Drache/Pagchi**, **Nyalam Dram/Zham** und **Kyirong Jang**. 1988 folgten das **Qomolangma Nature Reserve** und sechs weitere Naturschutzgebiete, nämlich **Changtang**, **Markam-Tsakhalho**, **Shantsa/Xainza**, **Nyingchi-Tongjug**, **Riwoche-Tramoling** und **Lhundrup-Phanpo**. Später wurden noch fünf weitere Naturschutzgebiete geschaffen, und zwar **Zada Tulin**, **Shigatse Pillow Shaped Lava Nature Reserve**, **Ngangring Terrestrial Heat Nature Reserve**, **Lhamo Nam-Tso-Nature Reserve** und **Lhasa Nature Reserve** zum Schutz der dortigen Feuchtgebiete, die kurz vor dem Exodus standen. Der Yarlung Tsangpo Great Canyon, Qomolangma und Nam Tso wurden zwischen 2010 und 2012 zu Nationalparks aufgewertet und stehen seitdem unter besonderem Schutz.

Die Nationalparks dürfen nur mit einem Alien Travel Permit und zum Teil zusätzlich mit einem Military Permit besucht werden. Die **Eintrittsgebühren** für die Parks müssen grundsätzlich vor Ort entrichtet werden. Sie liegen zwischen ¥270 für den Yarlung Tsangpo Great Canyon und ¥180, wenn man z. B. den Qomolangma-Nationalpark besucht. Wer mit einem Landrover unterwegs ist, zahlt in einigen Parks auch noch für das Fahrzeug. Am Qomolangma-Nationalpark sind das immerhin ¥400 pro Fahrzeug. Anderswo wie im Yarlung Tsangpo Great Canyon muss man einen Führer für ¥100 mitnehmen und auch noch eine Kaution von ¥400 hinterlegen. Allerdings durfte dieses Gebiet, da es in Osttibet liegt, 2012 bis 2018 gar nicht besucht werden (S. 326).

Yarlung Tsangpo Great Canyon-Nationalpark

Das Metok Nature Reserve gehörte zu den ersten Naturschutzgebieten in Tibet und war zunächst nach dem Kreis Metok benannt. Der Name bedeutet auf Tibetisch Blume und deutet darauf hin, dass dieses Gebiet ein echtes Königreich der Pflanzen ist. Gleichzeitig stellen die Waldgebiete das am nördlichsten gelegene intakte tropische Ökosystem dar. Außerdem hütete die bis heute nur schwer zugängliche Metok-Region eines der letzten geografischen Geheimnisse der Erde, und zwar den 496,3 km langen Yarlung-Tsangpo-Canyon, der an dieser Stelle den Himalaya zerschneidet.

1999 wurde Metok schließlich in Yarlung Tsangpo Great Canyon Nature Reserve umbenannt und 2010 zu einem Nationalpark umgewandelt, der sich de facto aus drei Nationalparks zusammensetzt, und zwar dem **Nyilha Tsangpo River Valley** mit dem Hauptteil des Canyons, in dem nicht nur die geologischen Strukturen, sondern auch eine einzigartige Flora

Der Kyi Chu ist der größte Nebenfluss am Mittellauf des Yarlung Tsangpo.

und Fauna geschützt werden, das **Burjun Lake Nature Reserve** mit seinem tropischem Regenwald, das den letzten Bengalischen Tigern Tibets als Lebensraum dient, und das **Deyang Gully Nature Reserve**, ein wichtiger Lebensraum der seltenen Takins. Über 3760 Pflanzenspezies wachsen in der Region – die Hälfte aller in Tibet vorkommenden Pflanzen –, und nicht zuletzt gilt Metok als das Revier des geheimnisvollen Yeti.

Changtang Nature Reserve

Das 298 000 km² große Changtang Nature Reserve, das fast den gesamten Nordwesten der Autonomen Region Tibet einnimmt, ist zusammen mit dem südlich angegliederten 18 936 km² großen **Serling Lake Nature Reserve** das größte Naturschutzgebiet Tibets und nach Grönland das zweitgrößte Naturreservat der Welt. Es dient dem Schutz der einzigartigen Steppen der tibetischen Hochebenen und der dort lebenden Fauna. Die Changtang-Region liegt auf einer durchschnittlichen Höhe von 4500 m und war bis vor 50 Jahren noch so gut wie unbesiedelt. Dafür grasten hier Hunderttausende von Huftieren, deren Bestand in den letzten Jahrzehnten dramatisch zurückgegangen ist.

Um das weltweit größte noch existierende, halbwegs unberührte Ökosystem von Hochland-Grasländern zu schützen, wurden 1993 das Changtang und das Serling Nature Reserve gegründet. Dann passierte erst einmal nichts. Noch bis 1996 wurden jährlich allein bis zu 4000 tibetische Antilopen getötet. Ab 1997 begann man schließlich mit dem WWF und anderen Organisationen zusammenzuarbeiten und Programme für einen echten Schutz umzusetzen. Der erste Schritt war ein streng kontrolliertes Waffenverbot, und seit einigen Jahren haben zumindest die Bestände an Huftieren angefangen sich zu erholen. Das größte Problem sind nunmehr die Hirten mit ihren großen Herden, die auch weiterhin Wildtieren wie Bären, Yaks und Schneeleoparden den Lebensraum streitig machen.

Markam Tsakhalho Nature Reserve

Das Markam Tsakhalho Nature Reserve umfasst eine Fläche von rund 1850 km² und erstreckt sich auf Höhen zwischen 3500 m und 4500 m. Hauptzweck dieses im Osten der Autonomen Region südlich von Markam gelegenen Nationalparks ist der Schutz des seltenen Gold-Stumpfnasenaffens, der als schönste Affenart gepriesen wird. Nur noch 1000 Exemplare soll es von dieser Art geben und davon leben allein 600 im Nationalpark. Daneben umfasst das Gebiet große Primärwälder.

Qomolangma-Nationalpark

Dieses 78 000 km^2 große Naturschutzgebiet wurde 1988 auf der Hälfte der heutigen Fläche ausgewiesen und 2012 zum Nationalpark in seiner jetzigen Größe aufgewertet. Zwar befinden sich innerhalb des Schutzgebietes zwei Städte und 16 Ortschaften mit zusammen 67 000 Einwohnern, aber immerhin versucht man die Menschen in den Naturschutz mit einzubeziehen. Geschützt werden sollen neben dem faszinierenden Landschaftsbild – im Nationalpark stehen allein fünf der insgesamt 14 Achttausender – auch viele nur in dieser Region vorkommende Pflanzen und Tiere.

Nam Tso-Nationalpark

Das 2012 zum Nationalpark erklärte Territorium des Nam Tso umfasst nicht nur den See mit seinen Uferbereichen, sondern auch die Gebirgsregion des 7162 m hohen Nyanchen Thanglha und die Region um Yangpachen am Fuß des Nyanchen Thanglha, die für ihre Thermalquellen bekannt ist. In dem rund 10 600 km^2 großen Schutzgebiet werden vor allem das empfindliche alpine Ökosystem und die biologische Vielfalt, die sich hier dank des Fehlens von Siedlungen hervorragend erhalten hat, geschützt. Da sich der See zu einem beliebten Reiseziel entwickelt hat, wird inzwischen auch auf die Entwicklung eines nachhaltigen Tourismus Wert gelegt.

Öffnungszeiten

Bürozeiten sind in der Regel Mo–Fr von 8–12 und 13–17 Uhr. Die Ämter für öffentliche Sicherheit, bei denen man sein Visum verlängern lassen oder Permits beantragen kann, haben oft nur von 9–11 und von 15–17 Uhr geöffnet. Läden sind jeden Tag zwischen 9 oder 10 und 21 oder 22 Uhr geöffnet. Sehenswürdigkeiten sind meist von 9–17 Uhr zugänglich. Private Restaurants öffnen in der Regel gegen 10 oder 11 Uhr und schließen zum Teil erst gegen Mitternacht. Anders die staatlichen und renommierten Lokale: Sie haben häufig nur mittags zwischen 10.30 und 14 Uhr und abends zwischen 17 und 21 Uhr geöffnet.

Post

Die chinesische Post in den größeren Orten arbeitet schnell und effizient. Briefe nach Europa dauern selbst aus Tibet oft nur fünf bis sieben Tage, aber nur, wenn man die Briefkästen vor den Hauptpostämtern benutzt. Briefmarken erhält man entweder bei den Postämtern, häufig aber auch an den Rezeptionen der großen Hotels, wo man Briefe manchmal auch abgeben kann. Allerdings sammeln viele Hotels die Post und schicken sie oft erst Wochen später ab. Die **Portogebühren** variieren je nach Zielland, sind aber relativ preiswert. Luftpostbriefe nach Europa kosten bis 20 g ¥6, Postkarten ¥4,5. In den meisten Postämtern gibt es einen Express Mail Service (EMS), an dem man **Expressbriefe** ins In- und Ausland abschicken kann. Die Kosten für eine Expresssendung nach Europa beginnen bei ¥180 z. B. für eine Dokumentensendung bis 500 g. Briefumschläge bekommt man bei der Post oder in Schreibwarenabteilungen der Kaufhäuser.

Pakete ins Ausland müssen unverschlossen zum Hauptpostamt von Lhasa gebracht werden, wo der Inhalt vom Zoll kontrolliert wird. Das Personal hilft anschließend für wenige Yuan beim korrekten Verpacken. Wer Quittungen für die zu versendenden Gegenstände hat, sollte sie ebenfalls dem Paket beilegen, damit es bei möglichen späteren Kontrollen keine Probleme gibt. Bereits verschlossene Pakete werden für die Zollkontrolle geöffnet. Für den Versand dürfen nur die von der Post verkauften Verpackungen benutzt werden. Die Kosten variieren stark je

Permits

Zu den Tibet-Permits siehe „Visa und Permits", S. 94.

nach Gewicht und Versandart. Ein über Land nach Europa befördertes Paket kostet bis 5 kg um die ¥370. Für Luftpostpakete zahlt man ab etwa ¥550 bis 5 kg.

Reisende mit Behinderungen

Auf behinderte Menschen ist man in China nicht gut und in Tibet gar nicht eingestellt. Wichtig ist, dass man sich rechtzeitig vor der Reise bei den Veranstaltern, Hotels und Fluggesellschaften erkundigt, ob sie die notwendigen Einrichtungen besitzen. In Lhasa ist zurzeit nur das Four Points by Sheraton auf Behinderte eingestellt, während es ansonsten generell düster aussieht. Einziger Lichtblick zumindest bei den Jeeptouren ist, dass die Fahrzeuge in der Regel eine Menge Platz bieten. Züge und Busse sind nicht auf Behinderte ausgerichtet und leider gar nicht auf Rollstuhlfahrer.

Die Straßen und Bürgersteige sind oft in schlechtem Zustand, zu den Tempeln führen schlecht gepflasterte Wege, und die Zugänge zu den Tempelhallen sind oft nur über steile Holzleitern zu erreichen. So hilfsbereit die Menschen in Tibet auch sind, darf man sich doch nicht darauf verlassen, dass immer eine helfende Hand zur Stelle ist. Wer gerne in Begleitung eines Nichtbehinderten reisen möchte und im Freundes- oder Familienkreis keinen passenden Partner findet, kann möglicherweise über eine der nachstehend genannten Organisationen jemanden finden. Sie geben auch Informationen über Behindertenreisen. Für blinde Reisende ist die amerikanische Organisation Braille Without Borders, 💻 www.braillewithoutborders.org/ENGLISH/index.html, überaus nützlich.

Die **Nationale Koordinationsstelle Tourismus für Alle** (NatKo), Fleher Str. 317a, 40223 Düsseldorf, ✆ 0211-336 8001, 💻 www.natko.de, der acht deutsche Behindertenverbände angehören, berät Anbieter bei der Verwirklichung behindertengerechter Reisen, wozu entsprechende Unterkünfte, Programme usw. zählen, und nennt Behinderten hilfreiche Adressen für die Reiseplanung, die sich auch in einer von der NatKo herausgegebenen Broschüre finden.

Club Behinderter und ihrer Freunde (BAG cbf), die regional organisierten Clubs (jeweils eigene Websites: www.cbf-da.de, www.cbf-muenchen.de u. a.) verschicken gegen Rückporto (auf Spendenbasis) eine Adressenliste aller bekannten Behinderten-Reiseveranstalter.

Reiseveranstalter

Seit 2012 ist es faktisch unmöglich, Tibet auf eigene Faust zu erreichen oder gar mit öffentlichen Verkehrsmitteln zu bereisen. Damit ist man schon im Vorfeld auf die Hilfe eines Reiseveranstalters, der die Buchung des gesamten Tibet-Aufenthaltes übernimmt, angewiesen. Der Grund für diese Restriktionen liegt zum einen in der Marktmacht der örtlichen Reisebüros, die so den gesamten ausländischen Reiseverkehr abwickeln können und daran prächtig verdienen, und zum anderen in der Politik, die sich immer neue Beschränkungen einfallen lässt. Nicht selten sind beide Bereiche miteinander verquickt, denn viele Politiker in Tibet investieren gerne in den lukrativen Tourismus und können dann über die Reglementierungen sicherstellen, dass ihre Jeeps, Busse oder Reisebüros auch benutzt werden müssen.

Grundsätzlich sollten bei der Buchung einige Dinge berücksichtigt werden. Zunächst einmal muss man genau wissen, wie viele Tage die Fahrt dauern soll, wohin man fahren möchte und welche Sehenswürdigkeiten besichtigt werden sollen. Dann heißt es, die Reiseagenturen abklappern oder anschreiben und Preise vergleichen.

Hat man sich für einen Veranstalter entschieden, gilt es, alles schriftlich festzuhalten: die Reiseroute, die geplanten Sehenswürdigkeiten, Hotelkategorien, die Kosten für eventuelle Abstecher oder Extratage, den Zahlungsmodus

(Anzahlung und Restzahlung), Verantwortlichkeiten, wenn das Fahrzeug zusammenbricht, und Kosten oder Umwege durch witterungsbedingte Verzögerungen. Die hier genannten Veranstalter listen in der Regel alles von sich aus auf und fertigen eine Kopie dieser **Vereinbarung** an. Je genauer alles aufgeführt wird, desto weniger Streit gibt es unterwegs bei unvorhergesehenen Ereignissen.

Veranstalter

In Tibet

Eine Liste von Reiseveranstaltern, die einem nachhaltigen Tourismus verpflichtet sind und in erster Linie tibetische Reiseleiter, Fahrer, Restaurants, Hotels usw. unter Vertrag nehmen, findet man unter tibetecotravel.com. Dazu gehören u. a. die folgenden beiden Anbieter:

Tibet Highland Tours, Danjielin Lu (Mentsikhang Lam), Lhasa, 139 0898 5060, www.tibethighlandtours.com. Langjähriger, solider Veranstalter für alle Arten von Tibetreisen.

Tibet Wind Horse Adventures, B32 Shenzheng Huayuan, 8 Sela Beilu, Lhasa, 0891-683 3009, www.windhorsetibet.com. Wind Horse gehört nicht zu den günstigsten Anbietern, aber dafür zu den erfahrensten und auch vielseitigsten. Das Büro ist u. a. auf Trekking, Rafting und Aktivreisen spezialisiert.

TibetCtrip, Niwei Building Room 302, 13 Linkuo Beilu, Lhasa, 891-634 9360, www.tibetctrip.com. Ctrip gehört zu den Marktführern für innerchinesische Reisen und bietet mit seinem Ableger TibetCtrip das gesamte Spektrum an Reisen in Tibet an.

Tibetan Guide Travel Tours, Dongjiao, 33 Anquyuan, Bldg. 3, 0891-656 2169, www.tibetanguide.com. Das Unternehmen wurde von einem tibetischen Guide gegründet und beschäftigt Mitarbeiter aus allen Teilen Tibets. Bei dem Versuch, nachhaltigen Tourismus zu verwirklichen, werden auch buddhistische Mönche für die Schulungen eingesetzt.

Tibet Shigatse China International Travel Service, Yak Hotel, 100 Beijing Donglu, Lhasa, 0891-633 0489, www.shigatsetravels.com. Der Veranstalter bietet das ganze Spektrum an Reisen und Aktivitäten in Tibet und ist ein Joint Venture von Niederländern, Tibetern und Chinesen.

In China

Wer bereits in China ist und kurzfristig eine Reise nach Tibet plant, kann sich auch an folgende Veranstalter wenden:

Leo Hostel, Xicheng, 52 Dazhalan Xijie, Beijing, 010-6317 6288 oder 6303 3318, www.leohostel.com. Das Reisebüro des Leo Hostel organisiert seit vielen Jahren Tibetreisen und konnte bisher stets auch kurzfristige Reisepläne umsetzen.

€ **Tibet Discovery**, 1#23, City Villa, 288 Wuyang Dadao Yi Duan (Section 1), Wuhou District, Chengdu, 028-8522 3685, www.tibetdiscovery.com. Der erst 2010 gegründete Veranstalter hat naturgemäß noch nicht so viel Erfahrung, dafür sind seine Standardtouren günstiger als bei etablierten Anbietern.

In Deutschland

Auf und Davon Reisen, Lebrechtstr. 35, 51643 Gummersbach, 02261-501 990, www.auf-und-davon-reisen.de. Der Veranstalter bietet zahlreiche Reiseprogramme nach Tibet in kleinen Gruppen an, organisiert aber auch Individualreisen.

Berghorizonte, Karlstr. 21-23, 36037 Fulda, 0661-250 2630, www.berghorizonte.de. Kleiner Reiseveranstalter, der auf Trekkingreisen im Himalaya und in Tibet spezialisiert ist.

China Tours, Wandsbeker Allee 72, 22041 Hamburg, 040-819 7380, www.chinatours.de. Hier kann man neben Standardtouren auch ausgefallene Reiseideen verwirklichen. So gibt es jedes Jahr eine Oldtimer-Rallye von Deutschland nach China, die u. a. die gesamte Strecke durch Tibet von West nach Ost führt.

Schwule und Lesben

Die großen Mönchsgemeinschaften bedingten schon immer einen gewissen Anteil an Homosexualität in der tibetischen Gesellschaft. Sie wurde akzeptiert, aber es wurde nicht viel Aufhebens darum gemacht. In einem Interview bezeichnete der Dalai Lama 1997 Homosexualität aus buddhistischer Sicht als Fehlverhalten, meinte damit aber eher die Mitglieder der

Mönchsgemeinschaften. Im selben Interview erklärte er nämlich auch, dass Homosexualität aus gesellschaftlicher Sicht akzeptabel und harmlos sei.

Die Chinesen stehen Schwulen und Lesben ambivalent gegenüber. In großen Städten wie Beijing und Shanghai gibt es mittlerweile eine rege und offene Schwulenszene, anderswo, wie in Lhasa, agiert sie eher im Untergrund. Insgesamt ist jedoch eine wachsende Tolerierung seitens des Staates zu beobachten. Wer sich genauer informieren will, findet einige **Websites** zum Thema: www.utopia-asia.com/tipschin.htm, gaytibet.blogspot.com, www.gaychina.com und www.gopinkchina.com.

Sicherheit

In den letzten Jahren war in China und auch in Tibet eine steigende, wenn auch im internationalen Vergleich noch immer sehr geringe Zahl von Gewaltdelikten gegen Touristen zu verzeichnen, von denen auch Deutsche betroffen waren. In Tibet gab es Fälle, in denen ausländische Touristen auf Trekkingtouren in abgelegeneren Gebieten überfallen und ausgeraubt wurden. Reisenden wird empfohlen, sich ständig mit gebotener Aufmerksamkeit zu bewegen. Unbekannten Personen sollte kein Zugang zum Hotelzimmer gewährt werden, unter welchem Vorwand auch immer – im Zweifel bei der Hotelrezeption rückfragen.

Personenansammlungen und jede Art von Gedränge sind wegen der Gefahr von **Taschendiebstählen** zu meiden. Ist das nicht möglich, sollte man besonders vorsichtig sein und auch seinen Tagesrucksack vor dem Bauch tragen, um ihn besser im Visier zu haben und sich gegen ein blitzschnelles Aufschlitzen des Rucksacks zu schützen. Vor allem im Gedränge rund um den Barkor in Lhasa sind Banden unterwegs, die gezielt auf Beute aus sind. Es wird empfohlen, Pass und Flugtickets im Hotel sicher zu deponieren und lediglich eine Kopie des Passes sowie des gültigen Visums mitzuführen, um sich bei Polizeikontrollen ausweisen zu können. Geld und weitere Wertsachen gehören grundsätzlich in den Bauchgurt und nicht in einen Brustbeutel und schon gar nicht in den Tagesrucksack. Am besten alle wichtigen Reisedokumente zu Hause einscannen und an die eigene Webmail-Adresse schicken, eventuell auch Telefonnummern, Reisenschecknummern etc. So können diese im Notfall unterwegs abgerufen werden.

Notruf

Wer hier anruft, muss Chinesisch sprechen können:

Ambulanz	✆ 120 oder 999
Feuerwehr	✆ 119
Polizei	✆ 110

Die einzigen wirklichen Gefahren in Tibet sind die **rücksichtslose Fahrweise** vieler Jeep- und Busfahrer, die vielen **Hunde** in einigen Landstrichen und die wachsende Zahl von Taschendieben in Lhasa, die es auf die Wertsachen unaufmerksamer Reisender abgesehen haben.

Sport und Aktivitäten

Die großen Entfernungen, Permit-Probleme, mangelnde Transportmöglichkeiten und die daraus resultierenden relativ hohen Kosten für sportliche Unternehmungen haben den Kreis der Aktiven bislang begrenzt. Dennoch gibt es die eine oder andere Möglichkeit, sich sportlich zu betätigen.

Radfahren

Tibet bietet Radlern und Mountainbikern einige der spektakulärsten Möglichkeiten der Welt. Die Spanne reicht von sehr einfach zu realisierenden Fahrten wie nach Shigatse, Gyantse und Tsethang bis hin zu Extremtouren, wie sie die Strecken von Chengdu oder Kashgar nach Lhasa darstellen (s. auch Anreise S. 45 bzw. S. 47). Wer eine einfache Tour vorhat, kann in Lhasa preiswerte, wenngleich nicht sehr stabile Mountainbikes kaufen oder leihen, die allemal für eine Tour entlang geteerter Straßen taugen. Das freie Herumfahren mit dem Rad bis in den letzten Winkel Tibets ist offiziell nicht mehr erlaubt und wegen der vielen Kontrollposten auch nicht mehr möglich.

Die wachsende Beliebtheit von Radtouren nach und durch Tibet vor allem bei chinesischen Radfahrern hat dazu geführt, dass immer mehr Reisebüros solche Touren auch für Ausländer organisieren. Die populärste Route ist sicher die Strecke von Lhasa nach Kathmandu.

Rafting

In Tibet entspringen einige der größten Ströme Asiens, und so gibt es naturgemäß einige herausragende Möglichkeiten zum Kajakfahren und Rafting. Wer nicht gerade sein eigenes Kajak mitschleppt, kann ein- oder zweitägige Touren auch kostengünstig in Lhasa arrangieren. Preiswerte Tagestouren ab ¥600 pro Person werden auf dem Drigung Chu oder dem Tolung Chu, beide nordöstlich von Lhasa, durchgeführt.

Bislang ist **Wind Horse Tibet**, 🖳 www.windhorsetibet.com, der einzige Veranstalter, der Kajak- und Raftingtouren in ganz Tibet organisiert und auch über die entsprechende Erfahrung verfügt. Angeboten werden Rafting- und Kajaktouren auf dem Rong Chu in der Mount-Everest-Region, dem Yigung Tsangpo nördlich von Lhasa, auf dem Parlung Tsangpo in Osttibet und sogar auf dem Sutlej in Westtibet, die aber alle ihren Preis haben.

Trekking

Tibet ist ein Trekkingparadies und langsam, aber sicher haben auch die Veranstalter vor Ort auf die steigende Nachfrage nach Trekkingtouren reagiert. Konnten viele Treks früher nur im Rahmen einer teuren Gruppenreise eines heimischen Veranstalters verwirklicht werden, kann man heute bei den örtlichen Reiseveranstaltern die Preise vergleichen und vor allem in der **Umgebung von Lhasa** viele interessante und nicht allzu schwierige Touren unternehmen. Populär und relativ einfach durchzuführen sind die vier- bis fünftägige Tour vom Kloster Ganden nach Samye und die dreitägige Tour vom Kloster Tsurphu nach Yangpachen. Für die Touren benötigt man keine eigene Ausrüstung. Die Veranstalter vor Ort stellen Zelte, Führer, Kochcrew, Tragtiere und die benötigte Ausrüstung.

Telefon

Von den großen Hotels und in Fernmeldeämtern (oft im Verbund mit einem Postamt) kann man Ferngespräche führen. Bei **Anrufen nach China** wählt man von Deutschland, Österreich und der Schweiz aus zunächst die 00 vor, gefolgt von der Landesziffer 86, der Städtevorwahl ohne die 0 und der eigentlichen Rufnummer. Bei **Anrufen aus China** wählt man die 00, gefolgt von der Ländervorwahl (Deutschland 49, Österreich 43, Schweiz 41), der Städtevorwahl ohne die 0 und der eigentlichen Rufnummer. Internationale Telefongespräche kosten ¥3,50–8 pro Minute. Viele Geschäfte haben draußen ein Schild mit der Aufschrift IDD *(international direct call)*. Auch von hier kann man internationale Telefongespräche führen, die meist minutenweise abgerechnet werden. **Ferngespräche innerhalb Chinas** kosten ca. ¥0,30 pro Minute. Viele der Telefongeschäfte bieten aber auch preiswerte Möglichkeiten, via Internet zu telefonieren. **Ortsgespräche** sind meist kostenlos.

Verbreitet sind Kartentelefone. **Telefonkarten** (IC-Karten) bekommt man bei der China Telecom und in den meisten Kiosken in Stückelungen zu ¥20, ¥50, ¥100 und ¥200. Wer Auslandsgespräche führen möchte, benötigt jedoch eine Karte, die dafür gekennzeichnet ist.

Eine preiswerte Alternative sind **IP-Karten** (Internet Phone), die an allen Telefonen benutzt werden können und in Einheiten im Wert von ¥30, ¥50, ¥100, ¥200 und ¥500 erhältlich sind. Anders als bei der IC-Karte kann man hier den Preis oft herunterhandeln. Zum Telefonieren gibt man die Benutzernummer, dann den PIN-Code und schließlich die gewünschte Rufnummer ein. Die Gebühren nach Europa betragen ¥3,20 pro Minute. Auch hier muss man für Auslandsgespräche eine entsprechend gekennzeichnete Karte erwerben. Zu beachten ist, dass alle Bedienungshinweise nur auf Chinesisch sind. Wie auch bei uns werden öffentliche Telefone immer seltener, da die meisten Tibeter und Chinesen mittlerweile Handys nutzen.

Am billigsten telefoniert man natürlich mit **Skype** und dem eigenen Laptop. Wer schon im Vorfeld weiß, wen er alles anrufen will, der kann auf allen relevanten Computern Skype (S. 77) kostenlos herunterladen und mit dem Benutzernamen dann gratis telefonieren – stundenlang! Telefonieren mit WhatsApp ist eher was für Hartgesottene, da die Tonqualität in der Regel sehr schlecht ist und die App oft geblockt wird.

Aus den Zimmern der meisten besseren **Hotels** ist eine direkte Durchwahl ins Ausland möglich. Oft muss man den Anschluss aber vorher an der Rezeption freischalten lassen und eine Kaution hinterlegen. Gespräche aus den Hotels sind meist teuer. Achtung: Es werden auch dann drei Minuten abgerechnet, wenn auf der Gegenseite niemand abhebt. Zusätzlich wird eine Service Charge von 10–20 % aufgeschlagen. 3- und 4-Sterne-Hotels haben normalerweise ein Businesscenter, von dem aus man telefonieren, im Internet surfen, mailen und faxen kann. Allerdings sind die Gebühren hier oft sehr hoch. Eine Besonderheit ist, dass man auch für den Empfang eines Faxes in den Hotels zahlen muss.

Handys funktionieren in erstaunlich vielen Regionen Tibets. Da alle Gespräche aber über das Heimatland laufen, sind die Gebühren sehr hoch, und auch Anrufer innerhalb von China müssen internationale Gespräche führen, um das Handy zu erreichen. Aufgrund des internationalen Roaming ist das sehr teuer. Nicht zu vergessen sind die passiven Kosten, wenn man von zu Hause angerufen wird (Mailbox abstellen!). Der Anrufer zahlt nur die Gebühr ins heimische Mobilnetz, die teure Rufweiterleitung ins Ausland zahlt der Empfänger. Wesentlich preiswerter ist es, sich von vornherein auf SMS zu beschränken, der Empfang ist dabei in der Regel kostenfrei.

Wer ein vertragsfreies oder Prepaid-Handy benutzt, kann in China GSM-SIM-Karten für rund ¥80–200 bei den Dienststellen von China Mobile oder China Unicom erwerben. Dort erhält man dann eine neue Nummer für den Gebrauch innerhalb Chinas. Allerdings ist der Kauf einer SIM-Karte nicht unkompliziert, da man für die Anmeldung eigentlich einen einheimischen Personalausweis benötigt. Wer bei den beiden oben genannten Anbietern abblitzt, kann sein Glück in einem Kiosk versuchen. Die meisten Kioske verkaufen ebenfalls SIM-Karten und helfen bei der Anmeldung. In China haben die Handynummern übrigens keine „0" vorangestellt.

Transport

Inlandflüge

Das Flugnetz von China nach Tibet (S. 41) ist zwar recht gut ausgebaut, aber innerhalb Tibets gibt es zurzeit nur Flugverbindungen vom Flughafen Pangda in Osttibet nahe der Stadt Chamdo und von Ali nach Lhasa, und die darf man als Individualreisender wegen der Permit-Restriktionen derzeit nicht nutzen.

Weitere Flughäfen befinden sich in Nyangtri (Nyingchi), nahe der Stadt Bayi und in Shigatse. Von beiden gibt es jeweils nur Flüge nach Chengdu. Ein weiterer Flughafen ist in Nagchu im Bau. Nach seiner Fertigstellung wird er auf einer Höhe von 4436 m der höchstgelegene Flughafen der Welt sein.

Eisenbahn

China hat große Pläne mit der **Tibetbahn**, und nachdem der lange für unmöglich gehaltene Bau der Eisenbahn nach Lhasa gelungen ist, werden auch andere Teile Tibets für die Bahn erschlossen. Im Bau befindet sich eine Eisenbahnlinie von Lhasa über Tsethang nach Nyangtri (Nyingchi), die bis 2020 fertiggestellt werden soll. Die neue Zugverbindung von Lhasa nach Shigatse wurde im August 2014 nach fünfjähriger Bauzeit eingeweiht. Geplant ist, diese Linie bis Kathmandu zu verlängern, während weitere Linien von Shigatse nach Yadong und weiter nach Sikkim sowie nach Ali und Kashgar in Westchina führen sollen. Aber diese Strecken sind zurzeit noch Zukunftsmusik.

Es verkehren verschiedene **Zugtypen**, die auf den im Bahnhof oder online angezeigten Fahrplänen durch einen Buchstaben vor der Zugnummer kenntlich gemacht sind. Am besten und schnellsten sind die Züge der C-, G-, D- und Z-Klasse, wobei es sich bei den Zügen mit einem C, G und D um Hochgeschwindigkeitszüge handelt. Am vorangestellten Z erkennt man die reinen Liegewagenzüge, am T die Expresszüge, am K die Schnellzüge, am N die Züge zu ausgewählten Ausflugszielen, während Normalzüge lediglich mit einer vierstelligen Zahl versehen sind. C-, G- und D-Züge entsprechen in etwa unseren ICE-Zügen, Z-, T- und K-Züge sind im Allgemeinen modern ausgestattet und klimatisiert. Nach Lhasa fahren ausschließlich Züge der Z-Klasse, die hier aber, abweichend von den Z-Zügen im übrigen China, auch über Sitzabteile verfügen. **Essen** ist in allen Fernzügen erhältlich. Die Speisen sind zwar nicht sehr teuer (¥15–20 pro Gericht), aber die Qualität ist ziemlich schlecht. Mittags und abends werden in den Waggons Mahlzeiten mit Reis und Beilagen in Polyester- oder Pappverpackungen für ca. ¥20 verkauft, viele Züge haben aber auch einen Speisewagen unmittelbar neben den Weichbettenwaggons.

Im **Softsleeper** *(ruanwo)* reist man am nobelsten und teuersten. In manchen Bahnhöfen, auch in Lhasa, stehen für diese Klasse sogar eigene Wartesäle zur Verfügung. Die Abteile haben vier Betten mit weicher Matratze, Ventilator oder Klimaanlage. Die Investition lohnt vor allem auf langen Fahrten, wenn man stressfrei und ausgeruht ankommen möchte.

Deutlich billiger ist der **Hardsleeper** *(yingwo)*. Er ist die am meisten nachgefragte Option, weshalb die Tickets kurzfristig oft schwierig zu bekommen sind. Jeder Waggon verfügt über 20 Abteile mit je drei Pritschen übereinander auf beiden Seiten. Die untersten (teuersten) Pritschen werden tagsüber als kollektive Sitzgelegenheiten genutzt, weshalb man am besten versucht, eine Pritsche in der Mitte zu bekommen. Auf den oberen Liegen wird man direkt vom Ventilator oder der Klimaanlage angeblasen. Jedes Sechs-Betten-Abteil wird mit einer Thermoskanne mit heißem Wasser versorgt, die man sich im hinteren Bereich jedes Waggons auffüllen lassen kann, um mitgebrachten Tee oder Proviant (Nudeln, Fertigsuppen usw.) zuzubereiten (eigenen Becher, Tee etc. nicht vergessen). In jedem Waggon gibt es außerdem eine Toilette sowie einen Waschraum, die jedoch oft verschmutzt sind.

In beiden Liegeklassen erhalten Passagiere vom Personal beim Zusteigen einen Metallchip

Die Tibetbahn gehört zu den großen Ingenieursleistungen in der Geschichte der Eisenbahn.

Zugtickets kaufen

Chinesische Züge sind immer voll, daher sollte man frühzeitig buchen. Online kann man 60 Tage und am Schalter 28 Tage im Voraus reservieren. Folgende englische Websites bieten die Möglichkeit von Onlinebuchungen: www.chinatraintickets.net/china-trains, www.chinahighlights.com/china-trains oder www.travelchinaguide.com/chinatrains. Die bestellten Tickets werden in das gewünschte Hotel geliefert oder müssen am Abfahrtsbahnhof abgeholt werden. Bezahlt wird mit Kreditkarte.

Zugtickets können nur in Verbindung mit dem Reisepass gekauft werden. Beim Kauf des Fahrscheins unbedingt darauf achten, dass die Passnummer – aus Platzgründen ist nicht die ganze Nummer zu sehen, aber der sichtbare Teil muss stimmen – auf dem Ticket korrekt angegeben ist. Bevor man einen Bahnhof betreten kann, wird die Übereinstimmung der Passnummer auf dem Ticket mit dem Pass penibel kontrolliert. Ist die Nummer nicht korrekt, hat man keine Chance, in den Zug zu gelangen.

im Austausch gegen den Fahrschein. Sind nach Abfahrt des Zuges noch Metallchips übrig, wissen die Schaffner, welche Liegen noch frei sind und verkaufen diese im Zug. Ungefähr eine halbe Stunde vor dem Aussteigen (man wird geweckt, zu welcher Zeit auch immer) wird beides zurückgetauscht. Am Zielort benötigt man den Fahrschein, um den Bahnhof zu verlassen.

Auf Nah- und einigen Mittelstrecken, z. B. nach Xining, gibt es den **Softseater** *(ruanzuo)*. Die Preise entsprechen ungefähr denen der Expressbusse, die Sitze sind gepolstert und bequem. Schließlich gibt es noch den **Hardseater** *(yingzuo)*, den man eigentlich nur für kürzere Strecken empfehlen kann. Die üblichen Hartsitze haben die Form einer wenig gepolsterten Bank für drei eng nebeneinander sitzende Personen, doch die moderneren Waggons bieten inzwischen ein wenig mehr Bequemlichkeit. Wer ohne Reservierung einen Zug besteigt – und das ist bei durchkommenden Zügen unvermeidlich –, muss in jedem Fall in die Hartsitzwaggons einsteigen. Im Zug kann man aber sein Ticket, falls Plätze verfügbar sind, aufwerten. Der Schalter dafür befindet sich in der Regel in Wagen 7 oder 8.

In den C-, D- und G-Zügen gibt es eine Business-, 1. und 2. Klasse.

Busse

Das innertibetische Busnetz ist in den letzten Jahren stark ausgebaut worden. Insbesondere von Lhasa aus erreicht man die meisten Winkel Tibets, aber die Fahrpreise sind vergleichsweise hoch. Leider ist es für Ausländer zurzeit unmöglich, die Regional- und Fernverkehrsbusse zu nutzen.

Von Lhasa gibt es **Pilgerbusse**, die zu den Klöstern Ganden, Tsurphu, Reting, Samye und Sakya fahren. Theoretisch kann man die Busse nach Ganden, Tsurphu und Reting nutzen, da sie im Verwaltungsgebiet Lhasa liegen und man für diese Ziele kein zusätzliches Permit benötigt. Dennoch ist die Begleitung eines tibetischen Reiseleiters Pflicht. Diese werden in der Regel aber keine Lust haben, mit einem der meist überfüllten Busse zu fahren, sodass auch diese Option nur in Ausnahmefällen infrage kommen dürfte.

Trampen

Trampen ist in vielen Regionen Tibets die einzige Möglichkeit für Tibeter, von A nach B zu gelangen. Für Ausländer ist das Trampen allerdings illegal, und und wer Ausländer mitnimmt, macht sich strafbar. Wer es dennoch versuchen möchte, muss einige Dinge beachten: Trampen ist auch in Tibet nicht ungefährlich, d. h. man sollte möglichst zu zweit trampen. Die LKW-Fahrer fahren ziemlich rücksichtslos und wenig vorausschauend. Unfälle und Pannen sind somit an der Tagesordnung. Spätestens an den Checkpoints ist die Fahrt zu Ende, da niemand riskieren wird, erwischt zu werden. Man muss also weit vor den Checkpoints aussteigen und die Kontrollen weiträumig zu Fuß umgehen.

Trampen ist nicht kostenlos. Normalerweise zahlt man in etwa die Summe, die auch die Busfahrt kosten würde. Viele Fahrer verlangen pauschal ¥100 für 100 km. Je abgelegener eine Region ist, desto teurer wird es. Wer auf freier Strecke trampen muss, streckt den rechten Arm aus und zeigt durch ein Hoch- und Runterwedeln an, dass er mitgenommen werden möchte.

Geländewagen

Aufgrund der vielen Reisebeschränkungen wird man um die Buchung einer Tour mit dem Geländewagen (s. Reiseveranstalter S. 83) oder bei kleineren Gruppen eines Minibusses nicht herumkommen. Die Reisen mit dem gecharterten Fahrzeug bieten immerhin eine Reihe von Vorteilen. Sie sind legal, man kann viele Fotostopps und Abstecher einbauen, und man gelangt in Gegenden, die mit Bussen oder Trucks nicht erreichbar sind. Der größte Nachteil ist der Preis, zumindest wenn man nicht genügend Mitfahrer findet.

Die meisten Geländewagen bieten Platz für sechs Personen, wobei zwei Mitfahrer auf Notsitzen im Gepäckraum sitzen müssen. Da immer ein Guide mitkommt, passen also maximal fünf Reisende in den Wagen. Bekommt man mehr als sechs Teilnehmer zusammen, setzt die Agentur einen Kleinbus ein, was die Fahrtkosten noch mal senkt.

Auto

Das Straßennetz Tibets ist in den letzten Jahren gut ausgebaut worden, und die meisten Strecken sind mittlerweile asphaltiert. Mit dem eigenen Wagen herumzufahren ist dennoch nicht erlaubt, es sei denn, man organisiert die geplante Strecke über ein Reisebüro mit guten Kontakten zu den Behörden. Man muss sich die geplante Strecke genehmigen lassen, braucht einen Führer und jede Menge Nerven für den Papierkram, der bereits komplett zu Hause erledigt werden muss und mehrere Monate in Anspruch nehmen kann.

Ein erfahrener Reiseveranstalter für Selbstfahrertouren durch China und Tibet ist China Tours in Hamburg (S. 84).

Nahverkehr

In der Autonomen Region Tibet verfügen nur die drei Städte Lhasa, Shigatse und Tsethang über ein **Busnetz**, das diesen Namen halbwegs verdient. In beiden Orten kann man aber genauso gut oder besser Fahrrad fahren oder laufen.

Taxis gibt es in den größeren Städten Lhasa, Shigatse, Tsethang, Chamdo und Ali. Sie verfügen zwar über einen Taxameter, aber der wird, außer in Lhasa, normalerweise nicht angestellt. Die Preise sind dennoch günstig. Innerhalb des Stadtgebiets von Lhasa zahlt man für fast alle Strecken ¥10, zu den Klöstern Sera und Drepung sowie zum Bahnhof ¥20. Der Fahrpreis muss aber – sollte der Fahrer den Taxameter nicht einschalten – im Voraus abgemacht werden, sonst wird man oft das Doppelte los. In den anderen Orten, die über Taxis verfügen, kosten Fahrten im Ort meist ebenfalls ¥10, aber auch hier gilt, dass der Fahrpreis vorher festgelegt werden muss.

In kleineren Orten gibt es **Fahrrad- und Motorradrikschas**, die einen im Ort herumfahren oder zu nahe gelegenen Klöstern bringen können. Meist verlangen die Fahrer von Ausländern aber absurd hohe Preise, sodass sich Fahrten kaum lohnen. Selbst wenn man einen fairen Preis ausgehandelt hat, kommt es am Ziel nicht selten zu Nachforderungen und Diskussionen.

Zum Radfahren in Tibet S. 85, Sport und Aktivitäten.

Übernachtung

In den größeren Städten findet man ein breites Angebot an Unterkünften aller Preisklassen. In abgelegenen Regionen gibt es aber oft nur wenige einfache Gästehäuser oder **Pilgerunterkünfte**, in denen man als Ausländer absteigen darf, sodass man hier kaum Alternativen hat. Die Kosten sind niedrig; man zahlt meist um ¥30–50 für ein Bett im Mehrbettzimmer und um ¥100–200 für ein Doppelzimmer. Eine weitere Möglichkeit für Fahrradfahrer sind die sogenannten **Daoban-Camps** der Straßenbaueinheiten. Tatsächlich handelt es sich um einfache Unterkünfte, die man an einem wie ein Mercedes-Stern aussehenden Steuerradsymbol erkennt und in denen einfachste Klappbetten für ¥20 vermietet werden.

Hotels und Hostels

Die meisten Tibeter und Chinesen sehen in einem Hotel kaum mehr als einen funktionalen Ort zum Schlafen. Wichtig sind ihnen eine weiträumige Eingangshalle mit viel Marmor und Chrom und zweckmäßig eingerichtete Zimmer. Den meisten Hotels fehlt es daher an Atmosphäre und Abwechslung. Allerdings gibt es in Lhasa eine Reihe kleinerer Hostels und Hotels in schönen alten Gebäuden, die eine Alternative zu den gesichtslosen Betonklötzen in der Neustadt darstellen.

In Lhasa hat man eine gute Auswahl an 3- bis 5-Sterne-Hotels und einfachen Hostels. Die Qualität in Komfort und Service ist hier im Allgemeinen ganz ordentlich und die Preise rangieren von ¥40 für ein Bett in einer sehr einfachen Herberge bis zu ¥1500 für ein Doppelzimmer in den besten Hotels. Anders sieht es im Hinterland und in kleineren Orten aus, wo die Zimmer von schlicht und sauber bis gerade noch erträglich reichen. Zudem sind sie oft fürchterlich abgewohnt. Fließendes Wasser und halbwegs saubere Toiletten darf man hier nicht erwarten, und eine Stromversorgung gibt es nur sporadisch. Warmes Wasser zum Duschen gibt es außerhalb von Lhasa und den anderen größeren Städten, wenn überhaupt, meistens nur in den Abendstunden, wenn die kohlebetriebenen Heizanlagen angeworfen werden.

In vielen Hotels der größeren Städte kann man vor allem in der Nebensaison im Winter gute Rabatte aushandeln. Die einfachen Hotels und Unterkünfte berechnen ihre Preise oft pro Bett (¥30–60). Wer sein Zimmer nicht mit anderen Reisenden teilen möchte, muss alle Betten, meist zwei bis vier, bezahlen. Einige Hotelbesitzer versuchen auch so, einem das ganze Zimmer aufzuschwatzen. Man sollte sich nicht darauf einlassen.

Die Hotels und Hostels in Lhasa kann man größtenteils bereits über das Internet reservieren. Das hat den Vorteil, dass sie dann oft sehr viel billiger sind, als wenn man vor Ort verhandelt. Auch die Reservierung über eines der örtlichen Reisebüros lohnt. Sie haben meist Verträge mit diversen Hotels und können diese oft günstig für einen buchen. In vielen Hotels sind Vorauszahlungen üblich, oder man muss eine Kaution in doppelter Höhe des Zimmerpreises hinterlegen. Beim Einchecken sollte man deshalb genauestens darauf achten, dass die Zimmer in Ordnung sind, und auch die Quittung sorgfältig aufbewahren.

Preiskategorien

Die Hotels und Gästehäuser in diesem Buch sind in die unten aufgeführten Kategorien eingeteilt. Die Preise beziehen sich jeweils auf ein DZ in der Hauptsaison.

❶	bis ¥80
❷	bis ¥160
❸	bis ¥250
❹	bis ¥400
❺	bis ¥600
❻	bis ¥800
❼	über ¥800

Camping

Camping wird im Allgemeinen toleriert, ist aber eigentlich außer auf Trekkingtouren nur dort sinnvoll, wo es kaum Ortschaften mit Unterkünften gibt. Am Mount Everest Base Camp, auf der Kailash-Kora und am Mapham Yutso (Manasarovar-See) ist das Zelten seit August 2014 leider verboten. Das Campen in der Nähe von Ansiedlungen sollte man vermeiden, da man dort unweigerlich zur Attraktion Hunderter Dorfbewohner und vor allem neugieriger und sehr auf-dringlicher Kinder wird. An den großen Überlandstrecken kann man sein Zelt oft unauffällig etwas abseits der Straße aufstellen. Wer ein Kloster passiert, kann dort fragen, ob das Zelt im Klosterhof aufgeschlagen werden darf. Wenn man in der Nähe eines Nomadenzeltes campen möchte, sollte man auf alle Fälle die Genehmigung des jeweiligen Familienoberhauptes einholen. Bei den beiden letzten Optionen muss man sich vor aggressiven Hunden in Acht nehmen. Sind sie nicht angebunden, sollte man sich auf keinen Fall einem Nomadenzelt nähern. Erfahrene Guides und Fahrer kennen normalerweise Stellen, wo man auf Fahrten, auf denen man keine Orte passiert, die Zelte aufbauen kann.

Jugendherbergen

Immer populärer werden in China Jugendherbergen, die dem Internationalen Jugendherbergsverband (International Youth Hostel Association, IYHA) angeschlossen sind. Mitglieder bekommen hier geringfügige Preisnachlässe. Die chinesischen Jugendherbergen findet man unter www.hihostels.com. Buchen kann man sie auch unter www.hostels.com/china oder über die Agentur, über die man seine Reise plant. In Tibet gibt es zurzeit vier Jugendherbergen allein in Lhasa, eine in Shigatse und zwei entlang der Nationalstraße 318 zwischen Bayi und Pome in der Präfektur Nyingchi. Die Eröffnung weiterer Häuser in Nagchu, Ali, Chamdo und Tsethang ist geplant.

DJH Service GmbH
Bismarckstr. 8, 32756 Detmold,
05231-74010, www.jugendherberge.de
Österreichisches Jugendherbergswerk
Mariahilferstr. 24/1/1, 1070 Wien, 01-533 1833,
www.oejhw.or.at
Schweizer Jugendherbergen
Schaffhauser Str. 14, 8042 Zürich,
01-360 1414, www.youthhostel.ch

Online buchen

Neben den bereits im Abschnitt Reiseveranstalter genannten Internetseiten chinesischer und tibetischer Reisebüros gibt es zahlreiche Anbieter, über die man von zu Hause oder unterwegs Hotels reservieren kann. Gute Seiten sind:

de.ctrip.com
www.elong.net
www.chinahotels.org/de
www.hostelworld.com

Verhaltenstipps

Wer sich für eine Tibetreise entscheidet, sollte sich intensiver vorbereiten, als es bei Reisen in politisch weniger brisante Gebiete nötig ist. Folgender **Kodex**, den die TID, www.tibet-initiative.de, aufgestellt hat, kann eine Orientierung sein:

- Umfassende Informationen über die Kultur, Religion und politische Situation einholen.
- Im Kontakt mit Einheimischen, vor allem mit Mönchen und Nonnen in den Klöstern, vorsichtig sein. Dort halten sich sehr viele Spitzel auf, auch Chinesen, die für Besucher nicht zu unterscheiden sind. Deshalb nie von sich aus sensible Themen ansprechen, um die Gesprächspartner nicht zu gefährden.
- Vorsicht ist auch bei der Übergabe von Dalai-Lama-Fotos geboten (es ist illegal, solche Fotos nach Tibet einzuführen).
- Die religiösen Bräuche respektieren, heilige Orte nur im Uhrzeigersinn umrunden und in Klöstern und vor Statuen die Kopfbedeckung abnehmen.
- Überprüfen, ob der gewählte Reiseveranstalter mit tibetischen Partnern kooperiert und, wenn es sein muss, mit einiger Hartnäckigkeit auf tibetischen Fremdenführern und Fahrern bestehen.
- Die großen chinesischen Touristenhotels meiden, auch wenn sie mehr Komfort bieten. In den kleinen tibetischen Hotels ist die Atmosphäre viel authentischer.
- Tibetische Restaurants besuchen und bei Tibetern einkaufen; damit wird den wirtschaftlich stark benachteiligten Einheimischen zu einer Existenzgrundlage verholfen.
- Ungewöhnliche Vorkommnisse wie Militäraufmärsche, Klosterschließungen oder Festnahmen nach der Rückkehr den Tibet-Unterstützern wie der TID melden.

Zusätzlich zu den Empfehlungen der Tibet Initiative Deutschland sollte man sich darüber im Klaren sein, dass der ausländische Tourismus in Tibet nicht nur ein Segen ist, sondern wie anderswo auf der Welt auch negative Wirkungen zeigt (s. auch S. 59). Hier sollte man sich also im

Sinne eines sanften Tourismus verhalten; dazu gehören u. a. folgende Regeln:

- Auch wenn es in Tibet sehr heiß werden kann, gehören Shorts nicht in religiöse Gebäude.
- Gebetsfahnen und Mani-Steine sind keine Souvenirs, die man mitnehmen darf.
- In Klöstern immer einen kleinen Stapel 1-Jiao-Scheine als Spende dabeihaben.
- Geschenke und erst recht Geld sollten niemals ohne Gegenleistung verteilt werden. Sonst erzieht man ein Volk zu Bettlern. Die Unsitte, Kindern, die an den Straßen der Dörfer stehen, Stifte, Süßigkeiten oder Geld zu schenken, hat mancherorts dazu geführt, dass sie mit Steinen nach einem schmeißen, wenn man nichts schenkt.

Umgang mit Chinesen

Besondere Verhaltensregeln gegenüber Chinesen, mit denen man natürlich ebenfalls immer wieder zu tun haben wird, sind nicht zu beachten. Allerdings ist auch die chinesische Kultur ebenso wie die tibetische eine vom Westen gänzlich verschiedene, und vieles wird man zunächst nicht verstehen, infrage stellen oder gar verfluchen. Oft geht der Kulturschock auf falsche Erwartungen oder Vorstellungen zurück, die nicht zuletzt durch das einseitige Bild der Medien vermittelt werden. Es nützt nichts, sich über andere Verhaltensweisen und allgegenwärtige Unwägbarkeiten wie tiefe und nicht gesicherte Löcher in den Gehwegen, leichtsinnige Busfahrer, superdreckige Teppiche oder disziplinlose Autofahrer aufzuregen, China funktioniert anders. Chinesen sind ausgesprochen stolz auf ihre Nationalität und können sich in den seltensten Fällen vorstellen, anders als in einem chinesischen Umfeld zu leben. Das wird auch auf Ausländer (und Tibeter) projiziert, da unterstellt wird, dass die chinesische Lebensweise die einzig erstrebenswerte ist. Uns westlichen Ausländern kann das prinzipiell egal sein, denn nach der Reise kehren wir in die eigene Heimat zurück. Den Tibetern ergeht es dagegen schlechter, denn ihnen versucht man in alter chinesischer Manier, die chinesische Lebensweise und -welt ungefragt aufzudrücken.

Schwierig kann es bei **Beschwerden** und anderem Ärger werden. Wer laut wird, verliert sein Gesicht, und das führt von vornherein zur Erfolglosigkeit. Um ans Ziel zu kommen, helfen in der Regel Beharrlichkeit, Freundlichkeit und vor allem viel Geduld. In einer Gesellschaft, in der Gesicht geben, Gesicht nehmen und Gesicht wahren ständig präsent sind, haben sich natürlich sehr unterschiedliche Verhaltensweisen im Umgang miteinander entwickelt. Gerade in der **Konfliktlösung** treten vielleicht die größten Unterschiede auf. Nicht der Konflikt, die Streitkultur, steht im Vordergrund, sondern der friedliche, Harmonie und Konsens wiederherstellende Ausgleich, wobei Harmonie nichts mit Idylle zu tun hat, sondern damit, dass sich der Einzelne reibungslos in das Ganze einfügt. Im Vordergrund stehen also nicht die individuelle Entfaltung, sondern die Erhaltung der Gruppenharmonie und die Berechenbarkeit. Konflikte werden entsprechend durch Druck der Gruppe auf den Einzelnen gelöst. Das reinigende Gewitter durch ein Streitgespräch ist unbekannt. Selbst wenn der Einzelne im Recht sein mag, muss er sich quasi der „Gruppenwahrheit" unterordnen. Das kann man sich natürlich auch als Tourist im Konfliktfall zunutze machen und entsprechend versuchen, „im Schutz" der Reisegruppe auf dem Gewünschten zu bestehen.

Ausländer als Exoten

Trotz des hohen Tourismusaufkommens haben die meisten Tibeter und Chinesen außerhalb der Metropolen noch nie einen exotischen Ausländer gesehen und so schallt einem allerorten ein lautes „Hello" oder „laowai" („Ausländer") hinterher. Oder man zieht das Interesse einer rasch anwachsenden Menge von erstaunten und entzückten Einheimischen auf sich. Das kann auf Dauer nerven, aber man muss mit dieser **Aufmerksamkeit** leben. Tibeter und Chinesen haben in der Regel keine Vorstellung von Privatsphäre und finden nichts dabei, andere Personen, die ihnen in irgendeiner Weise auffallen, ungeniert aus nächster Nähe anzustarren. In Bussen und Bahnen nimmt man gänzlich fremden Personen Briefe oder Bücher aus der Hand oder inspiziert

Einkaufstüten, um anschließend darüber zu plaudern. Man sollte diese Art der Kontaktaufnahme annehmen und wird so eine Menge über die Mitreisenden erfahren, die meist erstaunlich offen und bereitwillig auch über sich selbst Auskunft geben. Der Wunsch westlicher Touristen nach Stille und Einsamkeit wird als schrullige Laune oder gar soziales Fehlverhalten interpretiert.

Wer eingeladen wird, sollte ein **Gastgeschenk** mitbringen. Am besten hat man für so einen Fall bereits einige typische kleine Souvenirs aus der Heimatstadt im Gepäck (S. 69). Geschenke werden niemals in Anwesenheit der Überbringer geöffnet. Im Gegenteil: Sie werden in fast schon beiläufiger Weise zur Seite gelegt.

Versicherungen

Die großen Versicherungsunternehmen bieten eine verwirrende Vielzahl von Versicherungspaketen an, die Reiserücktritt-, Unfall-, Gepäck- und Auslandskrankenversicherung einschließen können. Letztlich liegt es im Ermessen jedes Einzelnen, was alles versichert werden soll. Die einzig wichtige Urlaubsversicherung ist die private Auslandskrankenversicherung, die den Krankenrücktransport einschließt.

Auslandskrankenversicherung

Ohne eine Auslandskrankenversicherung mit Rücktransport abgeschlossen zu haben, sollte niemand sein Heimatland verlassen. Bei Krankheiten und Unfällen kann sehr schnell eine erhebliche Summe zusammenkommen, die aus eigener Tasche bezahlt werden müsste. Versicherte können die Kosten dagegen nach Einreichen der Rechnungen bei der Versicherung geltend machen.

Einschränkungen gibt es natürlich auch hier, besonders bezüglich Zahnbehandlungen (nur Notfallbehandlung) und chronischen Krankheiten (Bedingungen durchlesen!). Der feine Unterschied liegt im Detail: Die meisten Versicherer zahlen den Rücktransport nur, wenn er „medizinisch notwendig" ist. Beim ADAC, der Europäischen Reiseversicherung und Huk-Coburg genügt es, dass der behandelnde Arzt den Transport in die Heimat für sinnvoll erachtet. Bei einer Schwangerschaft ist eine schriftliche Bestätigung des Versicherers ratsam, dass er für Kosten von Frühgeburten und die medizinische Versorgung des Neugeborenen aufkommt.

Die bei der Versicherung einzureichende **Rechnung** sollte folgende Angaben enthalten:

- Name, Vorname, Geburtsdatum, Behandlungsort und -datum
- Diagnose
- erbrachte Leistungen in detaillierter Aufstellung (Beratung, Untersuchungen, Behandlungen, Medikamente, Injektionen, Laborkosten, Krankenhausaufenthalt)
- Unterschrift des behandelnden Arztes
- Stempel

Auslandskrankenversicherungen werden von nahezu allen großen Versicherern und auch von einigen Kreditkartenorganisationen angeboten. Sie sind meistens für ein Jahr gültig, decken jedoch nur Reisen von jeweils bis zu 42 Tagen, manche bis acht Wochen ab. Es empfiehlt sich der Abschluss eines Jahresvertrages. Wer länger als sechs Wochen verreisen möchte, sollte nach Langzeittarifen fragen.

Visa und Permits

Die Autonome Region Tibet ist offiziell Teil der Volksrepublik China. Das bedeutet eigentlich, dass das **Visum für China** auch für eine Reise nach Tibet gilt. Leider ist das Gegenteil der Fall, denn für die Einreise in die Autonome Region Tibet benötigt man eine spezielle **Reisegenehmigung (Tibet Travel Permit)**, die vom tibetischen Fremdenverkehrsamt (Tibet Travel Bureau, TTB) ausgegeben wird, und für das Reisen innerhalb Tibets werden diverse weitere Genehmigungen verlangt. Der angegebene Grund: Tibet berge wegen der Höhe und des Klimas für Individualreisende zu hohe gesundheitliche Risiken. Weitere Beschränkungen werden immer dann eingeführt, wenn es mal wieder politische Verstimmungen gibt, z. B. weil ein Regierungschef den Dalai Lama empfangen hat, oder wenn es in einer Region politische Unruhen, Naturkatastrophen oder Todesfälle unter Ausländern gegeben hat. In diesem Fall kann die Bewegungsfreiheit vor Ort auch für reguläre Reisegruppen eingeschränkt werden.

Touristenvisa

Touristenvisa (L-Visa) gelten im Normalfall 30 Tage und müssen innerhalb von drei Monaten nach Ausstellung aktiviert werden. Wer länger in China reisen möchte, kann aber auch gleich bis zu 60 Tage beantragen. Wer vorhat, nach Hongkong oder Macau auszureisen und erneut nach China einzureisen, kann ein Visum mit zweifacher Einreise beantragen. Bei Abholung des Passes muss man gleich kontrollieren, ob die Anzahl der Tage auf dem Visum korrekt ist. Das 30-Tage-Visum kann in China bei der für Einreiseangelegenheiten zuständigen Abteilung der Public Security einmal um einen Monat gegen Gebühr verlängert werden. In Tibet ist es allerdings nahezu unmöglich, die **Verlängerung** zu bekommen. Meist sind die dortigen Beamten höchstens bereit, eine Verlängerung von sieben oder 14 Tagen zu bewilligen, gerade genug, um Tibet verlassen zu können.

Deutsche müssen das Visum beim zuständigen Chinese Visa Application Service Center (in Städten mit Botschaften bzw. Generalkonsulaten, Adressen S. 48), 🖳 www.visaforchina.org, oder über einen Visadienst, z. B. 🖳 cibtvisas.de, beantragen, Österreicher und Schweizer bei den chinesischen diplomatischen Vertretungen in ihrem Land.

Seit 2012 wird das Visum nur noch ausgestellt, wenn man ein Flugticket und einen vollständigen Reiseplan, der den gesamten Reiseverlauf und die gebuchten Hotels enthalten muss, vorlegt. Diese Regelungen sind eine direkte Reaktion auf die schikanösen Visaformalitäten, denen Chinesen bei der Beantragung eines Visums für die Schengen-Staaten ausgesetzt sind. Man kann sie aber auch problemlos unterlaufen: Wer sein Flugticket über ein Reisebüro bucht, kann sich vom Büro einen fiktiven Reiseplan mit allen Buchungen ausstellen lassen. Beim Buchen eines Tickets im Internet kann man sich selbst einen möglichst unkomplizierten Reiseplan zusammenstellen, bucht dann die Hotels über eine Website, die kostenlose Hotelstornierungen zulässt, z. B. 🖳 www.elong.net, und storniert nach Erhalt des Visums alle Buchungen. Einmal in China, kann man sich frei bewegen und niemand wird die Einhaltung des Reiseplans überprüfen. Grundsätzlich sollte man sich frühzeitig nach den aktuellen Einreisebestimmungen erkundigen. Für Einzelreisen sind nötig:

- ein Reisepass, der bei Beantragung des Visums noch mindestens sechs Monate gültig ist. Kinder benötigen einen eigenen Reisepass oder Kinderreisepass, der deutlich billiger zu haben ist, von den Meldebehörden in Deutschland sofort ausgestellt wird und bis zum 12. Lebensjahr gültig ist.
- ein ausgefülltes Antragsformular, das man über 🖳 www.visaforchina.org herunterladen kann
- ein Passbild
- Kopie des Flugtickets
- Reiseplan, der den gesamten Reiseverlauf inklusive Hotelbuchungen belegt.

Kosten für das Touristenvisum: ein-/zweimalige Einreise 60 € (Schweizer: 70 SFr), plus Servicegebühren des Chinese Visa Application Service Center (Selbstabholung 65,45 €, per Post 101,15 €). Bei persönlicher Abholung wird das Visum in der Regel innerhalb von vier Werktagen ausgestellt. Wer den Antrag per Post schickt, muss bis zu zehn Tage warten. Expressvisa kosten zusätzlich 48,80 €. Wer das Visum über einen Visadienstleister beantragt, zahlt zusätzlich zu den oben genannten Gebühren für das Visum und den CVASC-Service noch die Gebühren für den Dienstleister, da auch dieser die Anträge dort bearbeiten lassen muss.

Man sollte generell darauf achten, auf dem Antrag keine Orte anzugeben, die z. B. bei uns in der Presse gerade Negativschlagzeilen machen. Obwohl man ganz legal nach Tibet reisen kann, darf man bei der Beantragung eines Visums Tibet nicht als Reiseziel auf dem Visaantrag erwähnen. Die Reiseveranstalter werden einem einen fiktiven Reiseplan für eine Reise nach China ausstellen, mit dem man das Visum dann beantragen kann. Sobald man das Visum hat, kann das Reisebüro den Antragsprozess für Tibet beginnen.

Langzeitvisa

Das sogenannte **F-Visum** gilt für einen Aufenthalt von sechs Monaten und berechtigt den Besitzer dazu, in China Geschäften nachzugehen, was immer das bedeuten mag. Da es sehr kompliziert ist, ein Arbeitsvisum zu bekommen, nutzen viele Ausländer und vor allem Einzelreisende, die unterwegs ihre Reisekasse aufbessern wollen, das F-Visum als Arbeitsvisum. Wer vorhat, mehrere Monate durch das Land zu reisen, kann ebenfalls versuchen, das F-Visum zu beantragen. Achtung: Es gibt F-Visa, die nach der Ausreise ungültig werden, egal wie lange man schon in China war, und solche mit Mehrfacheinreise, mit denen man innerhalb von sechs Monaten beliebig oft ein- und ausreisen kann.

Die Beantragung eines F-Visums in Deutschland, Österreich oder der Schweiz ist ziemlich kompliziert und erfordert die Zusammenarbeit mit einer chinesischen Firma oder einem in China registrierten ausländischen Unternehmen. Am besten erkundigt man sich über die Modalitäten bei einem auf Chinareisen spezialisierten Reisebüro.

Visa in Hongkong

Deutsche, Schweizer und Österreicher benötigen bei einem Aufenthalt in Hongkong von bis zu 90 Tagen kein Einreisevisum. Wer über Hongkong nach China einreisen will, kann das China-Visum dort beantragen. Offiziell ist das zwar nicht mehr erlaubt (man muss das Visum in seinem Heimatland beantragen), aber eine Reihe von Reisebüros kann das Visum dennoch für einen besorgen. Die Kosten sind allerdings genauso hoch wie in Deutschland. Das Visum kostet beim Chinese Visa Application Center 310 HK$, bei den meisten Reisebüros zahlt man ab 1150 HK$, das Visum erhält man dann drei bis vier Tage nach der Antragstellung. Der Antrag muss jeweils vor 12 Uhr abgegeben werden.

Beim Abholen die Quittung für die bezahlte Visagebühr nicht vergessen! Für Einzelreisen sind ein Reisepass, der bei Visabeantragung noch mindestens sechs Monate gültig ist, der Reiseplan und ein Passfoto erforderlich.

Büros, die einem zum Chinavisum verhelfen können, sind:

China International Travel Services (HK) Ltd. (CITS), Rm 604-606, 6/F, Tower 2, South Seas Centre, 75 Mody Rd., Tsimshatsui, Kowloon, ✆ 00852-2732 5888, 📠 2721 7154.

China Travel Service (CTS), 4th Floor, CTS House, 78-83 Connaught Rd., Central, ✆ 00852-2853 3533; G/F China Travel Building, 77 Queen's Rd., Central, ✆ 00852-2522 0450; Alpha House, 1st Floor, 27-33 Nathan Rd., Tsimshatsui, ✆ 00852-2715 7188, und zahlreiche weitere, im ganzen Stadtgebiet verteilte Filialen.

Chinese Visa Application Service Center, 20F AXA Centre, 151 Gloucester Rd., Wan Chai, ✆ 00852 2992 1999, 💻 http://bio.visaforchina.org/HKG2_EN/, 🕒 Antragsabgabe Mo–Fr 9–16, Visaabholung Mo–Fr 10–17 Uhr

Visa in Nepal

Die Einreise nach Tibet über Nepal ist nicht nur kompliziert, sie erfordert auch einen großen bürokratischen Aufwand. Grundsätzlich bekommt man das Einreisevisum (aktuell US$114) nur, wenn man sich einer Gruppe anschließt. Die Gruppen werden von den verschiedenen Büros in Kathmandu zusammengestellt, dann werden die Namen der Teilnehmer nach Lhasa gefaxt, und mit dem OK aus Tibet darf dann der nepalesische Veranstalter ein **Gruppenvisum** beantragen. Und genau das ist der Haken: Wer mit einem Gruppenvisum einreist, muss auch mit der Gruppe wieder ausreisen, denn man bekommt keinen Stempel in den Pass.

Es ist möglich, das Gruppenvisum durch Trickserei in ein Einzelvisum umzuwandeln, aber dafür müssen viele Stellen, und zwar das nepalesische und tibetische Reisebüro und die Beamten am Flughafen oder an der Grenze, mitspielen. Hat das Reisebüro einen guten Draht zu allen betei-

Visaüberziehung

Die Überziehung des Visums hat ein empfindliches Bußgeld zur Folge, dessen Höhe sich nach der Anzahl der überzogenen Tage berechnet bzw. mit der Anzahl der überzogenen Tage (mindestens ¥500 bis maximal ¥10 000) steigt. Ohne Begleichung des Bußgeldes und Einholung eines neuen Visums ist eine Ausreise aus der VR China nicht möglich. Bei Zahlungsverweigerung droht die Umwandlung der Geld- in eine Haftstrafe.

ligten Stellen, wird man das Visum vielleicht bekommen. Bleibt das Problem, dass man mit diesem erschlichenen Visum der Staatsmacht noch hilfloser ausgeliefert ist, denn die kennt die Schliche und wird bei jedem Sonderwunsch, wie einem Permit, die Hand aufhalten.

Letztes Problem: Wer bereits ein gültiges Visum für China im Pass hat, bekommt es in Kathmandu mit Ausstellung des Gruppenvisums von der chinesischen Botschaft entwertet. Dagegen verläuft die Ausreise von Tibet nach Nepal völlig problemlos, weshalb man sich ernsthaft überlegen sollte, von China aus nach Tibet und von dort nach Nepal zu reisen. Das nepalesische Visum bekommt man an der Grenze von China nach Nepal für US$25, 25 € oder ¥200 (Passfoto nicht vergessen!).

Tibet-Permit

Wer in die Autonome Region Tibet reisen will, benötigt ein Tibet Travel Permit des **Tibet Tourism Bureau** (T.T.B). Dieses Permit kann nur über ein Reisebüro in Verbindung mit der Buchung eines Reiseprogramms in Tibet beantragt werden und ist ausschließlich für die Zeit des gebuchten Aufenthalts gültig. Für den Antrag muss man seinem Reisebüro in der Regel eine Farbkopie des Reisepasses und des Chinavisums schicken oder als Scan mailen. Das T.T.B. versichert zwar, dass es sich nicht um ein Visum für Tibet handelt, aber de facto wird darüber die Zahl der ausländischen Reisenden nach Tibet begrenzt. Außerdem wird Journalisten, Diplomaten und Mönchen die Einreise entweder verweigert oder nur über ein besonderes Permit, das ab ¥8000 kostet, erlaubt.

Das Permit wird in der Regel zwischen fünf und sieben Tagen nach Antragseingang ausgestellt. Wichtig ist es, sich die Kopie (wird die Reise über ein Büro in Tibet gebucht und das Tibet Travel Permit daher in Lhasa ausgestellt, verbleibt es beim dortigen Reisebüro und man erhält eine Faxkopie) oder das Original auch aushändigen zu lassen. Bei Erhalt unbedingt prüfen, ob Name und Passnummer korrekt sind, wenn nicht, wird man nicht ins Flugzeug oder in den Zug gelassen.

Für die Ausreise mit dem Flugzeug oder der Bahn nach China wird das Tibet Travel Permit nicht benötigt. Man könnte also theoretisch, die Gültigkeit des China-Visums vorausgesetzt, auch noch länger in Tibet bleiben. Wer allerdings weiter herumreisen möchte, sollte sich an ein Reisebüro in Lhasa wenden. Das wird ein Schreiben aufsetzen, in dem der Polizei mitgeteilt wird, dass das Permit verlorengegangen ist und für die Weiterreise neue Dokumente benötigt werden. Voraussetzung für die Hilfe des Reisebüros ist allerdings, dass man dort auch eine weitere Tour bucht.

Alien Travel Permit

Für den Aufenthalt in Lhasa und für das Reisen im Verwaltungsgebiet von Lhasa reicht das Tibet Travel Permit. Wer Reisen in andere Regionen plant, braucht zusätzlich ein Alien Travel Permit. Dieses wird benötigt, um für Touristen geschlossene Gebiete zu besuchen, und dazu gehören fast alle interessanten Regionen, wie in der Präfektur Lhoka das Kloster Samye, Tsethang, die Königsgräber und Yumbulhakhang, in der Präfektur Shigatse das Mount Everest Base Camp, Sakya und Gyantse, die Region Ngari, der Basum Tso in Nyingchi sowie die Präfektur Chamdo. Wer seine Fahrten rechtzeitig bucht, wird das Permit in der Regel problemlos bekommen, aber auch hier gilt: Wenn es mal wieder politisch hakt, kann es Schwierigkeiten geben. Oft werden Reisebeschränkungen sehr kurzfristig erlassen. So wurden Ende August 2014 keine

Public Security Bureau

Die Public Security (chin. Gong'anju) ist die chinesische Polizei. Sie ist in verschiedene Bereiche aufgeteilt, darunter die ganz gewöhnliche Verkehrspolizei, die man an grünen Uniformen erkennt, und die Staatspolizei, die blaue Uniformen trägt. Die „Schwarzmäntel", die zivile Polizei, bekommt man eher selten zu Gesicht. In touristisch relevanten Orten gibt es schließlich noch eine Abteilung, die für Ausländer zuständig ist. In China fungieren diese Abteilungen meist auch als Meldeämter, in denen man sich an- und abmeldet und sein Visum verlängern kann. Als normaler Reisender bekommt man davon nichts mit, da die An- und Abmeldung von den Hotels übernommen wird. In Tibet ist die Ausländerabteilung auch noch zuständig für die Ausstellung von Alien Travel Permits. Die meisten Beamten, auch an den Checkpoints, sind sehr freundlich, zumindest solange alle Papiere in Ordnung sind. Bekommt man eine Strafe aufgebrummt, etwa weil Fehler im Permit festgestellt werden, sollte man die Verhandlungen freundlich führen. Ansonsten hat man mit dieser Behörde meist nichts zu tun.

neuen Permits für die Kailash-Region mehr ausgestellt, nachdem zehn Inder auf einer Wanderung an Höhenkrankheit gestorben waren. In den beiden Jahren danach gab es jedoch keine Probleme, und auch für 2019 sollen die Permits normal ausgestellt werden, solange es zu keinen unvorhergesehenen Zwischenfällen kommt.

Military Permit

Zu guter Letzt gibt es noch das Military Permit, das man zusätzlich zum Tibet-Permit und Alien Travel Permit für militärisch als sensibel geltende Regionen benötigt. Dazu gehören Teile von Ngari, Nyingchi und Nagchu, aber auch der Kailash, das alte Guge-Königreich und die Überlandroute nach Kashgar. Auch dieses Permit wird normalerweise ohne größere Probleme ausgestellt, kann aber auch ohne Angaben von Gründen kurzfristig verweigert werden.

Zeit und Kalender

Zeitverschiebung

In Tibet gilt, wie im ganzen übrigen Land auch, einheitlich die **Beijing-Zeit**. Der Zeitunterschied zwischen China und Mitteleuropa beträgt im Sommer sechs und im Winter sieben Stunden. Um 12 Uhr mitteleuropäischer Zeit ist es in China also 19 Uhr, zur Sommerzeit 18 Uhr.

Kalender

Der 1027 eingeführte tibetische Kalender **Bot Gyalo** beruht auf dem tantrischen Kalachakra-System (Rad der Zeit) und Elementen des chinesischen Mondkalenders. Danach werden die Jahre nach den zwölf Tierkreiszeichen Ratte, Ochse, Tiger, Hase, Drache, Schlange, Pferd, Schaf, Affe, Huhn, Hund und Schwein in Kombination mit den fünf Elementen Eisen, Holz, Wasser, Feuer und Erde sowie nach Yin (weiblich) und Yang (männlich) bezeichnet, wobei das Yin oder Yang vor dem Jahr meist weggelassen wird, da es nur von geringer Bedeutung ist.

Das System des Kalenders baut sich auf einem Zyklus von 60 Jahren auf, wobei die Kombination jedes Elements mit einem der zwölf Tiere einen Zwölf-Jahre-Zyklus (der dem Umlauf des Jupiters um die Sonne entspricht) schafft, was dann zusammen den 60-Jahre-Zyklus ergibt. Jedes Element herrscht zwei aufeinanderfolgende Jahre, das erste ist ein männliches Jahr, das zweite ein weibliches. 60 Jahre sind also nötig, bis eine spezielle Kombination, z. B. „Feuer-weiblicher-Hase", wiedererscheint.

Das Kalachakra-System verwendet den 60-Jahre-Zyklus „Rabdschung", um die Jahre zu zählen. Jedes Jahr in diesem Zyklus hat einen Namen. Das erste Jahr des ersten Zyklus des tibetischen Kalenders, das als offizielles Datum der Einführung des Kalachakra in Tibet gilt, war 1027. Als das Kalachakra und die chinesischen 60-Jahre-Zyklen aufeinander abgestimmt wurden, fiel das Jahr 1027 nicht auf den Beginn eines chinesischen Zyklus. Die chinesischen Zyklen fangen immer mit einem „Holz-männlich-

Ratte-Jahr“ an, aber dies war das vierte Jahr eines Zyklus. Aus diesem Grund beginnt der tibetische 60-Jahre-Zyklus mit dem „Feuer-weiblich-Hase-Jahr“.

Im tibetischen Kalender wird das Jahr in zwölf Monate zu je 30 Tagen eingeteilt, wobei der Monat mit dem Neumond beginnt und die Monatsmitte vom Vollmond markiert wird. Dieses Mondjahr ergibt 360 Tage und hat gegenüber dem Sonnenjahr einen Rückstand von 5 1/4 Tagen. Um diese Differenz auszugleichen, wird alle drei Jahre ein zusätzlicher Monat von 16 Tagen an einer von den Astrologen für günstig gehaltenen Stelle eingeschoben. Da das echte Mondjahr aber nur 354 Tage zählt, müssen an anderer Stelle wiederum Tage ausgelassen werden.

Grundsätzlich wird auch hier von den Astrologen bestimmt, welche Tage als ungünstig gelten. Festgelegt wurde der Kalender traditionell von den Astrologen in der Medizinschule von Lhasa. Wegen seiner komplizierten Bestimmung sind die Daten frühestens ein Jahr vor Beginn bekannt, oft aber noch kurzfristiger. Aus diesem Grund können in diesem Reiseführer auch keine Entsprechungen des gregorianischen Kalenders (wie für den chinesischen Mondkalender möglich) aufgeführt werden.

Zusätzlich wird der tibetische Kalender nach dem königlichen Jahr nummeriert. Dies ist die Anzahl der Jahre seit der Thronbesteigung des ersten tibetischen Königs Nyatri Tsenpo im Jahre 127 v. Chr. Das tibetische Königsjahr rechnet sich also 127 Jahre plus unsere Zeitrechnung (z. B. 2017) = 2144, das Jahr des Feuer-Hahns im 31. Jahr des 17. Zyklus.

Zoll

Einfuhr

Verboten ist die Einfuhr von Sendeanlagen, Waffen, Munition, verseuchten Nahrungsmitteln, Rauschmitteln, Tieren sowie pornografischer und konterrevolutionärer Literatur (was immer das bedeuten mag – mit gewöhnlicher Reiseliteratur gibt es jedenfalls meist keine Probleme, sieht man einmal von Tibet-Reiseführern ab, die immer wieder mal beschlagnahmt werden (s. Kasten S. 24). Genussmittel dürfen im üblichen Umfang mitgenommen werden: 400 Zigaretten und zwei Flaschen Spirituosen à 750 ml sind zollfrei. Devisen dürfen bis US$5000 (oder Gegenwert in anderen Währungen) eingeführt werden. Ansonsten muss eine Einfuhrerklärung abgegeben werden. Ferner dürfen bis zu ¥20 000 eingeführt werden. Nach Hongkong dürfen 19 Zigaretten oder 1 Zigarre oder 25 g Tabak sowie 1 l Wein oder Spirituosen eingeführt werden. Beschränkungen für Devisen bestehen nicht.

Ausfuhr

Noten und Münzen der **Landeswährung** Renminbi (RMB) dürfen bei der Ausreise in Höhe von max. ¥20 000 mitgenommen werden. Ein Rücktausch erfolgt am Flughafen jedoch nur bei Vorlage der letzten Umtauschquittung. Kein Problem ist ein Umtausch von RMB in Hongkong und Nepal. Man braucht hier auch keine Quittung. Fremdwährungen dürfen ohne Deklaration bis zu einer Höhe von US$5000 oder dem entsprechenden Wert einer anderen Währung ausgeführt werden.

Die Ausfuhr von **Antiquitäten** ist ohne das rote Lacksiegel eines offiziellen Antiquitätengeschäfts streng verboten. Die Ausfuhr von Münzen aus der Zeit vor 1949 ist grundsätzlich verboten. Selbst mit diesem Siegel und offiziellen Papieren kann es vorkommen, dass der Zoll die ausgeführten Antiquitäten, oder was immer er dafür hält, beschlagnahmt. Man hat dann keine Möglichkeit, wieder an die Sachen heranzukommen. Wer größere Mengen von Antiquitäten ausführen will, die er im Laufe eines längeren Aufenthalts zusammengetragen hat, muss sie vom Zoll vor der Ausfuhr inspizieren lassen. Bei Umzugsgut organisiert normalerweise die Spedition den Termin der Prüfung, die i. d. R. zu Hause stattfindet.

Land und Leute

Vom Gipfel des Mount Everest im Süden bis zu den Schluchten des Yarlung Tsangpo im Osten, vom heiligen Kailash im Westen bis zum ozeangleichen Nam Tso in Zentraltibet – Tibet bietet ein ungeheures Spektrum an Landschaften. Nirgendwo sonst sind Mensch, Natur und Religion eine so enge Symbiose eingegangen. Umgeben von Zentralasien, China und Indien, hat Tibet kulturelle Einflüsse seiner Nachbarn aufgesogen und eine ganz eigene Kultur daraus erschaffen.

BARKOR, LHASA; © OLIVER FÜLLING

Inhalt

Steckbrief Tibet

Offizieller Name Autonomes Gebiet Tibet

Staatsform Provinz der Volksrepublik China

Hauptstadt Lhasa

Staatspräsident Xi Jinping, gleichzeitig Parteichef der KPCh

Ministerpräsident Li Keqiang

Fläche 1,2 Mio. km²

Einwohnerzahl ca. 3,2 Mio.

Amtssprachen Tibetisch, Chinesisch

Religionen Buddhismus (91 % aller Tibeter), Bön (ca. 400 000 Anhänger), Islam (ca. 4000–5000 Anhänger)

Pro-Kopf-Einkommen Stadtbevölkerung ¥27 802 (2018), Landbevölkerung ¥9094 (2018)

Straßennetz 75 000 km

Schienennetz 1560 km, in Bau 434 km (Tibetbahn Golmud–Lhasa 1956 km)

Touristen pro Jahr ca. 15 Mio.

Geografie

Fläche: 1,2 Mio. km²

Nord-Süd-Ausdehnung: ca. 1300 km

Ost-West-Ausdehnung: ca. 2600 km

Größte Städte: Lhasa (ca. 279 000 Ew. in Lhasa-Stadt), Shigatse (ca. 120 400 Ew.)

Längster Fluss: Yarlung Tsangpo (2896 km, davon 2057 km in Tibet)

Höchster Berg: Mt. Everest (8848 m)

Tiefste Schlucht: Yarlung Tsangpo Canyon (5382 m)

Höchster Flughafen: Pangda/Bamda (4334 m)

Höchster Bahnhof: Tanggula Shan Zhan (5072 m)

Einst lag Tibet unter Wasser. Die Souvenirhändler von Lhasa liefern mit ihren Auslagen den Beweis: Sie verkaufen an ihren Ständen alte Korallen und Muschelfossilien, die ausnahmsweise einmal keine Imitate sind. Bis vor rund 100 Mio. Jahren lagen große Teile der Landfläche Tibets unter den Fluten des Tethys-Meeres. Forscher fanden darüber hinaus Fossilien von Dreizehen-Pferden, Nashörnern, Elefanten und Hyänen sowie von zahlreichen tropischen Pflanzen. Sogar Karstlandschaften, wie man sie sonst im Tiefland Südchinas findet, existieren in den Hochebenen Tibets. Auch sie beweisen, dass Tibet einst ein tropisches Land am Ufer eines Meeres war. Muschelkalk lagerte sich über die Jahrmillionen ab. Dann aber wich das Meer zurück, die Erdkruste hob sich, wobei die Kalkablagerungen aufbrachen, sich umschichteten und durch Erosion ihr heutiges Aussehen erhielten.

Das passierte vor etwa 100 Mio. Jahren, als der tektonische Druck der Indischen Platte die **Auffaltung des Gangdise und Nyanchen-Thanglha** bewirkte, während sich das tibetische Plateau auf etwa 1000 m anhob. Während dieses geologischen Prozesses wurden gigantische Steinmassen nach unten gedrückt, schmolzen und stiegen, begleitet von starker **Vulkantätigkeit**, als Magma an die Oberfläche. Bisher konnten in Tibet über 600 ehemalige Vulkane lokalisiert werden, und im gesamten Gürtel zwischen Gangdise/Nyanchen-Thanglha und dem Himalaya-Südrand ist diese vulkanische Tätigkeit noch in Form zahlloser heißer Quellen und Geysire sichtbar, während man in der Kollisionsfurche entlang der heutigen Flussläufe von Indus und Yarlung Tsangpo Kissenlava findet, die sich bei Vulkanausbrüchen am Meeresboden bildet.

Die Drift der Indischen Platte unter den eurasischen Kontinent kam nicht zum Erliegen, sondern verlangsamte sich vor 50 Mio. Jahren nur ein wenig. Das tibetische Plateau wurde in den folgenden 20 Mio. Jahren weiter in die Höhe gedrückt, und zwar auf 2000 m. Wegen der starken **Hebung des Plateaus** in seiner Gesamtheit hatten die Flüsse keine Zeit, sich ins Gestein hineinzuschneiden, und so konnte sich die Oberfläche im Norden des Landes seit rund 30 Mio. Jahren ihre ursprüngliche weite und flache Struktur erhalten. Die erhabene Erscheinung des heutigen Plateaus mit seiner Höhe von durchschnittlich 4500 m ist dagegen das Ergebnis von Hebungen, die erst in den letzten 2 Mio. Jahren stattgefunden haben und noch immer stattfinden, da die Indische Platte immer weiter unter die eurasische Platte driftet. Damit ist Tibet die jüngste Hochebene der Welt, die noch dazu jedes Jahr um fünf bis zehn Millimeter wächst.

Das ethnische oder geografische Tibet umfasst die gewaltige **Fläche** von rund 2,3 Mio. km². Das 1965 geschaffene Autonome Gebiet Tibet hat zwar nur noch eine Fläche von 1,2 Mio. km², aber das ist immer noch so viel wie Deutschland, Großbritannien, Frankreich und Österreich zusammen.

Tibets **Grenze** zu Indien, Nepal, Bhutan und Myanmar ist über 3842 km lang, davon entfallen allein 2000 km auf den Grenzverlauf mit Indien. Trotz aller Freundschaftsbeteuerungen sind die indisch-chinesischen Beziehungen immer noch angespannt, da es nach wie vor ungelöste Grenzstreitigkeiten zwischen beiden Ländern gibt. So erhebt China im Nordosten Indiens Anspruch auf einen Großteil von Arunachal Pradesh, während Indien im Nordwesten die Region Aksai Chin für sich reklamiert. Offiziell hat China bislang nur anerkannt, dass das ehemalige buddhistische Königreich Sikkim, das 1975 ein indischer Bundesstaat wurde, zur Indischen Union gehört. Im Gegenzug akzeptiert Indien seit 2003, dass Tibet ein Teil Chinas ist – was für China

Die McMahon-Linie

Die nach dem britischen Chefdiplomaten und Außenminister des Vizekönigreichs Britisch-Indien Sir Henry McMahon benannte Linie, die das von Indien kontrollierte Arunachal Pradesh von Tibet trennt, stiftet seit ihrer relativ willkürlichen Einrichtung im Jahr 1914 Unfrieden. Zustande kam sie, als Großbritannien, China und Tibet im indischen Simla über die Zukunft Tibets konferierten. Das Ergebnis war das Abkommen von Simla (S. 126), das von China jedoch nicht ratifiziert wurde. In einem Zusatzabkommen mit Tibet erwirkte Sir McMahon von den Tibetern die Abtretung des heute zu Indien gehörenden Arunachal Pradesh an das britische Kolonialreich. China betrachtet diese Grenzziehung bis heute als ungültig. 1962–1963 kam es erstmals zu einem bewaffneten Konflikt zwischen beiden Ländern, als China Teile Arunachal Pradeshs besetzte. 1986 folgten weitere Auseinandersetzungen, die 1987 entschärft wurden. Seitdem haben beide Länder ihre Soldaten von der McMahon-Linie abgezogen.

strategisch weitaus bedeutender ist. Im Juli 2006 wurde der seit 1962 geschlossene Gebirgspass Nathu La wieder geöffnet, der den indischen Bundesstaat Sikkim mit der Autonomen Region Tibet verbindet.

Das Dach der Welt

Tibet kann zahlreiche Superlative auf sich vereinen. Hier stehen die höchsten Berge der Welt, und zwar der Qomolangma (Mt. Everest, 8848 m), Lhotse (8516 m), Makalu (8485 m), Cho Oyu (8188 m) und Shisha Pangma (8027 m). Die Siebentausender lassen sich schon gar nicht mehr auflisten (wer es dennoch wissen will, findet unter www.himalaya-info.org/Gipfel.htm eine vollständige Übersicht), es sind rund 50, während die Tibet nach Süden hin abschirmende Himalaya-Kette ansonsten eine durchschnittliche Höhe von 6200 m aufweist. Das „Meer der Gebirge", so ein Beiname Tibets, wird im Norden vom mächtigen Kunlun-Gebirge, das mehr als 200 über 6000 m hohe Gipfel zählt, im Westen vom Karakorum und im Osten von verschiedenen Gebirgsketten wie dem Hengduan Shan, Min Shan oder Minya Konka (Gongga Shan) begrenzt.

Auch im Inneren gibt es einige große Gebirge, die sich wie endlose Wälle durch das Hochland ziehen, darunter die 1000 km lange Gebirgskette des Gangdise mit dem 7223 m hohen Nöjin Kangsa (auch Ningchin Kangsha oder Norin Kang) als höchstem und dem Kailash als berühmtestem Gipfel und die sich anschließende, 1400 km lange Nyanchen-Thanglha-Kette (Sven Hedin bezeichnete Gangdise und Nyanchen-Thanglha als Transhimalaya), die sich nördlich von Lhasa bis weit nach Osttibet zieht und ebenfalls zahllose imposante Schneegipfel vorweisen kann. Höchster Berg dieses Teils ist der Nyanchen-Thanglha (7162 m) nördlich von Lhasa am Nam Tso. Daneben gibt es noch den Tanggula Shan, der die Autonome Region Tibet von der heutigen Provinz Qinghai, dem ehemaligen Amdo, trennt. Hier befindet sich das Quellgebiet von Chinas längstem Fluss, dem Chang Jiang (Yangzi).

Die Regionen Tibets

Tibet kann in vier große Hauptregionen gegliedert werden, nämlich Osttibet, Zentraltibet, Westtibet und den Changtang. Nimmt man die frühere tibetische Provinz Amdo hinzu, die heute aus der Provinz Qinghai und Teilen der Provinzen Gansu und Sichuan besteht, sind es sogar fünf. Teilweise werden Westtibet und der Changtang auch als eine geografische Region aufgeführt.

Osttibet (Kham)

Osttibet ist allgemein unter dem Namen Kham bekannt und umfasst geografisch auch Teile Yunnans und Sichuans. Dieses ausgedehnte Gebiet, schrieb der englische Konsularbeamte Sir Eric Teichmann „ist eine einzige undifferenzierte Aufeinanderfolge von Gebirgsmassiven, und die von den Flüssen hineingeschnittenen Schluchten, in denen man reist, sind zu tief und eng." Für tibetische Verhältnisse sind die Pässe Osttibets gar nicht so hoch, sie rangieren zwischen 4000 und 5000 m, aber es gibt unglaublich viele von ihnen und sie sind oft verschneit und dann nicht passierbar. In weiten Teilen Khams regnet es häufig, und so verfügt diese Region über große Wälder und saftige Grasländer. Vier der größten asiatischen Flüsse folgen wie Adern dem Südgefälle der gebirgigen Wildnis Osttibets, und zwar der Dri Chu (Yangzi/Chang Jiang), Ngom Chu (Lancang Jiang, Mekong), Tarung/ Drung Jang (Irrawaddy) und Nak Chu (Nu Jiang, Salween).

Zentraltibet

Das tibetische Kernland oder auch Zentraltibet, das sich im Becken des Yarlung Tsangpo erstreckt, ist gewissermaßen die Kornkammer, aber auch die kulturelle Wiege Tibets. Die weiten Täler hier liegen durchschnittlich 3700 m hoch und im Frühjahr und Sommer beleben sie mit ihrem tiefen Grün und Gelb das ansonsten wüstenähnliche Bild der unfruchtbaren Berghänge. Hier reihen sich die wenigen Städte Tsethang, Lhasa, Shigatse und Gyantse auf. Aus dem Süden des Yarlung-Tals kamen die ersten Könige Tibets, und unter dem Namen Ü-Tsang war diese Region die Quelle der tibetischen Macht und Orthodoxie.

Westtibet (Ngari)

Die dritte große Region ist Westtibet oder Ngari, das wie Kham durch sein Flusssystem charakterisiert wird. Anders als in Kham strömen die Flüsse Ngaris allerdings von einem zentralen Ursprungsgebiet aus in alle vier Himmelsrichtungen auseinander. Verehrt von Buddhisten und Hindus, haben am Fuße des heiligen Berges Kailash (Kangriboqe) in einer der grandiosesten Landschaften der Welt Indus, Sutlej, Karnali (ein Nebenfluss des Ganges) und der Tsangpo (Brahmaputra) ihre Quellen. Bis ins 17. Jh. hinein existierte hier das buddhistische Königreich Guge. Kaum zu glauben, dass diese ausgemergelte Wüstenregion einst ein blühendes Reich war. Vermutlich ging es durch eine Klimaveränderung unter. Heute unterscheiden sich das trockene Klima und die spärliche Vegetation nicht mehr sonderlich von der vierten Großregion, dem Changtang.

Changtang

Changtang, die „nördliche Ebene", mit einer Fläche von rund 440 000 km², einer Ost-West-Ausdehnung von etwa 1500 km und einer durchschnittlichen Höhe von 4500 m ist eine der für Menschen lebensfeindlichsten Regionen Asiens. Das Bild wird von Geröll, brackigen Seen, Salzflächen und zerklüfteten Gebirgen geprägt. Das Plateau ist chronisch sturmgepeitscht, sodass der Schnee nicht liegen bleibt. In den eisigen Wintern stürzen die Temperaturen auf Minusgrade um die 40 °C. Da Erosion und Zertalung durch die großen Flüsse in den nördlichen Quellgebieten noch nicht eingesetzt haben, stellen die Steppen des Changtang das zusammenhängendste, zugleich aber unwirtschaftlichste Steppenareal Tibets dar.

In diesen nahezu menschenleeren Einöden beschränkt sich die Vegetationsperiode auf gerade einmal zwei Monate, während sie an den Rändern bei immerhin drei bis vier Monaten liegt. Dennoch sind in dieser Region viele Tiere beheimatet, und an den Rändern durchstreifen Nomaden das Territorium.

Als 1993 das 298 000 km² große Changtang Nature Reserve eingerichtet wurde, lebten in dieser Region, die zu den am dünnsten besiedelten der Erde gehört, 22 000 Menschen. Die meisten von ihnen waren halbnomadische Hirten, die hier über 1,4 Mio. Yaks und Schafe hüteten. Die große Zahl an Nutztieren nimmt weiter zu und bedroht die einheimische Tierwelt, indem sie ihr den Lebensraum streitig macht. Mit der Ausweisung von vier weiteren Naturschutzgebieten beträgt die geschützte Fläche nun 496 000 km², und seit einigen Jahren hat der Wildbestand wieder deutlich zugenommen. Die Kehrseite ist, dass die Regierung versucht, die hiesigen Nomaden sesshaft zu machen, um eine weitere Ausdehnung der Weideregionen zu verhindern.

Flüsse und Seen

Keine andere Region Chinas hat mehr Flüsse und Seen als Tibet. Das Land ist nicht nur das Quellgebiet einiger der größten Ströme Asiens wie Yangzi (6380 km), Gelber Fluss (5464 km), Mekong (4350 km), Indus (3180 km), Brahmapu-

Der Nam Tso ist der größte Salzsee Tibets und der höchstgelegene Salzsee der Welt.

tra (2896 km), Salween (2815 km) und Sutlej (1450 km), sondern mit über 365 Flüssen und über 1500 Seen, davon allein 1000 im Changtang, auch die wasserreichste Region Chinas. 787 Seen sind größer als 1 km² und sieben Seen sogar größer als 500 km². Damit verfügt Tibet über die größte Seenfläche der Welt. Die meisten Seen nördlich des Gangdise, der auch die Wasserscheide bildet, entstanden während der letzten Eiszeit. Da ein Großteil von ihnen abflusslos ist, versalzten sie im Laufe der Jahrtausende.

Der größte See Tibets ist der **Nam Tso**. Mit einer Fläche von 1920 km² ist er der größte Salzsee der Autonomen Region Tibet und auf einer Höhe von 4718 m auch der höchstgelegene Salzsee der Welt. Weitere über 1000 km² große Seen sind der Serling Tso, Dangra Yutso und Trari (Zhari) Nam Tso, die sich zusammen mit einigen anderen mittelgroßen (200 bis 900 km²) Seen wie dem Kering Tso, Nyangtse Tso, Taro Tso und Nganglha Ringtso am nördlichen Fuß des Gangdise entlangziehen.

Ein wenig aus der Reihe tanzt der 412 km² große **Mapham Yutso** (Manasarovar-See), der auf einer Höhe von 4585 m liegt. Lange galt er als höchstgelegener Süßwassersee der Welt, bis der Sengli Tso nahe der Kreisstadt Drongpa vermessen wurde und sich mit 5386 m als noch höher liegend herausstellte. Der größte Süßwassersee Tibets ist der fächerförmige **Yamdrok Tso** mit einer Fläche von 638 km².

Eine weitere Besonderheit sind die Tsaka (Caka)-Salzseen, bei denen es sich um fast vollständig versalzene Seen handelt. Insgesamt gibt es über 250 **Tsakas** mit einer Gesamtfläche von 8000 km², die geschätzte 140 Mio. Tonnen Salz enthalten. An ihren Ufern liegen aber fast immer üppige Weiden, die den Lebensraum vieler seltener Tiere bilden.

Die Mehrheit der Seen und nahezu alle großen Seen sind tektonischen Ursprungs und entstanden durch Risse und Druck in der Erdkruste. Aus diesem Grund findet man rund um die Seen auch die Spuren tektonischer Aktivitäten wie die sich auftürmenden Gebirgskämme, die steilen Ufer und vielen heißen Quellen. Die in diesem Kapitel genannten Seen liegen genau auf den tektonischen Linien dieser Gebiete und sind daher wie eine Perlenkette aufgereiht. Viele der Seen sind im Laufe der Jahrtausende geschrumpft, und so haben sich an ihren Ufern große Flachebenen, Salzebenen und Feuchtgebiete erhalten, die heute eine reichhaltige Flora und Fauna beherbergen.

Schließlich gibt es noch die **Gletscher**. Über 17 000 sollen es sein, davon allein 2756 westlich der Ortschaft Pome, wo die mächtigen, vom ewigen Schnee bedeckten Gipfel der Nyanchen-Thanglha-Kette in den stahlblauen Himmel ragen. Da die Niederschlagsmengen in Tibet gering sind, ist das Schmelzwasser der Gletscher wichtig, um die lokalen Flüsse und Seen mit Wasser zu versorgen. Die Eisreserven Tibets werden auf 4757 Kubikkilometer geschätzt, das ist mehr als die 80-fache Menge an Wasser, die aus dem Gelben Fluss jährlich ins Meer fließt (57,45 Kubikkilometer).

Flora und Fauna

Pflanzenarten ca. 15 000 wilde und höhere Pflanzen

Waldfläche 9,84 % der Landesfläche

Naturschutzgebiete 38 Naturschutzgebiete und 3 Nationalparks, 408 300 km² (ca. 34 % der Landesfläche)

Tierarten ca. 800

Bedrohte Arten 123 (darunter Tar-Schaf, Stumpfnasenaffe, Königstiger, Schneeleopard, Wildesel, Wildyak, Takin, Weißlippenhirsch, Goral, Schwarznackenkranich und rotbrüstiges Satyr-Huhn)

Pflanzenwelt

Dank seiner unterschiedlichen Klimazonen und einer variantenreichen Topografie konnte sich in Tibet eine ungeheure Vielfalt an Vegetationsformen entwickeln. Tatsächlich kommen hier alle bedeutenden Ökosysteme, die es auf der Erde sonst nur auf ganzen Kontinenten gibt, vor, nämlich Wälder, Buschzonen, Steppen, Wüsten und unterschiedliche Gewässer. Die bekannte Artenvielfalt des tibetischen Hochlands wird von Biologen nur noch mit dem Artenreichtum des Regenwalds im Amazonas verglichen. Viele Pflanzen sind bis heute noch gar nicht erfasst. 15 000 Arten soll es geben, darunter allein 400 verschiedene Rhododendron-Arten, das ist die Hälfte aller vorkommenden Rhododendren auf der Welt, und 5000 Pilzarten.

Von den rund 9600 **Wildpflanzen** sind mehr als 1000 von großem Wert für die Medizin. Allein 400 finden vor allem in der chinesischen Medizin häufige Verwendung, darunter Safran, Bergrhabarber, Süßer Tragant und Glänzender Lackporling. Etwa 70 Arten an Aroma-Pflanzen wie Minze, Salbei und Gewürzstrauch werden für Essenzen und Parfüms genutzt. Und zu guter Letzt gibt es noch über 100 Arten an **Faserpflanzen** wie die Bajiao-Banane, weiße Rattanpalme oder Winter-Seidelbast, **Stärkepflanzen** wie Bergeiche, Himalaya-Haselnuss, Fingerkraut und verschiedene Arten an Yamswurzeln, **Zuckerpflanzen** wie Sanddorn, Brombeeren und Zuckerpalme und zahllose natürliche **Gartenpflanzen** wie Rose, Jasmin, Zierapfel und Azaleen.

Hochgebirgsvegetation

Die Pflanzenvielfalt ist in Tibet sehr ungleichmäßig verteilt. So kommen im unwirtlichen Nordtibet gerade einmal 100 verschiedene Arten vor. Vielfach übersieht man sie als flüchtiger Reisender, denn ab einer Höhe von 4200 m werden die rar gesäten Pflanzen mit Mühe 10 cm hoch. Viele dieser Hochgebirgspflanzen tragen einen dichten Flaum, mit dem sie ihren Luftaustausch zwischen Pflanzeninnerem und Außenwelt regulieren. Gleichzeitig dient der Flaum als Wärmespeicher, um die Nachtkälte zu überstehen und die starken UV-Strahlen abzuwehren.

Der bekannteste Vertreter dieser Hochgebirgsflora ist der **Schneelotus**, der in Höhen des Dauerfrostes zwischen 4800 und 5800 m wächst. Seine Wurzeln werden bis zu 1 m lang, das Zehnfache der oberirdischen Größe, damit er genügend Wasser und Nährstoffe speichern kann. Kein Wunder also, dass diese genügsame Pflanze zum Symbol des hartnäckigen Lebenswillens in extremen Höhenlagen avancierte. In der chinesischen Medizin dient sie übrigens als Erkältungsmittel, wird aber auch zur Behandlung gynäkologischer Erkrankungen eingesetzt. Ansonsten wird Nord- und Westtibet von Grasland dominiert. Diese oft sehr karg wirkenden **Bergwiesen** sind überaus nährstoffreich und bilden den Lebensraum von Tibets Huftierherden

Gletscherdramen

Gletscher gelten als sensibles Barometer für das Weltklima, und das ist auch in Tibet deutlich erkennbar. Der geringer werdende Niederschlag, die schwindenden Schneemengen und die langsame Erwärmung des tibetischen Hochlands haben zu einer dramatischen Abnahme der Gletscherflächen Tibets geführt. Über 17 % sind in den letzten 30 Jahren bereits verlorengegangen. Mit den Gletschern geht auch das in ihnen gebundene Wasser dahin. Der bedrohliche Rückgang kann in den nächsten Dekaden dazu führen, dass z. B. die Hälfte des Wassers, das den **Gelben Fluss** speist, versiegt. In den vergangenen 50 Jahren sind die Pegelstände der beiden von Gletschern gespeisten Seen Kyaring Tso und Ngoring Tso um drei bis vier Meter gesunken. Das klingt eigentlich nicht so schlimm, aber beide Seen fließen in den Gelben Fluss ab. An dessen Ufern befinden sich 20 % der Ackerfläche Chinas – geht dem einst wegen seiner verheerenden Überschwemmungen und Laufänderungen gefürchteten Strom das Wasser aus, ist Chinas Nahrungsmittelproduktion akut bedroht. Auch Flüssen wie dem Brahmaputra, Indus, Ganges oder Mekong könnte das Wasser ausgehen, wodurch die Lebensgrundlage weiterer 500 bis 600 Mio. Menschen bedroht wäre. Allein im Ost-Himalaya sind bereits über 2000 Gletscher verschwunden. Geht die Entwicklung im gleichen Tempo weiter, wird es laut radikalen Schätzungen im Jahr 2100 in China keine Gletscher mehr geben. Selbst die streng zensierte chinesische Volkszeitung berichtete alarmiert, dass die **Schneefallgrenzen** stiegen und die Feuchtgebiete abnähmen. In den vergangenen 30 Jahren seien die Gletscher Tibets jährlich um über 130 km² zurückgegangen, schreibt das Blatt. Bis 2050 würden sich die Gletschermassen bei gleichbleibendem Rückgang um ein Drittel, bis 2090 um die Hälfte reduzieren. Schneefall ist die Nahrung von Gletschern: Durch immer neue Schneeschichten, die unter großem Druck langsam zu Eis werden, gewinnen Gletscher an Volumen. Das ist besonders in Jahren starker Schmelze wichtig. Jetzt experimentieren chinesische Meteorologen mit künstlichem Schnee: Über Tibet zwangen sie erstmals im Jahr 2007 Wolken zum Niederschlag – der Umwelt zuliebe. Noch befinden sich diese Aktionen im Experimentierstadium, aber eines Tages wird **künstlich erzwungener Schneefall** für Tibet und Asien vielleicht lebensrettend sein.

und natürlich der Nomaden, die hier die Lebensgrundlage für ihr Vieh finden.

Ökosysteme des Mount Everest

Einen besonderen Artenreichtum bietet das Ökosystem des Mount Everest. Über 2348 verschiedene höhere Pflanzen wurden hier bisher bestimmt. Die große Höhendifferenz von 8848 m an der höchsten Stelle und 1440 m an der tiefsten, die klimatischen Unterschiede zwischen dem Nord- und dem Südhang führten zur Entstehung einzigartiger ökologischer Konstellationen mit vielen unterschiedlichen Naturlandschaften. Wer von Dram (Zhangmu) zum Kloster Rongbuk fährt, bekommt auf wenigen Kilometern das gesamte Spektrum von arktischen bis zu subtropischen Lebensräumen geboten. Angefangen beim feuchten Bergwald-Ökosystem mit seinen tropischen Regenwäldern in den tiefsten Bereichen, steigt man auf zu den immergrünen Nadelwäldern und Wäldern mit hartblättrigen Laubbäumen, die sich zwischen 2400 und 3300 m ausdehnen. Hier wachsen chinesische Schierlingstannen, Kiefern und Eichen.

Zwischen 3100 und 3900 m gedeihen dunkle frostbeständige Nadelwälder und Mischwälder aus Tannen und Birken. Ab 3700 bis 4700 m beherrschen kältebeständige Sträucher und Bergwiesen das Ökosystem. Dort, wo die kälteresistenten Sträucher auf etwa 4200 m dominieren, findet man eine große Bandbreite an **Azaleen**, insgesamt zehn verschiedene Arten wie die Wight-Azalee, Schnee-Azalee und Setose-Azalee. Die frostigen Bergwiesen werden dagegen von krautförmigen Pflanzen beherrscht, z. B. Knöterich, Rundährenknöterich, Scharfschwingel, Himalaya-Beifuß und grünes Schilfrohr, sowie einer Vielfalt an **Winterjasmin**. Ab 4700 bis 5900 m dünnt die Vegetation dann aus. Zu rau ist das Klima, der Boden besteht aus einer Permafrostschicht, und dennoch gibt es einige spärliche, meist kissenförmige Pflanzen. Was danach kommt, galt lange als vegetationslose Einöde, bis Bergsteiger auf 6100 m eine Enzianart und auf 8306 m Bakterien, die unter Kieselsteinen überleben, entdeckten.

Grünes Schatzhaus Osttibet

Die meisten Pflanzenarten kommen in den Wäldern Ost- und Südosttibets mit ihrem gemäßigteren Klima vor. Hierbei handelt es sich um sehr alte, dichte Wälder, die leider am stärksten vom Kahlschlag betroffen sind. Bis 1949 wies Tibet einige der ältesten Waldbestände in ganz Zentralasien auf. Diese Wälder im Osten, Südosten und Süden des Landes wuchsen im Großen und Ganzen unberührt an steilen, abgeschiedenen Berghängen. Ihre Regeneration erfolgte auf natürliche Weise, weil Holzfällen und das Schlagen der Bäume zur Brennholzgewinnung verboten waren (S. 112, Kap. Umwelt, Holzeinschlag).

Noch gibt es zwar intakte **Urwälder**, aber sie haben dramatisch abgenommen. Dort, wo die Ökologie noch im Gleichgewicht ist, liegt zwischen 1200 und 3200 m die subtropische Zone mit immergrünen Laub- und Mischwäldern. Danach dominieren bis auf eine Höhe von 4200 m Nadelbaumwälder mit Fichten und Tannen. Tatsächlich findet man aber in Tibet alle wichtigen Baumarten der nördlichen Hemisphäre, darunter Hemlocktannen, Zypressen, Kapokbäume, Pappeln, Hochgebirgseichen und Birken. Zu den häufigsten Baumarten Osttibets gehören die Yunnan-Kiefern, Himalaya-Tannen und -Fichten, Tibetische Lärchen und Weißkiefern. Ein Merkmal der Wälder im Osten ist ihr relativ hoher Holzbestand pro Flächeneinheit und ihr schnelles und lang anhaltendes Wachstum. Der **Fichtenwald** von Pome hat einen Holzbestand von 2000 Kubikmetern pro Hektar – Weltrekord.

Auch sonst geizt der Osten nicht mit seiner Pflanzenvielfalt. Allein in der Region um Chamdo wachsen 1200 Arten von **Heilkräutern** wie Moschus, Ginseng, Rhabarber, Großblättriger Enzian, Chinesischer Raupenpilz (s. Kasten S. 107) und Rhodiola sachalinensis, das eine besondere Wirkung bei Sauerstoffmangel hat und die Funktion von Herz- und Nervengefäßen verbessert. In China bekommt man dieses Heilkraut daher auch als Mittel zur Vorbeugung gegen Höhenkrankheit (S. 378). Weiter südlich im Kreis Pashod/Baxoi dehnen sich üppige Grasländer mit niedrigen und dicken Wiesenpflanzen aus.

„Sommer-Gras-Winter-Wurm"

Der **Chinesische Raupenpilz** (Ophiocordyceps oder Cordyceps sinensis) ist eine eigenwillige Kombination aus Pilz und Insekt, der in Höhen zwischen 3500 und 5000 m wächst. Im Winter sieht der Pilz wie eine Seidenraupe aus, die sich in der oberen Erdschicht vergraben hat. Im Sommer beginnt dann ein schwarzer, streichholzartiger Trieb aus dem Kopf zu wachsen. Tatsächlich ist der auch „Sommer-Gras-Winter-Wurm" (tib. Jartsa Gunbu) genannte Pilz eine Kombination aus dem Stroma eines Pilzes und dem toten Körper seines Wirts, einer Mottenlarve der Gattung Thitarodes. Da der Pilz Fette, Eiweiße, viele Vitamine, Aminosäuren und pflanzliche Nährstoffe enthält, die das menschliche Immunsystem stärken, gehört er zu den wichtigen Heilpflanzen Tibets und wurde schon in der Ming-Dynastie (1369–1644) bis nach Japan exportiert. In Tibet bekommt man den Chinesischen Raupenpilz immer wieder von fliegenden tibetischen Händlern angeboten, für die der Verkauf ihre Haupteinnahmequelle bildet. Er ist überaus teuer und kostet bis zu ¥20 pro Stück. Die Kräutersammler müssen bis zu 20 cm tief graben, um den Pilz vorsichtig aus dem Grasland zu lösen; unvorsichtiges Graben kann zu Schäden und Zerstörung der Grasdecke führen. Das wiederum hat Auswirkungen auf das sowieso schon sensible Ökosystem des Hochlands von Tibet.

Tierwelt

Ähnlich variantenreich wie die Flora ist Tibets Tierwelt. Über 800 Arten bevölkern die Hochebenen, Täler und Berge, darunter 488 Vogelarten, von denen 22 ausschließlich in Tibet beheimatet sind. Die Flüsse und Seen werden von 68 Fischarten bevölkert, dazu kommen etwa

56 Reptilien- und 45 Amphibienarten. 123 Tierarten mussten unter Naturschutz gestellt werden. 45 davon leben ausschließlich in Tibet.

Gleich den gewaltigen Büffelherden Nordamerikas streiften noch bis vor 50 Jahren riesige Herden Tibetischer Gazellen, Wildesel, Tibetantilopen und Wildyaks durch Tibets Hochsteppen. Der wegen seiner Nähe zu den Nationalsozialisten umstrittene deutsche Zoologe und Tibetforscher Ernst Schäfer war von den Tierherden und der Vielfalt so beeindruckt, dass er die Lebensräume Zentral- und Westtibets nach den dort jeweils am häufigsten vorkommenden Huftieren einteilte.

Wildyaksteppe

Die Höhenlagen zwischen 4500–5200 m nannte Schäfer Wildyaksteppe. Hier beträgt die Vegetationszeit gerade einmal zwei Monate. Noch bis etwa 1950 zogen bis zu einer Million **Wildyaks** über die endlosen Weiten, heute wird ihr Bestand auf gerade einmal 10 000 Tiere geschätzt, die mittlerweile unter strengem Schutz stehen. Das Problem der Wilderei konnte dank eines streng überwachten Waffenverbots im Changtang-Nationalpark zwar eingedämmt werden, aber das Vordringen der Hirten mit ihren domestizierten Yaks hat zu neuen Problemen geführt. Wilde Yakbullen entführen ganze Herden weiblicher Hausyaks. Da die bis zu 3 m langen und 1200 kg schweren Bullen äußerst aggressiv und gefährlich werden können, sind die „entführten“ Yakkühe meist unwiederbringlich für ihre Besitzer verloren. Hier versucht man mittlerweile die Betroffenen wenigstens finanziell zu entschädigen, um ein Abschießen der als Konkurrenz empfundenen Wildyaks zu verhindern.

Weitere Bewohner der Wildyaksteppen sind der vom Aussterben bedrohte **Tibetische Braunbär**, **Wölfe** und **Tibetantilopen** (Chiru, Kasten S. 109), die meist in Herden von 20 Tieren umherziehen, aber auch Herden mit Hunderten von Tieren bilden können. Dazwischen hoppeln Tausende von **Pfeifhasen** (Pikas), etwa meerschweinchengroße, schwanzlose Nagetiere, über die Steppen. Sie durchwühlen die harte Erde und erhalten dadurch die Fruchtbarkeit der Böden.

Ein typischer Vogel der Wildyaksteppen ist der **Schwarzhalskranich**, die einzige Kranichart der Welt, die im Hochland lebt. Zu seinem Schutz wurde der Serling-Nationalpark als Appendix zum Chantang-Nationalpark eingerichtet. Auch das **Tibet-Königshuhn**, ein riesiger wilder Vertreter der Feldhühner, hat hier seinen Lebensraum.

Ihr dickes Fell schützt die Yaks vor den Härten des tibetischen Klimas.

Kiangsteppe

Die Ebenen in einer Höhe zwischen 4000–4500 m nannte Schäfer nach den hier grasenden Wildeseln Kiangsteppe. Die Vegetationszeit in diesen Steppen beträgt zwischen drei und vier Monaten. Die tibetischen Wildesel, **Kiangs**, leben in Herden zwischen acht und 20 Tieren, bilden gelegentlich aber auch Herden von bis zu 500 Tieren. Ihre Zahl wird auf etwa 50 000–60 000 Tiere geschätzt. Die Kiangs sind gelbbraun und die Bauchdecke ist weiß gezeichnet. Die Läufe sind weiß und sehen ein wenig wie Strümpfe aus. Die Tiere erreichen eine Schulterhöhe von etwa 1,20 m.

Neben den Kiangs leben hier aber auch Braunbären, Luchse, Tibetantilopen, Füchse und die allgegenwärtigen Pfeifhasen. An den Seeufern brüten **Streifengänse**, die Flughöhen von bis zu 10 000 m erreichen können, **Bachstelzen** und Tausende von **Fischmöwen** und **Lachmöwen**, die sich hier an den Salzseen fern der Weltmeere heimisch fühlen.

Gazellensteppe

Die Gazellensteppen reichen bis in eine Höhe von 4000 m. Hier beträgt die Vegetationszeit üppige fünf Monate. Benannt ist die trockene, baumlose Hochgebirgssteppe nach der **Tibetgazelle**, dem Goa. Diese Gazelle klettert keine Steilhänge hoch, sondern hält sich auf Plateaus und in hügeligem Gelände auf. Die Tibetgazelle hat ein braungraues, in der Bauchgegend weißes Fell. Im Gegensatz zu den Weibchen tragen Männchen in die Spitze verlaufende, geringelte Hörner. Erwachsene Tiere erreichen eine Schulterhöhe von etwa 60 cm und wiegen um 25 kg. Die Goas ziehen in recht kleinen Herden von acht bis zehn Tieren umher. Ihr Bestand wird auf etwa 100 000 Tiere geschätzt.

Die Tibetantilope (Chiru)

Die zu den Ziegenarten zählende, unglaublich zähe **Tibetantilope**, der Chiru, wurde bereits 1979 auf die Liste bedrohter Tierarten, deren Handel international verboten ist, gesetzt. Zurzeit wird die Gesamtpopulation dieses einstmals häufigsten tibetischen Säugetiers auf 40 000–60 000 Tiere geschätzt – ein Rückgang von etwa einer Million Tieren seit den 1950er-Jahren. Der Grund für die illegale Jagd ist die **Shahtoosh** genannte Wolle des Chirus, die als besonders warm gilt. Drei bis fünf Tibet-Antilopen müssen getötet werden, um Wolle für einen einzigen Schal zu erhalten. Die edlen Shahtoosh-Schals kosten auf dem Schwarzmarkt bis zu US$15 000. Aus diesem Grund wird der Chiru trotz aller Schutzmaßnahmen noch immer im großen Stil gejagt. Aufgrund von Schätzungen der in Indien verarbeiteten Menge an Shahtoosh-Wolle werden vermutlich bis zu 20 000 Tiere pro Jahr gewildert. Damit ist ihr baldiges Aussterben fast schon vorprogrammiert. Verhängnisvoll ist darüber hinaus, dass den bis zu 70 cm langen Hörnern des Männchens in der traditionellen chinesischen Medizin eine große Bedeutung als **Heilmittel** zukommt.

Sogar politisch verursachte der Chiru bereits Ärger, da er zu einem der fünf **Maskottchen der Olympischen Spiele** in Beijing 2008 auserkoren worden war. Da sie flink, lebhaft und munter ist, stand die Tibetantilope für Gesundheit und für die Leichtathletik-Disziplinen. Exiltibetische Gruppen kritisierten, dass die Verwendung der Tibetantilope als olympisches Maskottchen durch China nur dazu benutzt würde, chinesische Machtansprüche über Tibet zu festigen.

Hochgebirge

Selbst an den Hängen und Steilwänden des scheinbar abweisenden, lebensfeindlichen Hochgebirges tummelt sich eine abwechslungsreiche Tierwelt. Der vielleicht berühmteste Bewohner der Hochgebirge ist der **Schneeleopard**, der in Höhen von bis zu 5500 m lebt. Die scheue Katze wird bis zu 130 cm lang und 55 kg schwer. Der Schwanz kann zusätzlich eine Länge von bis zu 1 m erreichen. Als Einzelgänger geht der Schneeleopard jedem Kontakt mit Artgenossen aus dem Weg.Schneeleoparden besitzen ein festes Revier, das etwa 20–30 km² groß ist. Heute ist ihr Lebensraum durch die Ausdehnung der Weideflächen allerdings sehr stark geschrumpft. Man schätzt die Zahl der frei lebenden Schneeleoparden auf ca. 6000, davon in Tibet etwa 2200 Tiere. Schuld ist wie immer der Mensch: Schneeleoparden werden wegen ihres schönen Fells und zum Schutz der Herden gejagt.

LAND UND LEUTE

In den sanfter ansteigenden Berghängen klettern **Argalis**, die selten gewordenen Riesenwildschafe, herum. **Steinböcke**, Wild- und **Blauschafe** (Bharale), benannt nach ihrem bläulich schimmernden Rücken, haben ihren Lebensraum bis hinauf an die Schneegrenze. Bharale klettern gelegentlich sogar bis auf Höhen von 6500 m. Normalerweise grasen sie auf alpinen Weiden, aber bei Gefahr fliehen sie in steile Hänge, in denen sie anders als die sie verfolgenden Raubtiere, sicheren Halt finden.

Am Himmel über den Bergen kreisen **Adlerbussarde** und **Bartgeier**. In etwas niedrigeren Höhen zwischen 3000–4000 m trifft man auf das überaus selten gewordene **Himalaya Tar-Schaf**. Auch die zu den Hirschen gehörenden **Moschustiere** sind in den Bergen heimisch. Ihr bevorzugter Lebensraum liegt bei 2500–3500 m. Hier verbergen sie sich in dichten Bergwäldern. Ohne Geweih, aber mit bis zu 6 cm langen, hauerartigen Eckzähnen im Oberkiefer sehen Moschustiere auf den ersten Blick gar nicht aus wie Hirsche. Sie sind Pflanzenfresser und die einzigen Hirsche, die mühelos schräge Bäume bis zu den Kronen ersteigen können und dort Blätter, Zweige und Baumflechten abfressen. Männliche Moschustiere besitzen eine Drüse, die einen besonderen Stoff produziert – den sagenumwobenen Moschus, begehrter Rohstoff für die asiatische Volksmedizin und legendäres Elixier für teure Parfüms.

Waldgebiete Osttibets

Der Tierreichtum Osttibets ist naturgemäß noch größer als in den windgepeitschten Hochebenen. Hier tummeln sich **Assam-Makaken**, die seltenen **Stumpfnasenaffen** und **Gold-Stumpfnasenaffen**, von denen es nur noch etwa 600 gibt, **Langarm-Gibbons**, **Sonnenbären**, **Kleine Pandas** und **Nebelparder**. **Takins**, auch Rindergämsen oder Gnuziegen genannt, weil sie wie eine Mischung aus Ziege und Rind aussehen, leben ebenfalls hier, aber ihre Zahl wird auf nur noch 2000–3000 geschätzt. **Boas** ringeln sich durchs Gebüsch, und sogar fünf bis zehn **Bengalische Tiger** streifen noch immer durch das Unterholz. An den Hängen leben **Goldene Adler**, das **Schwarzbrust-Haselhuhn** und der **Chinesische Glanzfasan**.

Umwelt

Der Dalai Lama bezeichnete die heutige ökologische Weltkrise als „den Dritten Weltkrieg gegen die Natur". „Treibhauseffekt, Wasserknappheit, Artensterben, Waldrodungen, chemisierte Landwirtschaft! Wenn wir so weitermachen, hinterlassen wir unseren Kindern und Enkeln eine einzige Wüste. Wir sind dabei, uns selbst auszurotten", resümierte er 2006 in einem Interview mit Franz Alt. Der weltweit prominenteste Buddhist sprach zwar von den Umweltsünden der Industrienationen, aber jede einzelne davon wird gegenwärtig auch in seiner Heimat begangen.

Tausende von Jahren lebten die Tibeter in Abhängigkeit von ihrer teils lebensfeindlichen Umwelt. Um zu überleben, passten sie sich an. Die fragilen Berge und Seen galten als Sitz von Göttern, also ließ man sie in Ruhe. Dort, wo man Ackerbau betreiben konnte, wurde zwar von sesshaften Bauern Gerste angebaut, aber das war nur auf 2 % der Landesfläche möglich. Städte mit ihren versiegelten Bodenflächen gab es nicht. Die Nomaden zogen zwischen Winter- und Sommerweiden hin und her, so hatten die abgeweideten Flächen Zeit, sich zu regenerieren. Die buddhistische Ethik verbot das grundlose Töten von Tieren und damit die Jagd, auch wenn sich Nomaden nicht immer an das Verbot hielten. Die Jagd hob ihr Ansehen, aber ihre alten Flinten richteten keinen großen Schaden an. Bis 1949 wies Tibet einige der ältesten Waldbestände Zentralasiens auf. Diese Wälder im Osten, Südosten und Süden des Landes wuchsen im Großen und Ganzen unberührt an steilen, abgeschiedenen Berghängen. Sie regenerierten sich auf natürliche Weise, weil der Holzeinschlag verboten war.

Dann marschierten die Chinesen ein. Wie jede Kolonialmacht waren und sind sie land- und ressourcenhungrig und bestrebt, ihre Kolonie auszubeuten. In der Ära Mao Zedong konzentrierte man sich auf die Nutzung und Abholzung der tibetischen Wälder, da China kaum mehr über eigene nennenswerte Holzreserven verfügte. Unter Deng Xiaoping wurde Chinas Wirtschaft global, und von da an benötigte das Land riesige Mengen an Rohstoffen. Die Ausbeutung Tibets wurde nun im großen Stil angegangen, die Infrastruktur massiv ausgebaut und der Bergbau zu einer „Schlüsselindustrie" erhoben.

Trotz aller pessimistischen Prognosen gibt es dennoch Hoffnung. Auch China sucht nach neuen Wegen für nachhaltige Methoden zum Erwerb des Lebensunterhalts und für eine nachhaltige Umweltpolitik unter Berücksichtigung der biologischen Vielfalt, und zumindest die Regierung verschließt sich dem Umweltschutz nicht mehr völlig – schon weil die Schäden gar nicht zu übersehen sind und große Teile Chinas treffen. Entsprechend hat das Thema „Nachhaltige Entwicklung" insbesondere seit 2007 ein deutlich stärkeres strategisches Gewicht erhalten. Umweltschutz ist inzwischen ein in der chinesischen Verfassung festgeschriebenes Ziel, und die Staatliche Behörde für Umweltschutz wurde im März 2008 zum Ministerium für Umweltschutz (MEP) aufgewertet.

Um der neuen Marschrichtung auch in Tibet zum Erfolg zu verhelfen, müsste China allerdings flächendeckend zahlreiche kleinere, regionale Entwicklungspläne erarbeiten, die den Tibetern spürbaren Nutzen bringen, ohne das empfindliche tibetische Ökosystem zu schädigen. Vor allem müsste die tibetische Bevölkerung stärker in die Planungen eingebunden werden. Genau das hat in den letzten 70 Jahren gefehlt, denn es herrschte die ganze Zeit über eine von oben verordnete Entwicklung, die sich weder um regionale Besonderheiten noch um überregionale Auswirkungen kümmerte.

Jagd nach Rohstoffen

Das Ziel, die wirtschaftliche Entwicklung des Plateaus zu beschleunigen, wird Tibet auch seiner einst schlafenden Mineralressourcen berauben. Mammut-Projekte, welche die Ausbeutung der natürlichen Ressourcen Tibets zum Zweck haben, sind u. a. geplante Gold-, Kupfer- und Chromminen, Energienetze und ein Staudamm nach dem anderen. Experten befürchten, dass diese eine verheerende Auswirkung auf Tibet, Zentralchina und alle angrenzenden Länder, die auf die lebenswichtigen Flüsse aus dem tibetischen Hochland angewiesen sind, haben könnten.

Aufgrund ungeeigneter Methoden des Abbaus, veralteter Technologien und geringer Effizienz bei der Gewinnung, Förderung und Nutzung der Bodenschätze findet schon jetzt eine enorme Rohstoffverschwendung und Umweltverschmutzung statt. Die Flüsse und Ströme Süd- und Ostasiens, Indus, Salween, Brahmaputra und Mekong, werden durch **toxische Bergwerkabfälle** verseucht, die auch in den Boden sickern und die stromabwärts gelegenen Wasserläufe verunreinigen. Diese Abfälle führen zu mysteriösen Krankheiten, angeborenen Missbildungen und sinkenden Ernteerträgen in den an die Bergwerke grenzenden Gebieten.

Toxische Rückstände aus enormen Bergwerkprojekten stellen heutzutage bereits eine der Hauptursachen für die **Wasserverschmutzung** in Amdo dar. Die Flüsse um Lhasa herum sind schon jetzt zunehmend vom Problem der Verschmutzung durch ungeklärte Abwässer und Industrieabfälle betroffen sowie durch Salze und Nitrate, den Rückständen aus **Kunstdüngern**, die bei den intensiven landwirtschaftlichen Projekten eingesetzt werden, um den Nahrungsbedarf der expandierenden chinesischen Bevölkerung Zentraltibets zu decken.

Zusätzlich zur Plünderung der Natur entstehen soziale Probleme, denn der forcierte Mineralabbau schürt den Zustrom von chinesischen Wanderarbeitern, die von hohen Löhnen und Zuschüssen angezogen werden. Mit einer verbesserten Straßen- und Eisenbahninfrastruktur, die Tibet immer schneller nach außen öffnet, werden auch illegale Bergarbeiter von den Gewinnchancen des unkontrollierten Mineralabbaus angezogen. In der Folge wird Tibet nicht nur seines Reichtums an Bodenschätzen be-

Dialogforum

Die britische Journalistin Isabel Hilton hat 2006 das Diskussionsforum 💻 **www.chinadialogue.net** ins Leben gerufen. Auf Englisch und Chinesisch kann man sich hier umfassend und vor allem aktuell über umweltpolitische Themen informieren, die China betreffen.

raubt, sondern die **chinesischen Massenansiedlungen** gefährden die Lebensqualität der Tibeter, verwässern ihre Kultur und Traditionen und führen unweigerlich zu sozialen Konflikten, wie sich bei den Ausschreitungen 2008, die sich erstmals auch gegen chinesische Händler richteten, zeigte.

Die Folgen für die Landschaft und die Lebensqualität der Tibeter sind gravierend. Der **unkontrollierte Abbau von Bodenschätzen** hat in einigen Regionen eine oft permanente Veränderung der Landschaft mit sich gebracht. Riesige Schutthaufen, Schlackenhalden, stillgelegte Bergwerke und die Destabilisierung der Hänge zerstören das Gelände.

Holzeinschlag

China, der drittgrößte Holzverbraucher der Welt, brachte es fertig, zwischen 1950 und 1985 den Waldbestand Tibets von 25,2 Mio. Hektar auf 13,57 Mio. Hektar zu reduzieren. Dies bedeutet einen Rückgang um 46 %. Die massive Entwaldung zu jener Zeit und die chinesische Einwanderung werden heutzutage als die zwei größten Faktoren für die Verschlechterung der Umwelt in Tibet ausgemacht.

China wurde bereits mit verheerenden Folgen für seinen Holzeinschlag in den Quellregionen des Yangzi und des Gelben Flusses bestraft. Doch erst nachdem das **Hochwasser** des Yangzi im August 1998 zu einer landesweiten Katastrophe führte, erkannte Beijing schließlich die Ursache dafür, nämlich die massive Abholzung entlang des Oberlaufs im Westen Sichuans. Nun dokumentierten selbst die chinesischen Wissenschaftler, welche Rolle die Abholzung bei den immer häufigeren und größeren Überschwemmungsschäden spielte. Chinas „Agenda 21" führte die Bodenerosion auf dem tibetischen Hochland sogar als eines der gravierendsten Umweltprobleme des Landes überhaupt auf.

In Folge des Hochwassers von 1998 wurden die regierungseigenen Holzmärkte geschlossen und ein generelles Fällverbot für 4,6 Mio. Hektar Waldgebiete in Kham im südöstlichen Tibet verhängt. Die Sägewerke in der südöstlichen Autonomen Region Tibet mussten schließen, während ein Programm zur **Wiederaufforstung** startete, das die bisherigen Holzfäller als Baumpflanzer einsetzt. Gerodet werden darf heute nur noch, wenn es einen Wiederaufforstungsplan gibt. Außerdem unternahm China enorme Anstrengungen zur Wiederbegrünung ehemals bewaldeter Flächen, wodurch das Waldgebiet zwischen 2000 und 2005 um eine Fläche halb so groß wie Deutschland wuchs.

Die strengen Kontrollen haben die Abholzung zwar stoppen können, das Problem aber nur verlagert. Chinas Holzhunger ist weiter dramatisch gestiegen, und so hat sich das Land zu einem der größten Tropenholzimporteure weltweit gewandelt. Die Erfolge von Chinas Aufforstungsprogramm werden durch damit verbundene Kahlschläge in anderen Ländern, insbesondere im benachbarten Myanmar, zunichtegemacht.

Die inländischen und internationalen Auswirkungen des Raubbaus an den Wäldern Tibets bis Ende der 1990er-Jahre und seit den letzten 15 Jahren in Myanmar sind weitreichend und ernst. Zusätzlich zu der Verschlammung, Verschmutzung und Überflutung der zehn großen Flüsse, die China und Südasien mit Wasser versorgen und die Lebensgrundlage für 47 % der Weltbevölkerung bilden, regelt die Vegetation Tibets auch den Wärmehaushalt des Plateaus, was wiederum das rechtzeitige Einsetzen des Monsuns in Asien beeinflusst. Entwaldung zieht auch unausweichlich **Desertifikation** nach sich: Im Gegensatz zur Überflutung verringert diese die Wassermenge der Flüsse – ein Phänomen, das bereits in den 1990er-Jahren in China sichtbar war, als der Gelbe Fluss in der Deltaregion mehrere Male austrocknete und sein Fließvolumen insgesamt einen Abfall um 23 % verzeichnete.

Nuklearer Müll

China betreibt seit Ende der 1950er-Jahre Atomforschung. Der größte Teil seiner Atomindustrie befindet sich auf tibetischem Gebiet. Der letzte atomare Testversuch fand im Juni 1996 statt. Die Anzahl der bisher erfolgten Testversuche auf tibetischem Boden wird auf 55 geschätzt. Am Kokonor in der Provinz Qinghai im Norden

Tibets steht die 1987 geschlossene „9. Akademie“ oder Fabrik 211, deren Areal noch immer streng abgeriegelt und bewacht wird. Anfang der 1960er-Jahre wurde mit dem Bau dieser zentralen, größtenteils unterirdisch angelegten Forschungsstätte begonnen. 1967 war die atomare Forschungs- und Produktionsstätte voll in Betrieb, und prompt häuften sich im Bereich der Anlage Krankheiten und Todesfälle unter den dort lebenden Nomaden.

Eine unbekannte Menge radioaktiven Mülls in flüssiger, gasförmiger und fester Form wurde über viele Jahre hinweg unkontrolliert entsorgt. Die Beseitigung erfolgte planlos und fast ohne Aufzeichnungen. Anfangs wurde der radioaktive Abfall einfach für flache, unbefestigte Landverfüllungen benutzt, d. h. er wurde in Löcher oder Senken geschüttet, die z. B. beim Tagebau entstehen. Später wurden die Atomlager mit schlechtem technischen Know-how und ungenügender Sicherung an geheim gehaltenen Orten angelegt. Dass China auf dem Qinghai-Tibet-Plateau Nuklearmüll lagert, hat es nie geleugnet. Im Gegenteil, Ende der 1980er-Jahre hat man sogar der Bundesrepublik die Abnahme von radioaktivem Abfall angeboten, woraufhin eine deutsche Delegation zu Sondierungsgesprächen ins Reich der Mitte reiste. Heftige Proteste verhinderten diese Pläne allerdings.

Bevölkerung

Einwohner: rund 3,3 Mio., davon ca. 91 % Tibeter, ca. 8 % Han-Chinesen, ca. 1 % Minderheiten. Der tatsächliche Anteil an Chinesen (Soldaten) ist unbekannt.

Stadtbevölkerung: ca. 20 %

Landbevölkerung: ca. 80 %

Lebenserwartung: 68,2 Jahre (1949: 36)

Analphabeten: ca. 37 %

Der Ursprung der Tibeter liegt im Dunkeln. Anthropologen zählen sie zur tibeto-birmanischen Volksgruppe, die wiederum eine Untergruppe innerhalb der großen mongolischen Familie darstellt. Die ältesten Spuren einer Besiedelung reichen über 4700 Jahre zurück, allerdings haben neueste Funde ergeben, dass das Hochplateau sogar schon seit der letzten Eiszeit besiedelt gewesen sein könnte. 85 km von Lhasa entfernt wurden etwa 10 000 Jahre alte Reste von Öfen sowie von Hand- und Fußabdrücken gefunden. 2002 fand der chinesische Archäologe Xu Xinguo weitere Artefakte, die auf ein Alter zwischen 10 000 und 30 000 Jahren datiert werden konnten.

Ethnisch sind die heutigen Tibeter Nachkommen von Nomadenstämmen, die einst vor allem aus Turkestan und der Mongolei nach Tibet einwanderten. Die Verschiedenartigkeit der aus diesen beiden Regionen kommenden Völker zeigt sich noch heute bei den Khampas, die deutlich weniger mongoloid aussehen als die Menschen aus der Region Lhasa. Eigentlich sollte man annehmen, dass die Ausbreitung einer aus so verschiedenen Völkern zusammengewachsenen Bevölkerung über ein so riesiges zerklüftetes Land die Verschiedenartigkeit betont und gefördert hätte, aber tatsächlich haben 1000 Jahre gemeinsamer Kultur und Sprache sowie die einflussreichen Klöster die Tibeter zu einem Volk zusammengeschweißt.

Doch trotz des gemeinsamen Bands, Bewohner Tibets und überwiegend Angehörige des tibetischen Buddhismus zu sein, gibt es verschiedene tibetische Gruppen, die sich vor allem durch ihre Kultur, Kleidung und auch Dialekte unterscheiden. Zu ihnen gehören neben den Tibetern Zentraltibets, die sich **Böpa** oder in einer anderen Schreibweise Bodpa nennen, die **Topa** im fernen Westen Tibets, die **Khampa** aus Osttibet und die **Golok** aus dem Nordosten. Zu den anerkannten Minderheiten der Autonomen Region Tibet gehören die **Qiang**, die hauptsächlich im Westen der Provinz Sichuan siedeln, die **Monba**, die man in Metok, Nyingchi und Tsona findet, die **Lhoba**, die im Süden Tibets nahe der Grenze zu Bhutan leben, und die in Osttibet ansässigen **Gyarongpa**, die jedoch nicht als eigenständige Minderheit anerkannt sind.

Eine nichttibetische Minderheit stellen die muslimischen **Hui** dar, die meist aus den Autonomen Regionen Ningxia und Xinjiang, aber auch aus der Provinz Gansu eingewandert sind und die muslimischen Viertel der tibetischen Städte bevölkern. Und dann gibt es noch die vielen

Han-Chinesen, die sich vor allem in den kleineren und größeren Städten niederlassen. Der Großteil von ihnen kommt aus der überbevölkerten Provinz Sichuan. Seit alters Händler, Handwerker und Köche, gelten die Sichuaner als clever, selbstironisch, extrem anpassungsfähig und humorig. Viele von ihnen betreiben in Tibet Restaurants und Geschäfte, und auch die Taxifahrer in Lhasa sind fast ausschließlich Sichuan-Chinesen.

Tibeter und Chinesen auseinanderzuhalten, ist relativ einfach. Die Gesichter der Chinesen sind glatter, breitflächiger und ihre Nasen weniger markant. **Männliche Tibeter** strahlen dagegen eine geradezu faszinierende plakative Männlichkeit aus. Ihr blauschwarzes Haar tragen sie gerne lang, was ihnen eine fast schon wilde Ausstrahlung verleiht. Gegen die Sonne schützen sich viele Tibeter mit einem breitkrempigen, eine verwegen aussehende Kopfbedeckung. Im Winter wird er allerdings gegen eine Fellmütze ausgetauscht. Traditionelle Tibeter kleiden sich in einen Fellmantel (Chuba) mit einem Stehkragen und langen, über die Hände fallenden Ärmeln. Innen sind diese Mäntel mit Fell gefüttert. Im Sommer kann das Fell nach außen geschlagen werden, und so sind diese Mäntel ein echtes Kleidungsstück für alle Jahreszeiten.

Frauen ziehen meist knöchellange Chubas mit kurzen Ärmeln an, unter denen sie Blusen tragen. Um den Mantel wird oft noch eine Schürze in den Farben des Regenbogens gebunden. Die Chubas werden von einem Gürtel gehalten, über dem der Mantel vor dem Bauch eine große Tasche, den Ambag, wirft. Sie dient zum Verstauen von Tabak, Käse, Tsampa, einer Essensschale oder im modernen Tibet zur Unterbringung von Einkäufen oder allen möglichen anderen Dingen. Zu guter Letzt kommen noch die Filzstiefel, die mit verschiedenfarbigen Ornamenten geschmückt sind. Zum Schutz der Augen vor der Sonne setzen vor allem Männer gerne riesige schwarze Sonnenbrillen auf, während sowohl Frauen als auch Männer zum Schutz vor bösen Einflüssen und Unglück den meist von den Ahnen ererbten Schmuck tragen.

Traditionell gekleidete Tibeter trifft man in Lhasa vor allem auf dem Barkor, wo sich Pilger und Besucher aus ganz Tibet versammeln. Je weiter man von Lhasa weg ist, desto häufiger wird auch im Alltag noch die traditionelle Kleidung getragen.

Die tibetischen **Jugendlichen** in den Städten tragen am liebsten knallig bunte Kleidungsstücke und Jeans in allen Variationen. Adidas, Nike, Esprit und wie sie alle heißen sind auch hier die angesagten Modemarken. Die traditionelle Ausstattung Chuba, Schmuck und Mala, eine Gebetskette mit 108 meist nussbraunen Sandelholzperlen, sind bei den Jugendlichen out. Westmode ist gefragt. Sie rümpfen die Nase über die altmodischen Nomaden, die nach Yak-Butter riechen, und gehen lieber in die schicken tibetischen Discos, Nangma oder in eines der modernen Cafés. Sie sind der Politik überdrüssig, möchten Spaß haben, Geld verdienen und einen westlich orientierten Lebensstil pflegen. Sie wollen Freiheiten, wie sie sich auch die gleichaltrigen Chinesen wünschen. Für beide ist das kommunistische System überholt und erfüllt seinen Zweck allerhöchstens noch in der Abschirmung gegenüber ausländischen Mächten, insbesondere dem ungeliebten Indien, Pakistan und Nepal (deren Bewohner von Tibetern als „schwarze Menschen" verachtet werden). Diese Einstellung ist es, die zurzeit weniger zwischen jungen Tibetern und Chinesen eine Trennlinie schafft, sondern eher zwischen Arm und Reich. Was sie trennt, ist die Politik, aber nicht der Konsum. Beide sind an Zwänge gewöhnt, die einen an eine religiöse Hierarchie, die sie ablehnen, die anderen an eine religionsartige sozialistische Hierarchie, die auf stark einengenden konfuzianischen Werten basiert, und in dieser Zweckgemeinschaft verstehen sich beide Seiten.

Frauen in Tibet

Über die Situation tibetischer Frauen ist bisher noch wenig geforscht, geschweige denn geschrieben worden. Jahrhundertlang ist Tibet eine patriarchalisch geprägte, streng hierarchisch organisierte Theokratie gewesen, in der Frauen so gut wie keine Rechte hatten. Ausgedrückt wird das allein schon im tibetischen Begriff *skyedman*, was übersetzt soviel wie „von niederer Ge-

Die Qiang

Den Qiang gebührt die Ehre, vermutlich die Urtibeter zu sein. Tatsächlich war der Begriff Qiang im chinesischen Altertum die Sammelbezeichnung für die verschiedenen Nomadenvölker Zentralasiens. Von dort sickerten sie langsam ins tibetische Hochland ein und besiedelten nach und nach das heutige Zentraltibet. Während ein Teil der Qiang über die Jahrhunderte hinweg zum Volk der Tibeter wurde, entwickelte sich aus dem anderen Teil ab der Han-Dynastie (221 v. Chr.–220 n. Chr.) eine eigenständige Nationalität, die hauptsächlich im Westen des heutigen Sichuan siedelte. In Aba, der Autonomen Präfektur der Qiang im Norden der Provinz Sichuan, leben heute mit rund 200 000 die meisten Angehörigen dieser offiziell anerkannten Minderheit. Wie die Monba auch sprechen die Qiang zwei **Dialekte**, Nördliches Qiang und Südliches Qiang, die allerdings so unterschiedlich sind, dass sich die Angehörigen dieser beiden Sprachgruppen meist auf Chinesisch miteinander unterhalten. Kulturell haben sich die Qiang schon früh entweder an China oder Tibet angelehnt, je nachdem welche der beiden Einflusssphären näher lag.

Besondere Kennzeichen der Qiang sind ihre matrilineare Gesellschaft und ihre eigenständigen religiösen Überlieferungen. So hängen die meisten Qiang einer polytheistischen **Religion** an, die als Rujiao bezeichnet wird. In ihr sind fünf Hauptgötter, zwölf Nebengötter und mehrere Naturgötter von besonderer Bedeutung. Sehr wichtig ist der Sonnengott, der in Form eines Weißen Steins verehrt wird. Man sieht ihn vor allem in Osttibet auf den Ecken der Dächer als Glücksbringer platziert. Die in Tibet lebenden Qiang sind überwiegend Buddhisten. Sie sind erkennbar an ihrer **Nationaltracht**. Männer und Frauen tragen lange Kleider aus Leinen mit einer Schaffellweste darüber; der Kopf wird mit einem Turban bedeckt, und an den Unterschenkeln tragen sie Wickelgamaschen. Die Kleider der Frauen sind mit Borten besetzt und der Kragen ist mit einer Reihe von Silberstücken in Form von Kirschblüten versehen. Dazu gehören noch bestickte Gürtel und Stoffschuhe und der obligate Schmuck.

burt" bedeutet. Auch im tibetischen Buddhismus spielen Frauen bis heute nur eine untergeordnete Rolle und gelten als Durchgangsstation auf dem Weg zur Erleuchtung. In der buddhistischen Ideologie haben Frauen ein schlechteres Karma, sie gelten als schwach und labil, gleichzeitig werden sie mit Unkontrolliertheit und Dämonentum gleichgesetzt, und wen wundert es da, dass Tibet einst von einer Dämonin beherrscht wurde (s. Kasten S. 155) und der Buddhismus erst nach ihrer Zähmung durch den ersten Gottkönig Songtsen Gampo eingeführt werden konnte.

Die Situation scheint sich auch im modernen Tibet noch nicht wirklich verbessert zu haben. Die **Tibetan Women's Organisation**, tibetanwomen.org, prangert seit Jahren die Verfolgung und Vergewaltigung von alleinstehenden Frauen, Zwangsverheiratungen, verbreitetes Unwissen über Gesundheitsthemen und nicht zuletzt die allgemein tolerierte Gewalt gegen Frauen an. Der gesellschaftliche Druck gegenüber Frauen, verheiratet zu sein und Kinder zu kriegen, ist hoch. Die Rollenverteilung in der Familie ist nach wie vor streng patriarchalisch. Einzig die Geburt eines Sohnes kann den Stellenwert einer Frau erhöhen. Ein Leben als Nonne war und ist bis heute vor allem für Frauen vom Lande oft die einzige Möglichkeit, einer Zwangsheirat zu entkommen und wenigstens ein Minimum an Bildung zu erlangen.

Einige Verbesserungen scheint es allerdings zu geben. Scheidung und Wiederverheiratung ziehen keine gesellschaftliche Ächtung nach sich, und dank stark verbesserter Bildungsmöglichkeiten gibt es in Tibet mehr und mehr Geschäftsfrauen, Ärztinnen, Hotel- und Restaurantbesitzerinnen sowie Händlerinnen, die ein gewisses Maß an Unabhängigkeit genießen. Auch die politische Bedeutung buddhistischer Nonnen hat in jüngster Zeit zugenommen. Sie sehen ihren Eintritt ins Kloster als Zeichen passiven Widerstands gegenüber China und als Ausdruck eines modernen „Tibetisch-Seins", und Nonnen beginnen mit ihrer viel gepriesenen „Sanftheit" das Bild des tibetischen Widerstands zu prägen.

In Dörfern wie Lhundrup Ding bei Sakya tragen viele Frauen noch die traditionelle Alltagstracht.

Brüder- und Schwesterehen

Tibet ist das weltweit größte Gebiet, in dem die Brüderehe (fraternale Polyandrie) und in geringerem Maße auch die Schwesterehe noch gelebt wird. In einigen ländlichen Gebieten machen polygame Eheformen bis heute mehr als 60 % aus. Die Ehe mit mehreren Schwestern war und ist allerdings dabei eher selten und hauptsächlich bei reicheren Familien üblich. Die Ehen sind größtenteils arrangiert, der Vater leitet sie als Haushaltsvorstand für seine Söhne in die Wege. Offiziell wird heute das Einverständnis der betroffenen Frau eingeholt, und sie soll eine Familie auch ablehnen können. Früher wurde sie meist erst kurz vor der Hochzeit überrumpelt, damit sie nicht fliehen konnte.

Im alten Tibet konnte eine Familie dank der Brüderehe, bei der eine Frau alle Brüder der Familie heiratete, die Arbeitskräfte in der Familie binden und so das Einkommen verbessern. Fraternale Polyandrie war damals nicht unter den Ärmsten der Armen, den landlosen Bauern oder Nomaden, verbreitet. Sie kam vor allem in der Klasse der „Treba" vor. Das waren landbesitzende, aber dennoch leibeigene Bauern, die ihren Feudalherren ab und zu Frondienste leisten mussten. Dank der Vielmännerei konnte ein männliches Mitglied des Haushalts zur Sklavenarbeit eingezogen werden, ohne dass Frau und Kinder schutzlos zurückblieben. Auch konnte nach dem Tod des Familienvorstandes die Aufteilung des Grundbesitzes unter den Söhnen – und damit in noch winzigere Parzellen von Gerstenfeldern – vermieden werden. Und die Vielmännerei wirkt ganz nebenbei als eine Art natürliche Geburtenkontrolle: Wenn sich mehrere Männer eine Frau teilen, werden weniger Kinder geboren, als wenn diese Männer jeweils eine eigene Familie gründen. Wohl nur deshalb duldet die chinesische Regierung die uralte Sitte der Brüderehe, obwohl sie nicht mit den Heiratsgesetzen der Volksrepublik zu vereinbaren ist.

Wird ein Kind geboren, weiß niemand, wer der biologische Vater ist. Die Kinder werden erzogen, alle Väter mit dem gleichen Respekt zu behandeln. Als Familienoberhaupt und damit nominell als Vater gilt stets der älteste der Brüder. Er entscheidet, wann und wie oft die Ehefrau mit ihm und den anderen Ehemännern sexuellen Kontakt haben darf. Kann sie das Rotationsprinzip nicht erfüllen, wird ihr die Schuld am Scheitern der Ehe zugeschoben. Erst mit der Geburt eines Sohnes und dem Tod der Schwiegermutter kann sie ihre Position verbessern und rückt in die Position des weiblichen Haushaltsvorstands auf.

Nomadentum

Im Allgemeinen verbindet man mit dem Nomadendasein viel Romantik, doch in Tibet sind die Nomaden (Drokpas) den härtesten Lebensbedingungen ausgesetzt, die man sich vorstellen kann. Da sich in einem Land mit so begrenzter Weidefläche jede Herde ihren eigenen Futterplatz suchen muss, führen die Hirten zumindest einen Teil des Jahres das Leben eines Nomaden. In der Praxis liegen die Entfernungen zwischen Sommer- und Winterweide zwischen 500 m und 500 km. Allerdings gibt es auch Nomaden, die weit größere Entfernungen zurücklegen. Der Parameter ist hier die Höhe, nicht der geografische Längengrad.

Je nach Region leben die Nomaden entweder in Zelten oder in festen Lehmhütten. Die Garze-Nomaden im Changtang kennen als Behausung einzig ihr schwarzes Zelt, das aus Yak-Haar gewebt und reichlich mit Fett getränkt ist, um es wasserdicht zu machen. Die Tewa in Südtibet leben dagegen in festen Lehmhütten, in denen sie zumindest einen Teil des Jahres verbringen. In Kham wechseln Nomaden sogar bis zu dreimal im Jahr den Weideplatz und leben entweder in festen Häusern, die sie bei ihren Weideplätzen errichtet haben, oder einer Mischung aus festem Wohnsitz bei den Winterweiden und Zelt auf den Sommerweiden.

Die **Herden** bestehen aus Schafen, Ziegen und Yaks, wobei stets auf das richtige Verhältnis von Anzahl der Tiere und Größe des Weidelandes geachtet werden muss. Die chinesischen Vorgaben zu immer größeren Herden wegen der stetig wachsenden Nachfrage nach Fleisch drängten die Nomaden in immer abgelegenere Gebiete, und in einst unbesiedelten Landstrichen sind erste Siedlungen entstanden. Die wachsenden Herden führen auch zu erhöhter Sesshaftig-

Beschützer der Nomaden

Jede Nomadenfamilie besitzt mindestens einen Hund, und zwar den **Tibetischen Mastiff**. Wer sich einem Nomadenzelt nähert, wird unweigerlich vom wüsten Gebell dieser beeindruckenden und gegenüber Fremden hochaggressiven Hunde begrüßt. Nun muss man entweder warten, bis der Hund angekettet ist, oder sich mit einem Steinhagel schützen.

Die ersten genaueren Beschreibungen der Mastiffs stammen von Marco Polo, der 1271 nach Asien reiste und über die Hunde Tibets berichtete. Die nächsten Schilderungen tauchten erst 500 Jahre später im 19. Jh. auf und wurden von ersten Bildern ergänzt. Beim Do-Khyi, wie er in seiner Heimat heißt, handelt es sich um eine im Hochland des Himalaya entstandene Form des Haushundes. Die Bezeichnung Tibet-Dogge oder Mastiff ist etwas irreführend, denn inzwischen gilt die Theorie, der Do-Khyi sei der Urahn aller Doggen, als falsch. Richtiger wäre die Bezeichnung tibetischer **Schäfer- oder Hirtenhund**. Der ursprünglich als Beschützer der Herden und Häuser eingesetzte Hund war berühmt für seinen Mut und seine imposante Größe.

Ein ausgewachsener Do-Khyi kann 1,30 m lang werden und einige Dutzend Kilo wiegen. Das schwarze Fell ist lang und dicht. Sein Kopf ist breit mit einem mäßig langen Fang, die Läufe sind kurz. Sein Gebell ist kurzatmig, wirkt aber bedrohlich. Er ist wachsam, furchtlos, kommt blitzschnell aus seiner Ruheposition und kann bis zu 200 Schafe gleichzeitig bewachen. Der Tibetische Mastiff ist extrem gut an das harte Leben auf dem kalten Plateau angepasst. Er kann sogar auf schneebedeckten Weiden bei minus 30 oder 40 Grad Celsius schlafen, ohne zu erfrieren.

keit: Immer mehr Familien bauen sich Häuser in den Winter- und Sommerweidegebieten.

Die Vorstellung, dass Nomaden ihr Leben lang planlos und frei herumziehen, traf schon im alten Tibet nicht zu. Nomadenhirten wechseln ihren Standort nur, wenn dies unbedingt nötig ist, und ihre Bewegungen folgen einem althergebrachten Schema. Jede Herde und jedes Rudel hat seine traditionellen **Weidegebiete** und jede Familie bricht jedes Jahr zu denselben Weidegründen auf. Ein weiteres Hemmnis für wahlloses Umherziehen sind die für die Nomaden überaus wichtigen **Märkte**, auf denen die eigenen Produkte gegen Gerste, Tee und sonstige benötigte Ware eingetauscht werden können. Entsprechend müssen sich Nomaden stets zur richtigen Zeit in der Nähe der großen Märkte aufhalten.

Ihr **Wohnzelt** gibt einer Nomadenfamilie die Möglichkeit, nur auf sich selbst gestellt unter harten klimatischen Bedingungen zu überleben. Zwischen Säcken mit Gerste und getrocknetem Dung muss in ihm Platz bleiben für Herd und Handwebstuhl, für die messingbeschlagenen Eimer, den röhrenförmigen Zylinder, der als Butterfass dient, und die Handmühle zur Herstellung von Tsampa. Außerdem müssen Decken, Kochtöpfe, Votivlampen, Götterstatuen und wenn möglich ein Bild des Dalai Lama untergebracht werden. Manchmal sind Dutzende Yaks nötig, um den gesamten Hausstand zu transportieren.

Seit 2004 bietet die Regierung den Nomaden Häuser in einförmigen **Neubausiedlungen** an. Als „Motivationshilfe" wurden seitdem etliche kleine Schulen nahe den Weidegebieten geschlossen. Auf diese Weise wurden bereits 500 000 Nomaden zur Sesshaftigkeit gezwungen. Offiziell geht es Beijing darum, das wegen immer größerer Herden knapper werdende und oft unter Naturschutz gestellte Grasland vor Überweidung zu schützen. Tatsächlich sind der Zentralregierung schwer überschaubare, umherziehende Volksgruppen unheimlich. Zudem kommen viele der Nomaden aus alten Kriegerfamilien und unterlagen nie starker politischer Kontrolle – und genau darin liegt der Kern des Problems.

Wie lange es noch echte Nomaden in Tibet geben wird, ist schwer zu sagen. Offiziell wurde das **Programm zur Sesshaftmachung** 2015 abgeschlossen. Eines aber konnte die chinesische Regierung bis heute nicht ändern: das Selbstverständnis der Nomaden. Selbst wenn sie mittlerweile als Polizisten, Hotelangestellte, Taxi- oder Lkw-Fahrer arbeiten, bezeichnen sie sich immer noch stolz als Drokpa.

Kinder

In manchen Bereichen, besonders was den Zugang zu erschwinglicher ärztlicher Behandlung und zu Grundschulen in entlegenen Regionen betrifft, unterscheidet sich das Los tibetischer Kinder vielleicht nicht so sehr von dem vieler chinesischer Kinder auf dem Lande. Auf anderen Gebieten ist ihre Benachteiligung jedoch viel größer. Die Zeugnisse über gravierende **Unterernährung**, von der die Hälfte aller tibetischen Kinder betroffen ist, sind beängstigend. Und was die Schule betrifft, so sehen sich viele Kinder vor eine besonders schwierige Entscheidung gestellt: Entweder auf ihr Recht auf **Bildung** zu verzichten oder ihre tibetische Identität zu verleugnen, denn der Unterricht an tibetischen Grundschulen dient weniger der Vorbereitung der Kinder auf die höhere Schule und den Beruf als vielmehr ihrer Indoktrinierung in politischer, sozialer und kultureller Hinsicht.

Sowohl die vorherrschende Unterrichtssprache (Chinesisch) als auch der Inhalt des Lehrplans (chinesische Geschichte, Politik und Kultur) weisen in diese Richtung. In tibetischen Grundschulen wird häufig nur auf Chinesisch unterrichtet. Tibetisch wird dagegen an tibetischen Grundschulen zunehmend wie eine Fremdsprache behandelt. Ebenso steht der Lehrplan für die Überlegenheit der chinesischen Kultur, während er (manchmal indirekt, aber meistens offensichtlich) die tibetische Kultur verunglimpft.

Wegen des Schulmangels in entlegenen Regionen, der Schließung vieler tibetischer Privatschulen oder einfach, weil die Eltern nicht in der Lage sind, die oft illegal erhobenen Schulgebühren zu zahlen, bleibt vielen tibetischen Kindern der Schulbesuch ohnehin verwehrt, auch wenn China die neunjährige Schulpflicht eingeführt hat. In ländlichen und erst recht in nomadischen Gegenden, wo immerhin über 80 % der tibetischen Bevölkerung leben, gibt es deutlich weniger Grundschulen als in den Städten.

Kinder, die eine Schule besuchen können, weil ihre Eltern beispielsweise die nötigen finanziellen Mittel haben, müssen dennoch oft stundenlang zu ihrer Schule laufen. In entlegenen Gegenden gibt es sogenannte Gemeinschaftsschulen, die durch lokale Steuern und „freiwillige Leistungen" getragen werden, aber ihr Standard ist meistens niedrig, die Ausstattung dürftig, und es mangelt an qualifizierten Lehrern.

Bis vor Kurzem konnten einige tibetische Kinder in entlegenen Gegenden auch Privatschulen besuchen, die von ausländischen Hilfsorganisationen, Klöstern oder Lamas betrieben wurden. Einige von ihnen wurden jedoch geschlossen, oder die Behörden haben die Verwaltung an sich gerissen, um auf die Lerninhalte Einfluss nehmen zu können. Der Zugang tibetischer Kinder zu höheren Schulen und Universitäten ist dagegen oft davon abhängig, ob ihre Eltern *guanxi* („Beziehungen") in der Bildungsbehörde und der kommunistischen Parteihierarchie haben.

An den gemischten Schulen sind tibetische Kinder oft ethnischer **Diskriminierung** ausgesetzt. Zuweilen werden ihnen höhere Gebühren für Schulmaterial und Verpflegung abverlangt. Sie müssen in schlechter ausgestatteten Klassenzimmern sitzen. In manchen Fällen besuchen sie „tibetische Schulen", die aber ebenfalls ein niedrigeres Niveau als die separaten und guten „chinesischen Schulen" aufweisen.

Die Khampa

Seit alters haben die Khampa aus Osttibet einen Ruf als Halsabschneider und Räuber, woran auch ihre Bedeutung als Händler nichts ändern konnte. Die stolzen und vor allem auch kriegerischen Khampa lebten jahrhundertelang in den Tälern Osttibets. Von Lhasas Herrschern ließen sie sich nichts sagen, die meisten lebten in unabhängigen Königreichen. Aber im Angesicht der anrückenden chinesischen Armee waren sie es, die die Autorität Lhasas am heftigsten verteidigten, und selbst heute noch tun sie sich im Widerstand gegen die chinesische Besetzung immer wieder hervor. Zu ihren auffälligsten Merkmalen gehören der große Körperwuchs und die Haartracht der Männer: Bis heute bändigen sie ihre blauschwarzen Haare in einem um den Kopf geschlungenen Zopf, an dessen Ende eine rote Quaste prangt. Am Gürtel trägt der Khampa-Mann fast schon zwangsläufig einen Dolch. Viele der aristokratischen Familien Tibets entspringen Khampa-Stämmen.

Geschichte

Tibet wird ein Großreich

Einigung Tibets unter Namri Löntsen

Die dokumentierte Geschichte Tibets beginnt im 7. Jh. Vermutlich herrschte davor keine zentrale Staatsmacht über die enorme, zu jener Zeit schon seit mindestens 3000 Jahren besiedelte Fläche Tibets, sondern einzelne Fürstentümer teilten sich die Macht in den Hochtälern. So kontrollierten auch die ersten 31 Yarlung-Könige nur die weitere Umgebung ihres Heimatlandes, während sich im westtibetischen Raum ein Reich namens **Zhang Zhung** ausdehnte.

Um das Jahr 600 einte der 32. König des **Yarlung-Reichs**, Namri Löntsen, mehrere südtibetische Stämme, um einen Feldzug gegen einen nördlich von Lhasa gelegenen Widersacher zu führen. Namri Löntsens Armee siegte, und zum Dank für die geleistete Hilfe belehnte er die beteiligten Stammesfürsten großzügig. Zusammen gründeten sie das **Reich Pö** bzw. Pöyül. Vermutlich regierten Namri Löntsen und seine Nachfolger das Land zunächst als Primus inter Pares. Die Tibeter aber waren mit einem Mal aus ihrem Dornröschenschlaf erwacht und drückten der wechselvollen Geschichte Zentralasiens von nun an ihren eigenen Stempel auf.

Die Herrschaft Songtsen Gampos

Schon Namri Löntsens Sohn Songtsen Gampo, der seinem ermordeten Vater vermutlich 629 auf den Thron gefolgt war, gab sich mit den bestehenden Grenzen nicht zufrieden. Gen Osten drangen seine Heere bis an die Ränder Sichuans vor, nach Westen bis zu den Grenzen des Westtürkischen Reichs, wo Songtsen Gampo durch eine List das Reich Zhang Zhung annektierte. Im Nordosten wurden die Sumpa unterworfen und am Koko Nor (heute Qinghai-See) die Tuyuhun, die aus ihrem ehemaligen Siedlungsraum der Mandschurei in die Hochebene am Seeufer gezogen waren und ein wichtiges Bindeglied zu den reichen Städten am unteren Yangzi bildeten. Der Name Tibet, der seit dem 12. Jh. belegt ist, leitet sich vom arabischen Wort „Tubbat" ab, einer Bezeichnung für die turkmongolischen Tuyuhun, mit denen die Araber in Zentralasien in Kontakt kamen.

Tibet, eine bis zu dieser Zeit animistisch geprägte Nomadengemeinschaft ohne gemeinsames Zentrum, hatte zur eigenen Identität gefunden und entwickelte sich rasch zu einer zentralstaatlich verwalteten sesshaften Gesellschaft. Damit waren die Voraussetzungen für einen enormen kulturellen, technologischen und ökonomischen Aufschwung geschaffen. Zudem konnte Songtsen Gampo, dessen Reich an Nepal grenzte, durch seine Vermählung mit der **Prinzessin Bhrikuti** um 632 ein stabileres Verhältnis zum erstarkten südlichen Nachbarn schaffen. Bhrikuti brachte Priester und Künstler in ihrem Gefolge sowie als Mitgift die Statue des Jowo Mikyö Dorje, die heute im Ramoche von Lhasa steht, nach Tibet. Sie regte den Bau zahlreicher Tempel an, auf deren Fundamenten der Potala und der Jokhang, das bedeutendste Heiligtum Tibets, ruhen.

Da auch Chinas Kaiser Taizong kein Interesse an einer permanenten Auseinandersetzung mit der an der Südwestflanke des Reichs neu auf die geschichtliche Bühne getretenen Macht hatte, gab er Songtsen Gampo 641 **Prinzessin Wencheng** zur Gemahlin, eine politische Heirat,

ZEITLEISTE

Um 600	629
Namri Löntsen, König des Yarlung-Reichs, eint mehrere südtibetische Stämme und gründet das Reich Pö.	Songtsen Gampo, Namri Löntsens Sohn, besteigt den Thron und dehnt das Reich nach Westen und Osten aus.

die ihm bis 649 eine Verschnaufpause an der Grenze zu Tibet bescherte. Wencheng brachte fundiertes Wissen in der Geomantik und Astrologie ins Land sowie als Mitgift die Statue des Jowo Shakyamuni, eine Plastik, die schon zu Lebzeiten Buddhas gefertigt worden sein soll und heute im Jokhang von Lhasa steht. Begleiterscheinung dieser Heiratspolitik war die **Einführung des Buddhismus** in Tibet. Zur Übersetzung der buddhistischen Schriften und Niederlegung der Annalen ins Tibetische wurde eine eigene Schrift entwickelt, die zugleich eine wichtige Voraussetzung zur Verwaltung des riesigen Reichs war.

Religiöse Entwicklung unter Trisong Detsen

Mit Songtsen Gampos Tod wurde die Entwicklung und Expansion des tibetischen Reichs nicht beeinträchtigt. Trotz zahlreicher innerer Spannungen konnte es sein Territorium weiter ausdehnen, und als **Trisong Detsen** 755 den Thron bestieg, stand das Schneeland auf dem Höhepunkt seiner Macht. 763 konnten seine Truppen sogar die chinesische Hauptstadt Chang'an einnehmen und für drei Wochen kontrollieren. Unter seiner Herrschaft kam es zu einem großen, öffentlich ausgetragenen Disput zwischen den Priestern der Bön-Religion und den Buddhisten. Tatsächlich ging es aber bei dem Disput weniger um religiöse, sondern um machtpolitische Fragen. Die Bönpos unterlagen und wurden ins heutige Westtibet verbannt. Der Buddhismus avancierte 779 zur Staatsreligion.

Allerdings kam es schon bald zu Spannungen zwischen den Vertretern des chinesischen und des indischen Buddhismus. Postulierten die chinesischen Buddhisten, dass die Erleuchtung auf intuitiver Erkenntnis beruhe und keinerlei Willensanstrengung unterliege, so lehrten die indischen Buddhisten die Anhäufung der „Sechs Vollkommenheiten“: Freigiebigkeit, Sittlichkeit, Geduld, Willenskraft, Konzentration und Weisheit als Voraussetzung zur Erlangung der Buddhaschaft. Wie schon in der Auseinandersetzung mit den Bönpos kam es nun auch zwischen diesen beiden sehr unterschiedlichen buddhistischen Traditionen zu einem Disput, der zwischen 792 und 794 im **Konzil von Samye** ausgetragen wurde. Die chinesischen Buddhisten unterlagen zwar, durften aber in anderen Teilen Tibets weiter hohe religiöse Ämter ausüben.

Dank der Einführung des Buddhismus als Staatsreligion konnte der König seine Stellung als Primus inter Pares, die er über Jahrhunderte innehatte, abschütteln. Um ihren Einfluss auszubauen, hatten ihm die Buddhisten eine staatsphilosophische, religiös sanktionierte Legitimation seiner Herrschaft geliefert. So wurde der Herrscher u. a. als Emanation des Buddha Vairocana und damit als buddhistischer Universalherrscher angesehen. Im Gegenzug verbündeten die Bön-Priester sich mit dem Adel, der um seinen Einfluss fürchtete. Dieser Streit um Macht und Pfründe eskalierte im 9. Jh. erneut und führte 842 zu großen Buddhistenverfolgungen, in deren Verlauf das Reich in zahlreiche kleine Fürstentümer zerfiel.

Einführung der Theokratie

Die Herrschaft der Sakyapa

Von Westtibet aus begann im 10. Jh. zunächst die Wiederbelebung des Buddhismus und in seinem Gefolge die erneute Einigung Tibets. Zahl-

755	779	842
Unter Trisong Detsen erreicht Tibet den Höhepunkt seiner Macht und kann 763 für kurze Zeit Chang'an, die Hauptstadt Chinas, erobern.	Der Buddhismus wird Staatsreligion.	Unter König Langdarma kommt es zum Streit um die Macht, die zu großen Buddhistenverfolgungen, zur Ermordung des Königs und zum Zerfall des tibetischen Reichs führen.

reiche neu gegründete Klöster verschiedener Schulrichtungen wie Sakya (1073), Shalu (1087) und Tsurphu (1189) wetteiferten um die Wahrheit und schließlich auch um die Macht. Unter den vielen Klöstern sollte vor allem Sakya sowie das gleichnamige Fürstentum eine zentrale Rolle bei der Wiedervereinigung Tibets einnehmen. Anfang des 13. Jhs. hatte Sakya das Rennen um die führende Rolle in Tibet für sich entschieden, und nach der Eroberung des Schneelands durch die **Mongolen** wurde 1244 der Sakya-Pandita **Kunga Gyaltsen** (1182–1251) als Repräsentant Tibets eingesetzt. Sein Nachfolger Sakya-Lama **Phagpa** (1235–1280) wurde 1260 von Kublai Khan zum Reichslehrer ernannt und 1270 zum „Kaiserlichen Lehrer" berufen. Zugleich wurde ihm auch die Verwaltung Tibets übertragen. Damit war faktisch eine theokratische Regierungsform begründet.

Die Phagmodrupa und der Zerfall Tibets

Mit dem Zerfall der in China herrschenden mongolischen Yuan-Dynastie begann auch der Stern des Hauses Sakya zu sinken. Abgelöst wurde es 1354 von **Jangchub Gyeltsen** (1302–1364), der die Phagmodrupa-Dynastie gründete. Unter seiner Herrschaft begann eine Rückbesinnung auf die Zeit Songtsen Gampos, die Verwaltungsorganisation der Mongolen wurde abgeschafft und das Herrschaftssystem an die „gute alte Zeit" angelehnt. Die Macht der Phagmodrupa beruhte im Wesentlichen auf der Person ihres Gründers und verfiel nach Gyeltsens Tod zusehends.

Erneut bildeten sich regionale Machtzentren, sodass im 15. Jh. keine zentrale Macht mehr über Tibet herrschte.

Die Epoche der Dalai Lamas

Der Aufstieg der Gelugpa

Doch im Zerfall lag schon der Keim eines Neubeginns: Im Jahr 1357 wurde **Tsongkhapa** geboren, einer der überragenden Gelehrten seiner Zeit. Er schuf eine neue buddhistische Lehrauslegung und gründete die Gelugpa (Schule der Tugendhaften), die wegen der Kopfbedeckung ihrer Mönche schon bald den Namen Gelbmützen-Schule erhielt. Unter ihnen setzte eine regelrechte Welle von Klostergründungen ein, und die Lehrzentren Ganden (1409), Drepung (1416), Sera (1419) und Tashilhunpo (1447) entstanden. Die große Stunde der Gelbmützen aber kam 1578, als der gewiefte Abt **Sönam Gyatso** (1543–1588) zum mongolischen Herrscher Altan Khan reiste, den er als mächtigen Schutzpatron zu gewinnen trachtete. Sönam Gyatso konnte Altan Khan überzeugen, dass jener die Reinkarnation des großen Kublai Khan und er selbst, Sönam Gyatso, die Reinkarnation Sakya-Lama Phagpas sei.

Geschmeichelt von der geschickt eingefädelten Anlehnung an diese beiden historischen Größen, verlieh der Khan Sönam Gyatso den Titel Dalai Lama, ein mongolischer Titel, der so viel wie „Lama, (dessen Mitgefühl so groß ist wie) der Ozean" bedeutet. Man betrachtete ihn darüber hinaus als irdische Manifestation des Bodhisattva Avalokiteshvara. Doch der frisch gebackene Dalai Lama strebte nicht nur nach eigener Macht. Um an die große Zeit Tsongkhapas anzuknüpfen, wurden dessen Neffe und Gründer des Klosters Tashilhunpo und Abt des Klosters Drepung, **Gendün Drub** (1391–1474), sowie dessen Nachfolger **Gendün Gyatsho** (1475–1542) zum 1. und 2. Dalai Lama ernannt, während

1244	1354	1409–1447
Der Sakya-Pandita Kunga Gyaltsen begründet mit mongolischer Hilfe die Herrschaft der Sakyapa.	Jangchub Gyeltsen gründet die Phagmodrupa-Dynastie. Nach seinem Tod 1364 zerfällt das tibetische Reich erneut.	Mit Tsongkhapa (1357–1419), dem Begründer der Gelbmützen-Schule, beginnt eine Welle von Klostergründungen, die den Grundstein für die spätere Herrschaft der Gelugpa legen.

Sönam Gyatso als 3. Dalai Lama zählte. Mit diesem Schachzug erreichte er, dass der Titel des Dalai Lama zum Linientitel eines sich stets neu inkarnierenden Lama wurde. So sicherte er den Gelbmützen auch für die Zukunft die Macht.

Politisch und religiös kamen sich Tibet und die Mongolei nicht nur durch die in der Mongolei einsetzende buddhistische Missionierung näher, sondern auch dadurch, dass man nach Sönam Gyatsos Tod in einem Urenkel Altan Khans den **4. Dalai Lama** (1589–1617) ausmachte.

Der Große Fünfte

Anfang des 17. Jhs. befand sich Tibet in einem zerrissenen Zustand. Heftige innenpolitische Auseinandersetzungen schwächten das Land, und das in einer Zeit, in der China und die Mongolei einen neuen Gipfel ihrer Macht und Größe erklommen hatten. Nach dem Tod des 4. Dalai Lama wurde **Ngawang Lobzang Gyatso** (1617–1682) als seine Reinkarnation identifiziert – ein Glücksfall, sollte der 5. Dalai Lama sich doch als einer der größten Staatsmänner Tibets erweisen. Ausgestattet mit überragender Intelligenz, war er nicht nur ein großer Gelehrter, sondern auch ein gewiefter Politiker und großartiger Architekt. Nach seinen Plänen wurde zwischen 1644 und 1692 der Potala erbaut.

Doch ohne die Hilfe der Mongolen kam auch der 5. Dalai Lama nicht aus. Er holte Truppen von **Gushri Khan**, dem Herrscher der mongolischen Khoshoten, nach Tibet, die ihm bei der Ausschaltung seiner Widersacher in Tibet zur Seite standen, und 1638 übertrug er dem Khan zum Dank für die geleistete Unterstützung den Titel des Religionskönigs über Tibet. 1641 konnten auch die letzten Gegner der entstehenden lamaistischen Autokratie in Shigatse geschlagen werden, und 1642 stattete Gushri Khan den Dalai Lama mit der höchsten weltlichen Autorität über Tibet aus. Der Dalai Lama bildete nun eine Regierung, setzte einen Regenten (Desi) ein und wurde so als höchste religiöse und politische Autorität zum Begründer der lamaistischen Autokratie.

Die Nachfolger des Großen Fünften, wie der 5. Dalai Lama später ehrfurchtsvoll genannt wurde, konnten an dessen Leistung nicht mehr anknüpfen und wurden schließlich unter den Hufen der über Tibet herfallenden Dsungaren-Horden, einem westmongolischen Reitervolk, zermahlen. Prominentestes Opfer wurde der **6. Dalai Lama**, den sie entführten und ermordeten.

Verlust der Unabhängigkeit

Die Zeit der mongolischen Übermacht war auch eine Zeit der Stärke der **Mandschuren**, die sich in den Weiten des Nordostens gesammelt hatten. Die selbstbewussten ersten Kaiser der mandschurischen Qing-Dynastie hatten in alter chinesischer Tradition begonnen, den Einfällen von Nomadenheeren eine aggressive Eroberungspolitik entgegenzusetzen. Die von den Mongolen bedrängten Tibeter riefen in ihrer Not chinesische Truppen zu Hilfe, um allerdings den Teufel mit dem Beelzebub auszutreiben, denn der chinesische Kaiser, dankbar über dieses „Geschenk", errichtete 1723 ein De-facto-Protektorat über Tibet, dessen Regierung durch zwei chinesische Kommissare (Ambane) kontrolliert wurde. 1750 wurde das weltliche Parlament endgültig aufgelöst und der **7. Dalai Lama** (1708–1757) zum nominellen Oberhaupt über Tibet ernannt.

Die von China kontrollierte Regierung setzte sich von nun an aus Laien- und Mönchsbeam-

1578	Ab 1642	1723
Sönam Gyatso (1543–88) erhält vom mongolischen Herrscher Altan Khan den Titel Dalai Lama und begründet den Linientitel eines sich stets neu inkarnierenden Lama.	Unter der Herrschaft des 5. Dalai Lama Ngawang Lobzang Gyatso (1617–82) wird die lamaistische Autokratie begründet und der Dalai Lama zur höchsten Autorität.	Der 7. Dalai Lama (1708–57) bittet China bei der Vertreibung der Mongolen um Hilfe. Der chinesische Kaiser errichtet in der Folge ein De-Facto-Protektorat.

ten zusammen. Doch schon der **8. Dalai Lama** (1758–1804) wurde nie zum Herrscher nominiert, und alle seine Nachfolger bis einschließlich des 12. Dalai Lama wurden ermordet. Diesem gefährlichen Kreislauf konnte erst der **13. Dalai Lama Thubten Gyatso** (1876–1933) ein Ende bereiten. Nach dem Großen Fünften avancierte er zum bedeutendsten Oberhaupt des Landes. Er führte dringend notwendig gewordene Reformen durch und lavierte sein Land erfolgreich durch die schwierige Epoche des „Great Game", in der Russland, England und China in Zentralasien ihre Einflusssphären zu sichern suchten. Russland gelangte mit diplomatischem Geschick nach Lhasa, während England seine Interessen 1904 schließlich mit Gewalt durchzusetzen suchte und Colonel Francis E. Younghusband mit einem Feldzug die Tibeter zur Kapitulation zwang.

Auf dem Weg metzelten seine Soldaten 2700 Tibeter nieder, während der Dalai Lama in die Mongolei floh. Dann musste Tibet die **Lhasa Convention** unterschreiben, mit der Tibet die Unabhängigkeit Sikkims anerkannte, der Aufnahme von Handelsbeziehungen mit Großbritannien zustimmte und darüber hinaus akzeptieren musste, dass Tibet nur noch mit ausdrücklicher Zustimmung Großbritanniens Beziehungen zu ausländischen Mächten aufnehmen durfte. Dieser letzte Punkt bedeutete nicht weniger, als das Tibet in ein britisches Protektorat verwandelt werden sollte. Nach heftigen Protesten Russlands mussten die Briten 1906 ein Abkommen mit China unterschreiben, in dem sowohl Großbritannien als auch Russland die Oberhoheit Chinas über Tibet anerkannten. China machte dem Dalai Lama sofort seine untergeordnete Position klar und versuchte die eigenen Ansprüche bis 1911 mit militärischer Gewalt durchzusetzen.

Der steinige Weg in die Moderne

Ein Moment der Unabhängigkeit

Mit dem Sturz der Qing-Dynastie 1911 verließen die chinesischen Truppen Tibet, und der 1910 kurzzeitig nach Indien geflohene Dalai Lama kehrte 1913 nach Lhasa zurück, wo er feierlich die Unabhängigkeit Tibets proklamierte. Allerdings wurde sie von keinem anderen Land anerkannt. Um den politischen Status sowie die Grenzen zwischen Tibet und China festzulegen, fand im selben Jahr die **Konferenz von Simla** (s. Kasten S. 126) statt, an der Großbritannien, Tibet und China teilnahmen. China war allerdings nicht bereit, seine Ansprüche auf Tibet aufzugeben und unterzeichnete den gefundenen Kompromiss nicht. Hingegen betrachteten die Briten Tibet von nun an als gleichberechtigten Partner und verhandelten direkt mit dem Schneeland. Allerdings fuhren sie eine für Tibet unheilvolle Doppelstrategie.

Eingliederung in die VR China

De facto behandelten die Briten zusammen mit Indien und später den USA Tibet wie einen unabhängigen Staat, gleichzeitig aber erkannten sie de jure Chinas Oberhoheit über Tibet an. 1950 manifestierte das nun kommunistische China seinen Anspruch auf Tibet, indem die **chinesische Armee** einmarschierte, angeblich, um die indisch-chinesische Grenze zu sichern. Den Vereinten Nationen war diese Aggression bzw. das davon betroffene Land nicht wichtig genug, um sich mit der Frage der Legalität dieses Vorgehens zu befassen. Eine Debatte darüber wurde schlichtweg vertagt und bis heute nicht wieder

1913	1950	1959
Der 13. Dalai Lama Thubten Gyatso (1876–1933) erklärt die Unabhängigkeit Tibets.	Kommunistische Truppen marschieren in Tibet ein, das 1951 in die VR China eingegliedert wird.	Nach erneutem Einmarsch der Volksbefreiungsarmee flieht der 14. Dalai Lama ins Exil nach Indien.

aufgenommen. Die verwirrende Doppelstrategie des Westens um den völkerrechtlichen Status spielte einzig den Chinesen in die Hände, die sich ungeniert und ungestraft Tibet einverleiben konnten.

Nur das winzige El Salvador verurteilte den Übergriff und stellte den Antrag, die Generalversammlung möge das große China als Aggressor verurteilen. China nutzte die Uneinigkeit und Tatenlosigkeit des Westens, um das Land 1951 in die VR China einzugliedern. Taktik und Ränkespiele zielten darauf ab, die Rolle des Panchen Lama gegenüber dem Dalai Lama zu stärken und somit Uneinigkeit in Tibet zu säen – was auch gelang. 1959 marschierte die chinesische Armee erneut im Land ein, nachdem der Dalai Lama nicht bereit gewesen war, den Widerstandskampf gegen die chinesische Besetzung zu beenden. Der 1940 inthronisierte 14. Dalai Lama **Tenzin Gyatso** floh vor den einrückenden Truppen nach Indien, während sich die Vereinten Nationen weiterhin in Untätigkeit übten und die völkerrechtliche Diskussion erneut vertagten.

China verlor keine Zeit, seinen neu gewonnenen Einfluss zu festigen. Tibet wurde in einen Polizeistaat verwandelt, die alten Strukturen aufgebrochen und 1965 die **Autonome Region Tibet** ausgerufen, die mit einer Verkleinerung des Territoriums einherging. Osttibet, namentlich Kham, wurde endgültig der Provinz Sichuan zugeschlagen. Wie das übrige China auch, musste Tibet die verheerenden Experimente eines maoistischen Kommunismus über sich ergehen lassen und zusehen, wie die **Kulturrevolution** die alten Traditionen Tibets endgültig auszumerzen trachtete. 6000 Klöster wurden zerstört und die Tibeter kurzerhand zu assimilierten Chinesen erklärt.

Ab 1978 wurde die Politik gegenüber Tibet geändert. Die Tibeter bekamen zwar Sonderrechte wie ein Mitspracherecht bei der Verwaltung der Finanzen, im Erziehungs-, Gesundheits- und Kultursektor und sogar bei der Aufstellung von Polizeitruppen zugesprochen, allerdings blieb das einzige wirkliche Sonderrecht die Ausnahme von der Ein-Kind-Politik. Als Kompensation für die verursachten Schäden wurden in den 1980er-Jahren fast alle ursprünglichen Klöster und Tempel neu eröffnet, zu großen Teilen restauriert und mit Kultfiguren ausgestattet. Das geschah im Übrigen nicht, wie bei uns in den Medien oft behauptet wird, für Touristen. Die notwendigen Summen wurden fast ausschließlich von den tibetischen Gläubigen in der Autonomen Region Tibet, zu geringen Teilen von der chinesischen Regierung und so gut wie gar nicht von den Exiltibetern aufgebracht. Allerdings war der Aufbau der Klöster eine Sache, die Wiederaufnahme von Lehre, Ausbildung und Praxis eine andere, da hier der chinesische Staat weiterhin massiv behindernd eingreift.

Dem Versuch der gewaltsamen wie schleichenden **Sinisierung** über ein komplett auf China ausgerichtetes Bildungssystem, das nur denjenigen Tibetern auf dem Arbeitsmarkt Chancen einräumt, die sich ganz den chinesischen Vorgaben unterwerfen, aber auch durch den unaufhaltsamen Zuzug chinesischer Siedler widersetzen sich die Tibeter immer wieder. Sie wollen nicht weiter wie kleine Kinder behandelt werden, sondern über ihren Fortschritt selbst bestimmen.

1965	1966–1976	1978
Tibet wird unter dem Namen Autonome Region Tibet offiziell zu einer administrativen Verwaltungseinheit der VR China.	Während der Kulturrevolution werden in Tibet 6000 Klöster zerstört.	Die maoistische Politik der Gleichschaltung wird revidiert, und die Tibeter bekommen einige Sonderrechte bei der Verwaltung des Landes zurück.

Die Konferenz von Simla

Selbst in den Wirren der chinesischen Revolution verlor China Tibet nicht aus den Augen, und schon 1912 eroberte es die osttibetischen Gebiete zurück. Auf Druck Großbritanniens hin, das die nördlichen Grenzen seines Kolonialreichs mit Tibet als einer Art Pufferzone zu China sichern wollte, fanden 1913 schließlich in Indien Gespräche zwischen Tibet, China und Großbritannien statt. China machte den Beteiligten sofort klar, dass Tibet bereits seit 700 Jahren – mit der Eroberung Tibets und Chinas durch die Mongolen – zu China gehöre, und damit begann ein zähes Ringen um Grenzen und Einflusssphären. 1914 wurden die Ergebnisse schließlich im **Abkommen von Simla** festgehalten. Tibet wurde in ein Äußeres (Zentral- und Westtibet) und Inneres Tibet (Osttibet), das China zugeschlagen wurde, aufgeteilt. Zentral- und Westtibet wurde Autonomie unter chinesischer Oberhoheit zuerkannt, während die Regierung Tibets in Kham nur in religiösen Belangen Autonomie erhielt. Tibet durfte China nicht als ausländische Macht betrachten, aber China und Großbritannien durften auch nicht ohne Einbeziehung tibetischer Bevollmächtigter direkt verhandeln.

Am 3. Juli 1914 unterzeichneten Tibet und Großbritannien das Abkommen, während die Regierung Chinas der eigenen Verhandlungsdelegation in den Rücken fiel und das Abkommen nicht paraphierte. Es ging der nunmehr republikanischen Regierung Chinas zu weit. Großbritannien und Tibet unterzeichneten dagegen noch zwei weitere Abkommen, in denen die Briten weitreichende Handelsvollmachten bekamen und in denen die indo-tibetische Grenze östlich von Bhutan neu bestimmt wurde. Das heute zu Indien gehörende Arunachal Pradesh fiel an das britische Kolonialreich, eine Entscheidung, die bis heute von China angefochten wird. Doch auch sonst ist die fehlende Unterschrift Chinas unter das Abkommen bedeutsam, denn die Konvention von Simla bildet bis heute eine solide völkerrechtliche Grundlage dafür, dass Tibet de jure (leider nur theoretisch) als ein souveräner Staat anzusehen ist.

Seit 1987 kommt es regelmäßig zu **anti-chinesischen Demonstrationen**, die sämtlich blutig unterdrückt werden. Zuletzt machten im März 2008 gewalttätige Ausschreitungen Schlagzeilen. Sie führten sogar zur Besetzung von Orten in Sichuan und Gansu, wurden aber allesamt von der chinesischen Polizei gewaltsam aufgelöst. Noch ist unklar, ob sich die Tibeter zunehmend gewaltsam gegen ihre Unterdrückung wehren wollen, und sich damit von den Appellen der Gewaltlosigkeit des Dalai Lama abwenden, oder ob es isolierte Aktionen waren. Tatsache ist aber, dass sich erstmals auch die tibetische Bevölkerung mit den demonstrierenden Mönchen solidarisierte und an den Protesten beteiligte.

Eine ganz neue Art des Protestes in Tibet hat die **Selbstverbrennung** des Mönchs Tapey im Februar 2009 in Ngawa (ehemalige tibetische Provinz Amdo) ausgelöst: Bis Ende 2015 folgten mindestens 147 Tibeter (davon 86 im Jahr 2012) seinem Beispiel.

Ab 1980	1987–2008	2019
Der Wiederaufbau fast aller zerstörten Klöster beginnt.	Regelmäßig kommt es zu anti-chinesischen Demonstrationen, die 2008 in gewalttätigen Ausschreitungen kulminieren.	Am 10. März jährt sich der Aufstand gegen den Einmarsch der Chinesen zum 60. Mal. Bis Ende des Monats wird deshalb ein Einreiseverbot für Ausländer verhängt.

Regierung und Politik

Staatsform Autonomes Gebiet innerhalb der Volksrepublik China

Verwaltungsgliederung 4 bezirksfreie Städte, 3 Regierungsbezirke (Präfekturen)

Hauptstadt Lhasa

Parteichef Wu Yingjie (seit Nov. 2016)

Gouverneur Che Dalha (Qizhala, seit 2017)

Die Wahrung territorialer Einheit ist Teil des Gründungsmythos der Volksrepublik China und hat bis heute für die chinesische Regierung oberste Priorität. Dafür riskiert sie notfalls auch ihr internationales Image, wie sich anlässlich der Unruhen im Frühjahr 2008 im Vorfeld der Olympischen Spiele in Beijing einmal mehr gezeigt hat. Dabei spielt auch die territoriale Abgrenzung Tibets eine wichtige Rolle. Radikale exiltibetische Gruppen erheben genauso wie der Dalai Lama den Anspruch, nicht nur für die tibetische Bevölkerung in der Autonomen Region Tibet zu sprechen, sondern auch in den angrenzenden Provinzen Qinghai, Gansu, Sichuan und Yunnan. Die chinesische Regierung fürchtet diese großtibetische Vision, da es zu administrativen und politischen Verwerfungen in all diesen Provinzen kommen könnte, wenn sie auch nur in einem Punkt nachgibt.

Damit wird klar, dass Tibet in gewisser Weise der Eckstein eines höchst fragilen Vielvölkerstaats mit immerhin 56 Völkern ist. Das Schreckensszenario der Regierung in Beijing ist ein von Tibet ausgehender Flächenbrand, der sich beispielsweise nach Westchina ausbreiten könnte, wo mit der islamisch geprägten Autonomen Region Xinjiang eine ähnliche Problemzone liegt.

Tibet wird damit bei aller Reformfreudigkeit der Regierung ein heißes Eisen für die Industriestaaten bleiben, die sofort der Einmischung in die inneren Angelegenheiten Chinas bezichtigt werden, wenn hohe Politiker dem Dalai Lama auch nur die Hand schütteln. Tatsächlich aber setzt die Lösung des Tibet-Problems die Bereitschaft der chinesischen Regierung zu einer föderalen Reform des Vielvölkerstaats voraus. Vom Dalai Lama kommt der Vorschlag, für Tibet ein System ähnlich dem von Hongkong einzuführen, was von China bislang strikt abgelehnt wird. Von Deng Xiaoping selbst stammt die Einsicht, dass es Chinas größter Fehler gewesen sei, sich die Tibeter nach 1950 nicht zu Freunden gemacht zu haben. Er selbst hat diese Wahrheit leider ebenfalls nicht beherzigt, und so wird Tibet weiterhin viel Leid aufgezwungen und das Problem in absehbarer Zeit nicht gelöst.

Die staatliche Religionspolitik

Obwohl China das religiöse Leben Tibets stark reglementiert und jede oppositionelle Regung, die meist von Mönchen und Nonnen ausgeht, unterdrückt, ist der Wandel des tibetischen Klosterwesens in den letzten 25 Jahren unübersehbar. Fast alle ehemaligen Klöster und Tempel wurden restauriert und sind wieder aktiv. Insgesamt gibt es etwa 150 000 **Mönche und Nonnen** und 3000 religiöse Organisationen. Allerdings wird es ihnen nicht leicht gemacht, ihre Religion in traditioneller Weise zu leben – denn dazu gehörte nun einmal die Verschmelzung von Religion und Politik.

Ob Kaiserreich, chinesische Republik oder kommunistische Volksrepublik, für die staatliche Religionspolitik zählte einzig und allein, ob eine Religion die bestehende Ordnung unterstützte, das Wohlergehen des Staates förderte und den inneren Frieden sichern half. Im modernen China sind es vor allem islamische Gruppen, aber eben auch die tibetischen Buddhisten, die separatistische Tendenzen verfolgen und damit der Regierung Kopfzerbrechen bereiten. Entsprechend lag und liegt das Bestreben der Staatsgewalt stets darin, die **Kontrolle über alle religiösen Aktivitäten** zu behalten und dafür zu sorgen, dass die staatliche Einheit nicht durch religiöse Ideen und Praktiken gefährdet wird. Droht diese Kontrolle zu entgleiten, wie bei der Falun-Gong-Bewegung oder den Demonstrationen tibetischer Mönche, reagiert der Staat fast immer mit Gewalt und Repression.

Staatliche Eingriffe gegen Religionen werden immer als gerechtfertigte Maßnahme zur Aufrechterhaltung der öffentlichen Ordnung deklariert, die sich nur gegen Handlungen richtet, die sich „fälschlicherweise" auf die Religion oder Religionsfreiheit berufen. Das konfuzianische Staatsverständnis ist bestimmt von Rationalismus, Moralismus und Sinozentrismus. Für die Konfuzianer und heute die kommunistische Führung kann nicht religiöser Glaube, sondern einzig Vernunft und Ethik die Einheit des Reichs garantieren.

Die Richtlinien in der Religionspolitik können von verschiedenen beteiligten Staatsorganen erlassen werden. Für ihre Ausführung haben die **Büros für religiöse Angelegenheiten** zu sorgen, deren Beamte selbst keiner Religion angehören und die von den einzelnen Glaubensrichtungen oft nur rudimentäre oder gar keine Kenntnisse besitzen. Diese mangelnde Qualifikation ist für zahlreiche Probleme zwischen Religion und Staat verantwortlich. So mögen die Beamten auf lokaler Ebene zwar durchaus guten Willens sein, sie sind jedoch selten in der Lage, berechtigte Anliegen religiöser Gruppen gegenüber Lokalbehörden durchzusetzen oder sie vor Willkür zu schützen, was eigentlich ebenfalls zum Aufgabenfeld der Büros für religiöse Angelegenheiten gehört.

In den Bereichen von Lehre und Kult haben die **anerkannten Religionen** Buddhismus, Daoismus, Islam, Protestantismus und Katholizismus (der vom Vatikan unabhängig sein muss) eine gewisse Unabhängigkeit und können diese weitgehend selbst regeln. In allen anderen Bereichen unterstehen sie direkt der Leitung durch den Staat. Allerdings ist die Toleranz gegenüber den traditionellen chinesischen Religionen Daoismus und Buddhismus deutlich größer als gegenüber allen anderen. Besonders misstrauisch werden natürlich der tibetische Buddhismus und der uigurische Islamismus als Träger von Unabhängigkeitsbestrebungen beäugt. Der Staat gewährt die relative Religionsfreiheit allerdings nicht auf der Grundlage einer Anerkennung von Theismus oder gar eines Verständnisses von religiösen Werten, sondern allein aus der pragmatischen Einsicht, dass Religionen den politischen Zielen der Partei und des Staates dienen können. Funktioniert das nicht, werden sie streng reglementiert und überwacht.

Die Minderheitenpolitik Chinas

Chinas größte ethnische Gruppe ist mit rund 92 % die der Han-Chinesen. Rund 8 %, etwa 100 Mio. Menschen, gehören zu den 55 anerkannten sogenannten nationalen Minderheiten. Als Volksgruppen unterscheiden sie sich nicht nur von den Han, sondern auch untereinander sowohl durch ihre unterschiedlichen Lebensräume und Wirtschaftsformen als auch in Sprache, Schrift, Sitten und Gebräuchen sowie in ihren Religionen.

Die Politik der frühen Kaiser gegenüber den Minderheiten vor allem im Süden und Südwesten beinhaltete, dass die Aristokratie der Minderheiten zur Zusammenarbeit überredet oder gezwungen wurde, während die Völker gleichzeitig ihr traditionelles Leben weiterführen durften (Tusi-System). Entscheidend war einzig, dass über die lokalen Führer die Steuern eingezogen werden konnten. Ein gravierendes Problem für den Kaiserhof war die **Vererbung der Stammesführerschaft** bei den meisten Völkern im Süden. Damit war dem Kaiser die Möglichkeit genommen, von vornherein loyale Führer auszuwählen. Ein ähnlich gelagertes Problem hat die KPCh heute auch in Tibet, wo die Chinesen in die Auswahl der Reinkarnationen von Tulkus bis hin zum Dalai Lama eingreifen, um ihnen gefügige Vertreter heranzuziehen.

Die frühe Ming-Zeit brachte eine Wende in der Politik gegenüber den Minderheiten des Südens. Nach zahlreichen Revolten verschiedener Völker wurden nun **chinesische Beamte** in die einzelnen Verwaltungsgebiete des Südwestens geschickt, wo sie die lokale Aristokratie überwachten. Mitte des 18. Jhs. wurde dieses Nebeneinander lokaler Führer und beigeordneter chinesischer Beamter radikal abgeschafft. In Tibet geschah dies 1793. Von da an wurde die Kontrolle der Minderheitengebiete direkt den Provinzverwaltungen unterstellt, d. h. die Stammesführer wurden durch reguläre Verwaltungsbeamte ersetzt, ein System, das faktisch bis 1956 praktiziert wurde. Mit dieser Änderung ging nicht nur eine dramatische Transformation der wirtschaftlichen Bedingungen einher – die Minderheiten wurden sukzessive von ihrem Land verdrängt und verarmten –, sondern auch der Verlust traditioneller Strukturen.

Der Erosionsprozess der kulturellen Identität hörte auch in der Republik und schließlich in der Volksrepublik nicht auf. Unter den **Kommunisten** bekamen die Minderheiten in der Verfassung zwar das Recht auf Autonomie zugesprochen, wenn sie in einer Region die Mehrheit bildeten, auch stand ihnen ihre eigene Sprache, Schrift sowie die Ausübung eigener Gebräuche zu, doch wurde dies schon Ende der 1950er zur Makulatur, als die Regierung erklärte, dass nun alle Minderheiten vollwertige Chinesen seien. Darauf folgten eine brutale Gleichschaltung und die Fortsetzung der wirtschaftlichen und sozialen Diskriminierung. Erst 1982 änderte sich die Politik wieder zugunsten der Minderheiten, die viele ihrer alten Freiheiten zurückerhielten.

Es war (und ist) den Minderheiten jedoch nicht möglich, einen grundsätzlich anderen Weg als den des kommunistisch-sozialistischen Chinas zu gehen oder sich aus der Staatengemeinschaft der VR auszugliedern. Auch die **Ausbildung eigener Minderheiten-Kader** soll einen sinisierenden Effekt haben. Gebiete, in denen überwiegend eine Minorität siedelte, wurden zu Verwaltungseinheiten zusammengeschlossen, die durch Selbstverwaltungsorgane kontrolliert werden sollten. So gibt es heute fünf Autonome Regionen (Innere Mongolei, Tibet, Xinjiang, Guangxi, Ningxia), 30 Autonome Distrikte und 72 Autonome Kreise. Autonomie heißt, dass den autonomen Organen ein Mitspracherecht bei der Verwaltung der Finanzen, beim lokalen Aufbau, bei der Erziehungs-, Kultur- und Gesundheitsverwaltung und bei der Aufstellung von Sicherheitstruppen eingeräumt wird.

Die Sonderregelungen für Autonome Gebiete kommen den Minderheiten fast nur im kulturellen Bereich zugute, nicht aber auf wirtschaftlicher oder politischer Ebene. Der **Druck zur Assimilierung** ist so groß wie nie, denn die Überbevölkerung treibt die Chinesen nach und nach auch in die entlegensten Winkel des Landes. Beim „Run" auf ein Stückchen Glück hat nur Chancen, wer sich sinisiert und sich den Zugang zu den Privilegien der Han-Chinesen sichert. So werden die tibetischen Traditionen meist nur noch auf dem Lande gepflegt, und es bleibt zu hoffen, dass sie weiterhin zur kulturellen Vielfalt des Landes beitragen.

Aktuelle Politk

2014 äußerte der Dalai Lama in einem Interview erstmals, dass er möglicherweise nicht mehr wiedergeboren und damit der letzte Amtsinhaber sein werde. Ob seine Überlegungen allerdings zur Entspannung der Situation beitragen, sei dahingestellt, den Handlungsdruck auf die politischen Akteure haben sie jedoch deutlich erhöht, und die chinesische Regierung bekräftigte sofort ihre Position, dass die Bestimmung des nächsten Dalai Lama allein in der Kompetenz Beijings liege und ein Ausdruck der Souveränität Chinas über Tibet sei. Tibets neuer Parteichef Wu Yingjie betonte nach seiner Amtseinführung im November 2016 allerdings auch, dass man weiterhin versuche, mit Vertretern des Dalai Lama über die Nachfolgemodalitäten im Gespräch zu bleiben. Ansonsten setzt der chinesische Staat weiterhin auf die altbekannten Mittel repressiver Herrschaftssicherung, bestehend aus rigoroser Überwachung und anhaltenden politischen Disziplinierungskampagnen, insbesondere gegenüber den Klöstern. Fast alle wichtigeren Klöster haben mittlerweile eine Polizeistation in ihrer unmittelbaren Nachbarschaft. Laut Berichten verschiedener Menschenrechtsorganisationen haben bei Tibetern das Ausmaß an Folter sowie die Zahl der Todesfälle in Haft massiv zugenommen.

Die rigiden Maßnahmen stoßen allerdings unter regionalen Kadern, und das sind auf den unteren Ebenen oftmals ethnische Tibeter, immer mehr auf Widerstand. Die Partei reagiert mit offenem Druck. Partei- und Staatsfunktionäre, die nicht mit der Parteilinie übereinstimmen, sollen rigoros bestraft werden.

Aus Sorge über den wachsenden Einfluss radikaler exiltibetischer Kräfte, insbesondere unter jüngeren Exiltibetern, will Beijing die Entstehung einer neuen, charismatischen Führungsfigur wie die des amtierenden 14. Dalai Lama unbedingt verhindern. Im Rahmen eines im August 2007 von der Staatsführung verabschiedeten Gesetzes wurde die Anerkennung der Reinkarnation des nächsten Dalai Lamas an zwei Bedingungen geknüpft: Sie muss innerhalb der Volksrepublik stattfinden und durch das nationale Religionsbüro anerkannt werden. Nur unter diesen Bedingungen wird man auch mit der exiltibetischen Regierung verhandeln.

Nach dem Antritt der neuen Führung um Parteichef Xi Jinping im Oktober 2012 hat der Dalai Lama in Interviews mehrmals dessen „realitätsnahe Denkweise“ und zupackende Art gelobt. 2014 berichteten Medien über eine Annäherung und eine mögliche Pilgerreise des geistigen Oberhaupts der Tibeter nach China. Durch eine massive Diskreditierung des Dalai Lama und seines „mittleren Weges“ in dem letzten Weißbuch zu Tibet im April 2015 hat Beijing allerdings erneut jeder Art von Austausch eine Absage erteilt.

Seit 2012 hat sich der in Indien ansässige, 1999 aus China geflohene Karmapa Lama, Oberhaupt der Karma-Kagyü-Schule, wiederholt zu China geäußert. Manche Beobachter sehen Ogyen Trinley Dorje als Brückenbauer nach Beijing, andere verdächtigen ihn als von Beijing gekauften Spion, da er trotz seiner Flucht nicht auf die schwarze Liste gesetzt wurde und er in Tibet offiziell verehrt werden darf. Wie es mit Tibet weitergehen wird, bleibt allerdings offen, denn auch der amtierende Parteichef Tibets Wu Yingjie hat Gespräche mit der exiltibetischen Regierung über die Zukunft Tibets kategorisch ausgeschlossen.

Wirtschaft

BIP 131,06 Mrd. Yuan

Wachstum 10 %

Inflation 2,10 %

Wirtschaftsbereiche Viehzucht, Subsistenz-Landwirtschaft, Tourismus, Infrastrukturprojekte, Bergbau, Energieerzeugung durch Wasserkraft

Landwirtschaft

Die Mehrheit der tibetischen Bevölkerung arbeitet noch immer in der Land- und Viehwirtschaft. Gerste ist das am meisten angebaute Getreide. Daneben werden aber auch Weizen, Saubohnen, Erbsen, Kartoffeln, Raps und Zuckerrüben sowie in manchen Gebieten Nassreis, Mais, Sojabohnen, Grüne Bohnen, Erdnüsse, Tabak, Chinakohl, Spinat, Buchweizen und Hirse geerntet, während in den etwas tiefer gelegenen Regionen Südtibets, aber auch rund um Lhasa große Obstplantagen mit Aprikosen-, Pfirsich- und Apfelbäumen kultiviert werden.

Die Viehwirtschaft konnte in den letzten 60 Jahren zwar überproportional entwickelt werden, aber wegen der immer größer werdenden Viehherden ist das Weideland knapp geworden, und ähnlich wie in China wird einem Großteil der Nomaden und Bauern die Lebensgrundlage entzogen. Sie werden dank verbesserter Anbau- und Viehhaltungsmethoden nicht mehr gebraucht und müssen in die Städte abwandern. Bis 2015 sollten auch die letzten noch verbliebenen Nomaden in Städte und Dörfer umgesiedelt werden, wo sie in alternativen Berufszweigen beschäftigt werden sollen. Das Ziel ist zwar nicht erreicht worden, aber mit den Umsiedlungen hat auch in Tibet eine zunehmende Verstädterung der Bevölkerung begonnen.

Bergbau

Der enorme Reichtum Tibets an Bodenschätzen war einer der Hauptgründe für die Invasion der Chinesen 1950. Da Chinas Industrialisierung in großem Maß von einem riesigen Verbrauch an Mineralien und Energie abhängig ist und viele seiner eigenen Lagerstätten beinahe erschöpft sind, gewinnen die Vorräte Tibets an Bedeutung, und so ist es kaum verwunderlich, dass der Bergbau neben dem Tourismus zum wichtigsten Wirtschaftszweig Tibets geworden ist. In den kommenden Jahren soll er bis zu 30 % zur jährlichen Wirtschaftsleistung Tibets betragen. China investiert heutzutage allein 1,25 Mrd. US$ in die Suche nach Bodenschätzen und die Erschließung der Rohstofflager in den zentralen und westlichen Regionen Tibets – eine Fläche, die nach Schätzungen der Experten Vorkommen an Bodenschätzen im Wert von 81,3 Mrd. US$ birgt.

Über 126 Mineralien wurden identifiziert, darunter einige der bedeutendsten Vorkommen der Erde an Uran, Chromit, Lithium, Bor, Borax und Eisen. Die Vorkommen an Erdöl, Erdgas,

Gold, Silber, Kupfer und Zink haben globale Bedeutung. Zusätzlich finden sich im tibetischen Hochland Korund, Vanadium, Titanium, Magnesit, Schwefel, Glimmererde, Caesium, Rubidium, Arsen, Grafit, Lepidolith und Pottasche.

Tourismus

Neben dem Bergbau wird der Tourismussektor massiv ausgebaut. Mit der rasanten wirtschaftlichen Entwicklung in China begannen die Chinesen ab Mitte 2000, Tibet für sich zu entdecken. Die meisten von ihnen sind allerdings reiche, schnell abgefertigte Pauschaltouristen, die Tibet zum „Exotikum" degradieren und auf die Tibeter herabblicken. Allein die Fertigstellung der Eisenbahnlinie nach Lhasa hat den Touristenstrom von einigen Hunderttausend Besuchern jährlich auf über 4 Mio. im Jahr 2008 und knapp 25 Mio. im Jahr 2017 anschwellen lassen. Bis 2020 will man die Zahl auf 30 Mio. Besucher steigern.

Die Einnahmen aus dem Tourismus belaufen sich auf rund 37 Mrd. Yuan (2017) im Jahr. Kritiker bezweifeln allerdings, dass sie der tibetischen Bevölkerung zugutekommen. Zahlreiche Chinesen, die nach Tibet ziehen, wollen durch Existenzgründung am boomenden Tourismusgeschäft teilhaben. Diese Entwicklung ist zwar nicht staatlich gelenkt, dennoch monopolisieren diese Chinesen mit ihren Familienunternehmen inzwischen die gesamte Tourismusbranche in Tibet. Dadurch geht der Tourismusboom an den Tibetern vorbei und ihre wirtschaftliche Marginalisierung wird weiter zementiert. Unter den rund 300 000 Beschäftigten im Tourismussektor sollen sich nach Schätzungen nur etwa 30 000 Tibeter befinden.

Doch es gibt auch Chancen. Zahlreiche Chinesen kommen als buddhistische Pilger, hegen eine starke Sympathie für Tibet und bilden für die tibetischen Klöster eine wichtige Einnahmenquelle. Für viele chinesische Künstler, Intellektuelle und sinnsuchende Aussteiger ist Tibet zu einer Art Auswandererparadies geworden, ähnlich wie für die Hippies in den 1970er-Jahren Nepal und Goa. Sie haben in Lhasa und anderswo Kunstgalerien oder Cafés eröffnet und bereichern die Kunstszene in Tibet maßgeblich. Das ist durchaus positiv, auch wenn dadurch ungewollt die Sinisierung gefördert wird.

Ein interessanter Nebeneffekt des Tourismus ist die Tatsache, dass Tibet in den Fokus der Aufmerksamkeit gerückt wird. Wenn große internationale Touristikunternehmen ihre gebuchten Reisen nach Tibet wie zuletzt 2012 absagen müssen, kommt man direkt oder indirekt auf die Lage im besetzten Tibet zu sprechen. Und dann fangen auch betroffene chinesische Unternehmer an, über die Situation der Tibeter nachzudenken.

Religion

Früher hieß es in Tibet, „im Westen befinden sich die heiligen Stätten wie der Berg Kailash – man wird erleuchtet durch den Segen des Ortes. In Zentraltibet sind die großen Mönchsuniversitäten – man wird erleuchtet durch den Segen der Bücher. In Osttibet leben die großen Meister – man wird erleuchtet durch den Segen des Buddha." Buddhismus und Tibet sind in der Wahrnehmung vieler Westler eins. Doch der tibetische Buddhismus ist sehr viel komplexer. Er bildet eine Einheit aus Religion und Politik, bestimmte die gesellschaftlichen wie auch politischen Verhältnisse, und seine geistlichen Autoritäten sind moralische Instanzen und politische Führer zugleich. Tatsächlich ist der Buddhismus in Tibet wegen seiner gestaltenden Wirkung auf die Geschichte des Landes vor allem als eine Gesellschaftsordnung mit politischen und weltanschaulichen Aspekten anzusehen.

Grundlagen des Buddhismus

Entkleidet man die verschiedenen buddhistischen Schulen ihres kulturellen Beiwerks und ihrer kultischen wie rituellen Eigenheiten, stößt man natürlich auch in Tibet auf die allen Buddhisten gemeinsame Grundlage der Lehre (Dharma). Beeindruckend im Buddhismus sind die Ablehnung überflüssiger metaphysischer Spekulation und der Appell an Vernunft und Erkenntnisfähigkeit des Menschen. Er ist eine Religion, die es dem Menschen ganz pragmatisch

Jeden Morgen beten Pilger vor dem Jokhang in Lhasa, dem wichtigsten Heiligtum tibetischer Buddhisten.

ermöglichen will, sich aus den Verstrickungen des Leidens zu lösen und zu einer mitfühlenden Grundhaltung zu gelangen.

Der Weg Buddhas

Ursprünglich war Buddha ein Fürstensohn aus dem Hause Shakya in Nordindien mit Namen **Siddharta Gautama** (ca. 560–480 v. Chr.). Als junger Mann verließ er, nachdem er die vier großen Leiden der Menschen – Geburt, Alter, Krankheit, Tod – gesehen hatte, Heim und Familie und begab sich auf die Suche nach der Erlösung vom Leiden. Aber weder mit Fasten, Askese noch mit Meditation erreichte er inneren Frieden, bis er schließlich im indischen **Bodhgaya** die Erleuchtung erlangte und zum Buddha wurde – ein Begriff, der aus dem Sanskrit stammt und „der Erwachte" bzw. „der Erleuchtete" bedeutet.

Nun wurde er auch **Buddha Shakyamuni** („Weiser aus dem Hause Shakya") genannt. Er hatte die Erkenntnis der Vier Edlen Wahrheiten und vom Achtfachen Pfad, der zur Überwindung des Leidens und damit zum Verlassen des Kreislaufs der Wiedergeburten führt, gewonnen. Die Essenz seiner Lehre fasste er in der „Predigt von Benares", einer Ansprache an fünf Asketen im Gazellenhain Isipatana (heute Sarnath) bei Benares, zusammen. Nach den Überlieferungen begann mit dieser Predigt, mit der er das „Rad der Lehre" (Skr.: Dharmacakra) anstieß, das Wirken Buddhas. In ihrem Verlauf erlangten die fünf Asketen Heiligkeit und der buddhistische Mönchsorden trat ins Leben.

Die Vier Edlen Wahrheiten

Am Beginn des buddhistischen Wegs steht die Erkenntnis von den Vier Edlen Wahrheiten:

- die Wahrheit von der Art des Leidens
- die Wahrheit von der Entstehung des Leidens
- die Wahrheit von der Überwindung des Leidens
- die Wahrheit vom Weg zur Überwindung des Leidens

Der buddhistische **Begriff des Leidens** ist sehr weit gefasst und schließt neben Geburt, Krankheit und Tod auch Angst, Unwohlsein oder Unzufriedenheit mit ein. Niemand kann sich dem Leiden entziehen, denn das Leiden ist Teil der Realität, die das Leben ausmacht.

Als **Ursachen des Leidens** sieht der Buddhismus den Durst nach Leben. Dieser Durst entsteht aus der Vorstellung eines „Ich" und „Mein", also aus Unwissenheit, die wiederum zu Hass und Neid führt. Die drei Grundübel Gier (Lebensdurst), Hass und Unwissenheit fesseln die Lebewesen an den Kreislauf von Geburt und Wiedergeburt. Bedeutet der Lebensdurst Leiden, ergibt sich als Konsequenz aus der Erkenntnis des Leidens, dass das Leben selbst nicht als erstrebenswert angesehen werden muss. Das Leid kann nur aufgehoben werden durch gänzliches Vernichten des Begehrens, durch Aufgabe des „Ich", denn jeder Wunsch hat eine Wirkung, die wiederum einen neuen Wunsch nach sich zieht. Das Glück liegt in der Wunschlosigkeit. Die **Überwindung des Leidens** bedeutet eine völlige Aufhebung des Lebensdurstes, der von Wiedergeburt zu Wiedergeburt führt.

Die Vierte Edle Wahrheit zeigt den **Weg zur Beendigung des Leidens**, den Achtfachen Pfad der Selbstentwicklung, der das richtige Sehen und das richtige Wissen über die menschliche Situation sowie das richtige Handeln darlegt. Er ist ein Mittelweg zwischen Extremen, der weder Genuss noch Askese beinhaltet. An seinem Ende steht das Nirvana (S. 135).

Der Achtfache Pfad

Den mittleren Weg, der zur Erreichung der Buddhaschaft und damit zur Beendigung des Leidens führt, bezeichnete Buddha auch als „echten achtfältigen Weg". Er besteht aus der intellektuellen Forderung nach rechter Ansicht, d. h., der Aufhebung der Unwissenheit, sowie sieben Regeln zur Selbstdisziplin.

- Rechtes Verstehen, also das Begreifen der Ursachen der Leidensentstehung und des Wegs zu ihrer Beendigung.
- Rechtes Denken, d. h. eine aufrichtige und ehrliche Gesinnung und die Bereitschaft, das als richtig Erkannte in die Tat umzusetzen und sein Leben danach auszurichten.
- Rechtes Reden, d. h. nur wohl überlegte Reden zu führen und Lügen, Klatsch und Geschwätz zu meiden.

- Rechtes Handeln, d. h. eine achtbare Lebensführung zu wahren, nicht zu töten, nicht zu stehlen usw.
- Rechtes Leben, d. h. einem „harmlosen" Broterwerb nachzugehen, der anderen kein Leid zufügt.
- Rechtes Streben, d. h. Gutes zu tun und das Böse zu meiden, schädliche Geistesinhalte abzuwehren und heilsame Geistesinhalte zu erzeugen.
- Rechtes Gedenken, d. h. ständiges aufrichtiges Überdenken des eigenen Tuns und Lassens.
- Rechtes Sichversenken, d. h. ständige Konzentration bei allem Tun.

Diese acht Glieder stellen keine Abschnitte eines Heilswegs dar, die der Erlösungsuchende nacheinander zurücklegt, sondern Tugenden, die alle gleichzeitig zu pflegen sind. Zwischen ihnen besteht eine Wechselwirkung, die es unmöglich macht, eine Regel zu vernachlässigen, ohne damit die Verwirklichung der anderen zu hemmen.

Das Menschenbild

Nach buddhistischem Verständnis ist der Mensch samt der von ihm erlebten Welt kein einheitliches Ganzes. Alle Faktoren, die den Menschen ausmachen, sind in den fünf Daseinsgruppen, den **Skandhas**, enthalten: Körper, Empfindungen, Wahrnehmungen, Triebkräfte und Bewusstsein.

Mit Körper ist der physische Leib des Menschen gemeint. Empfindungen sind die Kontakte der Sinnesorgane mit den Gegenständen der Umwelt, d. h. die sinnlichen Reize oder Eindrücke. Diese werden im Kopf zu Wahrnehmungen, aus denen, wenn man ihnen nicht sehr achtsam gegenübersteht, die Triebkräfte wie Sehnsüchte und Begierden erwachsen. Das Bewusstsein schließlich entsteht aus den Empfindungen, Wahrnehmungen und Triebkräften. Die Skandhas vermitteln in ihrer Gesamtheit das illusionäre Gefühl eines Ichbewusstseins. Dabei ist das Dasein nichts weiter als ein Prozess, ein Vorgang ständigen Entstehens und Vergehens von Daseinselementen in einem scheinbaren Kontinuum.

Die geistige Identifikation mit den fünf Daseinsgruppen, die man auch als Aggregatzustände bezeichnen kann, führt für den Betreffenden zum Leiden, denn mit ihnen verbinden sich Geburt, Krankheit und Verlangen. Da nun alle diese Teile der Persönlichkeit dem Entstehen und Vergehen unterworfen sind, ist es sinnlos, nach einer unvergänglichen Seele in ihr zu suchen. Diese Erkenntnis ist das wesentlichste besondere Merkmal des Buddhismus.

Die Wiedergeburt

Für den Kreislauf der Wiedergeburten ist die zweite der vier edlen Wahrheiten verantwortlich. Die Wahrheit von der Entstehung des Leidens besagt, dass das Begehren, der Durst nach Lust, nach Dasein und Vernichtung von Wiederverkörperung zu Wiederverkörperung führt. Dieser Kreislauf kann auch nicht einfach abgebrochen werden, z. B. durch Selbstmord. Alle Formen des Durstes führen mithin zum Verharren im **Samsara**, im Daseinskreislauf.

Man ist immer die Gesamtsumme seiner Taten, wobei man unter Taten die negativen oder positiven Gedanken, Äußerungen und körperlichen Handlungen versteht. Das entspricht Gut und Böse, wobei man bedenken muss, dass Gut und Böse hier keine absoluten Begriffe sind. Ob unsere Taten und Gedanken als gut oder böse betrachtet werden, hängt von ihrem Ergebnis ab.

Im Laufe der gegenwärtigen Existenz kann man dem **Karma** (wörtl. „die Taten") so positive oder negative Taten hinzufügen oder fortnehmen, man kann es durch Reinigung oder Verschlimmerung verändern.

Nach dem Tod folgt ein **Bardo** genannter Zwischenzustand, wo die folgende Existenz Form annimmt und sich deutlicher abzeichnet. Daraus geht schließlich eine glückliche oder unglückliche Existenz oder eine Mischung aus beidem und eine **Wiederverkörperung** in der Hölle, Tierwelt, im Gespensterreich, in der Menschen- oder der Götterwelt hervor.

Die Karma-Lehre ist keinesfalls deterministisch zu verstehen. Die Taten legen zwar die Qualität, also das Geburtsmilieu, die physische Gestalt und die geistigen Anlagen der zukünftigen wiedergeburtlichen Daseinsform fest,

Buddhismus und soziales Engagement

In seiner Autobiografie *Das Buch der Freiheit* schrieb der Dalai Lama pointiert: „Ich habe den Eindruck, dass buddhistische Mönche und Nonnen viel über Mitgefühl reden, ohne jedoch konkret etwas dafür zu tun." Auch der Tibetologe Guiseppe Tucci beobachtete, dass der echte Buddhismus zwar zur Liebe für alle Geschöpfe gemahne, in Tibet aber dennoch ein auffallender Mangel an sozialem Mitgefühl herrsche. Tatsächlich ist es so, dass in Tibet zwar alle Gebete mit dem Gelöbnis abschließen, sich bis zur äußersten Selbstaufopferung um das Wohl aller Lebewesen zu bemühen, aber den meisten Tibetern, Mönchen und selbst Lamas gibt das bloße Aufsagen der Formel die Gewissheit, ihre Pflicht als Buddhist getan zu haben. Es ist erstaunlich, dass die Tibeter, die in tiefster Frömmigkeit einer Religion folgen, deren Grundgedanke der Altruismus ist, kaum eine Tradition gemeinschaftlich verantworteter sozialer Projekte entwickelt haben.

Selbst im Exil gab es nur wenige hohe Lamas wie den **Kyabje Thugsey Rinpoche** (1916–83), die für soziale Fragen aufgeschlossen waren. Dieser Lama versuchte, das sehr traditionelle und streng hierarchisch orientierte Denken seiner Landsleute zu ändern. Gehör fand er u. a. beim Dalai Lama, dem er zahllose Vorschläge unterbreitete, wie man die tibetische Gesellschaft demokratisieren könnte. Um überhaupt etwas zu ändern, wurde er selbst im sozialen Sektor aktiv und wendete sich vor allem an die jungen Tibeter. Während ein Großteil der Spendengelder noch immer in den Ausbau neuer oder in die Erweiterung bestehender Klöster fließt, haben mittlerweile doch eine Reihe Äbte damit begonnen, ihren Klöstern angeschlossene Krankenhäuser, Altenheime oder auch Schulen aufzubauen und sich im sozialen Bereich zu engagieren.

nicht aber deren Handlungen. Über seine Taten herrscht jeder selbst. Allerdings sind nicht nur die Taten für die karmische Zukunft verantwortlich, sondern ihr Motiv, ihre geistige Einstellung. Sogar eine Tatabsicht an sich, auch wenn sie nicht zur Ausführung gelangt, reicht aus, um die entsprechende karmische Wirkung hervorzubringen. Damit unterscheidet sich das Karma von den geläufigen Vorstellungen eines „Schicksals". Es ist weder aus einem göttlichen Willen hervorgegangen noch dem Zufall zu verdanken. Es ist die Frucht unserer Taten.

Das Nirvana

Oberstes Ziel des Buddhismus ist es, sich vom Kreislauf der Wiedergeburten zu befreien, das heißt, die Ursachen des Leids zu beseitigen. Dabei geht es nicht darum, in irgendeiner Form aus der Welt „herauszutreten", sondern ihr nicht länger unterworfen zu sein. Die Welt ist nicht schlecht an sich. Unsere Art, sie wahrzunehmen, ist falsch. Gelingt es einem nicht, die Wahrnehmung zu ändern, wird man ständig von einem Existenzzustand zum nächsten pendeln, mal glücklich, mal unglücklich. Wer es schafft, den Strom seines Bewusstseins zu reinigen und zu erwachen, ist vom Kreislauf der Wiedergeburten befreit; er hat die Ursachen des Leids beseitigt. Um zu solch einem Ergebnis zu kommen, ist es nötig, das Problem an der Wurzel zu packen: die „Ich"-Bezogenheit und das Nicht-Wissen. Man wird dann zwar nicht mehr unter dem Einfluss des negativen Karma wiedergeboren, doch fährt man fort, sich in der bedingten Welt – ohne in ihr gefangen zu sein – zum Wohle der Menschen zu manifestieren. Nirvana kann auch mit „jenseits des Leidens" übersetzt werden. Wenn etwas erlischt, dann das Leiden und die Verwirrung, die es auslöst.

Beim Erreichen des Nirvana geht es nicht darum, das „Ich", das nie wirklich existiert hat, zunichte zu machen, sondern bloß darum, den Betrug aufzudecken. Ein inexistentes Selbst kann man nicht „beseitigen", aber man kann seine Inexistenz anerkennen. Das „Ich" besitzt weder Ursprung noch Ende und hat deswegen in der Gegenwart keine andere Existenz als die, die ihm das Geistige zuweist. Kurz, das Nirvana ist keine Auslöschung, sondern die letzte Erkenntnis des Wesens der Dinge. Nirvana ist weder Vernichtung noch so etwas wie das ewige Leben. Vielmehr ist es ein zu erfahrender Zustand, der nicht in unseren Denk- und Beschreibungskategorien zu erfassen ist.

Weiterentwicklungen des Buddhismus

Theravada-Hinayana

Auf der Basis von Buddhas Lehre bildeten sich im Laufe der Zeit zwei große Richtungen heraus: Theravada und Mahayana. Höchstes Ziel des Theravada („der Weg der Alten") oder auch Hinayana („Kleines Fahrzeug") ist es, für sich selbst die Befreiung von der Wiedergeburt zu erlangen und Arhat (Heiliger) zu werden. Der Theravada-Buddhismus nimmt für sich in Anspruch, die Lehre Buddhas unverfälscht erhalten zu haben. Seine Schriften sind im Pali-Kanon gesammelt. Pali war ein indischer Dialekt zur Zeit Buddhas. Nach ihm spricht man deshalb auch vom Pali-Buddhismus, dessen Anhänger man in China in erster Linie unter den zahlreichen Minderheitenvölkern im Südwesten des Landes findet.

Mahayana

Der Mahayana-Buddhismus („Großes Fahrzeug") fußt auf den Sutras (Lehrreden), die zwischen 100 v. Chr. und 500 n. Chr. entstanden sind, und postuliert das Bodhisattvatum als Ideal, das es zu erreichen gilt. Ein Bodhisattva hat die höchste Stufe, die Erleuchtung erreicht, verzichtet aber auf den sofortigen Eintritt ins Nirvana, um allen Wesen zu helfen. In seinem grenzenlosen Mitleid nimmt er sogar das Leid anderer auf sich. Nach seinem Tod löst er sich nicht einfach auf, sondern existiert als geistiges Wesen weiter und entscheidet selbst darüber, ob und in welcher Form er wiedergeboren werden will. Aber ob als geistiges oder als wiedergeborenes Wesen kann er angerufen und um Beistand gebeten werden.

Auch die Vorstellung vom Nirvana hat sich im Mahayana geändert. Es steht dem Samsara (Geburtenkreislauf) nicht mehr als etwas vollkommen anderes gegenüber, sondern ist mit ihm identisch. Im Zustand der Erleuchtung schwindet die falsche Wahrnehmung, und die Einheit von Nirvana und Samsara wird offenbar. Da die Daseinsfaktoren (Skandha) vergänglich sind und nur in Abhängigkeit voneinander existieren, haben sie keine Realität. Sie werden nun als leer erkannt. Dieser Begriff der Leerheit (Shunyata) wurde zum zentralen Bestandteil des Mahayana, denn wenn die Dinge nicht aus sich selbst existieren, sind sie bloßer Schein, ohne eigenes Wesen und damit leer.

Tantrayana

Der Tantrayana oder tantrische Buddhismus (s. auch Kasten S. 139) entstand um 200 n. Chr. in Bengalen und Assam. Bis zum 8. Jh. hatte er sich voll entwickelt und war in ganz Nordindien bis nach Tibet verbreitet. Nach allgemeiner Ansicht im tibetischen Buddhismus werden die verschiedenen buddhistischen *yanas* (wörtlich: „Fahrzeuge"), also die buddhistischen Richtungen, anhand ihrer Ziele oder Methoden unterschieden. Das heißt, zwischen dem allgemeinen Mahayana und dem Tantrayana liegt der Unterschied nicht im Ziel (der Buddhaschaft), sondern in der Art und Weise, wie dieses erreicht wird. Deshalb wird das Tantrayana auch „Pfad des Resultats" genannt, während das Sutra-System des Mahayana als „Pfad der Ansammlung" bezeichnet wird und Theravada als „Pfad der Entsagung".

Innerhalb des Tantrayana entwickelten sich im Laufe der Zeit verschiedene Unterschulen, namentlich das Mantrayana, Vajrayana, Sahajayana und Kalachakrayana. Innerhalb dieser Richtungen gibt es allerdings zahlreiche Überschneidungen.

Im **Mantrayana**, das sich im 5. Jh. entwickelte, wird die Überzeugung vertreten, dass das gesprochene Wort in Silben oder Sätzen ohne Sinngehalt (Mantras) sowie rituelle Gesten (Mudra) als Erlösungsinstrument dienen können.

Das **Vajrayana** („diamantenes Fahrzeug") geht von der Annahme aus, dass die Welt lediglich Vorstellung sei und sich durch die geeignete Manipulation der eigenen Vorstellung Dinge schaffen und aufheben lassen. Die Anhänger des Vajrayana sind überzeugt, dass jedes Wesen eine individuelle Natur besitzt, die sich in einer „Keimsilbe" (Mantra) ausdrücken lässt. Durch konzentriertes Aussprechen der Keim-

LAND UND LEUTE

formel werden nicht nur mentale Energien freigesetzt, sondern der entsprechende Buddha oder Bodhisattva kann mit dem Mantra spirituell sichtbar und erfahrbar gemacht werden. Damit hat sich der Adept (ein in geheime Künste Eingeweihter) nunmehr einen geistigen Führer geschaffen, der dem Adepten den Weg zur Erlösung aufzeigt – und dessen Unterweisung ein absoluter Wahrheitsgehalt zukommt. In diesem Zustand erkennt der Adept, dass die Welt nur Illusion ist. Er wird dank dieser Erkenntnis über Zeit und Raum erhoben, wodurch er das Absolute subjektiv und erlebnishaft sehen kann, was wiederum Leere, Vajra (Einsicht des Menschen in seine Leerheit = Buddhanatur) und damit Erlösung bedeutet. Diese Richtung ist die Haupt-Schule des Tantrayana und Grundlage des Lamaismus.

Der **Sahajayana**, der sich im 6. Jh. entwickelte, bezeichnet Mantras, Tantras, Meditation und Konzentration als Selbstbetrug und ist der Auffassung, dass alle Denkschulen lediglich Verwirrung schaffen. Diese eher pragmatische Richtung geht davon aus, dass man seinen gewohnten Lebensstil beibehalten kann, sich aber unter Führung eines Gurus von der Versklavung des Denkens lösen kann, das von seiner Natur her als rein, aber durch das Karma (Gesetz der Wiedergeburt als Folge von Taten) getrübt angesehen wird. Wer der Versklavung der Welt durch das Denken entrinnt, erkennt, dass Samsara (Kreislauf von Vergehen und Entstehen) und Nirvana dasselbe sind und die Trennung vom Geist vom Denken ausgeht. Wer frei von Denken ist, dessen Sinnesfähigkeiten sind zur Ruhe gekommen. Damit verbunden ist die Erlösung von den Mühen des Daseins.

Eine weitere Richtung nennt sich **Kalachakrayana** („Rad der Zeit") und ist ein System der Astrologie, dessen Elemente ins Religiöse erhoben wurden. In dieser Schule gilt der Mensch als Abbild des Kosmos, und seine physischen und geistigen Funktionen verlaufen parallel zum kosmischen Geschehen. Wer die geheimen inneren Bezüge zwischen Mensch und Kosmos erkennt, wird erlöst. Die geistige Mitte dieses Systems bildet der Urbuddha (Adibuddha, das personifizierte Absolute), der oft als Zentrum der Mandalas dient. Mandalas sind ihrer Bedeutung nach Grundrisse der spirituellen Welt und gleichzeitig Darstellungen des mahayanischen Heilswegs. Sie dienen als Meditationshilfen und werden in ihrer Darstellung der spirituellen Welt von innen nach außen und als Darstellung des Heilswegs von außen nach innen gelesen.

Buddhistische Schulen Tibets

Alle oben genannten Schulrichtungen haben in der einen oder anderen Form Eingang in den tibetischen Buddhismus gefunden. In seiner tibetischen Form wird das Tantrayana, das in Tibet meist mit dem Vajrayana gleichgesetzt wird, auch landläufig **Lamaismus** genannt, da in dieser Variante des Buddhismus der **Lama** (Lehrer) von zentraler Bedeutung ist. Da auf dem Pfad des Tantrayana ein richtig verstandenes und angemessenes Vertrauen in den spirituellen Lehrer wichtig ist, muss man bei der Wahl des Lehrers sehr sorgsam vorgehen und sollte diese wegweisende Verbindung nicht vorschnell eingehen.

Ein guter spiritueller Lehrer handelt immer aufgrund einer altruistischen Motivation und niemals aufgrund egoistischer Motive. Die Selbstständigkeit des Schülers steht im Tantrayana im Vordergrund, daher sollte Abhängigkeitsverhältnissen vorgebeugt werden. Natürlich muss auch der Schüler qualifiziert sein. Ihn müssen Unparteilichkeit, Intelligenz (um falsche von richtigen Lehren unterscheiden zu können) und eine stabile Geisteshaltung des Bodhicitta (Erleuchtungsgeists, d. h. die selbstlose Entschlossenheit, das Ziel der Erleuchtung nicht aus Eigennutz, sondern zum Wohle aller Wesen zu erlangen) auszeichnen. Der Lama, dem er sich anvertraut, sollte ihn wirklich inspirieren und ihn auf der tiefsten Ebene des Herzens und nicht nur oberflächlich berühren.

Die tibetische Gesellschaft wurde nachhaltig vom monastischen und tantrischen Buddhismus geprägt. Einige Lehrtraditionen wie die Kadampa, Zhalupa und später die Gelugpa betonten stets die monastische Disziplin, während andere wie die Sakyapa und Kagyüpa ihre Lehrüberlieferung direkt auf die großen indischen tantrischen Meister des 11. Jhs. zurückführen. Im Unterschied zu christlichen Ordensgemeinschaften beruhen tibetisch-buddhistische Lehrtraditionen auf der Vorstellung der spirituellen Verbindung zwischen einem Lehrer und seinem Schüler. Wenn eine solche spirituelle Linie über mehrere Generationen an ein bestimmtes Kloster gebunden ist, wird sie zu einer eigenen Lehrtradition. Heute sind im Großen und Ganzen noch vier große Schulrichtungen des tibetischen Buddhismus von Bedeutung, und zwar die Nyingmapa, Kagyüpa, Sakyapa und Gelugpa.

Nyingmapa

Die Nyingmapa („die Alten") führen ihre Lehrüberlieferung direkt auf den legendären Padmasambhava aus der Zeit der frühen Verbreitung des Buddhismus zurück. Er wird in Tibet auch als „der zweite Buddha" verehrt. Eine eigene religiöse Identität, die sogar zur Festlegung eines kanonisierten Schriftkorpus führte, bildeten die Nyingmapa erst ab dem 11. Jh. heraus. Basis ihrer Lehrauslegung sind die ursprünglichen Alten Tantras. Die aus Belehrungen und meditativen Praktiken bestehenden Karma-Lehren der Nyingmapa gelten als vom Urbuddha (Adibuddha) selbst übermittelt und wurden von einer ununterbrochenen Guru-Reihe weitergegeben.

Kagyüpa

Die Kagyüpa („die der Überlieferung der Vorschriften Folgenden") standen in der Tradition der Yogacara-Schule, einer im 2. Jh. in Indien entwickelten Richtung innerhalb des Mahayana-Buddhismus, und beschäftigten sich vorrangig mit Tantra-Erfahrungen, die unmittelbar vom Meister auf den Schüler übertragen wurden. Ihr Gründer **Marpa** (1012–97) hatte in Nalanda beim tantrischen Yogi Naropa studiert und leitete mit seinen „Neuen Übersetzungen" eine Renaissance des Buddhismus in Tibet ein. Sein Nachfolger **Milarepa** (1040–1123) avancierte zum berühmtesten Dichter und Mystiker Tibets. Aus den Kagyüpa entstanden eine ganze Reihe von Nebentraditionen, von denen die Karmapa, Phagmodrupa und Drigungpa die bedeutendsten waren. Vor allem die Drigungpa und Phagmodrupa wurden zu wichtigen Rivalen der Sakyapa im Kampf um die politische Vorherrschaft in Tibet ab dem 11. Jh.

Sakyapa

Aus erblichen Lama-Familien, die während der Zeit vor dem 11. Jh. die religiösen Bedürfnisse der Bevölkerung befriedigt hatten, ging im 11. Jh. die Lehrtradition der Sakyapa hervor. Eine dieser erblichen Mönchsdynastien war die Khön-Familie. Sie schuf unter **Könchog Gyelpo** (1034–1102), einem Schüler des tantrischen Meisters Dogmi (auch Drogmi geschrieben, 992–1072, je nach Quelle aber auch 992–1074), das Kloster Sakya und den ersten Priesterstaat. Die Äbte durften heiraten und so eine natürliche Erbfolge beibehalten. 1249 setzte der mongolische Herrscher über China, Kublai Khan, die Sakyapa als weltliche Herrscher über Tibet ein.

Bis heute hat sich die monastische Sonderform gehalten, wonach das Oberhaupt der Sakyapa ein verheirateter tantrischer Lama ist. Eigentlicher Begründer der Sakya-Traditionen wurde aber der Sohn Könchog Gyelpos, **Künga Nyingpo** (1092–1158), der die von Dogmi erhaltenen Lehren erstmals systematisierte. Im Zentrum der Sakyapa stand neben der Systematisierung der Schriften die buddhistische Dogmatik, Logik und Rhetorik.

Kadampa

Die Kadampa konnten sich nur bis zum 15. Jh. als eigenständige Schule erhalten. Die heute zu findende Form des Kadampa ist allgemein unter dem Namen Neue Kadampa-Tradition bekannt. Ihr geistiger Vater war der Bengale **Atisha** (980–1054), der das Kalachakra-System einbürgerte. Vermutlich aus der Astrologie entstanden und in Indien zu einem religiösen Lehrsystem erweitert, wurde das **Kalachakra** („Rad der Zeit", S. 98, 137), zur Grundlage des tibetischen Kalenders. Es lehrt die Einheit von Makro- und Mikrokosmos und weist dem Tantriker den Weg über die Vereinigung der Polaritäten zur Formlosigkeit und Leere und damit letztendlich zum Nirvana. Die Sutras des Mahayana wurden von den Kadampa höher bewertet als die Tantras. Ihre Lehre und Praxis stellten die verschiedenen Methoden des Bodhicitta, der Erzeugung des Erleuchtungsgeistes, in den Vordergrund. Dadurch sollte der Schüler in die Lage versetzt werden, das grenzenlose Mitgefühl für alle leidenden Wesen in sich zu erfahren.

Tantras

Die Tantras (Skt.: „Ursprung", „Entstehung von Wissen") sind in einer Symbolsprache abgefasste Schriften und Lehrsysteme, die mit Absicht vielseitig auslegbar sind. Für Nicht-Eingeweihte bleiben die Tantras unverständlich. Daher werden sie auch als geheim bezeichnet. Die Mönche des tantrischen Buddhismus verpflichten sich in einem Gelöbnis, tantrische Meditationen zu pflegen, um auf diese Weise geistige Kraft anzusammeln, die sozusagen über eine „Abkürzung" zur Buddhaschaft führen soll. Dieser schnellere, aber wegen seiner hohen psychischen Anforderungen auch gefährliche Weg zur Erleuchtung wird die „geheime Praxis" genannt, weil sie meist insgeheim geübt wird. Hierzu bedarf es eines erfahrenen Lehrers, der als eingeweihter Lama absolute Autorität genießt und gewissermaßen die lebendige Tradition der Tantras verkörpert. Um den Zustand der absoluten Befreiung, die Vereinigung aller Gegensätze, auch außerhalb der strengen Askese zu erreichen, werden in den Tantras verschiedene Methoden gelehrt, die von einer alles Denken und Definieren übersteigenden Versenkung bis zum Vollzug subtilster magisch-mystischer Rituale reichen.

Gelugpa

Die Gelugpa („die Tugendhaften") gingen aus der Kadampa-Schule hervor. Der Reformator **Tsongkhapa** (1357–1419) verurteilte die Lockerung der Mönchsdisziplin und die Ausuferungen der tantrischen und magischen Rituale und versuchte eine Gegenbewegung zu den sich immer mehr aufsplitternden Orden zu schaffen. Gleichzeitig bemühten sich die Gelugpa auch um die weltliche Macht. Tsongkhapa achtete streng auf die Einhaltung der Ordensregeln und ließ die Mönche wieder das altbuddhistische Gelbe Gewand tragen. Deshalb sind die Gelugpa auch als „Gelbmützen" bekannt, im Unterschied zu den „Rotmützen" der anderen Schulen. Mit den Gelugpa begann schließlich auch die Zeit der Dalai Lamas (S. 122).

Bön- und Volksreligion

Nicht alle Tibeter sind Buddhisten. Ein, wenn auch nicht sehr großer Teil gehört der Bön-Religion an, während die bäuerliche und nomadische Bevölkerung des tibetischen Hochlands meist animistisch-schamanistischen Vorstellungen anhängt. In der **Volksreligion** herrscht die Überzeugung, dass nicht nur Menschen und Tiere, sondern auch Pflanzen, Berge, Felsen, Seen und Naturphänomene beseelt sind. Um sie zu besänftigen oder sich dienstbar zu machen, bringen die Menschen ihnen Opfer dar oder wenden magische Praktiken an, die überwiegend von **Schamanen** ausgeführt wurden. Die Volksreligion umfasst ein jahrtausendealtes magisches und mythisches Erbe. In der Literatur wird es unter dem Namen Bön meist als die vorbuddhistische Religion Tibets bezeichnet. Ob die Bön-Religion aber tatsächlich die vorbuddhistische Religion Tibets war, kann weder durch Dokumente noch sonstige Aufzeichnungen belegt werden. Im vorbuddhistischen Tibet gab es zwar eine Gruppe religiöser Spezialisten, die für Divinationspraktiken, Heilungen und Begräbnisrituale zuständig war, ihre animistischen Vorstellungen lassen sich jedoch nicht zu einer geschlossenen Sinnwelt zusammenfassen. Vermutlich waren diese Spezialisten bzw. Schamanen mit dem Adel verbunden und gegen die Einführung des Buddhismus, der ihre regionalen Machtpositionen bedrohte. Die alten Priester konnten durch magische Silben, Rituale und Tieropfer – in der Frühzeit auch Menschenopfer – die Götter herbeirufen und übelwollende Dämonen vertreiben oder besänftigen.

Die heute bekannte Form der **Bön-Religion** hat mit der Volksreligion (und vermeintlichen vorbuddhistischen Bön-Religion) nichts zu tun, sondern geht auf Entwicklungen im 10.–12. Jh. zurück. Ab dieser Zeit ist sie auch in tibetischen Dokumenten belegt, wird unter dem Namen Bön-Religion geführt und ihre Anhänger als Bönpo bezeichnet. Faktisch unterscheidet sich die Bön-Religion hinsichtlich ihrer metaphysischen Konzepte, philosophischen Doktrinen sowie ihrer monastischen Organisationsformen nur wenig vom Buddhismus. Aus diesem Grunde wurde sie im Westen lange Zeit als Plagiat des Buddhismus betrachtet. Tatsächlich hat aber der tibetische Buddhismus wohl zahlreiche Texte der Bön-Religion in seinen Schriftenkanon übernommen, sodass sich beide Religionen schon früh gegenseitig beeinflussten. Neben den Texten gelangten vom Bön vorwiegend schamanistische Elemente in den Buddhismus. Umgekehrt verformte der Buddhismus die Philosophie des Bön so weitgehend, dass vielfach die Unterschiede nur mehr in der Terminologie und Ikonografie feststellbar sind.

Ansonsten unterschieden sich Bön und Buddhismus vor allem in ihrem Konzept einer **Heilsgeschichte**. Während die tibetisch-buddhistische Geschichtsschreibung die Einführung des Buddhismus als Beginn der tibetischen Heilsgeschichte preist, glauben die Bönpo, dass ihre Religion schon Jahrhunderte vor Einführung des Buddhismus im Reich Zhang Zhung in Westtibet existierte. Ihr Begründer soll der mystische Shenrab Mibo sein. Die Bönpos bezeichnen die Einführung des Buddhismus entsprechend als Beginn einer Katastrophe.

Ein weiterer zumindest optischer Unterschied zum Buddhismus besteht darin, dass die Bönpo heilige Orte wie Tempel und Berge gegen den Uhrzeigersinn umwandeln. Ihr wichtigstes Symbol ist die linksdrehende **Svastika**. Diese Svastika symbolisiert den Urwirbel, der den Kosmos aufrechterhält. Eine weitere Unterscheidungsmöglichkeit sind schließlich noch verschiedene **mythologische Urtiere** wie Löwe, roter und gelber Wildyak, Drache und mythischer Kyung-Vogel, der den Sieg der Kräfte des Lichts über die Unterwelt symbolisiert.

Kunst und Architektur

Kunst als Werkzeug der Religion

Das westliche kunstinteressierte Publikum blickt insgesamt eher materialistisch auf seine alte Kunst. Ob bewusst oder unbewusst wird sie immer auch unter dem Aspekt antiquarischen und materiellen Werts betrachtet. Tibeter schauen mit ganz anderen Augen auf ihr künstlerisches Schaffen. In ihrer Grundhaltung spiegelt sich die Grundeinsicht des Buddhisten, dass es nichts Bleibendes gibt, sondern dass alles der Verwandlung unterliegt. Daher findet auch niemand etwas dabei, selbst alte Kunstwerke einfach mit schreienden, wenn auch ikonografisch korrekten Farben zu übermalen.

Für Tibeter sind ihre Bildnisse und Heiligtümer keine Kunstwerke oder gar Museumsstücke, sondern „nur" religiöse Werkzeuge. Die fast immer **religiös inspirierte Kunst** will angefasst, „gelebt", von Gläubigen umwandelt werden und dient auch der Ansammlung von gutem Karma. Tibetische Kunst darf nicht als Darstellung heilsgeschichtlicher Ereignisse oder Geschichten von Heiligen verstanden werden. Ihr Anspruch ist es, selbst ein **Initiationsweg** zu sein, der dem Meditierenden letztlich „Befreiung" verheißt. Nicht ein ästhetisches, hinterfragendes Verhältnis zum Bild, wie man es im Westen kennt, ist hier gefordert, sondern (vor allem in der Mandala-Meditation) eine Identifikation mit der im Zentrum des Bildes oder als Kultfigur dargestellten Gottheit. Diese ist im Grunde nur eine Chiffre, ein verschlüsseltes Bild für die im Menschen verborgene Buddha-Natur. Der meditative Umgang mit einem Bild, der für das Kunstverständnis der Tibeter charakteristisch ist, muss freilich erlernt werden. Es ist ein Weg zur Buddhaschaft, wie die verschiedenen Tantras ihn lehren. Der Einfluss der indischen **Tantra-Literatur** auf die buddhistische Kunst Tibets macht die Erschließung dieser auch in Tibet nur dem Eingeweihten voll verständlichen esoterischen Bilderwelt so schwierig. Sie ist nur mit Hilfe der ihr zugrunde liegenden liturgischen Texte möglich. Das **Meditationsbild** ist in inhaltlicher und formaler Hinsicht jeweils ein bestimmter liturgischer Text, der bildliche Gestalt angenommen hat bzw. seinen literarischen Kontext offenbart. Man könnte geradezu von „sprechenden" Bildnissen reden. Dasselbe gilt für die **Kultfiguren**, deren festgelegte Gesten, die Mudra (S. 363, Anhang), in ihrer Symbolik hingegen auch dem einfachen Gläubigen verständlich sind.

Thankas

Der tibetische Begriff Thanka bedeutet „was man aufrollt" und bezeichnet auf bunte Seidenstoffe geklebte Rollbilder. Sie sind meist länglich und haben kein festgelegtes Format. Die gedachte Mitte eines Bildes wird zunächst auf einen weißen Stoff gemalt, dieser wird dann in einen Rahmen gespannt. Auf den so bearbeiteten Stoff werden die Linien gezeichnet und die Farben aufgetragen. Wenn das Bild fertig ist, wird es auf einen Seidenstoff geklebt; auch auf die Vorderseite kommt farbiger Seidenstoff, der nur das Bild freilässt. Die Vorderseite erhält außerdem zwei gelbe dünne Seidenschleier sowie zwei Seidenbänder. Oben und unten wird je eine Rolle aus Ebenholz angebracht, sodass man die Thankas aufrollen kann. Je nach Herstellungsverfahren unterscheidet man gezeichnete, aus Seide gewebte und gedruckte Thankas.
In Tibet heißt es: „Wer sich vor einem heiligen Rollbild zur Erde wirft, dem wird die richtige Einsicht geschenkt." Thankas sollen dem Gläubigen helfen, die komplizierte Götterwelt des tibetischen Buddhismus zu visualisieren, um dann bei ihr Schutz zu suchen. Aus diesem Grunde werden sie auch als Thondrol, „Befreiung durch Sehen", bezeichnet. Bedeutende Klöster besitzen oft riesige Thankas, die zu besonderen Festen auf speziellen Thanka-Mauern oder planierten Hängen ausgerollt werden. Die Menschen glauben, dass der Anblick eines solchen riesigen Thankas von allen Sünden reinigt.

Die Stellung des Malers oder Kunsthandwerkers in Tibet lässt sich am besten mit der eines mittelalterlichen Künstlers, z. B. eines Freskenmalers, vergleichen. Die bildende Kunst Tibets steht ganz im Dienst der Religion, und zwar selbst dann, wenn die Auftraggeber Privatpersonen sind. Die Herstellung eines Thankas oder einer Heiligenfigur ist niemals Selbstzweck, sondern ein verdienstvolles Werk für Stifter und Künstler. Zuweilen wird die tibetische Kunst auch als **Stiftungskunst** bezeichnet, weil sie immer verehrungsvolle Gabe für die dargestellte Gottheit ist. Nicht die Relation Künstler und Werk steht im Vordergrund, sondern die Beziehung zwischen Stifter und Gottheit. Damit war auch der Name des Künstlers ohne Belang. Erwähnt wurde, wenn überhaupt, meist nur der Name des Stifters.

Ein **Thanka** (s. Kasten S. 141) oder Kultobjekt ist zwar meist das Werk eines einzelnen Meisters, aber im Grunde ist es das Ergebnis einer langen Kette geistiger und künstlerischer Erfahrungen. Ein einzelner Künstler kann die Fülle und den Formenreichtum dieser Bilderwelt gar nicht erfinden. Er kann sie nur nachschaffen, indem er sich der Tradition anschließt und ihr aus eigener spiritueller Erfahrung Lebendigkeit verleiht. Ein solches Kunstschaffen setzt einen Kommunikationsprozess voraus, in dem die eigene religiöse Erfahrung von den künstlerischen Vorbildern kontrolliert wird, die in einem bestimmten Kanon festgelegt sind.

Das Malen eines Bildes oder das Formen einer Kultfigur bedeutet nicht nur eine formale Auseinandersetzung mit dem vorgegebenen Thema, sondern zugleich eine sorgfältig vollzogene kultische Handlung. Sie hat zum Ziel, dass sich die Gottheit bei der Weihe des fertigen Bildwerks und zu besonderen Anlässen in dem Kunstwerk niederlässt. Die Herstellung selbst ist an feste Riten und bestimmte Zeiten und Orte geknüpft.

So sind die Werke tibetischer Kunst nicht das Ergebnis freier Erfindung eines Einzelnen, sondern immer nach Grundmustern geschaffen, die auf die großen tibetischen Meditationsmeister und Mystiker zurückgehen.

Ikonografie

Für einen Tibeter sind Götter ebenso selbstverständlich wie die Berge und Seen seines Landes. Sie haben für ihn eine dienende, den Dharma (die buddhistische Lehre) beschützende Funktion. Das heilsame Wirken der Buddhas, Bodhisattvas und anderen Gottheiten spielt sich nicht in einem jenseitigen Bereich, sondern im eigenen Land, im Hier und Jetzt ab. In einem Bild mit visionärem Charakter tritt den Tibetern zugleich ein Stück gedeuteter und geordneter Welt entgegen.

Die tibetische Welt der Buddhas, Bodhisattvas, Schutzgötter und Heiligen ist allerdings selbst für tibetische Gelehrte schwer zu durchschauen. Von allen Gottheiten gibt es jeweils weitere Inkarnationen und Emanationen, und in einigen Fällen treten bis zu 50 Verkörperungen auf. Allgemein wird Buddha Shakyamuni als höchstes Wesen angesehen. Alle weiteren Darstellungen von Gottheiten sind dagegen mehr oder weniger Symbole oder Verkörperungen für Buddha oder die Lehre. Im Großen und Ganzen kann man die **Gottheiten und Heiligen** in sieben Gruppen einteilen, und zwar in Buddhas, Bodhisattvas und Taras (weibliche Bodhisattvas), Dakinis (weibliche Initiationsgottheiten), Dharmapalas (schreckliche Gottheiten und Beschützer der Lehre), Yidams (Schutz- und Initiationsgottheiten), lokale Gottheiten (Schutzgottheiten) und die Heiligen (bedeutende Lehrer und Lamas, Schulgründer und Reformatoren).

Buddhas

Ein besonderes Kennzeichen des tantrischen Buddhismus ist der höchst komplexe Aufbau eines hierarchischen Systems Hunderter verschiedener Buddhas. Auf Wandbildern und Thankas findet man sie deshalb oft in Gruppen zu Hundert oder Tausend dargestellt, wobei die Zahl 1000 als Symbol des Unendlichen dient. In aller Regel werden sie im **Vajra-Sitz**, der Meditationshaltung, auf dem Lotosthron sitzend, mit verschiedenen Handhaltungen, sogenannten Mudras, dargestellt. Gekleidet sind sie in eine Mönchsrobe, und auf dem Kopf besitzen sie einen Auswuchs, der von einem Juwel gekrönt ist. Dieser Auswuchs ist der Sitz der höchsten Lotosblume und Zeichen der Erleuchtung.

Wesensmäßig sind alle Buddhas identisch. Sie unterscheiden sich allerdings in ihren Charakteristika, die von ihrem individuellen Weg zur Erleuchtung herrühren und sich in ihrer jeweiligen ikonografischen Darstellung, Körperfarbe, Handhaltung, ihrem Symbol und Throntier offenbaren. In Sitzhaltung (Asana), Größe und Gesichtsausdruck gleichen sie sich in der Regel. Die Vielzahl der Buddhas im tibetischen Pantheon sind symbolischer Ausdruck für das allumfassende Wirken Buddhas in dieser Welt und in allen anderen Welten. Die wichtigsten Buddhas, die man dargestellt findet, sind:

Adibuddha, der Urbuddha (Dorje Chang), aus dem alle anderen Buddhas entstanden sind. Er bildet die Ebene des höchsten Seins, des Absoluten (Dharmakaya). Dargestellt wird er meist in dunkelblauer Farbe, nackt und seine weiße Gefährtin (Prajnya) umarmend. Diese Stellung wird Yab-yum (Vater-Mutter-Haltung) genannt und ist Ausdruck von höchstem Mitleid und höchster Weisheit. Bei den Gelugpa, Kagyüpa und Sakyapa wird der Adibuddha auch Vajradhara (Dorje Chang, Halter der Diamantzepters) genannt.

Mandalas

Das Mandala heißt auf Tibetisch Kyilkhor und bedeutet so viel wie „Mittelpunkt mit Umkreis". Tatsächlich handelt es sich bei dem diagrammartigen Meditationsbild um eine Verbindung von einem Kreis mit einem eingeschriebenen Quadrat und einem gemeinsamen Zentrum. Das Mandala kann als symbolisches Abbild des Universums im doppelten Sinne verstanden werden. Einerseits spiegelt sich in ihm die Struktur der physisch-kosmischen Welt, die als Weltenberg vorgestellt wird; andererseits spiegelt sich in ihm die psychisch-geistige Welt des Menschen. Vor allem in dieser Bedeutung als bildhaftes Psychogramm und innerer Stufenweg ist das Mandala zu einem wichtigen Hilfsmittel für die Meditation geworden.

Ein Mandala kann sowohl während einer Meditation geistig visualisiert als auch stofflich gestaltet werden. Die unterschiedlichen Materialien – Stein, Holz, Metall, Sand, Körnerhaufen, Farbe – und die entsprechenden Herstellungsweisen richten sich danach, welchem kultischen Zweck es dienen soll. Am faszinierendsten sind vielleicht die Mandalas, die zu bestimmten Festen von Mönchen aus farbigem Sand hergestellt werden. Nach Beendigung der Zeremonie wird das Mandala aufgelöst und der Sand verstreut. Damit ist diese Form der Mandala-Herstellung ein besonders anschauliches Beispiel für das Wesen tibetischer Kunst als „Werkzeug" der Religion.

Shakyamuni, der historische Buddha dieses Zeitalters. Er wird, erkennbar nur an den verschiedenen Gewändern und unterschiedlichem Schmuck, im Dharmakaya-Aspekt (Zustand des absoluten, wahren Seins) als Buddha Shakyamuni (Sakya Thubpa) und im Sambhogakaya-Aspekt (Zustand der Transzendenz und nur spirituell erfahrbar) als Jobo-Shakyamuni (Jobo), dann in der Regel mit der fünfblättrigen Krone, mit der die himmlischen Buddhas gekennzeichnet werden, dargestellt.

Dipamkara (Marmedze), der Buddha des vergangenen Zeitalters. Er wird immer auf der linken Seite sitzend in einer Dreiergruppe mit Shakyamuni in der Mitte und Maitreya rechts von Shakyamuni dargestellt.

Maitreya (Champa), der Buddha des zukünftigen Weltzeitalters. Er wird meist in „europäischer Sitzhaltung" auf einem Thron sitzend dargestellt und unterscheidet sich dadurch ikonografisch von allen anderen Buddhas.

Fünf Dhyani-Buddhas (Gyalwa Ri Nga), auch als Meditationsbuddhas und Tathagatas bezeichnet. Ihnen werden je ein Bodhisattva und ein irdischer Buddha zugeordnet (Näheres s. unten). Sie gelten als die geistigen Söhne des Adibuddha und werden meist als gekrönte, königlich geschmückte Buddha-Gestalten dargestellt. Auf Mandalas ist ihnen jeweils ihre Weisheitspartnerin (Prajnya) zugesellt.

Bhaisajyaguru (Menla), der Medizinbuddha, der die Lehre von den Vier Edlen Wahrheiten in die klassische Form einer ärztlichen Diagnose und Therapie gekleidet hat. In seiner Linken hält er stets einen Almosentopf und in der wunschgewährenden Rechten eine längliche Myrobalane-Frucht als Zeichen seiner allheilenden Kraft.

Acht Medizinbuddhas (Menla Chedje), die man meist im Kreis um Bhaisajyaguru sitzend dargestellt sieht. Die Anordnung symbolisiert, dass ihre heilende Kraft gleichsam in alle Himmelsrichtungen ausstrahlt.

35 Buddhas der Beichte und Wünsche. Diese Gruppe findet man in fast allen Tempeln um Buddha Shakyamuni herum gruppiert. Sie werden am 15. Tag jedes Monats zum Vollmond angerufen, um moralische Verfehlungen zu beichten und ein Gelöbnis zur Besserung abzulegen.

Dhyani-Buddhas

Die fünf Dhyani-Buddhas sind:

Vairocana (Nampar Nangdza), der ringsum Leuchtende. Seine Körperfarbe ist weiß, sein Mudra das Rad der Lehre (Dharmachakra), sein Throntier der Löwe. Vairocana steht für die Mitte und die Daseinsgruppe (Skandha, S. 134) Bewusstsein. Zugeordnet sind seiner Linie der Bodhisattva Samantabhadra und der irdische Buddha Krakucchanda.

Aksobhya (Mikyöpa), der Unerschütterliche, hat die Körperfarbe Blau und steht für den Osten. Sein Mudra ist die Geste der Erdberührung (Bhumyakramana). Er symbolisiert die Daseinsgruppe Körper, sein Symbol ist das Diamantzepter (Vajra) und sein Throntier der Elefant. Zugeordnet sind seiner Linie der Bodhisattva Vajrapani und der irdische Buddha Kanakamuni.

Ratnasambhava (Rinchen Djungden), der als Juwel Geborene, hat die Farbe Gelb und steht für den Süden. Sein Mudra ist die Geste der Wunschgewährung (Varada), sein Symbol ist das Juwel (Ratna) und sein Throntier das Pferd. Er symbolisiert die Daseinsgruppe Empfindung; zugeordnet sind ihm der Bodhisattva Manjushri oder auch Ratnapani und der irdische Buddha Kasyapa.

Amitabha (Öpagme), das unermessliche Licht, wird in der Farbe Rot dargestellt. Er steht für den Westen, sein Mudra ist die Geste der Meditation (Dhyani) und sein Throntier der Pfau. Er symbolisiert die Daseinsgruppe Wahrnehmung; zugeordnet sind ihm der Bodhisattva Avalokiteshvara, aber auch Padmapani und der irdische Buddha Siddharta Gautama.

Amoghasiddhi (Donyöd Duppa), die unerschütterliche Kraft, hat die Farbe Grün und steht für den Norden. Sein Mudra ist die Geste der Furchtlosigkeit (Abhaya) und sein Throntier der Garuda. Er symbolisiert die Daseinsgruppe Triebkräfte; zugeordnet sind seiner Linie der Bodhisattva Sarvanivarna Viskhambhi oder auch Visvapani und der irdische Buddha Maitreya.

Bodhisattvas und Taras

Annähernd dieselbe Verehrung wie die Buddhas genießen die Bodhisattvas. Sie spielen im tibetischen Buddhismus vor allem in ihrer Form als transzendente Bodhisattvas eine wichtige Rolle. Diese Bodhisattvas haben die drei Grundübel Gier, Hass und Verblendung in sich vernichtet und die „Stufe des nicht mehr Lernen Müssens" erreicht. Sie können nicht mehr in den Kreislauf der Wiedergeburten zurückfallen und sind dennoch voller Mitleid der Welt zugewandt. Sie können dadurch alle Lebewesen an ihren karmischen Verdiensten teilhaben lassen und gutes Karma auf andere Menschen übertragen. Daher ist es auch möglich, sie zu verehren und Gebete an sie zu richten.

Die drei wichtigsten und auch am häufigsten dargestellten Bodhisattvas, die man in tibetischen Tempeln sieht, sind **Vajrapani** (Chagna Dorje; blau), **Manjushri** (Jampalyang; gelb) und **Avalokiteshvara** (Chenresig; rot). Sie werden in dieser Kombination oder als Gruppe Vajrapani, Manjushri, Padmapani (Chagna Padmo, eine Erscheinungsform Avalokiteshvaras) gerne als Trias dargestellt, da sich in ihnen die drei Haupttugenden des Mahayana-Buddhismus, Wille und Tatkraft, Weisheit und Einsicht sowie Liebe und Mitleid manifestieren. Ikonografisch werden die Bodhisattvas, obwohl theoretisch ja noch Anwärter auf den Buddha-Thron, bereits im vollen Schmuck eines königlichen Herrschers dargestellt. Die fünfblättrige Krone, die die transzendenten Bodhisattvas tragen, zeigt an, dass sie Emanationen der fünf Dhyani-Buddhas sind, die man auch als ihre geistigen Väter bezeichnen könnte. In ihnen manifestieren sich auch besondere Eigenschaften ihrer spirituellen Väter, sodass sie in denselben Farben dargestellt werden.

Maitreya (Champa) wird neben seiner Form als zukünftiger Buddha vielfach auch als transzendenter Bodhisattva dargestellt. Wegen seiner Bedeutung für die Erhaltung der Lehre in ferner Zukunft wird er oft als überdimensional große Skulptur aufgestellt, die in einigen Tempeln über mehrere Etagen reichen kann. Er wird meist sitzend oder stehend abgebildet und seine Hände hat er zur Geste des „Rads der Lehre" vor der Brust erhoben, um so zu zeigen, dass auch er in Zukunft den Dharma verkünden wird.

Neben den männlichen Bodhisattvas gibt es noch weibliche Bodhisattvas (Tara), unter denen die **Weiße Tara** (Sitatara, Dölkar) und **Grüne Tara** (Syamatara) die bedeutendsten sind. Sie sind Helferinnen auf dem Weg zur Befreiung und Beschützerinnen vor Gefahren und genießen in Tibet besondere Verehrung. Die Grüne Tara kann sich in 21 Formen manifestieren, die jeweils verschiedene Facetten ihrer Buddha-Aktivität ausdrücken. Unter anderem gilt die nepalesische Gattin des Königs Songtsen Gampo Bhrikuti als ihre Emanation. Dargestellt wird sie oft mit der Geste der Freigebigkeit (Handfläche nach vorn ausgestreckt).

Das besondere Kennzeichen der Weißen Tara sind ihre sieben Augen, die höchstes Bewusstsein und die Fähigkeit, jegliches Leid schauen zu können, symbolisieren. Außer zwei „normalen" Augen und einem Auge auf der Stirn findet sich je noch ein weiteres Auge an den Handflächen und Fußsohlen. Analog zur Prinzessin Bhrikuti soll die chinesische Prinzessin und zweite Gemahlin Songtsen Gampos eine Emanation der Weißen Tara gewesen sein. Sie symbolisiert die vollkommene Reinheit, gewährt ein langes Leben und schützt vor Krankheiten.

Dakinis

Bei den Dakinis (Khandroma), den „Himmelswandlerinnen", handelt es sich um Dämoninnen, die der Lehre ursprünglich feindlich gesinnt waren, aber in Beschützerinnen der Lehre verwandelt werden konnten. Oft werden sie als nackte Jungfrauen dargestellt, die mit einer Kette aus Menschenschädeln geschmückt sind. Ihre wichtigste Aufgabe ist es, dem Menschen zur Vollkommenheit zu verhelfen und ihn ins Paradies, das „Reine Land der Vollkommenheiten", zu geleiten. Dieses Paradies gilt als Zwischenstation für diejenigen, die im irdischen Leben keine Buddhaschaft erlangt haben.

Dharmapalas

Die „Schützer der Lehre" bilden die größte Gruppe innerhalb des lamaistischen Pantheons. Sie sind meist Schrecken erregende Gottheiten von sehr unterschiedlicher Gestalt und Herkunft. Sie wurden teilweise aus der indischen Tradition, teilweise aber auch aus dem tibetischen Volksglauben, dem Pantheon des tibetischen Buddhismus eingemeindet, um die Lehre, die Gläubigen und die sakralen Stätten zu schützen. Eine wichtige Aufgabe haben sie auch beim Schutz der Meditierenden. Da die tantrischen Übungen mit großen Schwierigkeiten und Gefahren verbunden sind, kommt den Dharmapalas (Gönpo) die Aufgabe zu, besondere Hindernisse, die den Meditierenden vom Erreichen seines Ziels abhalten, zu beseitigen und Rückfällen vorzubeugen. Dargestellt werden sie fast immer im Tanzschritt, mit dem Auge der Weisheit auf der Stirn, aufgerissenem Rachen mit starken Eckzähnen, einem Tigerfell und oft mit Ketten aus abgeschlagenen Menschenköpfen umhängt.

Häufig zu sehende Dharmapalas sind der **Totengott Yama** (Chögyal), der in zahlreichen zornigen Varianten vorkommt. **Yamantaka** (Shinjeshe) gilt dagegen als Besieger Yamas und ist der schrecklichste aller Dharmapalas. Er wird mit einem Stierkopf und acht weiteren Häuptern dargestellt. **Hayagriva** (Tamdin), der „pferdenackige Gott", verkörpert tatkräftiges Mitgefühl und ist damit ein zornvoller Ausdruck des Avalokiteshvara. Die **Göttin Lhamo** wird auf einem Maultier reitend, das eine Decke aus Menschenhaut trägt, dargestellt. Sie ist die Schutzgöttin von Lhasa, des Dalai Lama und der Gelbmützen-Schule.

Begtse war ursprünglich ein zentralasiatischer Kriegsgott und wird daher als gepanzerter Krieger mit Schwert dargestellt. **Chagna Dorje** (Vajrapani) tritt nicht nur als Bodhisattva, sondern auch als Dharmapala auf und wurde vor allem im Tempel der Medizinschule Chagpori in Lhasa verehrt. Außerdem ist er ein machtvolles Symbol tantrischen Glaubens. Zusammen mit Hayagriva sieht man ihn oft als Türwächter zum Inneren Sanktuarium (Tsangkhang) hinter der Haupthalle.

Yidams

Die Yidams (Skt. Ista Devata) sind persönliche Schutzgottheiten, die jeder Lama für sich erwählt. Zudem sind sie Buddha-Aspekte, die den Schüler zur vollen Erleuchtung bringen können, aber auch die symbolische Verbildlichung tantrischer Lehrsysteme. Nur der Meister und sein Schüler kennen den Yidam. Der Schüler trachtet danach, seine geistige Persönlichkeit mit Hilfe des Yidam zu intensivieren. Durch spezielle Übungen soll ihm sein persönlicher Yidam in gütiger Form erscheinen und ihm während der Versenkung geistige Zusammenhänge mitteilen. Jeder kann sich einen Yidam für das ganze Leben wählen. Sie können mild, zornig oder schrecklich sein. Als Schutzgottheiten sind sie in Yab-yum-Stellung (Vater-Mutter-Haltung) mit ihrer weiblichen Kraft dargestellt.

Der Zukunftsbuddha Maitreya

Der buddhistischen Überlieferung nach zerfällt die Zeit zwischen dem Auftreten Shakyamunis und dem Erscheinen des Bodhisattva Maitreya als Buddha in drei Perioden:

„Das Drehen des Rades der ersten Lehre", in der die reine, ursprüngliche Lehre Shakyamunis wirkt. Von Buddhas Tod an gerechnet, soll diese Periode 500 Jahre lang währen.

Die Zeit der „bildhaften Lehre", in der nur noch ein äußerliches Verständnis der Lehre vorhanden ist. Diese Phase soll tausend Jahre währen.

„Das Drehen des Rades des zweiten Dharma", die Zeit der Verunstaltung und des Niedergangs der Lehre. Diese Periode wird mit 1000, manchmal aber mit 3000 oder sogar 10 000 Jahren angesetzt. In ihr befinden wir uns derzeit.

Nach Abschluss der dritten Periode verlässt Maitreya den Tusita-Himmel, seine derzeitige Residenz als Bodhisattva, um auf die Erde zu kommen. Dort soll er als Buddha die verlorenen Wahrheiten in ihrer ursprünglichen Reinheit wiederherstellen. Mit dem Kommen Maitreyas tritt unser Weltzeitalter in die endgültige Krise ein – Erlösung und Untergang. Wer aber in der Zeit des Untergangs an ihn glaubt, dem hilft Maitreya nach dem Tod zur Wiedergeburt im Tusita-Himmel, dem sogenannten Himmel der Seligen (der vierten von sechs göttlichen Welten, in der alle Buddhas vor ihrer letzten Wiedergeburt leben), um dort erleuchtet zu werden und bei der letzten Niederkunft auf der Erde das Nirvana zu erlangen.

Lokale Götter

Die bekanntesten lokalen Götter sind die vier Himmelskönige (Gyalchen Deshi) oder **Weltenwächter** (Skt. Lokapalas, Tib. Jigten Kyong), die man meist in der Vorhalle des Dukhang (Hauptversammlungshalle) sieht. Nach den buddhistischen Schriften werden Berge, Flüsse, Wälder und der Raum der menschlichen Welt von vier Deva-Königen, denen je acht Generäle zur Seite stehen, bewacht. Ihre Residenz ist der Weltenberg Sumeru, auf dessen vier Seiten je einer der mythischen Deva-Könige lebt. Die Gestaltung der Skulpturen richtet sich meist nach der aus Indien stammenden Überlieferung, nach der die Weltenwächter die vier Deva-Könige des Sumeru-Bergs sind.

Der Deva-König des Südens, des Wachstums und Gedeihens heißt **Virudhaka** (Phagkyepo). In seiner Hand hält er ein Schwert. **Dhritarashtra** (Yülkhor Sung) ist der Deva-König des Ostens. Er hält eine viersaitige Laute und ist für den Schutz des Reiches und Volkes durch den Dharma (die Lehre) verantwortlich. Der Deva-König des Nordens heißt **Vaishravana** (Namthöse). In den Händen hält er eine zusammengerollte Siegesfahne der buddhistischen Wahrheit und eine Manguste (eine Mungo-Art). Er ist u. a. für Regen und den Herbst zuständig. **Virupaksha** (Chenmizang) ist der Deva-König des Westens. Mit der einen Hand packt er eine Schlange und mit der anderen einen Stupa. Der Deva-König des Westens ist für den Winter zuständig und hat dafür zu sorgen, dass die Dinge reibungslos vonstatten gehen.

Heilige

Die Zahl der Heiligen scheint fast unendlich zu sein. Dennoch gibt es einige, die man besonders häufig sehen wird, und dazu gehören **Nagarjuna**, der als Begründer des Mahayana gilt, **Padmasambhava**, der dem Buddhismus in Tibet zum Durchbruch verhalf, **Atisha**, der Begründer der Kadampa-Schule, **Marpa**, ein tibetischer Guru, Übersetzer und Begründer des Kagyü-Ordens, **Milarepa**, der größte Dichter, Guru und Mystiker Tibets, **Tsongkhapa**, der Begründer der Gelugpa, der 5. Dalai Lama, die Könige Songtsen Gampo und Trisong Detsen und viele andere.

Architektur

Zwar haben Nomaden mit ihren schwarzen Zelten aus Yakhaar über Jahrtausende das Bild Tibets geprägt, aber schon früh wurden auch feste Unterkünfte gebaut. Am auffälligsten sind die charakteristischen weiß getünchten oder auch lehmfarbenen tibetischen Häuser bzw. **Wohnhöfe**. Sie erinnern stets an kleine oder große viereckige Festungen, die von einer Mauer umgeben sind. In den Dörfern stehen sie dicht an dicht, nur getrennt durch schmale Gassen. Die meisten Wohnhäuser besitzen einen Hof und dahinter ein zwei- oder dreistöckiges Haus mit einer Dachterrasse. Ein rotes Farbband schließt die weiße Hauswand zum Dach hin ab, während die Mauer um die Dachterrasse schwarz getüncht ist. Das Weiß steht in dieser Farbkombination für das Mitleid und den Bodhisattva Padmapani (Chagna Padmo), das rote Band für die Weisheit und den Bodhisattva Manjushri (Jampalyang), während der schwarze Abschluss die Energie und den Bodhisattva Vajrapani (Chagna Dorje) symbolisiert (s. auch S. 145). Ein weiteres Charakteristikum sind die mächtigen Festungen, **Dzong** genannt, in denen früher der Gouverneur einer Region residierte. Sie stehen fast immer erhöht auf einem Felsen und sind oft schon aus weiter Ferne zu sehen. Die eindrücklichsten Gebäude Tibets sind allerdings die **Tempel- und Klosteranlagen**, auf die man selbst an den scheinbar unwirtlichsten Orten trifft.

Tempelbauten

Der tibetische Begriff **Gompa** oder **Gönpa** bedeutet „Einsiedelei“, wurde später aber selbst für große Klöster verwendet. Einige Einsiedeleien wurden nach und nach zu weitläufigen Komplexen erweitert und schließlich zu regelrechten Klosterstädten ausgebaut. Andere Klöster, insbesondere das Kloster Samye, wurden nach einem feststehenden Plan erbaut. Ihre Lage wurde stets durch astrologische Berechnungen bestimmt.

Die über die Jahrhunderte gewachsenen Klöster wirken nach außen oft etwas chaotisch, aber zumindest die wichtigsten sakralen Gebäude stehen nie zufällig an ihrem Platz. Vielen

Im Kloster Tashilhunpo in Shigatse wird eine gewaltige Statue des Zukunftsbuddhas verehrt.

Klöstern, die ab dem 11. Jh. entstanden, liegt der symbolische Aufbau eines Mandala zugrunde. Allerdings wurden meist nur die kultischen Zwecken dienenden Gebäude nach symmetrischen Prinzipien konzipiert. Während kleinere Tempel aus nur einem einzigen Raum bestehen können, sind die großen Anlagen eine Ansammlung von Tempelhallen, Meditationsräumen, Nebengebäuden, Magazinen, Räumen für die Äbte und Wohnungen für die Mönche. Viele Klöster wurden mit stabilen Mauern umgeben, um sie in unsicheren Zeiten zu schützen.

Zur normalen Klosteranlage zählen diverse **Lhakhang** (Haus der Gottheiten). Im größten Lhakhang steht das Hauptgötterbildnis. Das Zentrum der Tempel wird vom **Dukhang** beherrscht, der Versammlungshalle, in der sich die Mönche anlässlich der täglichen gemeinschaftlichen Zusammenkünfte und zur Begehung religiöser Festlichkeiten treffen. An den Dukhang schließt sich meist der **Gönkhang** an, eine Kapelle mit den Schutzgottheiten. Der zentrale Lhakhang und der Dukhang sind fast immer in Rot getüncht und daher recht einfach auszumachen, während die weiteren Gebäude normalerweise weiß gekalkt werden, wobei die Fenster mit einem schwarzen Rahmen versehen sind. Weitere wichtige Gebäude sind der **Kanjur Lhakhang**, der die Bibliothek birgt, die **Labrang** bzw. Residenz des Abtes, die oft über dem Dukhang oder Haupt-Lhakhang liegt, und die **Kangtsang** (Wohngebäude). Große Klöster verfügen schließlich noch über **Tratsang**, die Gebäude der Klosteruniversitäten, und **Barkhang** (Druckerei).

Chörten

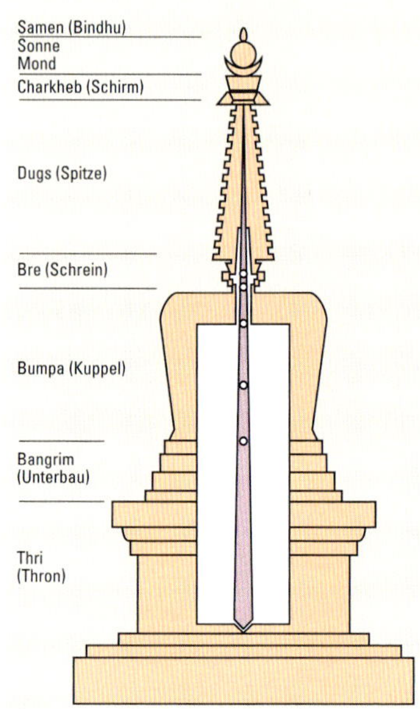

Chörten, wie die Stupas in Tibet genannt werden, waren zunächst vor allem Reliquienschreine. Später entwickelte sich der Gedächtnisstupa, der oft nur noch heilige Schriften enthielt. Die symbolische Gleichsetzung des Stupa mit Buddhas Eingehen ins Nirvana war schließlich der entscheidende Schritt, um den Stupa zu einem zentralen Symbol des Buddhismus werden zu lassen. In ihrer Grundform verbinden sich in einem Stupa zwei Urbilder, nämlich der Weltenberg und der Weltenbaum (der Himmel und Erde verbindet). In Ersterem verdichtet sich die räumliche Ausdehnung des Kosmos bildlich zur Kuppel, in Letzterem wird ein Wachstumsprozess sichtbar, der sich bildlich zur Spitze gestaltet. So ist der Chörten einerseits als Abbild des Makrokosmos wie des Mikrokosmos zu verstehen, andererseits auch als innerer Stufenweg der sittlichen Vervollkommnung und schließlich Erleuchtung.

Die drei Hauptelemente eines Stupa sind die Basis, die Kuppel und die Aufbauten. Ein idealtypischer Stupa besteht aus dem Fundament oder **Thri** (Thron). Es steht für die ethische Grundlage des buddhistischen Weges. Darüber folgt ein vierstufiger, **Bangrim** genannter Unterbau (Erde, Wurzelzentrum), der die Kräfte und Fähigkeiten auf dem Weg zur Buddhaschaft symbolisiert, und zwar von unten nach oben die vier Achtsamkeiten (auf den Körper, auf die Gefühle, auf den Geist und auf die wahre Natur der Dinge), die vier Unterlassungen unheilvoller Taten (Unheilsames, das noch nicht im Bewusstsein entstanden ist, nicht aufkommen lassen; unheilsame Gedanken, die bereits aufgekommen sind, überwinden; Tugenden, die noch nicht entwickelt wurden, entstehen lassen; Tugenden, die bereits entwickelt sind, nicht verkommen lassen, sondern fördern und vermehren), die vier Wunderkräfte (Wünschen, Tatkraft, Vertrauen und Beweglichkeit) und die fünf Fähigkeiten (Glauben, Energie, Bewusstheit, Versenkung und Wissenskraft).

Nun folgt die sogenannte Kuppel, **Bumpa** (Wasser, Nabelzentrum) genannt. Sie steht für die sieben Glieder der Erleuchtung (Vergegenwärtigung, unterscheidende Weisheit, Tatkraft, Freude, Beweglichkeit, Konzentration und Gleichmut). Darüber folgt das **Bre**, ein Element in Form eines Getreidemaßes, durch das die geweihte Reliquie im Stupa eingelagert wird und das den Edlen Achtfachen Pfad symbolisiert. Die Spitze, **Dugs** (Feuer, Herzzentrum), besteht aus 13 Ringen, die für die 13 Erleuchtungsstufen des Buddha stehen. Der die Spitze abschließende Schirm, **Charkheb** (Luft, Kehlzentrum), symbolisiert Buddhas großes Mitgefühl. Sonne und Mond als Sinnbilder für die Polaritäten und der „Samen", **Bindhu** (Äther, Hirnzentrum), als Frucht der Vereinigung der Polaritäten und das daraus entspringende Erleuchtungswissen, schließen den Stupa ab.

Der südindische Gelehrte **Nagarjuna** klassifizierte den Stupa in acht Kategorien und verknüpfte jede der acht Stupas mit einem bedeutsamen Ereignis aus Buddhas Leben. In Tibet kommen vor allem drei der acht Formen vor. Der **Changchub Chörten** mit der charakteristischen Kuppel, dem quadratisch gestuften Sockel, den sieben oder 13 Schirmen und dem Sonne-Mond-Symbol ist am weitesten verbreitet. Er steht für die Erleuchtung Buddhas. Der quadratische **Lhabab Chörten** besteht aus einer oder vier Treppen, die den gestuften Unterbau überwinden und die einen schmalen Umgang um das Gefäß erschließen. Er symbolisiert den Herabstieg vom Himmel. Die dritte Version ist der **Gomang Chörten** (Chörten mit vielfachen Türen), der aus mehreren Geschossen mit vielen Räumen und damit auch Türen besteht. Er steht für Buddhas erste Lehrrede. In einigen lamaistischen Klöstern findet man auch Reihen der acht von Nagarjuna klassifizierten Chörten.

PILGER IN DER ALTSTADT, LHASA; © ISTOCKPHOTOGRAPHIE/GUENTERGUNI

Lhasa und Umgebung

Tibets Hauptstadt präsentiert sich auf den ersten Blick als moderne Metropole. Doch abseits der glitzernden Fassaden locken die Gassen der tibetischen Altstadt, wo man in den Alltag der Tibeter eintaucht. Nur wenige Kilometer außerhalb der Stadt beginnt die wilde Schönheit Zentraltibets mit malerischen Seen, dramatischen Landschaften und herrlich gelegenen Tempeln.

Stefan Loose Traveltipps

Barkor Der heilige Umwandlungsweg des Jokhang ist Treffpunkt von Pilgern aus ganz Tibet, Begegnungsstätte, Markt und quirliges Zentrum der Altstadt. S. 159

1 **Jokhang** Die heiligste Stätte Tibets ist schon im Morgengrauen vom ehrfurchtsvollen Gemurmel unzähliger Pilger erfüllt. S. 160

2 **Potala-Palast** Die ehemalige Winterresidenz des Dalai Lama beeindruckt nicht nur durch ihre Lage, sondern vor allem durch ihre gewaltige Architektur und prachtvolle Ausstattung. S. 165

Drepung Im größten Gelugpa-Kloster Tibets lebten einst 10 000 Mönche. S. 195

3 **Ganden** Das Gründungskloster der Gelugpa thront in Form eines atemberaubenden Amphitheaters in 4300 m Höhe über dem Kyi Chu. S. 199

4 **Nam Tso** Der höchstgelegene Salzsee der Welt breitet sich einem Meer gleich in einer der wildesten Landschaften Zentraltibets aus. S. 210

KLOSTER GANDEN; © CHRISTOPH MOHR

KLOSTER GONKAR CHOED; © CHRISTOPH MOHR

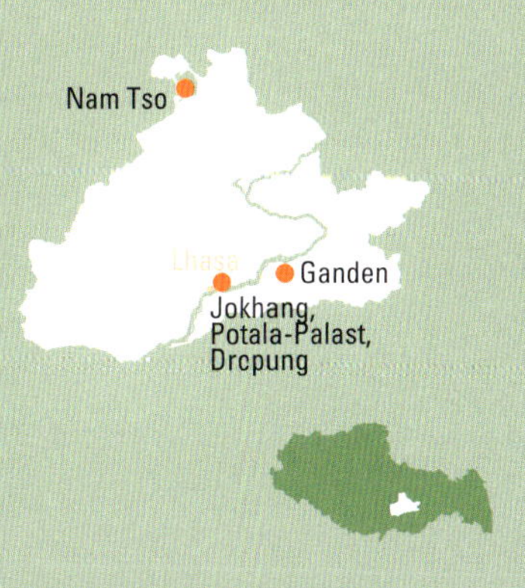

Wann fahren? April bis Ende Oktober, wobei es von Juni bis August sehr warm ist, in dieser Zeit fällt auch der meiste Regen.

Wie lange? Mindestens 3 Tage für Lhasa und 1–2 Tage für Ausflüge zum Nam Tso und Kloster Ganden oder 5 Tage für eine Rundreise durch Zentraltibet

Bekannt für die heiligsten Stätten Tibets, bunte Märkte, Meditationshöhlen, das Reiterfest von Damshung und fantastisches Trekking

Schöner Tagesausflug Kloster Tsurphu am Ende des Sechu-Tals

Unbedingt probieren Momos

Lhasa

Lhasa

s. Detailplan Drepung S. 197

Kloster Drepung

Nechung-Kloster

Gunbasha

Lalu Wetland

Dangba

Jiacuo

Liuwu

Qinghai-Tibet Hwy., Nam Tso, Tsurphu

Drölma Lhakhang (20 km), Flughafen (60 km), Tsethang, Shigatse

Beijing Xilu

(BeijingWest Rd.)

Luding Beilu (Luding Chang Lam)

Dangre Xilu

Beijing Zhonglu

(Beijing Middle Rd.)

Minzu Beilu (Myrik Chang Lam)

Tianhai Lu

Guihua Lu

Dangba Lu (Dengpa Lam)

Luding Nanlu (Luding Lho Lam)

s. Detailplan Norbulingka S. 171

Norbulingka (Sommerpalast)

Luodui Donglu

Minzu Zhonglu Myrik Kyil Lam

Luobulinka Lu

Minzu Nanlu (Myrik Lho Lam)

Jinzhu

Jinzhu Xilu (Jingdrol Nub Lam)

Jinzhu Xilu (Jingdrol Kyil Lam)

Kyi Chu

s. Detailplan Zentrum S. 156/157

Flughafen

Liuwu-Busbahnhof

Bahnhof

N
0
1000 m
Kloster Sera
Kloster Pabonka
(500 m)
MILITÄR-
KRANKENHAUS
Liusha
s. Detailplan Sera
S. 192
Basicun
Niangre
Qila Lu (Qila Lam)
Cisongtang Xilu
Cisongtang Zhonglu
Sela Beilu (Sera Chang Lam)
Cisongtang Zhonglu
(Dogde Chang Lam)
Cisongtang Donglu
Zhaji
Drapchi-Tempel
(Thalu Lam)
Nyangre Beilu (Nyangdren Chang Lam)
Zhaji Xilu
(Drapchi Nub Lam)
Zhaji Zhonglu)
(Drapchi Kyil Lam)
Zhaji Donglu
(Drapchi Shar Lam)
Tsangre Lam (Zangre Lu)
Lalu
Lalu Lu
Sela Zhonglu (Sera Kyil Lam)
Duodi Beilu
(Dangre Nub Lam)
Dangre Zhonglu
(Dangre Kyil Lam)
Dangre Donglu (Dangre Shar Lam)
Xuexincun Lu
(Sholshingtsang Lam)
Nyangre Nanlu (Nyangdren Lho Lam)
Sela Nanlu
(Sera Lho Lam)
Duodi Nanlu
(Dogde Lho Lam)
Deji Beilu (Dekyi Chang Lam)
Linkuo Xilu (Lingk or Nub Lam)
Linkuo Beilu (Lingkor Chang Lam)
Drayerpa (30 km)
Nanjin Lu (Ngachen Lam)
Jiangsu Donglu (Changsur Shar Lam)
Ramoche
Potala-
Palast
Dosengge Lam (Duosenge Lu)
Beijing Zhonglu
(Beijing Middle Rd.)
Beijing Donglu
(Beijing East Rd.)
Zangre Nanlu
(Tsangre Lho Lam)
(Norbulingka Lam)
Yutog Lu (Yuthok Lam)
Jokhang
s. Detailplan
Tibet. Altstadt
S. 176
Donglu
(Jingdrol Shar Lam)
Jiangsu Lu
(Changsur Lam)
Linju Nanlu (Linggy I Fo Lam)
Zangda Lu
Sichuan-Tibet Highway
Ganden (50 km)

Lhasa

Lhasa, die „Stadt der Götter", liegt 3658 m über dem Meeresspiegel am Kyi Chu („Glücksfluss") und ist seit alters religiöses, politisches, kulturelles und wirtschaftliches Zentrum Tibets. Die strategisch günstige Lage des Lhasa-Tals hatte den 33. tibetischen König Songtsen Gampo (reg. 629–649) einst dazu veranlasst, das heimatliche Yarlung-Tal zu verlassen. Zwar hatte es der Legende nach bei der Ansiedlung in Lhasa zunächst Probleme gegeben (s. Kasten S. 155), aber seine chinesische Gattin Wencheng, die in der Kunst der Geomantie bewandert war, bescheinigte ihm, den perfekten Ort gewählt zu haben. Der Himmel über dieser Stätte, urteilte sie, gleiche einem achtspeichigen Rad der Lehre und der Boden einem Lotos, während die Berge den acht Glückssymbolen entsprächen. Das war nicht nur ein gutes Omen, sondern auch der Beginn der Sesshaftwerdung des tibetischen Volkes.

Die von Songtsen Gampo gegründete Stadt erhielt zunächst den Namen Rasa („umfriedeter Ort"), da sie vermutlich von einer Stadtmauer umgeben war. Der Name Lhasa leitet sich vermutlich von den Lha, gutartigen himmlischen Wesen, her, die in der Bön-Religion die göttliche Macht, mit der die Menschen verbunden sind, verkörpern. Die spätere lamaistische Geschichtsschreibung lieferte allerdings eine andere Erklärung für die Namensgebung (s. Kasten S. 155). Vielleicht lag in Wenchengs geomantischer Deutung schon ein Vorzeichen für die zukünftige Bedeutung der Stadt als religiöser Mittelpunkt Tibets, wenngleich der Buddhismus noch einige Umwege gehen sollte, bis er in seiner tantrischen Ausprägung schließlich zur Staatsreligion wurde. Paradoxerweise brachte die Öffnung der China-Tibet-Straße in der Tang-Zeit zwischen Chang'an und Lhasa zunächst den geografisch viel weiter entfernten chinesischen Buddhismus nach Tibet, da nun Mönche wie Xuanzhai (651) und zahlreiche andere über Tibet nach Indien pilgerten, der umgekehrte Strom von Nepal nach Tibet aber ausblieb.

Eine heute vor dem Eingang des Jokhang-Tempels stehende Inschriftenstele, auf der der chinesisch-tibetische Friedens- und Freundschaftsvertrag von 822 aufgezeichnet worden ist, erwähnt erstmalig den Namen Lhasa. In diesem Vertrag erkannte der Kaiser die Unabhängigkeit Tibets und die Besetzung der chinesischen Provinz Gansu durch die Tibeter an. In der Regierungszeit von König Langdarma (reg. 836–842) begannen die großen Buddhistenverfolgungen und die religiösen Stätten wurden geschlossen oder zerstört. Lhasa versank in der Bedeutungslosigkeit. Erst ab dem 11. Jh. begann eine erste Rekonstruktion der Heiligtümer, und ab dem 15. Jh. wurde Lhasa dank der Gründung der großen Klöster Sera, Drepung und Ganden zum Zentrum der Gelugpa. Mit der steten Zunahme ihres Einflusses wuchs auch die Bedeutung Lhasas. Mitte des 17. Jhs. siedelte ihr Oberhaupt, der Dalai Lama, vom Kloster Drepung in den neu erbauten Potala über. Damit avancierte Lhasa zwar zur Hauptstadt Tibets, doch die Unwegsamkeit des Landes ließ ihre administrative Macht oft nicht weit reichen. Erst mit dem Einmarsch der Chinesen 1950 und der Ausrufung der Autonomen Region Tibet wurde Lhasa tatsächlich Hauptstadt für ganz Tibet – oder zumindest das, was davon noch übriggeblieben war.

Die große Vergangenheit der Stadt manifestiert sich auch im heutigen Lhasa noch in zahlreichen beeindruckenden Bauten. Trotz der raschen Modernisierung der Stadt, die wie ein aus den Fugen geratenes Dorf mit zu großen Straßen wirkt, umfängt Neuankömmlinge in Lhasas Altstadt eine unvergleichliche Atmosphäre. Die Stadt untergliedert sich in einen wuchernden, gesichtslosen chinesischen und einen stimmungsvollen tibetischen Teil. Heute soll der Anteil an Tibetern unter den rund 279 000 Einwohnern des eigentlichen Stadtgebiets, zumindest nach offizieller Zählart, bei etwa 140 000 liegen, darunter vermutlich 60 000 Tibeter im eigentlichen tibetischen Viertel im Zentrum. Das chinesische Militär wird jedoch nicht mitgezählt, weshalb unabhängige Schätzungen davon ausgehen, dass mindestens doppelt so viele Chinesen wie Tibeter in der Stadt leben. Dabei wächst der Anteil der Chinesen durch Zuwanderung stetig und die tibetische Altstadt macht in der an den Rändern immer stärker wuchernden chinesischen Stadt nur noch 4 % des Stadtgebiets aus.

Legende der Entstehung Lhasas

Ob im Potala, im Jokhang oder in anderen Heiligtümern, immer wieder wird man an den Wänden auf eine Darstellung der Entstehungslegende Lhasas stoßen. Songtsen Gampos nepalesische Gattin Bhrikuti hatte versucht, den **See der Milchebene (Othangi Tso)** trockenlegen zu lassen, um auf dem Gelände einen Tempel zu errichten. Seltsamerweise füllte sich der See aber allnächtlich erneut mit Wasser und vereitelte das Vorhaben. Erst die auf dem Gebiet der Geomantik versierte chinesische **Prinzessin Wencheng**, die noch dazu aus einem Land stammte, in dem der Buddhismus sich gerade anschickte, zu höchster Blüte zu gelangen, erkannte die Ursache für dieses Phänomen: Eine auf dem Rücken liegende **Dämonin** breitete sich über ganz Tibet aus und verhinderte dort die Ausbreitung der buddhistischen Lehre; der See der Milchebene war ausgerechnet das Herzblut der Dämonin. Da nahm Wencheng den goldenen Ring von ihrem Finger und warf ihn in den See, in der Hoffnung, damit den Energiefluss Qi in die richtige Richtung zu lenken. Wenig später hob sich ein weißer Stupa aus dem See empor und verschwand wieder. Wencheng erkannte in diesem Vorfall eine Disharmonie der Elemente. Um die für die Trockenlegung benötigten Elemente in Harmonie zueinander zu bringen, ordnete sie an, dass von nun an Ziegen (Ra), die als magische Ausstrahlung der buddhistischen Schutzgottheit Garwa Nagpo Damchen galten, für den Transport der Erde (Sa) verwendet werden sollten. So entstand der Name Rasa, der sich später zu Lhasa wandelte. Die Dämonin selbst wurde mit zwölf über ganz Tibet verteilten Tempeln fixiert, wobei der Jokhang, der den offiziellen und bis heute verwendeten Namen Rasa Trülnang Tsuglagkhang erhielt, das Herz „festnagelte".

Orientierung

Das moderne Lhasa reicht im Norden bis zu den Berghängen, an die sich das Kloster Sera schmiegt, nach Westen bis etwa zum Kloster Drepung und nach Süden bis zum Kyi Chu (Lhasa-Fluss); der Bereich östlich der Altstadt beginnt gerade erst, sich auszudehnen. Hierhin werden in den kommenden Jahren die meisten Schulen der Stadt umgesiedelt. Teilweise werden auch die Inseln im Kyi Chu und die Areale südlich des Flusses bebaut. Der **Bahnhof** befindet sich weit entfernt in einem ausgedehnten Neubaugebiet im Südwesten jenseits des Flusses. Das ursprüngliche Lhasa breitete sich südöstlich vom Potala aus und umfasst in etwa das Karree, das von der Linkuo Beilu (Lingkor Chang Lam) im Norden, der Linkuo Donglu (Lingkor Shar Lam) im Osten, der Jiangsu Lu (Changsur Lam) im Süden und der Dosengge Gyingoi Lam (Duosenge Beilu).

Der traditionelle äußere Ritualweg um Lhasa, der **Lingkor**, führt von der Linkuo Xilu (Lingkor Nub Lam, Lingkor Rd. East) westlich des Potala über die Linkuo Beilu (Lingkor Chang Lam, Lingkor Rd. North), Linkuo Donglu (Lingkor Shar Lam, Lingkor Rd. East) und Linkuo Nanlu (Lingkor Lho Lam, Lingkor Rd. South) am Südrand der Altstadt zur Jiangsu Lu (Changsur Lam) und von dort nach Westen wieder zu seinem Ausgangspunkt an der Linkuo Xilu. Der interessanteste Teil der Altstadt mit ihren verwinkelten Gassen befindet sich südlich der Beijing East Road und östlich der Dosengge Gyingoi Lam (Duosenge Lu). Im Zentrum steht der **Jokhang**, um den der innere Umwandlungsweg, der Barkor führt.

Verwirrend scheint anfangs die **Schreibweise** einiger ursprünglich tibetischer Straßennamen in der Stadt. Bis vor Kurzem erfolgte die Umschrift tibetischer Namen in die lateinische Schrift nach keinem einheitlichen System. Die Umschrift der Namen auf den Verkehrs- und Straßenschildern ist daher relativ chaotisch und selbst im Verlauf ein und derselben Straße nicht immer einheitlich. Die Umschrift der Straßennamen kann daher von den in diesem Buch verwendeten Schreibweisen, die sich am auch im übrigen China verwendeten Pinyin-System orientieren, abweichen. In letzter Zeit wurden aber zunehmend Straßenschilder in tibetischer und chinesischer Schrift sowie mit dem in China verwendeten und auch von der Uno für das Tibetische empfohlenen Transkriptionssystem aufgestellt. Die Linkuo Donglu gibt es beispielsweise mit folgenden Bezeichnungen, die letztendlich alle dasselbe bezeichnen: Lingkor Shar

Lhasa Zentrum

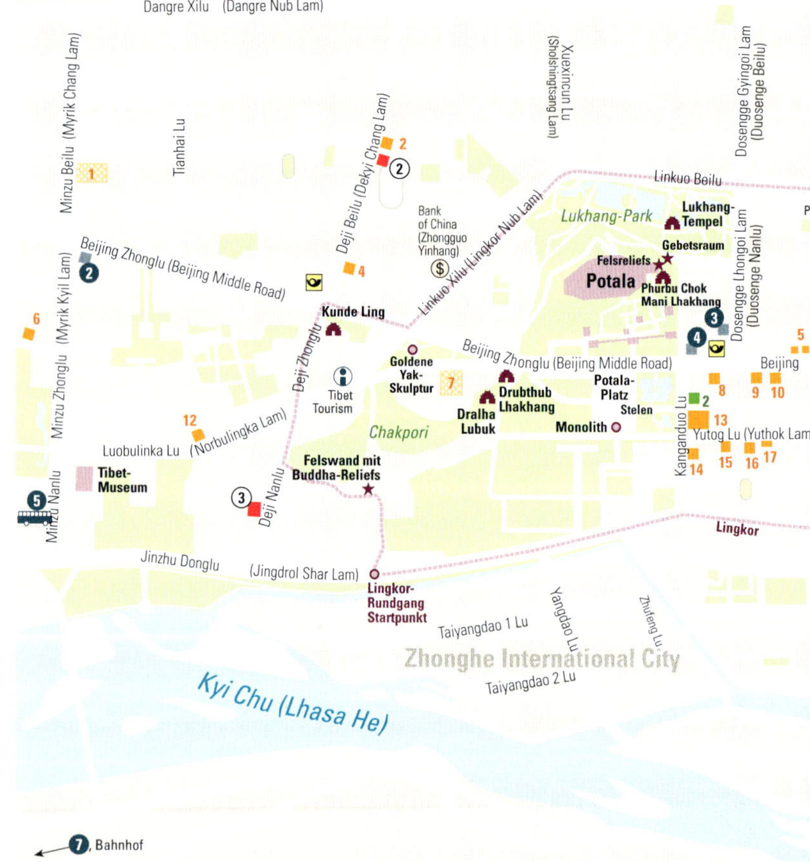

N
0
1000 m
TRANSPORT
1 Nord-Busbahnhof (Beijiao Keyunzhan)
2 Air China
3 CAAC Booking Office/Flughafenbusse
4 Bahn- und Flugticketvorverkauf
5 West-Busbahnhof (Lasa Qichezhan)
6 Ost-Busbahnhof (Dongjiao Keyunzhan)
7 Liuwu-Busbahnhof
Zhaji Zhonglu (Drapchi Kyil Lam)
Zhaji Donglu (Drapchi Shar Lam)
Drapchi-Tempel
Sela Zhonglu (Sera Kyil Lam)
Zhaxixincun Lu
Jiarong Lu
Duodi Beilu (Dogde Chang Lam)
Junmin Lu
Tsangre Lam (Zangre Lu)
Dangre Zhonglu
(Dangre Kyil Lam)
Dangre Donglu (Dangre Shar Lam)
Sela Nanlu (Sera Lho Lam)
Duodi Nanlu (Dogde Lho Lam)
(Lingkor Chang Lam)
Lingkor
Nanjin Lu (Ngachen Lam)
Prefectural People's Hospital (Qu Renmin Yiyuan)
Ramoche
Jiangsu Donglu (Changsur Shar Lam)
Gamagongsang Lu
Donglu
(Beijing East Road)
Dosengge Lam (Duosengge Lu)
Lingkor
Jokhang
Zangre Nanlu (Tsangre Lho Lam)
s. Detailplan Tibet. Altstadt S. 176
Linkuo Nanlu (Lingkor Lho Lam)
(Lingko- Shar Lam)
Hongqi Lu
Jiangsu Lu (Changsur Lam)
Zangda Lu
Shengtaiyuan Lu
Linkuo Donglu
Linju Nanlu (Linggy Lho Lam)
Gongbutang Lu
Bolinka Lu
Binhe Lu

Lam (nur in tibetischer Schrift), Linkuo Donglu und Lingkor Road East oder abgekürzt und in Klammern (E.). Auf den Verkehrsschildern findet man zusätzlich oft englische Bezeichnungen.

Ritualwege

Lingkor

Bevor die tibetischen Pilger die Stadt betreten, umrunden sie sie meist ein oder mehrere Male im Uhrzeigersinn auf dem 7 km langen, Lingkor genannten äußeren Ritualweg. Im Morgengrauen wandern sie Gebete murmelnd an zahlreichen Felsbildern, Tempeln und Grotten vorbei und drehen dabei unablässig ihre eigenen oder die am Wegrand angebrachten Gebetsmühlen. Wer sich diesen Anblick nicht entgehen lassen will, sollte entsprechend früh herkommen. Besonders viel ist natürlich an religiösen Festtagen los, wenn der ganze Lingkor vom Drehen der Gebetsmühlen summt.

Von dem ursprünglichen Lingkor ist nicht mehr viel erhalten geblieben, aber es gibt noch einen interessanten Abschnitt, den zu besuchen sich lohnt. Startpunkt ist die **Jinzhu Donglu** (Jingdrol Shar Lam) gleich südlich vom Chakpori (Eisenberg). Der Weg beginnt rechts von der Tankstelle und führt zunächst zwischen zwei Mauern auf den Fernsehturm zu. Die Gasse wird von Bettlern, Mönchen und Händlern gesäumt. Am Fuß des **Chakpori** führen links Treppen den Berg hinauf. Man passiert auf dem Weg nach oben zahlreiche Schreine, die unter der Last der Opfergaben zusammenzubrechen scheinen. Vorbei an einem Chörten, der vollständig aus Mani-Steinen errichtet wurde, geht es weiter nach Westen wieder bergab zu einem größeren Platz, der vom Gemurmel zahlloser sich niederwerfender Pilger und dem monotonen Klopfen der Steinmetze, die Mani-Steine mit Texten behauen, erfüllt ist.

Im Norden wird die Freifläche von einer mächtigen **Felswand** (Eintritt ¥10) begrenzt, die vollständig mit bunten Reliefs von buddhistischen Heiligen bedeckt ist, die sich um das blaue Relief des Amitayus (Tsepame, Buddha der Langlebigkeit, eine Form des Buddha Amitabha) gruppieren. Über 5000 solcher Reliefs sollen die Felsen des Chakpori zieren. Man verlässt den Platz über den Weg an der Nordwestecke, wo ebenfalls zahlreiche Devotionalienhändler kleine tönerne Buddha-Figuren und andere heilige Dinge feilbieten. Der Weg führt auf die Deji Nanlu (Dekyi Lho Lam), in die man nach rechts einbiegt. Kurz vor der Beijing Zhonglu (Beijing Middle Rd.) kann man dem ehemals königlichen Tempel **Kunde Ling** (Gongdelin Si) einen Besuch abstatten (S. 172). An der Kreuzung etwas weiter nördlich sieht man rechter Hand einige blank polierte Felsen. Ihnen wird nachgesagt, dass sie heilende Kräfte hätten, und so reiben die meisten Pilger ihren Rücken oder die Knie daran.

Tsekor

Die Kora um den Potala wird Tsekor genannt und führt einmal um die Außenmauer des Palastes herum. Beginn dieser Kora ist der Stupa, der den alten westlichen Zugang nach Lhasa markiert. Entlang einer endlosen Folge von Gebetsmühlen an der Begrenzungsmauer wandert man nach Norden und gelangt hinter dem Potala zum **Lukhang-Park**. Im alten Tibet war dieses Areal ein Picknickplatz der Aristokratie. Die Noblesse hat er verloren, zwischenzeitlich hieß er proletarisch korrekt Jiefang Gongyuan („Park der Befreiung"), aber heute trägt der schöne Park den Namen des hier beheimateten **Lukhang-Tempels** („Tempel des Drachenkönigs"). Dieser nur wenig besuchte Bau soll an den Sieg über die Naga-Schlangen und den Einzug Songtsen Gampos in Lhasa erinnern. Der Bau geht auf den 6. Dalai Lama zurück. Im Erdgeschoss des dreistöckigen Tempels kann man eine Skulptur von Luyi Gyalpo, dem Naga-König, mit fünf Schlangen über seinem Kopf sehen. ⌚ tgl. 9–17 Uhr, Eintritt ¥10, Park frei.

Richtung Nordosten passiert man zahlreiche Felsreliefs und einen kleinen Gebetsraum, der von Nonnen genutzt wird. Dahinter folgt an der Ostseite der **Phurbu Chok Mani Lhakhang**, der eine große Gebetsmühle birgt. Weiter nach Süden stößt man auf den weitläufigen **Potala-Platz**, der 1995 aus Anlass der 30-Jahr-Feier der Gründung der Autonomen Region Tibet angelegt wurde. Solche Plätze sind den Tibetern ursprünglich fremd gewesen. Entsprechend ist er eine rein chinesische Kreation und orientiert sich am Tian'anmen-Platz in Beijing. Gegenüber

Die Löwen auf dem Dach des Jokhang wachen über die Schätze des Tempels und die Lehre Buddhas.

vom (ehemaligen) Haupteingang des Potala steht ein rund 8 m hoher Obelisk aus dem Jahr 764. Er berichtet von Tibets Sieg über China und die Einnahme der chinesischen Hauptstadt Chang'an im Jahr 763. Zwei weitere Stelen erinnern an die Niederlage gegen die Dsungaren 1721 und den Sieg über die Gurkhas im Jahr 1788 und 1791. Der hässliche Monolith im Zentrum des Potala-Platzes kam erst 2002 hinzu, um an den 50. Jahrestag der „Befreiung" Tibets zu erinnern. Wahrscheinlich ist er aber eher ein Symbol für die Verwandlung Lhasas in eine Fly-in-Metropole für Touristen aus aller Welt, die sich hier fotografieren lassen.

Barkor und Barkor-Platz

Zentrum der Altstadt ist der Barkor, der heilige Umwandlungsweg (Kora) um den Jokhang. Um diesen Bereich zu betreten, muss man durch eine Polizeikontrolle, an der Taschen und Gepäck durchleuchtet werden. Der Barkor ist Markt, Begegnungsstätte und heiliger Ort in einem und ein Treffpunkt der verschiedenen tibetischen Stämme. Hier gehen einige Pilger den 800 m langen Ritualweg nicht zu Fuß, sondern werfen sich, durch Leder an Brust, Bauch und Knie geschützt, der Länge immer wieder hin und umrunden den Barkor auf diese Weise. In den Seitenstraßen entlang dem Weg findet man Souvenir-, Lebensmittel- sowie Kleider- und Trödelmärkte.

Auf dem Vorplatz vor dem Eingang zum Jokhang stehen zwei **Inschriftenstelen**. Die linke der beiden enthält den chinesisch-tibetischen Friedensvertrag von 821/822, während sich rechts davon die Pockenstele aus dem Jahr 1793 befindet, die die Bevölkerung vor einer grassierenden Pockenepidemie warnte und Verhaltensmaßregeln vorgab. Ein ummauerter Stumpf ist alles, was von einer Weide blieb, die einst von Prinzessin Wencheng gepflanzt worden sein soll. Während der Kulturrevolution wurde der Baum gefällt, weil er den Tibetern heilig war. Vor dem Haupteingang des Jokhang selbst finden sich den ganzen Tag über gläubige Pilger ein, um sich leder- oder stoffbewehrt vor dem Portal niederzuwerfen – eine schweigsame und beeindruckende Demonstration tief verwurzelten buddhistischen Glaubens. Im Uhrzeigersinn läuft man an endlosen Reihen von Marktständen vorbei, die Souvenirs, Hüte, religiöse Utensilien und Schmuck verkaufen, und übersieht dabei schnell die Sehenswürdigkeiten entlang der Strecke. So erreicht man nach etwa 100 m einen kleinen Vorplatz auf der rechten Seite, der ein wenig von den Marktständen verdeckt wird. Hier befindet sich der **Mani Lhakhang**, in dem sich den ganzen Tag über eine riesige Gebetsmühle dreht. Eine kleine Gasse führt von hier einige Meter nach Süden zum **Champa Lhakhang**, in dem eine über zwei Etagen reichende Skulptur des Zukunftsbuddhas mit einigen Schutzgottheiten steht. Von hier folgt man den Gebetsmühlen einige Meter nach Süden und erreicht das alte aktive Kloster **Meru Nyingba**, dessen Fundament auf das 7. Jh. zurückgeht. Verwaltet wird es vom Kloster Nechung (S. 198), und so sieht man hier auch einige Darstellungen des Staatsorakels, das bei seinen Besuchen in Lhasa stets in diesem Tempel residierte.

Auf der Westseite des kleinen Hofes kann man die engen Stufen zum **Gongkar Chöde**, einer kleinen Kapelle der Sakyapa-Schule, hochsteigen. Unten befindet sich der **Champhala Lhakhang** mit einer Skulptur des Dipamkara (Marmedze), des Buddhas des vergangenen Zeitalters. Folgt man der Gasse, stößt man nach einigen Metern wieder auf den Barkor, der nun Richtung Süden an einem großen, meist in Qualm erstickenden Schrein und einem hohen **Dharchen** vorbeiführt. Diese Masten dienen zum Aufhängen von Gebetsfahnen. „Dhar" bedeutet „farbiger Schal" oder „farbige Fahne". Da es in Zentraltibet kaum Bäume gibt, dienen die Dharchen als Ersatz: Sie werden in Höfen oder auf Plätzen aufgestellt und mit Gebetsfahnen behängt. Vorbei an der Südseite des Jokhang, gelangt man schließlich wieder zum Barkor-Platz.

Der Jokhang

Das wichtigste Pilgerziel des Schneelands ist der Jokhang, Tibets Nationalheiligtum und pulsierendes Zentrum des tibetischen Buddhismus. Die Gründung des sehr verschachtelt wirkenden Tempels geht auf Songtsen Gampos nepalesische Gattin Bhrikuti zurück. Eng mit seiner Entstehungslegende verknüpft ist auch der Name der Stadt Lhasa (s. Kasten S. 155). Zwischen 642 und 653 wurde von nepalesischen Baumeistern zunächst der Tsuglagkhang gebaut. Im Tsuglagkhang fand anfangs der Jobo Mikyö Dorje, die Mitgift der nepalesischen Prinzessin Bhrikuti, seine Heimstatt. Er wurde später in den Ramoche

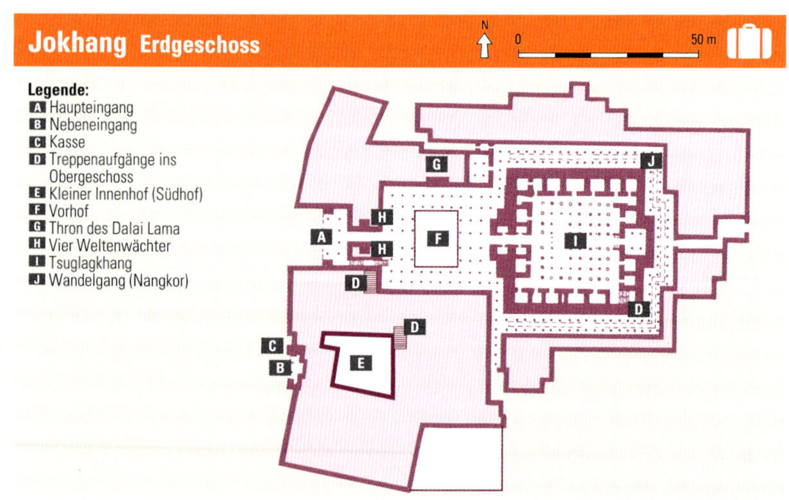

verbracht und durch den Jobo Shakyamuni, die Mitgift Wenchengs, ersetzt. Als „Haus des Jobo" (Jokhang) wurde der Tempel dann auch bekannter als unter der Bezeichnung Tsuglagkhang.

Die früher allgegenwärtige Spiritualität des Jokhang, der sich kein Besucher entziehen konnte, ist angesichts der Touristenströme kaum noch zu spüren. Damit ist der Tempel für die meisten Besucher – die Pilger natürlich ausgenommen – zu einer Sehenswürdigkeit unter vielen degradiert worden, und viele Touristen latschen eher gelangweilt durch die ehrwürdigen Hallen. Aber wer sich Zeit nimmt, möglichst früh kommt, wenn auch die Pilger im Morgengrauen in langen Schlangen anstehen, um hineingelassen zu werden, und sich in ihrem Strom vom Surren der Gebetsmühlen und dem Gemurmel der Sutren leiten lässt, der wird dennoch ein wenig von der Heiligkeit des Ortes erleben.

🕒 tgl. 8.30–18.30 Uhr, einige Kapellen tgl. 9–12 Uhr, Eintritt von 8.30–11 Uhr nur bei Voranmeldung an der Kasse am Vortag! Tourgruppen ab 10 Personen dürfen den Tempel ohne Voranmeldung erst ab 11.30 Uhr, Einzeltouristen ab 11 Uhr besuchen. Für tibetische Pilger ist der Tempel von 8–11.30 Uhr geöffnet, Eintritt ¥85. Achtung, die Öffnungszeiten und Besuchervorschriften ändern sich laufend, um sie den wachsenden Besucherzahlen anzupassen, also am besten am Vortag schauen, ob sich etwas geändert hat.

Eingang und Vorhof

Der **Haupteingang** **A** zum Tempel ist meist geschlossen. Kommt man doch einmal durch dieses stets von Pilgern verstopfte Tor hinein, sieht man rechts und links die **vier Weltenwächter** **H**: Wächtergottheiten, die als Beschützer der buddhistischen Wahrheit fungieren. Meist betritt man den Tempel aber durch einen **Nebeneingang** **B** rechts vom Haupteingang und gelangt dann über einen kleinen **Innenhof** **E** auf einen größeren **Vorhof** **F**. An buddhistischen Festtagen stehen hier zahllose Butterlämpchen, die den allgegenwärtigen, für tibetische Tempel so typischen, schweren Yakbutter-Geruch verbreiten. Sie dienen der Darbringung des „Tausendfachen Lichtopfers". Auf den Altären wird man neben den Lichtopfern auch sieben wassergefüllte Schalen finden. Da Opfergaben wie Gerste, Chang (ein aus vergorener Gerste gewonnenes bierähnliches Getränk) oder Räucherstäbchen vielfach nicht leicht zu bekommen sind, werden sie durch diese Schalen repräsentiert, die idealerweise aus Silber sein sollten.

Auf der nördlichen Hofseite im ersten Stockwerk sieht man ein prächtig gestaltetes Gebäude, in dem der Dalai Lama die jährlichen Abschlussprüfungen des Geshe-Lharampa-Examens abnahm, an denen 16 Kandidaten teilnehmen durften. Nur fünf Kandidaten wurde am Ende der Titel des Geshe, des „Heilsfreundes", einer Art Doktor der Philosophie, verliehen. Man kann nun direkt in den Tsuglagkhang hineingehen oder ihn zunächst einmal entlang dem von Hunderten von Gebetsmühlen (angeblich 365) gesäumten Wandelgang, dem **Nangkor** **J**, im Uhrzeigersinn umrunden.

Im Tsuglagkhang

Betritt man den Tsuglagkhang, muss man gleich im Eingangsbereich an den Schutzgottheiten des Gebäudes, den zornvollen Raksha-Dämonen und den friedlichen Schlangendämonen, vorbei und steht dann in einem Versammlungssaal mit mehreren großen Statuen. Im Vordergrund links steht die Statue von Padmasambhava und rechts neben ihm eine Statue des Zukunftsbuddhas Maitreya. Hinter den beiden stehen etwas versetzt in der Mitte des Heiligtums eine kleinere Skulptur des tausendarmigen Avalokiteshvara (Chenresig) und rechts von ihr noch einmal eine große Statue des Maitreya.

Die Kapellen 1 bis 8

Auf dem Weg zur Hauptkapelle muss man zunächst an sieben kleineren Seitenkapellen vorbei. In der ersten, dem **Tsongkhapa Lhakhang** **8**, sieht man Tsongkhapa und seine acht Schüler, gefolgt von einer Kapelle Amitabhas, **Öpagme Lhakhang** **9**, die allerdings meist geschlossen ist. Vor dieser Kapelle steht der kleine **Chörten des Sakya Pandita** **10**, der zur Deutung weissagender Zeichen errichtet wurde. Entlang der nördlichen Wand passiert man die **Lhakhangs der Acht Medizinbuddhas** **11** und den **Thugje Chenpo Lhakhang** **12**, der die neben dem Jobo zweitwichtigste Skulptur des Jo_khang, ein Avalokiteshvara mit elf Gesichtern,

LHASA UND UMGEBUNG

eine Skulptur, die sich selbst vollendet haben soll, enthält. Die Türen zu dieser Kapelle stammen noch aus dem 7. Jh. und gehören zu den wenigen Relikten, die aus der Gründungszeit erhalten geblieben sind.

Der folgende **Champa Tründse Lhakhang 13** soll mit Erde, die vom Waschwasser Songtsen Gampos durchtränkt war, errichtet worden sein. Zentrale Skulptur hier ist Maitreya, der von den vier Bodhisattvas Manjushri, Avalokiteshvara, Vajrapani und Tara (Drölma) umgeben ist. Im Zentrum der 6. Kapelle (in der Ecke), ebenfalls ein **Tsongkhapa Lhakhang 14**, steht eine Statue Tsongkhapas, umgeben von Figuren weiterer großer Lehrer. In der **letzten Kapelle 15** vor dem Hauptheiligtum ist noch einmal eine Darstellung Amitabhas zu sehen. Hier beten die Pilger ein letztes Mal für die Reinigung ihrer Seele, bevor sie den im Osten befindlichen eigentlichen **Jokhang 17** betreten.

Vorbei an **vier Wächtergottheiten 16** gelangt man zunächst in einen Vorraum und steht dann vor der aus vergoldeter Bronze bestehenden heiligsten Buddha-Statue Tibets, dem **Jobo-Shakyamuni**. Dargestellt ist er in seiner transzendenten Form, in der alle Lebewesen an seinen Qualitäten teilhaben können.

Die Kapellen 9 bis 16

Das dem Jokhang folgende Heiligtum ist **Maitreya 18** geweiht. Es enthält die Replik einer der Skulpturen aus der Mitgift von Prinzessin Bhrikuti. Umgeben ist der Zukunftsbuddha von acht Darstellungen der Tara, deren Manifestationen die Funktionen des Schützens und Inspirierens in sich vereinen und die Ängste abwehren sollen. Im 10. Lhakhang ist eine Skulptur **Avalokiteshvaras 19**, der auf einem Schneelöwen reitet, zu sehen. Bei den anderen acht Statuen handelt es sich um verschiedene Erscheinungsformen des Bodhisattva. Hinter der Kapelle führt eine Treppe in die erste Etage. Wer die Runde erst zu Ende gehen will, sieht in der 11. Kapelle, die der Treppe folgt, **Meditationgottheiten 21**, Manifestationen des Amitayus in Yab-yum-Stellung.

Das Haupttheiligtum an der Südseite ist der **Maitreya Lhakhang 22**. Es birgt eine von Manjushri (links) und Avalokiteshvara (rechts) flankierte Maitreya-Statue. Diese Skulptur des Zukunftsbuddhas wird am 25. Tag des ersten Mondes in einer Prozession um den Barkor getragen. Der 13. Lhakhang birgt eine Skulptur Amitabhas, und an den Wänden sieht man die Acht Medizinbuddhas aufgereiht. In dieser Kapelle soll Prinzessin Wencheng nach dem Tod Songtsen Gampos die Skulptur des **Jobo 23** versteckt haben. Lhakhang 14 ist den sieben mächtigen **Buddhas der Vergangenheit 24** geweiht, gefolgt von der Kapelle der neun Formen des **Amitayus 25** und der **Kapelle der Religionskönige 26**. In ihr sollen die einzigen neben dem Jobo noch erhaltenen originalen Skulpturen des Jokhang zu sehen sein. Links steht König Trisong Detsen, in der Mitte Songtsen Gampo, der von einem kleinen Amitabha-Kopf gekrönt wird, und rechts Rälpachen. Am Eingang links sieht man den Minister Gawa, der Wencheng aus China nach Tibet brachte, Prinzessin Wencheng selbst und den mythologischen ersten König von Tibet, Nyatri Tsenpo. Rechter Hand stehen neben Rälpachen noch der Minister Thönmi Sambhota, der Erschaffer der tibetischen Schrift, sowie Prinzessin Bhrikuti.

Obergeschoss

Die Treppe neben der Kapelle des Avalokiteshvara im südöstlichen Winkel des Tsuglagkhang führt ins erste Obergeschoss, wo sich an der östlichen Seite der **Meditationsraum Songtsen Gampos 27** befand. Man kann auch hier eine Reihe von Lhakhangs abwandern, allerdings sind die meisten von ihnen in der Regel geschlossen. Zu denen, in die man manchmal einen Blick werfen kann, gehören der **Zhelre Lhakhang 28** mit einem gut erhaltenen Gemälde, die **Kapelle des Padmasambhava 29**, die den Guru Rinpoche, wie er auch genannt wird, sowohl in seiner bekanntesten Form mit seinen beiden Gefährtinnen zeigt, als auch in acht Erscheinungsformen, in denen er in acht Ländern in der dort jeweils angemessenen Weise die Lehre verkündet haben soll.

Im **Cakrasamvara Lhakhang 30** daneben ist die Darstellung Cakrasamvaras (Demchok), eine der höchsten tantrischen Initiationsgottheiten, in Yab-yum-Stellung mit seiner Weisheitspartnerin Vajravahari (Dorje Phagmo) zu sehen. Er verkörpert einen tantrischen Meditationspfad, dem

Jokhang Tsuglagkhang

N 0 10 m

Erdgeschoss:
1 Naga Lhakhang
2 Raksha Lhakhang
3 Padmasambhava
4 Zukunftsbuddha Maitreya
5 Tausendarmiger Avalokiteshvara (Chenresig)
6 Statue des Maitreya
7 Padmasambhava
8 Tsongkhapa Lhakhang
9 Öpagme Lhakhang
10 Chörten des Sakya Pandita
11 Lhakhangs der Acht Medizinbuddhas
12 Thugje Chenpo Lhakhang
13 Champa Tründse Lhakhang
14 Tsongkhapa Lhakhang
15 Öpagme Lhakhang
16 Vier Wächtergottheiten
17 Jokhang
18 Maitreya Lhakhang
19 Kapelle des Avalokiteshvara
20 Treppen ins Obergeschoss
21 Kapelle mit Meditationsgottheiten
22 Maitreya Lhakhang
23 Kapelle, in der Jobo versteckt wurde
24 Lhakhang der sieben Buddhas der Vergangenheit
25 Kapelle der neun Formen des Amitayus
26 Kapelle der Religionskönige

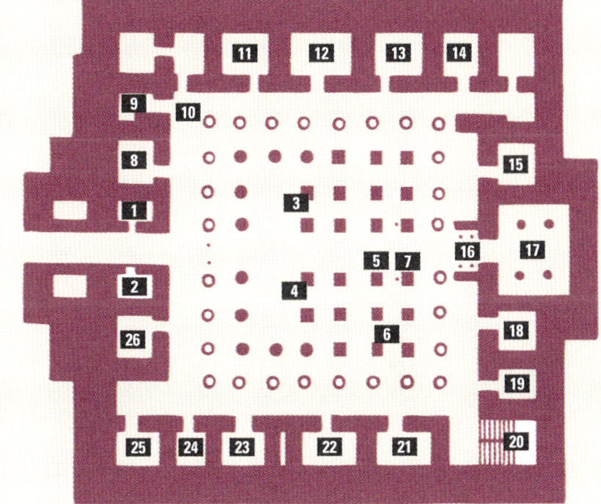

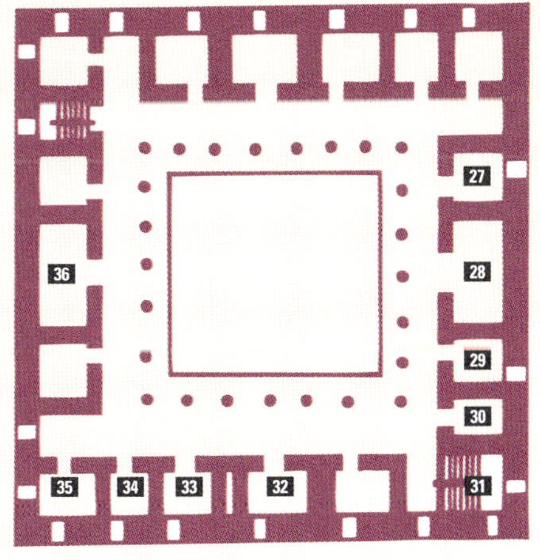

Obergeschoss:
27 Meditationsraum Songtsen Gampos
28 Zhelre Lhakhang
29 Kapelle des Padmasambhava
30 Cakrasamvara Lhakhang
31 Treppenaufgang
32 Shakyamuni-Kapelle
33 Kapelle der Acht Medizin-Buddhas
34 Shakyamuni-Kapelle
35 Kapelle mit den Fünf Beschützern
36 Chögyel Lhakhang (Kapelle des Songtsen Gampo)

LHASA UND UMGEBUNG

Von der Übereinstimmung der vier geistigen Brüder

In vielen Tempeln, darunter auch der Jokhang, sieht man an prominenter Stelle Thankas und Wandbilder mit einer Darstellung, die ein wenig an die Bremer Stadtmusikanten erinnert: Unter einem Baum stehen übereinander ein Elefant, ein Affe, ein Hase und ein Rebhuhn. Das Bild geht auf die volkstümliche Fabel *Von der Übereinstimmung der vier geistigen Brüder* zurück, in der diese vier Tiere in einer Diskussion das grundlegende Gebot des harmonischen Zusammenlebens der Lebewesen klären. Dieses Gebot fordert den Respekt vor dem Alter und daraus folgend die Ehrerbietung gegenüber den Alten. Die oft zu sehende Illustration soll immer und überall den tieferen Sinn des friedlichen Zusammenwirkens der Lebewesen in Erinnerung bringen. Daher wird sie auch gerne auf den Einladungskärtchen zum tibetischen Neujahrsfest abgebildet.

Die Fabel

Einst wohnten ein Rebhuhn, ein Hase, ein Affe und ein Elefant in einem Wald. Jeder von ihnen war überzeugt, der Älteste zu sein, dem die anderen Ehrfurcht schuldeten. Deshalb trachteten sie danach, durch Gedankenaustausch herauszufinden, wer tatsächlich der Älteste unter ihnen sei. „Lasst es uns am mächtigen Stamme eines Pipalbaumes bestimmen", sagte der Elefant. „Ich entsinne mich, dass mein Körper einst gleich hoch gewesen ist wie die noch junge Krone dieses Baumes."

Der Affe sagte: „Zur Zeit, als dieser Baum noch klein gewesen ist, war mein Körper gleich hoch."

Der Hase sagte: „Ich schlürfte noch die Tautropfen, die ich so gerne habe, von dem Sprössling dieses Baumes, als er nur fünf Finger hoch war."

Das Rebhuhn sagte: „Dieser Sprössling konnte jedoch nur deshalb wachsen, weil ich selbst – von oben – den Samen dieses Baumes auf die Erde gestreut habe."

Daraufhin musste der große Elefant einsehen, dass er jünger war als die anderen. Danach sahen auch der Affe und der Hase ein, dass das Rebhuhn der Älteste unter ihnen war und dass es dem richtigen Verhalten entspräche, dass die Jüngeren dem Älteren Ehrfurcht bezeugen. Nur so wirken die von den beseelten Wesen vollbrachten guten Taten wie das befruchtende Regenwasser auf die Scholle. Dadurch wird auf der Erde die Ernte zunehmen, das Glück gedeihen und Gnade, Ruhm und Reichtum blühen. Zu jener Zeit sagte ein alter Weiser und Seher: „Eben deshalb erläuterten der Elefant, der Affe, der Hase und der Vogel im Walde das Gebot, wonach die Jüngeren den Älteren Ehrfurcht schulden."

(Quelle: 🖳 tibetfocus.com/tibet/kultur/fabeln/von-der-ubereinstimmung-der-vier-geistigen-bruder)

zu folgen, da er höchste Anforderungen an die Charakterstärke und geistigen Fähigkeiten des Übenden stellt. Vorbei an **Kapellen mit Shakyamuni** **32** / **34** ,den **Acht Medizinbuddhas** **33** und **Schutzgottheiten** **35** erreicht man die wichtigste **Songtsen Gampo geweihte Kapelle** **36** des Jokhang. Dieser Schrein mit seinem goldenen Dach über dem Eingang des Jokhang enthält eine Statue des Königs mit seinen beiden Gemahlinnen Bhrikuti auf der linken und Wencheng auf der rechten Seite. Als Emanation des Buddha Amitabha trägt er dessen Kopf in seinem Turban. Der reich verzierte Silberkrug vor dem König soll als Behälter für seinen Chang gedient haben.

Zweite Etage

Die steile Treppe führt schließlich weiter, vorbei an dem mit zahllosen Katas verhängten Schrein der **Palden Lhamo**, einer der wichtigsten Schutzgottheiten der Gelbmützenschule und Beschützerin der Stadt Lhasa und des Dalai Lama, auf die weitläufige Dachanlage des Jokhang im zweiten Obergeschoss – ein unvergessliches Erlebnis, kann man doch von oben, umgeben von den goldenen Dächern des Tempels und dem leisen Geläut der überall angebrachten Glocken, einen herrlichen Blick auf die vor einem liegende Altstadt und den sich in der Ferne majestätisch erhebenden Potala werfen.

2 HIGHLIGHT

Der Potala-Palast

Der Winterpalast des Dalai Lama, in dem dieser mit einem Gefolge von 500 Lamas lebte, erhebt sich auf dem Roten Berg (Marpori) und erscheint als Manifestation einer uns unbegreiflichen Welt: der des mystischen tantrischen Buddhismus, der sich hier sein unvergessliches Denkmal schuf. Der „Große Fünfte" Dalai Lama, Ngawang Lobzang Gyatso, der Begründer der Theokratie der Gelugpa, begann 1643 mit dem Bau des Palasts, dessen Vorderfront etwa 360 m lang ist. Im Innern tragen 15 000 Säulen die Decken der über 750, angeblich sogar 999 Hallen. Die in der grellen Sonne funkelnden Golddächer überragen die Stadt um 120 m. Der Name Potala wurde vom Sanskritwort „Pattala" abgeleitet und bezeichnet den gleichnamigen heiligen Berg, auf dem Avalokiteshvara im alten Indien gelebt haben soll. Als Emanation dieses Bodhisattva konnte sich der Dalai Lama kaum einen besseren Ort aussuchen, galt der Marpori doch als Abbild des Berges Sumeru, des Weltenbergs der hinduistischen und buddhistischen Kosmologie.

Die Teile des Palasts, die weiß getüncht sind, dienten säkularen Zwecken und beherbergten in erster Linie Verwaltungsräume und Lager. Einen rein tibetischen Stil weist die Architektur der Gebäude auf, in der Ausstattung und Ausschmückung sind aber auch mongolische, chinesische und indische Einflüsse erkennbar. Der oben auf den Weißen Palast aufgesetzte 13-stöckige Rote Palast im Zentrum hatte eine religiöse Funktion und beherbergte die Wohnräume des Dalai Lama, Versammlungshallen und zahllose Lhakhang mit den prachtvollen Reliquienschreinen der Dalai Lamas, wertvollen Statuen und unzähligen Schriften. In ihrer Gesamtkonstruktion manifestiert sich in dem gewaltigen Palast der Höhepunkt tibetischer Baukunst, die sich hier nicht in strenger Geometrie oder Symmetrie, sondern in der Anpassung an die natürlichen Geländegegebenheiten Ausdruck verschafft und dem Potala dadurch seinen unverwechselbaren Charakter verleiht. Der Geist des Dalai Lama lebt

Potala-Formalitäten

Über 15 Millionen Touristen reisen jährlich nach Tibet, und die meisten wollen natürlich auch den Potala besichtigen – zu viele für die empfindlichen Innenräume. Um die Massen zu kanalisieren, wurde daher ein **Quotensystem** eingeführt, das von Mai bis Oktober gilt. Pro Tag dürfen dann nur 2300 Besucher in den Palast. 1600 Tickets sind für Tourgruppen reserviert, 700 für Einzelreisende. Wer den Potala in in dieser Zeit besichtigen möchte, muss über seinen Guide am Vortag zwischen 9 und 12 Uhr unter Vorlage des Reisepasses einen Reservierungsbeleg beantragen. Auf der Quittung stehen die Besuchszeit und die Passnummer. Vor allem im Sommer sollte man sich frühzeitig um die **Reservierung** kümmern. Wer den Termin nicht wahrnehmen kann und den Besuch später nachholen möchte, muss den Beleg stornieren. Wer das versäumt, kommt auf eine **Sperrliste** und kann dann innerhalb der nächsten sieben Tage keine neue Reservierung beantragen.

Am nächsten Tag muss man sich rechtzeitig zur angegebenen Zeit am Osteingang einfinden, wo man gegen Vorlage der Reservierung und des Reisepasses in den Palastbereich gelassen wird. Taschen, Feuerzeuge und Wasserflaschen müssen am Eingang abgegeben werden. Fotoapparate sind erlaubt. Die **Tickets** kauft man am Ende der Treppe vor dem Zugang zum Klosterhof Deyang Shar. Den Palast besichtigt man dann in einer endlosen Schlange. Der **Aufenthalt** ist auf eine Stunde begrenzt. Die begleitenden Reiseleiter haften dafür mit ihrer Lizenz. Das Wachpersonal scheucht einen weiter, wenn man sich zu lange an einer Stelle aufhält und so einen Rückstau verursacht.

Von November bis April kann das Ticket ohne Voranmeldung direkt am Besuchstag an der Kasse gekauft werden.

Informationen auf der Website www.potalapalace.cn, zurzeit allerdings nur auf Chinesisch, eine englische Version ist im Aufbau. tgl. 9.30–16.40, letzter Einlass 15 Uhr, Eintritt Mai–Okt ¥200, Nov–April ¥100.

Potala Roter Palast, Querschnitt

in dem furiosen Bauwerk allerdings nicht fort, und auch Spiritualität wird man in diesem Museum nicht mehr finden, dennoch hinterlässt jeder Besuch immer wieder einen tiefen Eindruck.

Der Eingangsbereich Shöl

Am südlichen Fuß des Potala lag das Dorf Shöl, in dem sich gleich neben dem Rotlichtbezirk Lhasas auch der Kashag befand, jenes Gebäude, in dem das Kabinett Tibets zusammenkam. Außerdem waren hier die Büros der Ministerien, das Hauptquartier der kleinen tibetischen Armee, die Staatsdruckerei und ein Gefängnis angesiedelt. Der Eingang zum Dorf und zum Potala befindet sich an der Südostseite des heute von einer Mauer umgebenen ehemaligen Dorfes. Hier wird man wie am Flughafen durchleuchtet, das Handgepäck gescannt, und dann darf man sich an den buchstäblich atemberaubenden Aufstieg machen.

Rund 125 Stufen führen über den zentralen Eingang weiter zum östlichen Eingang, der wiederum auf den Klosterhof **Deyang Shar** führt. Diese rund 1500 m² große Ostterrasse ist von ockerfarbenen Gebäuden umgeben, in denen sich früher Ämter, eine Mönchsschule und Schlafräume der Studenten befanden. Im Innenhof fanden Festveranstaltungen mit Cham-Tänzen statt, die von Mönchen des Namgyel Dratshang, dem Privatkloster des Dalai Lama, aufgeführt wurden. Auf der Westseite des Hofes gelangt man schließlich über steile, leiterartige Treppen in den Weißen Palast. Innen folgen weitere Treppen, die man hinaufsteigt.

Auf dem Weißen Palast

Immer weiter führen die Stufen nun nach oben, bis man auf dem Dach des Weißen Palasts anlangt. In den Gebäuden auf dem weitläufigen Dach befanden sich die Audienzhalle und die Privatgemächer des 13. und 14. Dalai Lama. Man betritt zunächst die Versammlungshalle, in der die frühere Regierung Tibets tagte, und gelangt von dort in die Audienzhalle, in der die letzten beiden Dalai Lamas offizielle Gäste empfingen. Ursprünglich hingen neben dem Thron die

Porträts der beiden Dalai Lamas, doch das des aktuellen Oberhaupts der Tibeter wurde entfernt. Im Anschluss wandert man durch den privaten Empfangsraum und weiter durch die Privatkapelle und die Gemächer.

Roter Palast

Über das Dach wird man schließlich in den zentralen Bereich des unglaublich verwinkelten Roten Palasts geführt. Man beginnt die Besichtigung im dritten Stock – wie immer im Uhrzeigersinn – und arbeitet sich dann bis ins Erdgeschoss dieses Bereichs runter. Dort verlässt man den Potala schließlich über den Hinterausgang und eine Rampe, die zur Nordostecke des Palasts nahe dem Phurbu Chok Mani Lhakhang (S. 158) führt.

Dritter Stock

Die **Maitreya-Kapelle** **2** (Chamkhang) ist das erste Heiligtum auf dem Rundgang. Sie birgt einen großen, sitzenden Maitreya, den der 8. Dalai Lama gestiftet hat. Im Kopf dieser Skulptur soll sich eine Reliquie, die Schädeldecke des Weisen Atisha, befinden. Gleich gegenüber von Maitreya steht der Thron des 8. Dalai Lama, der diesen Raum als Privatzimmer nutzte, während der Thron in der Folge von allen Gottkönigen genutzt wurde. In den Regalen stehen die 25 Bände der gesammelten Werke Tsongkhapas. Die folgende **Kapelle der Mandalas** **3** (Loilang Khang) war ursprünglich ein Privatgemach des 7. Dalai Lama, dessen Skulptur man neben dem Thron sieht. Im Mittelpunkt stehen aber die dreidimensionalen Mandalas der drei wichtigsten tantrischen Gottheiten der Gelugpa: Guhyasamaja (Dorje Chang), Cakrasamvara (Damchok) und Yamantaka (Shinjeshe). Nebenan passiert man die **Kapelle des Sieges über die drei Welten** **4** (Sasum Namgyal) mit einer Skulptur des tausendarmigen Avalokiteshvara. An der Wand hängt ein Thanka, das den chinesischen Kaiser Qianlong zeigt. Seine Truppen hatten den Tibetern geholfen, die Gurkha aus Tibet zu vertreiben.

Der Eckraum ist die **Kapelle der unsterblichen Glückseligkeit** **5** (Chimey Dedan Kyil). Sie war einst ein Wohnraum des 6. Dalai Lama (1697–1706). In ihr steht eine Skulptur des Buddha Amitayus (Tsepame), die der 8. Dalai Lama stiftete, zudem Buddha Shakyamuni und die 16 Arhats, erleuchtete Heilige und Schüler des Buddhas. Hinter der Kapelle führt ein seit Jahren verschlossener Korridor zur **Grabstupa des 13. Dalai Lama** **6**. Die nächste Kapelle ist der **Lama Lhakhang** **7** mit einer Statue Tsongkhapas im Zentrum und den Skulpturen des 6. bis 12. Dalai Lama.

Die Nordfront wird von den Grabkapellen des 7., 8. und 9. Dalai Lama und ihren Grabstupas gebildet. In der Nordwestecke kommt zuerst die **Grabkapelle des 8. Dalai Lama** **8** (1758–1804). Rechts davon führen Stufen zur **Kapelle des Avalokiteshvara** **9** (Phagpa Lhakhang). Sie soll zusammen mit der Meditationshöhle Songtsen Gampos gleich darunter noch aus dem 7. Jh. stammen und Teil des ersten Palasts von Songtsen Gampo gewesen sein. Entsprechend gilt sie als heiligster Ort im Potala. Gleich daneben steht die **Grabkapelle des 7. Dalai Lama** **10** (1708–1757). Der Stupa ist 9 m hoch und soll mit 100 000 Edelsteinen besetzt sein. In der letzten Kapelle an der Nordfront befindet sich der **Grabstupa des 9. Dalai Lama** **11** (1806–1815).

Zweiter Stock

Über die Treppe steigt man nun eine Etage tiefer, wo man entlang einer Galerie wieder zahlreiche Kapellen passiert. Der erste Lhakhang am Weg ist der **Kalachakra Lhakhang** **13**. Zwar ist er häufig geschlossen, aber wenn man hinein darf, sieht man ein prachtvolles dreidimensionales Mandala des Kalachakra-Tantras (S. 138) mit einem Durchmesser von 6,20 m. An der Wand ist Kalachakra, die Personifizierung dieses Systems, zu sehen. Links von ihm sind diejenigen 172 Lamas, die die Kalachakra-Initiation von 1027 bis heute empfangen haben, dargestellt. Die **Kapelle Shakyamunis** **14** zeigt den Buddha mit den acht großen Bodhisattvas und birgt den Thron des 7. Dalai Lama sowie eine Bibliothek.

Die **Amitayus-Kapelle** **15** (Tsepak Lhakhang) nebenan wurde unter dem 8. Dalai Lama erbaut. Sie birgt u. a. neun Statuen des Buddhas der Langlebigkeit. Der wichtigste Raum in dieser Etage ist die **Meditationshöhle Songtsen Gampos** **18**. Zusammen mit der Kapelle des Avalokiteshvara soll sie noch ein Überrest des ersten Palasts Kukhar Phodrang aus dem 7. Jh. sein. Die zentrale Skulptur ist natürlich die von Song-

LHASA UND UMGEBUNG

3. Stock

Legende:
1 Ausgang zur Dachterrasse
2 Maitreya-Kapelle (Chamkhang)
3 Kapelle der Mandalas (Loilang Khang)
4 Kapelle des Sieges über die drei Welten (Sasum Namgyal)
5 Kapelle der unsterblichen Glückseligkeit (Chimey Dedan Kyil)
6 Grabstupa des 13. Dalai Lama
7 Lama Lhakhang
8 Grabkapelle des 8. Dalai Lama
9 Kapelle des Avalokiteshvara (Phagpa Lhakhang)
10 Grabkapelle des 7. Dalai Lama
11 Grabstupa des 9. Dalai Lama
12 Treppe in den 2. Stock

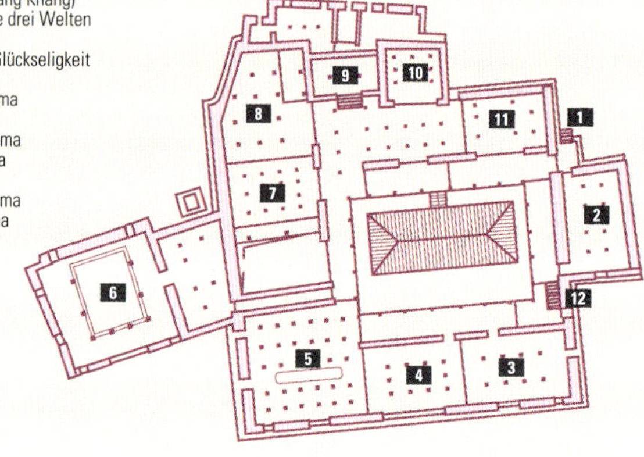

2. Stock

Legende:
13 Kalachakra Lhakhang
14 Kapelle Shakyamunis
15 Amitayus-Kapelle (Tsepak Lhakhang)
16 Ausstellungsraum
17 Obere Galerie um die Grabstupa des 5. Dalai Lama (geschlossen)
18 Meditationshöhle Songtsen Gampos
19 Lima Lhakhang
20 Opferhalle/Teehaus

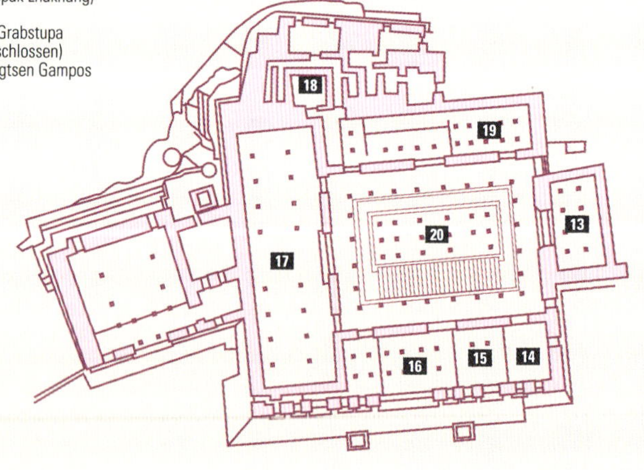

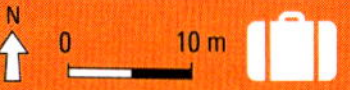

1. Stock

Legende:
21 Treppenhaus ins Erdgeschoss

Hallen zurzeit geschlossen

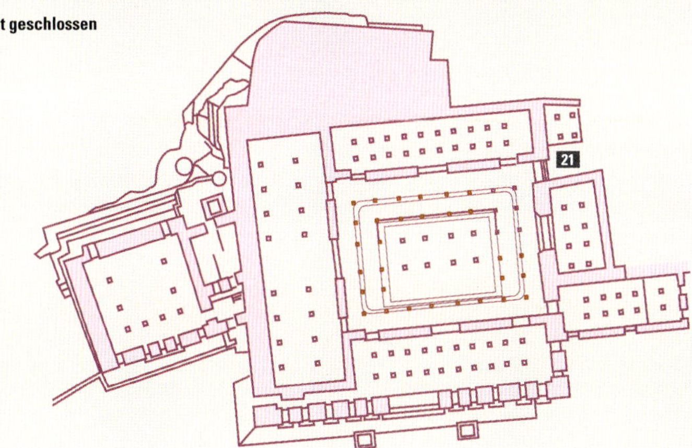

Erdgeschoss

Legende:
22 Große Versammlungshalle
23 Lamrim Lhakhang
24 Rigdsin Lhakhang
25 Kapelle der Grabstupas
26 Lhakhang der Existenzlinie der Dalai Lamas
27 Nordausgang

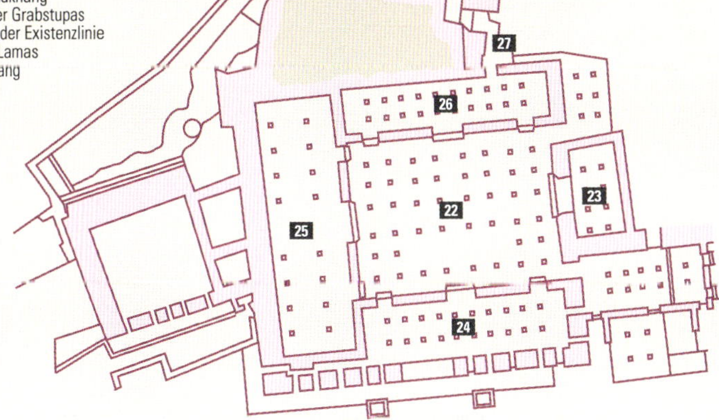

LHASA UND UMGEBUNG

tsen Gampo. Zu seiner Linken steht sein Minister Thönmi Sambhota, der die tibetische Schrift entwickelt haben soll. Weitere Statuen zeigen Padmasambhava, dessen Frauen und viele weitere Persönlichkeiten.

Erdgeschoss

Die erste Etage ist seit vielen Jahren geschlossen und nicht für Besucher zugänglich, sodass man die Treppen bis zum Erdgeschoss hinuntersteigen muss. Hier landet man in der herrlichen, 5725 m² großen **Versammlungshalle** 22, die auch als Inthronisationshalle des 6. Dalai Lama fungierte. Dessen Thron bildet neben einigen Thankas den einzigen Ausstattungsgegenstand. Um den mystisch anmutenden, düster von spärlichem Tageslicht erleuchteten Saal, dessen Decke von 8 hohen und 36 kürzeren, fein geschnitzten Pfeilern getragen wird, gruppieren sich fünf große Kapellen. Die erste ist der **Lamrim Lhakhang** 23, ein Schrein für Tsongkhapa. Im Zentrum stehen eine silberne Statue Tsongkhapas sowie weitere Figuren von Gurus und Lamas, die in der Überlieferungsreihe der Lehre vom „Stufenweg der Erleuchtung" (tib. Lamrim) stehen.

Die südliche Kapelle ist der **Rigdsin Lhakhang** 24, in dem Padmasambhava, der zwischen seinen beiden Ehefrauen sitzt, und sieben weitere wichtige indische Lamas verehrt werden. Die Figuren rechts von ihm zeigen acht verschiedene Erscheinungsformen des Padmasambhava, die Figuren links von ihm sind seine acht Lehrer.

Einer der Höhepunkte des Roten Palasts ist die **Kapelle der Grabstupas** 25. Hier stehen die mächtigen Grabstupas des 5., 10. und 12. Dalai Lama. Im Zentrum prunkt der 1692 errichtete, fast 15 m hohe Stupa des Großen Fünften. Für diesen einzigartigen Reliquienschrein wurden 133 kg Gold sowie Tausende von echten Perlen, Türkisen, Korallen und Gzi-Steinen benötigt. Rechts und links stehen die kleineren Stupas des 10. (1816–1837) und 12. Dalai Lama (1856–1875), die beide nicht lange genug lebten, um eine eigene Grabkapelle zu erhalten.

Die letzte Kapelle ist der **Lhakhang der Existenzlinie der Dalai Lamas** 26. Gleich am Anfang steht der Grabstupa des 11. Dalai Lama (1838–1856). Ihm folgen zahlreiche Standbilder mit Darstellungen Songtsen Gampos, der vier ersten Dalai Lamas, der Acht Medizinbuddhas, der Buddhas der drei Zeiten und verschiedener Formen Padmasambhavas. Im Zentrum stehen die Skulpturen des 5. Dalai Lama und Buddha Shakyamunis. Beide sind gleich groß, was die überragende Bedeutung des Großen Fünften für Tibet verdeutlicht.

Norbulingka

Der Norbulingka („Juwel-Garten") der Dalai Lamas liegt in der 21 Norbulingka Lu (Luobulinka Lu) – Zugang über die Minzu Zhonglu (Myrik Kyil Lam) – etwa 7 km westlich der Stadtmitte. Mit dem Bau der rund 360 000 m² großen Sommerresidenz wurde 1754 unter dem 7. Dalai Lama Losang Kalsang Gyatso begonnen. Er ließ hier erstmals einige Gebäude errichten, nachdem er schon längere Zeit gelegentlich Heilbäder in einer hiesigen Quelle genommen hatte. Seine Nachfolger ließen jeweils weitere Gebäude hinzufügen. Die letzten und auch größten Veränderungen fanden zwischen 1954 und 1956 unter dem jetzigen Dalai Lama statt. Er ließ für sich einen ganz neuen Palast, den Tagten Minjur Phodrang, erbauen. Auffallend am Sommerpalast ist, dass er nicht so düster und abweisend wirkt, wie es für die tibetische Architektur sonst typisch ist. Hier hat der chinesische Einfluss einen sommerlich lichten, reich ornamentierten, aber nicht überladenen Stil hervorgebracht.

In dem riesigen Park treffen sich Tibeter an hohen Feiertagen gern zum Picknick. Außerdem finden hier die Opernveranstaltungen zu verschiedenen Festen statt. Man betritt die Parkanlage durch das noch unter dem 13. Dalai Lama erbaute Tor und läuft geradeaus auf den Palast des 7. Dalai Lama, den **Kelsang Phodrang**, zu. Der 8. Dalai Lama ließ ihn erweitern, und seitdem wurde er von allen seinen Nachfolgern bis hin zum 13. Dalai Lama als Sommerresidenz genutzt. Allerdings ist nur die Hauptaudienzhalle geöffnet, in der viele schöne Thankas zu sehen sind.

Im Zentrum des Parks steht der unter dem 14. Dalai Lama erbaute **Tagten Minjur Phodrang**.

Norbulingka

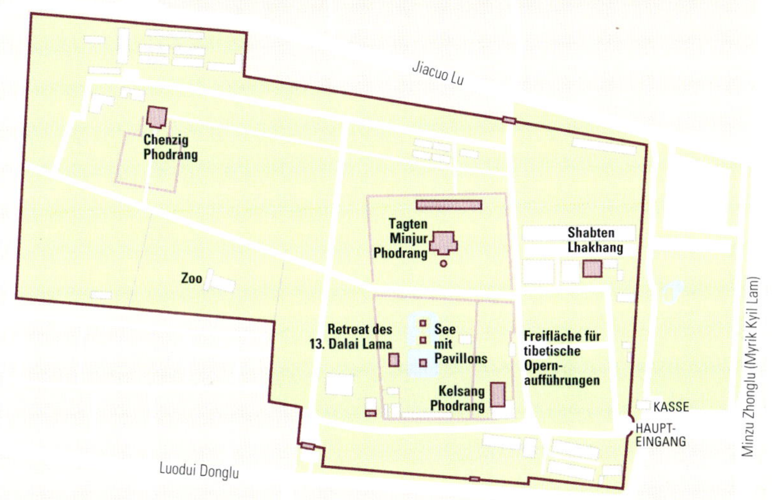

Tagten Minjur Phodrang (Sommerpalast) 1. Stock

Legende:
1 Audienzraum
2 Meditationszimmer
3 Schlafzimmer
4 Bad
5 Offizielle Empfangshalle
6 Aufenthaltsraum der Mutter
7 Beratungszimmer

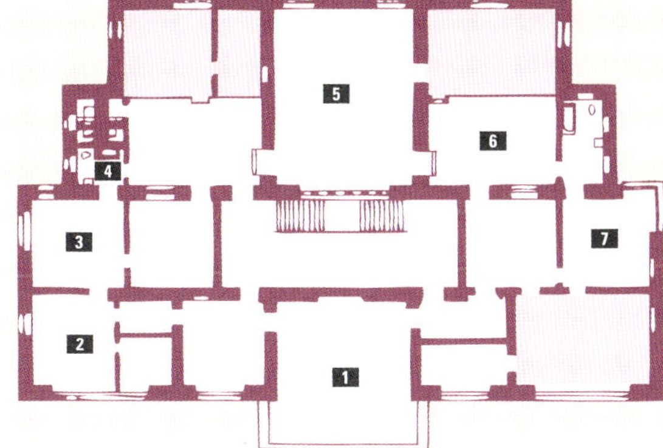

Besuchen kann man nur die Räume im ersten Stock, wo man nacheinander den Audienzraum des Dalai Lama, sein Meditationszimmer, sein Schlafzimmer (das so zu sehen ist, wie er es auf seiner plötzlichen Flucht verließ), die offizielle Empfangshalle, den Aufenthaltsraum seiner Mutter und das Beratungszimmer durchquert. Vorbei an einem etwas traurigen Zoo gelangt man in die Nordwestecke des Norbulingka, wo der unter dem 13. Dalai Lama erbaute **Chenzig Phodrang** steht. In der Versammlungshalle unten ist noch der Thron erhalten. Ansonsten gibt es hier einige Thankas, 36 Silberstatuen von Amitayus, Vijaya und Tara, der Götterdreiheit für ein langes Leben, und die Statue des 13. Dalai Lama zu sehen. ⌚ tgl. 9–17.30 Uhr, Eintritt Mai–Okt ¥80, Nov–April ¥60.

Weitere Sehenswürdigkeiten

Lhasa besticht nicht nur durch seine bedeutenden Tempel und die beeindruckende Größe des Potala, mindestens ebenso interessant ist ein Bummel durch die Gassen und Straßen der tibetischen Stadt. Überall stößt man auf kleinere und größere Tempel. Einige befinden sich in Wohnanlagen, erkennbar am penetranten, allgegenwärtigen, leicht ranzig-süßlichen Duft der Butterkerzen und den heraushängenden Gebetsfähnchen.Das Leben selbst spielt sich hier ab wie seit Jahrhunderten, und man kann viele Tage damit verbringen, immer wieder Neues zu entdecken. Doch auch am Rand der Altstadt gibt es das eine oder andere zu sehen.

Tibet-Museum

Das mächtig aufragende Tibet-Museum befindet sich in der 19 Norbulingka Lu, gleich südöstlich des Norbulingka. Das aufwendig bestückte Museum im Stil eines chinesisch-tibetischen Palasts könnte richtig gut sein, wäre da nicht eine starke Propagandalastigkeit. In der ersten Etage sind zahlreiche Exponate zur Frühgeschichte, viele Manuskripte und wunderschöne Thankas ausgestellt. Die zweite Etage ist der Nomadenkultur gewidmet und die dritte Etage der Flora und Fauna Tibets.

Der Schwerpunkt der Ausstellungen liegt auf eher unbedenklichen Exponaten zur Ethnografie; man sieht Leder- und Holzarbeiten, Trachten und andere interessante Dinge zur Alltagskultur Tibets. Dürftiger wird es dann in den Bereichen Religion und Geschichte. Sieht man aber einmal von diesen Schwachpunkten ab, gibt es eine Reihe interessanter Dinge zu sehen, die zusammengenommen einen Eindruck der großartigen tibetischen Kultur vermitteln, die selbst von der chinesischen Propaganda nicht wegretuschiert werden kann. ⌚ Anfang 2017 wurde das Museum für umfangreiche Renovierungsarbeiten geschlossen, ein Termin für die Wiedereröffnung ist noch nicht bekannt gegeben worden.

Kunde Ling

Das Kloster steht am Fuß des Parma Ri, eines kleinen Hügels westlich des Chakpo Ri, in der Deji Zhonglu (Dekyi Kyil Lam) an der Kreuzung mit der Beijing Zhonglu (Beijing Middle Rd.). Es wurde 1794 von den Chinesen für ihren tibetischen Regenten erbaut, um den Sieg über die Gurkhas und die Stabilisierung ihres De-facto-Protektorats über Tibet zu feiern. Nach dem Tod eines Dalai Lama wurde bis zur Auffindung einer Reinkarnation und bis zum Erreichen des 18. Lebensjahrs eines neuen Dalai Lama unter den vier Äbten von Kunde Ling und denen der drei anderen in jener Zeit gegründeten königlichen *(ling)* Tempel Tengye Ling, Tsomön Ling und Drib Tsemchok Ling einer zum Regenten bestimmt. Die Machtfülle dieser Regenten und ihrer Klöster führte dazu, dass die 8. bis 12. Dalai Lamas nie zum Herrscher nominiert wurden, sondern alle vor Erreichen der Volljährigkeit unter „mysteriösen" Umständen starben.

Vor allem in den 1990er-Jahren erregte das Kloster Kunde Ling einiges Aufsehen, als die hiesigen Mönche heimlich Geburtstagsfeiern für den Dalai Lama organisierten und es zu Repressionen kam. Heute sind einige Kapellen der reizvollen Anlage, die man über die Beijing Zhonglu betritt, für Besucher geöffnet. ⌚ 9–18 Uhr, Eintritt frei.

Dralha Lubuk

Einen Steinwurf vom Potala entfernt birgt der Chakpori an der Westseite des Potala-Platzes den Felsentempel Dralha Lubuk, der zu den ältesten Kulturdenkmälern Lhasas gehört. In der teils in den Fels gehauenen Kultstätte verehren die Tibeter seit der Zeit Songtsen Gampos, der hier meditiert haben soll, die unterirdischen Naga-Gottheiten und bitten sie um Schutz vor den alljährlichen Überschwemmungen des Kyi Chu. Die Hauptattraktion des Tempels sind einige über 1000 Jahre alte Felsreliefs, die zu den ältesten Tibets gehören. Auf dem Weg zum Dralha Lubuk passiert man übrigens einige Steinmetze (S. 181), die hier Sutren und Heiligenfiguren in Schieferplatten meißeln. ⌚ tgl. 7–19 Uhr, Eintritt ¥20.

Drubthub Lhakhang

Rechts hinter dem Dralha Lubuk führt ein Pfad ein Stück den Berg hinauf, wo man einen Blick in das Nonnenkloster Drubthub werfen kann. Es ist Tangtong Gyelpo gewidmet, der von 1361–1485 gelebt und hier ein erstes Kloster gegründet haben soll. Tangtong Gyelpo war ein Universalist, der als Schmied, Prediger, Maler, Dichter, Philosoph, Arzt und nicht zuletzt als Architekt arbeitete. Berühmt wurde er als Konstrukteur von Hängebrücken, von denen einige bis heute überdauert haben. Ebenso bekannt ist er als Begründer der tibetischen Oper, darunter die Lhamo-Oper („Göttinnen-Oper"), bei der mythologische Erzählungen mit Tanz und Gesang dargeboten werden. ⌚ unregelmäßig, Eintritt frei (Spenden erwünscht).

Ramoche

Der neben dem Jokhang wichtigste Tempel im Stadtgebiet von Lhasa ist der Ramoche („Große Einfriedung") aus dem 7. Jh. Damit ist er neben dem Jokhang einer der ältesten Tempel Tibets. Während der Kulturrevolution seiner Innenausstattung beraubt und zwischenzeitlich als Schul- und Wohnraum zweckentfremdet, ließ man ihn 1985 renovieren und mit neuen Wandmalereien und Statuen ausstatten. Heute dient er wieder als Tempel und zentrales Heiligtum, denn im Ramoche steht die Statue des Jobo Mikyö Dorje, die Mitgift der nepalesischen Prinzessin Bhrikuti. Errichtet wurde der Ramoche ursprünglich für den Jobo Shakyamuni. Als im 7. Jh. Gerüchte aufkamen, dass chinesische Truppen im Anmarsch seien, die es auch auf den Jobo abgesehen hätten, wurde er in den Jokhang verbracht und dort versteckt, während der weniger kostbare Jobo Mikyö Dorje in den Ramoche übersiedelte. Später wurden die Figuren dann nicht wieder ausgetauscht.

Man kann den Tempel zunächst über den inneren Umwandlungsweg umrunden und dabei zahllose Gebetsmühlen drehen, bevor man das Hauptgebäude betritt. Gleich links am Eingang sieht man den Gönkhang, die Halle der Schutzgottheiten, in der sich eine Skulptur des lokalen Schutzgottes Dorje Yundroma befindet. In der düsteren Haupthalle sieht man links die machtvoll aufragende Statue des Schrecken erregenden Vajra Bhairava, „der Erschreckende", der auch unter der Bezeichnung Yamantaka (Shinjeshe) bekannt ist. Er ist eine der komplexesten Gottheiten des lamaistischen Pantheons, dessen Tantra bei allen tibetischen Schulen eine wichtige Rolle spielt. Die prachtvoll dekorierte Statue des Jobo Mikyö Dorje steht im Ramoche an der Rückwand des Dukhang und wird von vier Weltenwächtern bewacht. Der Tempel ist über die lebhafte und stets von Händlern und Marktbesuchern verstopfte Xiaozhaosi Lu (Ramoche Lam) in der nördlichen Altstadt zu erreichen. ⌚ Mi–Mo 9–17 Uhr, Eintritt ¥30.

© CHRISTOPH MOHR

Opferofen für Wacholder-Zweige vor dem Ramoche

Gyüme

Die ursprünglich im Jahr 1433 gegründete „Untere Tantrische Fakultät" (Gyüme) befindet sich etwa 50 m westlich vom Kirey Hotel auf der anderen Straßenseite an der Beijing East Road. Der Zugang führt durch ein von lauter Läden eingerahmtes Tor. Zusammen mit der „Oberen Tantrischen Fakultät" (Gyütö) bildete das Duo eine der großen tantrischen Lehreinrichtungen der Gelugpa, deren Aufgabe es war, die tantrischen Lehren Tsongkhapas weiterzugeben. Die beiden Hauptklöster befanden sich im Lhasa-Tal, wurden aber während der Kulturrevolution zerstört. Das Gyüme-Zweigkloster in Lhasa ist hingegen erhalten. Es wird nur wenig besucht und strahlt daher eine eigentümlich friedliche Atmosphäre aus, besonders, wenn man gerade vom quirligen Tromsikhang-Markt gegenüber kommt. Die Gyütö-Fakultät besitzt kein eigenes Kloster mehr, sondern hat eine Dependance im Ramoche. 🕒 unregelmäßig, Eintritt frei.

Meru Sarpa

Wenige Meter östlich vom Gyüme versteckt sich in einem Innenhof gleich gegenüber vom Hotel Kirey das Kloster Meru Sarpa. Es war einst Teil der Tantrischen Fakultät Shide Tratsang, deren Ruinen man noch heute in einer kleinen Gasse, die an der Beijing East Road gegenüber vom Kyichu-Hotel ein Stück nach Norden führt, sehen kann. Auf dem Gelände des kleinen Klosters befindet sich die Meru-Tratsang-Druckerpresse. Hier werden lose Blätter mit Sutren und heiligen Schriften gedruckt, die dann zwischen zwei hölzernen Buchdeckeln zu „Büchern" gebunden werden. Leider kann man die Presse im Zentrum des Hofes nicht sehen, aber an warmen Tagen lässt sich manchmal, wenn die Türen geöffnet sind, ein Blick in den Hof erhaschen. Links des Gebäudes mit den Druckstöcken kann man den kleinen, angeschlossenen Tempel besuchen. 🕒 unregelmäßig, Eintritt frei.

Karmashar-Tempel

Dieser kleine Tempel befindet sich gleich nordwestlich des muslimischen Viertels inmitten der Altstadt. Der Zugang ist nicht leicht zu finden. Auf dem kleinen Platz, von dem aus auch eine Gasse an lauter kleinen Spielhallen mit Billardtischen vorbei direkt auf das muslimische Viertel zuführt, hält man sich rechts. Der Zugang zum Tempel erfolgt von der Südseite. Im Karmashar-Tempel residierte einst das Orakel von Lhasa (S. 198). Eine Skulptur von Karmashar steht ganz hinten rechts im Tempel. 🕒 unregelmäßig, Eintritt frei.

Nonnenkloster Ani Sangkhung

Dass hier Nonnen residieren, sieht man bereits an den vielen Blumen, die den Vorhof des kleinen Klosters an der 29 Lingkor Lho Lam schmücken. Kein anderes Kloster sieht von außen so wohnlich aus. Gegründet wurde es vermutlich im 15. Jh. auf einem heiligen Areal, auf dem sich eine Meditationsgrube Songtsen Gampos befunden haben soll. Hier soll er versucht haben, allein mit seiner geistigen Kraft den Lauf des Kyi Chu zu verändern, als dieser drohte, den Jokhang zu überschwemmen. Man erreicht die „Grube", heute ein Schrein, über einen kleinen Durchgang rechts der Haupthalle. Der Dukhang im 2. Stock beherbergt eine tausendarmige Skulptur Avalokiteshvaras. Im Eingangshof gibt es ein nettes Teehaus (der Zugang ist kostenlos), in dem man gemütlich sitzen und die Atmosphäre genießen kann. 🕒 tgl. 8–17 Uhr, Eintritt ¥40.

ÜBERNACHTUNG

Lhasa bietet eine große Auswahl an Hotels aller Preisklassen. Man sollte sich auf Unterkünfte in der Altstadt oder an deren Peripherie konzentrieren, denn dort findet man nicht nur die geschmackvollsten, sondern auch die am günstigsten gelegenen Hotels. Die Hotels im chinesischen Teil der Stadt sind zwar meist ganz ordentlich, aber ohne jedes Flair, und man hat lange Anfahrtswege in die Innenstadt. Sofern nicht anders angegeben, haben alle hier aufgeführten Hotels eigene Internetcafés und/oder WLAN. Bei Buchung der Tibetreise schlagen die Veranstalter in der Regel Hotels vor, mit denen sie Verträge haben. Man kann seine Hotels aber auch selber auswählen und sie dann über den Veranstalter reservieren lassen. Auch die Hostels lassen sich als Ausländer nur über einen Reiseveranstalter buchen.

Untere Preisklasse

Laway International Hotel (Lasa Lawei Guoji Jiudian), 38 Deji Beilu, ✆ 0891-685 5666.
Das 2018 eröffnete Budgethotel liegt zwar nicht besonders zentral, bietet aber ordentliche, wenn auch etwas arg plüschig eingerichtete Zimmer mit allen Annehmlichkeiten. Das

Frühstücksbüffet ist im Preis inbegriffen. DZ ab ¥200. ❸

Dong Cuo International Youth Hostel (Dongcuo Guoji Qingnian Lüshe), 10 Beijing East Road (Beijing Donglu), ☎ 0891-627 3388, 💻 www.yhachina.com. Hippe Jugendherberge mit viel Atmosphäre, einem gemütlichen Patio und einer großen Auswahl an hellen, großen und preiswerten Zimmern. Im Innenhof gibt es eine Bar und ein Restaurant. Dorm-Bett ¥40–60. ❸

Kailash Hotel (Kailasi Dajiudian), 143 Beijing East Rd. (Beijing Donglu), ☎ 0891-693 9888. Das Beste an diesem Hotel sind die Lage und der Preis. Flair darf man nicht erwarten, und einige der Zimmer sind etwas klein und verwohnt. Dafür handelt es sich um eine der günstigsten Unterkünfte am Rand der Altstadt. ❷–❸

Kirey (Jiri Lüguan), 105 Beijing East Rd. (Beijing Donglu), ☎ 0891-632 3462. Günstige Lage nahe Barkor. Die Zimmer sind zweckmäßig eingerichtet und etwas schäbig, und auch die Betten haben schon bessere Zeiten gesehen. Der Innenhof erinnert ein wenig an einen Gefängnishof, dafür stimmt das Preis-Leistungs-Verhältnis und es gibt ein gemütliches Restaurant. Dorm-Bett ¥60. ❷–❸

Lhasa Phuntsok Kasang Youth Hostel (Lasa Pingcuo Kangsang Qingnian Lüshe), 32 Duosenge Beilu (Dosengge Gyingoi Lam), ☎ 0891-692 9789. Die angenehme Jugendherberge liegt etwas abseits der Straße in einem traditionellen tibetischen Wohnhof versteckt. Die Ausstattung der Zimmer ist modern und dennoch tibetisch, es gibt ein Restaurant, eine Bar und einen großen Supermarkt gleich in Laufweite. Dorm-Betten ab ¥60. ❷–❸

Lhasa Shelter (Lasa Xia Yuan), Block 1 North Najin Neighborhood, No. 115, Najin Lu, ☎ 0891-634 1811. Das 2013 eröffnete Shelter ist ein schönes Boutiquehotel in einem tibetischen Wohnhof mit farbenfroh gestrichenen, fantasievoll eingerichteten Zimmern und einem hübschen Patio. Das Frühstücksbuffet gibt es schon für ¥25. Einziger Wermutstropfen: Es liegt etwas ab vom Schuss. Dorm-Betten ¥50. ❸

Lhasa Sonam Youth Hostel (Lasa Suonuomu Guoji Qingnian Lüshe), 11 Deji Nanlu, ☎ 0891-692 7969, 💻 www.sonamyh.com. Die ansprechende und überaus geschmackvoll eingerichtete Jugendherberge in einem traditionellen tibetischen Gebäude liegt zwar nicht in der Altstadt, dafür aber in Laufweite zum Chakpori, Norbulingka und Potala. Sie bietet eine Fahrradvermietung, einen preiswerten Wäscheservice, schönen Garten und zahlreiche Restaurants gleich in der Nachbarschaft. Dorm-Betten ab ¥50. ❷–❸

Lhasa Wrangler Hostel (Mumaren Qingnian Lüshe), Linkuo Donglu Nan Duan, 2 Xiang, No. 15, ☎ 0891-633 1900. Gemütlich eingerichtetes Guesthouse mit einfachen Zimmern im tibetischen Stil am südöstlichen Rand der Altstadt. Das Wrangler ist Ableger eines gleichnamigen Hostels im Norden von Lhasa. Dorm-Betten ab ¥50. ❶–❷

Manasarovar Hotel (Lasa Shenhu Jiudian), Section A, Yangcheng Plaza (Yangcheng Guangchang), Gongbutang Lu, ☎ 0891-630 1111. Das schicke Hotel liegt zwar nicht gerade zentral, aber wer Wert auf ein gutes Mittelklassehotel mit preiswerten, modern eingerichteten Zimmern legt, ist hier richtig. Das ausgiebige Frühstücksbuffet gibt es für ¥50. Die billigsten Zimmer haben zwar kein Fenster, kosten dafür aber auch nur ¥190. ❸–❹

Tibet Villa (Xizang Zhuangyuan), 27 Linju Nanlu, ☎ 0891-698 0000. Alle Zimmer und Suiten dieses in tibetischer Bauweise errichteten Hotels warten mit Holz- oder Teppichböden auf und sind im tibetischen Stil eingerichtet. Dank seiner Lage etwas außerhalb der Altstadt ist es preiswerter als vergleichbare Hotels weiter im Zentrum. ❸–❹

Mittlere Preisklasse

Hotel Kyichu (Jiqu Fandian), 149 Beijing East Rd. (Beijing Donglu), ☎ 0891-633 1541, 💻 http://lhasakyichuhotel.com. Eines der besten und ältesten Mittelklassehotels in Lhasa. Es liegt in Laufweite zur Altstadt, das Personal ist überaus freundlich, und es gibt ein schönes Gartenrestaurant. Die Zimmer sind vielleicht etwas überteuert, aber ansonsten okay. Wer möchte, kann für ¥140 Vollpension hinzubuchen. ❺

Lhasa Tibetische Altstadt

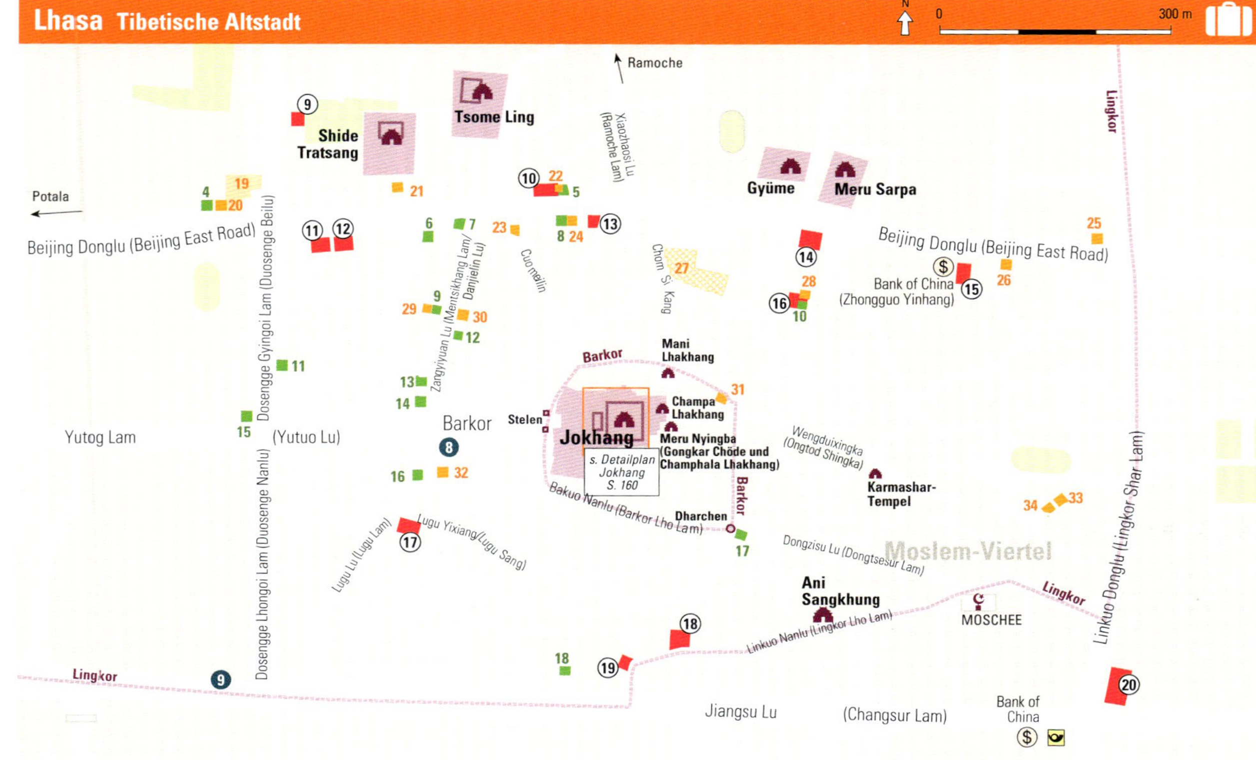

Ling Tsang Boutique Hotel (Ling Cang Qingpin Jiudian), 38 Lugu Sang (Lugu Yixiang), ✆ 0891-633 8818. Hübsches renoviertes Hofhaus, das sich einst im Besitz von Ling Rinpoche, dem Senior-Tutor des 14. Dalai Lama, befand. Neben der traditionellen Hofhausarchitektur besticht es mit herrlichen Malereien, vielen Pflanzen und einer heimeligen Atmosphäre. Die Zimmer sind gemütlich und tibetisch eingerichtet, und vor allem ist 24 Std. heißes Wasser verfügbar. ❹–❺

Tibet Gorkha Hotel, 45 Linkuo Nanlu (Lingkor Lho Lam), ✆ 0891-627 2222, 💻 www.shangrilatours.com/Ohdan.htm#Gorkha. In früheren Zeiten befand sich in den schönen Gebäuden das nepalesische Konsulat. Heute gruppieren sich um den herrlichen Innenhof gemütliche, in tibetischem Stil eingerichtete Zimmer. Das Hotel liegt am Südrand der Altstadt, fern vom touristischen Trubel, aber in einer Umgebung mit viel tibetischem Flair. Dorm-Bett ¥100. ❹–❺

Trichang Labrang Hotel, 11 Lugu Wuxiang (11 Lugu Sang), ✆ 0891-630 9555. Das 300 Jahre alte Gebäude diente u. a. als Residenz von Trijang Rinpoche, einem Tutor des 14. Dalai Lama. Heute sind die Zimmer im hübschen tibetischen Sil eingerichtet und es gibt ein gemütliches Gartenrestaurant. ❹–❻

Yabshi Phunkhang Heritage Hotel, Beijing East Rd. (Beijing Donglu), ✆ 0891-632 8885. Wunderschön restaurierter Altbau mit einem herrlichen Innenhof. Yabshi ist der Titel, der den Eltern eines Dalai Lama verliehen wurde, und Phunkhang ist die Abkürzung für Phuntsok Khangsar, „Haus für die Eltern des 11. Dalai Lama", für die es eigens 1838 erbaut wurde. Es gibt ein gemütliches Restaurant mit italienischer und tibetischer Küche, einen Meditationsraum und kostenloses WLAN. ❹–❻

Yak Hotel (Yake Binguan), 100 Beijing East Rd. (Beijing Donglu), ✆ 0891-632 3496. Das Yak gehörte früher zu den besten Budget-Unterkünften. Die DZ sind über die Jahre immer teurer geworden und haben echtes Mittelklasse-Niveau erreicht. Die Einnahmen sind allerdings nie in die Renovierung geflossen, sodass man hier zwar unglaublich zentral, aber leider eher schäbig wohnt. ❸–❺

Obere Preisklasse

Bhramaputra Grand Hotel (Yaluzangbu Dajiudian), Section B, Yangcheng Plaza, Gongbutang Lu (Yangcheng Guangchang), ✆ 0891-630 9999. Das Bhramaputra ist zwar nicht das beste, dafür aber das pompöseste Hotel der Stadt. Die endlosen Flure sind gleichzeitig ein interessantes ethnologisches Museum. Alle Zimmer sind modern eingerichtet und bieten Internet. Einziges Manko ist die Lage und das gänzlich untibetische Flair der Umgebung. ❼

Four Points by Sheraton, No. 5, 1 Xiang, Linkuo Donglu (Lingkor Shar Lam), ✆ 0891-634 8888,

ÜBERNACHTUNG
9 Lhasa Phuntsok Kasang Youth Hostel
10 Yak Hotel
11 Kailash Hotel
12 Hotel Kyichu (Jiqu Fandian)
13 Yabshi Phunkhang Heritage Hotel
14 Kirey (Jiri Lüguan)
15 Dong Cuo International Youth Hostel
16 House of Shambala
17 Ling Tsang Boutique Hotel
18 Tibet Gorkha Hotel
19 Trichang Labrang Hotel
20 The St. Regis Lhasa Resort

ESSEN
4 Deleg Coffee
5 Dunya
6 Spinn Café Bar
7 Tashi 1
8 Ganglamedo
9 Tibetan Family Kitchen
10 House of Shambala
11 Aluo Cang
12 Snowland Restaurant
13 Lhasa Kitchen
14 Gangki
15 Tibet Steak House
16 New Mandala Restaurant
17 Makye Ame
18 Namaste Restaurant

SONSTIGES
19 Baiyi Supermarket
20 Gyelpo's Nangma
21 Blind Man Massage Clinic
22 Dunya
23 Guxiuna Books Bar
24 Music Bar
25 Barkor Supermarket
26 Old Street Live Music Bar
27 Tromsikhang Market
28 Tibet Turquoise Revival Artisan Studio for Disabled
29 Tibet Highland Tours
30 Menpa Pure Tibetan Ancient Incense
31 Gedun Choepel Art Gallery
32 Tibet Songtsan International Travel Co. Ltd.
33 Ancient Fine Art General Restoration Company
34 Dropenling

TRANSPORT
8 Pilgerbusse nach Ganden, Drayerpa, Samye
9 Bus 6 zum Bahnhof

www.starwoodhotels.com/fourpoints. 2007 eingeweiht, war dies Lhasas erstes echtes Boutiquehotel. Es bietet erlesenen Lhasa-Chic, ist behindertengerecht ausgestattet und hat weitläufige Patios zum Relaxen. Leider ist die etwas marode Umgebung des Hotels ausgesprochen unattraktiv. 7

House of Shambala, 7 Jiri Sang 2 (Jiri Erxiang), 0891-632 6533, www.zenhotels.com. Das Boutiquehotel im Herzen der Altstadt ist eine der schönsten und stimmungsvollsten Unterkünfte der Stadt. 10 überaus geschmackvoll eingerichtete Zimmer sind in einer 3-stöckigen ehemaligen Privatresidenz untergebracht. Auf der Dachterrasse gibt es ein fantastisches Restaurant. 6–7

The St. Regis Lhasa Resort, 22 Jiangsu Lu, 0891-680 8888, www.starwoodhotels.com. Wer den ultimativen Luxus sucht, braucht nicht länger zu suchen. Das St. Regis ist ein unglaublich stilvolles Hotel voller gestalterischer Feinheiten in einer weitläufigen Anlage. Die traumhaft eingerichteten Zimmer bieten jeglichen Komfort. So viel Luxus hat allerdings seinen Preis. 7

ESSEN

Der abnehmende Strom ausländischer Einzelreisender bzw. von Reisenden, die sich für Lhasa Zeit nehmen, hat dazu geführt, dass viele alteingesessene Backpacker-Lokale ihre Pforten geschlossen oder sich ganz auf die neu aufgekommene Szene chinesischer Individualreisender eingestellt haben – und die legt weniger Wert auf Gemütlichkeit als auf gutes Essen, sodass zumindest die Qualität der Speisen in vielen Lokalen deutlich besser geworden ist. Die meisten Restaurants in und um die Altstadt servieren nepalesische und tibetische Küche, einige aber auch westliche Gerichte wie Pizza und Burger. Wer gut chinesisch essen möchte, sollte eines der zahlreichen Restaurants in der Deji Beilu (Dekyi Chang Lam) aufsuchen. Hier gibt es ausgezeichnete Sichuan-Küche zu zivilen Preisen.

In Lhasa werden die Bürgersteige früh hochgeklappt. Nach 21.30 Uhr wird es schwer, noch ein offenes Restaurant zu finden.

Tibetisch

Aluo Cang, 21 Dosengge Gyingoi Lam (Duosenge Beilu), 0891-633 8826. Dieses rein tibetische Restaurant ist auch unter dem Namen Pink Curtain bekannt. Der rosafarbene Vorhang existiert schon lange nicht mehr, aber Einrichtung und Essen sind noch immer original tibetisch. Gerichte ab ¥20. tgl. 9–21.30 Uhr.

€ **Gangki**, Mentsikhang Lam (Zangyiyuan Lu/Danjielin Lu), Ecke Barkor-Platz an der Kreuzung mit der Yutog Lam (Yutuo Lu), 0891-632 8263. Besonders bei Tibetern beliebtes Dachrestaurant mit großartigem Blick auf den Jokhang. Selbst wenn alle Tische besetzt sind, was meist der Fall ist, sollte man nicht wieder gehen – an irgendeinem Tisch ist immer ein Plätzchen frei. Gerichte ab ¥10. tgl. 9–21.30 Uhr.

Lhasa Kitchen, Mentsikhang Lam (Zangyiyuan Lu/Danjielin Lu), gleich neben dem Gangki. Einfaches, aber gemütliches und gutes Restaurant mit exzellenter tibetischer Küche. Gerichte ab ¥20. tgl. 9–21.30 Uhr.

€ **Tashi 1**, Mentsikhang Lam (Zangyiyuan Lu/Danjielin Lu), Ecke Beijing East Rd., 0891-633 7305. Das Tashi 1 ist eines der wenigen Backpacker-Restaurants, die überlebt haben, und es ist erfreulich gemütlich und überschaubar geblieben. Das liegt vielleicht am schnellen Service, dem üppigen Frühstücksangebot, den saftigen Yak-Burgern und ordentlichen Currys. Gerichte ab ¥10. tgl. 8–22 Uhr.

Tibetan Family Kitchen, 1 Mentsikhang Lam (Zangyiyuan Lu/Danjielin Lu) über dem Büro von Tibet Highland Tours, 150 0898 5060, tibethighlandtours.com/about/tibetan-family-kitchen. Wunderbar familiäres Restaurant, in dem neben tibetischen Spezialitäten auch gute vegetarische Gerichte auf den Tisch kommen. Wer möchte, kann sogar an Kochkursen für Momos und andere typische Gerichte teilnehmen. Das Lokal ist nicht einfach zu finden, aber die Mitarbeiter im Reisebüro unten weisen gerne den Weg. Gerichte ab ¥25. tgl. 10–22 Uhr.

Indisch und nepalesisch

Makye Ame, am Barkor östlich des Jokhang, 0891-632 8608. Der Schwerpunkt der Küche liegt auf nepalesischen und indischen Gerichten, aber am besten ist der tolle Blick auf die Jokhang-Pilger bei einem Becher Chang (¥28/Kanne). Gerichte ab ¥20. tgl. 10–23 Uhr.

Namaste Restaurant, 11 Lugu Wuxiang (11 Lubu Sang), 0891-630 3399. Überaus beliebtes und stets gut besuchtes Restaurant im Garten des Trichang Labrang Hotels mit nepalesischer und tibetischer Küche. Besonders empfehlenswert sind die Lammgerichte, aber auch die tibetischen Nudelsuppen (Thukpa) sind köstlich. Gerichte ab ¥20. 10–22 Uhr.

Snowland Restaurant, Bldg. 1, 4 Mentsikhang Lam (Zangyiyuan Lu/Danjielin Lu), 0891-633 7323. Nach seinem Abriss 2012 ist das alteingesessene Restaurant zwei Häuser weitergezogen. Die gute tibetische, nepalesische und indische Küche ist zum Glück geblieben, das gemütliche Ambiente und der Service haben allerdings gelitten. Gerichte ab ¥25. tgl. 9–22 Uhr.

Tibet Steak House, Yutog Lam (Yutuo Lu), 0891-634 3777. Spezialität des modern und dennoch irgendwie tibetisch eingerichteten Restaurants ist argentinisches Steak vom Yak, aber es gibt auch andere westliche, tibetische und indische Gerichte für den großen Hunger vor allem nach einer Trekkingtour sowie eine gute Auswahl an Salaten. Gerichte ab ¥30. tgl. 11–22 Uhr.

Westlich und international

Deleg Coffee, 25 Beijing East Rd. (Beijing Donglu), 0891-636 7977. Das kleine Kaffeehaus in der Lobby des Saikang-Hotels übersieht man schnell (auf die deutschsprachige Tafel am Eingang achten), und das ist schade. Der Besitzer Sonam spricht Deutsch und kredenzt nicht nur cremigen Cappuccino, sondern auch leckere Snacks wie Currywurst mit Pommes. Gerichte ab ¥25. tgl. 9–22 Uhr.

Dio Coffee, 4/F, 8 Kang'anduo Nanlu, 0891-936 0971. Das angenehme Café bietet dank seiner Lage in der vierten Etage einen fantastischen Ausblick auf den Potala. Hat man sich davon losgerissen, kann man hervorragenden Kaffee trinken oder sich der großen Auswahl an leckeren Gerichten und Snacks wie Pizza mit Früchten widmen. Gerichte ab ¥25. tgl. 9–22 Uhr.

Dunya, 100 Beijing East Rd. (Beijing Donglu), 0891-633 3374, www.shigatsetravels.com/dunya. Gemütliches Restaurant unter holländischer Leitung. Die Küche ist ausgesprochen vielseitig und gut, wenn auch nicht ganz preiswert. In der oberen Etage gibt es eine nette Bar mit einer tollen Veranda, wo man ebenfalls Essen bestellen kann. Frühstücksbuffet ¥30, Gerichte ab ¥25. April–Nov 8–22 Uhr.

Ganglamedo, 127 Beijing East Rd. (Beijing Donglu), 0891-633 3657, www.ganglamedo.com. Das 2016 vollständig renovierte und urgemütliche Ganglamedo ist Restaurant, Café und Bar in einem. Die Küche ist international und reicht von italienischer Pizza bis zu indischen Currys. Gerichte ab ¥15. 10.30–24 Uhr.

House of Shambala, 7 Jiri Sang 2 (Jiri Erxiang), 0891-632 6533, www.shambhalaserai.com. Auf gemütlichen Kissen sitzend kann man hier hoch über den Dächern von Lhasas Altstadt zu bezahlbaren Preisen „Alexandra David-Neel's Tantric Rites of Meat, Wine and Sex", „Sir Edmund Hillary's Himalaya Steak" oder auch „Heinrich's Schnitzel" genießen. Allein schon das Blättern in der Speisekarte ist ein Erlebnis. Gerichte ab ¥25. tgl. 9–23 Uhr.

New Mandala Restaurant, 31 Bakuo Nanlu (Xinmanzhai Canting), Westseite des Barkor-Vorplatzes, 0891-634 2235. Das nepalesische Restaurant befindet sich in der 2. Etage und bietet von seiner Dachterrasse eine Etage höher einen tollen Ausblick auf den Jokhang. Empfehlenswert sind die *thalis* (nepalesische Menüs). Gerichte ab ¥20. tgl. 8–22 Uhr.

Vegetarisch

Holyland Vegetarian Restaurant, 10 Linkuo Beilu (Lingkor Chang Lam), 0891-636 3851. Sich in Lhasa vegetarisch zu ernähren ist gar nicht so leicht. Ein Rinpoche des Drigung-Klosters, der Mönche für die vegetarische Küche begeistern wollte, hat dieses Lokal eröffnet. Die leckeren vegetarischen Gerichte, von denen die meisten nach Fleischgerichten benannt sind, vermögen auch den größten Fleischliebhaber zu überzeugen. Gerichte ab ¥10. tgl. 9–22 Uhr.

Wonderful Vegetarian Restaurant, Linju Lu (Linggy Lam), ✆ 0891-636 3494. Das Restaurant ist an dem großen Schild „Lucky Vegetarian Restaurant" und dem kleineren Schriftzug „Wonderful Dodrupeng Monastery" darüber zu erkennen. Auf zwei ansprechend eingerichteten Etagen gibt es hier eine unglaubliche Vielfalt an rein vegetarischen Gerichten, die auch Veganer begeistern werden. Gerichte ab ¥20. ⌚ tgl. 10–21 Uhr.

LHASA UND UMGEBUNG

UNTERHALTUNG UND KULTUR

Kulturelle Veranstaltungen sind in Lhasa eher rar. Es gibt gerade einmal zwei Theater, die Folkloreveranstaltungen im Programm haben. Die modernen Tibeter gehen aber gerne aus und besuchen dann am liebsten eine der typischen **Nangma** in der Stadt. Diese sind eine hippe Mischung aus tibetischem Kabarett, Varieté und Pop, wobei Sänger und Tänzer traditionelle Tänze mit tibetischen, chinesischen und westlichen Songs kombinieren. Tatsächlich sind die Nangma ein interaktives Spektakel, in dem das Publikum zum Mitmachen aufgefordert wird, und der Ort, an dem junge Tibeter am liebsten abhängen. Ansonsten gibt es vor allem entlang der Beijing East Road (Beijing Donglu) und ihren südlichen, Richtung Altstadt führenden Nebenstraßen eine Reihe von Bars für chinesische Backpacker, in denen man kaum Tibeter finden wird. Viele davon bieten kostenloses WLAN, sodass man hier den Nachmittag mit seinem Laptop verbringen kann. Auch die meisten Jugendherbergen verfügen über nette Bars, die oft bis Mitternacht geöffnet haben.

Dunya, 100 Beijing East Rd. (Beijing Donglu). Die Dunya-Bar ist ein echter Oldtimer, der über die vielen Jahre nichts von seiner Qualität eingebüßt hat. Es gibt nichts Schöneres, als hier nach einer anstrengenden Überlandtour auf dem Balkon in der 2. Etage bei einem kühlen Bier zu relaxen. ⌚ April–Okt 8–22 Uhr.

Gyelpo's Nangma, Beijing East Rd. (Beijing Donglu). Wenn die Restaurants in Lhasa anfangen dichtzumachen, beginnt die große Stunde des Gyelpo's, ein authentisches Nangma mit gemütlichen Sesseln, tollen Shows und Bier ab ¥20. An Wochenenden wird es allerdings oft so voll, dass man keinen Platz mit Blick zur Bühne mehr ergattern kann. ⌚ tgl. 19–2 Uhr.

Music Bar, Beijing East Rd. (Beijing Donglu), gegenüber vom Yak-Hotel. Die Music Bar bezieht ihre Berühmtheit daraus, dass hier einst die Eltern des 14. Dalai Lama gewohnt haben sollen. Das begründet wohl auch die hohen Bierpreise ab ¥20. ⌚ tgl. 14–2 Uhr.

Old Street Live Music Bar, 68 Beijing East Rd. (Beijing Donglu). Kleine, gemütliche Bar mit rustikaler Einrichtung, guter Musik und netter Atmosphäre. Schöner Ort auch für eine Pause am Nachmittag. ⌚ tgl. 14–24 Uhr.

Spinn Café Bar, 18 Qingu Xiang. In einer kleinen Seitengasse gelegen, weist ein großes blaues Schild über dem Eingang der Gasse den Weg zum versteckten Café, das abends als Bar fungiert. Die Sitzgelegenheiten sind mit bunten Teppichen belegt, es gibt gute Musik und bezahlbare Getränke. ⌚ tgl. 13–23 Uhr.

Tibet Shöl Opera Troupe, Ground Floor, Himalaya Hotel, 6 Linkuo Donglu (Lingkor Shar Lam), ✆ 0891-632 1111. Hier wird jeden Abend ab 18.30 Uhr ein Querschnitt tibetischer Opern geboten, der für Touristen aufgearbeitet ist. Die Show selbst dauert 1 Std. und kostet inklusive eines warmen Buffets, das vor Beginn der Aufführung ab 18 Uhr eröffnet ist, ¥181.

FESTE

Zu den meisten religiösen Festen strömen Tausende von Pilgern in die Stadt und verwandeln sie in eine vibrierende, religiöse Metropole. Wichtige Feste in Lhasa sind:

Losar: tibetisches Neujahrsfest am 1. Tag des 1. Mondes.

Monlam: Großes Gebetsfest Mitte des 1. Mondes, S. 66.

Saga Dawa: Zu diesem Fest am 15. Tag des 4. Mondes, an dem Geburt, Erleuchtung und Tod von Buddha Shakyamuni gefeiert werden, strömen Tausende Pilger und Bettler in Erwartung reicher Almosen nach Lhasa.

Chökhor Düchen, am Tag der ersten Predigt Buddhas am 4.Tag des 6. Mondes pilgern die Einwohner von Lhasa auf den Gambo Ütse Ri,

den hinter dem Drepung-Kloster gelegenen Berggipfel.
Shoton: Joghurt-Fest vom 1.–7. Tag des 7. Mondes. Neben vielen Veranstaltungen bietet das Fest den Tibetern Gelegenheit für ausgedehnte Picknicks.
Palden Lhamo: Am 15. Tag des 10. Mondes wird die Schutzgottheit Lhasas, Palden Lhamo, in einer feierlichen Prozession um den Barkor getragen.

EINKAUFEN

11 % Wirtschaftswachstum machen sich auch im Altstadtbild bemerkbar, und die vielen kleineren Geschäfte entlang der Beijing East Road sind in den letzten Jahren großen Shopping Malls gewichen. Das schönste Viertel für einen Einkaufsbummel ist die Umgebung des Barkor, auf dessen Märkten man eine große Vielfalt an Schmuck, Kleidung und Souvenirs bekommt. In der **Mentsikhang Lam** (Zangyiyuan Lu/Danjielin Lu) und den von ihr abgehenden Nebenstraßen reihen sich zahlreiche Souvenirläden auf, die Schmuck und tibetisches Kunsthandwerk verkaufen. Mani-Steine oder mit tibetischen Schriftzeichen behauene Schieferplatten darf man nicht von ihren Plätzen entfernen. Wer dennoch gerne so ein kleines Meisterwerk mitnehmen möchte, kann es bei den **Bildhauern neben dem Drubthub-Nonnenkloster** westlich des großen Platzes vor dem Potala erstehen. Es gibt die Platten und Steine in vielen Größen sowohl mit Schriftzeichen als auch mit kunstvoll gearbeiteten Götterbildnissen. Ein weiterer Ort für kleine Devotionalien aus Ton und für behauene Steine ist der Abschnitt des Lingkor, der in die Deji Zhonglu (Dekyi Kyil Lam) mündet (S. 158).

Ausrüstung

Entlang der Beijing East Road und hier vor allem im Abschnitt zwischen der Kang'ang Donglu (Karnga Shar Lam) und Dosengge Gyingoi Lam (Duosenge Beilu) gibt es eine ganze Reihe von Outdoor-Geschäften wie **Ozark Gear**, die allerdings nicht immer gut sortiert sind oder minderwertige Ware aus Nepal oder China im Angebot haben.
Toread, Beijing East Rd. (Beijing Donglu). Größte Outdoor-Kette in Lhasa mit gleich zwei nahezu gegenüberliegenden Filialen in der Nähe der Beijing East Rd. Beide bieten echte Markenartikel zu zivilen Preisen. Hier sollte man hin, wenn man noch eine Daunenjacke oder ein gutes Zelt benötigt.

Kleines Geschäft für Gewürze, Yak-Butter und Räucherstäbchen in der Altstadt von Lhasa

🕒 im Sommer tgl. 9–20.30 Uhr, im Winter tgl. 9.30–19.30 Uhr.

Jack Wolfskin, Beijing East Rd. (Beijing Donglu). Wer bei Toread nicht fündig wird, kann sein Glück gleich nebenan bei dem renommierten Wanderausstatter versuchen. Allerdings sind echte Jack-Wolfskin-Artikel auch in China sehr teuer. 🕒 im Sommer tgl. 9–20.30 Uhr, im Winter tgl. 9.30–19.30 Uhr.

Backwaren und Tee

Die mit Abstand besten Bäckereien und Teegeschäfte findet man entlang der Deji Beilu (Dekyi Chang Lam) aufgereiht.

Jiahe Mingcha, 32 Deji Beilu (Dekyi Chang Lam). Großes Teegeschäft, in dem man nicht nur Tee kaufen, sondern ihn vorher auch probieren kann. Daneben gibt es alle Utensilien, die für echten Teegenuss unerlässlich sind. 🕒 tgl. 9–22 Uhr.

Jinpingguo Dangao, 10 Deji Beilu (Dekyi Chang Lam). Große Bäckerei, die von Pizzavierteln über Sandwiches und Backwaren bis hin zur kunstvoll verzierten Torte alles an köstlichen Leckereien im Angebot hat, was man backen kann. 🕒 tgl. 9–22 Uhr.

Bücher

Guxiuna Books Bar, in der kleinen Gasse Cuomeilin, die westlich der Mentsikhang Lam/Zangyiyuan Lu von der Beijing East Road nach Süden abgeht. Die Mongolin Gerle und ihr Mann Dondrup aus Amdo haben den gemütlichen Laden, in dem fast ausschließlich Bücher über Tibet verkauft werden, eröffnet. Hier kann man bei Tee oder Kaffee in den Büchern stöbern, im Internet surfen oder einfach einen relaxten Nachmittag verbringen. 🕒 tgl. 10–24 Uhr.

Xinhua Bookstore (Xinhua Shudian), Yutog Lu (Yuthok Lam). Die staatliche Buchhandlung am westlichen Ende der Yutog Lam bietet zwar nur eine sehr begrenzte Auswahl an englischen Büchern, aber es sind immer wieder hochinteressante Titel zu Tibet dabei. Außerdem bekommt man hier eine große Auswahl schöner Post- und brauchbarer Landkarten. 🕒 tgl. 10–20 Uhr.

Kaufhäuser und Supermärkte

Es gibt eine ganze Reihe großer Supermärkte in der Stadt, die alle ein recht gut sortiertes und umfangreiches Angebot an Lebensmitteln anbieten. Auch große Kaufhäuser sind allgegenwärtig, sodass man gut seine Ausrüstung aufstocken kann, sollte noch etwas fehlen.

Baiyi Kaufhaus (Baiyi Baihuo), Yutog Lam, gegenüber vom Lhasa Department Store. Das superschicke Einkaufszentrum war 2011 das erste richtig moderne Kaufhaus der Stadt mit viel Luxus und Marmor. 🕒 10–21 Uhr.

Baiyi Supermarket (Baiyi Chaoshi), 46 Beijing Middle Rd. (Beijing Zhonglu), Yutog Lu (Yuthok Lam) und Beijing East Rd. an der Kreuzung mit der Dosengge Gyingoi Lam (Duosenge Beilu). Die großen Supermärkte der Baiyi-Kette sind der ideale Ort, um sich für eine Überlandtour mit Lebensmitteln oder auch Drogerieartikeln einzudecken. 🕒 tgl. 9.30–22 Uhr.

Barkor Supermarket, Beijing East Rd. (Beijing Donglu), an der Kreuzung Linkuo Donglu (Lingkor East Rd. North Section). Großes Einkaufszentrum mit Supermarkt und schon deshalb auffällig, weil es das erste neue Shoppingcenter ist, das in tibetischem Baustil errichtet wurde. 🕒 9–21 Uhr.

Lhasa Department Store (Lhasa Baihuo Dalou), Karnga Shar Lam (Kang'ang Donglu), Ecke Yutog Lu. Das größte Kaufhaus der Stadt bietet von Kosmetik bis zu Kochtöpfen und Elektronik alles, was man von einem echten Kaufhaus erwartet. 🕒 tgl. 9–22 Uhr.

Kunsthandwerk

Ancient Fine Art General Restoration Company, 11 Caigang Lu. Das Atelier der Thanka-Maler ist nicht ganz einfach zu finden, aber die Suche lohnt: Es ist gegenüber dem Laden Dropenling im Hinterhof im 3. Stock untergebracht. Hier werden von Künstlern aufwendige Thankas als Auftragsarbeiten hergestellt, aber man kann auch fertige Thankas in hervorragender Qualität kaufen. Die Preise beginnen bei ¥3000. 🕒 tgl. 10–17 Uhr.

Dropenling Lhasa Villages Handicraft Shop (S. 50), 11 Chaktsalgang Lam, ✆ 0891-636 0558. Der Laden für tibetische Kunst und tibetisches Kunsthandwerk wird von der Tibet Artisan Initiative betrieben, die sich die Förderung der tibetischen Kunst auf die Fahnen geschrieben hat. Die Preise sind hier zwar höher als anderswo, aber die Einnahmen gehen dafür an die Künstler, denen damit die Eröffnung eigener Ateliers und Kunstgeschäfte ermöglicht werden soll. ⏲ April–Nov 10–18 Uhr.

Gedun Choepel Art Gallery, 3 Barkor Lam (Bakuo Jie), ✆ 0891-632 3825, 💻 www.asianart.com/gendun. Diese große Galerie befindet sich an der Nordostecke des Barkor und wird von tibetischen Künstlern betrieben. Hier gibt es tolle Thankas, aber auch andere tibetische Kunstwerke. ⏲ tgl. 10–20 Uhr.

Menpa Pure Tibetan Ancient Incense, Mentsikhang Lam (Zangyiyuan Lu/Danjielin Lu). Der hübsche, intensiv duftende Laden hat eine unwahrscheinlich große Auswahl an Räucherstäbchen, die in Tibet hergestellt werden. Sogar medizinische Räucherstäbchen gibt es und dazu die entsprechenden, wie kleine Särge aussehenden Räucherstäbchenhalter. ⏲ tgl. 10–20 Uhr.

Tibet Turquoise Revival Artisan Studio for Disabled, 7 Jiri Sang 2 (Jiri Erxiang). Der kleine Laden mit dem langen Namen, der an das House of Shambala grenzt, verkauft Kunsthandwerksprodukte tibetischer Kleinstunternehmen, die von der Shambala Foundation gefördert werden. Gleich nebenan kann man bei der Herstellung von tibetischen Stoffen und Ähnlichem zuschauen. ⏲ tgl. 9.30–21.30 Uhr.

Märkte

Eigentlich ist ja die gesamte Gegend auf und um den Barkor ein einziger Markt. Auf dem Barkor selbst reiht sich ein Souvenirstand an den anderen, desgleichen entlang der Yutog Lu (Yuthok Lam), und zwar ab dem Abschnitt, der von der Dosengge Lhongi Lam (Duosenge Nanlu) auf den Jokhang zuführt.

Terminal Market of Yaowang Mountain (Yaowang Shan Nongmao Shichang), Luobulinka Lu (Norbulingka Lam). Großer, überdachter Lebensmittelmarkt, auf dem man von frisch geschlachteten Schweinen, Hühnern oder Yaks bis hin zu Gemüse wirklich alles, was Tibets Felder hergeben, bekommt. Guter Ort, wenn man sich für ein Trekking mit frischen Lebensmitteln eindecken möchte.

Tianhai Night Market, Minzu Beilu. Lhasas bekanntester und belebtester Nachtmarkt bietet nicht nur die üblichen Souvenir- und Kleiderstände, sondern auch eine große Auswahl an Imbissständen. Die Preise sind hier günstiger als in den Geschäften am Barkor und man sollte kräftig feilschen. ⏲ Geschäfte tgl. 10–24 Uhr, Imbissstände tgl. 17 Uhr bis zum frühen Morgen.

Tromsikhang Market, ab der Chom Si Kang (Chong Se Kang/Tromsikhang), Ecke Beijing East Rd., breitet sich dieser bunte und quirlige Markt in die Gassen der Altstadt nördlich vom Jokhang aus. Von Seife über Chili bis hin zu billigen chinesischen Taschen kann man hier wirklich alles kaufen. Man sollte sich einfach treiben lassen und wird dabei immer Neues entdecken.

AKTIVITÄTEN

Blind Man Massage Clinic, 3/F, 42 Beijing East Rd. (Beijing Donglu), ✆ 0891-632 0870, 💻 www.braillewithoutborders.org/GERMAN. Die bei uns durch ihren Bericht „Mein Weg führt nach Tibet" berühmt gewordene und selbst blinde Sabriye Tenberken hat diese Klinik zusammen mit der NGO Braille Without Borders initiiert und aufgebaut. Die Massagen der Blinden lindern den Jetlag, Verkrampfungen durch die Höhenkrankheit und vieles mehr. ⏲ tgl. 11–21 Uhr.

Shangri-La Health Club, 19 Luobulinka Lu (Norbulingka Lam), ✆ 0891-655 8888. Das Fitnesscenter des Shangri-La-Hotels bietet modernste Geräte und ein herrliches Schwimmbad. Anschließend kann man sich im Spa massieren lassen. Wer sich in der dünnen Luft übernommen hat, kann im Sauerstoffraum „dicke Luft" tanken. Die Preise haben allerdings 5-Sterne-Niveau. ⏲ Fitnesscenter und Pool tgl. 12–21 Uhr, Spa tgl. 14–23 Uhr.

SONSTIGES

Apotheken

Am westlichen Ende der Yutog Lu (Yuthok Lam), und zwar dort, wo sie auf den Potala Palace Square trifft, gibt es zahlreiche Apotheken für tibetische Medizin. Entlang der Beijing East Road finden sich viele gut ausgestattete

Apotheken mit chinesischen und westlichen Medikamenten.
Fukang Pharmacy (Fukang Dayao Fang), Yutog Lu (Yuthok Lam). Begrenzte Auswahl an westlichen Medikamenten. ⌚ tgl. 9–21 Uhr.
Tibet Medicine Product Market (Xizang Tutechan Shichang), Yutog Lu (Yuthok Lam). Dieser Markt ist eher ein Kaufhaus für tibetische Medizin. Wer an Atemnot leidet, bekommt hier Spraydosen mit Sauerstoff und der dazugehörigen Maske. Daneben erhält man auch diverse Medikamente, die die Höhenanpassung erleichtern sollen. ⌚ tgl. 9–21 Uhr.

Botschaften und Konsulate

Royal Nepal Consulate-General, 13 Jiacuo Lu, ✆ 0891-681 3965, ✉ rncglx@public.ls.xz.cn, Visaabteilung ⌚ Mo–Fr 10–12 Uhr. Hier bekommt man innerhalb von 24 Stunden 30- oder 60-Tage-Visa für Nepal. Die Kosten belaufen sich auf US$25 bzw. ¥200. Passfoto nicht vergessen! Das Visum für Nepal erhält man aber auch schnell und unbürokratisch an der Grenze oder am Flughafen von Kathmandu.

Fahrradverleih

Einige Hotels, wie das Yak-Hotel oder die Jugendherbergen, vermieten Räder. Die Kaution beträgt meist ¥200, oder man lässt seinen Pass als Pfand zurück. Die Miete für einen Tag kostet je nach Rad ab ¥20. Auch das **Spinn Café** (s. Unterhaltung und Kultur), 18 Qingu Xiang, vermietet Räder. Da es aber erst um 13 Uhr öffnet, lohnt die Miete dort meist nicht.

Geld

Entlang der Beijing East Road befinden sich zahlreiche Geldautomaten, die internationale Kredit- und Bank-Karten mit Cirrus- oder Maestro-Symbol akzeptieren. Travellers Cheques kann man in den Filialen und der Zentrale der Bank of China tauschen.
Bank of China (Zhongguo Yinhang), Linkuo Xilu (Lingkor Nub Lam). Die Zentrale der Bank of China, in der man auch Bargeld über die Kreditkarte bekommt, wenn man die Geheimzahl nicht mehr weiß, liegt gleich nördlich der goldenen Yak-Statue. ⌚ Mo–Fr 9–13 und 15.30–18, Sa 10.30–15.30 Uhr.
Bank of China (Zhongguo Yinhang), Beijing East Rd. (Beijing Donglu). Diese Filiale liegt wenige Meter westlich vom Banak Shol und hat keinen Schalterservice, nur Geldautomaten, die 24 Std. zugänglich sind. Weitere gut gelegene Filialen findet man in der Jiangsu Lu (Changsur Lam) etwas östlich vom New Mandala Hotel und in der Jiangsu Donglu (Changsur Shar Lam/East Jiangsu Rd.).

Informationen

Mit der immer restriktiveren Handhabung des Individualtourismus in Tibet sind die einst so hilfreichen Schwarzen Bretter in Lhasas Hotels nur noch für chinesische Backpacker von Nutzen. Touristeninformationen gibt es nicht, und auch die Infos aus dem Internet sind meist veraltet.

Internet

Internetcafés sind in Lhasa reichlich vorhanden, aber man benötigt meist einen chinesischen Ausweis, um sie zu benutzen. Die meisten verlangen um die ¥20 pro Std. Wer mit eigenem Laptop oder Smartphone reist, findet entlang der Beijing East Road und in deren Seitengassen eine Reihe von Cafés, die freies WLAN anbieten. Auch die meisten Hotels stellen ihren Gästen kostenloses WLAN zur Verfügung.

Medizinische Hilfe

Rund um die Altstadt verteilt gibt es kleine **Erste-Hilfe-Stationen**, die an einem weißen Kreuz auf grünem Grund erkennbar sind. Viele von ihnen sind pieksauber, und die Ärzte dort können die meisten Übel, die einen in Tibet befallen, kompetent behandeln. Wer ihnen nicht traut, kann sich an die Ausländerabteilung des hier genannten Krankenhauses wenden.
Prefectural People's Hospital (Qu Renmin Yiyuan), 7 Linkuo Beilu (Lingkor Chang Lam), ✆ 0891-632 2200. Es gibt zwar auch noch andere Krankenhäuser in Lhasa, aber dieses hier ist das für Ausländer beste. Allerdings können hier nur „normale" Notfälle behandelt werden. ⌚ englischsprachiger Notdienst: tgl. 9–17 Uhr.

Polizei

Lhasa City Public Security Bureau (Lasa Shi Gong'anju), 17 Linkuo Beilu (Lingkor Chang Lam), ✆ 0891-624 8154. Hier kann man frühestens drei Tage vor Ablauf sein Visum verlängern lassen, aber man bekommt maximal eine Woche bewilligt. ⌚ Mo–Fr 9–12.30 und 15.30–18 Uhr.

Tibet Public Security (Qu Gong'anting Churujing Guanglichu), Beijing East Rd. (Beijing Donglu) an der Kreuzung mit der Jiangsu Donglu (Changsur Shar Lam), ✆ 0891-631 1442. Hier werden die Alien Travel Permits ausgestellt. Aktuell dürfen Permits aber nur über ein Reisebüro beantragt werden.

Post

China Post (Shi Youzhengju), 33 Beijing Middle Rd. (Beijing Zhonglu). Die gleich östlich vom Potala gelegene Hauptpost ist zuständig für alle internationalen Sendungen. Hier bekommt man auch bereits frankierte und unfrankierte Postkarten. Pakete ins Ausland müssen für die Zollinspektion unverschlossen vorgelegt werden. Ansonsten gibt es noch einen Express Mail Service (EMS) und Poste-Restante-Schalter. ⌚ im Sommer tgl. 9–20, im Winter tgl. 9.30–18.30 Uhr.

Reisebüros

Jede Reise läuft über die Schreibtische des **Tibet Tourism Bureau (TTB)** und muss schon vor der Einreise nach Tibet organisiert sein. Stellt man in Lhasa allerdings fest, dass man seinen Aufenthalt verlängern möchte, ist das durchaus möglich. Dazu sollte man sich an eines der Reisebüros wenden, die einen guten Draht zum TTB haben. Allerdings muss auch die gesamte Verlängerung über das beauftragte Büro gebucht werden. Neben den auf S. 84 genannten Veranstaltern, die über entsprechende Kontakte verfügen, kann man sich auch an folgende Büros wenden:

Tibet Highland Tours, 1 Zangyiyuan Lu (Mentsikhang Lam/Danjielin Lu), im Shambala Hotel, ✆ 0891-634 8144, 💻 tibethighlandtours.com. Der erfahrene Veranstalter, der auch eine Filiale im Banak Shol hat (S. 174), organisiert seit vielen Jahren Reisen für Individualtouristen und kann auch Verlängerungen des Tibet-Permits ermöglichen, wenn man bei ihm Folgetouren bucht.

Tibet Songtsan International Travel Co. Ltd., Jokhang Temple Square, 1. Etage, gleich neben dem chinesischen Schnellimbiss Dicos, ✆ 0891-636 4414, 💻 www.songtsantravel.com. Das Büro bietet die gesamte Palette an Tibet-Bausteinen inkl. Rad- und Trekkingtouren an.

Telefon

An der Beijing East Road (Beijing Donglu) rund um die Dong-Cuo-Jugendherberge und um das Kirey- und Kyichu-Hotel gibt es einige kleinere Lebensmittelläden, die gleichzeitig auch Telefonkabinen haben. Hier kann man deutlich billiger als von den Hotels aus ins Ausland telefonieren. Gespräche nach Europa kosten um ¥3,60 pro Minute.

China Unicom (Zhongguo Liantong), Beijing Middle Rd. (Beijing Zhonglu) gegenüber der Hauptpost. Telefonieren nach Europa kostet hier ebenfalls etwa ¥3,60 pro Minute. ⌚ tgl. 9–18.30 Uhr.

Wäschereien

Die meisten Hotels bieten ihren Gästen einen kostenpflichtigen Wäschedienst. Meist zahlt man einen sehr moderaten Betrag von ¥5–10 pro Wäschestück. Wer die Sachen morgens abgibt, bekommt sie am Abend meist schon wieder.

NAHVERKEHR

In Lhasa verkehren Stadtbusse und Taxis, aber wer in einem der Hotels in oder am Rande der Altstadt wohnt, kann alle Strecken bequem zu Fuß zurücklegen. Ausflüge in die Umgebung nach Sera und Drepung kann man gut mit dem Fahrrad unternehmen. Busfahrten kosten ¥2. Die ersten Busse fahren ab 7 Uhr, die letzten gegen 22 Uhr.

Stadtbusse

Nützliche Buslinien sind:

Bus 1 vom Bahnhof über die Jinzhu Zhonglu, Jinzhu Donglu, Deji Lu (Restaurants und Zugang zum Chakpor), Beijing Middle Rd. (Potala-Platz), Nyangre Nanlu (Bushaltestelle Flughafenbus), Linkuo Beilu und weiter nach Westen bis zur Najin Lu.

Bus 6 vom Bahnhof über die Jinzhu Zhonglu, Minzu Zhonglu (Norbulingka), Luobulinka Lu, Beijing Middle Road (Potala-Platz), Kang'anduo Lu (Yutog Lu, Lhasa Department Store) und die Jiangsu Donglu entlang der Südseite der Altstadt nach Osten.
Bus 13 vom Bahnhof via Luodui Donglu (Südseite des Norbulingka), Luobulinka Lu, Beijing Zhonglu (Potala-Platz), Nyangre Lu zur Dangre Xilu, dann entlang der Dangre Lu nach Osten bis zur Duodi Zhonglu.
Bus 14 vom Bahnhof über die Jinzhu Zhonglu, Minzu Lu (Norbulingka), Beijing Zhonglu, Linkuo Xilu, Linkuo Beilu (Nordseite des Potala) und die Duodi Beilu nach Norden.
Bus 16 von der Beijing Zhonglu über die Linkuo Xilu und Linkuo Beilu (nördl. vom Potala) zu den Klöstern Sera und Pabonka.
Bus 20 fährt entlang der Beijing East Road und dann nach Norden die Nyangre Beilu entlang zum Kloster Pabonka.
Bus 24 vom Kloster Sera über Sela Nanlu, Linkuo Donglu, Dosengge Lhongi Lam (Duosengge Lu, Ecke Jiangsu Lu), Kang'anduo Lu, Beijing Zhonglu (Potala-Platz), Linkuo Lu, Luodui Donglu (Südseite des Norbulingka) zum Kloster Drepung und umgekehrt.

Taxis

Die meisten Taxifahrer schalten den Taxameter ohne Diskussion ein. Innerhalb von Lhasa-Stadt zahlt man für jede Fahrt etwa ¥10. Eine Fahrt zu den Klöstern Sera und Drepung kostet jeweils um ¥20. Die Fahrt vom und zum Bahnhof kostet ebenfalls ¥20, aber wenn man kein Chinesisch spricht, beharren die Fahrer auch schon mal auf ¥30. Bei Fahrten zum Bahnhof ist es nicht unüblich, dass die Fahrer weitere Fahrgäste auflesen, die alle dasselbe zahlen!

Pedicabs

Die Dreiradrikschas fahren die Beijing East Road hin und her. Eigentlich sollte eine Fahrt nicht mehr als ¥5–10 kosten, aber einige Fahrer sind recht aggressiv und versuchen nicht nur, deutlich mehr zu verlangen, sondern beginnen nach der Fahrt stets von Neuem zu verhandeln. Wirklich empfehlen kann man sie daher nicht.

TRANSPORT

Autos

Seit 2012 darf man alle Ziele außerhalb Lhasas nur noch im Rahmen einer gebuchten Tour in einem gecharterten Fahrzeug mit Fahrer und Guide anfahren (Einzelheiten dazu S. 83 und S. 90).
Im Folgenden sind einige **unverbindliche Preisbeispiele** für Ausflüge im Verwaltungsgebiet Lhasa und in Nachbarpräfekturen aufgeführt. In den angegebenen Preisen sind sämtliche Übernachtungen in einfachen Hotels (ausgenommen die Hotels in Lhasa), Transfers, Ausflüge, Überlandfahrten, Besichtigungen einschließlich Eintrittsgeldern, ein tibetischer englischsprachiger Reiseführer und die erforderlichen Genehmigungen enthalten. Die Preise der Trekkingtouren schließen die Fahrten von und nach Lhasa, Eintrittsgebühren zu den am Weg liegenden Sehenswürdigkeiten, Zelte, Küchencrew, Tragtiere und alle Mahlzeiten ein. Zugrundegelegt sind die durchschnittlichen Reisepreise von insgesamt vier Veranstaltern für zwei bzw. vier Teilnehmer von April bis Juni, Juli und August sowie für September/Oktober. Zu bedenken ist, dass die Preise bei den einzelnen Veranstaltern sehr stark schwanken können. Ein Vergleich lohnt sich also unbedingt.
LHASA–TSURPHU–LHASA: Tagesausflug, 100/73 €, 110/123 €, 106/84 €;
LHASA–DRAYERPA–GANDEN–LHASA: Tagesausflug, 115/84 €, 123/91 €, 117/86 €;
LHASA–SAMYE–TSETHANG–YUMBUL-HAKHANG–MINDROLING–LHASA: 2 Tage, 1 Nacht, 388/300 €, 426/338 €, 409/321 €;
LHASA–YAMDROK TSO–GYANTSE–SHIGATSE–LHASA: 7 Tage, 6 Nächte, immer 1357/975 €;
LHASA–DRIGUNG THEL–TIDRUM–TAKLUNG–RETING–NAM TSO–TSURPHU–LHASA: 4 Tage, 3 Nächte, 686/611 €, 742/667 €, 714/639 €;
TSURPHU–YANGPACHEN, TREKKING: 5 Tage, 4 Nächte, 1050/882 €, 1078/910 €, 1064/896 €;
GANDEN–SAMYE, TREKKING: 6 Tage, 5 Nächte, 1168/975 €, 1207/1004 €, 1188/975 €.

Busse

In den letzten Jahren ist das Fernbusnetz in Tibet zwar recht gut ausgebaut worden, aber

Ausländer dürfen die Überlandbusse leider gar nicht mehr benutzen. Der offizielle Grund ist die mangelnde Sicherheit – tatsächlich sind schwere Verkehrsunfälle an der Tagesordnung und haben zu rigiden Tempolimits geführt –, aber der eigentliche Grund dürfte die Monopolstellung der Reisebüros und natürlich die Politik sein.

Eisenbahn

Zugticketverkauf am **Bahnhof**, 3 km südwestlich außerhalb der Stadt, 🕒 7.30–22 Uhr. Der Kauf der Fahrscheine am Bahnhof ist unkompliziert, und wer rechtzeitig, d. h. bis zu 28 Tage (online 60 Tage) vor Abfahrt, bucht, wird in der Regel das gewünschte Ticket bekommen. In der Stadt selbst gibt es ebenfalls ein **Verkaufsbüro** in der Beijing Middle Rd. (Beijing Zhonglu), ein Stück westlich der Post am Potala, 🕒 tgl. 8–18 Uhr. Zum Bahnhof gelangt man entweder mit dem **Taxi** (je nach Lage des Hotels ¥20–30) oder mit den **Bussen** 1, 6, 13 und 14.

Züge fahren via GOLMUD (13 1/2–14 1/2 Std., Hardseat ¥141, Hardsleeper ab ¥358, Softsleeper ab ¥565), XINING (22–23 1/2 Std., Hardseat ¥224, Hardsleeper ab ¥484, Softsleeper ab ¥768) und LANZHOU (25–27 1/2 Std., Hardseat ¥240, Hardsleeper ab ¥522, Softsleeper ab ¥823) in alle Regionen Chinas. Die Zielbahnhöfe sind Beijing, Shanghai, Chengdu, Chongqing und Guangzhou.

Im August 2014 wurde die Strecke Lhasa–SHIGATSE eingeweiht. Die Fahrt dauert 3 Std. und kostet ¥40 im Hardseater. Ausländer dürfen diese Strecke nur zusammen mit ihrem Guide fahren. Die Bahnlinie nach Tsethang soll Ende 2020 eingeweiht werden.

Flüge

Der **Flughafen Gongkar** liegt 65 km von Lhasa entfernt und ist über eine Autobahn an Lhasa angebunden. Flugtickets müssen bei Buchung in einem Reisebüro oder in den Büros der Fluggesellschaften grundsätzlich bar bezahlt werden. Die Flüge nach CHAMDO, ALI und NYINGCHI dürfen von Ausländern nicht gebucht werden.

Zielorte

BEIJING, 3x tgl., ¥3260,
CHENGDU, 10–12x tgl., ab ¥1960,
CHONGQING, 7x tgl., ab ¥1890,
GUANGZHOU, 1x tgl., ¥2930,
HANGZHOU, 2x tgl., ¥3360,
KATHMANDU, Di, Do, Sa, ab US$650,
KUNMING, 3x tgl., ¥2260,
SHANGHAI, 2x tgl., ¥3360,
XI'AN, 4x tgl., ¥2280,
XIAMEN, Sa, ab ¥3000.

Transport vom/zum Flughafen

In den meisten Tibettouren ist der Flughafentransfer nach und von Lhasa inbegriffen. Um Geld zu sparen, kann man ihn aber auch selbst organisieren. Ein über die Hotels bestelltes **Taxi** kostet etwa ¥150–200.

Abfahrts- und Ankunftsort der **Flughafenbusse** ist der Hof neben dem CAAC Booking Office in der 1 Nyangre Lu (Nyangdren Lam), 📞 0891-682 7727, nördlich der Post. Die empfohlenen Abfahrten richten sich nach den auf den Flugtickets angegebenen Abflugszeiten.

Die Fahrt dauert 1 1/4 Std. und kostet ¥30.

Abflugszeit/Abfahrtszeit der Busse zum Flughafen: 7.30–7.40/5.30 Uhr; 8.30–8.55/6.30 Uhr; 9.30–10.20/7.40 Uhr; 10.30–10.50/8–8.30 Uhr; 11–11.50/9 Uhr; 12–12.50/10 Uhr; 13–13.50/11 Uhr; 14–14.50/12 Uhr; 15–15.30/13 Uhr; 15.40–16.30/13.30 Uhr; 17–17.50/14–14.30 Uhr; 19–19.50/17 Uhr, letzter Bus um 20 Uhr.

Am Flughafen warten nach Ankunft der Flüge vor dem Terminalgebäude ebenfalls Flughafenbusse nach Lhasa. Sie fahren in der Regel etwa 45 Min. nach Ankunft eines Flugzeugs ab. Tickets kauft man im Bus.

Fluggesellschaften

Air China, 48 Beijing Middle Rd. (Beijing Zhonglu), 📞 4008-100 999 oder 0891-681 9777, 🕒 im Sommer tgl. 9–20, im Winter tgl. 9.30–19.30 Uhr.

CAAC Booking Office: 1 Nyangdren Lam (Niangre Lu), 📞 0891-683 3446 und 683 2923. Verkauft Tickets für alle Airlines. Wer hier bucht, kann den Flughafenbus kostenlos nutzen. 🕒 Im Sommer tgl. 9–20, im Winter tgl. 9.30–19.30 Uhr.

Flugticket und Bahnticketvorverkauf, 33 Beijing Middle Rd. (Beijing Zhonglu), 📞 0891-683 1868, 🕒 im Sommer tgl. 9.30–20.30, im Winter tgl. 9.30–19 Uhr. In der Verkaufsstelle gibt es Tickets für alle Fluggesellschaften und einen Schalter für Bahntickets.

Die Umgebung von Lhasa

In der unmittelbaren Umgebung von Lhasa kann man unkompliziert drei der sechs bedeutendsten Gelugpa-Klöster Tibets besuchen oder auch, nach angemessener Akklimatisierung, einige schöne Wanderungen unternehmen. Die großen Klosterstädte rund um Lhasa vermitteln einen tiefen Einblick in Tibets religiöse Kultur. Die weitläufigen Anlagen sind stets in herrlicher, manchmal geradezu spektakulärer Umgebung an oder auf die kahlen, felsigen Berghänge gebaut. Der Preis für die dramatischste Lage geht eindeutig an das Kloster Ganden, das majestätisch in Form eines Amphitheaters hoch über dem Kyi-Chu-Tal thront. Wer eine der schönsten Landschaften Zentraltibets genießen möchte, sollte zum Nam Tso fahren. Kaum ein anderer Ort Tibets vermittelt das Zusammenspiel aus Natur und Religion anschaulicher als dieses wilde einsame Hochtal.

Sera

Nur 5 km nördlich von Lhasa erreicht man über eine schnurgerade Straße die Klosterstadt Sera. Der „Wildrosenhof" ist die neben Drepung und Tashilhunpo am besten erhaltene Klosteranlage Tibets und die jüngste unter den „drei Säulen der Gelben Kirche", wie Sera, Drepung und Ganden auch genannt werden. Sera wurde 1419 von Sakya Yeshe (1354–1435), der den Ehrentitel Jamchen Chöje trug und ein Schüler von Tsongkhapa war, gegründet. Das Kloster ist etwas kleiner als Drepung, aber in der Anlage ähnlich.

Klöster interaktiv

Unter www.thlib.org findet man einzigartige interaktive Karten von Sera, Drepung und anderen Klöstern. Hier kann man auf die einzelnen Gebäude klicken und bekommt neben informativen Hintergrundtexten auch viele Fotos geboten.

Von einst über 6600 Mönchen leben heute noch 800 in Sera. Jamchen Chöje weilte dreimal am Hof des Ming-Kaisers und baute ein relativ enges Verhältnis zu China auf, das bis ins 17. Jh. fortbestand. Die Kontakte zwischen den Äbten von Sera und dem Kaiser führten jedoch zu Spannungen innerhalb des Ordens und schürten die Konkurrenz zwischen den Klosteruniversitäten (Tratsang) von Sera und Drepung, denn die Verbindung zum Kaiserhof brachte nicht nur wohlklingende Ehrentitel, sondern handfeste materielle Vorteile in Form großzügiger und wertvoller Geschenke und in turbulenten Zeiten auch politischen Nutzen. Die traditionelle Verbindung wirkt bis heute nach, denn während Drepung nach Unruhen und Demonstrationen beinahe immer abgeriegelt und für Besucher geschlossen wird, kann Sera meist ohne Einschränkungen besucht werden.

Bekannt war Sera für seine drei Klosteruniversitäten: die **Sera Ngagpa** (Tantrische Fakultät), **Sera Je** (Fakultät der Reisenden) und **Sera Me** (Untere Fakultät). Die Fakultät der Reisenden war auch unter dem Namen „Flüchtlingsfakultät" bekannt und ist ein Indiz dafür, dass es innerhalb des Klerus oft Querelen gab. Sie bildete sich um eine Gruppe von Mönchen der Nyingmapa-Schule, die aus dem Kloster Drepung fliehen musste und in Sera eine neue Heimat fand. Mit dem Auftreten neuer bedeutender Lamas, die ihre eigene Lehrauslegung schufen, wurden immer wieder neue, autonome Fakultäten in den Klöstern gegründet; in Sera waren es zu seiner Blütezeit allein fünf, die alle ihre eigenen Versammlungshallen und Quartiere hatten. Dadurch konnten diese Klöster zu regelrechten Städten anwachsen, die nur nach außen hin einen homogenen Eindruck erweckten, während die einzelnen Fakultäten wirtschaftlich voneinander autonom waren und nicht immer miteinander harmonierten. ⏲ tgl. 9–16.30 Uhr, Eintritt 21. April–19. Okt ¥50, 20. Okt–20. April ¥25.

Sera Me

Bis zur Kasse läuft man zunächst einen schattigen, gepflasterten Weg hoch und biegt dann kurz hinter der Ticketkontrolle vor einem Chörten auf der rechten Seite in den Weg nach links ein. Vorbei an einigen Mönchsunterkünften

(Khangtsen) gelangt man zum ersten wichtigen Gebäude des Klosters: Sera Me, die Schule für Elementarunterricht, die wegen ihrer Lage auch einfach nur „Untere Fakultät" genannt wurde. Ihre Gründung geht auf das Jahr 1421 zurück. Noch 1959 studierten an der Me und den angeschlossenen Instituten in anderen Teilen Tibets 3000–5000 Mönche. Heute sind es in Sera Me rund 125. Ursprünglich hatte Sera Me einen eigenen Abt, aber in den 1990er-Jahren wurden Me und Je zusammengelegt und von da an nur noch von einem Abt verwaltet.

Die Hauptskulptur im **Dukhang** ist Shakyamuni, flankiert von Maitreya (Champa) und Manjushri (Jampalyang). In der linken Kapelle an der rückwärtigen Wand sieht man Tha'og Chögyel, eine lokale Schutzgottheit. In der zentralen Kapelle stehen die Buddhas der drei Zeiten zusammen mit den 16 Arhats, aber am heiligsten ist die Kapelle gleich daneben. Sie birgt eine von den Acht Großen Bodhisattvas flankierte Skulptur des Miwang Jobo. Diese Skulptur Shakyamunis wurde von einem reichen Förderer Tsongkhapas namens Miwang gestiftet. Im Hintergrund steht Amitayus (Tsepame), während vorne als Wächterfiguren Hayagriva (rot) und Achala, der Unbezwingbare (blau), stehen. Die letzte Kapelle ganz rechts ist Tsongkhapa geweiht. Er wird von wichtigen Persönlichkeiten der Gelugpa und Kadampa umgeben, darunter die ersten fünf Dalai Lamas sowie Sakya Yeshe, der Gründer Seras, und Kunkhyen Jangchub, der Gründer Sera Mes.

Man kann über eine steile Treppe in die zweite Etage klettern, wo man zwei weitere Kapellen besuchen kann. Die erste ist Shakyamuni geweiht, die zweite Tara, die hier mit 1000 Skulpturen geehrt wird.

Sera Ngagpa Tratsang

Von Sera Me läuft man ein Stück weiter nach Norden, passiert linker Hand einen kleinen Debattierhof und gelangt dann auf dem Weg, der einige Meter hinter dem Hof rechts abgeht, zur Tantrischen Fakultät. Das 1419 erbaute Hauptgebäude der Sera Ngagpa Tratsang ist das älteste Bauwerk Seras. Ursprünglich diente es als Versammlungshalle für alle Mönche. Nachdem die Halle dafür zu klein geworden war, überließ man sie der von dem mongolischen Fürsten Lhazang Khan 1712 neu gegründeten Tantrischen Fakultät, an der bis 1959 über 1000 Mönche studierten. Heute sind es nur noch rund 100 Mönche, aber anders als Me und Je hat die Tantrische Fakultät wieder einen eigenen Abt. Die Haupthalle wird von einer Skulptur Sakya Yeshes, den man an seiner schwarzen Kopfbedeckung erkennt, im Zentrum dominiert. Im Nordteil der Halle gibt es noch zwei Kapellen mit Skulpturen von Buddha und den 16 Arhats und rechts daneben den Gönkhang mit zahlreichen tantrischen Schutzgottheiten wie Vaishravana, Palden Lhamo, Mahakala und Yamantaka zu sehen.

Sera Je

Vorbei an einem kleinen Garten gleich östlich der Tantrischen Fakultät gelangt man zur Sera-Je-Fakultät, dem größten Institut des Klosters. Gegründet wurde die Philosophische Fakultät im 15. Jh. von Kunkhyenpa Lodrö Rinchen Sengge, einem Mönch aus dem Kloster Drepung, der mit rund 100 Anhängern nach Sera geflohen war. Er nannte seine neue Fakultät Je, ein Begriff, der „Reisender" bedeutet. Schon bald war sie die größte unter den Fakultäten Seras. 1959 sollen hier und in den über Tibet verteilten Zweigstellen zwischen 5000 und 7000 Studenten studiert haben. Heute sind es in Sera Je rund 300.

In der beeindruckenden **Haupthalle** hängen große Thankas, und zahlreiche Chörten enthalten die sterblichen Überreste wichtiger Lamas des Klosters. Der **erste Lhakhang**, den man auf der linken Seite passiert, ist den Buddhas der Vergangenheit, Gegenwart und Zukunft und den Acht Großen Bodhisattvas geweiht. Gleich daneben folgt die heiligste Kapelle des Klosters, der **Tamdin Lhakhang**. Tamdin (Hayagriva), der „pferdenackige Gott", ist die Schutzgottheit Seras und entsprechend stehen hier die Pilger Schlange, um ihn einmal mit der Stirn zu berühren. Von den Wänden des düsteren Raumes hängen Waffen und Masken, die von Soldaten nach Feldzügen geopfert wurden.

An der Nordseite des Dukhang schließen sich drei weitere Kapellen an. Die erste (links) ist **Maitreya**, die mittlere **Tsongkhapa** und die rechte **Manjushri**, dem Bodhisattva der Weisheit, geweiht. Seine Skulptur ist leicht zum Fenster in der rechten Außenwand geneigt und er-

Lhasa
Poche
NAGCHU
Nam Tso
Namtso
Tashi Dor
Dargye Lugdong
Shekyer
Dechen
Damshung/
Damxung
5662
s. Detailplan
Nam Tso und
Umgebung
S. 213
Nyanchen Thanglha
7162
Nyingdrong
109
202
Rong Chu
5634
Nyanchen
Yangpachen
5506
6366
Shogu
Yangpachen-
Kloster
Dechen
Changga
Tsongdu
Khartse
Changwen La
5426
Jomo Gangtse
7048
Taktse
6140
Dorjeling
Gyedar
109
Macha
5395
5556
Sera
Pabonka
Drepung
Gurum
Tsurphu
Lhasa
Chokang
Gompa
Yamda
Markyang
Tholung Dechen
Nechung
Mangra
Bhf.
Lhasa
s. Stadtplan
Lhasa
S. 152/153
Taktse
Dorle Gompa
Nyetang
Drölma Lhakhang
Newu
5014
Paggor
Nyemo Ma Chu
Nam
Sholmey
Tsalna
Dardrong/Nyemo
Chushur/
Qushui
Kyi Chu
Dorje Drak
Yungdrungling
5220
Dagar
Tunba
Chuwo Ri
Gongkar
FLUGHAFEN
Chabra
Shigatse
Gyadrugling
Chedesh
Gangtod
Rinpung
Nakartse,
Gyantse
Khampa La
Yamdok Yumtso

N
0
50 km
Thanglha
Nagchu
Nagchu
Shomong
4727
Lingti
Koluk/Goluk
Bangrung
Sharma
Atsa/Lhari
5528
Omatang
5234
Rongtod
Reting Tsangpo
5472
Reting/Rateng
Tango
5994
Atsa/Lhari
5541
Phomdo/Phongdo
Tidrum-Nonnenkloster
Taklung
Ngarnang
Drigung Thel
Menpa
Tsahol/Zaxoi
Nalanda
Kyi Chu
Shar Nonnenkloster
Nyimajangra
Nyangtri
Sumtrang
s. Detailplan Ganden S. 200
5356
Langtang
Nyingchi
Choding Gompa
Tangkya
Lhundrub/Ganden Chokhor
Jangrashar
Tangkar
5318
5018
Paljorling
Meldro Gungkar
Tsangtok
5078
Gyama
Ganden
Rutok Gompa
Dogde
Drayerpa
Takyi
5535
Tashigang
Rutok
Ngachen
Bomtoi/Dromtod
Taktse/Dechen
Zingche
Tselgungthang
s. Detailplan Von Ganden nach Samye S. 203
Tsagyu
Sodruk
Olka/Woka
Kloster Chökorgye
Kyerpa
Trengo
Ngadra
Kloster Samye
Samye
Potoh
Dopotrang
Shannan
Sangri
Tsethang/Nedong
Yarlung Tsangpo
Drachi
Rong
Dranang
Trandruk
Bahnlinie im Bau
Ngarab/Gyatsa
Nyangtri
Chongye
Kyiru
LHASA UND UMGEBUNG

weckt den Eindruck, als würde Manjushri nach draußen horchen, und so ist es kein Zufall, dass sich gleich nebenan der **Debattierhof** befindet. Hier üben die Mönche – meist von 15–16.30 Uhr – die Kunst des philosophischen Argumentierens und Debattierens. Sie bekommen dazu von ihrem Lama im Unterricht zunächst einen Text erläutert, den sie im Anschluss auswendig lernen. Damit es nicht beim sturen Auswendiglernen bleibt, sondern die Mönche das Gelernte auch verstehen und aktiv anwenden können, müssen sie im Anschluss daran beim Debattieren beweisen, dass sie den tieferen Sinn der Texte wirklich erfasst haben. Die auf dem Boden sitzenden Mönche sind die „Verteidiger", die stehenden Mönche stellen die Fragen und sind damit die Herausforderer. Die Aufgabe für beide Seiten ist es, die Argumente des jeweiligen Gegners zu entkräften und ihn in Widersprüche zu verwickeln. Wem das zuerst gelingt, der hat gewonnen. Um ihre Argumente zu bekräftigen, klatschen die Mönche laut in die Hände, stampfen mit den Füßen und schreien dem Kontrahenten ins Gesicht, in der Absicht ihn zu irritieren und von seiner Argumentationslinie abzubringen.

Bevor man Sera Je verlässt, kann man auch hier wieder aufs Dach steigen und weitere Kapellen ansehen.

Tsogchen Dukhang

Ein kleiner Abstecher führt vom Debattierhof nach Norden zum **Hamdong Khangtsen**, einem der größten Wohnquartiere der Mönche von Sera Je. Hierher verirren sich nur wenige Besucher, und so strahlt die kleine Versammlungshalle echte spirituelle Ruhe aus.

Auf dem Weg zurück zum Eingang passiert man zu guter Letzt noch den **Tsogchen Dukhang**, die große Hauptversammlungshalle von Sera. Sie wurde auf Anweisung des mongolischen Fürsten Lhazang Khan errichtet, der die ursprüngliche Versammlungshalle ab 1712 für seine eigene neue Fakultät nutzte. Hier trafen sich in der Folge die Mönche aller drei Fakultäten zu besonderen Anlässen. In der Haupthalle stehen als zentrale Kultfiguren von links nach rechts Avalokiteshvara, Maitreya, Vajrapani und andere, wie das Standbild des Klostergründers Sakya Yeshe mit einer schwarzen Mütze als Kopfbedeckung. Ganz rechts steht ein riesiger, 5 m hoher Buddha Maitreya.

An der Rückwand reihen sich noch drei Kapellen auf, unter denen vor allem die mittlere interessant ist. In ihr thront ein 6 m hoher Maitreya, der über zwei Stockwerke reicht und auch von der Kapelle in der zweiten Etage von oben aus besichtigt werden kann.

Mönchspolizisten

Sera war jahrhundertelang für seine gelehrten Mönche berühmt. Gleichzeitig aber bildete sich im niederen, ungebildeten Klerus des Klosters eine Gruppe von Mönchen heraus, die sich **Dob Dob** nannten. Ihre Interessen lagen weniger im Praktizieren des Buddhismus als im Sport, Kampf und in anderen weltlichen Dingen. Im Allgemeinen verrichteten sie die besonders schweren Arbeiten im Kloster, und dank ihrer Rauflust führten sie sich schon früh als selbst ernannte Mönchspolizisten auf. Auf Festen sorgten sie für Ruhe und Ordnung unter den Mönchen ihres Klosters, doch außerhalb ihrer Bruderschaften und Klöster waren sie als Unruhestifter gefürchtet.
Gegenüber ihren Klöstern waren die Dob Dob sehr loyal. Darüber hinaus gehörten sie zu den Wenigen, die sich auch um alte und kranke Mönche kümmerten. Dob Dob gab es später auch in anderen Gelugpa-Klöstern, und noch heute findet man sie in dem einen oder anderen Kloster.

Sera Kora

Wer sich genügend akklimatisiert hat, kann nach dem Besuch Seras noch den heiligen Umwandlungsweg um das Kloster laufen. Man benötigt dafür etwa eine Stunde und sollte genügend Wasser und ausreichend Sonnenschutz dabeihaben, da man auf dem Weg weitestgehend schutzlos der Sonne ausgesetzt ist. Entlang des Weges kommt man an wunderschönen **Felsmalereien** vorbei, und etwa auf Höhe der **Thanka-Wand**, wo an Festtagen die großen Thankas ausgerollt werden, auf der Ostseite des Klosters führt ein Abzweig den Berg hoch zu einer Einsiedelei namens **Chöding**. Hier soll Tsongkhapa noch vor der Gründung von Sera meditiert haben. Insgesamt befinden sich im Einzugsbereich von Sera 19 solcher Einsiedeleien.

Folgt man dem Weg von der Einsiedelei nach Süden, kommt man an einigen dieser alten Meditationshöhlen vorbei schließlich zu einem **Aussichtspunkt**, von dem aus man einen herrlichen Blick auf Sera und Lhasa hat.

Am Abzweig an der Chöding-Einsiedelei führt auch ein Weg hinauf nach **Sera Ütse**, einem bereits von Tsongkhapa als Retreat genutzten Ort. Der Weg ist steil und man benötigt mindestens eine Stunde bis zu dem kleinen, gelb getünchten Tempel, von dem aus man eine spektakuläre Aussicht auf das Tal hat.

Wer etwas Kraft übrig hat, kann dem Weg nach Osten noch etwa zehn Minuten folgen und erreicht dann einen der schönsten Aussichtspunkte der Region.

ESSEN

Links schräg gegenüber vom Kassenhäuschen steht ein sehr einfaches **Restaurant** mit einer großen Hofanlage und schmuddeligen Tischen. Eine Nudelsuppe kostet nicht mehr als ¥5, aber es gibt auch Momos und andere einfache Gerichte, für die man sich erst an der Kasse im Restaurant Bons holt. Die Bons gibt man in der Küche einem der Köche und bekommt dann sein Essen.

Mönche des Klosters Sera beim nachmittäglichen Diskurs im Debattierhof

TRANSPORT

Fahrrad

Mit dem Fahrrad fährt man ca. 30 Min. immer geradeaus die Nyangre Lu (Nyangdren Lho Lam) nach Norden Richtung Militärhospital. Bevor die Straße vor dem Hospital endet, geht es noch gut 200 m nach rechts auf einer breiten Straße Richtung Kloster. An der Kasse kann man fragen, ob man sein Rad dort abstellen darf. Stehen dort schon zu viele Räder, kann man auch beim Restaurant gegenüber fragen.

Busse und Taxis

Bus 20 fährt ab einer der Haltestellen in der Nyangre Lu, **Bus 24** fährt von den Haltestellen an der Dosengge Lhongi Lam (Duosengge Lu, Ecke Jiangsu Lu), Kang'anduo Lu oder Beijing Zhonglu (Potala-Platz) in LHASA bis zum Kloster. Die Fahrt kostet ¥3. Die Busse fahren etwa alle 10 Min. Alternativ kann man auch mit **Bus 16** ab einer der Haltestellen an der Linkuo Beilu fahren. Dann muss man allerdings das letzte Stück von der Sela Beilu zum Kloster laufen. Ein **Taxi** kostet ¥15–20.

Pabonka

Rund 1 km Luftlinie westlich von Sera steht auf einem Felsen über dem Nyangdren-Tal das bereits unter Songtsen Gampo gegründete Kloster Pabonka (frei übersetzt „oben auf dem Felsen"), das zu den ältesten Bauwerken der Lhasa-Region zählt. Der Granitfelsen soll die Form einer weiblichen Schildkröte haben, dem Symbol des Kosmos. Der andere, etwas niedrigere Felsen ein Stück weiter nördlich soll eine männliche Schildkröte darstellen. In dem Paar sah man den Beweis der Anwesenheit dämonischer Kräfte. Um sie zu trennen und so Unglück von Tibet fernzuhalten, ließ Songtsen Gampo 108 Chörten, von denen die meisten ziemlich verfallen sind, zwischen den beiden Felsen errichten.

Pabonka war das erste einer Reihe von zwölf Heiligtümern, die auf Anraten von Prinzessin Wencheng errichtet wurden, um die Dämonin, die über Tibet lag, zu bannen. Der Jokhang in Lhasa wurde zuletzt errichtet, um das Herz der Dämonin zu „fixieren". Im Laufe der großen Buddhistenverfolgungen wurde Pabonka im 9. Jh. in Brand gesteckt und im 11. Jh. in kleinerer Form wieder aufgebaut. Architektonischer

Höhepunkt des Klosters ist der dreistöckige **Pabonka Phodrang** auf dem Felsen. Besichtigen kann man u. a. die Versammlungshalle, in der eine Skulptur Avalokiteshvaras steht, die sich selbst erschaffen haben soll. Das gelbe Gebäude weiter oberhalb ist der **Jasa Phodrang**, der Tempel der Prinzessin Wencheng, die der Legende nach an diesem Ort drei Jahre meditiert hat. Dabei soll sie von Palden Lhamo, der Schutzgottheit Lhasas, inspiriert worden sein, durch den Bau von zwölf Tempeln die über Tibet liegende Dämonin unschädlich zu machen.

Auf der Westseite des Felsens befindet sich die **Palden-Lhamo-Höhle**, in der Songtsen Gampo meditiert haben soll. Angeblich haben in dieser Höhle auch sein Nachfolger Trisong Detsen, Padmasambhava und einige der ersten Mönche Tibets meditiert. Auf der linken Seite der Höhle sieht man ein Relief Palden Lhamos, das von selbst entstanden sein soll, daneben sind u. a. Darstellungen von Songtsen Gampo mit seinen beiden Gemahlinnen, Trisong Detsen und Padmasambhava, zu erkennen.

Wer fit ist, kann von Pabonka zu weiteren Einsiedeleien und kleineren Klöstern wandern. So kann man den Weg bergauf zum **Tashi Chöling** laufen (20 Min.), einer verfallenen Einsiedelei, und von dort in einer halben Stunde zum **Nonnenkloster Chubsang**, in dem rund 80 Nonnen leben.

🕒 vom frühen Morgen bis späten Nachmittag, Eintritt frei (Spenden erwünscht).

TRANSPORT

Man kann vom Kloster Sera in etwa 1 Std. nach Pabonka laufen. Wer die beiden Klöster getrennt besuchen möchte, kann **Bus 16** von der Linkuo Beilu, Ecke Sela Nanlu, oder **Bus 20** von der Nyangre Nanlu in LHASA jeweils bis zur Endhaltestelle am Militärhospital nehmen oder mit dem Rad (etwa 45 Min.) fahren. Statt nach rechts Richtung Sera abzubiegen, folgt man dann der kleineren Straße, die nach links abzweigt, bis zu einem Kanal. Dort biegt man nach rechts ab und läuft rund 15 Min. (bzw. radelt) Richtung Norden bis zu einer Weggabelung. Hier nimmt man den Weg nach links, der geradewegs nach Pabonka führt.

Drepung

8 km westlich vom Zentrum Lhasas breitet sich am Fuß eines 5600 m hohen Bergrückens der weitläufige Klosterkomplex Drepung („Reishaufen-Kloster") aus. Drepung und die beiden Klöster Sera und Ganden wurden „die drei Säulen des Staates" genannt, da in ihnen früher nicht nur die Mönchselite für ganz Tibet ausgebildet wurde, sondern sie innerhalb des Staatsapparates wichtige Befugnisse, Rechte und Pflichten hatten. Jamyang Chöje (1379–1449), ein Schüler Tsongkhapas, gründete 1416 das Kloster, das von seinen Nachfolgern zu einer mächtigen, stadtähnlichen Anlage ausgebaut wurde. Es war seinerzeit das größte Gelugpa-Kloster Tibets und Heimstatt für 10 000 Mönche.

Während Sera durch seine kämpfenden Mönche, die Dob Dob, von sich reden machte, war Drepung für seine gelehrten Mönche berühmt. So war es kein Wunder, dass das Kloster als ehemaliger Sitz des 5. Dalai Lama zum politischen Zentrum Tibets avancierte – die Äbte dieses Klosters waren an allen politischen Entscheidungen beteiligt. Allein 400 Mönche Drepungs waren hohe Gelehrte, und 50 Lamas galten als reinkarniert (Tulkus). Der Name Drepung geht auf ein Opferritual zurück, bei dem die Mönche kleine Reishäufchen – symbolisch für die Welt mit ihren materiellen und sinnlichen Verlockungen – opfern. 🕒 Klostergebäude tgl. 9–14 Uhr, äußere Anlagen 9–17 Uhr, Eintritt 21. April–19. Okt ¥50, 20. Okt–20. April ¥25.

Ganden

Vom Kassenhäuschen und dem weißen Chörten folgt man dem Weg nach Westen und biegt nach etwa 300 m rechts zur ersten Halle, dem **Sang-ngak Phodrang**, dem Palast der geheimen Mantras, ab. Dieser Palast diente dem 5. Dalai Lama bis zur Fertigstellung des Potala als Privatresidenz. Nach seinem Umzug wurde er in einen Lhakhang umgewandelt, in dem heute Schutzgottheiten wie ein 16-beiniger und 36-armiger Yamantaka, Palden Lhamo auf einem Pferd und Mahakala mit sechs Armen zu sehen sind.

Über eine steile Holztreppe klettert man weiter in den Vorhof des **Ganden Phodrang**, der ersten wichtigen Halle am Weg. Im Hof finden während des Shoton-Festes (S. 64) die rituellen Cham-Tänze statt. Der Ganden Phodrang („Freudvoller Palast") wurde in der Zeit des posthum zum 2. Dalai Lama gekürten Gendün Gyatsho 1518 erbaut und diente dann ab 1530 bis zum Bau des Potala als Sitz der Regierung von Tibet. Entsprechend sieht man hier auch die Chörten-Gräber des 2., 3. und 4. Dalai Lama. Gleich rechts des Palasts schließt sich der große **Debattierhof** an.

Tsogchen Dukhang

Ein Stück nördlich vom Ganden Phodrang und dem Debattierhof führt der Weg zur mächtigen, um 1735 erbauten Hauptversammlungshalle, die als Versammlungsort für die Mönche aller hiesigen Fakultäten dient, heute aber nur noch zu besonderen Anlässen genutzt wird. Das Dach der riesigen Halle wird von 184 Säulen, die teilweise mit Thankas und alten Waffen behangen sind, getragen, und wenn man sich erst einmal an die Dunkelheit gewöhnt hat, umfängt einen eine geradezu mystische, feierliche Atmosphäre. Auf dem langen **Altar** sieht man die 16 Arhats, die hier in zwei Gruppen zu je acht auf der linken und rechten Seite aufgestellt sind. Dazwischen befindet sich eine große schöne Skulptur eines sitzenden Manjushri und rechts von ihm Statuen der weiblichen Gottheit Dugkarma mit einem weißen Schirm, Tsongkhapas und des 3. bis 9. sowie des 13. Dalai Lama.

Im linken Seitenheiligtum stehen die Statuen der Buddhas der drei Zeiten und acht Stupas, die acht Stationen in Buddhas Leben symbolisieren. Hinter dem Altar befindet sich die **Hauptkapelle**, die gleichzeitig als eine der ältesten erhaltenen Räume von Drepung gilt. Im Eingangsbereich wird sie von den beiden Gottheiten Vajrapani und Hayagriva beschützt. Im Zentrum steht Tsongkhapa und hinter ihm Shakyamuni, flankiert von den Buddhas der Vergangenheit und Zukunft, und an den Wänden sieht man die Acht Großen Bodhisattvas. Die Kapelle rechts ist der geschlossene Miwang Lhakhang mit einem über zwei Stockwerke reichenden Buddha Maitreya, der nur über den ersten Stock zugänglich ist.

Am Eingang führen Treppen in den ersten und zweiten Stock. Die Kapellen in der ersten Etage sind geschlossen und man muss bis zum zweiten Stock hochsteigen. Hier ist besonders der **Maitreya Lhakhang** sehenswert, in dem man das Gesicht einer über zwei Etagen reichenden Statue des Zukunftsbuddhas im Alter von acht Jahren betrachten kann. Diese Skulptur beginnt in einer der Kapellen im ersten Stock. Vorbei an einer Kapelle für Shakyamuni führt eine Treppe ein Stück hinunter zum bereits erwähnten **Miwang Lhakhang**. In ihm sitzt ein etwa 15 m hoher Buddha Maitreya im Alter von zwölf Jahren, der im Lhakhang rechts der Hauptkapelle unten in der Versammlungshalle beginnt und über drei Etagen reicht. Die Skulptur soll je eine Reliquie Buddhas, Tsongkhapas und Atishas enthalten und ist daher besonders heilig. Der linke der beiden Chörten birgt die Asche des 2. Dalai Lama, der rechte die Asche von Jamyang Zhepa, dem Gründer des Klosters Labrang, der in der Goman-Fakultät von Drepung studiert hatte und einen großen Einfluss auf die Politik ausübte.

Gleich rechts folgt der **Tara Lhakhang** oder auch Kanjur Lhakhang. Er enthält drei Bildnisse Taras, darunter eine „sprechende" Tara und eine, die Regen bewirken soll. Zusammen sollen sie das Trinkwasser Drepungs schützen. Ein Highlight dieses Lhakhang ist aber eine Ausgabe des Kanjur, kanonischer Schriften des tibetischen Buddhismus, in 114 Bänden, die sich einst im Besitz des 5. Dalai Lama befunden haben soll.

Läuft man einmal außen um den Tsogchen Dukhang herum, passiert man zunächst einen kleinen Lhakhang mit einem Bildnis des Manjushri. Dies ist der älteste Teil des Klosters. Gleich südlich davon kann man noch der ebenso alten Meditationshöhle des Klostergründers Jamyang Chöje einen Besuch abstatten.

Fakultäten

Drepung verfügt über vier Fakultäten (Tratsang), denen früher jeweils ein eigener Abt vorstand. Ihr Aufbau ist ziemlich identisch. Sie verfügen jeweils über eine eigene Versammlungshalle mit einem Vorhof und eigene Unterkünfte, sogenannte Khangtsen, Regionalhäuser, in denen die Mönche getrennt nach ihrer regionalen Herkunft untergebracht waren. Die vergleichsweise kleine **Ngagpa Tratsang** gleich nordwestlich des

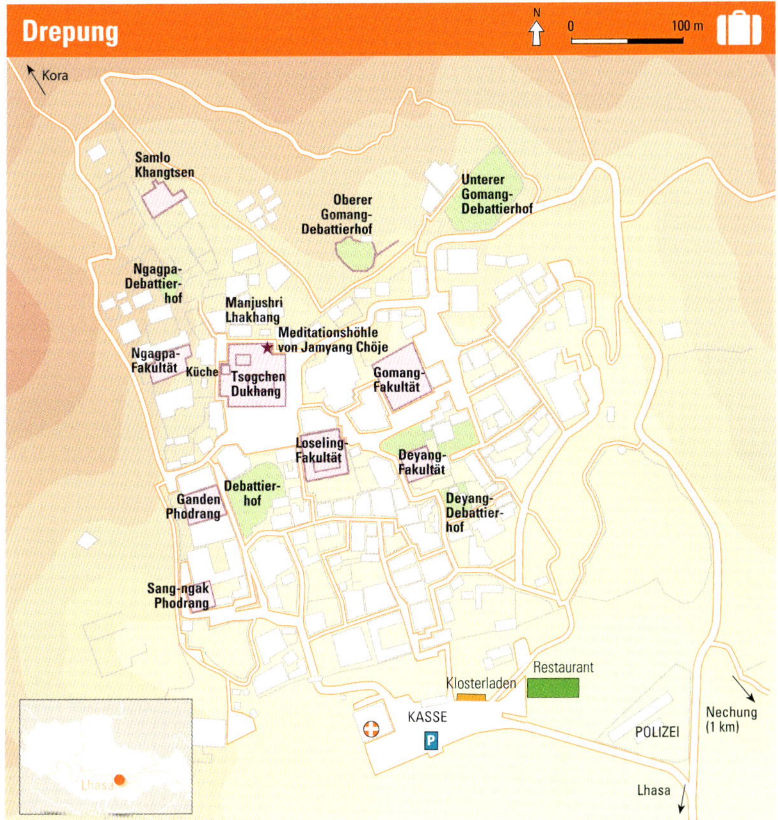

Tsogchen war die einzige tantrische Institution des Klosters und wurde bereits bei der Gründung Drepungs eingerichtet. Wegen der Flucht vieler Mönche nach Indien fehlen der Ngagpa-Fakultät allerdings ausgebildete Lehrer, die die komplizierten Inhalte des Tantra, die hier unterrichtet wurden, vermitteln können. Dennoch werden hier ein paar junge Mönche in den komplizierten Ritualen geschult, und es gibt Bemühungen, an die alte Bedeutung der Fakultät anzuknüpfen.

Auf dem Rundweg passiert man links vom Weg die **Gomang Tratsang**, eine der drei philosophischen Fakultäten, an der früher nahezu 3000 Mönche studierten. Heute werden die Studierenden zwar immer noch formell einer der vier Fakultäten zugeordnet, tatsächlich aber spielt die Unterteilung keine Rolle mehr. Zum einen gibt es einfach zu wenig Mönche, um z. B. die Regionalhäuser aufrechtzuerhalten, zum anderen werden sie zentral vom sogenannten „Domokratischen Verwaltungskomitee" verwaltet, das an einer Aufgliederung kein Interesse hat, da es so die Lehrinhalte besser überwachen kann.

Gleich südwestlich gegenüber sieht man die **Loseling Tratsang**, die erst nach Gomang gegründet worden war, dann aber zur größten Fakultät avancierte, und in der 5000 Mönche studierten. Südlich zwischen diesen beiden In-

Das tibetische Lebensrad

In den Haupthallen der meisten Tempel kann man im Eingangsbereich ein Wandbild mit der Darstellung des tibetischen Lebensrads (Sansk.: Bhavacakra, Tib.: Sipä Khorlo) sehen. Das Rad ist ein Sinnbild des Dharma und veranschaulicht auch den Analphabeten das Wirken des Karma. Gehalten wird es vom Totengott Yama: eine Allegorie der Zeit in ihrem verschlingenden und ewigen Aspekt. In einer anderen Interpretation handelt es sich um Mara, den Versucher Buddhas und ein Symbol für den leidvollen Kreislauf der Wiedergeburten.

Im äußeren Ring werden die zwölf **Daseinsfaktoren**, die das Leben eines jedes Menschen bestimmen und die im Kreislauf von Geburt und Tod durchlaufen werden, dargestellt. Die Bilderfolge beginnt mit einem blinden Menschen, der mit seinem Stock ins Ungewisse schreitet und für das Nichtwissen steht, und endet mit der Gestalt eines Leichenträgers, der Alter und Tod symbolisiert. Zwischen den sechs Speichen des Rades sieht man die verschiedenen **Daseinsbereiche**, in denen sich die Wiedergeburt vollziehen kann, je nachdem ob sich im früheren Leben gute oder schlechte karmische Kräfte angesammelt haben. Alle diese karmisch bedingten Aufenthaltsorte, ob glücklich oder leidvoll, sind jedoch nicht von Dauer. Sie drehen sich im Kreis um ein dunkles **Zentrum**, denn der Mensch wird immer wieder von den **drei Grundübeln** Gier, Verblendung und Hass getrieben, symbolisiert durch die drei ineinander verbissenen Tiere Hahn, Schwein und Schlange. Die drei Tiere sind Sinnbilder jener Kräfte, die das Rad des Lebens antreiben. In der buddhistischen Überlieferung werden sie auch als „die drei Wurzelgifte" bezeichnet, weil aus ihnen alles Elend des Lebens wächst und sie den Menschen von innen verderben. Diese Gifte lassen dem nackten Menschen, der im inneren Ring dargestellt ist, nur zwei Möglichkeiten: sich freizumachen von den dunklen Kräften, dem Schatten, der ihm folgt (linke Hälfte), oder zurückzufallen in den dumpfen Zustand eines Tieres (rechte Hälfte).

Das Lebensrad dient als **Spiegel der Selbsterkenntnis**, der das menschliche Unbewusste in verschlüsselter Form repräsentiert. So kann die Meditation über dieses Rad eine Vorübung zur buddhistischen Selbstverwirklichung sein.

stituten befindet sich die **Deyang Tratsang**, an der selbst in ihrer Blütezeit gerade einmal 600 Mönche studierten. Deyang war eng mit dem Dalai Lama verbunden, und auch der Abt wurde vom Dalai Lama ernannt.

Wegen ihrer geringen Größe besaß die Deyang Tratsang als einziges Institut keine Khangtsen, sondern brachte die Studenten in gemischten Unterkünften unter.

Nechung

Von Drepung läuft man in etwa zehn Minuten über einen Fußweg nach Nechung, dem ehemaligen Sitz des Staatsorakels. Im 17. Jh. war das **Staatsorakel** vom Kloster Samye aus machtpolitischen Gründen in das nur etwas südöstlich von Drepung liegende Nechung verlegt worden. Wichtige Staatsangelegenheiten wurden vom Dalai Lama, seinen Regenten oder dem Ministerrat erst nach der Befragung des Orakels entschieden. Im Orakel, das in einem Ekstasebeziehungsweise Trancezustand offenbart wird, spricht der Gott Pehar durch den Körper des Orakelpriesters, der ein Mensch mit besonderen geistigen Fähigkeiten sein muss. Er wird von Priestern ausfindig und mit den höheren Stufen der Meditation vertraut gemacht. Schließlich muss der zukünftige Seher vor seiner Institutionalisierung noch eine Prüfung ablegen.

Bereits mit 15 Jahren wurde der 14. Dalai Lama auf Weisung des Orakels in die Regierungsgeschäfte eingeführt, als die Volksbefreiungsarmee am 7.10.1950 in Tibet einmarschierte. 1959 flüchtete der Orakelpriester gemeinsam mit dem Dalai Lama nach Dharamsala in Indien, wo er 1984 starb. Das Kloster Nechung wurde 1981 renoviert und davor der Baum, in dem der Orakelgott Pehar wohnen soll, neu gepflanzt. ⌚ tgl. 9–16 Uhr, Eintritt ¥20.

TRANSPORT

Drepung ist gut mit dem **Fahrrad** erreichbar. Allerdings ist die Strecke nicht sehr attraktiv. **Bus 24** fährt ab Kloster Sera oder einer der Haltestellen am Potala-Platz oder der Luobulinka Lu (Norbulingka Lam) in LHASA bis zur Klosterauffahrt in der Nähe des Nechung-Tempels. **Bus 16** fährt ab Beijing Middle Rd. (Beijing Zhonglu), 400 m westlich von der Stelle, wo die Linkuo Xilu auf die Beijing Middle Rd. trifft. Ein **Taxi** sollte nicht mehr als ¥20–30 kosten.

Ganden

Ganden liegt etwa 50 km östlich von Lhasa. Das Gründungskloster der Gelugpa-Schule und damit auch deren religiöses Zentrum passt sich in 4300 m Höhe wie ein Amphitheater in die grandiose gebirgige Umgebung des Kyi-Chu-Tals ein und bietet einen fantastischen Blick ins tief unten gelegene Tal. Ganden bedeutet das „Freudenvolle", ein anderer Name für den Tusita-Himmel, in dem Maitreya residiert, bis er als Buddha auf der Erde erscheint. Hier hatte Tsongkhapa, der das Kloster 1409 gründete, seine Reformvorstellungen verwirklicht. Nach seinem Tod 1419 wurde zunächst sein Schüler Gyeltshab Je und nach dessen Tod sein zweiter Lieblingsschüler Khedrup Je Vorsteher der Klosterfakultäten. Ihr Titel lautete Ganden Tripa, „Halter des Ganden-Throns", und die jeweiligen Nachfolger, bis heute 101, wurden nicht durch die Suche nach einer Reinkarnation ermittelt, sondern für jeweils sieben Jahre aus einem Pool wichtiger gelehrter Mönche der drei großen Gelugpa-Klöster gewählt. Das spirituelle Oberhaupt der Gelugpa ist der Ganden Tripa, nicht der Dalai Lama, wie oft fälschlich angenommen wird.

Bis zu 3000 Mönche lebten vor 1959 in der Klosterstadt, die während der Kulturrevolution systematisch zerstört wurde. Von den ursprünglich 200 Sakral- und Wohnbauten blieb eine Ruinenlandschaft übrig, die sich einem Mahnmal gleich aus der Landschaft erhebt. Seit 1980 wurden 50 Gebäude sowie das rote Mausoleum des Gründers der Gelbmützen-Schule, Tsongkhapa, wiederhergestellt.

Wer nur wenig Zeit für Lhasa hat und sich wenigstens eines der drei Hauptklöster der Gelugpa ansehen möchte, sollte sich für Ganden entscheiden, denn es ist das mit Abstand beeindruckendste Kloster im Verwaltungsgebiet von Lhasa. ⌚ tgl. 9–16 Uhr (sollten keine Pilger mehr vor Ort sein, schließen die Hallen auch früher), Eintritt ¥50.

Ngamchö Lhakhang

Läuft man vom Parkplatz am Klosterladen vorbei den rechten Weg entlang, passiert man als erstes Gebäude die alte Versammlungshalle. Sie wurde auf dem Areal der ursprünglichen Halle errichtet, die bereits von Tsongkhapa für rituelle Zwecke genutzt worden sein soll. Die Hauptfiguren, die man hier sieht, sind natürlich Tsongkhapa und seine beiden Nachfolger, aber in dem Gönkhang linker Hand, der von Frauen nicht betreten werden darf, gibt es noch einige Schutzgottheiten zu sehen, darunter Palden Lhamo, die auf ihrem Maultier reitet, Mahakala, Yamantaka (die größte der Skulpturen in der kleinen Kapelle) und den Totengott Yama.

Tsongkhapas Grab

Vorbei an einem Wohnquartier und einem Debattierhof auf der rechten und dem Gebäude der Shartse Tratsang und der dahinter liegenden Jangtse Tratsang, den beiden Fakultäten des Klosters, auf der linken Seite des Weges, gelangt man zu einem Platz, der von einem eindrucksvollen roten Bauwerk, das wie eine mächtige Festung inmitten all der weißen Gebäude wirkt, beherrscht wird. Das Gebäude, das unter dem Namen **Yangpachen Khang** oder Serdung Khang bekannt ist, besteht unten aus der rekonstruierten Versammlungshalle, in der man eine Skulptur Shakyamunis und 1000 tönerne Tsongkhapa-Figürchen in den Wandregalen sieht, und dem sich rechts anschließenden Gönkhang, den Frauen nicht betreten dürfen, mit der Schutzgottheit Yama (Chögyal).

Der wichtigste Raum liegt allerdings eine Etage höher und beherbergt den riesigen, mit

LHASA UND UMGEBUNG

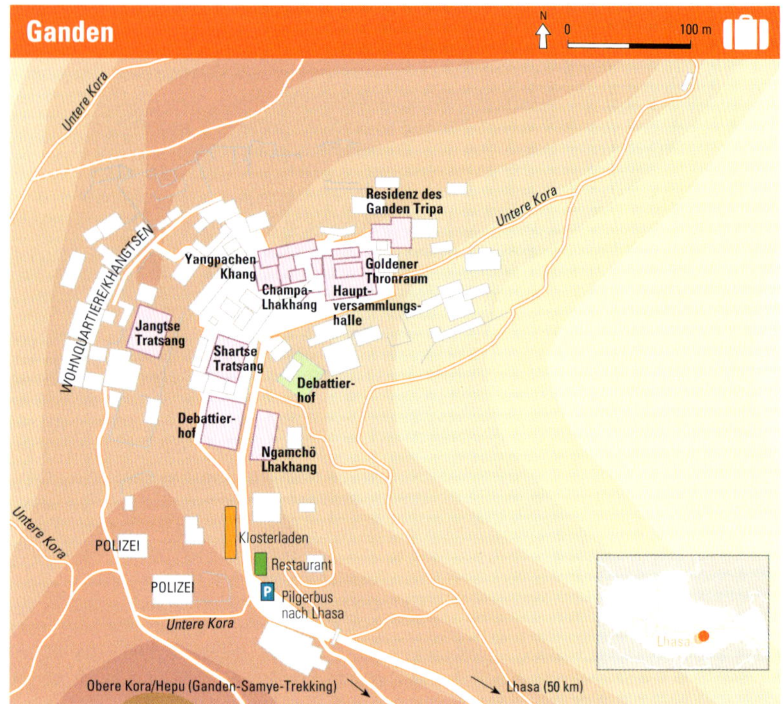

Silber und Gold bedeckten Grabstupa Tsongkhapas. Ursprünglich sollte sein Leichnam bei einer Feuerbestattung verbrannt werden. Nachdem der Körper die Flammen unbeschadet überstanden hatte, wurde er in einem Grabstupa beigesetzt. Als die Rotgardisten den Schrein aufbrachen, sollen sie einen immer noch vollständig erhaltenen Körper gefunden haben. Einige Körperteile konnten von Gläubigen in Sicherheit gebracht werden und wurden in dem neu errichteten Stupa beigesetzt.

Vor dem Stupa sieht man die Statuen Tsongkhapas und seiner beiden Nachfolger zur Rechten und Linken.

In Vitrinen sind weitere Reliquien des Klostergründers zu sehen, darunter eine Bettelschale und eine Teeschale des großen Reformators sowie ein Zahn, der sich auf einem kleinen Silberstupa befindet. Hinter dem Stupa sieht man übrigens einen Felsblock, der dieser Halle ihren Namen verleiht. Er soll vom indischen Yangpachen, der tibetischen Bezeichnung für Sravasti, herbeigeflogen sein. In dieser Stadt in Nordindien soll Buddha das berühmt gewordene Wunder von Sravasti vollbracht haben, das eine Demonstration der Fähigkeiten Buddhas für die Ungläubigen war. Begleitet wurde das Wunder von Blitz, Donner und Erdbeben.

Hauptversammlungshalle

Rechts des Yangpachen Khang schließt sich der schon 1991 rekonstruierte **Champa Lhakhang** an, in dem ein rund 4 m hoher Buddha Maitreya sitzt. Doch neben Tsongkhapas Grab dominiert nun die neu erbaute Versammlungshalle den Platz mit dem Chörten in der Mitte. Innen stehen eine große Statue Tsongkhapas und Skulpturen der 16 Arhats. Im rückwärtigen Teil steigt man zum **Goldenen Thronraum** hinauf, der von Tsongkhapa und seinen Nachfolgern genutzt wurde.

Man kann übrigens von der Nordseite des Gebäudes über eine Treppe in die 2. Etage aufsteigen und hat von hier einen schönen Blick auf die große Tsongkhapa-Statue. Die zweite, östliche Treppe führt in eine Bibliothek, in der die Bände des Kanjur und Tanjur aufbewahrt werden.

Residenz des Ganden Tripa

Östlich vom Thronraum kommt man zur Residenz des Ganden Tripa Trithog Khang. Das ursprünglich 1409 errichtete Gebäude gehörte bis zu seiner Zerstörung in der Kulturrevolution zu den ältesten Bauten Gandens und diente als Privatgemach für die Ganden Tripas. Neben dem Schlafgemach und dem Zimmer mit dem Thron, auf dem Tsongkhapa gestorben sein soll, gibt es noch einen Gönkhang und einen Versammlungsraum zu sehen.

Ganden Kora

Der heilige Umrundungsweg um Ganden ist der eigentliche Höhepunkt eines Besuchs, da er schier unglaubliche Ausblicke über das Kyi-Chu-Tal und das Kloster bietet. Wer nicht so fit ist, kann die sogenannte **Untere Kora** laufen, für die man je nach Kondition zwischen 45 und 60 Minuten benötigt. Der Weg beginnt am Parkplatz und führt zunächst bergauf direkt nach Westen an der Polizeiwache rechter Hand vorbei, um dann über den Grat hinter Ganden einmal ums Kloster zu führen. Zu sehen gibt es neben der Aussicht auch schöne Felsmalereien und „selbst entstandene Bildnisse". Ziemlich am Ende der Kora, dort, wo der Weg wieder Richtung Kloster führt, passiert man die Meditationshöhle Tsongkhapas. Sie ist berühmt für ihre „selbst entstandenen" und „sprechenden" Steinreliefs, die Palden Lhamo, Atisha, Shakyamuni, Amitayus und andere zeigen.

Wer fit und gut an die Höhe angepasst ist oder mehr Zeit hat, kann auch die Äußere Kora wandern. Für diesen Weg benötigt man rund zwei Stunden. 40 Minuten dauert allein der steile Anstieg zum Gipfel des Hügels. Vom Parkplatz aus läuft man nach Südosten bergauf in Richtung des Dorfes Hebu. Dort, wo sich der Weg nach etwa zehn Minuten teilt, folgt man dem rechten Weg (der linke führt nach Hebu an der Trekkingroute nach Samye), der sich zickzackförmig bis zu einem Grat voller Gebetsfahnen und Steinhaufen schlängelt. Oben führt der Pfad entlang des Kamms eine halbe Stunde Richtung Westen und dann in rund 15 Minuten zu einer Straße, wo man den Weg entlang der Unteren Kora fortsetzt.

ESSEN

Im Restaurant am Parkplatz bekommt man einfache Gerichte wie Reis mit Gemüse oder Nudeln mit Gemüse.

TRANSPORT

Es gibt zwar Pilgerbusse, die morgens gegen 7 Uhr vom Vorplatz am Jokhang in LHASA starten (Rückfahrt gegen 14 Uhr), allerdings bekommt man als Ausländer, wenn überhaupt, nur Tickets (Hin- und Rückfahrt ¥20), wenn ein Guide mitfährt. Diese werden allerdings keine Lust haben, sich in einen überfüllten Bus zu quetschen. Man muss also auch für diesen Ausflug einen Wagen mit Fahrer und Guide chartern.
Man kann übrigens die Einsiedlerhöhlen von Drayerpa (s. u.) ohne großen Aufpreis in den Ausflug mit einbeziehen (s. auch S. 186).

Drayerpa

Etwa 30 km nordöstlich von Lhasa liegt hoch über dem Kyi Chu eine der wichtigsten heiligen Stätten des Lhasa-Tals, die über 80 Einsiedlerhöhlen von Drayerpa (Drak Yerpa). Hier soll nicht nur Songtsen Gampo meditiert haben, auch Padmasambhava (sieben Monate) und Atisha (drei Jahre) sollen sich zum Meditieren in die Höhlen zurückgezogen haben. Viele wichtige buddhistische Schulen wie die Nyingmapa, Kadampa und Gelugpa hatten am Fuß des steilen Hangs ihre zu einem Klosterkomplex zusammengefassten Lhakhangs und praktizierten gemeinsam. Auch die tantrische Fakultät Gyütö betrieb in Drayerpa eine Dependance. Das Kloster und alle weiteren Gebäude bzw. die Vorbauten der Höhlen im Berg sind in der Kulturrevolution zerstört worden. Erst 1991 wurden erste Restau-

Trekking von Ganden nach Samye

- **Route**: Kloster Ganden – Yama Do – Shuga-La – Seengebiet Chitu La – Nyango – Samye
- **Länge**: 80 km
- **Dauer**: 4–5 Tage
- **Wegbeschaffenheit**: meist ausgetretene, langsam an- und absteigende Pilger- und Nomadenpfade, etappenweise schmale, steinige Bergpfade, teilweise Durchquerung von feuchten Hochmoorgebieten, immer wieder unübersichtliche Wegführung
- **Voraussetzung**: sehr gute Kondition, Trittsicherheit, Schwindelfreiheit und entsprechende Höhenverträglichkeit sind erforderlich

Die rund 80 km lange Trekkingtour zwischen den beiden Klöstern Ganden und Samye hat sich zur beliebtesten Wanderung im Großraum Lhasa entwickelt. Auf dem Weg erlebt man unglaublich dramatische Landschaften, einsame Hochweiden mit grasenden Yaks und versprenkelten Nomadenzelten sowie einsame Pässe mit flatternden Gebetsfahnen und Steinanhäufungen, die Pilger aufgeschichtet haben. Je nach Fitness braucht man zwischen vier und fünf Tagen.

Erster Tag

- Gehzeit: 5–6 Std.

Die erste Etappe führt vom **Kloster Ganden** bis zum Weidegebiet Yama Do in etwa 17 km Entfernung. Man bewegt sich in Höhen von durchschnittlich 4500 m und benötigt zwischen fünf und sechs Stunden Gehzeit (also ohne Pausen). Die Trekkingtour beginnt am Parkplatz vor dem Kloster Ganden. Am ersten Tag steigt man den Pilgerpfad zur Äußeren Kora südöstlich vom Parkplatz in Ganden bis zum Abzweig auf. Anders als bei der Kora nimmt man hier aber den linken Weg, der geradeaus den Hang auf den 4510 m hohen Sattel des **Angker Ri** hinaufführt. Vom Parkplatz

Blick über das Dach der Hauptversammlungshalle vom Kloster Ganden auf die Berge

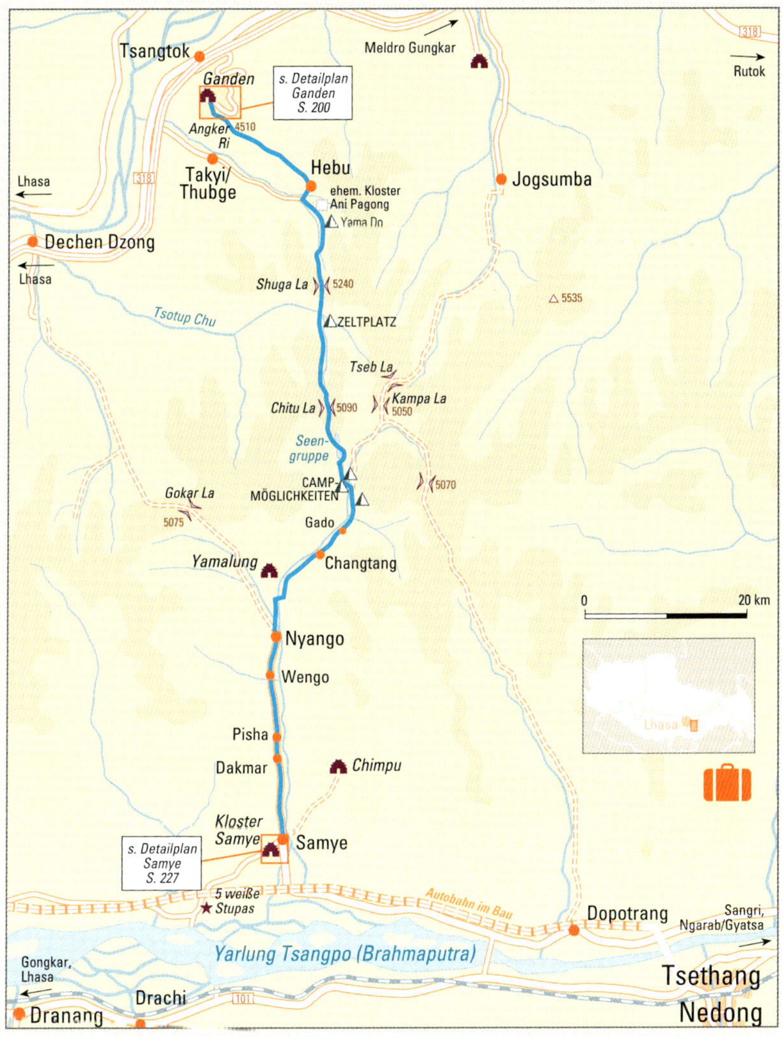

bis zum Sattel benötigt man etwa eine Stunde. Oben passiert man einen Lhatse, eine große Steinanhäufung, von der man glaubt, dass in ihr lokale Götter wohnen. Ansonsten besteht das Terrain hier aus einer Geröllwüste, die von Eidechsen bewohnt wird.

Einmal oben, schlängelt sich der Weg über mehrere weitere Sättel den Hang hinunter ins Tal bis zum Dörfchen **Hebu**, das man nach etwa zwei Stunden erreicht. Hebu ist die letzte menschliche Ansiedlung vor den beiden Pässen. Manche Einwohner vermieten einfache Schlafstätten, oder man baut sein Zelt südlich oder westlich der Ortschaft auf.

Seit der Fertigstellung der Straße kann man nun auch direkt bis Hebu fahren und den Trek von dort aus beginnen. In diesem Falle sollte die Route so geplant werden, dass man erst das Kloster Ganden besucht und von dort direkt weiter nach Hebu fährt, wo man die erste Übernachtung einlegen kann.

Von Hebu aus verläuft der Weg zunächst entlang der Piste nach Norden bis zu einer Brücke an einer kleinen Häuseransammlung am Zusammenfluss zweier Bäche. Man überquert die Brücke und wandert dann entlang der linken Seite des Bachs, der vom Shuga La hinabfließt, weiter hinein ins Seitental. Nach etwa einer Stunde passiert man die Stätte des ehemaligen Klosters **Ani Pagong** und noch einmal eine Stunde weiter erreicht man schließlich das Etappenziel **Yama Do**, wo es selbst für größere Gruppen auf den grünen Weiden ausreichend Platz zum Zelten gibt.

Zweiter Tag

- Gehzeit: 5–6 Std.

Die zweite Etappe ist zwar nur etwa 10 km lang, aber wegen des Passes, den man überqueren muss, beträgt die reine Gehzeit fünf bis sechs Stunden. Der anstrengende Aufstieg zum 5240 m hohen **Shuga-La** ist steil und lang. Vom Camp aus ist es nicht ganz leicht, den Weg zu finden, da oberhalb von Yama Do die Entwässerungstäler dreier Bachläufe zusammentreffen. Man muss den mittleren, direkt nach Süden führenden Bachlauf nehmen. Bis zum Pass, den man erst kurz vor Erreichen sehen kann, läuft man mindestens drei bis vier Stunden.

Hinter dem Pass mit seinen typischen, mit bunten Gebetsfahnen behängten Steinhaufen windet sich der Weg nach links in südöstliche Richtung hinunter. Er ist anfangs nicht immer leicht zu finden, aber sein Verlauf wird schließlich durch Steinhaufen markiert. Man sollte ihm unbedingt folgen, da es der einzig gangbare Pfad ins Tal hinunter ist. Nach etwa anderthalb Stunden Abstieg entlang eines steil nach unten abfallenden Hanges auf einem mühsam zu gehenden Weg voller Geröll ist schließlich das herrliche grüne Tal mit einem See im Südosten erreicht. Im Tal müssen die Wanderer den **Tsotup Chu** kreuzen, bei Regen ein abenteuerliches Unterfangen, da der Fluss dann ziemlich reißend sein kann. Dahinter findet man schöne Möglichkeiten zum Zelten, denn das Tal ist hier flach und grün.

Dritter Tag

- Gehzeit: 5 Std.

Für die dritte Etappe muss man rund fünf Stunden Gehzeit einplanen. Insgesamt läuft man etwa 14 km. In der Nähe des Sees teilt sich das Tal: Man wandert ins rechte Tal hinein, wo der lange Anstieg entlang der westlichen Seite des Bachs, der den Chitu La entwässert, beginnt. Von der Stelle, wo der Pfad vom Shuga La im Tal mündet, bis hierher sind es etwa 45 Minuten. Der Bach verschwindet nach kurzer Zeit im Untergrund.

Den felsigen, 5090 m hohen Pass **Chitu La** kann man schon von Weitem sehen. Da es keinen wirklich markierten Trampelpfad gibt, muss man sich einen eigenen Weg hinauf suchen. Vom Ende des Tals, dort, wo der Anstieg entlang des Entwässerungsgrabens beginnt, bis zum Pass benötigt man anderthalb bis zwei Stunden.

Oben hat man eine herrliche Aussicht. Es gibt einen kleinen Gletschersee und nach Süden hin sieht man zwei weitere **Seen**, an denen man vorbei muss und deren Entwässerungsgraben man schließlich bis Samye folgt. Der Weg hinab beginnt auf der Westseite (der rechten Seite) des Passes. Hinter dem Pass läuft man zunächst am Westufer (dem rechten Ufer) des ersten und dann am Ostufer (dem linken Ufer) des anderen Sees vorbei. Für den von riesigen Felsbrocken gebildeten Weg vom Pass durch das Tal mit den Seen benötigt man rund 45 Minuten. Man folgt dem Pfad durch eine z. T. steil hinab führende, enge felsige Schlucht, die sich nach etwa einer Stunde in ein weiteres Tal öffnet. Von nun an führt der Weg meist durch fruchtbare Wiesen und es finden sich genügend Möglichkeiten, ein Zelt aufzubauen.

Vierter/Fünfter Tag

- Gehzeit: 5 1/2 / 3 Std.

Die Etappe von den Weidegebieten hinter dem Chitu La bis Samye beträgt abhängig davon, wie weit man am dritten Tag gelaufen ist, bis zu 40 km. Je nach Zeltplatz läuft man am vierten Tag bis zu vier Stunden durch eine herrliche, dicht von Gebüsch und Bäumen bewachsene Landschaft, bis man mit **Changtang** die erste Siedlung nach Hebu erreicht. Rund 45 Minuten hinter Changtang passiert man die kleine Brücke zum **Kloster Yamalung**, das sich auf einem schmalen, aber steilen

Bergrücken (ca. 150 m zu klettern, 45 Min.) rechts des Flusses befindet. Je nach Kondition kann man hier irgendwo zelten oder noch bis ins Dörfchen **Nyango** weiterlaufen, wo man ebenfalls übernachten kann. Hier lässt sich mit etwas Glück ein Jeep nach Samye chartern oder eine Mitfahrgelegenheit auf einem Lkw oder Traktor ergattern.

Bis Nyango treiben die Hirten die Yaks und kehren dann um. Von Nyango benötigt man noch rund drei Stunden bis **Samye**. Man läuft einfach entlang der Straße das Tal weiter hinunter und kommt an einer Reihe von Dörfern vorbei. Nur die letzten Kilometer sind etwas mühsam, da die Piste oft im Sand verschwindet. Im Örtchen **Dakmar** kann man einen Schrein besuchen, der den Geburtsort von König Trisong Detsen markiert. Drumherum befinden sich Ruinen alter Häuser.

Vorbereitung auf den Trek

Trotz der Nähe zu Lhasa handelt es sich bei der Strecke von Ganden nach Samye um einen Trek, für den man körperlich fit und sehr gut an die Höhe angepasst sein muss. Zwei Pässe, einer 5240 m, der andere 5090 m hoch, müssen überwunden werden, einmal übernachtet man auf fast 5000 m, und im Durchschnitt hält man sich auf einer Höhe von 4500 m auf. Man kann im Laufe eines Tages glühende Hitze erleben und wenig später durch einen Schnee- oder Hagelsturm irren. Unterwegs passiert man viele Nomadenzelte. Hier sollte man sich vor den aggressiven Hunden in Acht nehmen. Zelte, Verpflegung und Yaks zum Tragen des Gepäcks und der Ausrüstung werden von den Agenturen gestellt. Ein guter, warmer Schlafsack (bis -10° C Komfortbereich mindestens, da es nachts auch im Sommer eisig kalt werden kann) gehört auf alle Fälle ins Gepäck. Die Agenturen, über die man das Trekking organisiert, stellen zwar Decken zur Verfügung, aber diese schützen nicht ausreichend gegen Unterkühlung. Zu den Kosten s. S. 186.

Mönchsunterkunft im Kloster Samye

Himmelsbestattungen

Die traditionellen Bestattungsformen der Tibeter sind: Erd-, Himmels-, Wasser-, Feuer- sowie Stupabestattung. Sie haben den Sinn, den Toten jeweils einem der fünf Elemente Luft, Wasser, Feuer, Erde oder Holz zuzuführen. Die Form der Bestattung wurde ursprünglich durch astrologische Berechnungen ermittelt. Da jedoch oftmals kein Wasser, kein Feuerholz oder keine Bäume zur Verfügung standen oder im Winter der Boden hart gefroren war, wurde meist die Himmelsbestattung durchgeführt und die Zuführung zum astrologisch ermittelten Element nur symbolisch, z. B. durch Beträufeln mit Wasser, ausgeführt. Bei der Himmelsbestattung werden die Glieder des Toten abgetrennt und Eingeweide, Herz und Lunge ausgebreitet, sodass sie den wilden Tieren, vor allem Geiern, zum Fraß dienen können. Auf diese Weise sammelt man noch im Tod gutes Karma, indem man den Tieren als Nahrung dient und damit Gutes tut.

rierungsarbeiten zugelassen. Einige wenige Mönche durften zurückkehren, aber insgesamt beobachten die Behörden alle Aktivitäten hier sehr misstrauisch, und 1998 wurden zahlreiche Lhakhangs und Höhlen wieder abgerissen, weil sie angeblich illegal restauriert worden waren.

Vom Parkplatz, auf dem auch der Pilgerbus hält, ist es ein steiler Anstieg zu den einzelnen Höhlen, aber allein schon die atemberaubende Landschaft entschädigt für die Mühen. Auf dem Weg nach oben – der steile Pfad schlängelt sich auf eine Höhe von 4400 m – beginnt man mit dem linken Weg und erreicht nach den ersten Einsiedeleien den gelb getünchten **Jamkhang**. In dem Gebäude sitzt ein zweistöckiger Maitreya. Ein Stück weiter gelangt man zur **Lhalung Phug**, der Meditationshöhle von Lhalung Pelgyi Dorje, jenes Mönchs, der 842 den anti-buddhistisch eingestellten König Langdarma ermordete. Ein Stück weiter kommt man zur größten Kapelle Drayerpas, dem **Dawa Phug Lhakhang** (Lhakhang der Mondhöhle). Dies war die Meditationshöhle von Padmasambhava, der hier sieben Monate meditiert haben soll. In der Höhle sieht man neben einer Skulptur des großen tantrischen Meisters einen Fußabdruck, den Padmasambhava hinterlassen haben soll.

Weiter nach oben gelangt man zur **Chögyal Phug**, der Meditationshöhle Songtsen Gampos. Wer schwindelfrei ist und genügend Zeit hat, kann von hier noch weiter in die Felsen steigen und weitere Höhlen besichtigen. 🕒 tgl. 8 Uhr bis zur Abfahrt der letzten Pilger. Eintritt ¥30.

TRANSPORT

Morgens gegen 7.30 Uhr fährt vom Barkor in LHASA ein Pilgerbus nach Drayerpa. Rückfahrt gegen 13 Uhr. Allerdings bekommt man als Ausländer kein Ticket. Geübte Radfahrer können die Strecke problemlos mit dem Fahrrad fahren, aber die letzten 10 km geht es steil bergauf. Wer diesen lohnenden Ausflug machen möchte, kann ihn gut mit einem Besuch des Klosters Ganden kombinieren (S. 199).

Drigung Thel

Drigung Thel (in anderen Schreibweisen Drigung Thil) thront rund 140 km nordöstlich von Lhasa hoch über einem Seitental des Kyi Chu auf einer Höhe von 4150 m und ist der Sitz der Drigung-Kagyü- oder Drigungpa-Schule. Drigung Thel wurde 1167 zunächst als eine Einsiedelei gegründet. 1179 ließ Jigten Gönpo (auch Jigten Sumgön, 1143–1217) sie zu einem Kloster und Sitz der Drigungpa ausbauen. Die Drigungpa waren im frühen 13. Jh. vor allem in Ladakh aktiv, bevor sie sich auch in Tibet ansiedelten und dort zusammen mit den Phagmodrupa zu den wichtigsten Rivalen der Sakyapa um die Vorherrschaft in Zentraltibet wurden. Wie bei den Sakyapa auch lag die weltliche und geistliche Macht in den Händen eines mächtigen Adelsgeschlechts, der Druggyel Kyura.

Während die Äbte von Drigung die religiöse Autorität innehatten, besaß der Gompa, das säkulare Oberhaupt der Drigungpa, die politische und militärische Macht. 1267 fühlten sich die Drigungpa stark genug, einen Aufstand gegen die von den Mongolen protegierte Vorherrschaft der Sakyapa zu proben. Eine mongolische Armee schlug die Rebellion zwar nieder, unter der Hand schwelte der Konflikt allerdings weiter. 1290 brach erneut ein Drigungpa-Aufstand los, der diesmal von einem großen mongolischen Truppenkontingent niedergeschlagen wurde. Das Kloster wurde geschleift und der Gompa sowie die meisten Mönche umgebracht. Den Nachfolgern gelang es später allerdings, vom mongolischen Herrscher das Geld für einen Wiederaufbau zu erhalten. Danach kümmerte man sich nur noch um religiöse Belange. Die erbliche Nachfolgeregelung der Äbte und Gompas wurde erst im 17. Jh. durch Inkarnationslinien ersetzt.

In der eindrucksvollen Hauptversammlungshalle gibt es eine Statue des Klostergründers Jigten Gönpo zu sehen, außerdem einen steinernen Fußabdruck von ihm. Das Schönste am Kloster ist aber seine fantastische Lage: Wer zu den goldenen Dächern hinauf steigt, wird mit einem herrlichen Blick über das Tal belohnt.

Drigung Thel ist der berühmteste Ort in Tibet für die Himmelsbestattungen (s. Kasten S. 206). Schon von Weitem erkennt man die Bedeutung an den Schwärmen von Geiern und Raubvögeln, die über der Stätte kreisen. Wer immer es sich leisten kann, lässt seinen Körper an diesem Ort den Elementen zukommen. Von Drigung Thel heißt es, dass, wer hier bestattet werde, garantiert nicht in der Hölle schmoren müsse. Entsprechend bringen jeden Tag Angehörige ihre Verstorbenen auf den Platz vor der Haupthalle, wo sie in Leinen gewickelt oder in Kisten verstaut aufgebahrt werden, bis die Bestattungsriten beginnen.

Der Platz für die Himmelsbestattungen liegt 600 m westlich oberhalb des Klosters. Der Weg dorthin beginnt gleich unterhalb des Klosterkomplexes und führt in 15 Minuten ziemlich steil bergauf. Touristen sind seit 2005 nicht mehr willkommen. Fotografierwütige Zuschauer haben hier und an anderen Stätten wie in Sera für Empörung bei den Mönchen gesorgt. Nachdem es schließlich zu Gewalttätigkeiten gegenüber den ungebetenen Gästen kam, wurden die Begräbnisstätten für Nichtbeteiligte gesperrt. Wer dennoch die Möglichkeit hat, bei diesem gruseligen Spektakel dabei zu sein, sollte die Kamera im Hotel lassen.

ÜBERNACHTUNG UND ESSEN

Das Kloster verfügt über ein einfaches **Gästehaus**. Ein Bett im 12-Bett-Dorm kostet ¥40. Es gibt einen kleinen Laden, wo man Instant-Nudelsuppen bekommt. Heißes Wasser dafür bekommt man bei den Mönchen. Restaurants gibt es im Dorf unterhalb des Klosters, sodass man seinen Fahrer auch bitten kann, einen dorthin zu fahren. Die Agenturen bringen einen allerdings meistens in einem Gasthaus in Tidrum unter, das über eine bessere Infrastruktur verfügt. Alternativ kann man im Flusstal unterhalb des Klosters auch gut zelten.

TRANSPORT

Es lohnt sich, Drigung Thel im Rahmen einer Rundreise mit Tidrum, Taklung und Reting zu kombinieren. Da die Rückfahrt via Damshung erfolgt, kann man auch noch den Abstecher zum Nam Tso mit einbauen (zu den Kosten s. S. 186). Auf der Rundtour erlebt man ein großartiges und untouristisches Stück Zentraltibet mit einzigartigen Landschaften und malerisch gelegenen Klöstern.

Tidrum

Etwa 13 km von Drigung Thel Richtung Norden steht in einem malerischen Seitental das Nonnenkloster Tidrum (Terdrom, „Schatzkiste"). Dieses Heiligtum soll bereits von Padmasambhava gegründet worden sein, nachdem er an diesem Ort mit seiner Begleiterin Yeshe Tsogyel meditiert hatte. Die spirituelle Leiterin des Klosters Kandro-La gilt als Inkarnation Yeshe Tsogyels. Erstaunlicherweise sieht man endlich einmal kaum chinesische Bauwerke in der Nähe. Das verwinkelte, in einer Senke klebende Dorf selbst ist autofrei, da alle Fahrzeuge auf dem Parkplatz hoch oben am Dorfrand parken müssen.

Im Kloster leben etwa 100 Nonnen. Man kann einen Blick in die Versammlungshalle werfen. Hinter dem Kloster führt ein steiler Pfad bergauf zu einer kleinen Einsiedelei und einer Meditationshöhle in einem Felsen, von wo aus sich eine herrliche Aussicht über das Tal eröffnet. Das

Padmasambhava

Der tantrische buddhistische Meister Padmasambhava, „der aus dem Lotos Geborene", wurde der Legende nach von Shantarakshita (ca. 723–787), jenem buddhistischen Lehrer, der König Trisong Detsen zum Buddhismus bekehrt hatte, aus Kaschmir nach Tibet geholt. Hier sollte er die wilden Dämonen zähmen und dem Buddhismus unterwerfen. Ob er tatsächlich eine historische Gestalt war, ist zwar in der Forschung umstritten, im kulturellen Gedächtnis der Tibeter, die ihn Guru Rinpoche nennen, ist er jedoch zum Kulturheros geworden, dem es zu verdanken ist, dass Tibet mit seinen menschlichen und dämonischen Bewohnern ein buddhistisches Land werden konnte. Er zähmte die lokalen Gottheiten und die Dämonen und verleibte sie einem immer größer werdenden Götter-Pantheon ein. Die Lehre erkennt zwar keine Götter an, aber im religiösen Alltag wurden sie dennoch als real wahrgenommen und entsprechend gefürchtet und verehrt. Schließlich soll Padmasambhava noch den Gott Pehar (s. Nechung S. 198) als Schutzgottheit für ganz Tibet eingesetzt haben. Unter den buddhistischen Schulen Tibets führen die Nyingmapa ihre Lehrtradition direkt auf Padmasambhava zurück.

Highlight eines Besuchs sind allerdings die **heißen Quellen** von Tidrum. Der Legende nach entstanden sie, nachdem Padmasambhava mit seinem Ritualdolch, der Phurpa, die Schlucht gespalten hatte.

Den heißen Schwefelquellen werden magische Heilkräfte nachgesagt, dennoch ist ein Bad hier nicht ganz ohne. Man befindet sich immerhin in 4320 m Höhe, und das heiße Wasser kann einen Schock für den Kreislauf bedeuten. Also langsam an das Wasser gewöhnen! Es gibt zwei Pools, einen für Männer, einen für Frauen. Eintritt ins Kloster ¥25, heiße Quellen ¥5.

ÜBERNACHTUNG UND ESSEN

Übernachten und essen kann man im **Gästehaus** des Klosters. Ein Bett im Schlafsaal kostet ¥30. Etwa 3 km vor dem Kloster befindet sich das wunderbare kleine Hotel **Shambala Source** mit 18 im tibetischen Stil eingerichteten Zimmern, einem einfachen Restaurant, Kiosk, eigenen heißen Quellen und gelegentlich einem Yoga-Angebot. ❸–❹

Tsurphu

Etwa 70 km westlich von Lhasa steht versteckt am Ende eines einsamen Seitentals das Kloster Tsurphu. Bekannt wurde es durch den Film *Living Buddha*, in dem ein Ausschnitt aus dem Alltag des jungen Karmapa gezeigt wird, des Oberhaupts der Karma-Kagyüpa-Schule, dessen Residenz Tsurphu ist. Er wird als lebender Buddha verehrt. Seine Linie geht zurück auf den indischen Tantriker Naropa (956–1040) und den großen tibetischen Yogi Milarepa (1040–1123). Das Kloster ist über eine schmale Straße durch Felder und kleine Dörfer zu erreichen und dadurch relativ abgeschieden und wenig besucht.

Gegründet wurde es 1187 durch den ersten Karmapa Dusum Kyempa (1110–1193). Er hatte 40 Jahre zuvor die Karma-Kagyü-Schule des tibetischen Buddhismus als eigene Linie begründet. Tsurphu avancierte schließlich zum Hauptkloster dieser Schule, deren Einfluss bis ins ferne Kham, dem Geburtsort von Dusum Kyempa, reichte. 1642 wurde das Kloster von den mongolischen Truppen Gushri Khans zerstört. Der 5. Dalai Lama hatte sie ins Land geholt, um sich seiner Gegner in Tsang zu entledigen. Damit konnte die Macht Tsurphus gebrochen werden, aber als spirituelles Zentrum blieb es weiterhin bestehen. Das Kloster wurde in der Kulturrevolution abermals stark zerstört, konnte jedoch wieder an seine Bedeutung als wichtigstes Kloster und spirituelles Zentrum der Karma-Kagyüpa anknüpfen. Die Flucht des Karmapa Trinley Dorje 1999 hat die chinesische Regierung zwar ziemlich irritiert, aber er wurde nicht auf die schwarze Liste gesetzt, und sein Bildnis darf weiter aufgestellt werden.

Neben der üblichen Versammlungshalle mit ihren verschiedenen Lhakhang kann man auch die **Wohnräume des Karmapa** besuchen, die diesen bis zu seiner Flucht als Jugendlichen mit

Trekking von Tsurphu nach Yangpachen

Eine schöne und von Lhasa aus gut zu organisierende Wanderung führt von Tsurphu in vier Tagen (plus ein Tag für die Fahrt von und nach Lhasa) nach Yangpachen an der Südostflanke des Nyanchen-Thanglha. Der Weg entführt einen tief in das nomadische Leben. Man durchquert Weidegebiete und Lagerplätze der hiesigen Nomaden, passiert den 5300 m hohen Lasar La und kann am einsam gelegenen Nonnenkloster Dorje Ling rasten, bevor die Wanderung am Kloster Yangpachen endet. Die Gesamtstrecke beträgt rund 60 km. Da man sich durchweg in Höhen von über 4400 m aufhält und bis 5300 m aufsteigt, ist eine gute Akklimatisierung wichtig. Wer fit ist, kann die Tour durchaus auch in drei Tagen schaffen, allerdings hat man dann keine Zeit für die Kora um das Kloster Tsurphu, die nicht nur ein malerischer Einstieg in die Trekkingtour ist, sondern auch Gelegenheit bietet, sich einzulaufen. Zu den Kosten s. S. 186.

ganz weltlichen Wünschen und Interessen zeigen, und das macht den eigentlichen Reiz Tsurphus aus. So stehen hier in den Regalen nicht nur Sammlungen von Sutren, sondern auch ganz profane Bücher wie der Bildband für Kinder *The World of Dinosaurs*. Auf der anderen Seite des Flusses vor dem Kloster zieht sich eine große **Thanka-Wand** den Berg hoch. Hier wird zum großen Klosterfest vom 9. bis zum 11. Tag des vierten Mondes nach dem tibetischen Kalender ein Riesen-Thanka ausgerollt, dazu gibt es Cham-Tänze und natürlich viel Buttertee und Chang.

Hat man genügend Zeit, kann man die rund 3 km lange **Tsurphu Kora** laufen. Der Weg ist nicht sehr anstrengend, und wegen der einsamen Lage des Klosters sehr schön. Man läuft zunächst vom Kloster aus den Pfad Richtung Westen das Tal hoch und passiert dabei Mauern aus Mani-Steinen. Nach etwa zehn Minuten erreicht man den ummauerten Garten des Karmapa. Hier läuft man rechts hoch auf eine Stätte für Himmelsbestattungen zu.

Der Weg ist mit Steinhaufen markiert und führt oberhalb des Klosters nach Osten und wieder ins Tal zurück. Insgesamt benötigt man etwa zwei Stunden.

🕒 tgl. 9–15 Uhr (bzw. bis zur Abfahrt der letzten Pilger), Eintritt ¥50.

Steinmännchen dienen in Tibet als Wegmarkierung, sollen aber auch gute Geister anziehen.

Nam Tso

Einen der schönsten Abstecher von Lhasa kann man zum 150 km entfernten, landschaftlich paradiesisch gelegenen Nam Tso machen. Man erreicht ihn über die Ortschaft Damshung, von wo aus eine Teerstraße über den 5190 m hohen **Lhachen La** zum See führt. Bei Schneefall ist der Pass meistens geschlossen, sodass man in diesem Falle unverrichteter Dinge umkehren muss. Der 1920 km2 große **See** liegt 4718 m hoch und ist damit der höchstgelegene Salzsee der Welt. Der Ausflug hierher gehört zu den nachhaltigsten Erlebnissen einer Tibetreise. In diesem noch völlig wilden Hochtal mit seiner unbeschreiblichen Stille schrumpfen die umliegenden Fünf- und Sechstausender zu Hügeln. Das Südufer des Sees wird von der 1400 km langen Nyanchen-Thanglha-Kette begrenzt, die hier auch mit dem **Nyanchen Thanglha** (7162 m) ihren höchs-

Der Gyalwa Karmapa

Der Karma-Kagyüpa-Orden war der erste buddhistische Orden Tibets, der im 13. Jh. das System der **Tulkus**, der bewussten Wiedergeburten, einführte. Eine bewusste Wiedergeburt ist nur spirituell besonders weit entwickelten Meistern möglich. Sie können Ort und Zeit ihrer Wiedergeburt selbst bestimmen. Das zweite Oberhaupt des Ordens, **Karma Pakshi** (1206–1283), hatte verkündet, dass er wiedergeboren und so seinen Nachfolger festlegen werde. Bewusste Inkarnationen von Lamas gab es zwar schon vor der Zeit Karma Pakshis, neu aber war, dass die Oberhäupter des Karma-Kagyüpa-Ordens, die Gyalwa Karmapas (Schwarzhut-Lamas), ihre Wiedergeburten jeweils in Briefen, Gedichten o. Ä. ankündigten. Mit Hilfe dieser Ankündigungen machten sich dann speziell zu diesem Zweck eingesetzte Komitees – wie bei der Suche nach den Inkarnationen des Dalai Lama auch – auf die Suche nach einem Kind, das alle angekündigten Kriterien erfüllte. Gyalwa Karmapas werden im tibetischen Buddhismus als Menschen angesehen, die sich aus Mitgefühl entschlossen haben, durch Reinkarnation wieder ins Leben einzutreten, also zu Fleisch zu werden, um anderen Wesen dienen zu können, obwohl sie als erleuchtete Wesen den Kreislauf der Wiedergeburt hätten verlassen können. Der Gyalwa Karmapa gilt als **Emanation Avalokiteshvaras** und ist nach dem Dalai Lama und dem Panchen Lama der wichtigste Lama Tibets.

Entscheidend für die Fortführung der Linie ist die Anerkennung durch mehrere hohe Lamas. Mit der offiziellen Inthronisation wird der Nachfolger dann zum Ausüben der Karmapa-Praxis ermächtigt. Mit dem Tod des 16. Karmapa (1924–1981), der 1959 nach Sikkim geflohen war, wo er im Kloster Rumtek ein neues Zentrum der Karma-Kagyüpa gründete, kam es jedoch zu einem **Nachfolgestreit**, der den Orden bis heute tief spaltet. Mit Urgyen Trinley Dorje (geb. 1985) und Thaye Dorje (geb. 1983) wurden nämlich zwei 17. Karmapas inthronisiert: Urgyen Trinley Dorje 1992 im Kloster Tsurphu und Thaye Dorje nach seiner Flucht aus Tibet 1994 in Neu-Delhi. Damit eskalierte der Zwist und beschäftigte in Indien schließlich sogar die Gerichte. In erster Linie ging es dabei um ziemlich weltliche Dinge, nämlich darum, wem nun das Kloster Rumtek mit all seinen Schätzen gehörte. Die indischen Richter sprachen das Kloster in letzter Instanz den Anhängern Thaye Dorjes zu, aber Urgyen Trinley Dorje, der sowohl vom Dalai Lama als auch von der chinesischen Regierung anerkannt wird, behält weiterhin die wichtige religiöse und politische Führungsrolle des Ordens in seiner Hand.

Trotz dieser Anerkennung ist Urgyen Trinley Dorje 1999 aus Tibet geflohen und erhielt im Jahr 2001 ebenfalls Asyl in Indien. Die Spaltung und Auseinandersetzung geht im **Exil** weiter, obwohl es Stimmen gibt, die eine parallele Anerkennung beider Karmapas als rechtmäßige Nachfolger fordern. Ungewöhnlich wäre das nicht, da die mehrfache Wiedergeburt eines Bodhisattva in seinen verschiedenen Aspekten durchaus möglich ist. Ob es allerdings zu einer solchen Einigung kommen wird, steht in den Sternen, denn bisher haben sich die beiden Karmapas noch nicht einmal getroffen.

© CHRISTOPH MOHR

Vom Felsenberg hinter dem Tashi-Dor-Kloster blickt man über wehende Gebetsfahnen auf den Nam Tso.

ten Gipfel hat. Man sieht ihn auf der Fahrt nach Damshung einige Kilometer hinter Yangpachen.

Die Jeeps und Minibusse halten alle auf einer großen Freifläche vor einem Felsenberg, in dessen Schatten sich das **Tashi-Dor-Kloster** duckt. Dieses Kloster dient Mönchen und Nonnen der Kagyü- und Nyingma-Schulen als Retreat, das von einigen Tagen bis zu vielen Jahren dauern kann. Man kann den mächtigen Felsenberg, der sich auf einer Landzunge in den See schiebt, in etwa einer Stunde auf einem ebenen Weg umrunden. Vom Parkplatz aus führt aber auch eine Treppe hinauf, und wem die Puste nicht ausgeht, den belohnen atemberaubende Ausblicke über das weite Tal.

Der Nam Tso ist einer der heiligsten Seen Tibets, und entsprechend führt natürlich eine **Kora** drum herum. Die vollständige Umrundung nimmt mindestens 10 Tage in Anspruch. Eintritt zum See: April–Okt ¥120, Nov–März ¥60. Der Eintritt muss am Beginn der Passstraße gleich hinter Damshung bezahlt werden.

ÜBERNACHTUNG UND ESSEN

Es gibt zahlreiche einfache Unterkünfte und Zeltrestaurants, die aber nur in der Hauptreisesaison von Mitte April bis Mitte Oktober geöffnet haben. Im Juli und August sind die Unterkünfte meist ausgebucht, sodass man den Ausflug rechtzeitig buchen sollte. Betten in Zelten oder Blechcontainern kosten je nach Dicke der Matratze, (relativer) Sauberkeit und Ausstattung ¥30–70, DZ gibt es ab ¥160. So schön es ist, hier zu übernachten, man sollte dafür unbedingt ausreichend akklimatisiert sein, da man sich noch mal 1100 m höher als in Lhasa befindet. Wichtig ist ein eigener, warmer Schlafsack, da die vorhandenen Decken meist nicht ausreichend gegen die nächtliche Kälte schützen.

Holy Lake Namtso Guesthouse (Shenhu Namucuo Kezhan), ☎ 0891-611 0388. Die beste Unterkunft vor Ort ist auch die einzige, die halbwegs wie ein echtes Hotel aussieht. Es gibt ein großes Teehaus (hier kann man sich auch als Nichtgast aufwärmen) im Eingangsbereich, um den sich die billigeren Zimmer gruppieren. Die besseren Zimmer befinden sich in einem Nebengebäude. Dorm ¥60. ❷–❹

TRANSPORT

Öffentliche Verkehrsmittel zum See gibt es nicht. Man muss den Ausflug also in jedem Fall über ein Reisebüro organisieren. Die einfache Fahrt von Lhasa dauert 4 Std., und wenn man früh (gegen 7 Uhr) abfährt, hat man in der Regel ausreichend Zeit sowohl für die Kora um den Felsen als auch für dessen Besteigung. In Damshung wird normalerweise eine Mittagspause eingelegt. Für den Rückweg wird oft noch ein Besuch der heißen Quellen von Yangpachen angeboten, ein Abstecher, der sich jedoch nicht lohnt. Je nach Anbieter kostet der Ausflug ab US$150 p. P. (bei 2 Reisenden) oder US$300 mit einer Übernachtung.

Lhundrub-Tal

Nur eine Autostunde von Lhasa entfernt, etwa 70 km nordöstlich, breitet sich das nur wenig besuchte Lhundrub-Tal aus. Hier leben fast zu 100 % Tibeter. Man benötigt kein Permit für den Besuch. Es gibt herrliche Täler, alte Klöster, kleine Dörfer und vieles mehr zu entdecken. Ein guter Ausgangspunkt für Unternehmungen ist die kleine Stadt **Lhundrub**. Besichtigen kann man hier das Ganden-Chokhor-Kloster mitten in der Stadt, das dank seiner freundlichen Mönche und der vielen eindrucksvollen Skulpturen ein intensives Gefühl von Authentizität ausstrahlt.

Von Lhundrub aus kann man drei interessante Klöster besuchen, und zwar Langtang, Shar und Nalanda. Von der Minibusstation in Lhundrub läuft man Richtung Süden über die Brücke, wo die Piste dann am Bewässerungskanal nach Westen abknickt und parallel zu den Bergen verläuft. Das erste Kloster auf dem Weg nach Westen ist **Langtang**. Von Lhundrub aus läuft man etwa anderthalb Stunden. Es wurde 1093 als Kloster der Kadampa gegründet, aber später in ein Kloster der Sakyapa umgewandelt. Man erkennt Langtang bereits von Weitem an seinen drei großen Chörten. Ringsum breitet sich ein schönes Dorf aus. Vom Dach des Klosters genießt man einen guten Blick auf den Dukhang.

Wer genügend Zeit hat, kann von Langtang aus in den Nordwesten des Tals zum **Shar-Nonnenkloster** wandern. Die Strecke ist einfach zu laufen und führt über ebene Wege, durch kleine Dörfer und über Felder, aber für den Hin- und Rückweg sollte man neun Stunden einplanen. Das Kloster ist unglaublich schön und in einer Nische des Tals versteckt. Besonders eindrucksvoll sind die über 100 gleißend weißen Chörten mit roten Aufsätzen. Das Kloster wird von vielen Menschen aus der näheren Umgebung, aber auch von Pilgern aus Lhasa, die hier die Kora abwandern, besucht, sodass man genügend Menschen trifft, um nach dem Weg fragen zu können. Auch Shar verfügt über einfache Gästebetten; man kann also entweder hier übernachten oder aber nach Nalanda weiterwandern.

Anderthalb Stunden Fußweg von Langtang weiter nach Westen erreicht man das dritte interessante Kloster des Tals, **Nalanda**. Es gehörte früher zu den wichtigsten Lehranstalten in Tibet und wurde 1435 vom Lama Rongtompa (1367–1449), einem Zeitgenossen Tsongkhapas, gegründet. Rongtompas Skulptur ist in einer Glasvitrine in der Haupthalle zu sehen. In dem mit einer Mauer umgebenen Komplex leben 200 Mönche.

ÜBERNACHTUNG UND ESSEN

In Lhundrub gibt es einfache Gästehäuser wie das **Xinxin Zhaodaisuo**, mit DZ ohne Bad, ❶. Etwas besser ist das **Zhengfu Jiedai Zhongxin** (Government Hotel), das DZ mit Bad bietet ❷. Die beschriebenen **Klöster** verfügen ebenfalls über einige einfache Gästebetten (¥30–50), sodass man auch dort übernachten kann. Das Essen in den Klöstern ist spartanisch, und unterwegs gibt es nichts zu kaufen. Man sollte sich also entweder bereits in Lhasa oder spätestens in Lhundrub mit Verpflegung eindecken.

TRANSPORT

Die Fahrt ins Lhundrub-Tal ist von Lhasa aus als Tagestour buchbar. Wer vorhat, von Lhundrub zu den Klöstern zu wandern, muss allerdings zwei Tage mit einer Übernachtung in Lhundrub oder einem der Klöster einplanen und sicherstellen, dass der Guide die Wege kennt bzw. einen örtlichen Führer arrangiert. Wer nach Norden via Reting und Damshung zum Nam Tso weiterreisen möchte, kann die Klöster aber

auch auf dem Weg nach Reting besuchen. In diesem Falle benötigt man einen Tag für das Lhundrub-Tal, übernachtet in Reting, kann am Folgetag Reting anschauen und dann zum Nam Tso weiterfahren. Für diese Rundfahrt sollte man sich mindestens vier Tage Zeit nehmen.

Taklung

Nördlich von Lhasa kann man weitere hochinteressante Klöster besuchen. 120 km von Lhasa entfernt liegt das einstmals bedeutende Kloster Taklung. Es wurde 1180 gegründet und war Sitz der Taglungpa oder Taklung-Kagyüpa, deren Klöster vor allem in Osttibet zu finden sind. Diese Schule war bekannt für ihre strikte Einhaltung der monastischen Regeln. In der Blütezeit des Klosters im 15. Jh. lebten hier über 7000 Mönche. Im 17. Jh. wurde das Kloster nach zahlreichen internen Nachfolgestreitigkeiten von Sera übernommen, erhielt jedoch im 18. Jh. seine Selbstständigkeit zurück. Die Renaissance dauerte allerdings nur bis 1959, und in der Kulturrevolution wurde es bis auf die Grundmauern zerstört. Heute wird das Kloster langsam wieder aufgebaut und beherbergt wieder einige hundert Mönche. 🕒 morgens bis abends, Eintritt frei.

Im Kloster gibt es ein spartanisches Gästehaus mit Betten für ¥25. Instantnudeln und Bier bekommt man im kleinen Klosterladen.

TRANSPORT

Die Fahrt zum Taklung-Kloster ist von Lhasa aus als Tagestour buchbar und kann gut mit der Fahrt ins Lhundrub-Tal kombiniert werden. Wer die Rundreise über Reting zum Nam Tso unternimmt, kann den Besuch des Klosters in die Route einbauen.

Reting (Rateng)

Das Kloster Reting steht 195 km nördlich von Lhasa hoch über einem malerischen, grünen Tal und blickt von einem Bergrücken über den Zusammenfluss zweier größerer Flüsse. Es steht im Herzen eines der größten verbliebenen Wacholderbaumwälder Tibets. Über 20 000 Wacholderbäume sollen hier noch wachsen. Die Umgebung gilt als einer der schönsten Flecken Zentraltibets und hat sogar den Dalai Lama zu der Aussage bewogen, dass er, sollte er je nach Tibet zurückkehren, am liebsten in Reting residieren würde.

Das 1056 von Dromtöpa, einem Schüler Atishas, gegründete Kloster wurde das Stammkloster der Kadampa, der Vorgängerschule der Gelugpa, und spielte eine besondere Rolle im tibetischen Buddhismus, da es die Residenz einer Inkarnationslinie von Rinpoches ist, die nach dem Tod des Dalai Lama immer wieder die Regentschaft bis zum Auffinden einer Wiedergeburt ausübten. Der letzte Regent, der auch eine Schlüsselrolle beim Auffinden des 14. Dalai Lama spielte, war in verschiedene politische Intrigen verwickelt und wurde 1947 im Gefängnis ermordet.

Die offizielle chinesische Anerkennung des 7. Reting Rinpoche (geb. 1998) – der 6. starb 1997 – erfolgte übrigens bereits zwei Tage, nachdem der Karmapa Ende Dezember 1999 das Kloster Tsurphu verlassen hatte, in Lhasa. Der Hintergrund war wohl, dass man möglichst schnell jemanden präsentieren wollte, um zum einen den Gesichtsverlust, den die Flucht des Karmapa der Regierung in Lhasa zugefügt hatte, zu kaschieren und zum anderen möglichst schnell wieder einen hohen Lama unter chinesische Kontrolle zu bekommen.

Beginnend beim Klostergasthaus führt ein Weg durch den Wacholderwald in etwa einer Stunde hinauf zu einer Einsiedelei (Vorsicht Hunde!). Läuft man von der Einsiedelei aus den Weg nach links weiter, erreicht man einen baumfreien Bergrücken, von dem sich fantastische Aussichten eröffnen.

ÜBERNACHTUNG UND ESSEN

Übernachten kann man im sauberen Gästehaus des Klosters für ¥40. Im **Gästehaus** gibt es auch einfaches Essen. Wer in Reting übernachten möchte, benötigt einen sehr warmen Schlaf-

Empfang des Reting Rinpoches in einem Dorf nahe Damshung

sack. Ab September können die Temperaturen nachts bereits auf -15° C fallen.

TRANSPORT

Eine lohnende Option ist die Einbindung von Taklung und Reting in eine Rundfahrt nach Nam Tso und zu den beiden Klöstern Drigung Thel und Tidrum (S. 206, 207).

Drölma Lhakhang

Trotz seiner eher bescheidenen Ausmaße ist der Drölma Lhakhang eines der wichtigsten und vor allem eines der am besten im Originalzustand erhaltenen Klöster Tibets. Allein deshalb lohnt es einen Besuch. Es befindet sich nur etwa 25 km außerhalb von Lhasa im Südwesten, nahe der Straße nach Shigatse. Der Drölma Lhakhang ist eng mit der Geschichte des berühmten bengalischen Gelehrten Atisha verbunden. Ihm ist es auch indirekt zu verdanken, dass das Kloster während der Kulturrevolution nicht zerstört wurde. Die Regierung von Bangladesch hatte Ministerpräsident Zhou Enlai darum gebeten, das Heiligtum zu schützen. Atisha war nach einer gescheiterten Rückkehr von Tibet nach Indien mit seinem Reisegefährten Dromtön (1003–1064) nach Zentraltibet gereist und starb 1054 in Nyetang im von ihm errichteten Drölma Lhakhang.

Auf Dromtön geht die Gründung der ersten tibetisch-buddhistischen Lehrtradition, der Kadampa, zurück. Der Drölma Lhakhang wurde 1057 zum ersten Hauptkloster der frisch gebackenen Lehrtradition. Das Kloster ist der Göttin Tara (tib. Drölma) geweiht, der Atisha eine besondere Verehrung entgegenbrachte. Die weiße Tara, die Atisha im Drölma Lhakhang aufstellte und verehrte, ist lange verschwunden und durch eine andere Skulptur ersetzt worden. Sie steht in der mittleren Kapelle zusammen mit 21 weiteren Tara-Darstellungen in Form meterhoher Kupferstatuen. Ansonsten ist der Tempel voller Erinnerungsstücke an den berühmten Gelehrten. 🕒 morgens bis abends, Eintritt frei.

TRANSPORT

Der Drölma Lhakhang steht am Kilometerstein 4663 der Landstraße wenige Kilometer hinter dem großen, in den Fels gemeißelten Medizinbuddha am Kilometerstein 4656. Seit Fertigstellung der Autobahn fährt man allerdings nicht mehr an der Zufahrt zum Kloster und Medizinbuddha vorbei. Wer das Kloster auf dem Weg zum Flughafen oder nach Westen besuchen möchte, muss das bei der Buchung des Transfers oder der Reise daher angeben.

DER FLUSS NANGCHU © CHRISTOPH MOHR

Lhoka

Lhoka gilt als die Wiege der tibetischen Zivilisation. Hier liegen die ersten Könige begraben, hier befindet sich die älteste Burg des Landes, und in Samye setzte sich der Buddhismus als Staatsreligion durch. Zwei der heiligsten Seen Tibets, der Lhamo Latso und der Yamdrok Tso, sind malerisch eingebettet in traumhafte Landschaften.

Stefan Loose Traveltipps

Mindroling Seit dem 17. Jh. werden in dem malerisch gelegenen Nyingma-Kloster die Rituale der tibetischen Regierung ausgeführt. S. 223

5 **Samye** Das erste und älteste Kloster Tibets ist ein dreidimensionales Mandala und bildet die buddhistische Vorstellung des Universums ab. S. 225

6 **Yumbulhakhang** Die Tempelburg der frühen Könige gilt als das älteste Bauwerk Tibets und steht imposant über dem Yarlung-Tal. S. 237

Yamdrok Yumtso Der in eine idyllische Landschaft eingebettete heilige See ist der größte Nistplatz für Zugvögel in Südtibet und besticht durch seine türkisblaue Farbe. S. 240

TIBETISCHER LÖWENHUND; © CHRISTOPH MOHR

GEBETSMÜHLEN; TEMPELBURG YUMBULHAKHANG; © CHRISTOPH MOHR

Wann fahren? Von April bis November. Beste Trekkingzeit ist Mai, Juni, September und Oktober.

Wie lange? Mindestens 3 Tage, davon 2 Tage für Tsethang und Samye und 1 Tag für den Yamdrok Tso

Bekannt für heilige Seen, Wiege des tibetischen Buddhismus, Königsgräber und den Fundort für Termas (apokryphes Schrifttum)

Beste Feste Klosterfestival in Samye mit *cham*-(Masken)-Tänzen im Juni

Unbedingt probieren *Thukpa* (Nudeln in Brühe)

Lokha (Shannan)

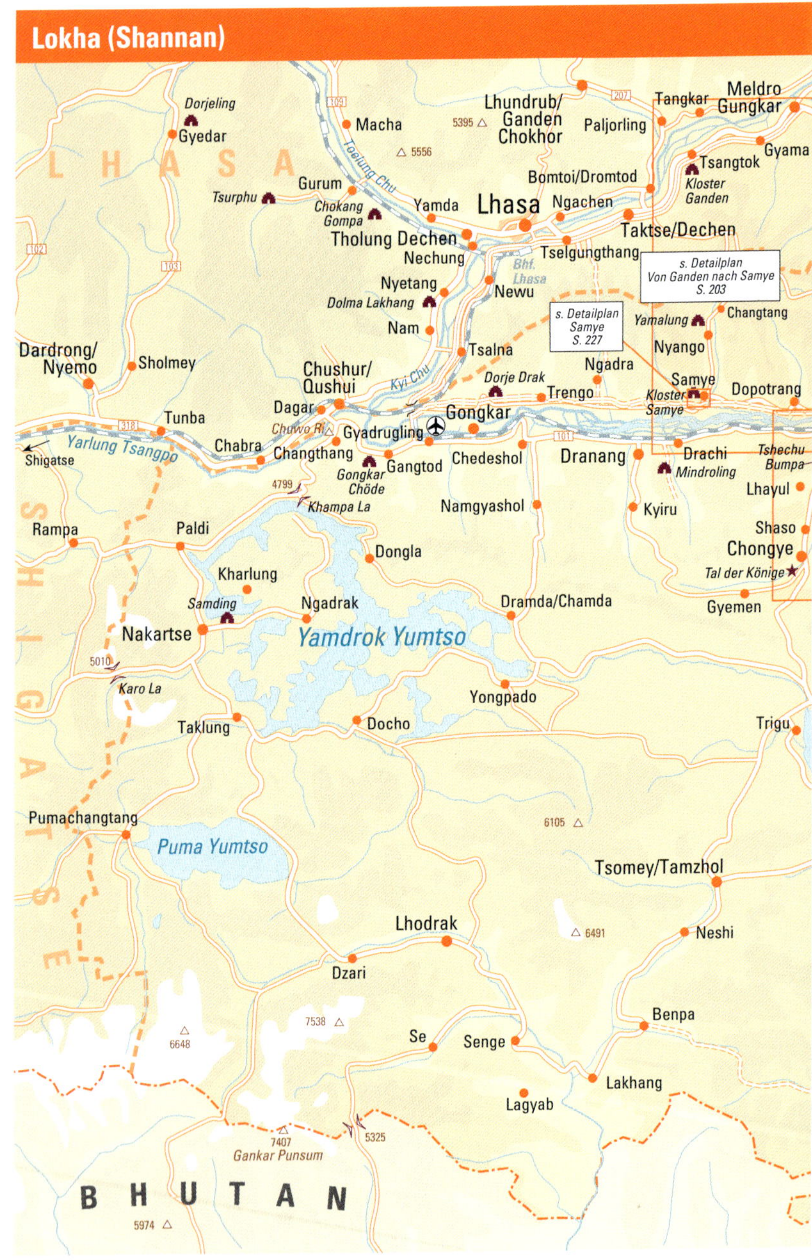

N
0
40 km
Kongpo Gyamda
5018
318
Tashigang
Rutok
Gompa
Rutok
5864
NYINGCHI
Zingche
Dagu-Schlucht
Ba
Lhamo
Latso
302
Olka/Woka
Tsagyu
Nayu-Tal
Kloster
Chökorgye
Sodruk
Kyerpa
s. Detailplan
Tsethang
S. 233
Potoh
Chusang
5775
Sangri
Tsethang/
Nedung
Rong
Norbusa
Ngarab/Gyatsa
Gyatsa
Trandruk Lhakhang
Bahnlinie im Bau
Yarlung Tsangpo
Yumbulhakhang
Lhashol
Lingda
Potrang
306
Chusum
Nang
s. Detailplan
Yarlung/Chongye
S. 236
Todsik
Lholin
Yarto
Chudojiang
6635
Yarlha
Shampo
202
5245
5003
Trigu
Tso
Sholsal
Sangngag-choling
Jar Chu
Gatod
Nyel Me
Doyul
Drumpa
Rithang
Luntse/
Kyitang
Jayul
Nara
Yutso
Jora
Chudromo
6505
202
Khartak
Khechu
Tsona/Zholshar
Kyipa
Gomri
Lampug
Magmang
Lad
ARUNACHAL PRADESH
Lhasa
LHOKA

LHOKA

Die Präfektur Lhoka oder Shannan, wie sie auf Chinesisch heißt, hat eine Größe von etwa 79 700 km² und umfasst damit gerade einmal ein Fünfzehntel der Gesamtfläche der Autonomen Region Tibet. Im Süden grenzt Lhoka an Bhutan und Indien, wo China immer noch Anspruch auf das Gebiet von Arunachal Pradesh erhebt (S. 102). Für Reisende bedeutet das, dass es recht kompliziert sein kann, in der Region umherzureisen. Selbst wer genügend Geld für eine organisierte Fahrt mit allem Drum und Dran hat, muss gelegentlich damit rechnen, dass die Behörden einem das Reisen erschweren oder – wie immer wieder im Falle des Lhamo Latso – untersagen.

Lhoka selbst ist früher nie als eigenständiges politisches Gebilde in Erscheinung getreten, sondern war im Osten Teil der Provinz Ü, während der Westen zu Tsang gehörte. Historisch ist die Region dennoch von großer Bedeutung, gilt sie doch als die Wiege der tibetischen Zivilisation. Über die Zeit bis zum Auftritt Songtsen Gampos gibt es kaum Aufzeichnungen, aber dafür umso mehr Mythen. Die geschichtlich fassbare Epoche beginnt mit einem Fürsten namens Tagbu Nyasig, der seine Burg Tagtse, die „Tiger-Spitze", in Chongye in einem Seitental des Yarlung Tsangpo im fruchtbaren Süden Zentraltibets gehabt haben soll. Von dieser Burg existieren noch nicht einmal mehr Reste, aber man kann hier noch die Königsgräber der Herrscher aus der Zeit vor dem 7. Jh. besuchen. Mit Tagbu Nyasigs Sohn und Namri Löntsen (auch Namri Songtsen genannt) beginnt die Geschichte dann konkreter zu werden.

Bis zum Tod dieses 32. Yarlung-Königs (vermutlich im Jahr 618) war Tsethang die Hauptstadt des tibetischen Kernlands, von dem aus Tibet schließlich zu einem Großreich geeint wurde. Mit der Verlegung der Hauptstadt nach Lhasa verlor Lhoka schnell an politischer Bedeutung. Erst im 14. Jh. machte die südtibetische Region wieder von sich reden, als die Phagmodrupa in Nedong, heute ein Stadtteil von Tsethang, die Herrschaft über Zentraltibet an sich reißen konnten. Bis Mitte des 16. Jhs. wurde die Wiege der tibetischen Zivilisation noch einmal zum Zentrum der weltlichen Macht über Tibet.

Landschaftlich hat Lhoka einiges zu bieten. Schon die Fahrt durch das weite Tal des Yarlung Tsangpo, das wegen seiner enormen Breite und Länge auch als Einflugschneise für den Flughafen in Gongkar dient, ist ein Erlebnis. Wer auf der südlichen Seite des Stroms über die gut ausgebaute Straße nach Tsethang fährt, durchquert eine überaus fruchtbare Landschaft. Das nördliche Ufer ist dagegen von Sand- und Felswüsten geprägt. Der Süden und Südwesten Lhokas bestehen wiederum aus Waldgebieten und zahlreichen Seen, von denen einige, wie der Lhamo Lhatso und Yamdrok Yumtso, den tibetischen Buddhisten heilig sind.

Durch das Yarlung-Tsangpo-Tal

Die Straße von Lhasa am Südufer des Yarlung Tsangpo entlang nach Osten ist gut ausgebaut. Entlang der Strecke können einige wichtige und schön gelegene Klöster besichtigt werden, aber wer der Klöster überdrüssig ist, findet auch schöne Koras und andere Wege zum Wandern. Wenig bekannt ist, dass man auch auf der Straße entlang des wilden, wüstenähnlichen Nordufers am Kloster Dorje Drak vorbei Richtung Samye fahren kann. Die neue, 2019 offiziell eingeweihte Autobahnverbindung von Bayi über Tsethang nach Lhasa entlang dem Nordufer hat dieser Region allerdings viel von ihrem Reiz genommen.

Gongkar Chöde

Der Name Gongkar wird fast immer nur mit dem größten kommerziellen Flughafen Tibets in Verbindung gebracht, aber bevor hier seit den 1970er-Jahren die ersten Flugzeuge landeten, war der Ort unter den Tibetern für seinen Dzong, den Verwaltungssitz des Distriktgouverneurs, und das Kloster Gongkar Chöde bekannt. Der Dzong wurde während der Kulturrevolution weitgehend zerstört, nur die immer noch mächtigen Ruinen sind zu sehen. Das 1464 gegründete Kloster wurde hingegen teilweise wiederaufgebaut. Die Haupthalle blieb wohl nur deshalb erhalten, weil sie in dieser zerstörerischen Zeit als Getreidesilo genutzt wurde. Gongkar Chöde bedeutet so viel wie „Dharma-Gemeinschaft von Gongkar“. Es ist das bedeutendste Sakya-Kloster im Großraum Lhasa und in Südtibet.

Neben den Skulpturen des Klostergründers Dorje Denpa (1432–1496), Shakyamunis und der Gründer und Hierarchen der Sakyapa sind besonders die Wandmalereien von Khyentse Chenmo (geb. 1524) interessant. Man kann sie in den Kapellen rund um die Haupthalle bewundern. Der aus Gongkar stammende Kyentse Chenmo war der Begründer der sogenannten Khyenri-Stilrichtung, einer von sechs großen Kunsttraditionen Tibets im 16. Jh. Diese ist durch eine schwärmerische Freiheit der Linienführung und gedämpfte, dunkle Farben charakterisiert. Sie verschmolz schon bald mit der von Menlha Thondup, einem berühmten Künstler aus Südtibet, begründeten Menri-Tradition, die chinesische Kunstelemente, wie sie zur Zeit der mongolischen Yuan-Dynastie in China populär waren, in die tibetische Kunst integrierte. Für den Laien ist es allerdings fast aussichtslos, den chinesischen Einfluss in den prachtvollen Wandmalereien zu identifizieren. Auch in der zweiten Etage sind die Wände von Malereien bedeckt. Einige Bilder zeigen den ursprünglichen Grundriss des Klosters. 🕒 tgl. von ca. 9–17 Uhr, Eintritt ¥20.

ÜBERNACHTUNG UND ESSEN

Am Flughafen gibt es eine Handvoll Unterkünfte, die aber nur lohnen, wenn man einen sehr frühen Flug hat und das Kloster am Vorabend noch sehen möchte.

Haodi Hotel (Haodi Dajiudian), links vom Eingang zum Terminal, ✆ 0891-618 5555. 2014 eröffnet, ist dies das modernste Hotel im Umkreis des Flughafens. Die Zimmer sind modern, wenn auch etwas plüschig eingerichtet, es gibt moderne Badezimmer und Internet. ❹–❻

In der Ortschaft an der Zufahrt zum Flughafen sind eine Reihe einfacher und preiswerter **Restaurants** angesiedelt. Hier zu essen lohnt vor allem dann, wenn man vom Flughafen kommend nicht nach Lhasa fährt, sondern direkt Richtung Tsethang oder Gyantse aufbricht.

SONSTIGES

Wer mit dem Flugzeug aus Nepal gekommen ist und noch chinesisches Geld benötigt, kann die Zufahrtsstraße etwa 200 m nach Süden Richtung Hauptstraße laufen. Hier gibt es auf der rechten Straßenseite eine **Bank of China**, 🕒 Mo–Fr 9.30–17.30, Sa, So 11–16 Uhr, und einen Geldautomaten. Gleich gegenüber befindet sich eine kleine **Post**.

TRANSPORT

Das Kloster Gongkar Chöde liegt etwa 10 km westlich des Flughafens Lhasa Gongkar. Einen Besuch kann man gut mit dem Abflug vom oder der Ankunft am Flughafen verbinden. Wegen der zusätzlichen Kilometer wird der Transfer dann etwas teurer. Alternativ kann man das Kloster aber auch auf dem Weg zum Yamdrok Tso besuchen, sollte das aber bei Buchung der Fahrt angeben, damit die Fahrer Bescheid wissen und keine Diskussion wegen des Umwegs beginnen.

Dorje Drak

Das Kloster Dorje Drak gehört zu den „Sechs großen Sitzen“ der Nyingmapa (die anderen sind Mindroling, Kathok, Palyul, Dzogchen und Shechen, wobei die letztgenannten vier Klöster im autonomen Bezirk Garze in Sichuan stehen). Neben Mindroling ist es eines der beiden wichtigsten Nyingma-Klöster in Südtibet und Hauptsitz der Übertragungslinie der „Nördlichen Schätze“. Diese „Schätze“ (Termas), die aus Belehrungen und meditativen Praktiken bestehen, wurden nach ihrem Auffinden in jeweils eigenen ununterbrochenen Guru-Überlieferungsreihen weitergegeben. Entsprechend ist natürlich auch die Übertragungslinie der Nördlichen Schätze eine eigene, aus einem Zyklus tantrischer Belehrungen bestehende buddhistische Lehrtradition innerhalb der Nyingma-Schule. Sie entstand im 14. Jh. und erhielt ihren Namen sehr wahrscheinlich vom Fundort der ihr zugrundeliegenden Termas (S. 223, Mindroling) nördlich vom Kloster Samye nahe dem Gipfel des Riwo Trabzang. Der Entdecker der Nördlichen Schätze ist Rigdzin Gödem (1337–1409). Er gilt als eine Reinkarnation von Nanam Dorje Dudjom, einem der 25 Hauptschüler Padmasambhavas. Rigdzin Gödem wurde auch als Mahavidyadhara (Rigdzin Chenpo) bekannt, und dieser Titel wird seither von jeder seiner Inkarnationen getragen.

Ngagi Wangpo, der 3. Rigdzin Chenpo (1580–1639), gründete 1610 das Kloster Thubten Evam Chogar Dorje Drak an seinem heutigen Platz. Es hatte vom Start weg bereits 2000 Mönche, und Ngagi Wangpo wurde der erste Abt. Den Standort hatte er mit Bedacht ausgewählt: Der Felsberg hinter dem Kloster wies einen Fußabdruck von Padmasambhava sowie ein natürlich geformtes, gekreuztes Vajra auf und galt den Bewohnern der Region daher schon lange als heilig. Den beiden Glück verheißenden Zeichen zu Ehren wurde das Kloster Dorje Drak (Vajra-Fels) genannt. Der ausführlichere Name des Klosters Thubten Evam Chogar Dorje Drak ist eine Mischung aus diesem Namen und dem Originalnamen des Ursprungsklosters, das an einem anderen Ort gestanden hatte.

Das Interessanteste an diesem Kloster ist sicher seine malerische Lage inmitten einer kleinen Oase in der Sandwüste am Nordufer des Tsangpo. Leider führt die neue Autobahn am Kloster vorbei und nimmt der Anlage viel von ihrem ursprünglichen Reiz. Dennoch wird es kaum besucht und man kann in etwa anderthalb Stunden die Kora um das Kloster, die um den Vajra-Fels herumführt, laufen.

ESSEN

Entlang der Straße am Nordufer Richtung Samye gibt es keine Restaurants. Wer z. B. wegen der Kora länger auf diesem Abschnitt unterwegs ist, sollte sich aus Lhasa oder Tsethang Verpflegung mitnehmen.

TRANSPORT

Da Dorje Drak nicht an der Hauptstraße 101 von Gongkar nach Tsethang liegt, muss man den Besuch schon bei der Buchung der Fahrt angeben, damit die Fahrer wissen, dass sie die Strecke am Nordufer entlangfahren sollen. Die Straße und auch die neue Autobahn führen direkt am Kloster vorbei.

Blick vom Kloster Dorje Drak über den Yarlung Tsangpo

Mindroling

Auf dem Weg nach Tsethang passiert man etwa 45 km vor der Stadt bei der Ortschaft Dranang einen Abzweig, von dem aus eine 8 km lange Straße in Richtung Süden zum Nyingma-Kloster Mindroling führt. Die im 10. Jh. entstandene Nyingma-Schule („Schule der Alten") ist eine der wenigen Schulrichtungen, die an die alte, im 9. Jh. verbotene und untergegangene Form des Buddhismus anknüpfte. Sie sieht den aus Indien stammenden tantrischen Yogi Padmasambhava als ihren wichtigsten Lehrer an. Das Auffallendste an seiner Lehrauslegung war, dass er negative Mächte und Eigenschaften nicht ausgrenzte, sondern durch Wandlung und Sublimierung zu hilfreichen Triebkräften des buddhistischen Heilswegs machte. So wird ihm zugeschrieben, dass er Dämonen und Götter unterwarf und sie dann in Schutzgottheiten der buddhistischen Lehre (Dharmapalas) verwandelte. Er soll eine Vielzahl seiner Schriften an verschiedenen Orten Tibets versteckt haben, damit sie erst, wenn die Zeit reif für ihr Verständnis wäre, aufgefunden und gedeutet würden. Vor allem die Nyingma-Schule betrachtet dieses apokryphe Schrifttum (Termas = „Schätze"), das nach und nach „wiedergefunden" wurde – und wird –, als maßgeblich. Bekanntestes Werk der **Termas** ist das berühmte Tibetische Totenbuch. Die Entdecker der Termas nennt man Tertön, die Terma-Traditionen werden meist nach der geografischen Lage der Fundorte der Termas als Traditionen der Mittleren (oder Zentralen), Südlichen oder Nördlichen Schätze bezeichnet.

Mindroling ist das wichtigste **Nyingma-Kloster** der Südlichen Schätze-Tradition. Terdag Lingpa Gyurme Dorje, der auch als Terchen Chökyi Gyalpo (1646–1719) bekannt ist, gründete es im Jahre 1676. Terdag Lingpa war einer der großen Tertöns der Nyingma-Tradition und ein Lehrer des 5. Dalai Lama Ngawang Lobzang Gyatso. Dieser hatte ihn mit der Befugnis und allen notwendigen Ressourcen ausgestattet, um das Kloster zu gründen. Ab seiner Gründung hatte Mindroling auch die Verantwortung dafür, wichtige Rituale für die tibetische Regierung auszuführen. Der Zweig des Klosters, der im indischen Exil in Dheradun neu gegründet wurde, führt diese Funktion weiterhin für die tibetische Exilregierung aus.

Das Amt des Thronhalters von Mindroling wurde von Vater zu Sohn weitergereicht. Der Thron- oder Linienhalter, der in Mindroling den Titel Minling Trichen trägt, bezeichnet den Lama einer Schultradition des tibetischen Buddhismus, der ermächtigt wird, alle tantrischen Übertragungen der jeweiligen Schule an Schüler weiterzugeben. Der 11. Minling Trichen starb 2008 im indischen Exil. Sein Sohn Dungsay Dalha Gyaltsen (geb. 1959) blieb in Tibet und kehrte auch nach längerem Studium in Indien dorthin zurück, um das Amt als 12. Thronhalter auszuüben. Auch das Amt des Abtes wurde vom Vater auf den Sohn übertragen. Der erste Abt von Mindroling war Gyelse Tenpay Nyima, der Bruder von Terdag Lingpa. Damit waren alle Thronhalter und Äbte des Klosters Mindroling Verwandte von Terdag Lingpa.

Der Schwerpunkt des Studiums in Mindroling liegt natürlich auf den Texten der Südlichen Schatztext-Tradition, darunter zahlreiche Sutra- und Tantra-Texte, die eine bis auf Terdag Lingpa zurückgehende Kommentarlinie haben. Daneben ist Mindroling aber auch ein Zentrum für das Studium und die Praxis der traditionellen buddhistischen Wissensfelder der Medizin, der Astrologie und der Grammatik.

Der Klosterkomplex befindet sich oberhalb des Dorfes und ist aus dem charakteristischen bräunlichen Bruchstein der Region erbaut. In der **Haupthalle**, dem Tsuglagkhang, sieht man eine große Skulptur Shakyamunis, die Acht Großen Bodhisattvas und links einen Chorten, der feindliche magische Kräfte unterdrücken soll, sowie rechts einen Chörten als Symbol der Erleuchtung. In der linken Seitenkapelle des Tsuglagkhang stehen u. a. die Skulpturen von Padmasambhava und Terdag Lingpa, dem Klostergründer, der an seinem weißen Bart zu erkennen ist. Auf der rechten Seite befindet sich der Gönkhang mit einer Skulptur der Durtrö Lhamo. Sie wird hier in ihrem Aspekt als Herrin der Leichenäcker (Durtrö heißt so viel wie „Begräbnisacker") dargestellt und ist die Beschützerin der Termas. Im Obergeschoss passiert man weitere Lhakhangs und kann schließlich auf das Dach klettern, von wo aus man einen schönen Blick über Dorf und Tal hat. ⌚ tgl. 9–18 Uhr, Eintritt ¥30.

Mindroling ist das wichtigste Nyingma-Kloster der Südlichen Schätze-Tradition.

ÜBERNACHTUNG UND ESSEN

Wer hier übernachten will, kann das im überaus einfachen **Gästehaus des Klosters** tun. Ein Bett im Schlafsaal kostet ¥30 ❷. Man sollte allerdings einen eigenen Schlafsack mitbringen, da die Bettwäsche nicht gewechselt wird. Im Klosterrestaurant gibt es einfache Gerichte, und im Dorf zu Füßen des Klosters kann man Kleinigkeiten zu essen kaufen.

TRANSPORT

Mindroling lässt sich unkompliziert als Abstecher auf einer **Tour** nach Samye und Tsethang einschieben. Der Abstecher muss bereits bei der Buchung angemeldet werden, da man für den Besuch ein eigenes Permit benötigt.

Samye

Fast alle Besucher nähern sich Tibets ältestem Kloster über die neue Straße, die bei Tsethang nördlich der Brücke über den Yarlung Tsangpo beginnt, aber sehr viel interessanter ist die Anfahrt von Westen aus über die Straße am Nordufer. Wenige Kilometer vor dem Kloster führt sie an **fünf weißen Stupas** vorbei, die an die erste Begegnung zwischen Trisong Detsen und Padmasambhava erinnern. Trisong Detsen hatte sich geweigert, dem großen, von ihm ins Land geholten Lehrer zu huldigen, woraufhin dieser fünf Flammen an seinen Fingerspitzen aufflammen ließ und Trisong Detsen, nun doch ergriffen von Ehrfurcht vor Padmasambhava, sich niederwarf und zum Gedenken an dieses Ereignis die fünf Stupas errichten ließ.

Nach weiteren 3 km erreicht man **Samye** (die „über alle gedankliche Vorstellung Hinausgehende"), das man schon von Weitem an seinem prachtvollen goldenen Dach erkennt. Erbaut wurde es zwischen 762 und 779 in der Regierungszeit von König Trisong Detsen. Die in ihrer Gesamtkomposition an ein dreidimensionales Mandala erinnernde Architektur orientiert sich vermutlich an einem indischen Tempel in Odantapuri in Bihar. Der äußere Grundriss Samyes basiert auf der Abhidharma-Tradition, gemäß der der Weltenberg Sumeru von vier Kontinenten und acht Nebenkontinenten umgeben wird. In Anlehnung an diese indische Lehre vom Aufbau des Universums symbolisieren die vier farbigen Stupas die Zwischenhimmelsrichtungen, gleichzeitig deuten sie den Weltenberg Sumeru an.

Der **Haupttempel Ütse** im Zentrum symbolisiert den Palast, der den Weltenberg krönt, und die ihn umgebenden zwölf Tempel stehen für die vier Kontinente (Ling) mit ihren jeweiligen zwei Nebenkontinenten (Lingtren). Während auf dem Berg Sumeru die Götter residieren, müssen die Menschen auf den vier Kontinenten leben, die wie riesige Inseln im Ozean treiben. Der Sumeru selbst ist für die Menschen auf den Kontinenten nicht zu sehen, daher wird er von den vier Chörten auch nur angedeutet. Zwei kleinere Tempel südlich und nördlich des Ütse symbolisieren Sonne und Mond. Jedes der Weltsysteme, von denen es im Universum unendlich viele gibt, wird von einem Eisenwall umringt, der in Samye durch eine den ganzen Klosterkomplex umschließende runde Mauer versinnbildlicht wird. Gekrönt wird die Mauer von 1008 kleinen Chörten, die Chakravala, einen das Universum umspannenden Gebirgsring, symbolisieren.

Samye avancierte zu einem wichtigen religiösen und politischen Zentrum, nachdem 779 der Buddhismus offiziell zur Staatsreligion wurde. Zwischen 792 und 794 fand hier das folgenreiche Konzil von Samye statt (S. 121). Aus dem heftig ausgetragenen Disput um die einzuführende Form des Buddhismus – die chinesische Schule des Chan (Beschauungsschule) kontra Tantraschule – ging die indische Tantraschule schließlich als Sieger hervor. ⌚ Klosterareal tgl. 7–18 Uhr. Der Zugang zum Gelände ist frei.

Ütse

Samyes zentrales Bauwerk ist der weithin sichtbare dreistöckige Ütse. Der genaue Name lautet eigentlich Ütse Rigsum, was so viel wie „Dächer in Stilrichtungen" bedeutet. Der Name ist ein

Verweis darauf, dass das Hauptheiligtum in drei unterschiedlichen Architekturstilen errichtet wurde. Der untere Teil orientierte sich an chinesischer Architektur, der mittlere repräsentierte einen indischen Stil und der obere Teil wurde in der Architektur Khotans erbaut, eines mächtigen zentralasiatischen Königreichs am Nordwestrand Tibets, das noch bis ins 10. Jh. buddhistisch war. Bedingt durch zahlreiche Zerstörungen infolge von Kriegen, Feuern und Erdbeben wurde der Ütse allerdings immer wieder neu aufgebaut. Mittlerweile können selbst Experten nicht mehr genau rekonstruieren, welche Etage in welchem Stil errichtet wurde, insbesondere weil der Stil Khotans später durch tibetische Architektur, die wiederum mit indischen und chinesischen Elementen vermischt war, abgelöst wurde. Jedes Geschoss besteht aus zwei Zwischengeschossen, sodass man faktisch durch sechs Etagen nach oben steigt.

Der Haupteingang zum Ütse liegt im Osten. Links vor dem Haupteingang steht eine 5 m hohe **Stele** aus dem Jahr 779. Auf ihr hatte Trisong Detsen sein berühmtes Edikt eingravieren lassen, in dem er den Buddhismus zur Staatsreligion erhob. Hinter dem Eingangstor kann man den Ütse zunächst über den Umwandlungsgang mit seinen zahlreichen Gebetsmühlen umrunden oder gleich hineingehen. Der Osteingang führt in die **Große Versammlungshalle**. Auf der linken Seite sieht man eine Skulptur des berühmten Universalgenies Tangtong Gyelpo (S. 173), der sich selbst als „verrückten Heiligen" bezeichnet hatte und als dickbäuchiger Siddha (ein Heiliger, der höhere tantrische Verwirklichungsstufen erreicht hat) mit langem Haar dargestellt wird. Weitere Skulpturen zeigen Butön, den Gründer des Klosters Shalu, Shantarakshita, Kamalashila, den Verfechter der indischen Richtung beim Streitgespräch von Samye, zwei Schüler Padmasambhavas, Trisong Detsen und Songtsen Gampo.

In weiteren Schreinen stehen bedeutende Lamas der wichtigsten tibetischen buddhistischen Schulrichtungen, darunter der Übersetzer Vairocana, einer der ersten sieben Mönche Tibets, drei wichtige Kadampa-Lamas des 11. Jhs. und andere. Auf der Rückseite der Versammlungshalle führen Treppen zur heiligsten Kapelle Samyes, der erhöht liegenden **Jobo Khang**. Die große, 4 m hohe Statue des Shakyamuni im Zentrum soll während der Bauzeit des Klosters auf dem nahe gelegenen Hepo Ri von selbst entstanden sein. An den Wänden reihen sich die Statuen der Bodhisattvas der Zehn Richtungen und der zwei Schutzgottheiten Hayagriva und Acala auf. Man kann das Sanktuarium über einen dunklen Gang umrunden. Auf der rechten Seite der Versammlungshalle kann man noch einen Blick in den **Gönkhang** werfen, der ausschließlich von vorbuddhistischen Schutzgottheiten bevölkert wird. Diese Dämonen und Ungeheuer wurden dank Padmasambhavas Wirken dem buddhistischen Pantheon einverleibt. Links vom Haupteingang kann man dem **Chenresig Lhakhang** einen Besuch abstatten, in dem eine faszinierende tausendarmige Skulptur von Avalokiteshvara steht.

Links vom Haupteingang führen auch Treppen in das **erste Obergeschoss** hinauf. Hier befindet sich direkt über dem Jobo Khang der Schrein für Padmasambhava. Flankiert wird er u. a. von Amitayus auf der linken und Shakyamuni auf der rechten Seite. Schön sind auch die Wandmalereien auf dieser Etage. Die Wände des umlaufenden Korridors zeigen die 25 Schüler des Padmasambhava, die verschiedenen Erscheinungsformen des Guru Rinpoche, aber auch Darstellungen des 5. und 7. Dalai Lama und des mongolischen Herrschers über Tibet, Gushri Khan. Wenn man Glück hat, ist das Zimmer des Dalai Lama geöffnet. Das **zweite Obergeschoss** besteht aus dem Vairocana Lhakhang, der in der Mitte ein plastisches Mandala von 36 Gottheiten, die um einen zentralen Vairocana gruppiert sind, enthält. Über eine steile Stiege kann man noch ins **Dachgeschoss** aufsteigen. Diese Kapelle enthält gewissermaßen das Herz Samyes, eine Statue Kalachakras (S. 137), ist allerdings meist geschlossen. Dafür hat man von oben einen schönen Blick über das Kloster.
🕒 tgl. 9–17.30 Uhr, Eintritt ¥50.

Die Ling und Chörten

Einige der zwölf in der Kulturrevolution zerstörten Ling-(Kontinent)-Tempel sind restauriert worden. Man kann sie auf einem ausführlichen Spaziergang, der am Osttor beginnend im Uhr-

Samye

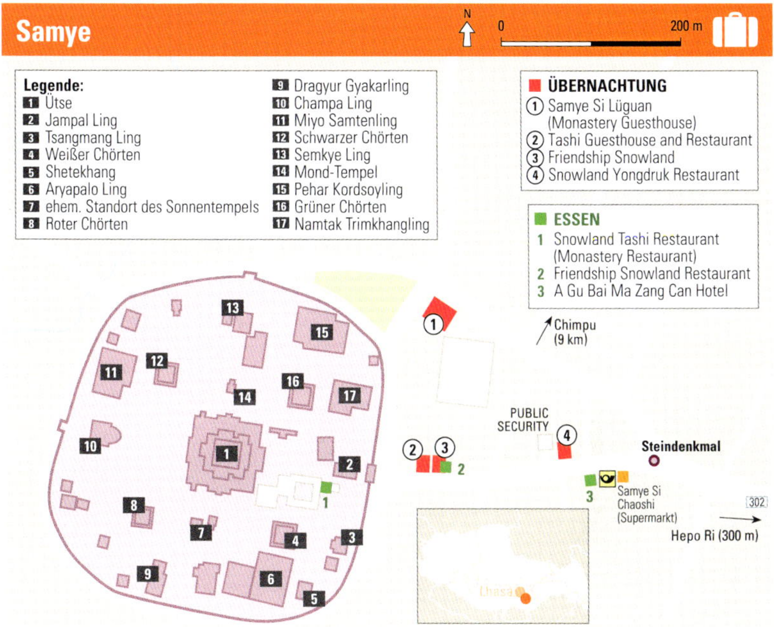

N
0
200 m
Legende:
1 Ütse
2 Jampal Ling
3 Tsangmang Ling
4 Weißer Chörten
5 Shetekhang
6 Aryapalo Ling
7 ehem. Standort des Sonnentempels
8 Roter Chörten
9 Dragyur Gyakarling
10 Champa Ling
11 Miyo Samtenling
12 Schwarzer Chörten
13 Semkye Ling
14 Mond-Tempel
15 Pehar Kordsoyling
16 Grüner Chörten
17 Namtak Trimkhangling
ÜBERNACHTUNG
① Samye Si Lüguan (Monastery Guesthouse)
② Tashi Guesthouse and Restaurant
③ Friendship Snowland
④ Snowland Yongdruk Restaurant
ESSEN
1 Snowland Tashi Restaurant (Monastery Restaurant)
2 Friendship Snowland Restaurant
3 A Gu Bai Ma Zang Can Hotel
Chimpu (9 km)
PUBLIC SECURITY
Steindenkmal
Samye Si Chaoshi (Supermarkt)
302
Hepo Ri (300 m)
Lhasa

Samye Ütse

0
20 m

Legende:
1 Stele
2 Umwandlungsgang
3 Große Versammlungshalle
4 Jobo Khang
5 Gönkhang
6 Chenresig-Lhakhang

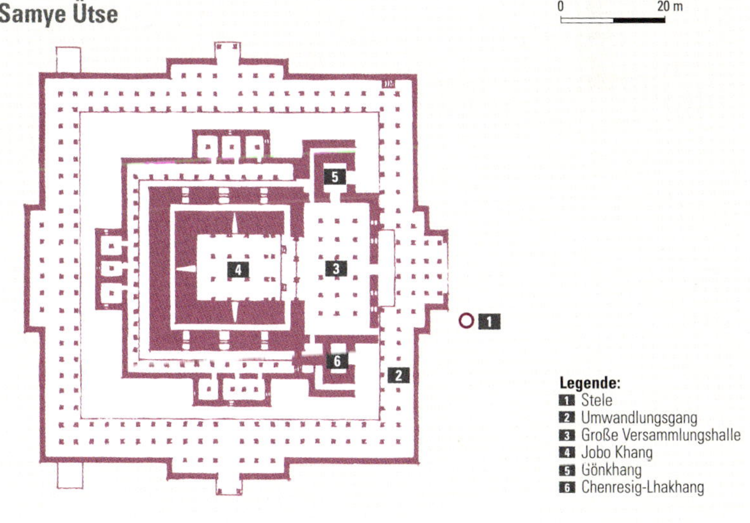

zeigersinn durch den Klosterkomplex führt, anschauen. Leider sind einige Bauwerke eher lieblos wiederaufgebaut worden, so die vier farbigen Chörten, die einfach nur aus Beton gegossen und angepinselt wurden. Gleich am Osttor steht der **Jampal Ling**, der Kontinent Manjushris. In dieser Kapelle wurde ursprünglich der Dharma gelehrt. Südlich davon schließt sich der **Tsangmang Ling** an. Anfangs diente er den Mönchen als Speisesaal, später beherbergte er die Druckerpresse des Klosters. Hinter dem Monastery Guesthouse ragt als Nächstes der **Weiße Chörten** in die Höhe. Er repräsentiert die Tradition des ursprünglichen Buddhismus, den Hinayana- bzw. Theravada-Buddhismus. Südlich des Chörten schließt sich der **Shetekhang** mit einem Debattierhof an. Dieses Gebäude dient als Lehrinstitut und Unterkunft für die Mönche.

Am Südtor steht der restaurierte **Aryapalo Ling** (Hayagriva-Kontinent), der der Schutzgottheit Hayagriva geweiht ist. Hierher kommen die Gläubigen, um ihre Sünden zu beichten und für ein besseres Karma zu opfern. Das Gebäude wurde noch vor der eigentlichen Gründung

Die Farben Tibets

In Tibet haben Farben seit jeher eine enge Verbindung zum Alltag der Tibeter. Jede Farbe hat ihre eigene Bedeutung. Zu den wichtigsten Farben gehören Gelb, Rot, Blau, Schwarz, Weiß und Grün. Ihre Verwendung und ihre Zuordnung zu den Heiligen können je nach Schul- und Kunstrichtung und Region von der hier aufgeführten Symbolik abweichen.

Gelb

Gelb ist die vielleicht bedeutendste Symbolfarbe im tibetischen Buddhismus. Die Skulpturen der Buddhas sind gelb (oder golden), kleinere Tempel oder die Unterkünfte der Mönche sind oft gelb getüncht, und die Roben wichtiger Mönche und Tulkus sind ebenfalls gelb. Bei den Gebetsfahnen symbolisiert das Gelb die florierende buddhistische Kultur und die Erde. Auf buddhistischen Bildern steht das Gelb für die Mitte und in den Mandalas für den Süden. Der Dhyani-Buddha Rathnasambhava steht ebenfalls für den Süden und ist goldgelb gekleidet. In der tibetischen Oper symbolisiert die Farbe Gelb immer einen gelehrten oder hochrangigen Mönch.

Rot

Rot oder Rot-Orange gilt als Königin der Farben. In ihm manifestiert sich der Unterschied zwischen spiritueller und säkularer Welt, und so steht die Farbe Rot für die meisten Tibeter für die Kasaya, die rote Robe der Mönche. Rot symbolisiert auf den Gebetsfahnen das Element Feuer. Dass Rot zur Farbe der Mönchsroben werden konnte, lag vermutlich daran, dass es, zusammen mit der Farbe Gelb, zur Zeit Buddhas die billigste und gewöhnlichste Farbe war. Später wurde sie in Tibet zur exklusiven Farbe der Klöster und Mönche. In der buddhistischen Malerei Tibets symbolisiert Rot den Westen, und auch der Dhyani-Buddha Amitabha, der Buddha des Westens, wird auf Bildern meist in Rot dargestellt. Das Rot steht zudem für die Macht in der buddhistischen Kultur. In tibetischen Opern symbolisiert eine rote Maske daher meist den König, und eine hellrote Maske steht für den Premierminister.

Blau

Die blaue Farbe wird manchmal auch „Tibet-Blau" genannt, da es sich um einen sehr charakteristischen kräftigen Indigo-Blauton handelt, den man bevorzugt zum Anstreichen der Deckenbalken benutzt. Dieses typische Blau war im alten Tibet ein bedeutender Exportartikel in die Nachbarländer. Das Blau der Gebetsfahnen steht für Buddha Akshobya, den Osten und das Wasser (es kann aber auch für den Himmel und den Raum, den Vairocana-Buddha und das Zentrum stehen). In der tibetischen Oper deuten blaue Masken die Rolle von Jägern an. In der Thanka-Malerei wird die blaue

Samyes errichtet und diente während des Konzils von Samye als Unterkunft für die indischen Gelehrten. Nördlich vom Aryapalo Ling stand ursprünglich der **Sonnentempel**. Links der Ruinen dieses Tempels passiert man den **Roten Chörten**. Der eigentliche Name lautet „Rad des Dharma"; er steht für die Maha-Bodhisattva-Tradition im Mahayana (die Tradition transzendenter Bodhisattvas, die erlösende Weisheit erlangt haben und nicht mehr in den Kreislauf der Wiedergeburten zurückfallen können). Links vom Aryapalo Ling steht der **Dragyur Gyakarling**. Er diente als Übersetzungszentrum für die in Sanskrit abgefassten buddhistischen Texte ins Tibetische. So wurden hier u. a. das Tripitaka und die vier Tantras übersetzt.

Am Westeingang gelangt man zum **Champa Ling**, der dem Zukunftsbuddha Maitreya geweiht ist. An diesem Ort fand das große Streitgespräch zwischen chinesischen und indischen Mönchen statt. Später wurden hier besonders begabte Mönche unterwiesen. Auf der rechten Seite sieht man übrigens ein Wandbild, das die ursprüngliche Anlage Samyes zeigt. Nörd-

Farbe zumeist verwendet, um zornvolle Gottheiten und Schutzgottheiten darzustellen. In diesem Falle symbolisiert die blaue Farbe ihre Furcht erregende Machtfülle.

Schwarz

Das Schwarz ist in Tibet eine ziemlich komplexe Farbe. Zum einen taucht es häufig im Alltag auf, sei es bei den Zelten der Nomaden, der Kleidung von Bauern oder den Türen oder Fensterrahmen von Gebäuden; zum anderen steht Schwarz für die dunklen Kräfte. Wie in der Homöopathie bekämpft man in Tibet Gleiches mit Gleichem, und so wird Schwarz auch zur Abwehr des Bösen benutzt. Kinder, die nicht einschlafen können, bekommen z. B. einen schwarzen Punkt auf die Nase, der böse Geister abschrecken soll. In der Kunst und bei den Cham-Tänzen dient Schwarz zur Darstellung von Macht, den Furcht einflößenden Erscheinungsformen einer Schutzgottheit, aber auch der dunklen Seite einer jeden Persönlichkeit. In der tibetischen Oper werden schwarz-weiße Masken zur Darstellung von Charakteren, die eine Doppelrolle spielen, eingesetzt.

Weiß

Weiß spielt im Alltag und bei Ritualen eine besondere Rolle und ist die am häufigsten verwendete Farbe in Tibet. So soll Buddhas Mutter, kurz bevor sie schwanger wurde, ein weißer Elefant im Traum erschienen sein. Er wurde in Tibet durch einen weißen Yak oder ein weißes Pferd ersetzt; und wenn hohe Würdenträger zu Besuch kamen, schickte man ihnen weiße Yaks oder Pferde als Eskorte. Die Übergabe der weißen Kata (einer Begrüßungsschärpe) dient dem Ausdruck von Wohlwollen und guten Absichten. Weiß ist im Gegensatz zu Schwarz die Farbe der Selbstlosigkeit, Freundlichkeit, Reinheit und Friedfertigkeit. In Mandalas wird es für den Osten verwendet. Auch der weiße Dhyani-Buddha Vajrasattva steht für den Osten (in anderen Traditionen kann Weiß allerdings auch für Vairocana und das Zentrum stehen). Bei den Gebetsfahnen symbolisiert Weiß die Wolken und in der Kunst auch den Äther und manchmal das Wasser. In der tibetischen Oper ist Weiß den verschiedenen männlichen Rollen vorbehalten.

Grün

Grün ist die bodenständigste Farbe und spielt vor allem im Alltag, beispielsweise in der Farbe der Kleidung, eine Rolle. In Mandalas steht Grün für den Norden, und auch der meist grün dargestellte Buddha Amoghasiddi symbolisiert den Norden. Grüne Gebetsfahnen versinnbildlichen das Wasser, in der Malerei kann Grün hingegen auch für die Luft stehen. Grüne Masken in der tibetischen Oper zeigen weibliche Rollen an.

lich schließt sich der **Miyo Samtenling** an. Diese Kapelle dient seit alters für Meditationen und Retreats und wurde zum Gedenken an Trisong Detsen und die 25 Schüler des Padmasambhava erbaut. An die wiederaufgebaute Hauptkapelle sind 25 Räume für Retreats angeschlossen. Da die hier meditierenden Mönche nicht gestört werden dürfen, ist das Betreten der Anlage verboten.

Vorbei am **Schwarzen Chörten**, der das Nirvana und den Mahayana-Buddhismus symbolisiert, kommt man als Nächstes zum **Semkye Ling**. Hier praktizierten die Mönche Bodhicitta (das Streben nach Erleuchtung). Innen gibt es ein 3-D-Modell Samyes zu sehen. Südlich davon steht der **Mond-Tempel**. Nordöstlich davon befindet sich der **Pehar Kordsoyling**, eine Kapelle, die ursprünglich der Schutzgottheit und dem Orakelgott Pehar geweiht war. Seine Aufgabe war es, über die Schätze des Klosters zu wachen, da in diesem Gebäude viele wichtige Schriften aus Indien, China, der Mongolei und Tibet aufbewahrt wurden. Pehar wurde später quasi „abgeworben" und als Schutzgottheit des Staatsorakels in Nechung bei Lhasa eingesetzt. Seine Aufgabe übernahm Tsemar, der rote Beschützer, der einmal im Jahr über die Seelen der Menschen zu Gericht sitzt und die Bösen bestraft.

Der Mauer nach Süden folgend, passiert man nun den **Grünen Chörten**, der für die Tradition der Dhyani-Buddhas (Tataghatas) im tibetischen Buddhismus steht. Östlich davon an der Mauer steht mit dem **Namtak Trimkhangling** der letzte der neun erhalten gebliebenen Kontinente. Hier wurden die ersten sieben Mönche Tibets von Shantarakshita ordiniert. Auch in den folgenden Jahrhunderten diente dieser Ling noch der Ordination von Mönchen.

Hepo Ri

Der Hepo Ri ist einer der vier heiligen Berge von Ü (die anderen sind der Gongpo Ri in Tsethang, der Chakpo Ri in Lhasa und der Chuwo Ri am Zusammenfluss von Kyi Chu und Yarlung Tsangpo bei der Ortschaft Chushur) und erhebt sich südöstlich vor den Toren von Samye. Er ist wie eine Muschelschale geformt und ähnelt, glaubt man den tibetischen Legenden, entweder einem Schneeleoparden, der in die Luft springt, oder dem liegenden Elefantenkönig Airavata aus der indischen Mythologie. Auf dem Gipfel soll König Trisong Detsen seinen Palast gebaut haben und Padmasambhava die ortsansässigen Dämonen bezwungen haben.

Um hinzukommen, wandert man vom Osttor Richtung Osten auf den Berg zu bis zum Ende des Dorfes. Dort hält man sich nach rechts und gelangt dann zu einigen Pfaden, die alle den Hügel hinaufführen. Der Aufstieg dauert etwa eine halbe Stunde. Oben erreicht man einen kleinen Tempel voller Gebetsfahnen und hat einen herrlichen Blick auf das Kloster.

Chimpu

In Chimpu, etwa 9 km nordöstlich von Samye, verteilen sich 108 Meditationshöhlen an einem steilen Berghang, darunter die **Drakmar Kentsang**, in der Padmasambhava meditiert haben soll. Wer länger in Samye weilt, kann eine lange Tageswanderung (3–4 Std. hin) unternehmen. Dazu kommen noch mal drei Stunden für die Rundwanderung vom neuen Nonnenkloster am Fuß des Berges, vorbei an der Drakmar Kentsang sowie weiteren, oft noch von Mönchen bewohnten Höhlen, und weiter auf den 4300 m hohen Gipfel. Wer nicht laufen möchte, sollte schon im Vorfeld mit seiner Reiseagentur abklären, dass man von seinem Fahrer bis zum Nonnenkloster gefahren und dort auch wieder abgeholt wird.

ÜBERNACHTUNG

Eine Übernachtung in Samye lohnt eigentlich nur, wenn man nach dem Trekking von Ganden hier ankommt. Am Osttor des Klosters beginnt eine kleine, zur Fußgängerzone umgebaute Straße, die sich bis zu einem Steindenkmal hinzieht. Hier reihen sich entlang der nördlichen Straßenseite einige Hostels auf. Sie sind allerdings sehr primitiv, und Wasser gibt es nur sporadisch. Wer in Samye übernachten möchte, muss das bei der Buchung der Tour angeben. Standardmäßig wird man im Monastery Guesthouse untergebracht, aber man kann auch darum bitten, in einem der Hostels unterzukommen.

Gebetsfahnen

© CHRISTOPH MOHR

LHOKA

Vor Pässen, wichtigen Klöstern und auf vielen Märkten kann man die bunten Gebetsfahnen, die überall in Tibet auf den Bergen und an heiligen Orten flattern, erstehen und dann an schönen Orten aufhängen. Es gibt sie in allen möglichen Längen und Größen, aber ihr Aufbau ist stets gleich. Sie bestehen aus fünf Farben, die jeweils ein Naturelement symbolisieren und immer mit der Farbe Blau (den Himmel symbolisierend) beginnen, gefolgt vom Weiß für die Wolken, Rot für das Element Feuer, Grün für das Wasser und schließlich Gelb für die Erde. Danach folgen die nächsten Sequenzen immer in der gleichen Reihenfolge.

Die buddhistischen Motive, Texte und Mantras auf den Gebetsfahnen sollen ihre positive Energie durch den Wind in die Welt hinaustragen und die spirituellen Kräfte der Umgebung und in uns selbst ansprechen. In der Vorstellung der Tibeter senden die im Wind flatternden Gebetsfahnen ständig heilvolle Energien, positive Erwartungen und Hoffnungen sowie segensreiche Mantras und Gebete aus. Oft findet man die folgenden Symbole, die in den vier Ecken und im Zentrum der Gebetsfahne angeordnet sind:

Windpferd: Es steht im Zentrum der Fahne und symbolisiert die Transformation vom Unglück zum Glück, vom elenden Schicksal zu einem glückverheißenden Zustand und von Armut zu Wohlstand. Das flammende Juwel auf seinem Rücken steht für Fülle, Reichtum und die sich entfaltenden Kräfte und Möglichkeiten.

Tiger: Der Tiger symbolisiert das Holz- oder Luftelement und damit in gewissem Sinne die dynamische Energie, die z. B. einen Baum wachsen lässt.

Schneelöwe: Er ist ein Symbol für das Element Erde.

Garuda: steigt hoch in den Himmel auf. Die Flammen des Göttervogel Garuda, welche seinen Hörnern entströmen, symbolisieren das Element Feuer.

Drache: Drachen leben im Meer und symbolisieren deshalb das Element Wasser.

Neben den Tieren findet man oft auch die **Acht glückverheißenden Symbole** (Schirm, zwei Fische, Schatzgefäß, Lotosblume, Muschel, Lebensknoten, Siegesbanner und Rad des Dharma), die **Acht glorreichen Gaben**, die Buddha während des Prozesses der Erleuchtung erhielt, und andere buddhistische Symbole auf den Fahnen.

Friendship Snowland, gleich rechts vom Tashi Guesthouse in Sichtweite zum Klostereingang, ✆ 0893 790 6249. Gehört zu den Oldtimern in Samye. Es gibt einfache Dorms mit Betten für ¥50.

Samye Si Lüguan (Monastery Guesthouse), außerhalb der Nordostecke vom Kloster, ✆ 0893-783 6666. 2008 wurde das Hotel vom Klostergelände verbannt und außerhalb neu erbaut. Die heruntergekommenen Zimmer gruppieren sich um einen kahlen Hof. Die Bäder sind schäbig, und es gibt kein warmes Wasser. ❷

Snowland Yongdruk Restaurant, rechts vom Areal der Public Security, ✆ 0893-799 5171. Einfaches Hostel mit spartanischen Zimmern und einem recht gemütlichen Restaurant mit sonnigem Atrium. Dorm-Bett ab ¥40. ❶

Tashi Guesthouse and Restaurant, nahe Osttor, ✆ 0893-790 6048. Die 2- bis 5-Bett-Dorms sind einfach, aber immerhin sauber. Gemütliches Restaurant mit sehr überschaubarer Speisekarte. Dorm-Bett ¥50.

ESSEN

Auf der südlichen Seite der kleinen Fußgängerzone reihen sich mehrere Restaurants und Geschäfte auf.

A Gu Bai Ma Zang Can Hotel, an der südlichen Straßenseite ein Stück hinter der Polizei. Hier gibt es fleischlastige tibetische Gerichte ab ¥10.

€ **Friendship Snowland Restaurant**, das Restaurant des gleichnamigen Hostels ist ganz auf Rucksackreisende eingestellt, gemütlich und preiswert. Die meisten Gerichte kosten ¥10–20.

Snowland Tashi Restaurant (Monastery Restaurant), neben dem alten, geschlossenen Monastery Guesthouse auf dem Klostergelände. Wem die Sitzgelegenheiten draußen oder drinnen im Restaurant zu schmuddelig sind, der kann fragen, ob man in den urgemütlichen, separaten Speiseraum darf (wird nur auf Nachfrage aufgeschlossen). Hat eine überraschend umfangreiche englische Speisekarte und leckeres Essen zu kleinen Preisen ab ¥10.

SONSTIGES

Einkaufen

Es gibt ein paar kleinere Geschäfte, in denen man das Nötigste bekommt. In dem Geschäft neben dem Tashi Restaurant mit dem hochtrabenden Namen **Samye Si Chaoshi (Supermarkt des Samye-Klosters)** bekommt man, sofern er mal geöffnet hat, auch Nudelsuppen, Kekse und das eine oder andere Souvenir.

Polizei

Die **Public Security** befindet sich auf einem Areal, das durch ein Tor links vom Snowland Yongdruk Restaurant zu erreichen ist.

Post

Ein kleines **Postamt** ist auf der südlichen Straßenseite der Fußgängerzone kurz vor dem Steindenkmal angesiedelt.

TRANSPORT

Auto

Lohnend (trotz der neuen Autobahn) ist die Fahrt am Nordufer des Tsangpo entlang nach Samye. Die Straße führt mitten durch eine spektakuläre Dünenlandschaft und Sandwüste, an kleinen Dörfern vorbei, und man passiert das Kloster Dorje Drak. Die Fahrt lohnt selbst dann, wenn man wenig Zeit hat. Bis Samye benötigt man etwa 3–4 Std. Bricht man früh genug in Lhasa auf, hat man genügend Zeit für die Besichtigung von Samye und kann noch am selben Tag nach Tsethang weiterfahren.

Tsethang und Umgebung

Tsethang

Tsethang (Zedang, Nedung, Naidong oder auf Bussen oft auch Shannan genannt) ist eine kleine, etwa 3500 m hoch gelegene Stadt mit rund 32 000 Einwohnern (bzw. 58 000, wenn man das Verwaltungsgebiet dazu rechnet) und der

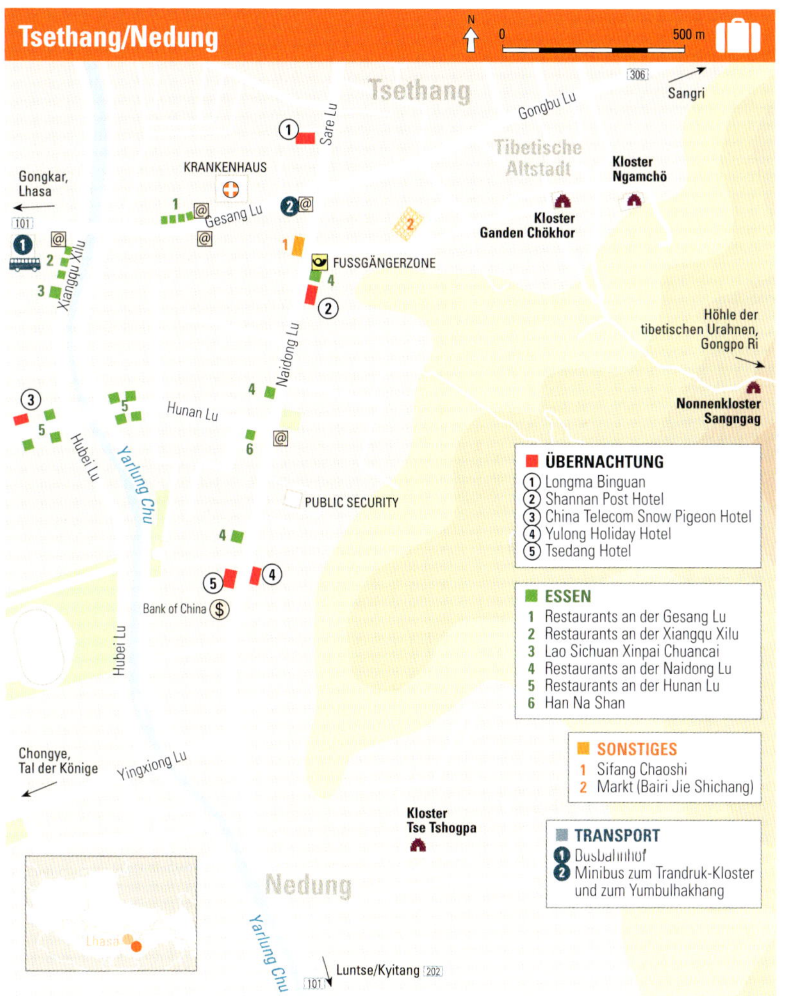

Verwaltungssitz der Präfektur Lokha. Aktuell wird Tsethang an die neue, von Lhasa nach Bayi führende Bahnlinie entlang dem südlichen Ufer des Yarlung Tsangpo angeschlossen, bis Ende 2020 soll auch der neue Bahnhof eröffnet werden.

Fertig ist dagegen die Autobahn nach Lhasa. Damit wird die kleine Stadt wohl endgültig aus ihrem Dornröschenschlaf geweckt werden, doch schon jetzt ist die rasante Modernisierung nicht mehr zu übersehen.

Bis zum Tod des 32. Yarlung-Königs Namri Löntsen (Namri Songtsen) war Tsethang die Hauptstadt des tibetischen Kernlandes, von dem aus Tibet schließlich geeint wurde.

Mit der Verlegung der Hauptstadt nach Lhasa durch Songtsen Gampo verlor Tsethang zunächst an politischer Bedeutung, bis es ab

1302 für 200 Jahre unter der Phagmodrupa-Dynastie erneut zum Machtzentrum Tibets und später Mitteltibets aufsteigen konnte. Die moderne Stadt teilt sich in einen ausufernden chinesischen Teil mit breiten Straßen und schicken Geschäften und einen kleinen tibetischen Teil, der sich an den Fuß des Gongpo Ri, einen der vier heiligen Berge der alten Provinz Ü, schmiegt. Tsethang selbst bietet keine Sehenswürdigkeiten im engeren Sinne, aber es ist eine gute Ausgangsbasis für Touren ins Yarlung- und Chongye-Tal.

LHOKA

Gongpo Ri

Die Altstadt von Tsethang wird von dem 4060 m hohen heiligen Berg Gongpo Ri überragt, dem Schauplatz des tibetischen Schöpfungsmythos. Der Bodhisattva Avalokiteshvara hatte vor Urzeiten einen Affen in die buddhistische Lehre eingeführt und ihn zur meditativen Verwirklichung des Glaubens nach Tibet geschickt. Dort heiratete er am Berg Gongpo Ri eine im Yarlung-Tal lebende Dämonin, mit der er sechs Kinder hatte. Schnell wurden daraus 300 Affen, und die Ernährungssituation wurde kritisch. In seiner Verzweiflung wandte sich der Affe an Avalokiteshvara um Rat. Der Bodhisattva der Barmherzigkeit schickte ihn zum Berg Sumeru, wo er die fünf Getreidearten fand. Er säte sie im Yarlung-Tal aus, und durch die neue, reichlich vorhandene Nahrung wurden die Affenschwänze kürzer und kürzer, die Affen begannen zu sprechen und sich schließlich in das Volk der Tibeter zu verwandeln. Ihr erster König wurde Nyatri Tsenpo, der einer weiteren Legende zufolge vom Himmel geschickt worden war.

Man kann zur Höhle der tibetischen Urahnen, der sogenannten **Affenhöhle**, in der der Affe mit seiner Dämonenfrau gelebt haben soll, hinaufsteigen. Die Höhle ist nicht sonderlich aufregend, aber die Wanderung bietet eine Abwechslung von den vielen Tempelbesichtigungen. Der Weg beginnt nahe dem kleinen Kloster Ganden Chökhor in der tibetischen Altstadt. Einen kurzen Abstecher kann man noch zum kleinen Ngamchö-Kloster machen, bevor der Weg nun bergauf zum Nonnenkloster Sangngag führt. In dem Kloster befindet sich ein Lhakhang, in dem schon Songtsen Gampo meditiert haben soll, daher die besondere Heiligkeit des Ortes. Rechts des Klosters sprudelt eine stets von Tibetern umlagerte kleine Quelle, deren Wasser Zahnschmerzen lindern soll. Von hier folgt man dem Pfad, der 550 m weiter oben bei der Höhle endet, in der alles begann.

ÜBERNACHTUNG

China Telecom Snow Pigeon Hotel (Zedang Dianxin Xuege Binguan), 1 Hunan Dadao/ Ecke Xiangqu Xilu, ✆ 0893-782 8888. Das von der China Telecom betriebene Hotel liegt etwas abseits vom Trubel und bietet einen ähnlichen Standard wie das Post Hotel. Es lohnt allerdings nur, wenn man über das Reisebüro einen Zimmerpreis um ¥340 bekommen kann. ❷–❸

Longma Binguan, 5 Sare Lu, ✆ 0893-783 5388. 2-Sterne-Hotel südlich des großen Kreisverkehrs. Das Longma ist eine Alternative, falls das Post Hotel voll sein sollte. Die Preise sind ähnlich, aber die Zimmer hier schäbiger, und wenn man eines zum Markt nach vorn raus bekommt, auch lauter. ❷–❸

Shannan Post Hotel (Youzheng Dajiudian), 12 Naidong Lu, ✆ 0893-782 1888. Hat man die zugige Eingangshalle hinter sich gelassen, kann man zwischen tibetisch und chinesisch eingerichteten Zimmern wählen. Die Bäder sind sauber, und wenn man das Wasser nur lange genug laufen lässt, wird es auch warm. Das Hotel gehört zu den Optionen mit dem besten Preis-Leistungs-Verhältnis. ❸–❹

Tsedang Hotel (Zedang Fandian), 19 Naidong Lu, ✆ 0893-782 5555. Luxushotel mit allem Komfort, einem schönen Garten, viel Marmor in der Eingangshalle und schicken Zimmern. ❺–❻

Yulong Holiday Hotel (Yulong Jiari Dajiudian), 30 Naidong Lu, ✆ 0893-783 2888. Das Yulong, gleich gegenüber vom Tsedang Hotel, ist ein Mittelklassehotel mit anständigen Zimmern, guten Bädern und nettem Service. ❸–❺

ESSEN UND UNTERHALTUNG

Alle Hotels haben eigene, gar nicht mal schlechte Restaurants. Entlang der **Naidong Lu**

Pilger mit Gebetsmühle und -kette in der Altstadt von Tsethang

LHOKA

gibt es eine Reihe von Restaurants, und in der **Gesang Lu** links vom Krankenhaus westlich des Kreisverkehrs, der das Zentrum markiert, liegen ebenfalls mehrere preiswerte Lokale, die alle gleich einfach sind und vergleichbares mäßiges Essen bieten. Eine Reihe von guten Restaurants mit tibetischer und chinesischer Küche findet man links und rechts der Brücke über den Yarlung Chu in der **Hunan Lu** und Richtung Süden in der **Xiangqu Xilu**.

Han Na Shan, 2 Hubei Dadao, ✆ 0893-782 0193. Das moderne und ansprechend eingerichtete Restaurant befindet sich auf dem Gelände des Shannan Hotels. Serviert wird hervorragende Sichuan-Küche. Wenn es gegen Abend draußen kalt wird, wird man besonders den köstlichen, wenn auch scharfen Feuertopf zu schätzen wissen. Gerichte ab ¥20. ⌚ tgl. 10.30–22 Uhr.

Lao Sichuan Xinpai Chuancai, Xiangqu Xilu, am Gemüsemarkt, ✆ 182-0800 0707. Eines der besten Restaurants in der Stadt. Auf der Speisekarte steht die ganze Bandbreite der Sichuan-Küche und vor allem hervorragend zubereiteter Fisch. Gerichte ab ¥20. ⌚ tgl. 9–24 Uhr.

EINKAUFEN

Östlich des großen Kreisverkehrs erstreckt sich ein quirliger **Markt** (Bairi Jie Shichang), auf dem man Waren für den Alltag, Souvenirs, Thankas, aber auch Obst und Gemüse erstehen kann. Auch die erste kurze **Fußgängerzone** Tsethangs mit Geschäften, die ein wenig urbanes Flair vermitteln sollen, wurde hier als Zugang zum Markt gebaut und brachte die Moderne in die Stadt. Im unteren Bereich der **Naidong Lu** und rund um den Kreisverkehr gibt es einige Kaufhäuser, viele Apotheken und kleinere Geschäfte.

Sifang Chaoshi, Naidong Lu. Großer Supermarkt mit einer recht guten Auswahl an Lebensmitteln und Drogerieartikeln. Der Supermarkt befindet sich schräg gegenüber der Straße zum Markt.

SONSTIGES

Geld

Bank of China, 21 Naidong Lu, links am Tor zum Tsedang Hotel. Es gibt einen Geldautomaten und man kann Bargeld und Reiseschecks zu tauschen. ⌚ Sommer: Mo–Fr 9–18, Sa 10.30–16.30 Uhr, Winter: Mo–Fr 9.30–18, Sa 10.30–16.30 Uhr.

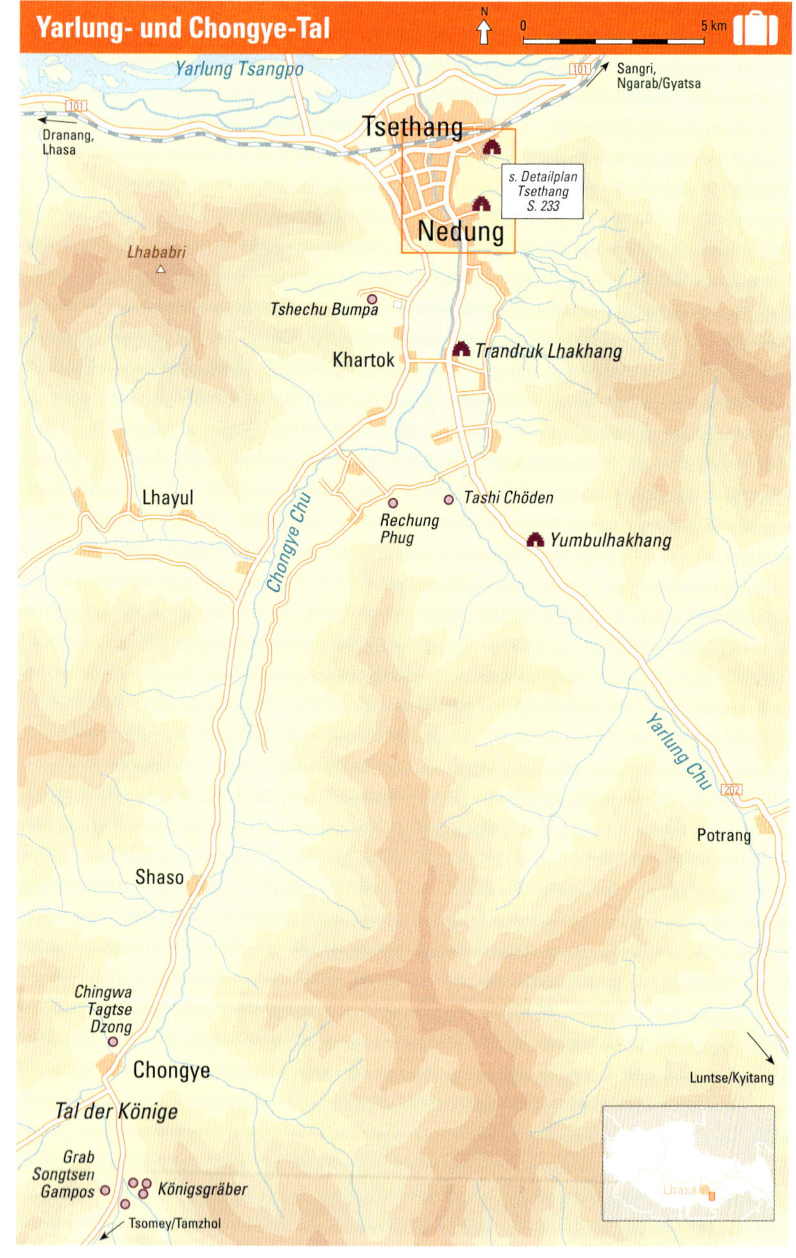
Yarlung- und Chongye-Tal
N
0
5 km
Yarlung Tsangpo
101
Sangri,
Ngarab/Gyatsa
Dranang,
Lhasa
Tsethang
s. Detailplan
Tsethang
S. 233
Nedung
Lhababri
Tshechu Bumpa
Khartok
Trandruk Lhakhang
Lhayul
Chongye Chu
Tashi Chöden
Rechung
Phug
Yumbulhakhang
Yarlung Chu
202
Potrang
Shaso
Chingwa
Tagtse
Dzong
Chongye
Luntse/Kyitang
Tal der Könige
Grab
Songtsen
Gampos
Königsgräber
Tsomey/Tamzhol
Lhasa

Polizei
Das Büro der **Public Security** befindet sich auf einem großen Areal an der Naidong Lu. Unter Guides ist es beliebt, weil sie hier recht unkompliziert Permits für Regionen bekommen, für die sie in Lhasa viel Papierkram erledigen müssten.

Post
Die Post befindet sich gleich linker Hand vom Post Hotel in der Naidong Lu.

NAHVERKEHR

Tsethang ist klein; man kann innerhalb der Stadt alle Strecken gut zu Fuß laufen. **Taxis** nehmen für alle Ziele im Stadtgebiet ¥10.
Von der Gesang Lu vor dem Kreisverkehr fährt etwa alle 15 Min. ein **Bus** der Linie 2 am Trandruk-Kloster (¥1) vorbei bis zur Endhaltestelle am Yumbulhakhang (¥2).
In einigen Hotels kann man **Fahrräder** mieten. Die meisten verlangen ¥5/Std. oder ¥50/Tag.

TRANSPORT

Den Besuch von Tsethang und Samye kann man gut als zweitägigen Trip von LHASA aus unternehmen. Wer vorhat, Richtung Gyantse und Shigatse weiterzureisen, muss nicht nach Lhasa zurück. Man kann seine Reise dann so organisieren, dass man von Tsethang über den Yamdrok-See nach GYANTSE durchfährt.

Trandruk Lhakhang

Fährt man vom Kreisverkehr in Tsethang am Yarlung Chu entlang nach Süden auf der Straße Richtung Tsona, passiert man nach 7 km den Trandruk-Tempel, einen der ältesten Tempel Tibets. Er soll einer der zwölf von Wencheng in Auftrag gegebenen geomantischen Tempel (S. 155) sein und diente zur Fixierung der imaginären linken Schulter der ganz Tibet in ihren Krallen haltenden Dämonin. Trandruk bedeutet „Garuda und Drache" und bezieht sich auf die Entstehungslegende des Tempels. Demnach steht dieser auf einem Areal, das früher von einem See bedeckt war. Im See lebte ein grausamer Drache mit fünf Köpfen, der die hier lebende Bevölkerung drangsalierte. Um den Drachen zu besiegen, verwandelte sich Songtsen Gampo in einen Garuda und tötete das Ungeheuer im Kampf. Um an dieses Ereignis zu erinnern, wurde der Tempel errichtet. Später wurde er in einen Tempel der Gelugpa umgewandelt, und im frühen 18. Jh. erhielt er schließlich seine heutige Gestalt mit 21 Gebäuden und Gebäudeteilen.

Am interessantesten ist die **Hauptversammlungshalle** (Tshomchen), die hier wie im Jokhang in Lhasa auch Tsuglagkhang genannt wird. Der Tshomchen besteht aus einem Hof, der Großen Halle und dem Umwandlungsgang. Die Versammlungshalle wird von zwölf Kapellen umgeben. Die wichtigste Kapelle, der **Drölma Lhakhang**, befindet sich an der Rückseite und ist der ursprüngliche, aus geomantischen Gründen errichtete Tempel. Er birgt eine Skulptur der Tara, die unter dem Namen Drölma Sheshema („Tara, die ihre Opfergaben verspeist") bekannt ist, sowie die Fünf Dhyani-Buddhas oder Tathagatas als Verkörperungen der fünf grundlegenden Prinzipien des Universums. Im Zentrum sieht man Vairocana, rechts Amitabha und Aksobhya, links Ratnasambhava und Amoghasiddhi und daneben noch die acht Mahabodhisattvas. Steigt man die Treppe auf der rechten Seite der Halle hinauf, gelangt man an der Rückseite über dem Sanktuarium mit den fünf Tathagatas in den zentral gelegenen **Drubtob Lhakhang**. Hier kann man den wichtigsten Schatz des Tempels besichtigen, einen kostbaren Perlen-Thanka, der aus fast 30 000 (die Angaben schwanken zwischen 29 026 und 29 295) kleinen weißen Perlen zusammengesetzt wurde und Padmapani, eine Erscheinungsform des Avalokiteshvara, zeigt. ⌚ 9–16 Uhr, Eintritt ¥70.

6 HIGHLIGHT

Yumbulhakhang

Die Tempelburg der Yarlung-Könige, Yumbulhakhang, das älteste Bauwerk Tibets, das noch von Nyatri Tsenpo um 300 v. Chr. gegründet worden sein soll, liegt 12 km südlich von Tsethang auf einem Felsenrücken hoch über dem Tal des Yarlung Chu, eines Zuflusses zum Yarlung Tsangpo. Die Architektur der eindrucksvollen Anlage weist auf das 8. Jh. hin, und Forschungen konnten die ältesten Strukturen, die beiden untersten Kapellen, auf das 7. Jh. datieren. Die Anlage diente anfangs als Burg, wurde aber bis ins 17. Jh. immer wieder neu gestaltet und zum Teil als Tempel genutzt. In der Kulturrevolution wurde Yumbulhakhang bis auf die Grundmauern zerstört. Bilder aus den 1970er-Jahren zeigen einen blanken Fels. In den 1980er-Jahren wurde die Tempelburg dann originalgetreu wieder aufgebaut.

Im Erdgeschoss betritt man zunächst einen Lhakhang mit einem Jobo-Buddha im Zentrum. Er wird von Nyatri Tsenpo auf der linken und Songtsen Gampo auf der rechten Seite flankiert. An den Wänden stehen auf der linken Seite noch die Skulpturen von Thönmi Sambhota, dem Erfinder der tibetischen Schrift, Trisong Detsen und dem 28. König Lha Totori, der im 4. Jh. regiert haben soll. Während seiner Regierungszeit sollen eines Tages ein Buch und mehrere religiöse Kultobjekte auf das Dach des Yumbulhakhang gefallen sein. Niemand konnte die Zeichen deuten, aber man hob die Gegenstände auf. Erst viele Jahre später stellte sich heraus, dass es sich um ein Buch mit buddhistischen Sutren und um buddhistische Kultgegenstände, die ersten Tibets, handelte. handelte. Der Mythologie zufolge war dies die erste Berührung Tibets mit dem Buddhismus. Rechts stehen die Skulpturen von Rälpacen, dem 3. Religionskönig, Prinz Ngada Ösung, einem Sohn Langdarmas, dessen Nachkommen das Königreich Guge in Westtibet gründeten, und Songtsen Gampos Minister Lönpo Gar, der Prinzessin Wencheng nach Tibet brachte. In der zweiten Etage sieht man ein interessantes Wandbild mit Szenen aus der tibetischen Geschichte, darunter Nyatri Tsenpo, der vom Himmel herabsteigt.

Wer hinter der Tempelburg ein Stück den Berg hinaufsteigt, sieht übrigens im Süden den 6635 m hohen Schneeberg Yarlha Shampo, einen der vier heiligen Berge Zentraltibets, von dem sechs der auf König Nyatri Tsenpo folgenden Himmelskönige hinabgestiegen sein sollen. ⌚ tgl. 8.30–19.30 Uhr, Eintritt ¥30.

TRANSPORT

Bus Nr. 2 fährt von der Gesang Lu nahe dem Kreisverkehr in TSETHANG am Trandruk-Kloster (¥1) vorbei bis zur Endhaltestelle Yumbulhakhang (¥2).

Königsgräber

Wer mit einem gecharterten Geländewagen unterwegs ist, kann vom Yumbulhakhang über eine Abkürzung rüber ins Chongye-Tal fahren. Die meisten Fahrer kennen die Strecke. Auf dem Weg passiert man u. a. die Klöster **Tashi Chöden**, ein kleines Kloster mit rund 20 Mönchen, und **Rechung Phug** („Höhle des Rechung"). Hierher soll sich Rechung Dorje Drak (1083–1161), ein Schüler Milarepas, zurückgezogen haben. Oberhalb der Gebäude kann man noch einige Meditationshöhlen besuchen. Das Kloster liegt hoch über dem Seitental. Man benötigt bis zu einer halben Stunde, um hinaufzuklettern.

Von Tsethang kommend, passiert man auf dem Weg ins Chongye-Tal nach 5 km den **Tshechu Bumpa**, einen berühmten Stupa, in dem ursprünglich die Gewänder Songtsen Gampos aufbewahrt wurden. Rechts dahinter erhebt sich der **Lhababri**, von dem Tibets erster König Nyatri Tsenpo hinabgestiegen sein soll.

Kurz hinter Chongye liegen die **Königsgräber** von 13 Yarlung-Herrschern. Bislang wurden neun Gräber lokalisiert, von denen allerdings erst drei zugeordnet werden konnten: das Grab Songtsen Gampos, das seines Sohnes Gungri Gungtsen und das Rälpacens. Als einziges unter den Gräbern wird das von Songtsen Gampo von einem Tempel gekrönt. In der Umgebung wurden noch weitere 1000 Gräber aus der Jungsteinzeit gefunden, die belegen, dass vor Einführung des Buddhismus die Erdbestattung üblich war. Sie wurde dann durch die Himmels- und Feuerbestattung ersetzt.

Vom Grabhügel kann man die Reste des in der Kulturrevolution zerstörten **Chingwa Tagtse Dzong** sehen. Er befindet sich oberhalb der kleinen Stadt Chongye. Dies soll die zentrale Residenz der Yarlung-Könige gewesen sein. Der spätere 5. Dalai Lama wurde dort 1617 geboren.

🕒 feste Öffnungszeiten gibt es nicht, aber von 9–17 Uhr ist meist das Kassenhäuschen am Fuß von Songtsen Gampos Grabhügel besetzt, und dann muss man ¥40 Eintritt zahlen.

Heilige Seen

Lhamo Latso

Der Orakelsee Lhamo Lhatso, ca. 160 km nordöstlich von Tsethang, ist eine der heiligsten Stätten und eines der wichtigsten Pilgerziele des Landes. Unter den heiligen Seen Tibets nimmt er eine Sonderstellung ein, weil er als Pilgerziel der tibetischen Gottkönige verehrt wird. Die Dalai Lamas, Panchen Lamas und viele andere hohe Würdenträger meditierten an dem See, um Visionen zu erhalten. Der Ausgangsort für einen Besuch ist das ziemlich verfallene **Chökorgye-Kloster**, das 1509 unter dem 2. Dalai Lama als Sommerresidenz gebaut wurde. Unter dem 5. Dalai Lama wurde es zu einem über 5000 m² großen Komplex erweitert. Er und seine Nachfolger nutzten es als Basis für den Besuch des Sees.

Eine Straße führt in Serpentinen rund 45 Minuten von Chökorgye weiter hinauf zu einem Parkplatz auf 5220 m Höhe. Von dort geht es über einen steilen Treppenweg hinauf zum **Shökde**, dem „Thron des Dalai Lama", auf einem Passübergang in 5340 m Höhe. Ein Meer von Gebetsfahnen und Katas bedeckt den Steinthron, und unten sieht man den Lhama Lhatso, der wie ein natürliches Amphitheater von den umliegenden Bergen umschlossen wird. Hier soll der Lebensgeist der Schutzgöttin Palden Lhamo, die mit dem Lebensgeist von Tibet und dem der Dalai Lamas identifiziert wird, residieren. Die Form des Sees gleicht dem Hufabdruck ihres Maultiers. Der See wirkt als Spiegel, in dem Gläubige Vergangenes, Gegenwärtiges und Zukünftiges in einer Vision erkennen können. 1933 hatte hier beispielsweise der Regent Reting Rimpoche eine Vision zum Geburtsort des 14. Dalai Lama Tenzin Gyatso. Nach wie vor ist der See das Ziel zahlreicher Pilger. Man kann in 90 Minuten einen sehr steilen Pfad zum heiligen See hinabsteigen und ihn auf der kleinen **Kora** umrunden.

Wanderung zum Lhamo Lhatso

In Lhasa kann man sich die Tour zum Lhamo Lhatso auch als Trekkingtour organisieren lassen. Ausgangspunkt für den fünftägigen Trek ist die kleine Ortschaft **Woka** etwa 45 km hinter Sangri. Die erste Etappe führt auf einer durchschnittlichen Höhe von 3900 m über 22 km (7 Std. Gehzeit) zum **Kloster Chusang**. Es gilt als Ursprungskloster der Gelugpa, in dem Tsongkhapa mit der Verbreitung seiner Reformen begann. Die zweite Etappe ist etwa 24 km lang (8 Std. Gehzeit) und führt zum **Nayu-Tal** in 4100 m Höhe. Am dritten Tag sind 23 km (8 Std. Gehzeit) bis zur **Dagu-Schlucht** zu bewältigen, und am vierten Tag erreicht man endlich nach 20 km und 6 Std. Gehzeit den **Lhamo Lhatso**, wobei ein 5300 m hoher Pass überquert werden muss. Der letzte Trekking-Tag führt dann zum **Kloster Chökorgye** (22 km, 7 Std.).
Alternativ kann man auch in sechs Tagen von Rutok weiter im Norden zum See trekken. Dieser Weg diente den Dalai Lamas und anderen Würdenträgern als Pilgerweg.
Da keine der beiden Touren 2016 durchgeführt werden durfte, konnten die Reiseveranstalter leider keine Angaben zu den Kosten machen.

LHOKA

ÜBERNACHTUNG UND ESSEN

Am See gibt es keine Unterkünfte. Man muss also ein Zelt und eigene Verpflegung mitbringen, will man am Ufer übernachten. Das Kloster Chökorgye bietet Betten in einem einfachen Schlafsaal für ¥50, allerdings darf man hier als Ausländer offiziell nicht übernachten. Wer ein Zelt dabeihat, kann außerhalb des Klosters auch campen. Bekommt man keine Genehmigung für die Übernachtung im Kloster, kann man auch im **Gyatsa Holy Lake Hotel** (Jiacha Shenhu Binguan) im Ort Gyatsa 50 km südlich vom See, ✆ 893-732 2222, ❷, übernachten.

TRANSPORT

Am einfachsten ist es natürlich, den Ausflug in eine Rundtour nach Samye, Tsethang, Yumbulhakhang usw. zu integrieren. Man benötigt dann insgesamt 4 Tage. Für 2019 gab es zur Zeit der Recherche noch keine Informationen darüber, ob der See in diesem Jahr besucht werden darf, nachdem es 2014/15 wegen umfangreicher Straßen- und Bahnlinienbauarbeiten nicht möglich war. Wer zeitlich flexibel ist, kann versuchen, die Tour in Tsethang in Absprache mit dem Guide kurzfristig zu verlängern, da die Public Security hier recht flexibel ist und sich die Regelung von einem auf den anderen Tag ändern kann.

Yamdrok Yumtso

Der türkisblaue Yamdrok Yumtso, kurz Yamdrok Tso, liegt rund 110 km südlich von Lhasa jenseits des 4799 m hohen Passes Khampa La, der seit Fertigstellung der Straße zu einer Art Rummelplatz mutiert ist. Vor der Auffahrt auf den Pass muss man an einer Kassenstation ¥40 Eintritt zahlen. Die größte Ortschaft am See ist Nakartse. Der 4441 m hoch gelegene Yamdrok-See breitet sich in Form eines Skorpions aus und misst von Ost nach West 130 km und von Süd nach Nord 70 km. Er hat eine Fläche von 638 km^2 und einen Umfang von mehr als 250 km. Die durchschnittliche Wassertiefe beträgt 20–40 m, die tiefste Stelle liegt sogar bei 60 m. Der Yamdrok Yumtso ist der größte Binnensee am Nordhang des Himalayas und zählt zu den „drei heiligen Seen Tibets". Eingebettet ist er zwischen den beiden Pässen Khampa La und dem Karo La, einem 5010 m hohen Pass am Fuß des eisigen Nöjin Kangsa (7223 m), den man auf der Weiterfahrt nach Gyantse überquert.

An den Ufern befindet sich der größte Nistplatz für Zugvögel in Südtibet. Jährlich kommen unzählige Vögel zum Brüten hierher. Im See lebt eine Karpfenart, die sich durch dünne Haut und zartes, wohlschmeckendes Fleisch auszeichnet. Man schätzt, dass im See etwa 800 Mio. kg Fisch vorhanden sind. Deshalb wird hier inzwischen Fischzucht im großen Maßstab betrieben und der See als „Fischspeicher Tibets" bezeichnet.

Problematisch ist nicht nur der beginnende kommerzielle Fischfang: 1985 wurde hier auch das höchstgelegene Pumpspeicherwerk der Welt in Betrieb genommen. 6 km lange, weithin sichtbare Röhren pumpen das Wasser 846 m tief ins Tal, wo die Turbinen zur Stromgewinnung

Yaks am Ufer des Yamdrok Yumtso sind beliebte – und kostenpflichtige – Fotomotive.

angetrieben werden. Das Kraftwerk hat eine Kapazität von 90 000 kW und ist seit der Inbetriebnahme ein einziges Desaster, auch wenn die Regierung das immer wieder leugnet. Einige Regionen trockneten wegen des fallenden Wasserspiegels aus, und auch die Maßnahme, das schlammige Wasser des Yarlung Tsangpo in den See zu pumpen, ist äußerst umstritten, da der See ausschließlich aus dem Schmelzwasser der umliegenden Berge gespeist wird. Die Tibeter reagieren auf das Sinken des Wasserspiegels übrigens besonders empfindlich, denn schon im alten Tibet hieß es, dass, wenn der Yamdrok-See austrockne, Tibet nicht mehr länger bewohnbar sei.

Als einer von drei heiligen Seen sagt man dem Yamdrok Yumtso nach, dass er eine Wächterin des Buddhismus in Tibet sei, und so ist der See ein beliebtes Ziel von Pilgern, die hier Schutz und Segen erbitten.

Nakartse und Samding

Nakartse ist die größte Siedlung am Seeufer und der Ausgangspunkt für einen Besuch des Klosters Samding, das etwa 8 km östlich von Nakartse auf einem Isthmus zwischen dem Yamdrok und dem Dumo Tso, einem kleineren See, steht. Von Nakartse aus benötigt man etwa zwei Stunden zu Fuß. Von der Überlandstraße nach Gyantse führt eine Piste schnurgerade nach Osten zur Anlage. Sie ist schon von Weitem zu sehen, sodass die Orientierung leichtfällt. Das Kloster wurde vermutlich im 12. Jh. gegründet und war seit dem 14. Jh. eine Bastion der Bodong-Schule, einer Unterschule der Sakya-Tradition. Diese Lehrrichtung wurde nie sonderlich populär, und nur einige kleine Tempel in der Nähe schlossen sich ihr an.

Berühmt ist Samding für seine einzige weibliche tibetische Inkarnation. Die Linie der Äbtissin geht auf das 18. Jh. zurück. Eine Legende erzählt, dass die damalige Klostervorsteherin, um ihr Kloster vor den 1716 einfallenden muslimischen Dsungaren zu schützen, die hier lebenden Nonnen in Schweine und das Kloster in einen Schweinestall verwandelte. Die Soldaten wichen angewidert zurück und ließen das Kloster in Ruhe. Die Äbtissin gilt als Wiedergeburt von Dorje Phagmo, einer schweineköpfigen, weiblichen Yidam-Gottheit, deren Sanskrit-Name Vajravahari („Diamantsau") lautet.

ÜBERNACHTUNG UND ESSEN

Am Seeufer kann man vielerorts zelten, eine Möglichkeit, die hauptsächlich für Radfahrer interessant ist. In Nakartse selbst gibt es einige sehr preiswerte Unterkünfte und mehrere einfache Restaurants mit englischen Speisekarten und den üblichen tibetischen und indischen Gerichten. Da hier alle vorbeikommenden Gruppen essen, ist die Qualität der Speisen überall gleich mäßig. Halbwegs gemütlich ist das **Lhasa Restaurant** (Lasa Canting) in der Yangzhuo Lu, ✆ 0893-738 2298, aber mittags kann es voll und die Wartezeiten aufs Essen sehr lang werden, sofern man sich nicht für das Mittagsbuffet entscheidet.

TRANSPORT

Wer Samding besuchen möchte, sollte das bei der Buchung angeben, damit die Fahrer auf den Abstecher vorbereitet sind. Man kann die Strecke, wenn man in Nakartse übernachtet, zwar laufen, aber sie ist lang und eintönig.

Von Nakartse nach Gyantse

Schon bald hinter Nakartse beginnt die lange, anfangs schnurgerade Auffahrt zum 5010 m hohen **Karo La**. Die letzten Kilometer windet sich die Straße schließlich durch eine wahre Mondlandschaft bis zum Pass, von dem aus sich ein atemberaubender Blick auf den mächtigen Gletscher des Nöjin Kangsa bietet.

Von nun an führt die Strecke durch grüne Hochtäler zum nächsten Pass, den 4280 m hohen **Simu La**. Von ihm bietet sich ein schöner Blick auf den türkisfarbenen **Manak-Stausee**, der an dieser Stelle den Nyang Chu staut. Durch eine endlose Geröllwüste, die nach und nach in ein unglaublich fruchtbares Hochtal übergeht, geht es schließlich nach Gyantse, das sich schon aus der Ferne durch seinen mächtigen Dzong ankündigt.

DIE ALTSTADT VON GYANTSE; © CHRISTOPH MOHR

Shigatse

Wilde Schluchten, weite Ebenen und die höchsten Berge der Welt wechseln sich ab mit prachtvollen Klosterstädten, geheimnisvollen buddhistischen Heiligtümern und endlosen Feldern, auf denen im Spätsommer dic Gerste goldgelb leuchtet. Auf dem Weg nach Westen passiert man zahllose Pässe, auf denen die Gebetsfahnen im ewigen Wind flattern.

Stefan Loose Traveltipps

7 **Kumbum Chörten** Der berühmte Chörten von Gyantse ist ein begehbares, dreidimensionales Mandala. S. 250

8 **Tashilhunpo, Shigatse** Der Sitz des Panchen Lama ist das größte aktive Kloster Tibets. S. 260

Sakya Noch heute zeugt der zentrale Tempel der Sakyapa von der einstigen Macht des Sakya-Ordens. S. 268

9 **Mount Everest** Vom Kloster Rongbuk am Fuß des Mount Everest bieten sich spektakuläre Ausblicke auf den höchsten Berg der Welt. S. 276

KLOSTER SHALU; © CHRISTOPH MOHR

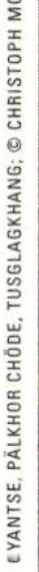

GYANTSE, PÄLKHOR CHÖDE, TUSGLAGKHANG; © CHRISTOPH MOHR

Wann fahren? Im September/Oktober, wenn die Achttausender eine glanzvolle Kulisse bilden, alternativ: Mai/Juni

Wie lange? Mindestens 5 Tage, wenn man die wichtigsten Sehenswürdigkeiten entlang dem Friendship Highway sehen möchte

Bekannt für Großartige Landschaften am Himalaya-Nordrand, tibetisches Landleben, umherziehende Nomaden und wilde Tiere

Beste Feste Pferderennen in Gyantse, Festival in Shigatse

Schöner Abstecher Shisha-Pangma-Nationalpark und Picknick am Ufer des Palku Tso

Shigatse erstreckt sich über rund 176 000 km² und zählt etwa 703 000 Einwohner. Die beiden größten Städte sind Shigatse und Gyantse. 2014 wurde Shigatse, bis dahin offiziell nur ein Verwaltungsbezirk, zu einer sogenannten bezirksfreien Stadt aufgewertet und hat damit nun denselben Status wie Lhasa. Der größte Vorteil ist, dass umfangreiche Verantwortlichkeiten verlagert worden sind, die der Stadt deutlich mehr Kompetenzen für die Entwicklung der Region geben. In ihrer Ausdehnung entspricht die Region in weiten Teilen der alten Provinz Tsang.

Der Name Shigatse bedeutet in etwa „Landsitz mit dem fruchtbarsten Boden". Wer im Sommer entlang dem Yarlung-Tsangpo Richtung Westen reist, wird überrascht sein, in welch sattem Grün Tibet sich präsentieren kann. Das tibetische Tsang wurde im Chinesischen schließlich auch für die Tibeter (Zangzu = „Volk aus Zang") und Tibet (Xizang = „Zang im Westen") übernommen.

Neben Lhasa ist Shigatse das wichtigste Touristenziel Tibets und als Hauptkorridor für die Durchreise nach Nepal zugleich die meistbesuchte Region. Aus diesem Grund wurde bereits 2010 der Peace Airport (Heping Jichang) 48 km östlich der Stadt eingeweiht und 2014 die Eisenbahnlinie von Lhasa nach Shigatse verlängert. Zu den Höhepunkten einer Reise in das alte Tsang gehören der Besuch der Städte Gyantse mit dem eindrucksvollen Kumbum Chörten und Shigatse mit der Klosterstadt Tashilhunpo, dem Sitz des Panchen Lama, die Besichtigung des Klosters Sakya und natürlich die Fahrt oder das Trekking zum Mount Everest Base Camp.

Am Südrand Shigatses reihen sich allein fünf Achttausender auf, nämlich Qomolangma (Mt. Everest, 8848 m), Lhotse (8516 m), Makalu (8485 m), Cho Oyu (8188 m) und Shisha Pangma (8027 m). Auf der Überlandfahrt nach Nepal sieht man sie alle, falls die Gipfel nicht, wie so oft, in Wolken gehüllt sind.

Um an die Grenze nach Nepal oder Indien zu gelangen, müssen auch die Tibeter im Allgemeinen das Verwaltungsgebiet von Shigatse durchqueren. Daher sind die Kontrollen von Reisegenehmigungen und Pässen an den zahlreichen Checkpoints besonders streng. Einzig den Bewohnern der Grenzregionen ist es erlaubt, im kleinen Grenzverkehr mit einem besonderen Ausweis zwischen Tibet und Nepal zu pendeln. Vor allem die Flucht des 17. Karmapa im Jahr 1999 führte zu vermehrtem Druck auf die lokalen Beamten in Shigatse. Schon im folgenden Winter 2000/2001 fiel die Zahl der Tibeter, die die Landesgrenze ins Exil überschritten, um etwa 15 % im Vergleich zum selben Zeitraum im Vorjahr. Während dies auf einen gewissen Erfolg der Chinesen bei ihrer Bemühung, die Menge der Grenzüberschreitungen zu reduzieren, schließen lässt, zeigen die Zahlen, dass trotz der großen Risiken (s. Kasten) immer noch viele Tibeter entschlossen sind, nach Nepal oder Indien ins Exil zu gehen.

Auf der Flucht – und dann?

Tibeter, die beim Versuch, das Land zu verlassen oder aus dem Exil wiedereinzureisen, in Shigatse festgenommen werden, kommen oft kurzzeitig in Gefängnisse auf Gemeindeebene wie Dingri oder in Haftanstalten auf Kreisebene wie Nyalam (chin. Nielamu), ehe sie in die als Nyari bekannte Haftanstalt, ein von den Chinesen gebauter, zwölf Zelltrakte umfassender Komplex, verlegt werden. Die beim Überqueren der Grenze gefassten und nach Nyari transportierten Tibeter können mehrere Wochen, in manchen Fällen sogar mehrere Monate lang, eingesperrt sein, ehe sie entweder entlassen oder in ihre Heimatprovinz verlegt werden. Politische Gefangene, die nach Ableistung ihrer Haftstrafe die Grenze zu überschreiten versuchen, sind besonders der Gefahr weiterer Inhaftierung ausgesetzt, wenn sie geschnappt werden. Ehemalige Gefangene in Nyari berichteten, dass Misshandlungen und das Schlagen der Gefangenen, Nahrungs- und Wasserentzug sowie schlechte Zustände in diesem Gefängnis üblich seien.

Gyantse

Das etwa 260 km südwestlich von Lhasa gelegene Gyantse („Königlicher Gipfel") am alten Friendship Highway war lange Zeit die drittgrößte Stadt Tibets, bis sie von Ali, Bayi, Chamdo und anderen Städten überholt wurde. Noch bis in die 1990er-Jahre lag die Stadt an der Hauptroute nach Nepal, dann wurde die neue direktere Straße von Shigatse durch die Schluchten des Yarlung Tsangpo nach Lhasa fertig und Gyantse lag auf einmal weit ab vom Schuss. Heute ist Gyantse dank seiner Abseitsstellung ein gemütliches, eher verschlafenes Städtchen mit einem alten, zusammenhängenden, gut erhaltenen tibetischen Wohnviertel und einer noch überwiegend tibetischen Bevölkerung. Die kleine Stadt am Nyang Chu liegt auf einer Höhe von 4040 m und hat sich trotz der hässlichen chinesischen Betonbauten, die glücklicherweise außerhalb des Zentrums wie ein Ring um die Stadt liegen, eine besondere Atmosphäre bewahren können.

In früheren Zeiten war der 20 000-Seelen-Ort, dessen nachweisbare Geschichte 1365 begann, ein wichtiger Umschlagplatz für Yak- und Schafwolle. Über die frühe Besiedlung ist kaum etwas bekannt, doch im 14. Jh. erschien Gyantse plötzlich als Hauptstadt eines kleinen Königreichs auf der historischen Landkarte. Regiert wurde

Gyantse

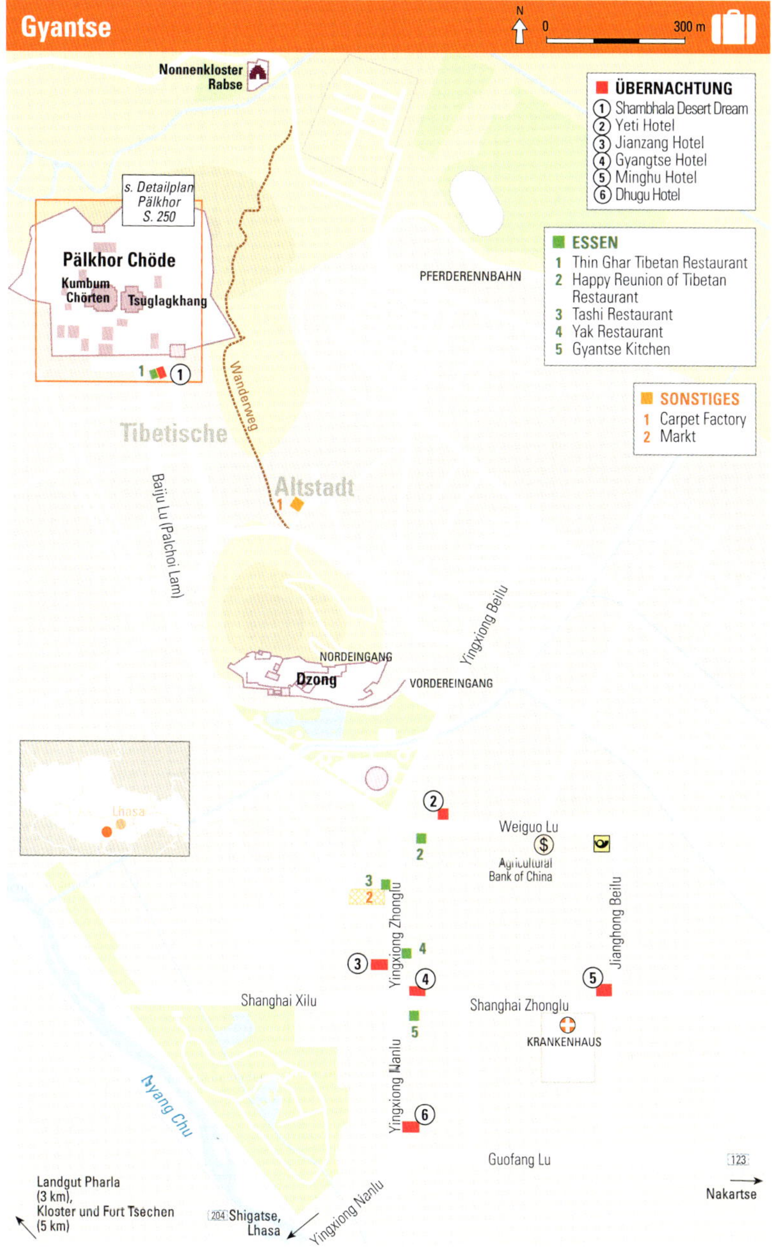

SHIGATSE

es von einem ursprünglich aus dem Nordosten Tibets stammenden Fürstengeschlecht, das die Abstammung vom mythischen tibetischen Volkshelden König Gesar von Ling für sich in Anspruch nahm und sich alsbald mit dem mächtigen Sakya-Orden verbündete. Bis Mitte des 15. Jhs. waren der Dzong, das Kloster Pälkhor Chöde und der Kumbum Chörten fertiggestellt, doch danach ging es mit der Stadt politisch bergab, weil andere lokale Familien ihren Einfluss auszudehnen vermochten und das Gerangel um die Macht die weitere Entwicklung lähmte. Zu jener Zeit diente Gyantse wegen seiner Lage zwischen Lhasa und Shigatse bereits als Umschlagplatz für die zwischen Tibet und Indien verkehrenden Wollhändler, sodass sie zumindest wirtschaftlich stets gut gestellt war.

Seine guten Handelsverbindungen machten Gyantse auch für die Engländer begehrenswert. Sie kamen 1904 und holten sich unter der Führung von Colonel Younghusband mit militärischer Gewalt, was ihrer Diplomatie versagt blieb. Seine Expeditionsarmee erstürmte den für uneinnehmbar gehaltenen Dzong und erzwang damit die Eröffnung von Handelsniederlassungen in Gyantse und Gartok. Im Vertrag von 1906 erkannten die Briten den chinesischen Oberhoheitsanspruch über Tibet an, und China zahlte Kriegsentschädigungen an England, um diesen Anspruch zu untermauern. Die britischen Truppen zogen erst 1908 wieder ab, hinterließen aber viele Spuren, darunter eine Post mit einer Telegrafenleitung nach Indien, eine Handelsvertretung und eine britisch geführte Schule für die Kinder der tibetischen Oberschicht.

In den 1940er-Jahren wurde fast die gesamte Wollproduktion nach Britisch-Indien exportiert. Eine Flut im Jahr 1954, der Einmarsch der Chinesen 1959 und schließlich die Kulturrevolution ab 1966 brachten fast einen vollständigen Niedergang dieser einst so wichtigen Handelsstadt. Erst der neu aufgekommene Tourismus der letzten Jahre hat Gyantse eine bescheidene Renaissance verschafft.

Dzong

Hoch über Gyantse thront auf dem Dzong Ri, der die Stadt in zwei Bezirke teilt, auf einem Felsrücken der mächtige Dzong. Im Westen breiten sich der weitläufige Klosterkomplex Pälkhor Chöde und Teile der Altstadt und im Osten ebenfalls ein Altstadtbereich mit vielen Bauernhäusern aus. Früher war die mächtige Burg der Verwaltungs- und Regierungssitz des Distriktgouverneurs (Dzongpön), der zwar der Zentralregierung unterstand, aber weitgehend unabhängig schaltete und waltete. 1365 wurde Nangchen Phagpa Päl vom mongolischen Kaiser der Yuan-Dynastie zum Gouverneur des Distrikts Nangchen ernannt und der Bau des Dzong in Angriff genommen. Die Festung erhielt den Namen „Höchste Königsfestung" (Gyankhartse), eine Bezeichnung, die schließlich auch auf die Stadt und das Umland überging.

Hat man den Berg zum Dzong erklommen, kann man zunächst die **Versammlungshalle**, die **Ausstellungshalle** mit Exponaten in englischer Sprache zum „Krieg gegen die Engländer" von 1904 sowie die obere und untere Kapelle des Klosters **Sampal Norbuling** besichtigen. Die Chinesen nennen das Fort übrigens „Ruine der Verteidigung gegen die britischen Aggressoren am Zongshan-Berg". Einige der Wandmalereien in der oberen Kapelle stammen wahrscheinlich aus dem frühen 15. Jh., die meisten anderen Artefakte sind jünger. Die besten Ausblicke eröffnen sich von der Spitze des höchsten Turms, der über steile Leitern zu erreichen ist, im nördlichen Abschnitt des Komplexes.

Von der Burg, die 1904 von den Briten teilweise zerstört wurde, bietet sich ein fantastischer Blick über die Stadt mit dem Tal und auf die umliegenden Berge. 🕒 tgl. 9.30–18 Uhr, im Winter ist der Dzong allerdings oft geschlossen, vor allem wenn keine Besucher erwartet werden; Eintritt ¥50.

Altstadt

Verlässt man den Dzong über die Nordseite, führt eine Rampe hinunter mitten in die Altstadt von Gyantse. Sieht man einmal von den wirr durcheinander hängenden Stromkabeln ab, hat sich der alte Kern sein mittelalterliches Flair fast vollständig erhalten. Die Straßen sind gepflastert, überall sind Kühe vor den charakteristischen tibetischen Wohngebäuden angebunden, und Yakfladen kleben zum Trocknen an den Hauswänden. Unten angekommen, hält man

In der Altstadt von Gyantse

sich links, bis man die malerische Hauptstraße durch die Altstadt erreicht und folgt dieser dann nach Norden bis zum Kloster Pälkhor Chöde. 2016 hat allerdings eine Umgestaltung der Hauptstraße begonnen, die Häuserwände wurden neu getüncht und einige historische Gebäude saniert. Es bleibt zu hoffen, dass hier nicht in Zukunft Souvenirstände das Bild bestimmen werden und die Straße nur noch musealen Charakter bekommt.

Pälkhor Chöde

Ein echter Blickfang ist das 1390 gegründete, weithin sichtbare Kloster Pälkhor Chöde. Benannt ist es nach dem Sohn von König Langdarma Pälkhortsen, der hier im 9. Jh. seine Residenz gehabt haben soll. Das Kloster ist vom natürlichen Halbrund eines freistehenden Felsens eingefasst, dessen Grat von einer Mauer gekrönt wird. Auch dieses große Kloster wurde während der Kulturrevolution stark beschädigt. Man kann sich nur noch schwer vorstellen, dass an dieser Stelle eine komplette Klosterstadt stand, deren Besonderheit darin lag, dass sie ein ökumenisches Zentrum und keine Klosterstadt wie Drepung in Lhasa oder Tashilhunpo in Shigatse war. Innerhalb seiner schützenden Mauern befanden sich Ende des 17. Jhs. autonome Klöster dreier Schulrichtungen: vier Sakyapa-, drei Shalupa- und neun Gelugpa-Klöster.

Später kamen noch zwei Institute der Karma Kagyü und Drukpa Kagyü hinzu, sodass es hier ab dem 19. Jh. sogar 18 Institute gab. Der Vorsteher über die gesamte Klosteranlage war der Pelcho Khenpo, ein Gelugpa, der auch administrative Befugnisse in der Verwaltung Gyantses besaß. Im runden Klosterbezirk stehen heute nur noch der einzigartige, 35 m hohe **Kumbum Chörten** und der **Tsuglagkhang**, die Hauptversammlungshalle.

Gleich hinter dem Eingang links befindet sich das kleine Sakyapa-Kloster **Gurpa**, und bereits am Berghang steht das Shalupa-Kloster **Rinding**. Dahinter erhebt sich die mächtige „Mauer zum Sonnenbaden Buddhas", an der zu den wichtigen Festen die großen Thankas ausgerollt werden. ⌚ Gesamtanlage tgl. 9–19 Uhr, Hallen tgl. 9–13 und 15–18 Uhr, die Zeiten können aber variieren, vor allem der Kumbum Chörten ist oft nur von 10–13 und 15–17 Uhr geöffnet. Eintritt ¥60, Mitnahme eines Fotoapparats in den Kumbum Chörten ¥10.

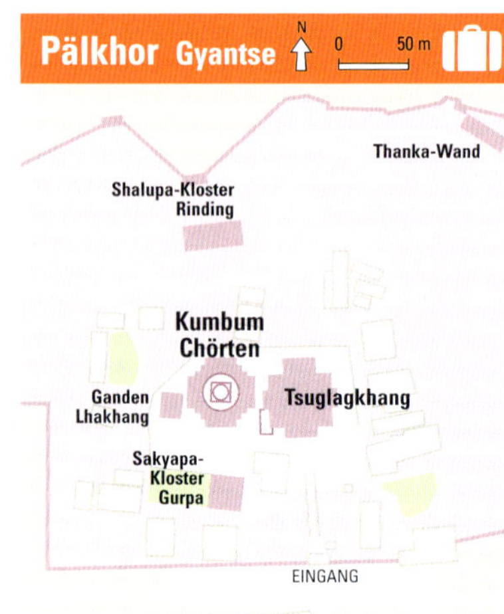

SHIGATSE

Tsuglagkhang

Der Tsuglagkhang, die Hauptversammlungshalle für alle hier vereinten Klöster, wurde von 1418–1425 unter dem Prinzen Rapten Kunzang Phak (1389–1442) erbaut. Sie ist nicht so überladen ausgestattet wie vergleichbare Hallen und bezieht gerade aus dieser Leere ihren besonderen Reiz.

Neben den üblichen, mit buddhistischen Heiligen und Schriften ausgestatteten Seitenkapellen findet man gleich links vom Eingang den **Gönkhang**, den durch eine niedrige Tür zu betretenden Raum der Schutzgottheiten. In der Mitte sieht man den Beschützer der Sakyapa Gönpo Gur (eine Erscheinungsform von Mahakala), links Ekajati, die Mutter Mahakalas und Palden Lhamos, Schützerin der geheimen Mantras und eine der mächtigsten und furchtbarsten Göttinnen in der tibetischen Mythologie, und rechts Palden Lhamo. Nur selten wird man durch die lamaistische Ikonografie so plastisch auf die Leiden des Menschen im Kreislauf der Wiedergeburten hingewiesen. Qualvolle Folterszenen und schmerzvoll verzerrte Gesichter erinnern den Gläubigen an sein höchstes Ziel: die Überwindung des Leidens.

Von der Haupthalle sind im Uhrzeigersinn vier weitere Seitenkapellen zugänglich. Die erste ist der **Vairocana Lhakhang** (Dorjeling Lhakhang) mit einem viergesichtigen Vairocana im Zentrum. Die Figuren um ihn herum sind in Mandala-Form angeordnet. Entsprechend ihrer kosmischen Ordnung steht Ratnasambhava (gelb) für den Süden, Amitabha (rot) für den Westen, Amoghasiddhi (grün) für den Norden und Aksobhya (blau) für den Osten (zu den Farben s. S. 228). Im **Tsangkhang**, dem nördlichen Hauptheiligtum, das man in einem eigenen dunklen Umwandlungsgang umrunden kann, stehen die Buddhas der drei Zeiten. Auf der östlichen Seite betritt man schließlich den **Maitreya Lhakhang** (Chogyel Lhakhang), in dem man neben dem Zukunftsbuddha auch Skulpturen wichtiger religiöser Lehrer wie Atisha, Padmasambhava und bedeutender Könige sieht. Der kleine Nebenraum, **Kudung Lhakhang**, ist der Gemahlin Rapten Kunzangs gewidmet, die hier mit einem Chörten geehrt wird.

Vom Vorraum gelangt man über Treppen in die erste Etage, wo man weitere fünf Kapellen besichtigen kann. Die wichtigste, aber leider meist geschlossene Kapelle ist der **Lamdre Lhakang** gleich am Anfang auf der linken Seite. Er enthält u. a. Skulpturen der 13 Äbte von Sakya und im Zentrum ein dreidimensionales Mandala mit dem Palast der Cakrasamvara (S. 297) im Zentrum. Die Wandbilder zeigen die 84 Mahasiddhas. Jeder von ihnen in einer anderen Yoga-Positur dargestellt. Die nächste Kapelle ist ein **Maitreya Lhakhang**; es folgen der **Tsongkhapa Lhakhang** und zwei Lhakhangs – beide heißen **Neten Lhakhang** – für die 16 Arhats.

Noch eine Etage höher geht es schließlich zum **Shalyekhang** mit 15 fantastischen Mandalas als Darstellung der Daseinsbereiche höchster tantrischer Gottheiten der Sakyapa-Tradition. Jedes der an die Wand gemalten Mandalas hat einen Umfang von 8 m und ist einer tantrischen Gottheit wie Kalachakra, Guhyasamaja, Cakrasamvara, Hevajra, Yamantaka usw. gewidmet.

7 HIGHLIGHT

Kumbum Chörten

Eines der großen Monumente tibetischer Architektur ist der einzige noch vollständig erhaltene Kumbum Chörten („Chörten der 100 000 Abbildungen") Tibets, der ein begehbares dreidimensionales Mandala darstellt. Der Chörten wurde im Auftrag des bereits erwähnten Prinzen Rapten Kunzang Phak erbaut und von 1427–1439 fertiggestellt. Unterstützt wurde der Prinz dabei von Khedup Gelek Pelsang (1385–1438), einem Schüler Tsongkhapas, der posthum zum ersten Panchen Lama ernannt wurde. Erbaut wurde der Chörten im sogenannten Tashi-Gomang- oder Kumbum-Stil, bei dem ein terrassenförmig gestalteter Außenbereich mit zahllosen aufeinander folgenden Kapellen im Inneren kombiniert wird. Der Chörten ist 35 m hoch, besteht aus neun Etagen und 108 Toren. Die den Buddhisten heilige Zahl 108 ergibt sich aus der Multiplikation der neun Etagen, die die neun Planeten bzw. den Raum symbolisieren, mit den zwölf Tierkreiszeichen, die für die Zeit stehen.

Bei der Begehung des achteckigen Chörten durchläuft man symbolisch den gesamten buddhistischen Erlösungsweg bis ins Nirvana. Man beginnt auf der untersten Ebene mit den „einfachen" Gottheiten und kann sich an insgesamt 75 Kapellen vorbei nach und nach bis zum Urgrund und Ursprung allen Seins, dem Adibuddha in der Spitze des Chörten, emporarbeiten. Die aus Nepal bekannten, im oberen Bereich des Chörten aufgemalten Augen stellen die „alles sehenden Augen Buddhas" dar. Dieser Kunstgriff soll helfen, aus der abstrakten Architektur des den Geist Buddhas symbolisierenden Stupa dem Gläubigen die ihm innewohnende Symbolik zugänglicher zu machen.

Der lange Weg beginnt am Südeingang des Erdgeschosses, der **untersten Ebene**, die aus 20 Kapellen besteht, darunter vier Hauptkapellen mit je einer über zwei Etagen reichenden Skulptur. Im Folgenden sind immer nur die Hauptkapellen aufgeführt. In der ersten, südlichen Hauptkapelle steht Shakyamuni mit zwei seiner Schüler. Die Hauptkapelle im Westen ist Amitayus, jene im Norden Dipamkara, dem Buddha der Vergangenheit, und jene im Osten dem Zukunftsbuddha Maitreya geweiht.

Der **erste Stock** besteht aus vier mal vier Kapellen, die jeweils von der zweistöckigen Hauptkapelle aus dem Erdgeschoss unterbrochen werden. In den meisten Kapellen sieht man schaurig anzusehende Schutzgottheiten, darunter in Kapelle 27 (die 7. Kapelle von der Treppe an gezählt) der schwarze Hayagriva mit einigen roten Nebenformen oder in Kapelle 36 (die 16. Kapelle, die den Treppenaufgang weiter nach oben bildet) Darstellungen fünf schrecklicher Schutzgottheiten.

Im **zweiten Stock** gibt es vier Hauptkapellen, die wiederum über zwei Etagen reichen, und 16 Neben-Lhakhang mit Skulpturen. Diesmal handelt es sich bei den Skulpturen in den Hauptkapellen um vier der fünf Dhyani-Buddhas, und zwar den Buddha Amitabha im Süden (rot), Ratnasambhava im Westen (gelb), Amoghasiddhi im Norden (grün) und Aksobhya im Osten (blau). Auch der fünfte Dhyani-Buddha Vairocana fehlt nicht. Man sieht ihn in Kapelle 48, gleich rechts von der Kapelle Amoghasiddhis, in der Erscheinungsform der alle niederen Wiedergeburtsbereiche reinigenden Künri und in Kapelle 50 als „König der Lehrhalter", der in diesem Falle als Urbuddha und Schöpfer aller Erscheinungen noch über den vier anderen Dhyani-Buddhas steht. In den restlichen Kapellen und Nischen tummeln sich wiederum zahlreiche Schreckensgottheiten und Bodhisattvas in ihren verschiedenen Erscheinungsformen.

Die zwölf Lhakhang des **dritten Stocks** sind fast ausnahmslos wichtigen Lehrern, Übersetzern und Gründern diverser Orden des tibetischen Buddhismus geweiht. Von hier geht es weiter in die **Bumpa**, die Kuppel, die für die sieben Glieder der Erleuchtung (Vergegenwärtigung, unterscheidende Weisheit, Tatkraft, Freude, Beweglichkeit, Konzentration und Gleichmut) steht. Hier gibt es vier Schreine. Im südlichen befindet sich Shakyamuni, der von Avalokiteshvara und Maitreya flankiert wird und von 16 Arhats im Felsgebirge umgeben ist. Im westlichen Schrein sieht man den Buddha Shayashima, den Löwen der Shakya bzw. den historischen Buddha, flankiert von Manjushri und der weißen friedvollen Form des Vajrapani. Im Norden steht Prajnyaparamita, die „Mutter aller Buddhas aller Zeiten" und die Inkarnation der Worte des Buddhas sowie Sinnbild der Vollendung höchster Weisheit und Erkenntnis, mit den Buddhas der Zehn Richtungen. In der östlichen Kapelle befindet sich eine vergoldete Statue Vairocanas.

Der Kumbum von Gyantse

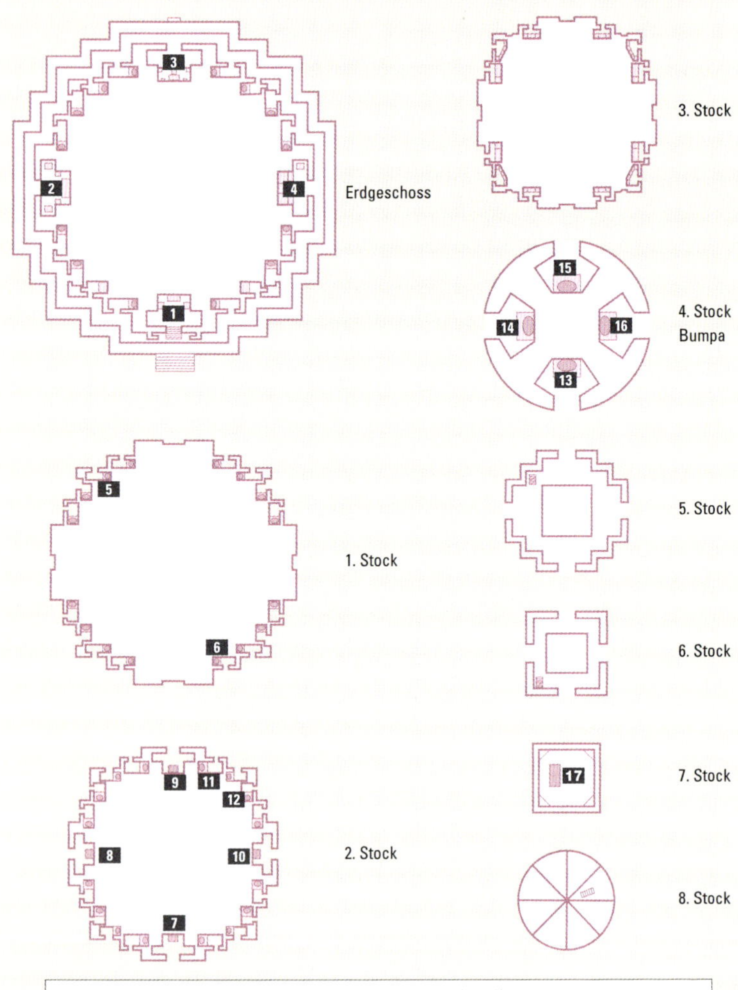

Legende:

1 Südliche Hauptkapelle mit Shakyamuni
2 Westliche Hauptkapelle mit Amitayus
3 Nördliche Hauptkapelle mit Dipamkara
4 Östliche Hauptkapelle mit Maitreya
5 Kapelle 27 (schwarzer Hayagriva)
6 Kapelle 36 (fünf schreckliche Schutzgottheiten)
7 Amithaba-Kapelle
8 Ratnasambhava-Kapelle
9 Amoghasiddhi-Kapelle
10 Aksobhya-Kapelle
11 Kapelle 48 (Vairocana-Kapelle)
12 Kapelle 50 (Vairocana als „König der Lehrhalter")
13 Shakyamuni-Kapelle
14 Shayashima-Kapelle
15 Prajnyaparamita-Kapelle
16 Vairocana Kapelle
17 Raum des Adibuddha Vajradhara

Treppenstufen in der Vairocana-Kapelle führen schließlich hinauf auf eine Veranda im **fünften Stock**, wo man sich in Augenhöhe mit den aufgemalten Augen befindet. Der oberste Raum mit einigen Skulpturen des Adibuddha Vajradhara im siebten Stock ist meist geschlossen. In ihm manifestiert sich der Ursprung allen Seins.

Rabse-Nonnenkloster

Das Kloster Rabse befindet sich am nördöstlichen Rand von Gyantse, jenseits der Umfassungsmauer vom Pälkhor Chöde, und wird von rund 30 Nonnen bewohnt. Vor der malerischen Anlage stehen zahlreiche Stupas, um die herum Gebetsmühlen führen, und auch das Kloster selbst kann man entlang einer endlosen Reihe von Gebetsmühlen umrunden. Rabse wird kaum besucht, und so erlebt man hier eine einzigartige spirituelle Stille vor der grandiosen Kulisse der Berge auf der einen und des Dzong auf der anderen Seite.

Man kann sich zum Kloster fahren lassen und von dort entlang der östlichen Umfassungsmauer vom Pälkhor Chöde immer auf den Dzong zu in etwa einer Stunde nach Gyantse zurückwandern.

Der Kumbum Chörten im Detail

Wer ganz genau wissen will, welche Skulpturen und Abbildungen sich in den einzelnen Kammern und Nischen befinden, sollte sich das Werk *The Great Stupa of Gyantse* von Franco Ricca und Eberto Lo Bue zulegen, das auf 319 Seiten jede einzelne Kapelle und alles, was man sieht, beschreibt. Das Buch ist 1994 bei Serindia Publications (1994) erschienen und noch antiquarisch erhältlich.

ÜBERNACHTUNG

In Gyantse gibt es eine Reihe bezahlbarer Unterkünfte, und in letzter Zeit sind einige neue, gute Hotels hinzugekommen. Fast alle Hotels reihen sich entlang der Yingxiong Zhonglu (Hero Middle Road) auf.

Dhugu Hotel (Chugu Binguan), 25 Yingxiong Nanlu, ✆ 0892-817 3165. Etwas langweiliges Hotel in einem Gebäude tibetischen Stils, das sich um einen großen Hof gruppiert. Die Möbel in den Zimmern scheinen aus den 1950er-Jahren zu stammen, aber es gibt Warmwasser und WLAN. ❸

Gyangtse Hotel (Jiangzi Fandian), 8 Yingxiong Zhonglu, ✆ 0892-817 2172. Ordentliches Mittelklassehotel mit 24 Std. Warmwasser. Es gibt sowohl tibetisch als auch chinesisch eingerichtete Zimmer – wenn möglich, sollte man sich für die tibetische Variante mit den farbenfroh angemalten Möbeln und Thankas an den Wänden entscheiden. Einziger Nachteil sind die nicht ganz so bequemen Betten. Das Hotel hat zwei Restaurants, ein Businesscenter und eine Fahrradvermietung für Gäste (¥5/Std., ¥50/Tag). ❹

Jianzang Hotel (Jianzang Fandian), Yingxiong Zhonglu, etwa auf Höhe der Shanghai Lu, ✆ 0892-817 3720, 💻 jzhotel.cn.roowei.com. Freundliches, gut geführtes Hotel, das von dem tibetischen Arzt Jian Zang betrieben wird. Die Zimmer sind ordentlich und hell, allerdings sind die Bäder in den Zimmern des alten Blocks ein wenig heruntergekommen. Die Schlafsaalbetten sind vor allem bei Rucksackreisenden sehr begehrt. Betten im 4-Bett-Zimmer ab ¥50. ❷–❸

Minghu Hotel (Minghu Fandian), 1 Shanghai Lu, ✆ 0892-817 2468. Verlässliches chinesisches 2-Sterne-Hotel mit funktionierendem Warmwasser. Die Zimmer sind sauber und gepflegt, wenn auch ohne erkennbaren Stil. ❸

Shambhala Docort Drcam, am Pälkhor Chöde. Das Boutiquehotel befindet sich in einer alten Kaufmannsresidenz und bietet 18 Zimmer, die mit vielen kleinen Details im original tibetischen Stil eingerichtet sind. 2017 wurde das unter Denkmalschutz stehende Gebäude umfassend restauriert und bietet jetzt noch mehr Atmosphäre, die allerdings ihren Preis hat. ❹

Yeti Hotel (Jiangzi Zongshan Fandian), 11 Weiguo Lu, ✆ 0892-817 5555, 💻 www.yetihoteltibet.com. Das beste Hotel der Stadt bietet gemütliche Zimmer, ordentliche Bäder mit Duschen und Warmwasser, WLAN und ein gutes Restaurant. Selbst das Frühstück ist sein Geld wert. Dorm-Betten ab ¥60. ❺

ESSEN

Gyantse verfügt über eine erstaunlich große Zahl an Restaurants. Eine gute Auswahl hat man entlang der Yingxiong Zhonglu. Unter den **Hotelrestaurants** sind die vom Gyangtse- und Yeti-Hotel empfehlenswert. Für Selbstversorger gibt es eine Reihe von Lebensmittelgeschäften und kleinen Supermärkten an der Yingxiong Zhonglu, Ecke Weiguo Lu. In der Nachbarschaft vom Tashi Restaurant findet sich außerdem ein **Markt**.

Gyantse Kitchen, Shanghai Lu, ☎ 0892-817 6777. In dem gemütlichen Lokal kommt die übliche Mischung aus tibetischer, nepalesischer, indischer und chinesischer Küche auf den Tisch. Gerichte ab ¥15. 🕒 tgl. 7–24 Uhr.

Happy Reunion of Tibetan Restaurant, Weiguo Lu, gegenüber vom Yeti Hotel. Die etwas verunglückte Übersetzung des Namens soll andeuten, dass sich hier Tibeter in fröhlicher Runde treffen. Das Innere ist etwas düster, aber die tibetischen Gerichte sind lecker und die Atmosphäre sehr tibetisch. Gerichte ab ¥20. 🕒 tgl. 8–23 Uhr.

Tashi Restaurant, Yingxiong Zhonglu, ☎ 0892-817 2793. Das Tashi wird von Nepalesen betrieben und bietet entsprechend preiswerte nepalesische Küche, tibetische Snacks, gutes Frühstück und dazu das echte Flair eines tibetischen Teehauses. Gerichte ab ¥20. 🕒 tgl. 7.30–23 Uhr, vom 20. Nov.–1. März geschlossen.

Thin Ghar Tibetan Restaurant, schräg gegenüber vom Eingang zum Pälkhor Chöde. Groß, hell und freundlich, bietet dieses typische Restaurant gute tibetische und chinesische Küche. Man wird zwar etwas erstaunt angeschaut, wenn man sich als Ausländer hierher verirrt, aber der Service ist freundlich und das Essen gut. Gerichte ab ¥10. 🕒 tgl. 8–21 Uhr.

Yak Restaurant, Yingxiong Zhonglu, gegenüber vom Jianzang Hotel in der 2. Etage, ☎ 0892-817 4971. Das Yak ist ganz auf Individualreisende eingestellt und bietet eine Mischung aus westlichem und chinesischem Fastfood sowie westliches Frühstück. Gerichte ab ¥15. 🕒 tgl. 8–22 Uhr.

SONSTIGES

Einkaufen

Carpet Factory, nördlich vom Dzong, ☎ 0892-817 2004. Gyantse ist für die Herstellung von Teppichen berühmt. Man kann die Teppichfabrik im Norden hinter dem Dzong besuchen. Hier läuft der gesamte Produktionsprozess vom Kämmen, Färben und Spinnen der Wolle bis zum Weben der Teppiche nach traditionellen Methoden per Hand ab. Im angeschlossenen Verkaufsraum kann man auch gleich einen kaufen. Die meisten der hier hergestellten Teppiche sind allerdings ziemlich kitschig und grell. 🕒 Mo–Sa 9–13 und 15–19.30 Uhr.
In der Umgebung der Fabrik gibt es zahlreiche Familien, die ebenfalls in Handarbeit Teppiche weben und diese interessierten Käufern zeigen.

Feste

Reiterfestival von Gyantse: Am 15. Tag des 4. Mondmonats bzw. meist Ende Mai/Anfang Juni erwacht Gyantse aus seinem Dornröschenschlaf und wird zum Zentrum eines der großen tibetischen Reiterfeste. Gefeiert wird es bereits seit 1408 mit Pferderennen, Bogenschießen, Picknicks und vielem mehr. Heute kommen noch kulturelle Veranstaltungen und Trödelmärkte dazu. Außerdem erinnert das Fest an die Schlacht gegen die britischen Truppen unter Colonel Younghusband.

Sound and Light Show: Wenn die Pferderennbahn nicht gerade für das Reiterfestival genutzt wird, findet dort von April bis Oktober allabendlich um 21.30 Uhr die Sound and Light Show statt. Vor der Kulisse Gyantses gibt es dann Tänze der Minderheiten, Musik und eine bunte Lichtershow. Die Karten kosten ab ¥280.

Geld

Agricultural Bank of China, Weiguo Lu. Hier gibt es einen Geldautomaten, der 2016 jedoch keine ausländischen Bankkarten akzeptierte. Reiseschecks oder Bargeld können ebenfalls nicht gewechselt werden, sodass man erst wieder in Shigatse an Bargeld kommt, sofern nicht neue Automaten aufgestellt werden.

Post

Die **Post** befindet sich ein Stück hinter der Bank in der Weiguo Lu. Sie hat auch einige Telefone für Ferngespräche. ⌚ tgl. 9–12.30 und 15.30–19 Uhr.

TRANSPORT

Die Sehenswürdigkeiten entlang der Strecke kann man eigentlich problemlos auf der Fahrt nach Shigatse besuchen. Nur der Abstecher zum Kloster Shalu muss vorher gebucht werden. Bei den anderen Abstechern muss man den Fahrern eventuell einen kleinen Obulus zahlen. Wegen rigider und streng überwachter Tempolimits (30 km/h) auf der Strecke von Gyantse nach SHIGATSE dauert die Fahrt mindestens 2 Std. Wer den Abstecher nach Shalu macht, sollte zusätzlich 1 1/2 Std. für die Fahrt zum Kloster und die Besichtigung einplanen.
Die Fahrt von Gyantse nach LHASA via Yamdrok Tso dauert etwa 5–6 Std.
Die Straße von Gyantse nach DROMO (Yadong), der Grenzstadt zu Sikkim, darf nur mit einem entsprechenden Permit befahren werden. Zurzeit ist die Fahrt allerdings auch für Tourgruppen nicht durchführbar.

Von Gyantse nach Shigatse

Die Fahrt von Gyantse bis Shigatse führt durch eine weite grüne Ebene, in der zwischen Dörfern und Feldern gelegentlich die Ruinen zerstörter Klöster oder Festungen auf freistehenden Hügeln aufragen. Wer auf der rund 90 km langen Strecke unterwegs ist, kann daher auch den einen oder anderen interessanten Abstecher machen. Lohnend sind das Landgut Pharla und das Kloster Shalu, aber auch die Ortschaft Tsechen und das kleine Kloster Drongtse, 19 km hinter Gyantse, bieten sich als Zwischenstopps auf dem Weg oder als Ausflüge von Gyantse aus an.

Landgut Pharla

Noch bis 1959 gab es in Tibet zahlreiche große Landsitze adliger Familien, die ein oder mehrere Dörfer sowie das umliegende Land verwalteten. Während der Kulturrevolution wurden nahezu sämtliche dieser Herrenhäuser als Relikte der „feudalen Sklavenhaltergesellschaft" zerstört. Die Pharla-Sippe konnte nach Indien fliehen; der Sitz der Familie ist als einer von dreien dieser Art erhalten geblieben. Die Pharla-Familie gehörte zu den acht einflussreichsten Clans Tibets. Fünf Familienmitglieder waren hohe Beamte in der Regierung. Allein in Osttibet hatten sie 25 Landgüter für Ackerbau und acht Landgüter, auf denen Viehzucht betrieben wurde. Zusammengenommen besaßen sie bis 1959 rund 3000 Sklaven und Leibeigene.

Das Landgut besteht aus einem dreistöckigen Hauptgebäude mit 57 Räumen und zahlreichen Nebengebäuden. In den Räumen des Hauptgebäudes sind Ausstellungen zum Leben der damaligen Zeit zu sehen. Zuweilen sind die mit lebensgroßen Figuren nachgestellten Szenen unfreiwillig komisch, etwa jene, die das Oberhaupt der Familie mit dem Abt von Pälkhor Chöde beim Mahjongg-Spiel, Tee- und Whiskytrinken zeigt. Es soll die Dekadenz der alten Zeit dokumentieren, was angesichts der Tatsache, dass halb China dem Mahjongg und Maotai (chinesischer Schnaps) verfallen ist, eher absurd wirkt. Das renovierte Haus soll den Besuchern demonstrieren, wie gut es den Tibetern heute geht, und um das zu unterstreichen, gehört natürlich auch die Besichtigung der ärmlichen Behausungen der ehemaligen Leibeigenen dazu.

Die Stätte ist vordergründig sicher der „patriotischen Erziehung" gewidmet, aber davon abgesehen ist das Haus eine interessante Abwechslung, wenn man der Tempel überdrüssig geworden ist. ⌚ tgl. 9–18 Uhr, Eintritt ¥30. Das Landgut befindet sich 3 km südwestlich von Gyantse jenseits des Nyang Chu. Man kann hinlaufen, mit dem Fahrrad fahren oder ein Taxi nehmen. Wer mit dem Fahrrad fährt oder zu Fuß geht, nimmt die Yingxiong Nanlu nach Süden bis über die Brücke. Hinter der Brücke biegt man rechts und dann die nachste Moglichkeit nach links ab. Eine Extragenehmigung ist nicht nötig.

Kloster und Fort Tsechen

Tsechen ist ein Dorf etwa 5 km nordwestlich von Gyantse und lohnt einen Besuch, wenn man etwas mehr Zeit zur Verfügung hat. Über dem Dorf thront ein kleines Kloster, aber noch beeindruckender sind die Ruinen des alten Forts aus dem 14. Jh., das schon Colonel Younghusband 1904 als Festung nutzte. Bis zum Umzug in den Dzong von Gyantse residierten im Fort die Herrscher von Gyantse. Das Kloster war Sitz der Reinkarnation von Butön Rinchen Drub, dem Abt von Shalu. Später lebte hier auch einer der wichtigsten Lehrer Tsongkhapas, der Sakyapa Rendawa Zhonu Lodro. Nach Tsechen kann man laufen oder mit dem Fahrrad fahren. Wer nicht so viel Zeit hat, kann von Gyantse auch ein Taxi nehmen.

Kloster Shalu

Rund 20 km vor Shigatse führt ein kleiner Abstecher zum Kloster Shalu (auch Zhalu). Es besitzt ein einzigartiges, originales Dach aus glasierten türkisfarbenen Ziegeln im chinesisch-mongolischen Pagodenstil sowie Wandmalereien des 14. Jhs., die teilweise sehr gut erhalten sind und zu den schönsten Tibets gehören.

Gegründet wurde Shalu im Jahr 1040 von einem Abt namens Chetsün Sherab Jungne aus dem Adelsclan der Che in der Zeit der buddhistischen Renaissance, und zwar angeblich an der Stelle, an der sich ein von Chetsün Sherab Jungnes Meister abgeschossener Pfeil in den Boden gebohrt hatte. Im Gegensatz zu den Sakyapa und Phagmodrupa legte der Abt großen Wert auf die monastische Disziplin. Die lokalen Herrscher (Tripön) wurden vom Che-Clan gestellt, der seine politische Machtbasis später durch eine Heiratsallianz mit den Herrschern von Gyantse erweiterte. Zusätzlich waren die Che durch Heirat auch mit den Sakyapa verbunden. Ähnlich wie bei den Sakyapa und den Drigungpa konnten damit säkulare und klerikale Macht in den Händen einer Adelsfamilie konzentriert werden. Später geriet das Kloster allerdings in die Abhängigkeit von Sakya. Fünf Jahre nach der Klostergründung verbrachte Atisha, der große Meister aus Bengalen, drei Monate in Shalu und unterstrich damit das hohe Ansehen des Klosters.

Den Zenit seiner Bedeutung erlangte das Kloster schließlich ab dem Jahr 1320, als **Butön Rinchen Drub** (1290–1364), einer der größten tibetischen Schriftgelehrten, Abt von Shalu wurde. Er sichtete und klassifizierte das gesamte in Tibet existierende buddhistische Schrifttum und schuf daraus die nahezu 300 Bände umfassenden buddhistischen Kanons Kanjur und Tanjur. Durch die Interpretation dieser Werke begründete Butön auch eine neue Schulrichtung, die der Shalupa, die später die Lehre der Gelugpa beeinflussen sollte, ansonsten aber auf dieses Gebiet beschränkt blieb. Unter Butöns Ägide entstanden 499 tantrische Mandalas, von denen einige noch heute in zwei Kapellen in der ersten Etage zu sehen sind.

Die geschwungenen Pagodendächer mit den charakteristischen blaugrünen Glasurziegeln gehen ebenfalls auf den umtriebigen Butön zurück. Er konnte Prinz Drakpa Gyaltsen für eine Erweiterung des Klosters gewinnen, der sich wiederum für die Finanzierung an den Kaiser von China wandte. 1333 wurde Shalu auf Geheiß des mongolischen Kaisers der Yuan-Dynastie mit unverkennbar mongolisch-chinesischen Elementen ausgebaut. Wertvolle Zeugnisse alttibetischer Kunst sind auch die Bronzeskulpturen und die Wandmalereien im Umwandlungsgang um den Dukhang aus dem 14. und 15. Jh.

Bekannt wurde Shalu zudem als Ausbildungszentrum von sogenannten **Tranceläufern** (Lungompa), die über mehrere Tage riesige Strecken in gleichmäßigem Tempo und ohne Pausen zurücklegen konnten. Die Novizen machten außerordentlich schwierige Atemübungen und mussten monatelang mit gekreuzten Beinen meditieren. Im Zentrum der stets vor der Außenwelt geheim gehaltenen Ausbildung stand nicht die Entwicklung der Muskeln, sondern der psychischen Kräfte, die bei den Tranceläufern eine Unempfindlichkeit gegen die Schmerzen bewirkte und es ihnen ermöglichte, weite Entfernungen zurückzulegen.

🕒 keine festen Öffnungszeiten, aber meist 9–17 Uhr, Eintritt ¥40. Wer mit dem gecharterten Geländewagen von Gyantse nach Shigatse unterwegs ist, sollte Shalu in die Fahrt mit einbeziehen. Die Kosten erhöhen sich dadurch nicht so sehr, weil der Umweg nicht groß ist. Ansonsten kann man den Ausflug auch gut von Shigatse aus machen, muss das dann aber als Extratour buchen.

Malerischer Innenhof im Kloster Shalu

Shigatse

Shigatse (Xigaze), die zweitgrößte Stadt Tibets, liegt rund 270 km von Lhasa entfernt auf einer Höhe von 3836 m. Mit der Aufwertung zur bezirksfreien Stadt hat nicht nur eine umfassende Modernisierung, sondern auch ein ungeheurer Bauboom eingesetzt, der den tibetischen Charakter der Stadt weitgehend zerstört hat. Breite Straßen mit den üblichen gläsernen Bürobauten, Kaufhäusern und Wohnblocks bilden am Südrand des Droma Ri („Berg der Tara") ein recht einfallsloses, endlos erscheinendes Gitternetz, aber der weithin sichtbare Dzong und die Dächer der Klosterstadt Tashilhunpo lassen ahnen, dass die Stadt mehr als nur chinesischen Beton bietet.

Das aufregende Leben der Alexandra David-Néel

Alexandra David-Néel, geborene Louise Eugénie Alexandrine Marie David, wurde am 24.10.1868 in Saint-Mande bei Paris geboren. Ihre Mutter war eine gläubige, aber gefühlskalte Katholikin, der Vater ein Journalist, Revolutionär und Freimaurer. Erzogen wurde sie in den düsteren Mauern eines strengen Karmeliterklosters, mit dem Effekt, dass es sie umso mehr in die weite Welt zog. Dreimal (mit 5, 15 und 17 Jahren) riss sie von zu Hause aus. Nach Beendigung ihrer Schulausbildung 1888 reiste sie nach London, wo sie sich mit Sanskrit, Pali und Zen beschäftigte. Eine Erbschaft versetzte sie endlich in die Lage, ihre erste große **Reise nach Asien** zu unternehmen. 1891 fuhr sie mit dem Schiff nach Ceylon, später nach Indien, aber 18 Monate später war die kleine Erbschaft aufgebraucht. Zurück in Frankreich, studierte sie Musik und wurde eine erfolgreiche Sopranistin. Ihre **Opernkarriere** führte sie um die Welt bis nach Hanoi. Fünf Jahre sollte sie auf verschiedenen Bühnen auftreten, bis sie in einem Museum ihre erste Begegnung mit Buddha hatte. Dieses Ereignis sollte ihr ganzes Leben umkrempeln.

Bei einem Engagement in Tunesien traf sie **Philippe Néel**, einen Ingenieur und Lebemann. Die beiden so grundverschiedenen Charaktere heirateten am 4.8.1904. Obwohl oder vielleicht weil beide sich fast nie sahen, hielt die Ehe bis zu Philippes Tod. Mit einem Forschungsauftrag des französischen Erziehungsministeriums in der Tasche verabschiedete Alexandra sich am 9.8.1911 von Philippe, um zu einer Studienreise nach Indien und Ceylon aufzubrechen. Aus den vermeintlichen paar Wochen wurden 14 Jahre. Über Ceylon und Indien erreichte sie Sikkim, wo sie 1914 ihren zukünftigen Begleiter, den 30 Jahre jüngeren Tibeter **Aphur Yongden** kennenlernte, den sie später auch adoptierte. In der Abgeschiedenheit eines Himalaya-Klosters in 4000 m Höhe verbrachte Alexandra die nächsten zwei Jahre bis 1916. Hier wurde sie die **Schülerin des Meisters Gömptchen** und bekam den Namen „Leuchte der Weisheit". Durch den Tod ihrer Mutter 1918 erbte Alexandra ein beträchtliches Vermögen und wurde so von ihrem Mann Philippe finanziell unabhängiger. Dennoch unterstützte er sie zeit seines Lebens finanziell. Weitere Reisen nach Japan, China und Zentralasien folgten.

Alexandra David-Néels größter Triumph aber war eine geglückte **Reise nach Lhasa**. Am 5.2.1921 begann sie mit Yongden eine abenteuerliche Wanderung, die ursprünglich auf wenige Monate angelegt war, schließlich aber drei Jahre dauerte. Am 28. Februar 1924 erreichten sie endlich Lhasa, wo sie zwei Monate blieben. Nach ihrer **Rückkehr nach Frankreich** wurde sie als Nationalheldin verehrt, schrieb Bücher und hielt Vorträge. Auf Deutsch ist ihre Reisebeschreibung in ihrem Buch *Mein Weg durch Himmel und Hölle, Das Abenteuer meines Lebens* (Knaur) erschienen.

1937 zog es Alexandra David-Néel wieder fort. Mit Yongden reiste sie via Warschau und Moskau nach Beijing, wo sie in die Wirren des **chinesischen Bürgerkriegs** geriet. „Gefangen" in einem ehemaligen tibetischen Marktflecken in der Provinz Xikang, verbrachte sie die Jahre von 1938–1944. Hier erfuhr sie 1941 vom Tod ihres Mannes Philippe Néel, dem sie in 37 Jahren mehr als 3000 Briefe geschrieben hatte. Auch ihr Adoptivsohn Yongden starb im Alter von 50 Jahren lange vor ihr. Sie selbst wurde fast 101 Jahre alt. Mit 100 hatte sie sicherheitshalber schon mal ihren Reisepass verlängern lassen, doch am 8.9.1969 verstarb sie schließlich in Südfrankreich.

Laut einer Legende wurde Shigatse von einem Jäger gegründet, dessen Familie hier über 18 Generationen lang lebte. Eine erste Siedlung an dieser Stelle unterstand im 13. Jh. den Gouverneuren (Tripön) von Shalu, deren Herrschaftsanspruch über Tibet von den Mongolen unterstützt wurde. Mit dem Untergang der mongolischen Yuan-Dynastie konnte Shigatse mehr Eigenständigkeit gewinnen und sich schließlich als Sitz der Gouverneure von Tsang, der westtibetischen Provinz, als zweites bedeutendes politisches Zentrum Tibets neben Lhasa etablieren. Der eigentliche Aufstieg Shigatses begann unter der Herrschaft der Phagmodrupa und der Verwaltungsreform unter **Changchub Gyeltsen** (1302–1364), dem Tripön von Nedong im Yarlung-Tal. Im Bürgerkrieg zwischen den Sakyapa, Drigungpa, Phagmodrupa und anderen Machthabern des 14. Jhs. konnte er sich 1353 schließlich durchsetzen (s. auch Drigung Thel, S. 206). Er schaffte das nach seinem Geschmack zu mächtige Amt der Tripöns ab, teilte das Land in kleinere Verwaltungseinheiten (Dzong) und ließ diese durch sogenannte Verwaltungsbeamte (Dzongpön), die ihm loyal ergeben waren, verwalten. Shigatse wurde als letzter der neuen Bezirke gegründet und bekam den Namen Shiga Samdrub Tse. Shiga war die allgemeine Bezeichnung für ein Landgut in Tibet und Samdrub Tse hieß „Wunscherfüllung". Damit wollte Changchub Gyeltsen zeigen, dass er sein Ziel, die Macht der Sakyapa zu brechen, erreicht hatte.

Shiga Samdrub Tse wurde später zu Shigatse abgekürzt und ab 1565 bis 1642 Sitz der Könige von Tsang. 1642 nahm der 5. Dalai Lama im Dzong von Shigatse die ihm von Gushri Khan offerierte politische Macht über Tibet an. Mit der Errichtung der Theokratie durch die Gelugpa geriet Shigatse in den Einflussbereich Lhasas und wurde der Sitz der Gouverneure von Tsang. Trotz der Ernennung Chökyi Gyeltshens zum Panchen Lama (S. 260) durch den 5. Dalai Lama übte die Zentralregierung meist nur wenig oder gar keinen Einfluss auf Tsang aus. Nachdem der Mandschu-Kaiser den Panchen Lama 1728 sogar offiziell zum politischen Oberhaupt über Tsang und Westtibet ernannt hatte, blieb dessen Macht bis zum endgültigen Einmarsch der Chinesen 1959 ungebrochen.

Tibets Tranceläufer

Von Alexandra David-Néel (s. Kasten) stammt der einzige Augenzeugenbericht über die tibetischen Tranceläufer: „Ich konnte ganz klar sein absolut ruhiges, teilnahmsloses Gesicht erkennen und seine weiten offenen Augen, deren starrer Blick auf irgendein nicht erkennbares, weit entferntes Objekt hoch oben im Weltraum gerichtet war. Der Mann lief nicht. Er schien vom Boden abzuheben und in großen Sätzen dahinzueilen. Es sah aus, als besitze er die Elastizität eines Balles und als schnelle er jedes Mal wieder in die Höhe, sobald seine Füße den Boden berührten. Seine Sprünge besaßen die Gleichmäßigkeit einer Pendelbewegung." Alexandra David-Néels Buch *Heilige und Hexer, Glaube und Aberglaube im Lande des Lamaismus*, aus dem dieses Zitat stammt, ist übrigens auch eine spannende Lektüre zur Einstimmung auf eine Tibetreise. Die erste deutsche Übersetzung erschien 1931 im Brockhaus-Verlag. 2005 gab es im Goldmann Verlag unter dem Titel *Magier und Heilige in Tibet* eine Neuauflage, die aber nur noch antiquarisch oder gebraucht zu bekommen ist.

Heute ist Shigatse eine moderne Stadt. Nur wenig weist auf seine bewegte Geschichte hin. Die Stadt hat rund 120 400 Einwohner und lebt außer vom Tourismus von Elektrotechnik, Maschinen- und Landmaschinenbau, Pharmazie- und Druckunternehmen, Gerbereien, Baustoffindustrie, Reparaturwerkstätten, Getreide- und Ölverarbeitungsanlagen sowie Betrieben für die Produktion von Gebrauchsartikeln.

Shigatse Dzong

Die zwischen 1360 und 1363 erbaute Festung gilt als das älteste Bauwerk in Shigatse. Die Originalstruktur der Festung ähnelt einer kleinen Version des Potala-Palastes, und obwohl sie 330 Jahre älter als ihre berühmte Nachbildung in Lhasa ist, wird die Festung oft „kleiner Potala-Palast" genannt. Die Burg hatte vier Hauptgebäude, und im Zick-Zack angelegte Korridore verbanden die einzelnen Gebäude, Paläste und Hallen miteinander. In den beiden unteren

Stockwerken der Burg lagen Räume der Dzong-Behörden, Gefängnisse und Vorratslager.

Der einstige Sitz der Könige und später der Gouverneure von Tsang, der Dzong, war an Pracht nur mit dem Potala vergleichbar. Er wurde leider von den Roten Garden in einen Schutthaufen verwandelt, aus dem nur noch traurige Ruinenstümpfe im Stadtzentrum herausragten. Architekten der Shanghaier Tongji-Universität haben 2005 den Wiederaufbau der Festung in Angriff genommen. Ein Großteil des dazu benötigten Geldes wurde schließlich von der Shanghaier Stadtverwaltung und aus Spendengeldern zur Verfügung gestellt. Im Rahmen dieses Projektes soll auch ein Museum über die antike Kultur der Stadt entstehen. Viele Tibeter kritisieren am Wiederaufbau allerdings, dass er nicht mit den traditionellen Baumaterialien erfolgt ist, sondern mit modernen Mitteln, sprich Beton. Als dann auch noch große Beträge veruntreut wurden, zog sich der Hauptsponsor, ein tibetischer Geschäftsmann, 2008 aus dem Projekt zurück. Aus diesem Grund sind die Arbeiten bis heute nicht fertig – man sieht noch einige Ruinenreste an den Seiten, die bislang nicht rekonstruiert wurden –, und das Museum ist bis heute noch nicht eröffnet worden.

Zu Füßen des Dzong breitet sich noch immer ein Teil der Altstadt von Shigatse aus. Hier kann man sich ziellos treiben lassen und das verbliebene tibetische Flair der Stadt auf verwinkelten Märkten und Gassen sowie in den malerischen Wohnvierteln genießen.

8 HIGHLIGHT

Tashilhunpo

Die Klostergründung des „Bergs des Glücks" erfolgte 1447 unter Gendün Dub (1391–1474), einem Neffen und Schüler Tsongkhapas. Gendün Dub und sein Nachfolger Gendün Gyatsho (1475–1542) wurden posthum zum 1. und 2. Dalai Lama ernannt, während die ihnen folgenden Äbte rückwirkend zum 1.–3. Panchen Lama erklärt wurden. Deshalb zählt Chökyi Gyeltshen (1569–1637), der den Titel im Jahr 1636 von seinem Schüler, dem 5. Dalai Lama, aus Dankbarkeit erhalten hatte, als 4. Panchen Lama, obwohl er de facto der erste amtierende Panchen Lama war, der diesen Titel trug. Der Panchen Lama hatte weniger Einfluss in der Zentralregierung als der Dalai Lama, der nominell die volle geistige und weltliche Macht über das Land innehatte. Da der Panchen Lama aber als Inkarnation des hierarchisch viel höher stehenden Amitabha („Buddha des Unendlichen Lichts") angesehen wird, der Dalai Lama hingegen „nur" als Inkarnation des Bodhisattvas Avalokiteshvara, lag in seiner Ernennung schon der Keim für künftige Kompetenzstreitigkeiten.

Die Provinz Tsang regierte der Panchen Lama nahezu autonom. In der Politik spielten die Chinesen die beiden Häupter nicht selten gegeneinander aus, und noch heute spaltet sich Tibet in die Anhänger des Dalai Lama, die die Unabhängigkeit oder wenigstens eine weitreichende Autonomie ihres Landes fordern, und die eher dem Panchen Lama zugeneigten Tibeter, die eine Annäherung an China befürworten. Der 10. Panchen Lama stand nach Gefängnisaufenthalten bis 1978 in Beijing unter Hausarrest. Danach ernannte man ihn zum Stellvertretenden Vorsitzenden des Ständigen Ausschusses des Nationalen Volkskongresses. Am 28. Januar 1989 starb er bei der Einweihungszeremonie eines großen Chörten (s. Kasten S. 264) an einem Herzinfarkt, was nicht von allen als wahre Todesursache akzeptiert wird.

Die chinesische Regierung ist bestrebt, einen Panchen Lama zu haben, der prochinesisch eingestellt ist. Aus diesem Grund ist die unter Mitwirkung des Dalai Lama gefundene Reinkarnation des Panchen Lama bereits drei Tage nach seiner Auffindung 1995 spurlos verschwunden, während China noch im selben Jahr mit dem 1990 geborenen Gyeltshen Norbu eine eigene Reinkarnation auserkor. 20 Jahre lang bemühte sich die chinesische Führung, den Panchen Lama in ihrem Sinne zu erziehen, um über ihn eines Tages Einfluss auf die tiefgläubigen Tibeter nehmen zu können. Ausgerechnet er begann nun 2015 erstmals öffentlich die Politik in dem besetzten Gebiet zu kritisieren. In einem dreiseitigen Antrag auf Anhörung durch die Regierung, der sogar kurzzeitig im chinesischen Internet einsehbar war, warf er China in ungewöhnlicher

Offenheit Einmischung und Gängelung des tibetischen Buddhismus vor. Bei den Tibetern hat er sich aber wohl vorher schon, trotz seiner Nähe zu China, ein hohes Ansehen erwerben können. Unabhängige Informationen zum tatsächlichen Ansehen von Gyeltshen Norbu in der tibetischen Bevölkerung sind allerdings kaum zu bekommen, da sowohl die chinesischen als auch die westlichen Berichte dazu stark von den jeweiligen politischen Interessen gefärbt sind.

In der weitläufigen, gut 300 000 m² großen Klosteranlage am Fuße des Droma Ri, dessen

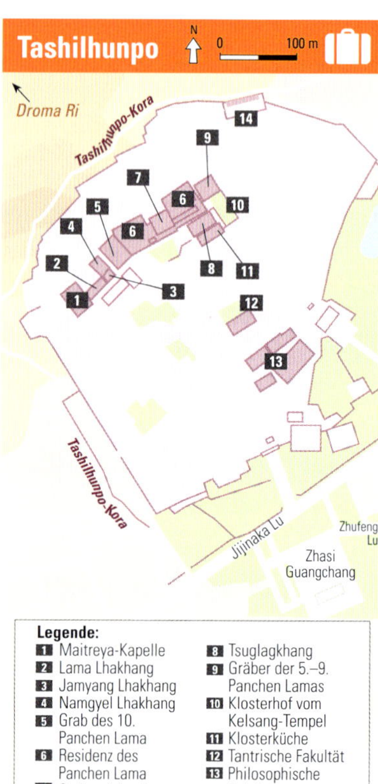

Form die Arme und Brust einer schützenden Tara darstellen soll, leben heute rund 800 Mönche, darunter etwa 100 Novizen. In der Blütezeit studierten und lebten hier 5000 Mönche und zur Zeit der Besetzung Tibets 1959 immerhin noch etwa 3700. Mit der beginnenden innenpolitischen Liberalisierung konnte der 10. Panchen Lama seine Residenz ab 1980 wieder in ein religiöses Zentrum verwandeln, und schon im selben Jahr lebte hier über die Hälfte der gesamten Mönche Tibets, damals allerdings nur ein paar Hundert. Heute ist Tashilhunpo das größte aktive Kloster Tibets. ⌚ Klosteranlage tgl. 9–18 Uhr, Hallen 9–12 und 14–17 Uhr, Eintritt Mai–Okt ¥80, Nov–April ¥40. Seit 2016 ist das Fotografieren in den Hallen verboten.

Maitreya-Kapelle

Nimmt man den Weg der Pilger, läuft man von der Kasse zunächst gut 200 m nach Norden und biegt dann nach links in den Westteil der Anlage ab. Ganz am Ende stößt man auf die Maitreya-Halle (Chamkhang Chenmo), gleichzeitig auch der erste Höhepunkt der Besichtigung. In der Halle erhebt sich ein gigantischer, 26,20 m hoher **Zukunftsbuddha**. Er wurde zwischen 1906 und 1916 im Auftrag des 9. Panchen Lama von gut 900 Handwerkern erschaffen. Insgesamt wurden 11 000 kg Bronze und 229 kg Gold verbaut. Die rechte Hand Maitreyas zeigt die „Geste der Lehrdarlegung" (Vitarka-Mudra). Diese Geste wird auch als „Mudra der Diskussion" bezeichnet. Daumen und Zeigefinger formen dabei das Rad der Lehre, alle anderen Finger sind nach oben gerichtet. Dies ist die mystische Geste der Taras und Bodhisattvas. Die linke Hand befindet sich in der Meditationsgeste (Dhyani-Mudra) und hält eine Vase mit dem Unsterblichkeitsnektar.

Das von außen wie eine Festung anmutende Gebäude wurde zwischen 1914 und 1918 um die Skulptur herum erbaut. Die Innenwand ist mit 1000 Maitreyas geschmückt, die mit Goldlinien auf rotem Grund gemalt wurden. Man kann die Skulptur umrunden und sieht dann die mächtigen Bronzeplatten, die die Statue zusammenhalten.

Namgyel Lhakhang

Vorbei an zwei kleineren Lhakhang, dem Lama Lhakhang und Jamyang Lhakhang, kann man als nächstes den Namgyel Lhakhang, das Institut für Philosophie, besuchen. Erbaut wurde es unter dem 9. Panchen Lama. Innen befindet sich eine große Statue von Tsongkhapa, der von Maitreya und Manjushri begleitet wird. Diese drei Hallen sind aber nicht immer geöffnet.

Grab des 10. Panchen Lama

Gleich neben dem philosophischen Institut erhebt sich das neueste Gebäude Tashilhunpos, das Grabmal des 1989 verstorbenen 10. Panchen Lama, dessen Bildnis vor dem Grabstupa aufgestellt ist. Die Grabanlage wurde 1993 vollendet und ist ähnlich wie das Grab des 9. Panchen Lama gestaltet. Die chinesische Regierung soll 500 kg Gold für die Vergoldung des Stupa beigesteuert haben. Daher vielleicht auch das im chinesischen Stil konstruierte Dach des Gebäudes. Über Treppen kann man auf der linken Seite ins Dach steigen, wo sich ein gigantisches 3D-Kalachakra-Mandala befindet.

Residenz des Panchen Lama

In den Gebäuden, die dem Grabmal des 10. und dem etwas weiter nach Osten stehenden Grabmal des 4. Panchen Lama vorgelagert sind, befindet sich übrigens die Residenz des Panchen Lama, der **Labrang**. Es handelt sich um ein dreistöckiges weißes Bauwerk, an dessen Vorderfront sich sieben miteinander verbundene, rot getünchte Kapellen befinden. Sollten die Räume geöffnet sein, erfolgt der Zugang über den Hof rechts vom Grabmal des 10. Panchen Lama. Zu sehen gibt es neben den sieben Kapellen einen Empfangsraum für die chinesischen Ambane (S. 123) mit zwei gleich hohen Thronen, die den gleichrangigen Status der Ambane gegenüber dem Panchen Lama demonstrieren sollten. Die eigentlichen Wohnräume, in denen der Panchen Lama Gyeltshen Norbu bei offiziellen Anlässen residiert, können nicht besichtigt werden.

Grab des 4. Panchen Lama

Im Zentrum der sich nach Westen und Osten ziehenden Residenzgebäude befindet sich das Grabmal des 4. Panchen Lama, der **Kundun Lhakhang**. Man kann vom Grabgebäude des 10. Panchen Lama hingelangen, aber der Weg ist nicht ganz einfach zu finden. Auf der Südwestseite des Grab-Gebäudes beginnt in der zweiten Etage ein düster erleuchteter Korridor, der an kleinen Kapellen vorbei nach Osten in den Kundun Lhakhang führt. Folgt man dem Weg draußen, gelangt man über einen kleinen Vorhof zum Grab. Der 1662 fertiggestellte 11 m hohe, versilberte Grabstupa birgt die sterblichen Überreste von Chökyi Gyeltshen. Seine Bedeutung lässt sich schon daran ermessen, dass dies der einzige Grabstupa war, den die Rotgardisten in der Kulturrevolution nicht zerstören durften.

Kelsang-Tempel

Durch einen engen düsteren Tunnel wird man als nächstes in den verwinkelten Komplex des Kelsang-Tempels geführt. Dies ist der älteste Teil der Klosteranlage. Über einige Treppen geht es in den eindrucksvollen **Klosterhof**, um den herum Galerien zu den einzelnen Lhakhang und Gebäuden führen. Die Westseite des Hofes grenzt an die **Große Versammlungshalle** (Tsuglagkhang), die von 48 Säulen getragen wird. Hier finden zu Füßen des Throns vom Panchen Lama 2000 Mönche Platz. An der Nordseite der Halle befinden sich drei Kapellen, die von links nach rechts Maitreya, der hier als 9 m hohe Skulptur zu sehen ist, Shakyamuni sowie der Göttin Tara in ihrer Weißen und Grünen Form geweiht sind.

Entlang der Galerien kann man zahlreiche Kapellen betreten, die überschwenglich mit großen und kleinen wertvollen Plastiken bestückt sind. Nördlich vom Klosterhof schließt sich ein Vorplatz an, der zum **Grab der 5.–9. Panchen Lamas** führt. Ihre Grabmäler waren während der Kulturrevolution zerstört worden. An ihrer Stelle steht heute ein 10 m hoher Stupa, für dessen Fertigstellung 1500 kg Silber und 108 kg Gold verbaut worden sein sollen. Er wurde 1989 vom 10. Panchen Lama eingeweiht (s. Kasten S. 264).

Tantrische und Philosophische Fakultäten

Auf dem Weg zurück zum Ausgang kann man noch die kleine Tantrische Fakultät und die südlich von ihr liegende Philosophische Fakultät besuchen. Wer gegen 10 Uhr morgens herkommt, kann im Dukhang der Philosophischen Fakultät bei den Ritualen zur Kontrolle des Bewusstseins Verstorbener im Bardo, dem Bereich zwischen Tod und Wiedergeburt, zusehen. Dazu versammeln sich alle Mönche, um gemeinsam Sutren zu rezitieren. Der ganze Saal vibriert dann vom sonoren Gemurmel, das von einzelnen Glockenschlägen begleitet wird. Mit ein wenig Glück bekommt man auch die Debatten der Studenten im Debattierhof der Institute mit.

Kora

Der gesamte Klosterkomplex mit seinen in der Sonne funkelnden goldenen Dächern, die schon von Weitem sichtbar sind, wird von einer Ringmauer eingefasst und von Pilgern in frommer Verehrung auf dem Lingkor umwandelt. Für die Kora benötigt man rund eine Stunde. Der Weg beginnt links des Klosterkomplexes und führt

Hickhack um den Panchen Lama

Am 28.1.1989 starb der 10. Panchen Lama im Alter von nur 51 Jahren in Shigatse an Herzversagen. Die Ironie des Schicksals wollte es, dass er gerade erst einen Stupa mit sterblichen Überresten der 5. bis 9. Panchen Lamas eingeweiht hatte. Dabei weilte er in Tashilhunpo, seinem eigentlichen Amtssitz, den er seit der Besetzung Tibets durch China nur selten hatte besuchen dürfen, und so verbreitete sich in Windeseile das Gerücht, dass dem Tod mit Gift nachgeholfen worden sei. Tibet stand damit wieder inmitten einer Tradition politischen Ränkespiels, in dem alle beteiligten Parteien bis zum Äußersten gehen. Beijing bedient sich dabei der seit mehr als 2000 Jahren bewährten Praxis, „einen Barbaren durch einen anderen auszuspielen", in diesem Fall die Anhänger des Panchen Lama gegen die Anhänger des Dalai Lama. China weiß wohl, dass die Tibeter politisch nicht so harmonisch an einem Strang ziehen, wie es im Westen oft erscheint. So hatte der Panchen Lama, der vor allem von exiltibetischer Seite als „Lakai der Chinesen" verschrien war, durchaus zahlreiche Anhänger in Tibet, besonders in der Region von Shigatse, aber auch bei nicht tibetischen Anhängern des Lamaismus wie den Mongolen, Xibe, Naxi und vielen anderen, deren Interessen er nicht ohne Erfolg gegenüber der Zentralregierung in Beijing vertrat.

Nach dem Tod des 10. Panchen Lama war die Frage nach seiner Nachfolge für die kommunistische Führung von zentraler Bedeutung. Deshalb mischte sie sich aktiv in die Wahl ein. Dabei ging es aber erst in zweiter Linie um den Panchen Lama, der lange nicht das Ansehen genießt wie der Dalai Lama. Im Visier hatte sie vielmehr das Prozedere um die Nachfolge des Dalai Lama, der 2017 immerhin 82 Jahre alt wird. Denn so wie dem Dalai Lama offiziell die Aufgabe zukommt, die Suche nach der Reinkarnation des Panchen Lama zu leiten, ist es umgekehrt der Panchen Lama, der für die Suche nach der Reinkarnation des Dalai Lama zuständig ist. Also kann es nur im Interesse Beijings liegen, einen „folgsamen" Panchen Lama zu haben, um Tibet ein für allemal an China zu binden. Wohl deshalb verschwand der vom Dalai Lama bestätigte und ausgewählte 11. Panchen Lama als kleiner Junge von gerade einmal sechs Jahren, während alle Bildnisse des Dalai Lama aus Tibets Tempeln entfernt und durch Bildnisse des „offiziellen", von Beijing ausgesuchten und neu gekürten Panchen Lama ersetzt werden mussten.

über eine Gasse an der Außenseite der Klostermauer entlang bergauf. Entlang des Weges bieten sich grandiose Ausblicke auf Tashilhunpo. Ein Stück hinter dem großen Thanka-Turm gabelt sich der Weg. Der eine führt bergab und beendet die Kora in der Stadt, der andere führt in etwa 20 Minuten weiter zum Dzong und mitten in die tibetische Altstadt.

Sommerpalast der Panchen Lamas

Wer noch Zeit totschlagen muss, kann den Sommerpalast der Panchen Lamas etwa 1 km südwestlich von Tashilhunpo besuchen. Zu sehen sind einige seiner Wohnräume und die eine oder andere Kapelle. Die Anlage wurde in den 1950er-Jahren eigens für den 10. Panchen Lama erbaut und liegt inmitten großzügig angelegter Gärten. Bis 1989 diente der Palast als Residenz des Panchen Lama, wenn er aus Peking zu Besuch kam. 🕒 9.30–12 und 15.30–18 Uhr, Eintritt ¥30.

ÜBERNACHTUNG

Es gibt zahlreiche Hotels in der Stadt, darunter allerdings nicht allzu viele in der unteren Preisklasse.

Gang Gyan Orchard Hotel (Rikaze Gangjian Binguan), 77 Zhufeng Lu, ✆ 0892-882 0777. Großer funktionaler Hotelklotz, dessen Name an den Gang-Gyen-Obstgarten hinter dem Hotel angelehnt ist. Die Zimmer sind okay, die Betten bequem und die Lage gleich gegenüber vom Kloster Tashilhunpo ist nicht zu toppen. Das Frühstück ist allerdings eine Zumutung. DZ ohne Bad ❸, mit Bad ❹

Manasarovar Hotel (Shenhu Binguan), 20 Qingdao Donglu (Qingdao East Rd.), ✆ 0892-

883 9999. Das Hotel versucht, sich zumindest nach außen ein wenig tibetisch zu geben. Die Lobby ist groß, es gibt eine schicke Coffee Lounge und viel kitschigen Schnickschnack, aber die Zimmer sind gut, und zum Hotel gehören mehrere Restaurants. ❹

Shengkang Hotel (Shengkang Fandian), 5 Shandong Zhonglu, ✆ 0892-882 2922. Im Stadtzentrum gelegenes Hotel ohne Flair. Die Zimmer sind okay, es gibt 24 Std. warmes Wasser und ein Restaurant. ❹

Shigatse Hotel (Rikaze Fandian), 12 Shanghai Zhonglu, ✆ 0892-882 2525. Am oberen Ende der Preisskala angesiedeltes, großes und vornehmlich auf betuchte Reisegruppen ausgerichtetes Hotel mit sehr gutem Service und schicken Zimmern. Man kann zwischen überladen dekorierten „Tibetan-Style"-Zimmern und „Western-Style"-Zimmern wählen. Eine echte Oase der Erholung, vor allem nach langen anstrengenden Überlandfahrten. ❺

Tashi Tshuta (Choten) Hotel, 2 Xueqiang Lu, ✆ 0892-883 0111. Schickes Hotel gleich am östlichen Beginn der Fußgängerzone. Die gemütlichen, großen und mit allen Annehmlichkeiten ausgestatteten Zimmer reihen sich an endlos langen Fluren auf. Die Zimmer nach Norden sollte man meiden, denn frühmorgens schallt der Ruf des Muezzin von der nahen Moschee direkt in die Zimmer. Sehr gutes Restaurant (s. u.). ❹

Tenzin Hotel (Tianxin Lüguan), 8 Bangjiakong Lu, gegenüber vom Markt, ✆ 0892-882 2018. Alteingesessener Traveller-Favorit. Die Zimmer sind allerdings recht laut, aber dafür ist es ein lebhafter Treffpunkt mit Teehaus und Restaurant. Die Gemeinschaftsbäder sind tipptopp, und es gibt 24 Std. warmes Wasser in den Duschen. Bett im 4er-Dorm ¥40, DZ ohne Bad ❸, mit Bad ❹

VanRay International Resort (Wanrun Guoji Dujia Jiudian), in der Fußgängerzone (Xigeze Fengqing Jie), neben dem Kloster Tashilhunpo, ✆ 892-851 2999. Auch wenn die Farbe außen abblättert und das Hotel nicht wirklich international aussieht, gehört es doch zu den besten Unterkünften im Zentrum, mit kleinen, aber gemütlichen Zimmern, WLAN und einem ordentlichen Restaurant. ❹

Xizi Youth Hostel (Xizi Qingnian Lüshe), in der Fußgängerzone (Xigeze Fengqing Jie), ✆ 0892-882 2298. Gutes und preiswertes Hostel mitten im Zentrum. Die Zimmer sind schlicht und sauber, es gibt einen Reise- und Wäscheservice, Internet und ein Restaurant. Dorm-Betten ab ¥35. ❷–❸

ESSEN

Shigatse bietet eine große Auswahl an Restaurants, darunter einige, die sich auf den westlichen Gaumen eingeschossen haben. Feste Öffnungszeiten gibt es nicht, aber zwischen 10 und 21 Uhr haben die meisten Lokale geöffnet. Eine gute Auswahl an chinesischen Restaurants reiht sich entlang der Shanghai Zhonglu im Umkreis des Shigatse Hotels auf. Die besten tibetischen Restaurants findet man in der Fußgängerzone.

An der Zhufeng Lu, Ecke Shanghai Lu, sind einige kleine **Geschäfte** angesiedelt, in denen man scharfe Kebabs, Snacks und Getränke bekommt. Obst kann man auf einem kleinen **Markt** an der Qingdao Lu kaufen, nicht weit von der Kreuzung mit der Shandong Zhonglu.

Brother's Taste, eat it (Gedewei Canba), in der Fußgängerzone (Xigeze Fengqing Jie), links neben der Jugendherberge. Hinter dem seltsamen Namen verbirgt sich ein gemütliches, kleines Café, in dem man leckere Snacks sowie guten Kaffee und Tee bekommt. Schöner Ort für eine kleine Pause. Snacks ab ¥20.

Gong Kar Tibetan Restaurant, Xueqiang Lu. Bunt bemalte Säulen außen und bequeme Sofas innen. Experimentierfreudige Fleischliebhaber können sich an Yakherzensalat oder Schweinsfüße und -ohren wagen, aber es gibt auch tibetische Standardgerichte wie Momos. Gerichte ¥10–20.

Kangsang Tibetan Restaurant, in der Fußgängerzone (Xigeze Fengqing Jie). Das kleine Restaurant am oberen Ende der Fußgängerzone eröffnet den Reigen der auf ausländische Besucher ausgerichteten Lokale. Die Wartezeiten sind manchmal etwas lang, aber die übliche Auswahl an tibetischen

Gerichten ist ordentlich zubereitet. Bei gutem Wetter kann man draußen auf einer kleinen Veranda sitzen. Gerichte ab ¥10.

Phuntsok Tibetan Family Restaurant, 62 Xigeze Fengqing Jie, in der Fußgängerzone. Der Hauptunterschied zu den anderen hier aufgereihten Lokalen ist, dass es eine gemütliche, wenn auch etwas enge Terrasse zur Fußgängerzone hin gibt, auf der man relaxen und den Pilgern beim Bummeln zusehen kann. Gerichte ab ¥20.

Songtsen Restaurant, in der Fußgängerzone (Xigeze Fengqing Jie). Gemütliches Lokal mit nepalesischer, indischer und tibetischer Küche. Wenn es voll ist, kann es ziemlich lange dauern, bis man sein Essen bekommt, aber die bequemen Sitzgelegenheiten machen dieses Manko wett. Gerichte ab ¥25.

Sumptuous Restaurant, Zhufeng Lu, beim Orchard Hotel. Urgemütliches Restaurant im Stil eines tibetischen Teehauses. Zentral gelegen und dennoch abseits der touristischen Fußgängerzone, ist es nicht ganz so von Tourgruppen überlaufen. Es bietet nepalesisches und tibetisches Essen und eine entspannte Atmosphäre. Gerichte ab ¥20.

Tashi Choe Ta (Tshuta) Restaurant (Zhaxi Quta Canting), 2 Xueqiang Lu, Ecke Fußgängerzone, ✆ 0892-883 1699. Das Restaurant des gleichnamigen Hotels kredenzt neben guter tibetischer Küche auch eine Auswahl an schmackhaften chinesischen Gerichten. Allerdings ist die Atmosphäre etwas steril. Gäste können kostenlos das WLAN nutzen. Gerichte ab ¥20.

Yak Head Tibet Restaurant (Niutou Zangcang), in der Fußgängerzone (Xigeze Fengqing Jie), ✆ 0892-883 7186. Die Fotos auf der Speisekarte sind so schlecht, dass man bei der Bestellung die Hilfe der Kellner benötigt. Die tibetische Küche ist dafür umso besser. Das Restaurant ist an seinem mächtigen Yak-Kopf über dem Eingang gut zu erkennen. Gerichte ab ¥25.

Yarlung Tibetan Restaurant, Qingdao Lu. Im Erdgeschoss befindet sich ein ungemütlicher Imbiss, aber wenn man die Eisentreppe hinaufklettert, gelangt man in einen urgemütlichen Speiseraum. Die freundlichen tibetischen Besitzer kredenzen leckere tibetische, nepalesische und chinesische Speisen. Gerichte ab ¥20.

EINKAUFEN

Apotheken

Rikaze Dayaofang, 31 Shanghai Zhonglu. Die große, gut ausgestattete Apotheke verkauft westliche und chinesische Medikamente.

Eine weitere gute Apotheke ist der **Xukang Drugstore** in der 17 Shanghai Zhonglu.

Ausrüstung

Toread Outdoor Sports, 16 Shanghai Zhonglu. Hier kann man Ausrüstungsgegenstände wie Schlafsäcke oder warme Jacken kaufen, die man z. B. für den Besuch des Mount Everest Base Camp oder den Kailash benötigt.

Kaufhäuser, Märkte und Supermärkte

Markt, Xueqiang Lu. Ein großer, teils überdachter Markt, auf dem man von Hauhaltsgegenständen über Kleidung bis hin zu Lebensmitteln wirklich alles bekommt.

Sifang Chaoshi, Zhufeng Lu, Ecke Shanghai Zhonglu. Relativ gut sortierter Supermarkt der Sifang-Gruppe, in dem man sich mit Snacks und Knabbereien für die langen Fahrten Richtung Mount Everest eindecken kann. ◷ tgl. 9–22 Uhr.

Shanghai Super Center, Zhufeng Lu, Ecke Shanghai Lu. Großes Einkaufszentrum mit Fastfood-Restaurants, Boutiquen und anderen Geschäften.

Souvenirs

Zahlreiche **Souvenirgeschäfte** säumen die Fußgängerzone (Xigeze Fengqing Jie). Sie sind allerdings alle in chinesischer Hand und daher auch stark auf chinesische Touristen ausgerichtet. 2016/17 ist ein großer Teil der Gebäude hier abgerissen worden und hat einem neuen Einkaufszentrum Platz gemacht. Die meisten Verkaufsstände standen allerdings auch 2018 noch leer.

Der gegenüber dem Tenzin Hotel gelegene **Markt** bietet eine Auswahl an tibetischen Souvenirs (z. B. Schmuck, „Antiquitäten" oder religiöse Gegenstände). Auf dem Straßenabschnitt vom Ende der Fußgängerzone bis zum Eingang des Klosters gibt es zahlreiche **Thanka-Geschäfte** mit einer großen Auswahl an Bilderrollen.

Teppiche

Gang-Gyen-Teppichfabrik, 9 Zhufeng Lu, nahe Kloster Tashilhunpo. Der gesamte Produktionsprozess eines Teppichs kann hier beobachtet werden – vom Aufwickeln der Wolle über das Weben bis zur Fertigstellung. Gute Auswahl an traditionellen und modernen Designs. Die Fabrik gehört zu Teilen dem Kloster Tashilhunpo und wurde 1987 vom 10. Panchen Lama ins Leben gerufen, um tibetischen Frauen Arbeitsmöglichkeiten zu verschaffen und die traditionelle Teppichweberei am Leben zu erhalten. Ein Teil der Einnahmen geht an die Mönche des Klosters. ◷ Fabrik Mo–Fr 9–13 und 15–19 Uhr, Verkaufsraum tgl. 9–19 Uhr.

SONSTIGES

Geld

Bank of China, Shanghai Zhonglu. Es gibt einen Geldautomaten, man kann Reiseschecks tauschen, Bargeld auf Kreditkarten bekommen, wenn man die Geheimzahl vergessen hat, und vor allem ist es auf dem Weg nach Nepal die letzte unkomplizierte Möglichkeit vor Zhangmu, an chinesisches Geld zu kommen. Wer Richtung Kailash unterwegs ist, hat hier zum letzten Mal die Gelegenheit, Geld zu wechseln oder am Automaten zu holen. ◷ Sommer Mo–Fr 9–18.30 Uhr, Winter Mo–Fr 9.30–18 Uhr. Weitere **Geldautomaten** befinden sich an der Zhufeng Lu und ein Stück weiter an der Ecke Shanghai Zhonglu.

Medizinische Hilfe

Shigatse Hospital (Rikaze Renmin Yiyuan), Shanghai Zhonglu. Dieses Krankenhaus ist wirklich nur für den Notfall geeignet. Chinesisch-Dolmetscher erforderlich.

Polizei

Die Dienststelle der **Public Security**, wo die Guides die Permits für die Weiterreise nach Westen beantragen, befindet sich in der 7 Zhufeng Lu, ✆ 0892-882 1010. Visaverlängerungen sind hier theoretisch möglich, werden aber nur für wenige Tage bewilligt. ◷ Mo–Fr 9.30–12.30 und 15.30–18.30 Uhr.

Post

Post, Shandong Lu, Ecke Zhufeng Lu. Internationaler Brief- und Faxverkehr, aber kein Verkauf von Postkarten (die gibt es im Shigatse-Hotel), keine Paketannahme und kein Poste-restante-Service. ◷ tgl. 9–19 Uhr.

Telefon

China Telecom, Zhufeng Lu, neben der Post. Hier kann man preiswerte internationale Telefonate führen. ◷ Mo–Do 9–18.30, Fr, Sa 9.30–18.30 Uhr.

NAHVERKEHR

Taxis kosten etwa ¥10 zu Zielen innerhalb der Stadt. Allerdings ist Shigatse nicht groß, und man kann, sofern man nicht in einem Hotel am Stadtrand wohnt, fast überall zu Fuß hin laufen.

TRANSPORT

Autos

Dank der hervorragend ausgebauten Fernstraße nach Westtibet haben sich die Fahrten Richtung Kailash und nach Ali auf nur noch zwei Tage stark verkürzt und man kann sogar einen Besuch des MOUNT EVEREST BASE CAMP ohne großen Zeitverlust (notwendig ist eine zusätzliche Übernachtung in Shekar und eine am Base Camp) in die Fahrt einbauen. In diesem Falle fährt man nicht über Lhatse direkt nach Saga, sondern zunächst nach Shekar und zum Base Camp und dann am Palku Tso (S. 283) vorbei nach SAGA. Diese vom Friendship Highway nach Westen abzweigende Nebenstrecke X214 (S. 283) ist mittlerweile ebenfalls zu großen Teilen asphaltiert. Nur der Abschnitt westlich des Sees Richtung Norden nach Saga ist noch eine rund 70 km lange, gut ausgebaute Piste. Die Fahrt nach LHASA entlang dem Yarlung Tsangpo dauert, obwohl es nur 280 km sind, mindestens 6, eher 7 Std., da auf der gesamten Strecke ein streng überwachtes Tempolimit von 30–50 km/h gilt.

Eisenbahn

Täglich fährt ein Zug vom Bahnhof im Süden der Stadt nach LHASA (3 Std., ¥40). Die Fahrt darf man nur zusammen mit seinem Guide machen, lohnt aber dann, wenn man sich nicht dem Diktat des Tempolimits auf der Straße aussetzen will.

Flüge

Jeden Mo, Mi und Fr fliegt **Tibet Airlines** nach CHENGDU. Tibet Airlines hat mehrere Verkaufsbüros in der Stadt, darunter in der 1 Zhufeng Lu, ✆ 0892-889 9333, und gegenüber vom Shigatse Hotel in der Shanghai Zhonglu, ✆ 0892-882 5399.

Sakya

SHIGATSE

Nach Überwindung des 4520 m hohen Tsuo-Passes (Tsuo La) passiert man 127 km westlich von Shigatse den Abzweig zum Kloster Sakya („Grauer Boden"), das man nach 27 weiteren Kilometern auf einer gut ausgebauten Straße erreicht. Das Kloster mit seinen charakteristischen mächtigen Wehrtürmen gehört zu den kunsthistorisch wertvollsten Sehenswürdigkeiten Tibets. Die Sakyapa-Schule, eine der vier großen buddhistischen Lehrrichtungen des Schneelandes, wurde hier 1073 von Könchog Gyalpo (1034–1103), einem Angehörigen der lokalen Herrscherdynastie der Khön und Schüler des Dogmi, gegründet und entwickelte sich schon früh zum Zentrum eines Klosterstaats. Für nahezu hundert Jahre übte Sakya auch in weltlichen Dingen die Vorherrschaft über weite Teile Tibets aus. Die Thronfolge im Kloster Sakya war traditionell erblich, und der Abt galt als Inkarnation des Manjushri; dies war in gewissem Sinn bereits die Vorwegnahme der Theokratie unter den Dalai Lamas in Tibet.

Zwischen 1260 und 1959 regierten die Sakya-Äbte ein gut 3500 km² großes Gebiet. Legitimiert wurde ihre Position durch den mongolischen Kaiser und Enkel Dschinghis Khans: Göden, der 1244 den berühmten **Sakya Pandita** (1182–1251), den Gelehrten von Sakya, an den Kaiserhof nach Liangzhou (heute Wuwei in der Provinz Gansu) holte und ihn zum offiziellen Repräsentanten Tibets ernannte. Sein Nachfolger Phagpa Lama (1235–1280) konnte diese Stellung noch weiter ausbauen. Ihre Vormachtstellung verloren die Sakyapa durch interne Nachfolgestreitigkeiten jedoch bereits um 1350 wieder. Erkennbar ist der Einflussbereich Sakyas noch heute an der Farbgebung der Gebäude. Die blauen (grauen), roten und weißen Streifen symbolisieren Vajrapani, Manjushri und Avalokiteshvara, die drei meistverehrten Bodhisattvas in Tibet, als deren Emanationen die Sakya-Hierarchen galten.

Ehemaliges Nordkloster

Ursprünglich gab es in Sakya zwei Klosterkomplexe: das im mongolischen Stil erbaute imposante Südkloster und das Nordkloster, ein typisch monastischer Komplex, der aus 108 Gebäuden bestanden haben soll. Vom Nordkloster am Hang jenseits des Flusses nördlich der Stadt sind fast nur noch Ruinen übrig. Teilweise wurde das tibetische Viertel zwischen den Ruinen erbaut, aber über dem Dorf sieht man am Berg noch überall die Ruinenstümpfe aus dem Hang ragen. Einige der festungsähnlichen Gebäude am Nordosthang sind neu aufgebaut worden, konnten aber zum Zeitpunkt der Recherche noch nicht besichtigt werden. Man kann dafür hinter der Brücke zu einer Gruppe von restaurierten **Chörten** über dem tibetischen Viertel aufsteigen. Rechts der Chörten kann man ein kleines Kloster besuchen und am Hang in der Ferne zum Nonnenkloster **Rinchen Gang** laufen. ◷ keine festen Zeiten, Eintritt frei.

Südkloster (Sakya Gompa)

Der Eingang zum Südkloster befindet sich in der Ostmauer der gewaltigen Klosterfestung. Es wurde 1268 als massives Fort im Auftrag von Sakya Panditas Neffen Phagpa errichtet und besitzt fünf Haupttempel, die von einer großen, an allen Ecken mit Türmen besetzten **Mauer** umgeben sind. Die Mauer ist an jeder Seite 100 m lang und man kann das Kloster auf ihr umrunden. Treppen hinauf finden sich in der Nord- und Südostecke. Dabei hat man nicht nur einen schönen Blick über die Stadt, sondern auch über die Mönchsquartiere, die sich wie kleine Reihenhäuser an der östlichen Mauerfront aufreihen.

Gleich gegenüber vom Eingang gelangt man über einen weiten Vorhof zum Haupttempel, dem 5775 m² großen **Dukhang**. Seine mächtigen, na-

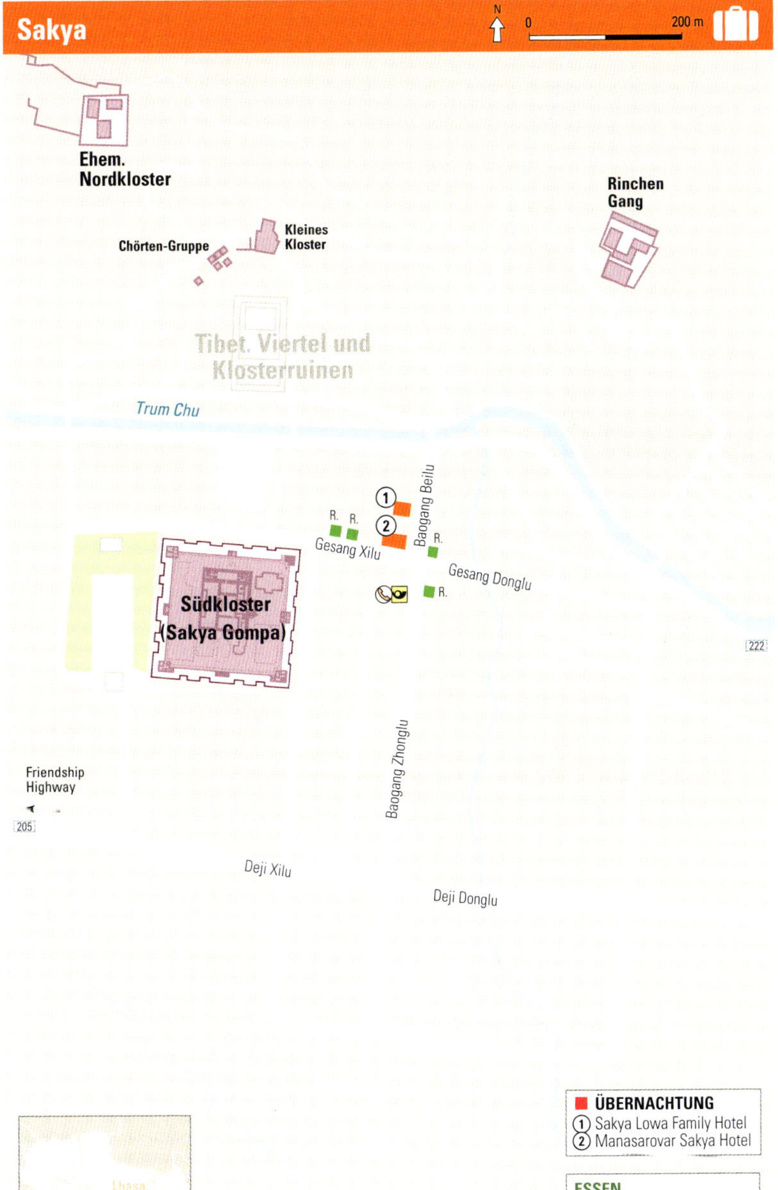
Sakya
N
0
200 m
Ehem.
Nordkloster
Rinchen
Gang
Kleines
Kloster
Chörten-Gruppe
Tibet. Viertel und
Klosterruinen
Trum Chu
Baogang Beilu
R.
R.
R.
Gesang Xilu
Gesang Donglu
R.
Südkloster
(Sakya Gompa)
222
Friendship
Highway
205
Baogang Zhonglu
Deji Xilu
Deji Donglu
Lhasa
ÜBERNACHTUNG
1 Sakya Lowa Family Hotel
2 Manasarovar Sakya Hotel
ESSEN
R. = Restaurant

SHIGATSE

Südkloster (Sakya Gompa)

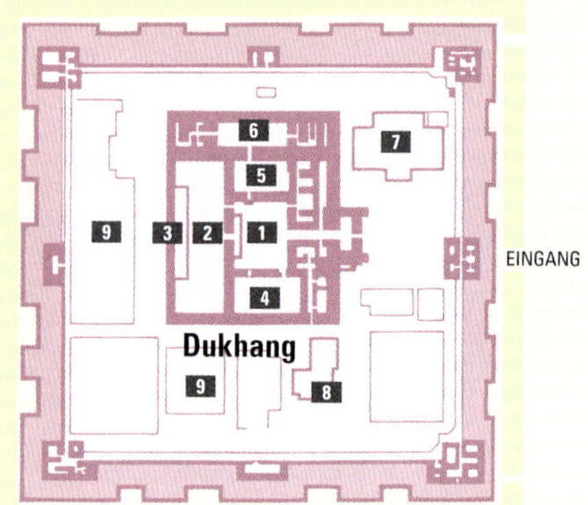

hezu fensterlosen Mauern haben eine Höhe von 16 m und eine Dicke von 3,50 m und vermitteln den Eindruck eines Forts innerhalb der Burg. In der Torhalle begrüßen zwei große Statuen von Hayagriva und Mewa Tsegpa, dem Zerstörer von Düsternis und Negativem, sowie vier Weltenwächter die Besucher. Dahinter betritt man einen geschlossenen Innenhof, von dem aus man zunächst in den unter Sakya Sangpo errichteten **Lhakhang Chenmo** („Großer Lhakhang") an der Westseite gelangt.

Haben sich die Augen an die Dunkelheit gewöhnt, versetzen einen die gigantischen Buddha-Skulpturen in Staunen. Große Buddha-Figuren findet man auch in anderen Tempeln, aber nirgends sonst treten sie so geballt auf. Eine Besonderheit ist auch, dass die Skulpturen als Reliquienschreine hoher Lamas und Herrscher von Sakya dienen. Der erste Buddha an der linken Seitenwand ganz links enthält die Überreste von Sakya Zangpo, einem Pönchen (Sakya-Herrscher), der von 1264–1270 regierte. Neben ihm stehen Avalokiteshvara mit elf Gesichtern und eine Skulptur Padmasambhavas.

An der Hauptwand reihen sich 17 weitere Skulpturen und Chörten auf. Der Buddha ganz links enthält die Reliquien des Sakya Pandita, gefolgt von einem Stupa mit den Überresten des Vaters des jetzigen Sakya-Oberhaupts. Der zentrale Shakyamuni birgt Reliquien des Klostergründers Sakya Pandita und wurde von Phagpa gespendet. Daneben folgen Skulpturen von Manjushri, Maitreya und Vajradhara. Letzterer hat eine zentrale Bedeutung für die Sakyapa: Er gilt ihnen als Urbuddha und verkörpert die diamantene, unerschaffene und unzerstörbare Natur des Dharma. Damit ist er der Urgrund der Lehre Buddhas.

Hinter der Längsseite des Lhakhang Chenmo befindet sich die – für Besucher in der Regel nicht zugängliche – **Bibliothek** mit 20 000 Bänden. Sie gilt als umfangreichste Bibliothek alter Schriften in Tibet. Die Bücherregale haben eine Länge von 60 m, eine Höhe von 10 m und eine Tiefe von 1 m. Die kostbaren Schriften konnten während der Kulturrevolution versteckt werden und bilden heute eine der größten literarischen Schätze Tibets.

Nach Verlassen der Haupthalle kann man auf der Südseite des Innenhofs den **Purkhang** besuchen. Er enthält die vermutlich von Sakya Pandita geschaffenen Skulpturen des Jobo-Shakyamuni und des Manjushri sowie einige interessante Wandmalereien und Glaskästen, in denen zahllose Figuren aus dem zerstörten Nordkloster zu sehen sind.

Nur wenige Gebäude des Nordklosters in Sakya sind wiederaufgebaut worden.

Auf der Nordseite des Innenhofs betritt man den **Nguldung Lhakhang** oder „Lhakhang der elf Silberstupas". Diese eindrucksvollen Stupas enthalten die Reliquien von elf weiteren Oberhäuptern der Sakyapa aus dem 13. und 14. Jh. Eine Tür in der Rückwand führt in den **Lhakhang Janagmo**, wo noch einmal sechs Stupas stehen.

Auch außerhalb des Dukhang gibt es noch das eine oder andere Gebäude zu sehen. Gleich rechts vom Hauptzugang im Osten steht der **Tsechen Lhakhang**, das offizielle Empfangsgebäude des Klosters, das teilweise als Lagerraum und Werkstatt genutzt wird. Früher diente es als Versammlungsraum der Sakya-Regierung. Das große Gebäude auf der linken Hofseite (an der Südostecke des Dukhang) ist der **Labrang**, die Residenz der Sakya-Hierarchen, zu der mehrere kleinere Gebäude gehören.

🕒 Mo–Sa 9–18.30 Uhr, Eintritt ¥50, Fotografieren in den Kapellen ¥80.

ÜBERNACHTUNG

Manasarovar Sakya Hotel (Shenhu Sajia Binguan), 1 Gesang Xilu, ✆ 0898-824 2555. Vorzeigehotel Sakyas mit funkelnder Eingangshalle und einem guten Restaurant. Die Zimmer sind sauber und fast gemütlich, aber mit fließendem Wasser und erst recht warmem Wasser hapert es meistens. Die Schlafsäle sind sauber und hell, und die Betten werden mit frischer Bettwäsche bezogen. Dorm-Bett ¥50. ❸–❹

€ **Sakya Lowa Family Hotel**, 35 Baogang Beilu, nördlich vom Manasarovar Sakya Hotel, ✆ 0892-890 4555. Einfaches Hotel mit sauberen, zweckmäßigen Zimmern und ordentlichen Betten. Duschen gibt es nicht, aber man darf die Pumpe im Hof benutzen. ❷

ESSEN

Gut und abwechslungsreich ist das Restaurant des **Manasarovar Sakya Hotels**. Es gibt sogar eine englische Speisekarte und halbwegs genießbares Frühstück, wenn die Spiegeleier nicht gerade eiskalt serviert werden. Entlang der Gesang Xilu und in der Straße zum Kloster sind einige **chinesische Restaurants** mit der obligaten Sichuan-Küche angesiedelt.

Die Herrschaft der Sakyapa

Die mehr als ein Jahrhundert währende Herrschaft der Sakyapa über Tibet war das Werk **Kublai Khans**, dem der Großkhan Möngke die Verwaltung der in Nordchina eroberten Gebiete anvertraut hatte. 1253 bat Kublai Khan den mongolischen Herrscher über Tibet, Göden Khan, ihm die beiden Neffen des Sakya Pandita, Phagpa und Chagna Dorje, nach Osttibet in sein Heerlager zu schicken. **Phagpa** wurde ab 1255 der bevorzugte Geistliche Kublai Khans. Als Kublai 1264 die Nachfolge Möngkes als Großkhan antrat, wurde Phagpa zum „Nationalen Lehrer" und damit zum Oberhaupt des buddhistischen Klerus im ganzen mongolischen Reich ernannt. Im selben Jahr kehrte er nach Tibet zurück und übernahm das Amt des Abtes von Sakya, während er den bisherigen Verwalter Sakya Sangpo zum Pönchen („großen Beamten") beförderte. Dieser war für die säkulare Verwaltung des Distrikts Sakya zuständig, während in den anderen drei Regionen Tibets ebenfalls Sakyapa-Verwaltungsbeamte eingesetzt wurden. Dem Pönchen stand Phagpas Bruder **Chagna Dorje**, der eine Tochter des Khans geheiratet hatte, zur Seite. Seine Stellung in Tibet blieb jedoch nicht genau definiert. Er war allerdings mächtig genug, um nach seinem frühen Tod Aufstände gegen die Herrschaft Sakyas auszulösen, da die neue, von den Mongolen gestützte Macht nicht allen Tibetern gefiel. Insbesondere die Drigungpa (S. 206) probten den Aufstand, wurden aber von mongolischen Truppen bezwungen. 1268 begann im Auftrag Kublais schließlich die De-facto-Herrschaft der Sakyapa als Statthalter der Mongolen in Zentraltibet.

TRANSPORT

Für Sakya benötigt man ein eigenes **Permit** und muss den Ausflug entsprechend im Vorfeld von zu Hause aus oder spätestens in Lhasa buchen. Das Kloster kann gut als Abstecher auf dem Weg von Shigatse nach Shekar besucht werden. Wer nicht übernachten will, sollte aber früh genug von Shigatse aufbrechen, um genügend Zeit für die Besichtigung zu haben. Wer von Shigatse in Richtung Kailash unterwegs ist, sollte eine Übernachtung in Sakya einplanen, weil die Fahrt bis zur nächsten Übernachtungsmöglichkeit in Saga sonst sehr lang ist.

Lhatse

Zurück auf dem Friendship Highway nach Nepal, erreicht man als nächstes die Ortschaft Lhatse, einer von mehreren Orten entlang der Strecke, die mit ihren von Geschäften, Truckstops und Werkstätten gesäumten, staubigen Hauptstraßen eher an den Wilden Westen als an Tibet erinnern. Zahlreiche Restaurants werben ebenfalls um Kunden. Wer mittags durchfährt, sollte hier rasten, denn hinter Lhatse wird das Restaurantnetz sehr weitmaschig. Außer für eine Essenspause lohnt sich der Aufenthalt nicht. Die Straße nach Westtibet Richtung Kailash zweigt kurz hinter Lhatse ab.

ÜBERNACHTUNG UND ESSEN

Einen Grund, in Lhatse zu übernachten, gibt es nicht, es sei denn man möchte nach einem Besuch des Klosters Sakya nicht in Sakya übernachten.

Lhatse Shanghai Grand Hotel, im Zentrum von Lhatse, ✆ 0892-832 3786. Lhatse hat tatsächlich ein richtiges Mittelklassehotel. Wer auf saubere Zimmer mit echten Bädern Wert legt, ist hier richtig. ❹

Entlang der alten Nationalstraße 318, die durch das Zentrum Lhatses führt, reihen sich zahlreiche chinesische und tibetische **Restaurants** auf. In den letzten Jahren hat sich die Stadt rasant ausgebreitet – überall enstehen Neubauten – und so gibt es auch an der Fernstraße selbst mittlerweile eine Reihe von Restaurants. Allerdings stoppen die meisten Fahrer am liebsten bei der Ansammlung kleiner Lokale am Checkpoint aus Shigatse kommend kurz hinter Lhatse. Das Essen hier ist einfach und preiswert, und es gibt englische Speisekarten.

Von Lhatse nach Horchu

Lang Tso

Von Lhatse nach Saga sind es 306 km. Auf der Fahrt gibt es das eine oder andere zu sehen, z. B. 14 km hinter Lhatse die Ruinen des **Karu Dzong**, einst der Herrschaftssitz der Region. 24 km hinter Lhatse passiert man ab der Ortschaft Lelung den malerischen See **Lang Tso** auf der linken Straßenseite. Einer Legende nach soll er ursprünglich eine Quelle gewesen sein. Nach jeder Wasserentnahme wurde die Quelle mit einem Deckel verschlossen. Eines Tages vergaß aber eine Frau, den Deckel zu schließen, und so entstand der See, der heute zum Ärger vieler Tibeter von den Chinesen zum Sportfischen genutzt wird. Einen interessanten Umweg zum Riwoche Stupa kann man hinter der Passhöhe des 4500 m hohen **Ngamring La** machen.

Riwoche Stupa

Bei Kilometer 53 hinter Lhatse führt von der Ortschaft Gakha am **Ngamring Tso**, einem wegen der Wasserspiegelungen meist braun wirkenden See, eine Piste zunächst 39 km Richtung Matho, wo man den Tsangpo überquert, und dann weiter 14 km nach Westen über die Ortschaft Dope zum **Riwoche Stupa** (Cung Riwoche). Dieser 1456 fertiggestellte Stupa ist ein interessantes Beispiel für einen begehbaren Stupa, der aber leider in der Kulturrevolution stark zerstört wurde. Zu sehen gibt es noch einige gut erhaltene Wandmalereien vom zweiten bis zum fünften Stockwerk. Der monumentale, neungeschossige Stupa ähnelt dem von Gyantse. Bauherr des Stupa war 1449 das berühmte Universalgenie Tangtong Gyelpo (S. 173). Oberhalb des Stupas kann man ein weiteres seiner Bauwerke bewundern, und zwar eine 1436 von ihm konstruierte, 70 m lange eiserne **Brücke**. Sie wurde erst 1988 „wiederentdeckt" und ist ein herausragendes Beispiel für das organisatorische und technische Genie ihres Bauherrn.

Für den Abstecher von Lhatse zum Riwoche Stupa benötigt man bislang fast einen ganzen Tag, und so wird man zurück auf der Fernstraße G219 wahrscheinlich in der schäbigen Ortschaft **Sangsang** (4610 m), 122 km westlich von Lhatse, übernachten.

Die Köpfe des Avalokiteshvara

Avalokiteshvara wird oft mit unzähligen Armen und bis zu 13 Köpfen dargestellt. Hierzu gibt es zahlreiche Legenden. Einer Legende nach stieg Avalokiteshvara einst in die Hölle, bekehrte die Sünder, befreite sie und führte sie in das Reine Land, das Paradies seines „göttlichen" Vaters Amitabha. Zu seinem Entsetzen musste er jedoch feststellen, dass für jeden Sünder, den er erlöst hatte, sofort ein anderer dessen Platz einnahm. Vor Verzweiflung über die Ausdehnung der Schuld und die Hoffnungslosigkeit, alle retten zu können, zersprang sein Kopf in elf (bzw. 13) Teile. Amitabha ließ aus jedem Teil einen neuen Kopf entstehen. Auf diese Weise erhielt Avalokiteshvara elf Köpfe und 22 Augen, die heilige Zahl des Kosmos, bzw. nach einer anderen Version 13 Köpfe, die für die zwölf Erdzweige plus deren Einheit im Zentrum stehen. Auf diese Weise wurde Avalokiteshvara befähigt, das Leiden ringsum im Kosmos zu sehen und mit allen Häuptern gleichzeitig über die besten Mittel zur Rettung aller Lebewesen nachzudenken.

Saga

Von Sangsang führt die Straße ins 120 km entfernte **Raga** (Raka). Längst hat man die letzten Bäume und grünen Felder hinter sich gelassen und fährt nun durch den Wilden Westen Tibets. Etwa 6 km hinter Raga passiert man die Kreuzung, wo die S206, die Nordroute nach Ali, abzweigt. Von hier nach Saga sind es noch einmal 60 km. In **Saga** breiten sich auf einer Höhe von über 4700 m die höchstgelegenen Anbaufelder für Sommergerste aus. Die Vegetationszeit beträgt hier 120 Tage. Saga ist die letzte größere Stadt sowie ein wichtiger Markt- und Warenumschlagsort an der Südroute Richtung Westen und erlebt gerade einen ungeheuren Bauboom. Überall entstehen neue Einkaufszentren und Wohnblocks, in denen vor allem die Nomaden der Region angesiedelt werden sollen, und im Zentrum wimmelt es von Geschäften und Restaurants.

Von Drongpa nach Horchu

Die nächste Etappe führt an Sanddünen vorbei durch **Drongpa** (Zhongba) gut 145 km hinter Saga. Der traditionelle Name dieser 4560 m hoch gelegenen Ortschaft lautet Tradün („Sieben Haare"). Tradün gehörte zu jenen Orten, an denen Songtsen Gampo einen seiner berühmten Tempel errichten ließ, um die sich über Tibet ausbreitende Dämonin (S. 155) zu fixieren. Das kleine, restaurierte Kloster Tradün (chin. Zhadun) steht auf einer Anhöhe an der Ortsausfahrt (Eintritt ¥20). Rundherum sieht man auf den Hügeln vier kleinere weiße Stupas, die als „Nägel" dienten. Später war es die Lage des Ortes an der Verbindungsroute zwischen West- und Zentraltibet, die zur Errichtung von staatlichen Raststationen führte. Tradün lag zudem an der Nord-Süd-Handelsroute, über die ein Großteil des Salzhandels zwischen Tibet und Nepal bzw. dem damals bestehenden Königreich Mustang abgewickelt wurde. Die rege Bautätigkeit in diesem Nest lässt erahnen, dass man wieder an die alte Bedeutung anknüpfen möchte. 25 km hinter Drongpa passiert man den Abzweig zum neuen chinesischen Ort gleichen Namens, der sich weit abseits der Nationalstraße an einen Gebirgszug duckt. Zu sehen gibt es im neuen Zhongba nichts, dafür bietet der Ort ein paar einfache Gästehäuser, Geschäfte und Restaurants.

Weiter geht es durch grüne Hochebenen und dann durch ein Meer aus Sanddünen, über einen kleineren und einen größeren Pass (Soge La, 4780 m, und Tuge La, 4920 m) bis nach **Paryang**, einer uninteressanten Siedlung, die eher an ein Lager erinnert.

In der Ferne sieht man südlich der Straße nun auch das Quellgebiet des Brahmaputra mit seinen unzähligen Flussarmen. Dank neuer Brücken ist man nur noch vier Stunden bis **Horchu** am Mapham Yutso unterwegs. Auf der Strecke passiert man den 5211 m hohen Mayum La, der auch die Grenze der bezirksfreien Stadt Shigatse mit der Präfektur Ngari markiert.

ÜBERNACHTUNG UND ESSEN

Sangsang

Hier steht an der Ortseinfahrt das **Sangsang Hotel**, das genauso schäbig wie die Ortschaft selbst ist – aber immerhin hat es ein passables Restaurant. Bett ¥30, ❶

Saga

Saga bietet sich als Übernachtungsstopp auf dem Weg zum Kailash an. Wegen des herrschenden Baubooms ist die Stadt allerdings sehr staubig und wenig attraktiv. Auch die Unterkünfte sind eher mäßig. Wer mit dem Zelt unterwegs ist, findet westlich hinter Saga einige herrliche **Campingmöglichkeiten** an malerischen Flussläufen.

Saga Hotel (Saga Binguan), an der Nationalstraße 219 am östlichen Ende der Stadt. Dies ist das letzte Hotel auf dem Weg nach Westen, in dem fließend warmes Wasser aus der Dusche kommt. Die Zimmer sind zweckmäßig und ordentlich. Wer auf der Strecke viel gezeltet hat, wird sich über ein bequemes Bett freuen. ❸–❹

Xingyue Hotel (Xingyue Jiudian), an der Nationalstraße 219 nahe der Gesang Lu. Das wenige Meter nördlich vom Saga Hotel gelegene Hotel ist in einem tibetischen Gebäude untergebracht und bietet einfache Zimmer ohne Komfort und heißes Wasser. Dafür ist es deutlich preiswerter als das Saga Hotel. Dorm-Betten ab ¥40. ❷

Entlang der Nationalstraße 219 und der von da abgehenden Gesang Lu beim Xingyue Hotel gibt es einfache Lokale, darunter das **Dhunkar Family Restaurant** und das **Moon Star Hotel** mit englischen Speisekarten und Gerichten um ¥20–40.

Paryang

Wer hier übernachten muss, wird meist im tibetischen **She Sha Bangma Hotel** untergebracht. Betten ab ¥50. ❷

Shekar

Hinter Lhatse und dem Abzweig nach Westtibet beginnt die lange Auffahrt zum 5248 m hohen **Gyatso La**, der auch den Beginn des Qomolangma-Nationalparks markiert. Dahinter windet sich die Straße nach Shekar hinunter.

Shekar („Weißer Kristall") ist ein Ort, der sich in erster Linie durch seine vielen Schreibweisen auszeichnet: Shegar, Xegar, Xin Tingri, New Tingri und für den Ortsteil am Friendship Highway

Bebar und Baiba. Der Bebar genannte Ortsteil dient als Sprungbrett für die Fahrt zum Mount Everest Base Camp. Der eigentliche Ort Shekar befindet sich etwa 7 km abseits der Straße. Wer ihn besuchen möchte, muss das bereits bei der Buchung angeben, da man ein eigenes Permit für Shekar benötigt. Vom Ortskern Shekars führt ein rund 2 km langer Weg hinauf zum Dzong, vorbei an einem kleinen, aktiven Kloster namens **Shekar Chöde**, das 1269 von einem Sakya-Lama gegründet und später in ein Gelugpa-Kloster umgewandelt wurde. In seiner Blütezeit lebten hier 300 Mönche, heute sind es nur noch eine Handvoll. Oben auf den Felsen thronen in einer Höhe von fast 5000 m die Ruinen des einstmals mächtigen **Shekar Dzong**. Er gehörte zu den stärksten Befestigungsanlagen Tibets und war das Verwaltungszentrum des Distrikts Dingri. Die Beamten waren zu beneiden, denn sie genossen eine fantastische Rundumsicht über die Täler.

1924 war Shekar der Startpunkt der zweiten britischen Mt.-Everest-Expedition, die die Erstbesteigung des Mount Everest zum Ziel hatte. Bei dem Versuch kamen die beiden Bergsteiger George Mallory und Andrew Irvine ums Leben. Bis heute gibt es Mutmaßungen, dass Mallory und Irvine es vielleicht bis auf den Gipfel des Mount Everest geschafft haben könnten und somit die Erstbesteiger des Berges wären. Mallorys Leiche wurde erst 1999 vom amerikanischen Bergsteiger Conrad Anker in 0200 m Höhe weitab südwestlich von den Gipfelgraten auf einem Schneehang gefunden.

ÜBERNACHTUNG UND ESSEN

Als Sprungbrett für den Everest-Trip bietet Bebar viele einfache, sich im Standard kaum unterscheidende Unterkünfte. Fast alle reihen sich entlang dem Friendship Highway auf. Die meisten Unterkünfte verfügen über eigene Restaurants. Diese sind in der Regel gemütlich und bieten Sitzgelegenheiten, die sich um einen warmen Ofen gruppieren, aber eher mäßiges Essen.

Bebar Hotel, von Lhatse kommend am Beginn der Ortschaft auf der linken Seite kurz hinter dem Checkpoint, ✆ 0892-892 6655. Stolz präsentiert dieses Hotel, das sich äußerlich kaum von den anderen Unterkünften unterscheidet, drei Sterne. Die gelten wohl ausschließlich für die warmen Duschen in den ansonsten eher gammeligen Zimmern. Außerdem gibt es ein großes Restaurant mit anständigem Essen. ❹

Chengdo Zhuangyuan Hotel, im Ortszentrum auf der rechten Seite, nicht weit vom Abzweig nach Shekar, ✆ 136-2892 3570. Die Zimmer in der einfachen Unterkunft gruppieren sich wie üblich um einen großen Innenhof, der als Parkplatz genutzt wird. Nur Gemeinschaftstoiletten und kein Wasser. Bett ab ¥50.

Mt. Everest Tashi Hotel, von Lhatse kommend etwa 100 m hinter dem Bebar Hotel auf der rechten Seite, ✆ 181-8908 8188. Hier gibt es einfache 4-Bett-Zimmer, Plumpsklos und heißes Wasser aus der Thermoskanne, das man auch zum Waschen in eine Plastikschüssel umfüllen kann. Außerdem verfügt die Unterkunft über ein gemütliches Restaurant. Bett ab ¥50.

Qomolangma Hotel (Dingri Zhufeng Binguan), etwa 600 m vom Friendship Highway auf dem Weg in den Hauptort Shekar, ✆ 0892-826 2775. Großes chinesisches Hotel, das vor allem von betuchteren Tourgruppen frequentiert wird. Entsprechend hoch sind die Preise. Es gibt warme Duschen, ein gutes Restaurant, eine Bar, die meist geschlossen ist, einen Souvenirshop, in dem man Mt.-Everest-T-Shirts bekommt, und WLAN. ❹

PERMITS

Für den Besuch des Mount Everest Base Camp wird ein eigenes Permit benötigt, das pro Person ¥180 kostet. Dazu kommen noch einmal ¥400, damit man mit dem Fahrzeug in den Nationalpark fahren kann. Dieser Betrag wird durch die Anzahl der Mitfahrer geteilt. Die Fahrzeugkosten müssen bei einigen Veranstaltern vor Ort extra bezahlt werden und sind in den Kosten der Tour nicht immer enthalten, um das Tourangebot preiswerter erscheinen zu lassen. Diesen Punkt also bei der Buchung im Reisebüro zu Hause oder in Lhasa schon ansprechen, damit man nicht plötzlich ohne genügend Geld dasteht. Rund 6 km südwestlich von Shekar/Bebar befindet sich ein weiterer **Kontrollpunkt** (der erste liegt von Osten kommend am Ortseingang von Shekar). Hier werden einmal mehr Pässe, Tibet Travel Permit und Alien Travel Permit geprüft. Am KM 5145 zweigt die Straße zum Base Camp ab. Nach 3 km kommt bei der Ortschaft Chay ein weiterer Checkpoint, wo die Guides den Eintritt in den Nationalpark bezahlen müssen und die Pässe und das Permit für den Nationalpark erneut geprüft werden. Einen letzten Checkpoint passiert man schließlich noch kurz vor dem Kloster Rongbuk.

SHIGATSE

Mount Everest Base Camp

Von Shekar aus fährt man rund 100 km in etwa vier Stunden bis zum Kloster Rongbuk. Von dort sind es noch 8 km zum Base Camp des höchsten Bergs der Welt, eine holprige Strecke, die man relativ problemlos befahren kann. Die Straße von Shekar zum Kloster Rongbuk ist 2016 vollständig saniert und geteert worden. In schier endlos erscheinenden Serpentinen geht es zunächst hinauf auf den **Pang La** (5150 m). Oben blickt man, sofern die Gipfel nicht gerade von Wolken verhüllt werden, auf die gigantische Kulisse des Himalayas mit seinen majestätischen, schneebedeckten Sieben- und Achttausendern. Allein fünf Achttausender kann man bei guter Sicht sehen, und zwar von links nach rechts den Makalu, Lhotse, Mount Everest, Cho Oyu und Shisha Pangma. Am Gipfel des Mount Everest hängt übrigens immer ein weißer Wolkenstreifen, der mit dem Westwind wie eine Flagge nach Osten weht. Diese Erscheinung nennt man die „Flaggenwolke am Qomolangma". Mal glaubt man, aufwallende Wellen zu sehen, mal aufsteigenden Herdrauch, mal galoppierende Pferde, mitunter aber auch den geheimnisvollen Schleier einer Göttin, denn eine tibetische Legende erzählt, dass sich hinter der Erscheinung des höchsten Bergs der Welt eine Fee verberge, die vor langer Zeit auf die Erde gekommen sei und nun als Qomolangma, „Herrin über dem Land", wie die Tibeter den Berg nennen, im Himalaya residiere. Läuft man vom Parkplatz noch etwa 20 Minuten über eine Piste auf den mit Gebetsfahnen behängten Gipfel zu, bietet sich vom höchsten Punkt eine noch bessere Aussicht.

Hinter dem Pass geht es wieder in Serpentinen bergab, bis man schließlich in das lang gezogene weite Tal am Fuß des Mount Everest einfährt. Erster Halt ist das **Kloster Rongbuk** auf einer Höhe von 4980 m. Damit ist es das höchstgelegene Kloster der Welt. Mönche und Nonnen der Nyingmapa meditierten schon im 18. Jh. in dieser Gegend. Das Kloster selbst wurde aber erst 1899–1902 als Nyingma-Kloster errichtet.

Vom Kloster sind es noch einmal 4 km bis zu einem Zeltcamp, wo die Fahrzeuge abgestellt werden müssen und von dort weitere 4 km bis zum eigentlichen **Base Camp** auf einer Höhe von 5150 m. Bis hierher darf man laufen oder mit Parkbussen fahren. Wer vom Zeltcamp aus läuft, kann entlang des Weges eine kleine Einsiedelei besuchen. Das Base Camp ist nur für Touristen aufgebaut worden. Wer unerlaubt weiterläuft, zahlt eine Strafe von US$200. Der Ausblick auf den Mount Everest ist aber auch vom Base Camp spektakulär.

ÜBERNACHTUNG UND ESSEN

Wer nicht im Rahmen eines Tagesausflugs herkommt, kann im schlichten **Gästehaus unterhalb des Klosters** übernachten, wo man pro Bett ¥60 zahlt. Hier gibt es auch ein einfaches, aber sehr gemütliches und abends vor allem beheiztes **Restaurant**, das Nudel-, Reis- und Fleischgerichte zubereitet. Pro Gericht zahlt man etwa ¥20. 4 km weiter befindet sich an der Piste zum Base Camp eine Zeltstadt mit einigen Dutzend **Zeltunterkünften**, die sich hochtrabend **The Plateau Hotel**, **Shambala Hotel**, **Garden of Eden Guesthouse** oder sogar **Metal Yak Grand Hotel** nennen. Sie sind allesamt ziemlich gemütlich, beheizt und bieten ihren Gästen einfache Mahlzeiten ab ¥10. Die Preise liegen einheitlich bei ¥60 für eine Schlafstätte in einem 5 Personen fassenden Zelt.

TRANSPORT

Wer am Kloster übernachtet, kann sich mit seinem Fahrzeug bis zur Zeltstadt fahren lassen.

Der Mystiker Milarepa

Der berühmte tibetische Yogi und Mystiker Milarepa hatte eine unglückliche Kindheit. Er fasste den Entschluss, die Schwarze Magie zu erlernen, um sich für das seiner Familie zugefügte Unrecht zu rächen. Nach dem frühen Tod seines Vaters war die wohlhabende Familie Milarepas in Armut und Abhängigkeit geraten. Sein Onkel und seine Tante hatten sich geweigert, das Erbe, das sie für ihn verwalteten und das ihm bei seiner Volljährigkeit zustand, herauszurücken. Um dem Elend ein Ende zu machen, hatte die Mutter Milarepa überredet, fortzuziehen und bei einem dafür geeigneten Lehrer Zauberkräfte zu erlernen. Auf seiner **Wanderschaft** ging er bei verschiedenen Lehrern in die Schule und versuchte die erworbenen Fähigkeiten gegen seinen Onkel und seine Tante einzusetzen. Unter anderem sorgte er dafür, dass die Gesellschaft bei der Hochzeit des Sohnes seines Onkels von den einstürzenden Trümmern eines Daches getötet wurde. Allerdings überlebten sein Onkel und seine Tante jedes der von Milarepa herbeigeführten Unglücke.

Milarepa erkannte schließlich, dass er durch seine Racheakte viel Schuld auf sich geladen hatte, und versuchte, diese abzutragen, indem er das Leben eines Heiligen führte. Zu seinem Meister erkor er **Marpa**. Dieser bürdete Milarepa allerdings zahlreiche Lasten auf, um ihn für seine Sünden büßen zu lassen, aber auch um seine geistige Reife zu prüfen. Unter anderem ließ er ihn je einen kreisförmigen, einen halbkreisförmigen, einen dreieckigen und einen quadratischen Turm bauen und jedes Mal wieder abreißen. Nach vielen Irrungen und Wirrungen, die beinahe zum Selbstmord Milarepas führten, war seine Arroganz so weit zurückgedrängt, dass er bereit war, Marpas Lehren aufzunehmen und zu verstehen.

Nachdem Milarepa von Marpa in die Tantren eingeweiht worden war, verbrachte er neun Jahre eingemauert in einer **Felsenhöhle**, um ungestört meditieren zu können – damals eine übliche Meditationsform in Tibet (nur ein Stein bleibt beweglich, der zum Durchreichen von Essen herausgenommen werden kann). Milarepa beherrschte die Kunst, seine Körpertemperatur zu regulieren, und konnte daher selbst die harten Winter in seiner Höhle überstehen. Gekleidet war er nur in ein Baumwolltuch, daher sein Name „der in ein Baumwolltuch gekleidete Mila".

Milarepa hat nie ein Kloster oder eine Lehrrichtung begründet. Er ist vor allem durch seine *Hunderttausend Lieder*, **Gurbum**, bekannt geworden, in denen er seine Erlebnisse, inneren Erfahrungen und sein Erleuchtungswissen dichterisch darlegt.

Die 4 km dorthin sind nicht so schön zum Laufen, da man an der staubigen Piste entlangwandern muss. Von der Zeltstadt zum Base Camp sind es noch einmal 4 km, die man nicht mehr mit dem eigenen Fahrzeug zurücklegen darf. Man kann aber den zwischen Zeltstadt und Base Camp pendelnden Minibus nehmen, der immer dann losfährt, wenn der Fahrer meint, genügend Fahrgäste zu haben. Für die Hin- und Rückfahrt zahlt man stolze ¥25, für die einfache Fahrt gilt derselbe Preis. Viel schöner ist es aber, das Stück vom Zeltcamp zum Basislager zu Fuß zu laufen. Für den Hin- und Rückweg sollte man mind. 3 Std. einplanen, mehr, wenn man die Einsiedelei unterwegs besucht. Man muss auf der Rückfahrt zum Friendship Highway nicht denselben Weg zurück fahren, sondern kann die rund 70 km lange Piste nach DINGRI nehmen, die durch eine atemberaubende Landschaft führt und am Ende grandiose Ausblicke auf den Cho Oyu bietet. Diese Option geht allerdings nur, wenn man mit einem Geländewagen unterwegs ist.

Dingri

Von der Abzweigung hinter Bebar nach Rongbuk und zum Basislager sind es knapp 50 km auf dem Friendship Highway gen Westen bis Dingri (Tingri, 4340 m), das manchmal auch unter dem Namen Old Tingri zu finden ist. Dingri ist hauptsächlich als Trekkingziel vom Mount Everest Base Camp interessant, der Ort bietet sich aber auch

Trekking zum Mount Everest Base Camp

- **Route**: Dingri – Ra Chu – Lungchang – Lamna La – Zommug – Rongbuk
- **Länge**: ca. 80 km
- **Dauer**: 3–4 Tage
- **Wegbeschaffenheit**: am Start- und Endpunkt der Route viel Geröll, sonst gut ausgetretene Pisten, nach Schneefall oder Regen sehr matschige Wege
- **Schwierigkeitsgrad**: einfach zu gehende Wege, aber sehr gute Kondition und entsprechende Höhenverträglichkeit sind erforderlich

Die Route von Dingri über den Lamna La ist überaus reizvoll und führt über weite Hochebenen, durch kleine Dörfer und herrliche Gebirgslandschaften. Auf der ersten Etappe bieten sich immer wieder fantastische Ausblicke auf den 8818 m hohen Cho Oyu.

Erster Tag

- Gehzeit: 7 Std.

Die erste Etappe beginnt bei der Brücke am Südostende von **Dingri** und führt über eine gute Piste am östlichen Ufer des Ra Chu entlang über eine meist windgepeitschte Grasebene, die schnell in eine scheinbar endlose, mit Strauchwerk bewachsene Geröllebene übergeht. Von nun an läuft man direkt nach Süden auf den Cho Oyu in der Ferne zu. Die kurvige und teils sehr staubige Piste kann man immer wieder querfeldein abkürzen, aber der Weg über das Geröll ist anstrengend. Gut 1 Std. hinter Dingri kündigen Gebetsmühlen das kleine Dorf **Ra Chu** an, in dem es einen hübschen kleinen Tempel zu sehen gibt, an. Rund 45 Min. hinter dem Dorf öffnen sich auf einmal die Berge, die den Weg seit Ra Chu auf der linken Seite begrenzt haben, in ein weites Seitental. Man bleibt aber weiterhin auf der nach Süden auf den Cho Oyu

© CHRISTOPH MOHR

zuführenden Piste. Nach weiteren 1 1/2 Std. erhebt sich plötzlich ein felsiger Grat aus der Ebene und zieht sich nun am Westufer des Ra Chu entlang. Hier sieht man jenseits des Flusses das Dörfchen Cholung mit den Überresten einer Tempelanlage. Von nun an wird die bislang weite Ebene immer schmaler und 30 Min. später passiert man **Lungchang**, das letzte Dorf in der Dingri-Ebene vor dem Lamna La. Eine Stunde Fußweg hinter Lungchang wird das Ra Chu-Tal nun immer enger. Am westlichen Flussufer türmen sich die massiven Geröllablagerungen längst geschmolzener Gletscher. Die Piste windet sich nun hoch über dem Fluss immer an den Berghängen entlang bis zu einem kleinen Pass, von dem sich herrliche Ausblicke zurück in Richtung Dingri und auf den Himalaya im Süden bieten. Gut 45 Min. hinter dem Pass bieten sich auf den Weiden hoch über dem Ra Chu gute Campingmöglichkeiten.

Zweiter Tag

■ Gehzeit: 7 Std.

Nach dem langen Aufstieg am ersten Tag führt der Weg nun langsam bergab. Ein letztes Mal sieht man den Cho Oyu, der nun schon ganz nah erscheint, bis er plötzlich hinter einer Biegung verschwindet. 2 Std. hinter dem Camp biegt der Weg leicht nach Osten in ein neues Tal ab. Jenseits einer Behelfsbrücke führt die Piste wieder langsam bergauf durch Geröll und vorbei an einigen Camps mit ummauerten Einfriedungen, in denen die hiesigen Hirten nachts ihr Vieh zusammentreiben. In der Ferne sieht man bereits einen lang gezogenen Sattel, auf den sich der Weg in Serpentinen hochzieht. Man erreicht den Sattel nach zwei weiteren Stunden und läuft nun wieder leicht bergab in ein weiteres Hochtal, wo man kurz vor dem **Lamna La** ein Gehöft in 4850 m Höhe erreicht, hinter dem man an einem Fluss gut campen kann.

Dritter Tag

■ Gehzeit: 5 Std.

Bis zum 5120 m hohen **Lamna La** benötigt man vom Camp aus rund 60 Min. Oben angekommen, sieht man in der Ferne wieder die schneebedeckten Gipfel des Cho Oyu und des Gyachung Kang. Hinter dem Pass wird die Landschaft auf einmal viel grüner. Überall sieht man die schwarzen Zelte der Nomaden und grasende Yaks und nach weiteren 1 1/2 Std. erreicht man schließlich die 4750 m hoch gelegene Siedlung **Zommug**, das höchste dauerhaft bewohnte Dorf in der Region des Mount Everest. Man kann von hier in etwa 2 Std. zur Straße, die von Shekar zum Base Camp führt, hinunter trekken und dort dann bis **Rongbuk** bzw. zum Base Camp weiterfahren, um nicht an der Straße entlanglaufen zu müssen.

Wichtig: eine gute Vorbereitung

So spektakulär und reizvoll die Trekkingtour zum Mount Everest auch ist, man sollte sie nur bei ausreichender **Höhenanpassung** durchführen, also nicht auf der Fahrt von Nepal nach Lhasa, da man auf über 5000 m Höhe übernachten muss – für den nicht akklimatisierten Körper eine Tortur und eine große Gefahr, die oft unterschätzt wird. Auch das Klima hier ist extrem: Es kann mittags fürchterlich heiß sein, während wenige Minuten später Hagelstürme die Temperaturen plötzlich auf eisige Temperaturen fallen lassen.

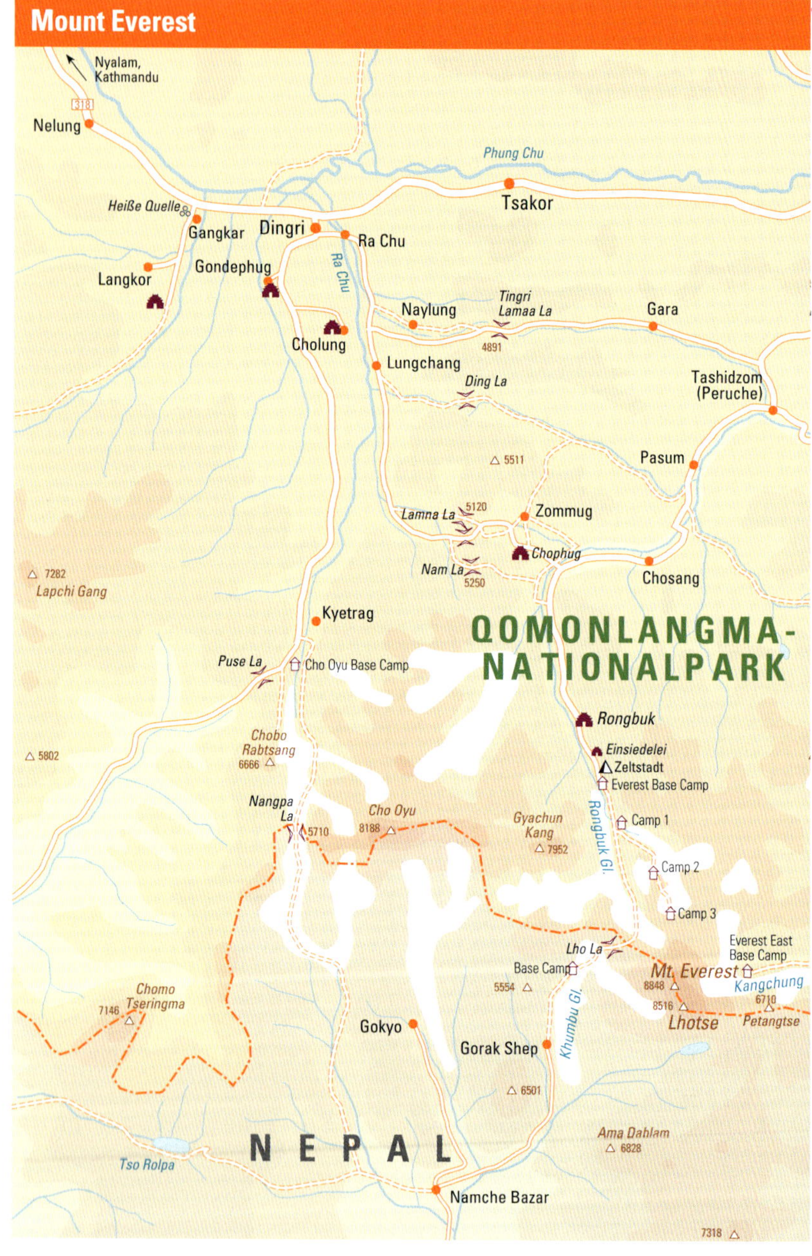
Nyalam, Kathmandu
318
Nelung
Phung Chu
Tsakor
Heiße Quelle
Gangkar
Dingri
Ra Chu
Langkor
Gondephug
Ra Chu
Naylung
Tingri Lamaa La
4891
Gara
Cholung
Lungchang
Ding La
Tashidzom (Peruche)
5511
Pasum
Lamna La
5120
Zommug
Chophug
Nam La
5250
Chosang
7282
Lapchi Gang
Kyetrag
QOMONLANGMA-NATIONALPARK
Puse La
Cho Oyu Base Camp
Rongbuk
Chobo Rabtsang
6666
5802
Einsiedelei
Zeltstadt
Everest Base Camp
Nangpa La
5710
Cho Oyu
8188
Gyachun Kang
7952
Rongbuk Gl.
Camp 1
Camp 2
Camp 3
Everest East Base Camp
Lho La
Base Camp
5554
Mt. Everest
8848
Kangchung
6710
8516
Lhotse
Petangtse
Chomo Tseringma
7146
Gokyo
Khumbu Gl.
Gorak Shep
6501
Ama Dablam
6828
NEPAL
Tso Rolpa
Namche Bazar
7318
SHIGATSE

als Zwischenstopp vor der letzten Etappe nach Zhangmu an und gewährt immer wieder herrliche Ausblicke auf den Mount Everest im Süden. Am besten lassen sie sich nach einem Aufstieg zu den Ruinen der alten Festung genießen, die über Dingri wacht. Der **Dzong** von Dingri wurde 1792 beim Einfall einer nepalesischen Armee zerstört. Der Ort selbst war früher ein wichtiger Handelsposten, wo Sherpas aus Nepal Reis, Getreide und Eisen gegen tibetische Wolle und Salz tauschten. Heute ist es hauptsächlich ein Armeestützpunkt, der als Dorf getarnt ist.

ÜBERNACHTUNG UND ESSEN

Die Unterkünfte und Restaurants reihen sich alle entlang dem Friendship Highway auf. Die meisten dienen als Unterkünfte für Lkw-Fahrer und sind überaus spartanisch. Fast alle Gästehäuser haben auch kleine Restaurants oder Teehäuser. Dazwischen gibt es einige chinesische Restaurants, in denen Sichuan-Küche zubereitet wird.

Amdo Hotel, ✆ 0892-826 2701. Einfaches Hotel, das aber immerhin gegen Gebühr (¥10/Gäste, ¥15/Nicht-Gäste) heißes Wasser zum Duschen bietet. Es gibt ein gemütliches tibetisches Teehaus, dessen niedrige Sitzgelegenheiten mit Teppichen ausgelegt sind. Serviert werden tibetische Gerichte. Bett im DZ ¥50. ❶

Everest Snow Leopard Guesthouse, ✆ 0892-826 2711. Das Hotel befindet sich aus Shekar kommend etwa 1 km vor Dingri. Es wird hauptsächlich von Tourgruppen frequentiert. Die Zimmer sind zwar einfach, aber immerhin sehr sauber. Abends sorgt ein Generator einige Stunden lang für Licht, sodass man sogar die Fernseher auf den Zimmern nutzen kann. Es gibt ein Restaurant mit einer umfangreichen Speisekarte. Dorm-Bett ¥60. DZ mit Bad ❹, ohne Bad ❸

Hehu Binguan, ✆ 136-4892 2335. Großes Hotel mit manierlichen Zimmern. Es gibt DZ mit eigenem Bad und Warmwasser sowie Zimmer ohne Bad und mit Gemeinschaftstoiletten, Duschen sind nicht vorhanden. Bett ¥50. ❹

Base Camp Restaurant (Dabenying Canting). Das gemütliche, im tibetischen Stil eingerichtete Restaurant befindet sich gleich

SHIGATSE

neben dem Hehu Binguan und serviert ordentliche chinesische und tibetische Küche. Gerichte ab ¥20.

Nyalam

Die Straße von Dingri Richtung Nyalam führt hinter Nelung in ein enger werdendes Tal, das von zahllosen Ruinen gesprenkelt wird. Dabei handelt es sich um alte Festungen, die beim Einfall der Gurkha-Armee 1792 zerstört wurden. Das Tal steigt über 85 km langsam an und erklimmt schließlich den Doppelpass des **Lalung La** (5050 m) und kurz dahinter des **Tong La** (5126 m). Hier eröffnet sich ein herrlicher Blick über den Himalaya, ganz besonders Richtung Westen auf den mächtigen Shisha Pangma (8013 m). Sehr steil geht es auf der anderen Seite wieder hinunter, wo die Straße vom Rand der Tibetischen Hochebene bis in die Schlucht des Flusses Po Chu abfällt und dann nach Nyalam führt. Das kleine **Nyalam** schmiegt sich auf 3750 m an den Rand der Schlucht, durch die der Matsang Tsangpo fließt, und wartet mit mehreren chinesischen Restaurants sowie einer Vielzahl einfacher Unterkünfte auf. Ansonsten gibt es in der Ortschaft, in der auch der letzte Felsen noch mit Wohnhäusern bebaut wird, nichts zu sehen.

Lohnend ist aber ein Besuch der nahe beim Kilometerstein 5333, 10 km nördlich von Nyalam gelegenen **Höhle des Milarepa**, zu erkennen an einem weißen Chörten links der Straße am Rand der Schlucht. Milarepa (1040–1123) war ein verehrter tibetischer Mystiker, der ein asketisches Wanderleben führte, in Höhlen nächtigte und vor allem wegen seiner religiösen Lieder geliebt wurde. Die Kagyü-Schule des tibetischen Buddhismus wurde von Milarepas Anhängern gegründet. Die Abdrücke an den Wänden und der Decke der Höhle sollen von Milarepa persönlich stammen. Um die Grotte herum wurde ein Tempel errichtet, der zur Zeit der Recherche noch im Bau war.

ÜBERNACHTUNG UND ESSEN

Seit der Evakuierung von Zhangmu wird Nyalam auf dem Weg nach Nepal nicht mehr angefahren. Wer die Höhle von Milarepa besuchen möchte, muss den Abstecher dorthin also extra buchen. Lohnend ist das allerdings nur, wenn man auf der Fahrt nach Westtibet oder zum neuen Grenzübergang in Gyirong genügend Zeit hat. Entlang der Hauptstraße reihen sich zahlreiche Unterkünfte, die sich vom Standard her ähneln.

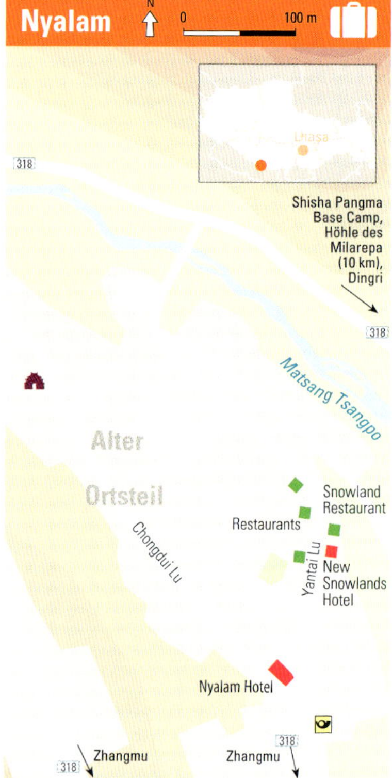

Nyalam Hotel. Das Hotel befindet sich ziemlich am Ende von Nyalam, kurz vor der Abfahrt zum tibetischen Wohnviertel. Die Zimmer sind zwar spartanisch, aber gepflegt. Betten ab ¥50. ❶

New Snowlands Hotel, 39 Yantai Lu, ✆ 0892-827 2111. Das beste Hotel der Stadt bietet relativ ordentliche Zimmer mit bequemen Betten, ist aber etwas laut und zeigt bereits deutliche Abnutzungserscheinungen. ❸–❹

Snowland Restaurant, unter den Restaurants, die die Hauptstraße säumen, gehört dieses zu den besten. Hier steigen vor allem Alpinisten ab, die zum Shisha-Pangma wollen oder von dort kommen und sich an den Wänden verewigen. Serviert werden gutes tibetisches und chinesisches Essen sowie ein paar westliche Gerichte. Gerichte ab ¥20.

TRANSPORT

Sollte der Grenzübergang nach ZHANGMU eines Tages doch wieder geöffnet werden, gelten folgende Hinweise: Bei Erdrutschen muss man große Teile der Strecke zwischen Zhangmu und Nyalam oft laufen. Die Fahrzeuge fahren dann von Nyalam oder Zhangmu aus nur bis zum Erdrutsch. Ab dann heißt es Augen zu und durch! Oft muss man sich auf abenteuerliche Weise am Erdrutsch vorbeihangeln. Schwindelfreiheit ist da von Vorteil. Hat man den Erdrutsch passiert, sind die Guides verpflichtet, sich um die Weiterfahrt zum Zielort zu kümmern.

Zhangmu/Dram

Südlich von Nyalam, rund 150 km hinter Dingri, begann bis zum Erdbeben 2015 der abenteuerlichste und beeindruckendste Abschnitt der Strecke nach Nepal. Seitdem ist er bis auf Weiteres nicht mehr zugänglich. Bewaldete Schluchten, reißende Gebirgsbäche und romantische Almen bilden die Kulisse. In geradezu waghalsigen Serpentinen ist die Straße in die Südhänge des Himalayas gehauen, und in der Monsunzeit spült der Regen ganze Straßenabschnitte in den Abgrund. Wenn es stark regnete, musste man auf eine Befahrung der Strecke ganz verzichten, da sie dann lebensgefährlich war. Auch sonst wurde der Bus oder Jeep manchmal schon weit vor Zhangmu durch Erdrutsche gestoppt, sodass man fast immer auch weite Strecken, manchmal mehr als 25 km, laufen musste.

Nach dem großen Erdbeben in Nepal 2015 befürchteten Geologen, dass der Berghang, an dem Zhangmu klebt, abrutschen könnte, und so musste der 2350 m hoch gelegene Grenzort nach Nepal evakuiert werden. Bis zu seiner Evakuierung war Zhangmu (tib. Dram, nep. Khasa) der wohl skurrilste Ort Tibets. In diesem aus verrotteten Beton-Backstein- und Holz-Blech-Konstruktionen zusammengezimmerten Nest, das sich schier endlos entlang einer stets von Lkw verstopften Piste den Berghang hinaufzog, landete man, wenn man aus Kathmandu kam oder dorthin wollte. In der Monsunzeit zwischen Juni und September war Zhangmu regelmäßig wegen oft gigantischer Erdrutsche auf tibetischer wie nepalesischer Seite buchstäblich von der Außenwelt abgeschnitten.

Ob der Ort je wieder zum Leben erweckt wird, steht noch in den Sternen. Eine Entscheidung wird wohl erst getroffen werden, wenn die geologischen Untersuchungen abgeschlossen sind.

Über den Palku Tso nach Gyirong und Saga

Wer vom Mount Everest kommend Richtung Kailash oder Gyirong weiterfährt, braucht nicht nach Lhatse zurück, sondern kann über die Nebenstraße X214 durch den Shisha-Pangma-Nationalpark nach Westen fahren. Nach etwa 30 km Fahrt auf der X214 passiert man das Dorf **Seling** (Senglung, Seylong), wo die Guides den Eintritt für den **Shisha-Pangma-Nationalpark** zahlen müssen. 16 km weiter bieten sich atemberaubende Ausblicke auf den **Shisha Pangma**. Hier zweigt auch ein Weg zum Shisha Pangma Base Camp ab, der einzige Achttausender übrigens, der komplett in Tibet steht. Hinter dem Abzweig und etwa eine Stunde Fahrt von Seling passiert man den pittoresken, 4560 m hoch gelegenen **Palku Tso** mit seinem türkisblauen Wasser. Von hier genießt man grandiose Aussichten auf den Shisha Pangma und das Langtang-Gebirge in Nepal. Herrlich ist ein Picknick am Ufer des Sees, bei dem man die Stille der Landschaft genießen kann. Die Landschaft am See eignet sich auch hervorragend zum Zelten, wenn man dort erst gegen Abend eintrifft.

Die Straße führt westlich des Sees schließlich zwischen felsigen Berghängen nach Nor-

SHIGATSE

den und dann entweder nach Süden in Richtung Gyirong oder über eine gut 70 km lange staubige Piste über zwei Pässe nach Saga (S. 273), das man nach Überquerung der Brücke über den Tsangpo erreicht.

Gyirong

Gyirong liegt gut 80 km westlich von Zhangmu auf einer Höhe von 2000 m in Blickweite des mächtigen Shishapangma, den man während

Einreise von/nach Nepal

© CHRISTOPH MOHR

Ausreise nach Nepal: Beide Grenzübergänge öffnen tgl. 9.30–17.30 Uhr chinesischer Zeit. Die Formalitäten bei der Ausreise von Tibet nach Nepal sind fast schon strenger als bei der Einreise. Manchmal filzen die chinesischen Grenzbeamten das gesamte Gepäck aller Reisenden, dann kann es, wenn man große Gruppen vor sich hat, mehrere Stunden dauern, bis man über die Grenze ist. Der nepalesische Grenzposten befindet sich in **Rasuwa Ghadi**. Dort werden nur Visa für die einmalige Einreise (25 US$, 25 €, ¥200) ausgestellt; sie sind unter Vorlage eines Passfotos in bar zu bezahlen. Nach der Ankunft in Nepal muss die Uhr um 2 1/4 Std. zurückgestellt werden.

Weiterfahrt in Nepal: Immer wieder zerstören teils gewaltige Erdrutsche, Monsunregenfälle – zuletzt 2016 – oder Erdbeben wie jenes von 2015 ganze Abschnitte des nepalesischen Straßennetzes im Grenzgebiet. In solchen Fällen muss man sich auf größere Reiseverzögerungen einstellen. Wird die Grenze ganz geschlossen, sind die Flugkapazitäten ab Lhasa meist sehr schnell erschöpft. Meist hat man nur noch die Option via Chengdu oder einer anderen chinesischen Stadt auszufliegen oder man muss größere Teile der Strecke trekken, um die Erdrutsche zu umgehen. Die Strecke nach Kathmandu ist zwar nur etwa 160 km weit. Die Fahrzeit der Busse beträgt aber bisher wegen der schlechten Straßenverhältnisse rund 6–7 Std.

Einreise von Nepal: Wer von Nepal aus kommt, muss den Zeitunterschied von 2 1/4 Std. bedenken. Für die Einreise nach Tibet muss man bis spätestens 15.30 Uhr nepalesischer Zeit am chinesischen Grenzübergang erscheinen, um noch einreisen zu können. Wer später kommt, ist gezwungen, in einem der einfachen Hotels auf nepalesischer Seite zu übernachten. Das geht entweder im River View Hotel in Rasuwa Gadhi oder in einem der Hotels in Syabrubesi, von wo aus man noch etwa 45 Min. Fahrzeit bis zur Grenze hat.

der Fahrt Richtung Grenze in seiner ganzen majestätischen Pracht bewundern kann. Hier soll in ferner Zukunft auch ein Zweig der Tibet-Eisenbahn enden und Nepal per Bahn mit China verbinden. Zwar besitzt der Ort schon seit 1961 eine Grenzstation mit Rasuwa Ghadi in Nepal, allerdings war sie bisher nur für den kleinen Grenzverkehr zwischen China und Nepal offen. 2015 wurde beschlossen, Gyirong für den internationalen Tourismus zu öffnen und ein großes, modernes Grenzgebäude 20 km südlich von Gyirong zu bauen. Allerdings konnte der Eröffnungstermin im Juni 2016 nicht eingehalten werden, da schwere Monsunregenfälle die Straßen auf nepalesischer Seite schwer beschädigt hatten. Es dauerte mehrere Monate, bis alle Schäden soweit beseitigt waren, dass der neue Grenzposten im August 2017 seine Arbeit aufnehmen konnte.

ÜBERNACHTEN UND ESSEN

Gyirong verfügt über eine Reihe von Hotels, die man über seinen Veranstalter buchen muss. Sie sind fast alle neu und bieten denselben Standard mit ordentlichen Doppelzimmern, warmen Duschen, bequemen Betten und Restaurant. Untergebracht wird man meist in folgenden Hotels: **Gyirong Shengtai Hotel**, **Shigatse Gyirong Shengyuan Hotel**, **Shigatse Silver Star Hotel** oder **Mount Everest Backyard Garden Business Hotel**.

Der ansprechende kleine und übersichtliche Ort bietet eine Fülle einfacher Restaurants, die chinesische oder tibetische Küche servieren.

VERKEHR

Wer nachmittags die Grenze nach Nepal passiert, muss in Rasuwa Gadhi übernachten, weil dann keine Busse mehr nach Kathmandu fahren. Einziges Hotel ist das River View Hotel, und das hat auch nur 8 Zimmer, die schnell ausgebucht sind. Da die Unterkünfte in Gyirong deutlich besser und zahlreicher sind, sollte man überlegen, die Nacht hier zu verbringen und erst am nächsten Morgen die Grenze zu überqueren (s. Kasten S. 284).

MAPHAM YUTSO, CHIU-KLOSTER; © OLIVER FÜLLING

Westtibet (Ngari)

Endlose Hochebenen, die von den schwarzen Zelten der Nomaden gesprenkelt sind, Grassteppen, über die Herden von Tibetantilopen galoppieren, und heilige Berge, die das Bindeglied zum buddhistischen Universum sind: Nirgends ist man dem Wesen Tibet näher als im Westen. Städte? Fehlanzeige, aber dafür ursprüngliche tibetische Siedlungen, versteckte Klöster und Pilger auf dem Weg zum Kailash.

Stefan Loose Traveltipps

10 **Kailash Kora** Eine Wanderung um den Kailash führt ins heilige Herz Tibets. S. 298

Mapham Yutso Eine malerische Landschaft, absolute Stille und kleine Klöster sind die Belohnung auf einer Wanderung um Tibets heiligsten See. S. 303

Tholing Inmitten einer faszinierenden Mondlandschaft an den Ufern des Sutlej begann im 11. Jh. die Renaissance des tibetischen Buddhismus. S. 307

11 **Tsaparang** Die Ruinen der alten Hauptstadt des Guge-Königreichs gehören zu den eindrucksvollsten Kulturdenkmälern Tibets. S. 308

KAILASH, ALI; © OLIVER FÜLLING

KAILASH, MANISTEIN-MACHER; © OLIVER FÜLLING

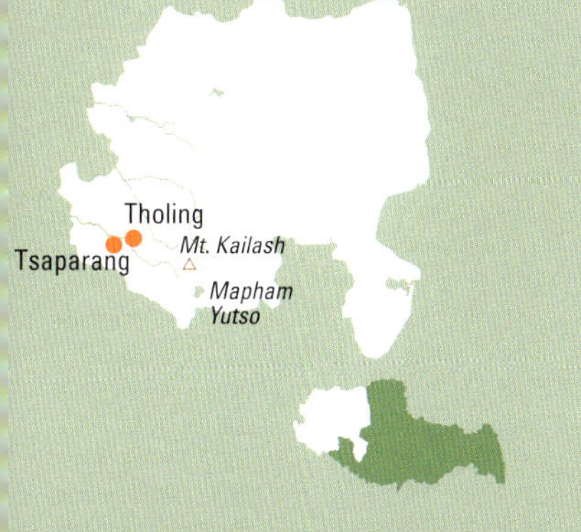

Wann fahren? Mai, Juni und September. Am wärmsten, aber auch am regenreichsten, sind Juli und August.

Wie lange? Mindestens 10 Tage, will man um den Kailash trekken; 14–17 Tage bei Besichtigung weiterer Highlights

Bekannt für heilige Orte, Pilger, wilde Tiere

Beste Feste Saga Dawa (Mai/Juni), Ongkor (Erntefest, Sep/Okt)

Schöner Abstecher Heiße Quellen von Tirthapuri und Khyunglung-Kloster

Unbedingt probieren *Shemdre* (Curryeintopf aus Kartoffeln und Yakfleisch)

AKSAI
CHIN
XIN
Heishibei Tso
Pangtak Tso
Kotra Tso
Lungma Tso
Dulishi Tso
Pelrab Tso
Kunlun Shan
Orpa Tso
Saldang Tso
Trem Tso
219
Luma Jangtong Tso
Memar Tso
Dungru
Gyetse Tsaka
Domar
Changtang
Pangong Tso
Alt Rutok
Rutok
Indus
Risum
Rabang
Shanchan
s. Ortsplan Ali S. 312
Gar/ Ali/ Shiquanhe
Tashigang
Tsotso
Gegye/Napuk
Tsaka
Oma
Chusum
Ombu
Gunsa
301
Shungpa
Tiyak
Namru
Sutlej
Tsarang
Ngangla Ringtso
Tholing
Höhlen von Dungkar und Piyang
Tsada/Tholing
s. Detailplan Kailash S. 299
Yakra
s. Detailplan Tsaparang S. 309
Tsaparang
Dapa
219
Rintor
Tirthapuri
Montser
Mt. Kailash
6714
Khyunglung
Darchen
Chiu-Kloster
Rinchen Subtso
Bön-Kloster Gurugyam
Barga/ Barkha
Akho Tso
La-nga Tso (Rakshas Tal)
Hor/Horchu
Balung Tso
Joshimath
Mapham Yutso (Manasarovar-See)
Chamoli
Ganga Chu
Tseti
7816
7728
Nanda Devi
Purang
Gurla Mandhata
Kela
INDIEN
Garbyang
Sher
Horpa
Simikot
Paryang
Trak Tsangpo
Darchula
7031
Saipal
219
Pithoragarh
Beitadi
NEPAL
Drongpa/ Zhongba
Champawat
Chhapri
Karnali
Dadeldhura
Jumla

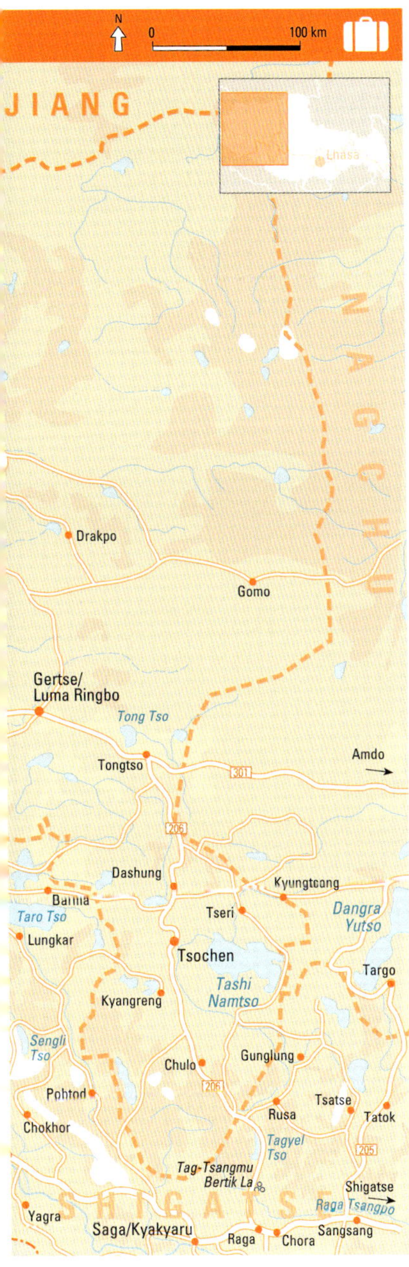

Westtibet besteht aus der Präfektur Ngari (chin. Ali). Die gesamte Region hat eine Fläche von 304 683 km² und nur ca. 96 000 Einwohner. Damit ist Ngari eines der am dünnsten besiedelten Gebiete Chinas. Die Präfektur liegt durchschnittlich 4500 m über dem Meeresspiegel und wird daher auch als „höchste Stelle auf dem Dach der Welt" bezeichnet. Der gesamte Norden wird vom **Changtang Nature Reserve** eingenommen, einer Region, die derart abgeschieden und lebensfeindlich ist, dass der Besuch bis heute ein einzigartiges Abenteuer bleibt. Nicht, dass die Straßen schlecht wären: Es gibt gar keine, und Pisten muss man lange suchen. Changtang, das ist die grenzenlose Weite des Hochlands, deren Stille nur vom rauschenden Wind durchstreift wird; eine großartige landschaftliche Vielfalt von Grassteppen und Sümpfen, farbenprächtigen und tiefblauen Seen; Changtang kann aber auch heißen, Schneesturm und Sonnenbrand, Regenschauer und Dürre an einem einzigen Tag zu erleben; und es bedeutet, tagelang kaum einem anderen Menschen zu begegnen, geschweige denn Fahrzeugen. Wer ein wenig vom Zauber des Changtang erleben möchte, kann entlang der S206/301 von Raga nach Ali, die den südlichen Rand des Changtang streift, reisen und so einen Eindruck von den unglaublichen Weiten bekommen.

Die bestimmenden Faktoren der westtibetischen Hochebene sind Trockenheit, Kälte und extreme Höhe. Von Ende Oktober bis Anfang April können die Temperaturen auf -20 °C fallen. Die Besiedelungsdichte liegt bei einem Einwohner auf 10 km². Das Verwaltungszentrum von Ngari ist die Stadt **Ali**, die dank verbesserter Straßen, neuer Fernbuslinien, dem Ausbau der Telekommunikation und dem Bau eines 4274 m hoch gelegenen Flughafens zum Drehkreuz für Reisen durch Westtibet ausgebaut wurde. Bis 2020, so die Planungen, soll Ali auch an das tibetische Schienennetz angeschlossen werden.

Wer in Westtibet reist, beginnt zu verstehen, warum die Tibeter so völlig in ihrer Religion aufgehen, weshalb der Buddhismus von hier aus eine Renaissance in Tibet erleben konnte. Die Landschaft bildet die natürliche Kulisse für den Lamaismus, seine Riten und seine Dämonen. Alles ist gigantisch und geheimnisvoll, unendlich und traurig. Wer hier reist, wird gewissermaßen selbst zum Pilger, und ihren Höhepunkt findet diese Wallfahrt am heiligsten aller Berge, dem **Kailash**, der im Zusammenspiel mit den beiden Seen **Mapham Yutso** (Manasarovar) und **La-nga Tso** (Rakshas Tal) eine gewaltige natürliche Tempelstätte formt. Doch auch die weltliche Geschichte kommt nicht zu kurz, und so sollte man nach der Kora um den Kailash die Ruinen des alten Guge-Königreichs in der Umgebung von **Tholing** (Tsada) besuchen.

Geschichte

Alten Legenden nach vereinigte König Nyatri Tsenpo im Jahr 127 v. Chr. verschiedene tibetische Stämme und kleinere Königreiche zu einer Nation und begründete damit die Yarlung-Dynastie. Eines der zu jener Zeit bestehenden Königreiche war **Zhang Zhung**. Über dieses frühe Königreich im Westen Tibets ist kaum etwas bekannt. Einig ist sich die Forschung nur darin, dass Zhang Zhung schon sehr früh, noch vor dem Auftreten der Yarlung-Dynastie, eine hochentwickelte Gesellschaft mit eigener Sprache (Tibetoburmesisch) und Schrift war und neben dem Yarlung-Tal als die kulturelle Wiege der tibetischen Zivilisation bezeichnet werden kann. Die einzigen existierenden Quellen stammen aus der Zeit nach der Eingliederung Zhang Zhungs in das tibetische Großreich durch Songtsen Gampo. Sie umschreiben das Reich allerdings nur sehr vage. Gemäß dieser Texte soll sich das Königreich im Jahr 7 oder 8 n. Chr. im westtibetischen Hochland um den heiligen Berg Kailash befunden haben. Die Hauptstadt hieß Khyunglung Nulkhar (Khyun lun), „Silberpalast des Garuda-Tals". Archäologische Funde, die die Existenz dieser Stadt belegen, wurden 2004 im Sutlej-Tal, südwestlich des Kailash, gemacht. Hier soll sich auch das geheimnisvolle Land Shambala („Quelle des Glücks") befunden haben, jenes sagenumwobene Land, in dem Krieg und Gier überwunden sind und die Bewohner in Frieden und Glück leben.

Anders als das nordöstlich gelegene zentraltibetische Reich war Zhang Zhung vermutlich nie von seinen Nachbarn isoliert, es gab einen regen Austausch mit anderen Kulturen. So gilt der Handel mit Indien, Kashmir und Persien sowie Zentraltibet als gesichert. Der Niedergang des Reiches begann im Jahre 644 mit der Besetzung Zhang Zhungs durch die Tibeter unter König **Songtsen Gampo**. Neben militärischen Aktionen konsolidierte der König das Reich auch durch Heiratsallianzen. So verheiratete er seine Schwester mit dem Herrscher von Zhang Zhung und bereitete dem Königreich so sein frühes Ende. Seine Schwester lockte ihren arglosen Ehemann in einen Hinterhalt, der ihn das Leben kostete und seiner Armee eine vernichtende Niederlage einbrachte. Die Macht Zhang Zhungs war damit gebrochen, und die Yarlung-Dynastie etablierte sich als die alleinige Macht in Zentral- und Westtibet. Die Region wurde nun Ngari genannt, was so viel wie „Bereich der Herrschaft" bedeutet.

Unter den neuen Machthabern verlor Zhang Zhung seine kulturelle Identität und ging schließlich im tibetischen Großreich auf. Erhalten blieb aber die **Bön-Religion**. Bön-Quellen berichten, dass die Bön-Religion aus Zhang Zhung nach Tibet eingeführt wurde. Die Bönpo glauben, dass ihre heiligen Texte aus der Sprache von Zhang Zhung übersetzt worden sind. Eine Rekonstruktion der Sprache ist bisher nicht gelungen, aber die vielen in Bön-Texten überlieferten Wörter und Begriffe, die nur entfernt mit dem Tibetischen, aber Ähnlichkeit mit anderen im westlichen Himalaya gesprochenen Sprachen aufweisen, deuten darauf hin, dass diese Sprache wirklich existierte.

Nach Bönpo-Glauben ist ihre Religion in einem noch weiter westlich von Zhang Zhung gelegenen Land entstanden. Die genaue geografische Lage dieses Gebiets ist nicht bekannt. In späteren Jahrhunderten ist das Herkunftsland der Bönpo mythisch zum Land Ölmo Lungring verklärt worden, in dem der Begründer der Bön-Religion, Shenrab Mibo, gelebt und gelehrt haben soll. Da der Kailash den Hindus als Wohnsitz Shivas heilig war, besuchten jährlich Pilger aus Indien den Berg, sodass in den Bön-Glauben indisch-hinduistische Elemente und natürlich auch buddhistische und alttibetische Glaubensvorstellungen einflossen. Entstanden ist aus dieser Mixtur der sogenannte

Wissenswertes für die Reise nach Westtibet

Wer aufbricht, um die Weiten Westtibets zu besuchen, sollte sich mit den Gegebenheiten beschäftigen und die Reise so gut wie möglich vorbereiten. Dazu einige Tipps und Hinweise.

Verkehrsmittel

Aktuell ist es Ausländern nicht erlaubt, mit öffentlichen Verkehrsmitteln nach Westtibet zu fahren. Damit sind die regelmäßigen Busverbindungen von Lhasa nach Ali für ausländische Reisende leider tabu. Mit der Inbetriebnahme des neuen Alikunsha-Flughafens im Jahr 2011 wurde Ali zwar touristisch zugänglicher, aber das nutzt bisher nur der schnell wachsenden Zahl chinesischer Touristen. Somit gibt es zurzeit kaum eine realistische Alternative zu einer **organisierten Tour**. Diese will frühzeitig geplant sein, da die Besorgung aller Permits bis zu einer Woche dauern kann. Die Preise hängen sehr stark von der Dauer der Reise, der Saison und der gewählten Route ab. Für eine 17-tägige große Rundreise von Lhasa (inklusive 3 Tage Programm und Übernachtung in Lhasa) nach Gyantse und Shigatse, über die Nordroute nach Ali mit Besuch des Guge-Königreichs und der Kailash Kora sowie Weiterfahrt über die Südroute nach Zhangmu, zahlt man inklusive aller Übernachtungen, Eintrittsgebühren, Mahlzeiten, Permits, Trekkings und Guides je nach Reisebüro zwischen 2100 € und 3500 €, abhängig von der Anzahl der Mitreisenden.

Ist unterwegs eine Trekkingtour geplant, werden auch Zelte mitgenommen, sodass man entlang der Strecke zelten und damit Übernachtungskosten sparen kann. Es lohnt auf alle Fälle nachzufragen, wie hoch die Ersparnis ist.

Permits

Die Vorschriften bezüglich Reisen in den Westen Tibets ändern sich ständig und leider oft auch sehr kurzfristig. Vor allem nach Todesfällen unter Pilgern am Kailash, Erdrutschen oder sonstigen Unglücksfällen kann es vorkommen, dass für eine Weile keine Genehmigungen mehr erteilt werden. Wer das Permit bereits hat, darf die Kora in aller Regel allerdings laufen. Von November bis März werden generell keine Permits für den Kailash ausgestellt.

Ausrüstung

Grundsätzlich benötigt man zu jeder Jahreszeit sehr warme Kleidung und, wenn man trekken möchte, einen Schlafsack mit einem Komfortbereich von mindestens -5 °C im Juli und August und -10 bis -15 °C im Frühjahr und Herbst. Die übrige Ausrüstung für die Trekkingtouren wird von den Veranstaltern gestellt. In den meisten Orten, die man passiert, gibt es kleine Geschäfte und Restaurants. Allerdings lohnt es sich, für die langen Fahrten etwas Proviant dabeizuhaben. Wer in Ngari unterwegs ist, muss, je nachdem, welche Leistungen gebucht wurden, genügend chinesisches Bargeld bei sich haben. Zuverlässig tauschen oder Geld abheben kann man nur in Ali. Die kleineren Ortschaften entlang beider Straßen nach Ali bestehen meist aus einer Straße, die von einfachsten Gästehäusern, Truckstops und Restaurants gesäumt wird. Die größeren Orte wie Saga oder Tsochen bieten eine recht gute Infrastruktur mit etwas besseren Hotels und einer guten Auswahl an Restaurants. Zwischen den Orten herrscht einsame Wildnis.

Yungdrung-Bön oder Svastika-Bön, und so kann man Zhang Zhung zumindest als Geburtsstätte des Yungdrung-Bön bezeichnen (s. auch S. 139).

Erst im 10. Jh. konnte sich mit **Guge** erneut eine regionale Macht in Westtibet etablieren. Nach der Ermordung von König Langdarma war Tibet in einzelne Fürstentümer und Königreiche zerfallen. Ösung (oder auch Namde Wosung, 842–905), ein Sohn Langdarmas, soll nach der Ermordung seines Vaters den Grundstein für das

Guge-Königreich gelegt haben. Als erster König, der nach der Zeit des großtibetischen Königtums Herrschaft über Westtibet erlangte, gilt Nimamgon (auch Gyide Nyimagun), der das Reich noch vor seinem Tod für seine drei Söhne in Guge, Purang (im Südwesten Ngaris an der Grenze zu Nepal) und Rutok (Ladakh) aufteilte. Diese drei Königreiche sollten bis Mitte des 17. Jhs. unabhängig bleiben. Unter Guges König Tsenpo Khorey, einem Urenkel Langdarmas und gläubigen Buddhisten, begann die Renaissance des Buddhismus in Tibet.

Tsenpo Khorey dankte schließlich zugunsten seines Bruders Songne ab, um unter dem Namen Yeshe Ö buddhistischer Mönch zu werden. Tsenpo Khorey war es auch, der Rinchen Sangpo (958–1055) zum Studium des Buddhismus nach Indien schickte; nach seiner Rückkehr 987 begann dieser herausragende Übersetzer eine rastlose Missionstätigkeit. Der berühmte Gelehrte Atisha (982–1054) reiste auf Wunsch Yeshe Ös 1024 nach Guge und trug ebenfalls dazu bei, dass Ngari sich erneut zu einem buddhistischen Zentrum entwickelte, von dem aus der Buddhismus sich schließlich wieder über ganz Tibet ausbreiten konnte. Allerdings blieb auch der Bön-Glauben im Ursprungsland des Bön in dieser Zeit noch sehr lebendig.

Über die Geschichte von **Purang** ist nur sehr wenig bekannt. Vermutlich wurde das Königreich, das Teile Südwesttibets und des heutigen Nordwest-Nepal umfasste, seit Mitte des 12. Jhs. von fremden, nicht-tibetischen Herrschern im Bereich des Manasarovar-Sees regiert, die hier das Königreich Purang (auch „Yatse" oder nepalesisch „Khasa" genannt) mit Sitz im heutigen Taklakot gegründet hatten. Den Untergang der beiden Königreiche Guge und Purang brachten missionierungswütige Jesuiten. Der Jesuitenmissionar Antonio de Andrade hatte 1624 als ers-

Auf der Suche nach Utopia

Seit nahezu 400 Jahren ist Tibet das Ziel einer westlichen Pilgerschar, die anfangs vor allem aus Missionaren bestand. Im Laufe der Zeit gesellten sich Forscher, politische Beamte, Spione, Reiseschriftsteller, Esoteriker, Abenteurer und in der Neuzeit zivilisationsmüde Reisende dazu. Die Forscher unter ihnen versuchten, ein möglichst objektives Bild zu zeichnen, andere konstruierten ein Tibet, das auf persönlichen Sehnsüchten, Hoffnungen und Träumen beruhte – viele von ihnen reisten gar nicht wirklich hin, sondern erfanden ihr eigenes Tibet: Tibet als Ort des Friedens, der Harmonie, des langen Lebens, der Wahrheit und Weisheit, der Spiritualität. Das Vorbild dieser utopischen Vision war das tibetische Paradies **Shambala**, das seit dem millionenfach verkauften Roman *Lost Horizon* (Deutsch: *Der verlorene Horizont*, Erstveröffentlichung 1933) des Engländers James Hilton im Westen unter dem Namen „Shangri-La" bekannt ist. In der heutigen kommerzialisierten Welt suggeriert der Begriff ein kleines irdisches Paradies. Die geschäftstüchtigen Chinesen haben dieses Paradies nach Zhongdian, eine kleine Stadt im Nordwesten der Provinz Yunnan, verlagert und Zhongdian kurzerhand in Shangri-La umgetauft. So hofft man, die Reisenden aus Tibet herauszuhalten und ihnen dennoch ein „Paradies" zu bieten.

Die frühesten Trugbilder reichen ins 17. Jh. zurück, als die ersten **Missionare** nach Tibet reisten und nach versprengten Christen suchten. Die einen glaubten, dass die tibetischen Mönche Abkömmlinge des sagenumwobenen Priesterkönigs Johannes wären, der im 12. Jh. irgendwo in Zentralasien gelebt haben soll. Andere hielten sie für Nachfahren der Nestorianer, jener Christen im frühen Mittelalter, die in Vorder- und Mittelasien sowie in China die Botschaft Jesu verbreiteten. Wieder andere hielten sie für Menschen, die der letzten Sintflut entronnen waren und auf dem „Dach der Welt" Zuflucht gefunden hatten. Als Erstes kam 1624 der Jesuitenpater **Antonio de Andrade** (1580–1634). In seinen in mehrere europäische Sprachen übersetzten Berichten beschreibt er die Tibeter wohlwollend mit den Worten: „Das Landvolk ist größtenteils liebenswürdig, mutig und fromm, und es liebt den Kampf, den es immerzu übt. Daneben sind diese Menschen barmherzig und dem Gottesdienst zugeneigt (...). Es scheint ein ganz friedliches Volk zu sein." Obwohl de Andrade miterlebte, wie die Männer an

ter Europäer tibetischen Boden betreten. Er war Gerüchten gefolgt, nach denen sich jenseits des Himalayas ein sagenhaftes christliches Land befinden solle. Er wurde enttäuscht, traf er doch auf keine Christen, sondern nur auf eine Religion, die er für eine Entartung des christlichen Glaubens hielt. 1626 durfte er in Tsaparang eine kleine Kirche bauen, von der aus de Andrade hoffte, die „fehlgeleiteten Christen" wieder auf den rechten Weg zu bringen.

Womit der tolerante König von Guge nicht gerechnet hatte, war die Intoleranz der Jesuiten. Sie betrachteten ihren Glauben als einzige Wahrheit und versuchten, den Buddhismus durch den Katholizismus zu ersetzen. Die buddhistische Geistlichkeit sah durch die Missionierung der Jesuiten ihren Einfluss und ihr Einkommen gefährdet. Sie wandte sich mit einem Hilfeersuchen an das benachbarte **Königreich Ladakh**. 1630 eroberten die Ladhaki gemeinsam mit einer muslimischen Armee die Königreiche Purang und Guge. Der König von Guge wurde gefangen genommen und starb, die Jesuiten wurden ausgewiesen. Die beiden seit fast 700 Jahre bestehenden Königreiche Guge und Purang hatten aufgehört zu existieren. Dem ehemaligen Königreich Guge war auch sonst kein Glück mehr beschieden. Der sinkende Wasserspiegel um Guges Hauptstadt Tsaparang hatte die ganze Region ausgetrocknet und unbewohnbar gemacht. Als der Jesuitenpater Ippolito Desideri Mitte des 18. Jhs. nach Tsaparang reiste, um die Missionstätigkeit wieder aufzunehmen, war die ganze Region eine Wüste und die Tempel lagen in Trümmern.

Den Grundstein für den endgültigen Untergang der westtibetischen Königreiche legte der 5. Dalai Lama. 1679 war es zum Krieg Zentraltibets gegen Ladakh, das die westtibetischen Königreiche annektiert hatte, gekommen. Im Friedensvertrag

einem Kriegszug teilnahmen und, kaum nach Hause zurückgekehrt, sich im Bogenschießen und im Gebrauch der Waffen übten, blieb er bei seinem Bild der friedliebenden Tibeter. De Andrade folgten im 17. und 18. Jh. weitere Jesuiten und später auch Kapuziner, deren Tibetbilder im Gegensatz zu dem der Jesuiten negativ geprägt waren. Sie hielten den Buddhismus für ein Werk Satans. Nur er könne in so perfider Art eine Religion schaffen, die dem Katholizismus äußerlich wegen seiner Heiligenverehrung so ähnlich sei. Ihre unverhohlene Ablehnung galt auch der Reinkarnationsidee, der religiösen Praxis der Niederwerfung und der Verehrung zornerfüllter Gottheiten.

Einer der vielleicht interessantesten Missionare war **Ippolito Desideri** (1684–1733), der fünf Jahre in Tibet verbrachte. Er setzte sich intensiv mit der tibetischen Kultur und Religion auseinander, weshalb er als Begründer der Tibetologie gelten kann. Er war der Einzige, der nach westlichen Vorurteilen und Fehleinschätzungen suchte, aber auch er kam zum stereotypen Schluss, dass Tibet ein friedliches Land sei. Spätere Autoren beriefen sich vor allem auf die *China Illustrata*, deren Autor **Athanasius Kircher** selbst nie in Tibet war. Sein berühmtes Nachschlagewerk barg manche Fehlerquellen, die sich im Laufe der folgenden 300 Jahre durch Abschreiben immer weiter verbreiteten. Die Philosophen Rousseau, Kant, Herder, Hegel und Nietzsche stützten sich in ihren Abhandlungen ebenfalls auf die Berichte der Missionare und sparten nicht mit herben Worten über den tibetischen Buddhismus, der mal als eine „ziemlich bizarre Art von Religion" (Rousseau), mal als „die ungeheuerste und widrigste dieser Welt" (Herder) beschrieben wird.

Seit diesen ersten Begegnungen und Aufzeichnungen zieht sich ein roter Faden durch alle folgenden Epochen: Der Westen schenkt nur dem Sakralen, nur Mönchen, Lamas und Tulkus (keinen Nonnen), und nur dem religiösen, nicht dem alltäglichen Leben Beachtung. Im indischen Exil übernahmen die Tibeter dieses **westliche Tibetbild** und machten daraus ein „Markenzeichen" für Spiritualität, Friedfertigkeit und ein Leben im Einklang mit der Natur. Damit dient Tibet in der Vorstellung vieler Menschen bis heute als ein mystisches Shangri-La und spiritueller Zufluchtsort in einer korrupten, materialistischen Welt, von dem zivilisationsmüde Westler träumen und das sie in Tibet zu finden hoffen.

von 1684 wurden die beiden ehemaligen Königreiche Guge und Purang, also das Gebiet Ngari, Zentraltibet einverleibt. Damit umfasste Tibet unter der Herrschaft des 5. Dalai Lama erstmals seit der Zeit der Yarlung-Könige wieder Amdo, Kham (beide seit 1641), Ü, Tsang und Ngari.

Wege nach Westen

Zwei große Straßen führen durch Westtibet. Die sogenannte südliche Route führt am Nordrand des Himalayas entlang von Shigatse nach Ali, während die nördliche Route den Südrand des Changtang streift, bis sie im Westen in der Hauptstadt von Ngari endet. Von Ali aus führt nur noch eine einsame, wilde Route Richtung Kunlun-Gebirge und weiter nach Xinjiang. Zur Anreise von Kashgar s. S. 47.

Entlang der Südroute nach Ali

Die südliche Route durch Westtibet ist unglaublich malerisch und führt parallel zum Himalaya durch Saga (S. 273), Drongpa (S. 273) und Horchu (S. 274) zum Kailash und weiter nach Ali. Die Gesamtstrecke von Lhasa zum Kailash beträgt 1287 km. Nach starken Regenfällen vor allem im Juli und August kann die hervorragend instand gehaltene Straße allerdings für ein oder zwei Tage durch Erdrutsche unpassierbar werden. Das Gleiche trifft bei starkem Schneefall auf die Pässe zu. Letztere können dann sogar viele Tage lang gesperrt sein. Am sichersten befahrbar ist diese Strecke zwischen Mai und Anfang Juli sowie von September bis November. Geht alles glatt, kann man mit dem Geländewagen oder Bus in drei Tagen am Kailash sein, sofern man keine Besichtigungen entlang der Strecke einplant. Details zu dieser Route S. 306

Entlang der Nordroute nach Ali

Sehr viel länger ist die nördliche Route über Tsochen, Gertse und Gegye. Von Lhasa nach Ali (Shiquanhe) legt man auf dieser Straße gut 1700 km zurück. Dazu kommen noch einmal 300 km Fahrt Richtung Südosten zum Kailash. Die Nordroute ist landschaftlich weniger abwechslungsreich und stärker befahren. Dafür erlebt man hier die Weiten des Changtang. Wer genügend Zeit oder Geld mitbringt, kann eine der beiden Routen für die Hinfahrt und die andere für die Rückfahrt einplanen, wobei mit einer Gesamtfahrtzeit von etwa 17 Tagen inklusive Besichtigungen zu rechnen ist. Die Gesamtstrecke beträgt über 3000 km auf guten Straßen, die einem jedoch viel Sitzfleisch abverlangen.

Die Nordroute wird vor allem von den Lkw-Fahrern und Militärkonvois auf ihrem Weg ins ferne Ali benutzt. Die Orte entlang der Strecke sind nichts anderes als Versorgungsstützpunkte, an denen man tanken, essen und übernachten kann. Für die Nomaden sind es aber auch Anlaufpunkte, um ihre Erzeugnisse zu verkaufen und sich mit Waren für den Alltag einzudecken.

Tsochen

Von Raga nach Tsochen (Coqen), eine Kleinstadt mit rund 13 000 Einwohnern, sind es etwa 275 km. Je nach Fahrzeug und Pausen benötigt man für die Strecke zwischen fünf und sieben Stunden. Etwa 21 km hinter dem Abzweig nach Norden passiert man den **Tag-Gyab-Geysir**, ein Thermal-Wunderland von dampfenden Löchern und Geysiren. Das ganze Gebiet dampft und brodelt. Auf den nächsten 100 km geht es über ein Hochplateau von gut 5000 m Höhe, über den Pass des **Tsangmo Bertik-La** von über 5400 m und vorbei am herrlichen, 5170 m hoch gelegenen **Tagyel Tso**. Nach weiteren gut 150 km erreicht man schließlich Tsochen.

Der Name Tsochen bedeutet so viel wie „Großer See", ein Hinweis auf den riesigen **Tashi Namtso** 50 km östlich der Stadt. Der Besuch des Sees erfordert ein Permit, das man bereits in Lhasa beantragt haben muss. 1 km vom östlichen Ende des Ortes kann man auch einen oft von Pilgern besuchten Tempel, den kleinen **Mendong Gompa**, besichtigen und sich auf dem Fußweg dorthin vor allem die Füße vertreten. Die Übernachtung erfolgt in der Regel im einfachen **Friendship Feria Hotel** (Youyi Jiari Jiudian) ❸ an der Ortseinfahrt. Essen kann man in diversen chinesischen Restaurants entlang der vom Hotel abgehenden Hauptstraße Guangxi Lu. Empfehlenswert ist das **Tashi Restaurant**, das gemütliche Sitzgelegenheiten bietet und leckeres tibetisches und chinesisches Essen (Gerichte ab ¥10) im Angebot hat.

Gertse

Von Tsochen nach Gertse sind es rund 250 km. Die Fahrt dauert sieben bis neun Stunden und führt durch eine Landschaft, in der Wildesel, Pferde, Antilopen, Schafe und Ziegen vor einer Kulisse aus schneebedeckten, über 6000 m hohen Gipfeln leben. Kurz hinter der Kreuzung mit der aus Amdo kommenden S301, deren Verlauf man von nun an bis Ali folgt, passiert man den **Tong Tso**, einen See, der zu versalzen beginnt. Gertse ist nicht schön, aber ein wichtiges Handelszentrum. Im Sommer kommen viele Nomaden hierher, um Wolle zu kaufen und sich auf dem Markt mit den nötigen Gebrauchsgütern zu versorgen. Früher bestand Gertse fast nur aus Zelten. Heute steht immerhin ein goldener Yak im Zentrum, und es gibt ein paar hässliche Häuser, zahlreiche einfache Unterkünfte und chinesische, tibetische und muslimische Restaurants. Südlich von Gertse kann man am Stadtrand eine Reihe von interessanten Chörten und Mani-Steinen besichtigen.

Gegye

Nach Gegye sind es von Gertse aus rund 390 km, Fahrzeit acht bis zehn Stunden. Am Horizont sieht man schroffe Felsformationen und vergletscherte Berge. Nach Norden hin erstreckt sich der raue Changtang in der endlosen Weite, gelegentlich erblickt man Nomadenzelte. Entlang der Strecke passiert man nach 90 km die kleine Ortschaft **Oma**, nach weiteren 85 km **Tsaka** und nach 96 km schließlich **Shungpa**, wo man übernachten kann, falls es zu spät geworden ist. In Gegye kann man u. a. im Gegye Binguan ❸ unterkommen. Nach weiteren ca. vier Stunden und 110 km erreicht man endlich Ali (S. 312), wo man sich zumindest ein wenig wieder in der Zivilisation fühlen kann.

Von Nepal zum Kailash

Die Anreise von Nepal zum Kailash ist nur für organisierte Gruppen möglich. Bis zur Evakuierung von Zhangmu 2015 gab es zwei Varianten: Einreise über **Zhangmu** und weiter über die X214, eine Nebenstrecke, die am Palku Tso vorbei nach **Saga** in der Präfektur Shigatse und von dort nach Westen zum Kailash (S. 283) führt. Diese Strecke wird nach der Öffnung der Grenze bei Gyirong wieder befahrbar sein. Bei der anderen Variante fliegt man nach **Simikot** in Westnepal und trekkt von dort in vier oder fünf Tagen zum nepalesischen Grenzort **Hilsa**. In **Sher** auf tibetischer Seite beginnt die Straße, die über Khorchak und Purang, die alte Hauptstadt des gleichnamigen Königreichs, zum Kailash führt.

Der Kailash

Auf dem windgepeitschten, kargen Hochland im Westen Tibets erhebt sich ein Heiligtum ganz besonderer Art. Es wurde nicht von Menschenhand erbaut, kein Künstler hat es in jahrelanger Arbeit geformt, es wird nicht von Ehrfurcht gebietenden Mauern umschlossen und auch nicht von goldenen Dächern behütet: Der Kailash ist ein Heiligtum, das auch ohne priesterliche Weihe, ohne Altäre und Gaben spirituelle Würde ausstrahlt – ein Naturschauspiel, das Gläubige in seinen Bann zieht und für religiöse Dinge unempfänglichen Menschen zumindest Respekt und Ehrfurcht einflößt.

Der Saum dieses erhabenen, an eine Tempelanlage gigantischen Ausmaßes erinnernden Heiligtums liegt auf einer Höhe von ca. 5000 m. Der Kailash selbst erhebt sich inmitten des mächtigen Gangdise-Gebirgszugs bis auf 6714 m, weshalb er von den Tibetern auch als „Gang Rinpoche" (Kangriboqe) oder „Schneejuwel" bzw. als Gangdise, „Schnee-Meru", bezeichnet wird. Faszinierend ist die **Lage** des Berges, der Hindus, Buddhisten und Bönpos als „selbst entstandener Tempel" gilt, an der Schnittstelle zahlreicher geografischer Achsen und Eigentümlichkeiten. Der Kailash stellt nicht nur in der Kosmologie Indiens und Tibets den Weltenberg Sumeru dar (oder anders ausgedrückt: den Nabel der Welt), sondern ist auch der Mittelpunkt des Quellgebietes von vier großen Strömen, die das Siedlungsgebiet rund eines Fünftels der Menschheit mit lebenswichtigem Wasser versorgen.

Dieses natürliche Heiligtum wird von den tibetischen Buddhisten als ein **Mandala**, ein göttlicher Bereich von Cakrasamvara (Demchok), einer tantrischen Verkörperung des Buddha, verehrt. Cakrasamvara ist eine „göttliche"

Anfahrt zum Kailash

Wer nur den Kailash zum Ziel hat, kann zwischen mehreren Optionen wählen. Die kürzeste ist der direkte Weg von Lhasa nach **Darchen**, dem Ausgangsort für die Kora um den Kailash. Bei dieser Variante wird normalerweise je eine Übernachtung in Shigatse und in Saga oder dahinter eingeplant. Wer entlang der Strecke noch Gyantse besuchen will, sollte wenigstens vier Tage für die Anfahrt einplanen. Für die Kora benötigt man drei Tage, und einen weiteren Tag sollte man für den Mapham Yutso (Manasarovar-See) einrechnen. Die Rückfahrt nach Lhasa lässt sich wegen der absurden Tempolimits, die auf den meisten Strecken 50 km/h vorschreiben, schnellstens in drei Tagen bewältigen. Als absolutes Minimum benötigt man also zehn Tage Zeit – dann hat man allerdings keinerlei Puffer bei Problemen. Am günstigsten sind 14 Tage, da man so genügend Zeit für Pausen und Besichtigungen einplanen kann. Wer via **Ali** entlang der Nordroute nach Lhasa zurückfahren möchte, benötigt insgesamt mindestens 17 Tage.

Manifestation der Weisheit und des Mitgefühls aller Erleuchteten und noch spezieller: der Vereinigung von Glückseligkeit und der Erkenntnis der letztgültigen Realität, der Leerheit. Für **Hindus** ist der Kailash der Aufenthaltsort der Gottheit Shiva; sie meinen, dessen Gesichtszüge in den Felsformationen des Berges wiedererkennen zu können. Auf dem Umwandlungsweg sehen sie in bestimmten Felsformationen auch den Affengott Hanuman und Nandi, den Ochsen, der das Reittier von Shiva darstellt.

Auch den Anhängern der **Bön-Religion** ist der Kailash heilig, denn er vereinte die himmlischen und irdischen Kräfte miteinander und ist der Ort, an dem ihr Religionsstifter, Shenrab Mibo, in seinem Emanationskörper herabstieg. Der Berg bildete den Mittelpunkt des im 7. Jh. untergegangenen Bön-Reiches Zhang Zhung, dessen Hauptstadt die „Silberne Burg" von Khyunglung war. Deren Überreste wurden erst kürzlich unweit des Kailash wiederentdeckt (S. 306).

Dem Kailash kommt auch im **Jainismus**, der zur gleichen Zeit wie der Buddhismus im 6. Jh. v. Chr. in Indien entstand, eine besondere spirituelle Bedeutung zu. Nach der Überlieferung des Jainismus erlangte der Erste in der Linie ihrer Glaubensstifter, Tirthankara mit Namen, an diesem heiligen Berg, den sie Astapada nennen, die Befreiung.

Jeder gläubige Tibeter versucht in seinem Leben wenigstens einmal die Kora um den Kailash zu unternehmen (s. Loose Aktiv, S. 298). Als besonders verdienstvoll gilt die Umrundung des Kailash durch Niederwerfen. Die Hände werden dazu erhoben, gefaltet, zu Stirn, Mund und Herz geführt, dann folgt das Niederknien und das sich in voller Länge auf den Boden strecken, bis Knie, Bauch, Brust, Mund, Stirn und die Hände den Boden berühren, danach aufstehen und den Vorgang, eine Körperlänge weiter, wiederholen, alles in tiefster Hingabe und Demut. Bei dieser Form der Kora wird der Körper mit einer Lederschürze geschützt, die Hände tragen Handschuhe oder sind mit Plastiktüten umwickelt oder werden mit kleinen Holzbrettchen oder Hausschuhen geschützt. Durch Hingebung, Mitleid, Niederwerfung, Opfern, Almosen usw. erhofft sich der Pilger möglichst viel religiöses Verdienst zu erwerben, um so ein glücklicheres Los in seinem derzeitigen Leben oder eine bessere Inkarnation im nächsten Leben zu bewirken. Besonders fromme Tibeter bewältigen den Weg, der immerhin über den 5636 m hohen Drölma-Pass (Drölma-La) führt, auf diese Weise in zwei bis vier Wochen.

Manchmal wird man entlang der Strecke auch Pilger gegen den Uhrzeigersinn wandern sehen. Dabei handelt es sich um Anhänger der Bön-Religion auf ihrer Pilgerreise.

Die Sinnbildlichkeit der Kora ist augenfällig: Alles kreist um einen Fixpunkt. Hier liegt der kosmische Punkt, an dem alles beginnt und endet. Der Mensch ist damit Teil der Kreisbewegung, die sich um den Mittelpunkt des Universums bewegt. So wie der Meru der Fixpunkt des Universums ist, ist der Kailash sein Gegenstück auf der irdischen Ebene. Indem der Pilger diese Ordnung durch sein Wandern nachvollzieht, wird er damit eins und vom herausgelösten Bruchstück zu einem Teil des Ganzen. Eine Pilgerschaft zum

Pilgerschaft zum Kailash

Nach der buddhistischen Überlieferung befand sich unser Universum einst unter der Macht der hinduistischen Gottheit **Ioevara**. Man brachte ihr unzählige Gaben, auch Tieropfer, dar, was dieser Gottheit gefiel, und sie übertrug auf viele ihrer Anhänger im Gegenzug besondere Kräfte, Wohlstand, Erfolg und Ansehen. Denjenigen jedoch, die wirkliche spirituelle Fortschritte erzielen und den leidhaften Daseinskreislauf vollständig hinter sich lassen wollten, war Ioevara nicht wohlgesinnt, im Gegenteil, er versperrte ihnen den Weg zur Befreiung. Dieser Umstand bewog schließlich Buddha Vajradhara dazu, aus Mitgefühl für diese ernsthaft nach Befreiung Strebenden seine gewaltigen Segenskräfte in der Gestalt von **Cakrasamvara** zu nutzen, um die Macht Ioevaras zu brechen. Und so wandelte der Buddha alle Orte, an denen Ioevara zuvor gewirkt hatte, in göttliche Aufenthaltsorte von Cakrasamvara um. Unter diesen Orten war der Kailash einer der markantesten und segensreichsten. Hinzu kommt, dass die spirituelle Kraft und der Segen, die von Cakrasamvara und seinen Aufenthaltsorten ausgehen, besonders in einer Zeit der Degeneration weiter wachsen.
Der gläubige Buddhist, der sich auf die Pilgerschaft zum heiligen Berg Kailash in Westtibet aufmacht, ist überzeugt, in Cakrasamvaras Wirkungsbereich einzutauchen und damit besonders viel gutes Karma anzusammeln und negatives Karma bereinigen zu können. Er erhält damit auf seine Weise eine Art Initiation in die Kräfte und Qualitäten Cakrasamvaras, auch wenn sich die tieferen Geheimnisse nur intensiv Meditierenden und vollständig Eingeweihten erschließen werden.

Kailash bedeutet deshalb auch immer eine Reise ins eigene Ich, zu sich selbst.

Der Kailash darf als heiliger Berg übrigens nicht bestiegen werden und ist daher bis heute unbezwungen. Einzig Reinhold Messner bekam 1985 die offizielle Erlaubnis zur Besteigung, lehnte aber die Durchführung aus Rücksicht auf die spirituelle Bedeutung des Kailash ab.

Darchen

Ausgangspunkt für die Kora um den Kailash ist die Ortschaft Darchen (4560 m) etwa 22 km nördlich von Barga (Barkha). Der chaotisch wirkende Ort bietet keinen schönen Einstieg in die Kora, und leider wird das Umfeld Darchens mit jedem Jahr scheußlicher. Die Zufahrten sind

10 HIGHLIGHT

Kailash Kora

- **Route**: Darchen – Drira Phug Gompa – Dzutrul Phug – Darchen
- **Länge**: 52 km
- **Dauer**: 3 Tage
- **Wegbeschaffenheit**: überwiegend einfach zu gehende, ausgetretene Wege, aber gerölliger Aufstieg über einen Bergpfad zum Drölma La und langer, sehr steiler, teilweise sehr rutschiger Abstieg vom Pass
- **Schwierigkeitsgrad**: sehr gute Kondition und Höhenanpassung notwendig, Auf- und Abstieg zum Drölma La schwer, sonst mittelschwer
- **Vorbereitung**: s. Darchen/Aktivitäten

Die Kora um den Kailash kann auf einem inneren und einem äußeren Umrundungsweg vollzogen werden, wobei der innere Weg denjenigen vorbehalten ist, die den äußeren Umrundungsweg mindestens 13 Mal bewältigt haben (notwendig zur Reinigung und Läuterung von Körper, Geist und Seele). Absolviert man die Kora im Jahr des Pferdes (zuletzt 2014), gilt die Pilgerschaft übrigens 13-fach, sodass man in diesen Jahren die innere Kora direkt anschließen kann. Wer 108 Umrundungen schafft, dem winkt der unmittelbare Eintritt ins Nirvana und die Reinigung von sämtlichen begangenen Sünden. Viele Tibeter bewältigen die 52 km lange äußere Kora in einem 15- bis 24-stündigen „Gewaltmarsch". Westliche Pilger sollten es eher wie die Hindus halten und für ihre Parikrama, wie die Kora auf Sanskrit genannt wird, drei Tage einplanen.

Erster Tag

- Aufstieg 450 m, Abstieg 100 m, Gehzeit 7 Std.

Startpunkt für die Kora ist die T-Kreuzung am oberen Ende der auf die Berge zulaufenden Hauptstraße von Darchen. Hier biegt man nach links ab und läuft bis zum Ortsausgang nach Westen. Hinter den letzten Häusern sieht man bereits rechter Hand eine langgezogene **Mani-Stein-Mauer**, an der man entlanglaufen kann. Man wandert immer auf dem gut sichtbaren Weg nach Westen entlang der Hügel, von denen man einen guten Blick auf den 7694 m hohen Gurla Mandata hat, der südlich des Manasarovar-Sees in den Himmel ragt. Nach etwa einer Stunde führt der Weg bei einer 4730 m hoch gelegenen Anhäufung von Mani-Steinen und Gebetsfahnen, die den ersten von vier sogenannten **Niederwerfungspunkten** (Chaktsal Gang) entlang der Kora markieren, in ein Tal, das vom Lha Chu, dem „Götterfluss", geformt wurde. Der Kailash ist hier zum ersten Mal zu sehen. Bald öffnet sich das Tal zur weiten Grasfläche **Tarboche**. Man läuft nun immer auf den Großen Fahnenmast Tarboche zu, den man nach etwa zwei Stunden Wanderung von Darchen erreicht. Bevor man allerdings zum Mast laufen darf, muss man noch einmal umfangreiche Permit- und Sicherheitskontrollen durchstehen. Dabei werden Messer und Feuerzeuge im Handgepäck konfisziert. Solche Gegenstände also besser im Hauptgepäck unterbringen.

Oberhalb des Tarboche befindet sich die **Verbrennungsstätte der 84 Mahasiddhas**, ein Ort, an dem früher die verstorbenen Lamas verbrannt wurden. Pilger legen sich auf einen flachen Felsen, der übersät ist mit alten Kleidern, Knochen, Tsampa-Schüsseln und persönlichen Gegenständen von Pilgern, um ihren Tod zu visualisieren, und legen dann selbst etwas dazu. Dieser Abstecher nimmt etwa eine halbe Stunde in Anspruch. Gleich westlich vom Tarboche steht der „zweibeinige" **Chörten Kangnyi**. Er markiert den Zugang zum schmaler werdenden Lha-Chu-Tal. Das Durchschreiten des Chörten reinigt von Sünden. Anschließend läuft man in das immer enger werdende Tal hinein.

Hoch über dem Tal steht etwa eine Stunde Fußweg nördlich von Tarboche das **Chöku Gompa** (4820 m), ein Kloster, das ursprünglich im 13. Jh. als Schrein errichtet wurde. Heute residieren hier

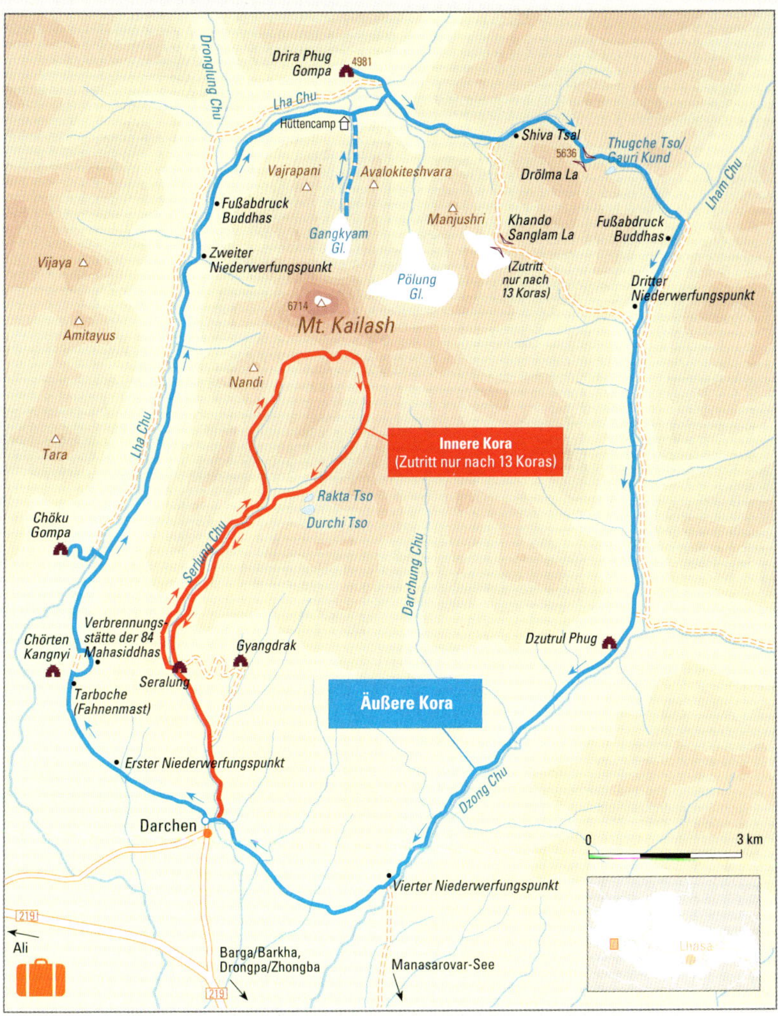

Mönche der Drukpa-Kagyü-Schule. Das Chöku Gompa gehörte zu den insgesamt fünf Drukpa-Kagyü-Klöstern entlang der Kora. Nach ihrer Zerstörung in der Kulturrevolution sind drei der Klöster in den letzten Jahren wieder aufgebaut worden. Im Gönkhang des Klosters, das man nach einem Aufstieg von etwa 20 Minuten erreicht, wird neben anderen Schutzgottheiten Khangri Lhatsen, die Schutzgottheit des Kailash, verehrt.

Zum Kloster auf der anderen Seite des Flusses führt eine Brücke. Man kann hier einen Weg westlich des Flusses laufen, bei dem allerdings mehrere Flussläufe durchquert werden müssen, oder dem regulären Pilgerpfad auf der Ostseite folgen.

Auf beiden Wegen benötigt man etwa drei Stunden bis zum Tagesziel Drira Phug Gompa. Die Gipfel, die man weiter oben im Tal am westlichen Ufer

Zweiter Niederwerfungspunkt

des Flusses sieht, tragen die Namen der Gottheiten des langen Lebens: Tara, Amitayus und Vijaya. Nach etwa einer Stunde Wanderung vom Chöku Gompa am Ostufer des Lha Chu passiert man den **zweiten Niederwerfungspunkt**, von dem aus man einen eindrucksvollen Blick auf den Kailash hat. Eine halbe Stunde später sieht man einen **Fußabdruck Buddhas**. Hier steht auch ein riesiger, mit Gebetsfahnen behängter Felsblock mit einem „selbst entstandenen" Relief von Hayagriva.

Von hier läuft man noch etwa anderthalb Stunden zum **Drira Phug Gompa** (4981 m) an der Nordseite des Kailash. Drira Phug bedeutet „Höhle der Dri" (Dris sind die weiblichen Yaks). Die Manifestation einer Dakini (S. 144) in Gestalt einer Dri soll dem Klostergründer Götsang Repa den Weg zu diesem Standort gezeigt haben. Ein Abdruck von ihr ist an der Decke der Höhle erhalten geblieben. Vor dem Gipfel des Kailash sieht man noch drei weitere Berge aufragen, die „Beschützer der Drei Familien", und zwar von West nach Ost Vajrapani (Vajra-Familie), Avalokiteshvara (Lotos-Familie) und Manjushri (Tathagata-Familie).

Bis zum Kloster benötigt man inklusive Pausen ca. acht bis neun Stunden; die reine Gehzeit beträgt ab Darchen etwa sechs bis sieben Stunden. Man kann entweder im Gästehaus des Klosters (Bett ¥40), das aber oft von indischen Pilgern belegt ist, übernachten oder auf dem Berghang gegenüber im schäbigen Hüttencamp. Achtung: Wer im Hüttencamp übernachtet, darf nicht links über die Brücke zum Kloster laufen, sondern bleibt auf dem Pilgerweg. Das Camp befindet sich oberhalb der Steigung, die an der Brücke beginnt.

Wer etwas mehr Zeit erübrigen kann, sollte vom Kloster einen Abstecher zum **Gangkyam-Gletscher** (5720 m) unternehmen, der von der eindrucksvollen Nordwand des Kailash hinabfließt. Wer hier, ganz nah am Kailash, steht, erahnt vielleicht, weshalb es heißt, dass Wünsche, die man an der Nordseite des Kailash äußert, eines Tages in Erfüllung gehen. Vom Hüttencamp benötigt man etwa eine Stunde (250 m Anstieg) bis zum Aussichtspunkt, vom Kloster rund eine halbe Stunde mehr.

Zweiter Tag

■ Aufstieg 720 m, Abstieg 880 m, Gehzeit 8–9 Std.

Nach Verlassen des Klosters und der Überquerung des Lha Chu (wer im Hüttencamp übernachtet hat, folgt einfach dem im Camp beginnenden Weg) kommt der stetige, Kräfte raubende Aufstieg Richtung Südosten zum Drölma La („Pass der Tara", 5636 m). Auf halbem Weg dorthin sind zahllose kleine Steinhügel zu sehen. An dieser Stelle werfen sich die Pilger zu Boden und verharren wie tot. Der Ort wird **Shiva Tsal**, „Leichenacker", genannt. Um wiedergeboren zu werden, müssen sich die Gläubigen ihre Sünden bewusst machen und symbolisch sterben. Als Zeichen dafür lassen sie ein Stück Stoff, Schuhe, eine Satteltasche oder einfach eine Haarsträhne zurück.

Noch ein letzter Hang, dann ist eine halbe Stunde hinter Shiva Tsal der **Drölma La**, der höchste Punkt der Kora, erreicht. Steintürme, Gebetsfahnen, Yakhörner und Schafschulterblätter zieren die Passhöhe. Pilger schmieren Butter auf den mächtigen Felsblock, in dem die Göttin Drölma verschwunden sein soll, umwandern ihn, stecken ausgefallene Zähne oder Haarsträhnen in seine Spalten, rezitieren heilige Texte und Mantras. Wieder opfern sie etwas von ihrer Habe oder ihrer Person. Mit Hilfe der Göttin Drölma sind nun Fehler gebüßt und überwunden – vor den Gläubigen liegt ein neues Leben.

Kurz hinter dem Pass befindet sich unterhalb des Weges der **Thugche Tso**, den die Inder Gauri Kund, „See des Mitleids", nennen, ein ovaler, smaragdgrüner See. Trotz Kälte und Eisschollen nehmen indische Pilger hier ein reinigendes Bad. Nun folgt ein steiler Abstieg, der ziemlich in die Knie geht und für den man etwa eine Stunde braucht. Unten im Tal gibt es mehrere Restaurantzelte, in denen man etwas essen kann.

Anschließend hat man wieder zwei Wege entlang dem Fluss zur Auswahl. Wenn es geregnet hat, sollte man sich für die Westseite entscheiden, da man auf der Ostseite zum Schluss durch den Fluss waten muss, was bei reißendem Wasser nicht zu empfehlen ist. Kurz hinter dem Abzweig zur Alternativroute passiert man am westlichen Ufer wieder einen **Fußabdruck Buddhas** und bald darauf den **dritten Niederwerfungspunkt**. Kurz dahinter, dort, wo rechts ein Bach das Tal runter fließt, erhascht man den einzigen Blick auf die Ostseite des Kailash.

Nach rund vier Stunden erreicht man schließlich im Tal des Dzong Chu das Kloster **Dzutrul Phug** („Höhle der magischen Wundertaten") auf einer Höhe von 4790 m. Hier soll der zweite Teil des Wettkampfs zwischen Milarepa und NaroBöntschung ausgetragen worden sein (s. Kasten S. 304). Bei der Beendigung seiner Aufgabe hinterließ Milarepa einen Fußabdruck außen am Dach und die Abdrücke seines Rückens und seiner Hände an der Decke der Höhle. Die Höhle, in der Milarepa einst meditierte, bildet das religiöse Zentrum des Klosters. Unterhalb des Klosters gibt es Baracken, in denen man übernachten kann (ab ¥50).

Dritter Tag

- Aufstieg 80 m, Abstieg 260 m, Gehzeit 3–4 Std.

Der letzte Tag ist einfach zu gehen. Man passiert den **vierten Niederwerfungspunkt** dort, wo der Weg auf die weite Barkha-Ebene trifft, und erblickt wieder den Gurla Mandata. Ansonsten ist der Weg nicht sehr aufregend, aber ideal, um die letzten beiden Tage Revue passieren zu lassen und einfach nur entspannt zu laufen.

schwer von chinesischem Militär abgeriegelt, und die strengen Pass- und Sicherheitskontrollen geben einem das Gefühl, ein Sperrgebiet zu betreten. Tagsüber fluten riesige Gruppen hinduistischer Pilger aus Indien die Siedlung. Aus organisatorischen Gründen – die Guides müssen hier einige Formalitäten erledigen, den Eintritt von ¥150 pro Person zahlen und die Tragtiere für das Trekking organisieren – kommt man an einer Übernachtung in Darchen aber leider nicht vorbei.

ÜBERNACHTUNG UND ESSEN

Die Unterkünfte in Darchen spotten jeder Beschreibung, insbesondere was die sanitären Anlagen angeht. Leider darf man nicht mehr zelten, sondern muss in einem der Gasthäuser mit ihren um große Höfe gruppierten Zimmern nächtigen. Wer das nötige Kleingeld hat, kann seit 2015 auch im modernen Himalaya Kailash Hotel absteigen.

Es gibt ein paar sehr einfache Unterkünfte wie das **Gangdishi Guesthouse** (Bett ¥60), das **Tibet Manasarovar Travels Guesthouse** (Bett ¥60) und das **Pectopath** (Bett ¥50).

Saga Dawa am Kailash

Jedes Jahr am Saga Dawa, dem Tag von Buddhas Geburt, Erleuchtung und Tod zum Vollmond im vierten Monat des tibetischen Kalenders (meist im Mai oder Juni), versammeln sich auf der weiten Grasfläche **Tarboche** Tausende Pilger (und Hunderte von ausländischen Reisenden). Am Morgen des Saga Dawa wird um 9 Uhr der Flaggenmast, dessen alte Gebetsfahnen durch neue ersetzt worden sind, mit vielen Pujas (Ritualen) aufgerichtet. Aus der Stellung des Mastes wird von den Tibetern die Zukunft gelesen. Am günstigsten ist es, wenn er völlig gerade steht, neigt sich der Mast in Richtung Kailash, bedeutet das Krankheiten und Hunger, eine Neigung vom Berg weg bringt großes Unglück. Das Fest eröffnet alljährlich die Pilgersaison. Nach dem Aufrichten des Mastes machen sich die Pilger auf, um den ersten Abschnitt der Kora bis Drira Phug zu laufen.

Himalaya Kailash Hotel, an der Ortseinfahrt von Darchen. Der erste 4-Sterne-Gigant in Darchen bietet 120 schicke DZ mit Bädern und Warmwasser und 56 4-Bett-Zimmer. Es gibt je ein Restaurant mit chinesischer und westlicher Küche sowie WLAN in der Lobby. Wer hier unterkommen möchte, sollte das auf alle Fälle im Vorfeld mit seinem Veranstalter klären, da diese aus Kostengründen meist die billigeren Gasthäuser kalkulieren. ❺–❻

Sun and Moon Guesthouse, ✆ 0897-260 7102, 💻 www.kailashprojekte.ch, Reservierungen unter ✉ info@kailashprojekte.ch. Das einzige wirklich empfehlenswerte Guesthouse wird vom Tibetan Medical and Astro Institute Darchen betrieben und befindet sich nordwestlich vom Dorf am Hang. Es gibt ein Restaurant, Internet und 26 Betten ab ¥60.

Das **Tibet Manasarovar Travels Guesthouse** hat ein einfaches Restaurant, wo man Frühstück, Mittag- und Abendessen bekommt. Gemütlicher sind das **Teehaus des Pectopath** und das **Lhasa Ocean Family Restaurant**.

AKTIVITÄTEN

Kailash Kora: Wer nicht so fit ist, sein Gepäck selbst zu tragen, kann in Darchen Träger, Yaks oder auch Pferde mieten. Das geht auch noch, wenn man diese Leistung nicht im Vorfeld mitgebucht hat und auf der Fahrt zum Kailash feststellt, dass einem das Gepäck in der Höhe zu schwer wird. Man zahlt ¥180 am Tag pro Yak für das Gepäck, und die Yak-Treiber bekommen ebenfalls ¥180 pro Tag. Wer einen Träger engagiert, muss mit ¥50 pro Tag rechnen. Und falls einen die Kräfte verlassen, kann man auch Reitpferde für ¥280 pro Tag mieten. Diese Ausgaben verschaffen den hiesigen Tibetern Einnahmen und erhöhen den Genuss der Kora sicherlich, weil man unbelastet vom Gepäck wandern kann. Essen bekommt man unterwegs in den Camps; wer mehr braucht, muss sich seine Verpflegung mitbringen. Seit August 2014 darf man entlang der Kora nicht mehr zelten, sodass man auf alle Fälle in den einfachen Camps übernachten muss.

Mapham Yutso und La-nga Tso

Sowohl in der buddhistischen als auch in der hinduistischen Kosmologie kommt dem **Mapham Yutso** (Manasarovar-See) eine zentrale Stellung zu, und fast immer wird seine Umrundung in die Kailash-Kora integriert. Buddhistische Gläubige trinken etwas Seewasser, das von den Sünden aus hundert Wiedergeburten reinigen soll.

Die Tibeter nennen den See Tso Rinpoche, „der kostbare See", oder Mapham Yutso, „der unbesiegte See" (S. 304). Für die tibetischen Buddhisten wie für Hindus symbolisiert er die Sonne, das Männliche, das Bewusstsein und die Kräfte des Lichts. Die Hindus nennen ihn dementsprechend Manasarovar („Manas" bedeutet „Geist" bzw. „Bewusstsein"). Für sie ist dieser See aus dem Geist Brahmas geboren und einer der ältesten und heiligsten ihrer Pilgerorte. Viele Hindus nehmen daher ein rituelles Bad im eisigen Wasser des Sees. Ein alter Mythos aus vorvedischer Zeit berichtet von zwölf Rishis (von Brahma erschaffene Wesen, die als Weltschöpfer und -ordner fungierten), die sich in dieses abgelegene Land begaben, um zu meditieren, und mit einer wunderbaren Vision Shivas und Parvatis belohnt wurden. Den Rishis fehlte jedoch eine Möglichkeit, die den Hindus vorgeschriebenen Waschungen vorzunehmen. Sie beteten zu Brahma, und der Gott erschuf den Manasarovar-See.

Dem Mapham Yutso gegenüber liegt der halbmondförmige **La-nga Tso**, der von den Indern Rakshas Tal genannt wird. Er symbolisiert das Gegenstück zum Mapham Yutso: den Mond,

Ein Trek zum Akklimatisieren

Um zu testen, ob man die Kora körperlich bewältigen kann, ist eine Halbtageswanderung von Darchen zu den beiden Klöstern **Gyangdrak Gompa** und **Seralung Gompa** hilfreich. Die Klöster liegen nördlich von Darchen auf einer Höhe von 5000 m. Wer beide Klöster ansteuert, benötigt etwa vier oder fünf Stunden. Insgesamt sind 400 m Auf- und Abstieg zu bewältigen. Für das Gyangdrak-Kloster, einst das größte der fünf Klöster am Kailash, benötigt man zwar offiziell ein Permit, aber wer sich nicht allzu lange hier aufhält, sollte auch ohne dieses Papier keine Probleme haben.

Der auf einer Höhe von 4585 m gelegene kristallklare Mapham Yutso ist Buddhisten und Hindus heilig.

Wettstreit der Meister

Der berühmte buddhistische Dichter-Heilige und „König der Yogis", **Milarepa**, befand sich auf dem Weg zum Kailash, als er an den Ufern des Mapham Yutso dem Bön-Meister **Naro Böntschung** begegnete, der wegen seiner Erkenntnis und magischen Kräfte für den bekannten Heiligen wenig übrighatte. Der Bön-Meister gab ihm daher zu verstehen, dass sich das Schneejuwel, der Kailash, im Besitz der Bönpo befinde und Milarepa seinen Glauben wechseln müsse, wenn er in dieser Region zu verweilen und zu meditieren gedenke. Milarepa, wenig geneigt, dieser Forderung nachzukommen, entgegnete, dass der Buddha selbst prophezeit hätte, der heilige Berg würde in die Einflusssphäre der Buddhisten gelangen.

Nach einigen weiteren Wortwechseln forderte der Bön-Priester den buddhistischen Yogi zum **Wettkampf** auf dem Gebiet der magischen Kräfte heraus. Der Verlierer sollte nach altindischer Tradition seinem eigenen Glauben entsagen und den des Siegers annehmen, während der Gewinner den heiligen Berg zugesprochen bekäme. Zum Auftakt stellte sich Naro Böntschung breitbeinig über den **Mapham Yutso** und sang ein Loblied auf seine eigenen Wunderkräfte, während er Milarepa herabwürdigte. Als Entgegnung deckte dieser den immerhin 330 Quadratkilometer großen See mit seinem Körper zu, ohne diesen auszudehnen, und anschließend ließ er den See sogar auf seiner Fingerspitze tanzen. Von diesem Sieg Milarepas über Naro Böntschung leitet sich der tibetische Name für den See, Mapham Yutso, ab, was so viel wie „der unüberwindliche See" bedeutet.

Der Bön-Priester war beeindruckt, gab sich jedoch nicht geschlagen und drängte darauf, den Wettstreit fortzusetzen. Dieser ging also weiter, wobei immer wieder Milarepa siegte, und wurde schließlich in die nähere Umgebung des **Kailash** verlegt, an einen Ort, der heute ein kleines Drukpa-Kagyü-Kloster beherbergt und **Dzutrul Phug**, die „Höhle der magischen Wunderkräfte", genannt wird. Hier schlug Milarepa seinem Opponenten vor, einen Schutz gegen den aufgekommenen, heranpeitschenden Regen zu bauen, woraufhin er einen riesigen Fels spaltete, den Naro Böntschung hochheben und als Dach verwenden sollte. Da aber die Kräfte des Bön-Priesters nicht ausreichten, musste Milarepa selbst zur Tat schreiten und hinterließ dabei noch heute sichtbare Abdrücke eines Fußes, seines Rückens und seiner Hände im Fels.

Da der Bön-Meister sich aber immer noch nicht geschlagen gab, forderte er Milarepa zum **Finale** heraus, aus dem derjenige siegreich hervorgehen sollte, der am Tage des Vollmonds als Erster die Spitze des heiligen Kailash erreichte. Während Naro Böntschung keine Mühen scheute, sich auf den entscheidenden Tag vorzubereiten, verbrachte Milarepa seine Tage mit entspanntem Nichtstun. Als dann der Morgen der endgültigen Entscheidung anbrach, schwang der Bön-Priester sich auf seine

das Weibliche, das Unbewusste und die Kräfte der Finsternis. Alte hinduistische Schriften bemerken, der Pilger solle nur einen Blick in seine Richtung werfen, denn die ihm innewohnenden schädlichen Kräfte seien zu stark. So ist auch der indische Name dieses Sees kein Zufall, denn „Rakshas" bedeutet „Dämon". Selbst das Wetter scheint diese Aspekte immer wieder zu unterstreichen: Am „solaren" Manasarovar-See ist es oft heiter, während es am „lunaren" Rakshas Tal windig und bewölkt und die Atmosphäre unheimlich sein kann. Beide Seen bildeten einst eine Einheit und sind heute durch einen Kanal, den **Ganga Chu**, miteinander verbunden. Er führt nur in feuchten Jahren Wasser, was für die Tibeter als gutes Omen gilt. Seit Mitte der 1980er-Jahre, nach der schlimmsten Zeit der Kulturrevolution, ist er wieder wasserreich – was auf bessere Zeiten hoffen lässt.

Mapham Yutso Kora

Der Mapham Yutso liegt auf einer Höhe von 4585 m und kann in vier bis fünf Tagen umrundet werden. Einen Tag kann man einsparen, wenn man die Wanderung in Horchu (Hor) beginnt und um die Südspitze des Sees zum Chiu-Kloster läuft, also den Weg zwischen diesen beiden Orten über das Kloster Langbona auslässt. Die bes-

magische Trommel und flog auf ihr der Spitze des Schneejuwels entgegen. Als er sich seines Sieges schon fast sicher war – denn Milarepa schien sich weiterhin dem Müßiggang hinzugeben –, tauchte plötzlich der erste Sonnenstrahl über dem Gipfel auf, und ehe sich Naro Böntschung versah, glitt Milarepa im Bruchteil einer Sekunde völlig gelassen an ihm vorüber und erreichte sein Ziel ohne die geringste Mühe. Der Bön-Meister war davon so erschüttert, dass er mitsamt seiner Trommel den Kailash hinunterfiel, wobei die Trommel die tiefen, stufenförmigen Furchen an der Südwand des Berges hinterlassen haben soll.

Nun endlich musste sich der Bön-Priester geschlagen geben, erhielt aber vom gütigen Milarepa die Erlaubnis, dass er und seine Anhänger auch weiterhin den Kailash gegen den Uhrzeigersinn umrunden dürften. Zudem übertrug er auf Bitten von Naro Böntschung den Bön-Anhängern die Rechte auf den in südöstlicher Richtung gelegenen Berg, von dem aus man das „Schneejuwel" betrachten kann, und der dementsprechend als **Bön Ri** oder „Berg der Bönpos" bekannt wurde.

te Zeit für eine Umrundung des Sees ist Mai, Juni und September. Im Juli und August kann man zwar ebenfalls wandern, aber in diesen beiden Monaten regnet es viel, der Weg wird matschig, und am Ufer lauern riesige Mückenschwärme. Der Weg ist einfach zu gehen, einzig die Höhe kann einem zu schaffen machen. Wer sein Gepäck tragen lassen möchte, kann in Horchu einen Führer mit Pferd (je ¥180/Tag) engagieren. Die Gesamtstrecke beträgt etwas über 100 km und führt an insgesamt fünf Klöstern vorbei.

Die für tibetische Buddhisten so typische Umrundung von heiligen Orten, die Kora, findet speziell am Mapham Yutso eine besondere Sinngebung. Bis zu ihrer Zerstörung durch die chinesischen Machthaber befanden sich um den See acht Tempel (fünf sind teilweise wieder aufgebaut worden), die die acht Speichen des „Rades der Lehre" symbolisieren sollten. Wer diese acht Speichen, die wiederum den Edlen Achtfachen Pfad repräsentieren, in Gang setzt, wird auch das gesamte „Rad der Lehre" in Bewegung setzen und somit die von den zwölf Taten des Buddha als die wichtigste angesehene, nämlich das Darlegen des Befreiungspfades, nachvollziehen.

Wer am **Chiu-Kloster**, rund 11 km südlich von Barga bzw. 33 km südöstlich von Darchen, beginnt, erreicht nach vier Stunden Gehzeit das

Kloster Langbona und nach weiteren vier Stunden **Horchu**, wo man übernachten kann. Von Horchu bis zum **Kloster Seralung** am Ostufer sind es rund drei Stunden. Von hier bis zum **Kloster Trugo** an der Südspitze des Sees läuft man zwischen fünf und sechs Stunden. Im Südwesten des Mapham Yutso brüten im Sommer viele Wildgänse und Himalayaschwäne. Auf dem Weg wieder nach Norden Richtung Tseti passiert man nach etwa drei bis vier Stunden das **Gosul Gompa**, und noch einmal drei bis vier Stunden weiter kommt man zur Siedlung **Tseti**. Hier gibt es ein kleines Guesthouse. Tseti ist übrigens der Ort, an dem 1948 die Asche Gandhis in den See gestreut wurde.

Bis zum Chiu-Kloster oberhalb des Ganga Chu benötigt man noch etwa eineinhalb bis zwei Stunden. In diesem Kloster, das hoch über dem See auf einer Bergspitze thront, soll Padmasambhava die letzten sieben Tage seines Lebens verbracht haben, und es gilt deshalb als besonders ehrenvoll für einen Verstorbenen, wenn seine Asche hier verstreut wird.

Der Eintritt zum See kostet ¥150 und muss entweder in dem großen, für die indischen Pilger aufgemotzten Besucherzentrum in Horchu oder an der Zufahrtsstraße zum Dorf Chiu bezahlt werden.

ÜBERNACHTUNG UND ESSEN

Chiu-Kloster

Im Dorf Chiu unterhalb vom Chiu-Kloster gibt es einige einfache und preiswerte Unterkünfte, in denen man ¥50 für ein Bett bezahlt. Die meisten Gästehäuser bieten auch einfaches Essen an. 5 Min. Fußweg von den Unterkünften entlang der Zufahrtsstraße gibt es heiße Quellen, in denen man für ¥90 ein Bad in gemütlichen Holzzubern nehmen kann. Die Baderäume haben allerdings Glasdächer, und es kann innen sehr heiß werden, wenn die Sonne darauf knallt.

Horchu

Die Übernachtung in Horchu lohnt nur, wenn man die Umwanderung des Mapham Yutso hier beginnt oder beendet. Es gibt eine Handvoll Unterkünfte, darunter das **Pu Lang Guesthouse** (Bett ¥50), die alle sehr einfach sind und auch einfache Gerichte servieren können.

Vom Kailash nach Ali

Tirthapuri und Khyunglung

Tirthapuri

Etwa 10 km südlich der Ortschaft Montser und 75 km westlich von Darchen kann man auf dem Weg nach Ali einen Abstecher zu den heißen Quellen von Tirthapuri (Eintritt ¥15) am Sutlej machen. Der Name Tirthapuri stammt vermutlich von dem Sanskritwort Pretapuri, was „Stadt des Todes" heißt. Hier sollen laut alten Sagen die Toten und Geister hausen. Tirthapuri besitzt nicht nur die Quellen, sondern gehört zu den großen Pilgerstätten Tibets und wird von den meisten Kailash-Pilgern in ihre Pilgerreise einbezogen. Seine Heiligkeit verdankt der Ort Padmasambhava und dessen Gefährtin Yeshe Tsogyel, die hier meditiert haben sollen.

Wer Zeit hat, kann von den heißen Quellen aus die etwa eine Stunde in Anspruch nehmende Kora laufen. Der Weg führt nach rund 30 Minuten am Drukpa-Kagyü-Kloster **Tirthapuri Gompa** vorbei. Das Kloster wurde auf einem Vorsprung erbaut, der aus weißen und rotgelben Felsen besteht. Ihre unverwechselbare Färbung erhielten diese Felsen von den Schwefelansammlungen in dem Gestein – die heißen Quellen am Startpunkt zeugen vom Ursprung des Schwefels. Unterhalb des Klosters befinden sich Chörten und eine über 100 m lange Mani-Mauer.

Khyunglung

Hinter Tirthapuri macht die Straße einen Bogen nach Westen. Nach etwa 10 km Fahrt passiert man das Bön-Kloster **Gurugyam**, das ein wichtiges Pilgerziel der Anhänger der Bön-Religion ist. Das Kloster wurde 1936 erbaut und ist somit relativ neu. In den Sandsteinwänden hinter dem Kloster sind noch viele Wohnhöhlen zu sehen, in denen früher Bön-Mönche ihr karges Leben fristeten. Nach weiteren 10 km gelangt man zum Dorf **Khyunglung** und 3 km dahinter über eine Fußgängerbrücke zu den Ruinen dessen, was nach Ansicht einiger Archäologen vermutlich Khyunglung, die Hauptstadt von Zhang Zhung, gewesen ist.

Das **Khyunglung-Kloster** (4259 m) wurde in der äußerst spektakulären Landschaft der

Sutlej-Schluchten gebaut. Oberhalb des rechten Flussufers stehend, überblickt es eine unwirkliche, aus erodiertem Sandstein geformte Landschaft; die Klippen weisen erstaunliche Einfärbungen auf: Grün, Weiß, Gelb und Rot sind die dominierenden Farben. Hier waren früher Vulkane tätig; die Farben entstammen Kalziumdepots. Unzählige heiße Quellen entströmen der Erde.

Das Kloster wurde in zwei Ebenen erbaut; die festungsähnlichen Ruinen weisen einen Höhenunterschied von knapp 200 m auf. Zur Flussseite hin sieht man zahlreiche künstlich geschaffene Höhlenbauten. Darunter stehen lange Reihen von Mani-Mauern und roten Chörten. Oben auf den Spitzen der Felsen sind seltsame Ruinen von Rundbauten zu sehen, vermutlich antike Klausen der Bönpos. Hier wurden sehr alte, in Sanskrit verfasste Schriftrollen (Tsa-Tsas) gefunden. Die antiken Bön-Tempel werden Serkhang genannt, während die neueren buddhistischen Tempel Lhakhang heißen. Letztere stammen überwiegend aus dem 16. Jh. Teilweise erhalten sind noch hölzerne, fein geschnitzte Stützpfeiler und Kapitelle. 2 km östlich des Klosters finden sich festungsähnliche Ruinen, die, für Tibet sehr ungewöhnlich, nicht aus luftgetrockneten Lehmziegeln, sondern aus Stein erbaut wurden.

ÜBERNACHTUNG UND ESSEN

Wer hier übernachten will, findet oberhalb der Quellen von Tirthapuri eine einfache Klosterunterkunft (Bett ¥30), oder man zeltet etwas weiter unten am Fluss. Alternativ kann man auch nach Montser zurückfahren, wo es einfache Gasthäuser und mehrere Restaurants gibt.

Tsada und Umgebung

Die Berge auf der anstrengenden, aber landschaftlich spektakulären Fahrt von Ali oder vom Kailash nach Tsada sind rot, orange, gelb und braun gefärbt, und in den Tälern hinterlassen Flüsse und kleine Seen am Ufer eine dicke Salzkruste. Auf der Fahrt passiert man ein 5000 m hoch gelegenes Plateau, von dem aus man einen überwältigenden Blick auf eine Schluchtenlandschaft und in den indischen Himalaya genießt. Der Sutlej-Fluss hat hier bizarre Formationen und Canyons in den weichen Sandstein gegraben.

Tsada selbst zeichnet sich, wie so viele andere tibetische Orte auch, durch seine Namensvielfalt und ein Wirrwarr an Schreibweisen aus. Im Umlauf sind u. a. Zanda, Tsamda, Thöling, Tholing, Zhada. Tsada ist eine uninteressante, hässliche Ortschaft mit den typischen chinesischen Plattenbauten und dient hauptsächlich als Armeestützpunkt, aber seine Lage ist einzigartig, und die Ruinen der beiden alten Hauptstädte von Guge, Tholing und Tsaparang, in der näheren und weiteren Umgebung gehören zum kultur- und kunstgeschichtlichen Höhepunkt einer Reise nach Westtibet.

Tholing

Das Kloster Tholing ist die älteste erhaltene Anlage des Königreichs Guge und war einst das bedeutendste religiöse Heiligtum Westtibets, um das sich eine große Stadt ausbreitete. Gegründet wurde es im Jahr 996 vom Mönchskönig Yeshe Ö. Der Übersetzer Rinchen Sangpo ließ den Komplex zwischen 1014 und 1025 ausbauen. 1040–1042 diente Tholing als Aufenthaltsort für den bengalischen Gelehrten Atisha, der hier sein berühmtestes Werk, *Der Pfad zur Erleuchtung,* schrieb. Diesem Trio war die Wiederbelebung des Buddhismus in Tibet zu verdanken. Ihr Wirken in Tholing führte schließlich zur Gründung dreier bedeutender tibetischer Schulen des Buddhismus, die dank Atisha unmittelbar an die indische Tradition anknüpften. Atishas Schüler Dromtön (1003–1064) begründete die Kadam-Schule, die im 14. Jh. in der Gelug-Schule aufging. In der Folge wurden dann die Sakya-Schule von dem Gelehrten und Übersetzer Dogmi (992–1072) und die Kagyü-Schule von Marpa (1012–1097), einem Schüler Dogmis, gegründet.

Tholing bestand aus insgesamt sechs Tempelkomplexen, von denen drei mehr oder weniger erhalten geblieben sind. Bis 1966 war dieses altehrwürdige Kloster aktiv, dann zwangen die Rotgardisten die verbliebenen Mönche, ihr Heiligtum zu zerstören. Das Zentrum der Anlage bildet der teilweise restaurierte **Rote Tempel**

(Lhakhang Marpo), ein Name, der sich von der Farbe seiner Außenmauern herleitet. Er stellte früher die Hauptversammlungshalle dar, den Dukhang, in dem schon Atisha und Rinchen Sangpo lehrten. Sehenswert sind die teilweise gut erhaltenen Wandmalereien, die einen starken künstlerischen Einfluss aus Kashmir und Nepal aufweisen. Allerdings sind sich Kunsthistoriker nicht darüber einig, aus welcher Zeit sie genau stammen. Zu sehen gibt es außerdem einen Fußabdruck Rinchen Sangpos, während die drei Skulpturen der Buddhas der Vergangenheit, Gegenwart und Zukunft aus den 1990er-Jahren stammen.

Der **Weiße Tempel** (Lhakhang Karpo) steht versetzt hinter dem Roten Tempel und ist vor allem wegen seines alten, aus Zedernholz geschnitzten und bemalten hölzernen Eingangs interessant. Die Decke wird von 42 Holzpfeilern getragen, und die Wände zieren gut erhaltene Wandmalereien aus dem 15. und 16. Jh, darunter Darstellungen der Überlieferungslinien der Gelbmützen mit Tsongkhapa als zentraler Figur. Im Westteil der Anlage kann man schließlich noch den **Mandala-Lhakhang** (Kyilkhor Lhakhang) besuchen. Dieser Teil, der als Hauptheiligtum von Tholing diente, wurde noch unter Yeshe Ö erbaut und wegen seiner prachtvollen Gestaltung auch Goldener Tempel genannt. Die Anlage war als dreidimensionales Mandala mit Kapellen an jeder Seite und Statuen an den Wänden angelegt. Die zentrale Halle symbolisierte den Weltenberg Sumeru, die vier von ihr abgehenden Kapellen die vier Kontinente, während die Chörten Symbole für die vier Weltenwächter, die die Sutren beschützen, waren.

Einzig die Außenmauern, die vom Grundriss her wie ein Kumbum Chörten gestaltet sind und früher 18 Lhakhang und als Eingangsbereich die Halle der Weltenwächter bargen, sowie die vier Chörten sind erhalten geblieben. Am Flussufer hinter dem Kloster sieht man alte Stupas und Mani-Mauern, in der Flussebene selbst ragt der riesige Grabchörten Yeshe Ös auf. Südwestlich von Tsada an der Piste nach Tsaparang erkennt man auf dem steilen Hügel die Ruinen einer kleineren und größeren alten **Burg**.

🕒 keine festen Öffnungszeiten, Eintritt ¥200 (inkl. Tsaparang, Höhlen von Dungkar/Piyang).

Tsaparang

Die unglaublich majestätisch wirkenden Ruinen der Hauptstadt des Königreichs Guge gehören zu den großen Kulturzeugnissen Tibets. Sie befinden sich auf einem 300 m hohen Hügel aus gelber Erde rund 20 km von der Kreisstadt Tsada entfernt. Die karge Mondlandschaft strahlt einen ganz eigenartigen Reiz aus, und die Ruinen verstärken diesen Eindruck zusätzlich. Noch bis ins 15. Jh. residierten die Könige von Guge in Tholing. Erst König Tri Namkha Wangpo verlegte den Sitz um 1420 nach Tsaparang, wo bereits seit 1024 ein Kloster stand. Fast genau 200 Jahre später sorgte das Wirken des Jesuitenpaters Antonio de Andrade in Tsaparang für den Untergang des Königreichs Guge (S. 292).

Die endgültige Katastrophe kam im Jahr 1841, als die Armee des Maharadschas Gulab Singh von Jammu einrückte. Plünderungen und Zerstörungen, von denen die Ruinen von Tsaparang bis heute gezeichnet sind, waren die Folge. Das allmähliche Versiegen der Wasserquellen besorgte den Rest. Heute ist es nur noch schwer vorstellbar, dass die Menschen hier früher in Dörfern lebten, die aus komfortablen Wohnhöhlen und Gehöften bestanden. Sie bestellten ihre Felder, trieben Handel und füllten die Tempel und Klöster mit Leben. Der im Tal vorbeiströmende Fluss und das Schmelzwasser der Gletscher lieferten ihnen ausreichend Wasser für eine erfolgreiche Landwirtschaft. Händler zogen mit ihren Karawanen aus China und Indien bis hierher.

Als wollten sie die Erinnerung auf ewig wachhalten, klammern sich die Ruinen an den Abhängen des 300 m hohen Hügels fest. Wer den steilen Aufstieg in Angriff nimmt, sieht auf den umliegenden Hügeln die Überreste großer Befestigungsanlagen. Sie dienten zwar hauptsächlich der Verteidigung, doch sind auch viele Zeugnisse künstlerischen Schaffens zu entdecken. In der **Stadtmauer** sind mehr als 4500 Figuren zu sehen; auch sind Verwünschungen und andere Sprüche auf Tibetisch und Sanskrit eingeritzt. Die meisten sind allerdings im Laufe der Jahrhunderte verwittert.

Außerhalb der Mauer sind ebenfalls sehenswerte Verzierungen zu finden, vor allem die in große Kieselsteine geritzten Figuren sind oft Meisterwerke. Der Weg führt vorbei an den eingestürzten Resten von zahlreichen, teilweise aus Lehm gestampften **Wohnhäusern** und in den Berg gegrabenen **Höhlen**. Letztere dienten einst als Behausungen für Mönche und Beamte oder als Lagerstätten für Vorräte und Waffen. Auf der Hügelkuppe hatte der König seinen **Palast**. Von den noch einigermaßen intakten Räumen bietet sich ein grandioser Ausblick in die Umgebung.

Die Ruinen Tsaparangs erstrecken sich auf einer Gesamtfläche von 720 000 m^2; sie bestehen aus 445 Häusern, 879 Höhlen, 58 Festungen, vier geheimen unterirdischen Gängen, fünf Tempeln und 28 Stupas. Der Palastkomplex umfasst eine Sommer- und eine Winterresidenz. Die christliche Kapelle, die sich direkt unterhalb der Palastanlage befand, ist vollständig verschwunden.

Lhakhang des Präfekten

Gleich links vom Eingang kann man als Erstes dem kleinen Lhakhang des Herrschers einen Besuch abstatten. Der kleine Tempel wurde im 16. Jh. vermutlich als Privatkapelle des Herrschers erbaut. Vom Stil her orientiert er sich am Dorje Jigje Lhakhang, dem Tempel der Schutzgötter. Innen gibt es einige sehenswerte Wandmalereien, die Elefanten, Garuda-ähnliche Wesen, Schneelöwen und andere Motive zeigen. An der Rückwand sieht man Gemälde von Buddha Shakyamuni, rechts von ihm der bengalische Gelehrte Atisha und links Tsongkhapa, der Begründer der Gelugpa.

Weißer Tempel

Ein Stück hinter dem Eingang, jenseits eines Hofes, liegt auf der rechten Seite der um 1500 erbaute Weiße Tempel (Lhakhang Karpo). Er diente ursprünglich als Versammlungsraum und war einer der bedeutendsten Lhakhangs der Stadt. Er wurde zwar stark zerstört, aber viele der exquisiten Wandmalereien sind erhalten geblieben.

Rechts vom Eingang steht ein dunkelblauer, nahezu 3 m hoher Vajrapani als Hüter der Geheimlehren und links ein roter Hayagriva als Hüter der heiligen Schriften. Beide Skulpturen sind stark beschädigt. Sehenswert ist auch die reich

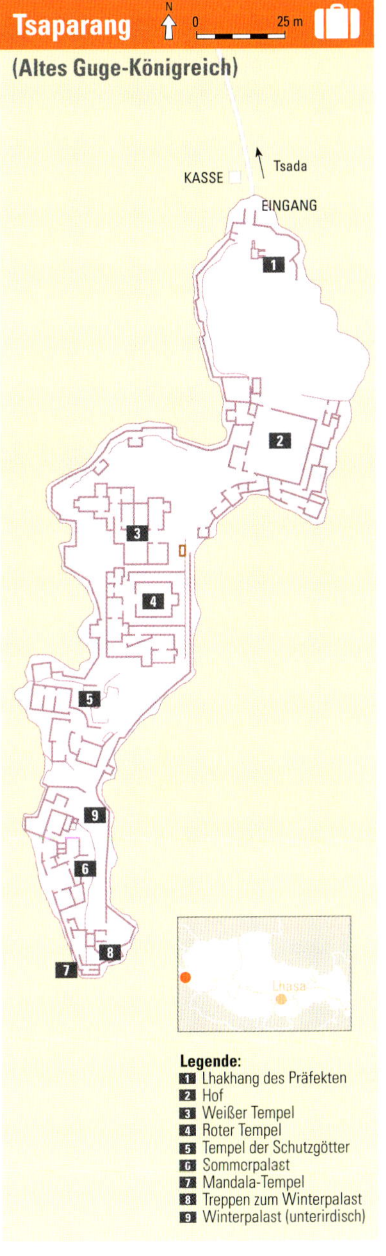

dekorierte Holzdecke, während man an den Wänden noch zahlreiche faszinierende und gut erhaltene Malereien sehen kann. Diese Malereien sind herausragende Beispiele für den ganz außergewöhnlichen Kunststil von Guge. Durch das trockene Klima und die lange Abgeschiedenheit haben sich einige der Fresken so gut erhalten, dass die Farben noch immer eine eindrucksvolle Kraft und Intensität besitzen. Die Figuren sind detailliert und prächtig gemalt und von einer unnachahmlichen Eleganz. Nur spärlich dringt das Licht in die dämmrigen Hallen. Im Lichtkegel der Taschenlampe entfaltet sich immer wieder eine erstaunliche und fantasievolle Welt mit den verschiedensten Gottheiten, Fabelwesen und kleinen Szenen aus dem Leben der Gläubigen.

So eindrucksvoll erhalten ein Teil der Malereien ist, so schwer zerstört sind die Figuren, die einst entlang der Wände von Sockeln auf die Gläubigen hinunter schauten. Der Innenraum wurde früher von 22 Statuen geziert, von denen jene der fünf Dhyani-Buddhas restauriert wurden. Sechs Statuen sind ganz verschwunden, von den restlichen sieht man nur noch die Aureolen und Wandbefestigungen. Oft sind die Köpfe zerschlagen, Arme ragen wie Stümpfe aus den malträtierten Körpern.

Roter Tempel

Der Rote Tempel (Lhakhang Marpo), der etwas höher am Berg liegt, ist ähnlich groß wie der Weiße Tempel und wurde vermutlich um 1470 errichtet. Er besitzt einen schön geschnitzten Eingang, bei dem man noch deutlich sehen kann, dass hier Künstler aus Kashmir am Werk waren. Auf den Türblättern sieht man die Silben „Om mani pad me hum" eingraviert. Die ursprünglich lebensgroßen Skulpturen aus Lehm und Stroh sind zerstört worden. Wie auch schon im Weißen Palast sind dafür die Wandmalereien erhalten. Die meisten wurden vermutlich von Künstlern aus den Klöstern Alchi (Ladakh) und Tabo (Spiti) geschaffen. Ihre Malerei wurde als westtibetischer oder Guge-Stil bekannt und zeichnet sich durch eine große Klarheit und herrliche Farbgebung aus. Rechts von der Tür sieht man u. a. Szenen vom Bau des Tempels, von Festivitäten und vom königlichen Hof, die den einstigen Glanz dieser Stadt bezeugen.

Hinweise für die Besichtigung

Feste Öffnungszeiten gibt es nicht, obwohl sie offiziell von 9–18 Uhr ausgewiesen sind. Vor dem Eingangstor beim Tickethäuschen lebt der „Hüter" der Anlage, der das Tor bei Bedarf aufschließt. Sollte er nicht da sein, hält er sich in dem kleinen, von Tsaparang aus nicht zu sehenden Dorf ganz in der Nähe auf, wo man ihn abholen kann. In den Gebäuden herrscht absolutes Fotografierverbot. Die Genehmigung erhält man nur beim Ministerium für Denkmalschutz in Beijing. Für die Besichtigung der Räumlichkeiten benötigt man eine gute Taschenlampe, da man sonst die Wandmalereien nicht sehen kann. Es kann glühend heiß werden, und man muss genügend Wasser mitnehmen, will man nicht zwischen den Ruinen verdursten. Der Eintritt beträgt ¥200 und schließt Tholing mit ein.

Tempel der Schutzgötter

Noch ein Stück weiter hoch passiert man den Lhakhang der tantrischen Gottheit Vajrabhairava (Yamantaka oder Dorje Jigje Lhakhang). Er wurde erst nach dem Weißen und Roten Tempel erbaut; seine Malereien wurden von Künstlern aus Zentraltibet geschaffen. Zu dieser Zeit war das goldene Zeitalter Tsaparangs vermutlich schon vorbei. Der Tempel ist den Yidams, den Initiationsgottheiten der Tantrasysteme, geweiht und war früher nur wenigen Auserwählten zugänglich. An den Wänden sieht man vornehmlich Darstellungen aus dem Gelugpa-Pantheon, darunter Cakrasamvara, Hevajra, Guyhasamaja („Herr der Geheimnisse", die tantrische Form des Aksobhya) und Vaishravana.

Sommerpalast

Hinter dem Tempel der Schutzgötter windet sich der Pfad über tönerne Stufen durch einen faszinierenden, gewundenen Tunnel hinauf zur alten Palastanlage der Herrscher von Guge. Als Erstes erreicht man den leerstehenden **Sommerpalast**. Er hatte eine eigene Zisterne für die Wasserversorgung, die es dem Herrscher ermöglichte, auch längere Belagerungen zu überstehen. Sicherheitshalber gab es sogar einen

Tunnel, über den er notfalls unbemerkt aus der Stadt fliehen konnte.

Auf der Spitze des Berges befindet sich der kleine **Mandala-Tempel** (Demchok Lhakhang), der früher ein dreidimensionales Mandala Cakrasamvaras enthielt. In diesen Tempel begaben sich der König und die hohen Lamas in Krisenzeiten, um Riten zum Schutz der Stadt durchzuführen oder Rat zu erbitten.

Winterpalast

Über steile und verwitterte Treppen zwischen dem Sommerpalast und dem Mandala-Tempel kann man zu guter Letzt noch zum Winterpalast hinabklettern. Er besteht aus einem Gewirr von sieben, durch Gänge verbundenen Kammern, die in den Fels gegraben sind, um im Winter die Wärme besser konservieren zu können.

Höhlen von Dungkar und Piyang

Die Geschichte der Grotten von Dungkar und Piyang reicht mindestens 1100 Jahre zurück und ihre Malereien sind die vermutlich ältesten erhaltenen Kunstwerke der Region Ngari (wie Westtibet seit seiner Eroberung durch Songtsen Gampo 644 bis heute genannt wird). Als die ersten buddhistischen Missionare etwa im 6. Jh. in Tibet eintrafen, war die buddhistische Kunst bereits hoch entwickelt. So wie die Bewohner es seit Jahrtausenden taten, schlugen auch sie ihre Tempel in den Fels. Die Heiligtümer schmückten die Künstler aus Kashmir und Nepal – anfangs dank königlicher Schirmherrschaft unter Yeshe Ö – über mehrere Jahrhunderte zusammen mit lokalen Handwerkern mit Skulpturen und Malereien. Ihr einzigartiger Kunststil wurde unter dem Namen **Guge-Kunst** bekannt.

Die älteste erhaltene Tempelgrotte von Dungkar soll von Prinzessin Lhei-Metok, Tochter des Königs von Guge Tsenpo Khorey, gegründet worden sein. Das berühmteste Gebäude ist allerdings das **Tashi Choling**, das für Tsongkhapas Schüler Ngawang Drakpa im 15. Jh. erbaut wurde.

Die älteste Höhle in Piyang war der **Karsak Lhakhang**, der noch unter Tsenpo Khorey errichtet wurde. Doch so faszinierend beide Anlagen von außen sind, ihre eigentliche Berühmtheit verdanken sie ihren einzartigen, teilweise gut erhaltenen Malereien. 1000 Jahre später sind zahllose Werke trotz natürlicher Erosion und der Kulturrevolution ab 1966 noch immer erhalten, so dass man auch heute noch die einzigartige Kunst auf sich wirken lassen kann.

Die Orte entlang der Straßen nach Westen sind überwiegend chaotisch wirkende Versorgungsstützpunkte.

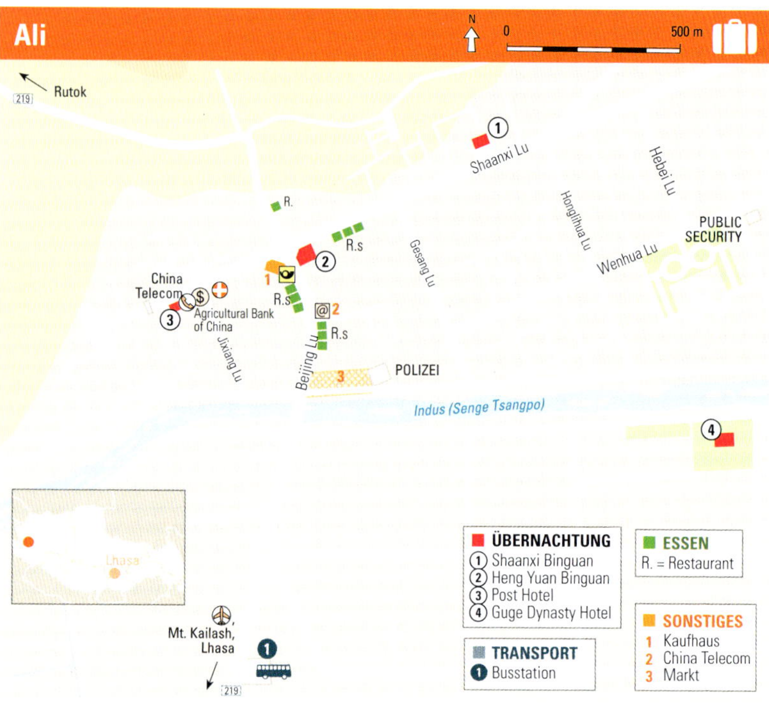

ÜBERNACHTUNG UND ESSEN

In Tsada gibt es einige einfache Unterkünfte, die sich an der Hauptstraße aufreihen und sich nicht groß voneinander unterscheiden.

Chongqing Binguan, ✆ 0897-290 2605. Irgendwie hat dieses Hotel tatsächlich zwei Sterne bekommen. Die Zimmer sind einfach und sauber, aber der größte Vorteil ist, dass es gleich nebenan Duschen mit Warmwasser, Internet und eine Wäscherei gibt. ❸

Guge Hotel (Guge Zhaodaisuo), ✆ 0897-262 2121. Gästehaus mit geräumigen Zimmern, TV und einfachen, aber erträglichen sanitären Anlagen. Betten im DZ oder 3-Bett-Zimmer ¥50.

Telecom Hotel, gegenüber vom Guge Hotel, ✆ 0897-290 2996. Das Hotel bietet große Zimmer und in einigen gegen einen Aufschlag von ¥10 sogar Fernseher. Dorm-Bett im 4-Bett-Zimmer ¥50.

Zanda Hostel, ✆ 139-8997 1972. Das einfache Gästehaus ist meist dann eine Option, wenn die anderen Unterkünfte voll sind. Dorm-Bett ¥40.

Entlang der Straße mit den Hotels gibt es eine Reihe von **Restaurants**. Die meisten bereiten chinesische Gerichte zu, die keiner besonderen Stilrichtung angehören, dazwischen gibt es das eine oder andere tibetische Lokal.

Ali

Der Verwaltungssitz der Präfektur Ngari hat erstaunlich viele Namen, darunter die chinesischen Namen Ali und Shiquanhe und die tibetischen Bezeichnungen Gar, Senge Khabab („Löwenstadt") und Senge Tsangpo („Fluss, der aus dem Löwenmaul entspringt"). Das ist aber auch schon alles, was Ali auszeichnet, denn die auf einer Höhe von 4220 m gelegene Stadt ist ansonsten bar jeglicher Sehenswürdigkeiten. Tatsächlich ist es eine chinesische Retortenstadt aus Beton inmitten einer der abgelegensten Regionen der Welt.

Zusammengesetzt ist der Ort aus fantasielosen Betonwürfeln, die sich scheinbar endlos entlang staubiger Straßen aufreihen. Wer nicht gerade auf postmaoistische, proletarische monolithische Architektur steht, wird nach den Tagen in den Weiten der Natur einen mittleren Kulturschock erleben. Immerhin, das im Nordwesten Alis gelegene Zentrum wird von der Statue eines Löwen geziert und nicht von Mao.

Erfreulich für den Aufenthalt sind die Duschen, die es hier mal wieder gibt, die Einkaufsmöglichkeiten und Restaurants.

ÜBERNACHTUNG

Guge Dynasty Hotel (Guge Wangchao Dajiudian), Binhe Lu, ✆ 0897-266 6111. Das 4-Sterne-Hotel gehört zu den besten der Stadt und bietet gemütliche Zimmer, Internet, ein Restaurant und, wenn sie denn geöffnet hat, sogar eine Bar. ❹

Heng Yuan Binguan, am großen Kreisverkehr im Zentrum, ✆ 0897-282 8996. Die Ausstattung ist wie überall, einfach, aber die Auswahl an Zimmern unterschiedlicher Preisklassen ist groß und reicht vom Dorm-Bett bis zum DZ. Es gibt zwar Wasser, aber das tröpfelt oft nur aus den Duschköpfen. ❸

Post Hotel (Youzheng Binguan), Beijing Zhonglu, ✆ 0897-282 8888. Das beste Hotel vor Ort mit freundlichem Personal und passablen, leider überteuerten Zimmern. Gute Lage. ❸

Shaanxi Binguan (Ali Hotel), Shaanxi Lu, ✆ 0897-282 4977. Einfaches Hotel mit etwas besseren Zimmern, die ein eigenes Bad haben, und spartanischen Zimmern ohne Bad. Betten ab ¥30. ❶–❹

ESSEN

Kulinarische Highlights darf man in Ali nicht erwarten, aber wer der Instant-Nudelsuppen überdrüssig geworden ist, findet hier endlich wieder Abwechslung. Rund um den Kreisverkehr mit der Löwenstatue und entlang der in die vier Himmelsrichtungen abgehenden Straßen reihen sich zahlreiche **chinesische Restaurants** auf, in denen einfache Sichuan-Küche zubereitet wird. Außerdem gibt es hier **Bäckereien** und mehrere kleine **Lebensmittelgeschäfte**.

SONSTIGES

Geld

Wer kein oder nicht mehr genügend Bargeld hat, sollte wissen, dass Ali die letzte Stadt bis Kashgar oder Shigatse ist, in der man sich mit Geld versorgen kann. Die **Agricultural Bank of China**, westlich des Kreisverkehrs kurz vor dem Militärcamp, tauscht nur Bargeld (Euro und US-Dollar). ⌚ Mo–Fr 10–19 Uhr. Draußen gibt es einen Geldautomaten, der Kreditkarten und EC-Karten mit Cirrus-Symbol akzeptiert.

Polizei

Das Büro der **Public Security** befindet sich östlich des Zentrums im Neubaugebiet am Indus.

Post

Das **Hauptpostamt** steht an der Südwestecke des Kreisverkehrs.

Telefon

Gleich westlich neben der Bank befindet sich ein Büro der **China Telecom** (Zhongguo Dianxin Ju), von dem aus man Ferngespräche führen kann.

NAHVERKEHR

In Ali kann man alle Strecken leicht zu Fuß zurücklegen. Es fahren aber auch viele **Taxis** umher, die für Ziele innerhalb der Stadt ¥10 nehmen. Meist werden die Fahrer aber versuchen, Ausländern mehr Geld abzuknopfen.

TRANSPORT

Vom **Flughafen** im Südwesten gibt es zurzeit jeden Di und Fr um 12.20 Uhr einen Flug nach LHASA, ¥2590, 1 1/2 Std., und weiter nach CHENGDU, 4 1/2 Std.

IM OSTEN TIBETS BILDET DER NYANCHEN THANGLHA DIE GEWALTIGE KULISSE DES YARLUNG TSANGPO; © ISTOCK / BIHAIBO

Osttibet (Kham)

Riesige Urwälder, liebliche Täler und reißende Flüsse in tiefen Schluchten wechseln sich in Osttibet ab mit einsamen, schneebedeckten Bergriesen, gewaltigen Gletschern und unzähligen spektakulären Passstraßen. In den abgelegenen Tälern konnten sich Heiligtümer der Bön-Religion und eine Vielfalt buddhistischer Lehrrichtungen, wie man sie in Tibet sonst nicht findet, erhalten.

Stefan Loose Traveltipps

12 **Basum Tso** Der malerisch gelegene heilige See ist der landschaftliche Höhepunkt des alpinen Kongpo-Tals. S. 322

Yarlung-Tsangpo-Schlucht Die tiefste Schlucht der Welt ist bis heute noch nicht vollständig erforscht. S. 326

13 **Riwoche Tsuglagkhang** Einer uneinnehmbaren Festung gleich erhebt sich der mächtige Tempel nahe der Ortschaft Riwoche. S. 333

YAKS: © FOTOLIA/FRANKIE'S

WEBERIN: © OLIVER FÜLLING

Wann fahren? Mai und Juni, wenn Osttibets Pflanzenwelt in einer Farborgie erblüht

Wie lange? 9 Tage mit Trekking um den Bön-Ri, 5 Tage ohne Trekking

Bekannt für riesige Urwälder, malerische Hochtäler, heilige Orte des Bön und schwindelerregende Passstraßen

Beste Feste Changtang Chachen Reiterfest in Nagchu (Aug/Sep)

Schöne Abstecher Wanderung ins Kading-Tal und durch den Lulang-Wald

Unbedingt probieren *Droma Desi* (wilder Ginseng mit Rosinen, Zucker, Butter, Reis)

Chamdo und Nyingchi

N
0
50 km
Lhasa
QINGHAI
SICHUAN
CHAMDO
NGCHI
MYANMAR
YUNNAN
5710
Denkhok
214
Jinsha Jiang
(Yangzi)
Jiang
Manigango
Sharda
Do Chu
Ke Chu
Simda
Tertod
Wonpotod
Dege/Derge
Karma
Dza Chu
Yorpa
Tangpu
Kamthok
5170
Zin Chu
Yeru
Samkha
Tserwed
s. Ortsplan Chamdo S. 331
Zigar
Gyamda
Do Chu
Khangse
Moda
317
5460
Palyul
Riwoche Tsuglagkhang
Riwoche
Ridung
Topa
Barong
Tramoling
Samdo (Riwoche)
Rushi
Chunyido
Nyashi
Polo
Ngu Chu
Chamdo
Ngeshi
Kyabel/Gyanbê
Benda
Karup
Tsepa
Kerri
Ropa
Shingka
Khentang
Khore
Gonjo (Akar)
Langmey
Marri
Wamkhar
Khangsar
Padak
Khorchen
Kyitang
Yendum/Traya
Lhagyel
Sertang
Mido
Yushi
Yendum
Awang
Changum
Yichen
FLUGHAFEN
Kargang
Tsangsar
Mushe
Nagjog
5804
Lhato
Tangkar
5898
5760
Tsala
318
Yangpa
Yu Chu
Palri
Gopo
Kyari
5888
Kyildrong
Wapa
Karwapekyer
Pangda/Bamda
Atsur
Lhawa
Meyul
Nag Chu
Gardo
Pashod/Baxoi
Lingka
72 Haarnadel-kurven
Tso-nga
Batang
Ringo
Tsangshod
Lage
Gopo
Jidar
Temtok
Druparong
Tobang/ Dombang
5220
Markam/ Gartok
Dungda La
Zogang/ Wamda
Sumzom
Rongme
4530
Ngajug-La
Pangda
318
Trung Lingka
Bumpa
Ngom Chu (Mekong)
Ra-ok
Chorten
Ra-ok Tso
Sha Lingka
Chidrong
6603
201
Tragyol
Rachen
Lhagu-Gletscher
5820
Chutsankha
Goyul
6970
6285
Zang Chu
Jinsha Jiang (Yangzi)
6125
Jangba/ Naxi Minzu Xian
Nag Chu (Salween)
214
Bultok
Mogshod
Derong
Gangri Karpo Chu
Foshan
Zayul/Kyigang
Dechen
Zayul Rong-me

Noch bis weit in die 1980er-Jahre war über Osttibet kaum etwas bekannt. Die wilde, zerklüftete Landschaft passte so gar nicht in das tibetische Klischee karger, von majestätischen Schneeriesen eingerahmter Hochtäler, und die Bevölkerung galt als Räuberbande. Bis Mitte des 20. Jhs. waren überhaupt nur wenige Reisende in diese Region vorgedrungen. Die Wenigen, die sich hergewagt hatten, bekamen meist ernsthafte Schwierigkeiten, einige überlebten ihre Abenteuerlust nicht, sodass eine Erforschung des Landes noch bis vor 50 Jahren unmöglich war. Jeder einzelne Pass in Kham scheint unüberwindbar, und die sogenannten Ebenen würden wohl überall sonst auf der Welt als Bergketten bezeichnet werden. Den Chinesen galten die Einwohner als Wilde. In ihren Augen waren die Einzigen, die mit diesen Wilden zurechtkamen, sie sogar unterjochen konnten, ebenfalls Barbaren – und zwar die Mongolen, die China und Tibet die Yuan-Dynastie aufzwangen, und die Mandschuren, die China und Tibet unter dem Dynastienamen Qing beherrschten.

Einer der wenigen europäischen Reisenden, der französische Missionar Abbé Évariste Huc, dem es zwischen 1810 und 1901 als einzigem Europäer überhaupt gelungen war, Lhasa zu erreichen, und der über Kham nach China weiterreiste, erkannte den wahren Charakter der Khampa und schrieb: „Ihre sogenannte Wildheit ist nichts als glühender Patriotismus und berechtigter Hass gegen fremde Unterdrückung." Das galt sowohl für chinesische als auch zentraltibetische Herrschaftsansprüche. Viele der Fürstentümer akzeptierten keine Zentralgewalt, andere bildeten sogenannte staatenlose Gesellschaften ohne eine gemeinsame politische Autorität. Entsprechend weist Kham in hohem Maße eigene Kulturmerkmale, eine andere Bevölkerungsstruktur und eine eigenständige, wenn auch mit Zentraltibet eng verknüpfte Geschichte auf. Die Einwohner Khams nennen sich auch nicht Böpa, wie der tibetische Begriff für Tibeter lautet, sondern Khampa.

Kham wird traditionell auch **Chushi Gangdruk** („Vier Flüsse, Sechs Gebirge") genannt, ein Begriff, mit dem sich in den 1950er-Jahren die von Kham ausgehende tibetische Widerstandsbewegung bezeichnete. Ethnologen sprechen in Bezug auf Kham dagegen gerne vom „ethnischen Korridor Südwest-Chinas", da das riesige, dünn besiedelte Gebiet wie ein langer Korridor zwischen Zentraltibet und Amdo liegt und von über 14 kulturell und sprachlich unterschiedlichen Volksgruppen besiedelt wird. Heute ist das alte Kham in die Präfekturen Nyingchi, Chamdo und Nagchu gegliedert.

Die Brückenfunktion Osttibets zu China wird u. a. in der Kulturgeschichte der Region deutlich. Der Einfluss Chinas auf Architektur und religiöse Malerei ist bis heute unübersehbar, so wie es umgekehrt einen erheblichen Einfluss tibetischer Kultur und Religion auf die chinesischen Dynastien gegeben hat. Auch auf religiösem Gebiet hatte Osttibet eine Sonderstellung, insofern als in Zentraltibet verfolgte oder unter Druck geratene Schulen wie die Bönpo, die Jonangpa, aber auch die Nyingmapa hier Zuflucht fanden und in einen fruchtbaren Austausch traten – fern jeder zentralen Autorität. Die Region wurde dadurch zu einem nicht versiegenden Reservoir spiritueller Begabungen. Im 19. und 20. Jh. kamen die meisten großen Lamas aus Kham, wo in der zweiten Hälfte des 19. Jhs. nicht zufällig auch die „Rime-Bewegung" entstand (s. Kasten S. 319).

Hinweise zur Organisation

Von 2012–2017 war es Ausländern wegen der zahlreichen Selbstverbrennungen tibetischer Mönche verboten, in Osttibet umherzureisen. Seit 2018 ist es wieder erlaubt – dennoch muss stets damit gerechnet werden, dass Osttibet für Ausländer wieder geschlossen wird. Für die verschiedenen Reisemöglichkeiten muss man in etwa mit folgenden Kosten rechnen:
Osttibetrundfahrt (14 Tage) ab/bis Lhasa über Bayi, Pome, Chamdo, Riwoche, Tengchen, Nagchu, Nam Tso 1250 €;
Chengdu–Lhasa, Südroute (15 Tage), via Kangding, Litang, Yadong, Daocheng, Batang, Markam, Pashod, Ra'ok Tso, Bayi und Basum Tso ca. 1900 €;
Yunnan–Lhasa (11 Tage) via Lijiang, Shangri-La, Deqen, Meili Shan Markam, Pashod, Ra'ok Tso, Bayi und Basum Tso ca. 1500 €., jeweils inkl. Transport, Guide, Unterkunft und Eintritte.

Buddhistische „Ökumene" – die Rime-Bewegung

Osttibet bildete den geografischen Mittelpunkt einer religiösen Bewegung, die den tibetischen Buddhismus bis heute wesentlich prägt. Hier hatten Lamas mit Blick auf die sektiererischen Auseinandersetzungen in Tibets Geschichte und auf sozialreformerische Gedanken, die sich in China und Osttibet ausbreiteten, seit dem 19. Jh. begonnen, die bestehende monastische Ordnung, ihre Disziplin und Inhalte einer Prüfung zu unterziehen. Diese sogenannte Rime-Bewegung, die u. a. von den Sakyapa-Lamas Jamyang Khyentse Wangpo (1820–1892) und Jamgön Kongtrül Lodrö Thaye (1813–1899) initiiert worden war, stellte einen Höhepunkt in der intellektuellen Auseinandersetzung zwischen den einzelnen buddhistischen Lehrtraditionen sowie der Bön-Religion dar. **Rime** bedeutet „unparteiisch". Dahinter stand die Absicht, gruppenübergreifend Lehren aus allen Gegenden Tibets und von Meistern aller tibetischen Traditionen zu sammeln und ihnen nicht nur unvoreingenommen gegenüberzustehen, sondern andere Schulen auch als gleichrangig und eigenständig zu betrachten. Ziel war es, die große Zahl an seltenen Übertragungslinien als Kulturerbe zu erhalten, um sie vor dem Untergang zu bewahren, und die „Konkurrenz" zwischen den großen Schulen in Tibet zu überwinden. Im Laufe der Rime-Bewegung gelang es beispielsweise, die im Kloster Tashilhunpo unter Verschluss gehaltenen Druckstöcke des unter dem 5. Dalai Lama verbotenen Jonang-Ordens von den Gelugpa zurückzubekommen und diese von den Gelbmützen u. a. wegen ihrer Nähe zum Chan- (Zen-) Buddhismus als häretisch verbotene Lehrrichtung wiederzubeleben. Der Begriff Rime wurde damit zum Synonym für eine unvoreingenommene Einstellung gegenüber allen Lehren aller Schulen des Buddhismus. Diese von Offenheit geprägte „Rime-Einstellung" hat schließlich Eingang in viele tibetische Schulen gefunden.

Die erst 1959 gegründete, etwa 117 000 km² große und rund 160 000 Einwohner zählende Präfektur **Nyingchi** („Thron der Sonne") im ehemaligen Kham liegt im Südosten Tibets, am Mittel- und Unterlauf des Yarlung Tsangpo. Im Osten grenzt sie an Chamdo, im Norden an Nagchu, im Westen an die Stadt Lhasa, im Südwesten an Lhoka und im Süden an Indien und Myanmar. Die herausragende Sehenswürdigkeit Nyingchis ist der malerische **Basum Tso**, ein heiliger See inmitten grüner Wälder und einer alpinen Landschaft. Von dieser Region rührt auch der Beiname Nyingchis her: „Schweiz Tibets". Dummerweise liegt nur wenig südlich das umstrittene Gebiet von Arunachal Pradesh, das zwar auf dem chinesischen Papier und auf chinesischen Landkarten zu Nyingchi gezählt, de facto aber von Indien verwaltet wird. Das führt leider immer wieder zu Schwierigkeiten, an ein Permit zu kommen. Eine weitere herausragende Sehenswürdigkeit ist die tiefste Schlucht der Erde, der **Yarlung-Tsangpo-Canyon**, aber es gibt auch eine Reihe interessanter Tempel und über 2500 Jahre alte Primärwälder, die diese Region deutlich vom Rest Tibets unterscheiden.

Chamdo im Osten Tibets bildet mit einer Fläche von 130 000 km² und rund 660 000 Einwohnern das alte Kernland Khams. Wie auch Shigatse, wurde die Präfektur 2014 zur bezirksfreien Stadt aufgewertet und hat nun denselben Status wie Lhasa. Chamdo bedeutet „Mündung zweier Flüsse", ein Name, der sich auf die beiden Zuflüsse zum Lancang Jiang (Mekong) bezieht: Dza Chu und Ngom Chu. Der Besuch vieler Gebiete Chamdos, darunter die gleichnamige, ausgesprochen angenehme Hauptstadt des Verwaltungsgebiets und der **Riwoche Tsuglagkhang**, ein mächtiger, in dieser Form in Tibet einzigartiger Tempel, ist leider mit viel Papierkram verbunden.

Nagchu ist mit einer Bevölkerung von rund 463 000 Einwohnern und einer Fläche von annähernd 450 000 km² nicht nur die größte Präfektur Osttibets, sondern auch der ganzen Autonomen Region Tibet. Die Hauptstadt ist das gleichnamige Nagchu, eine frostige, windgepeitschte, auf 4700 m Höhe gelegene Stadt am Rande des Changtang. Ebenso unwirtlich ist das gesamte Verwaltungsgebiet, und die meisten Reisenden werden es wohl nur aus dem Zugfenster heraus erleben, da die Bahnlinie nach Lhasa das Gebiet von Süd nach Nord durchquert.

Geschichte

Archäologische Funde in Kham (Chamdo S. 330) haben ergeben, dass Osttibet schon seit mindestens 5000 Jahren besiedelt ist. Die Region wurde nie von einem einzelnen König oder Herrscher regiert, sondern bestand stets aus einem Flickenteppich Dutzender Königreiche, Fürstentümer, Theokratien oder Stammesgebiete, die regelmäßig gegeneinander Krieg führten. Eines dieser Königreiche, das als das kulturelle Herz von Kham bezeichnet wird, war Dege (s. Kasten S. 321). Zusätzlich zu den kriegerischen Auseinandersetzungen kam die permanente Bedrohung entweder durch die Tibeter im Westen, die Mongolen im Norden oder die Chinesen im Osten.

Nur einmal, zwischen dem 7. und 9. Jh., wurde Osttibet zentral von Lhasa aus regiert. Mit dem Zusammenbruch des tibetischen Großreichs nach 842 zerfiel Osttibet wieder in einzelne Reiche, die fortan von Lhasa unabhängig waren. Die meisten Regionalfürsten hatten von den chinesischen Kaisern vererbbare Titel, die ihnen die Herrschaft über ihr Territorium sicherten, verliehen bekommen. Sie zahlten Tribut an den Kaiserhof; im Gegenzug mischten sich die Chinesen nicht in die Politik Khams ein.

Kham ließ sich im Laufe seiner Geschichte so gut wie nie in die politischen Ränkespiele Zentraltibets hineinziehen. Doch während sich die Khampa erfolgreich einer Vereinnahmung durch Zentraltibet widersetzen konnten, mussten sie sich ab 1226 den übermächtigen **Mongolen** unterwerfen. Bereits 1240 gehörte ganz Osttibet zum mongolischen Reich. Allerdings schienen sich die lokalen Herrscher nur wenig darum zu scheren. Erst Kublai Khan entsandte 1281, der ständigen Aufstände überdrüssig geworden, schließlich eine stationäre Armee nach Tibet, die die mongolische Oberherrschaft durchsetzen sollte. Er teilte Tibet außerdem in drei große administrative Regionen ein: Dom, das heutige Amdo und Teile des nördlichen Kham, Do Kham, das heutige Kham, und Ü-Tsang.

Die mongolische Herrschaft währte rund 100 Jahre, danach wurde Kham fast 300 Jahre wieder sich selbst überlassen.

1639/40 wurde Kham von dem im nördlichen Amdo herrschenden Koshot-Mongolenfürsten **Gushri Khan** (1582–1655) erobert, der 1641 schließlich auch den Rest Tibets einnahm, sich zum Titularkönig über Tibet ernannte und den 5. Dalai Lama als weltlichen und geistlichen Herrscher über ganz Tibet einsetzte. Damit unterstand der gesamte tibetische Siedlungsraum wieder einer einheitlichen, wenn auch mongolischen Oberherrschaft. Diese Machtverhältnisse dauerten bis ins frühe 18. Jh. an, dann wurde Tibet unter dem Fürsten Lhazang Khan (reg. 1697–1717) in mongolische Hegemonialkämpfe hineingezogen. Mit der Ermordung des Fürsten 1717 endete die nominelle Oberhoheit der Koshot-Mongolen über Tibet. Das hatte nicht nur den Zerfall der in Lhasa zentrierten Macht zur Folge, sondern auch das vorübergehende Wiedererstarken der Regionalfürsten. Diese konnten sich allerdings im Osten Khams der wachsenden Macht der in Tibet eingreifenden Qing-Dynastie, die bereits 1718 eine erste große Armee in Tibet einmarschieren ließ, nicht mehr entziehen.

Während der **Qing-Dynastie** wurden Amdo 1724 und das östliche Kham 1728 in die benachbarten chinesischen Provinzen eingegliedert. Der Rest Tibets sollte seine endgültige Unabhängigkeit 1792 verlieren, als erneut Qing-Truppen in Tibet einmarschierten, um die Gurkha zu vertreiben. In dieses Jahr fällt übrigens auch das vom chinesischen Kaiser erlassene, für alle nicht-chinesischen Ausländer geltende Verbot des Besuchs Tibets, womit Lhasa auf einmal zum begehrten Ziel von Forschern und Abenteurern in aller Welt wurde. Die verschiedenen Reiche Khams blieben dennoch weitgehend unbehelligt, solange die Tributbeziehungen zu China intakt waren.

Nach dem Sturz des Kaiserreichs 1911 wurden große Teile Khams zur **Sonderverwaltungszone Xikang** (= West-Kham) zusammengefasst. Dort waren aber weder Beamte der chinesischen Bürokratie noch Truppen vertreten. Immer wieder, u. a. 1918, 1928 und 1932, kam es zu Aufständen der Khampa gegen die Machtgelüste Chinas oder auch Lhasas. Im Jahr 1932 wurden tibetische Truppen, die in Xikang einmarschiert waren, geschlagen. Zwischen dem chinesischen Kriegsherrn Liu Wenhui und Tibet wurde ein Abkommen unterzeichnet, das die Teilung Khams in zwei Regionen vorsah: Ost-Kham, das von chinesischen Beamten verwaltet wurde, und West-Kham, das unter tibetische Kontrolle gestellt wurde. Als Grenze zwischen Ost- und West-Kham galt der Yangzi. Ost-Kham wurde 1939 mit Liu Wenhui als Gouverneur zur chinesischen Provinz Xikang.

Nach dem Sieg der Kommunisten im chinesischen Bürgerkrieg fiel Xikang kampflos an das kommunistische China. Im Jahr 1950 überschritt die Volksbefreiungsarmee den Yangzi, drang in West-Kham ein und besetzte nach der Kapitulation des tibetischen Gouverneurs von Chamdo die Stadt und das umliegende Gebiet, das zum **Verwaltungsgebiet Chamdo** umgewandelt wurde. Die Provinz Xikang wurde 1955 aufgelöst und in weiten Teilen in die Provinz Sichuan eingegliedert. Als die Chinesen auch noch versuchten, die Khampa zu entwaffnen und Nomaden zur Sesshaftigkeit zu zwingen, brach 1955 der Aufstand los. Vielleicht erstmals in ihrer Geschichte wurden die Khampa zu den rigorosesten und auch tapfersten Verteidigern Lhasas und der tibetischen Unabhängigkeit. Verhindern konnten sie die endgültige Annektierung Tibets aber nicht. Chamdo, die letzte Region, die zumindest vom Namen her an das alte unabhängige Kham erinnerte, ging 1965 in der Autonomen Region Tibet auf. Heute sind es vor allem die Mönche, die in Kham immer wieder gegen die chinesisische Unterdrückung Widerstand leisten.

Das alte Königreich Dege

Dege oder Derge ist seit alters das kulturelle Zentrum von Kham, Geburtsort der Khampa-Kultur und angeblich auch von **Gesar**, dem König aus dem berühmtesten tibetischen Heldenepos namens *König Gesar*. Zusammen mit Lhasa und Xiahe gilt es als eines von drei antiken Zentren der tibetischen Kultur. Früher war es das größte und einflussreichste der fünf unabhängigen Königreiche von Kham. Seine Grenzen erstreckten sich bis Jomda im Westen, das heute in der Autonomen Region Tibet liegt, und Sershul/Sershu im Norden. Ein Mitglied des während der Yarlung-Dynastie im 7. Jh. überaus mächtigen Gar-Clans namens **Dege Amnye Champa** war im 8. Jh. nach Kham ausgewandert, wo er ein starkes und unabhängiges Königreich gründete.

Anfangs hingen die Dege-Könige noch der Bön-Religion an. Ab dem 13. Jh. wurden die Könige (Gyelpo) Anhänger der Nyingmapa-Schule und förderten den Bau von Klöstern dieser Schule. Später wandten sie sich mehr und mehr der Sakyapa-Tradition zu. In Dege findet man bis heute mit dem Gonchen-Kloster und dem Dzongsar-Kloster zwei bedeutende Klöster der Sakyapa und Nyingmapa. Das Amt des Gyelpo wurde in Personalunion mit dem Oberhaupt der Nyingmapa und später der Sakyapa ausgeführt und jeweils vom Onkel auf den Neffen vererbt. Ab 1448 erfolgte eine Trennung der beiden Ämter, wobei der älteste Sohn des Gar-Clans Abt und der zweitälteste jeweils König wurde.

Seinen Höhepunkt erlangte das Königreich unter König **Tenpa Tsering** (1678–1738), der die berühmte **Druckerei Parkhang** gründete. Sie wurde und ist eine der wichtigsten traditionellen Druckereien Tibets. Ihre wertvollen Ausgaben des Kanjur („Worte Buddhas") und Tanjur („Kommentar zu den Worten Buddhas") sind in ganz Tibet als die genauesten bekannt. Die Druckerei beherbergt zudem die umfangreichste Sammlung geschnitzter Druckstöcke, nämlich 227 000.

Ab dem 18. Jh. kam es immer wieder zu Bruderzwisten. 1908 eskalierten die Streitigkeiten und der geistliche Führer **Nawang Champe** beging den Fehler, den chinesischen General und Kriegsherren Zhao Erfeng (s. Kasten S. 332) aus Chengdu zur Hilfe zu holen. Der ließ sich nicht zweimal bitten, marschierte mit seinen Truppen in Dege ein, setzte den König gefangen und blieb. Damit endeten 1200 Jahre Unabhängigkeit. 1918 kam es zwar noch einmal zu einer kurzzeitigen Befreiung durch Truppen aus Lhasa, aber schon 1931 eroberten die Chinesen das Königreich zurück und gliederten es in der Folge in die Provinz Xikang ein. Heute gehört dieser Teil Osttibets zur Provinz Sichuan.

Kongpo-Tal und Basum Tso

Wer länger im kargen Hochland Zentraltibets unterwegs war, wird sich im Kongpo-Tal, das rund 250 km östlich von Lhasa beginnt, fühlen, als wäre er nach Mittelerde in Tolkiens *Herr der Ringe* versetzt worden. Die mächtigen Berghänge werden von riesigen Koniferenwäldern bedeckt, in denen Bären, Leoparden, Blauschafe und Moschustiere leben.

12 HIGHLIGHT

Basum Tso

Rund 90 km östlich der Kreisstadt Kongpo Gyamda bzw. 128 km westlich von Bayi erstreckt sich der türkisblaue heilige Basum Tso (Draksum Tso) mit seiner magischen Ausstrahlung. Der rund 3500 m hoch gelegene See ruht inmitten des malerischen Kongpo-Tals. Nahe dem südwestlichen Ufer ragt eine kleine Insel aus dem See, auf der es einen Tempel der Nyingma-Schule, den **Tsodzong Gompa**, gibt. Dieser kleine Tempel wurde im 14. Jh. erbaut. Nach der Zerstörung der Anlage in der Kulturrevolution setzte sich Dudjom Rinpoche, der höchste Nyingma-Lama der Kongpo-Region, für den Wiederaufbau ein, da dem Ort nachgesagt wird, dass er mit dem Epos *König Gesar* und auch mit Padmasambhava, der hier am See meditiert haben soll, verknüpft ist. So gibt es im Tempel den „versteinerten" Hufabdruck von König Gesars Pferd zu sehen, und auf der kleinen Kora um den Tempel passiert man u. a. einen „versteinerten" Abdruck von König Gesars Körper, aber auch diverse Phallus-Skulpturen, die Fruchtbarkeitssymbole darstellen.

See und Tempel gelten den Nyingmapa als heilig, und so kommen am 15. Tag des vierten Monats nach dem tibetischen Kalender viele Pilger zum Basum Tso, um das traditionelle Fest der Seeumrundung zu begehen. Für die Kora um den See benötigt man zwei Tage und als Ausrüstung Schlafsack, Zelt und Verpflegung, da es am Seeufer außer einem kleinen Touristendorf noch keine Infrastruktur gibt.. Es gibt auch Rundfahrten mit Booten (¥25), die einige der Sehenswürdigkeiten rund um den See ansteuern. Eintritt ¥50 (1. Nov–30. März), ¥100 (1. April–31. Okt).

Geheimnisvolle Türme

Auf dem Weg von der Fernstraße zum Basum Tso sieht man nach etwa 12 km Fahrt die Spitzen von drei antiken Türmen zwischen den Baumkronen herausragen. Eine weitere Gruppe von fünf Türmen passiert man auf der Weiterfahrt 7 km von der Brücke in Bahel nach Osten Richtung Bayi. Die ursprüngliche Bedeutung der Türme ist nicht bekannt, aber es handelte sich nicht um Wachtürme. Hier im Kongpo-Tal sollten diese Türme vermutlich Stolz und Reichtum symbolisieren. So heißt es in lokalen Erzählungen, dass die Türme von Händlern gebaut wurden, die durch den Handel mit den im 13. Jh. über China herrschenden Mongolen reich geworden waren. Andere Legenden wollen wissen, dass die Türme bei Geburt eines Sohnes errichtet wurden und mit der Geburt weiterer Söhne jeweils ein weiteres Stockwerk hinzugefügt wurde. Damit konnte man dann vor den Nachbarn angeben. Der Zugang zu der Dreiergruppe ist (noch) kostenlos, für die Fünfergruppe zahlt man ¥10.

ÜBERNACHTUNG UND ESSEN

Draksum Lake Tourism Holiday Village, kein Telefon, hinter dem langen Namen verbirgt sich ein einfaches Resort mit ordentlichen Zimmern in Wohncontainern. Das Hotel verfügt auch über ein Restaurant. ❷–❸

Kading-Tal

Etwa 25 km vor Bayi passiert man den Abzweig zum malerischen Kading-Tal. Umgeben von Bergen, hohen Felswänden und grünen Wäldern führen befestigte Wege zu einem Wasserfall, der zwischen zwei Bergen gut 200 m in die Tiefe stürzt. Für den Hin- und Rückweg benötigt man anderthalb bis zwei Stunden Eintritt in das Gebiet ¥20.

Bayi und Umgebung

Bayi, die Hauptstadt der Präfektur Nyangtri (Nyingchi), ist eine schnell expandierende, rein chinesische Stadt mit rund 60 000 Einwohnern, die auf „nur" 2990 m Höhe liegt. Der Name heißt übersetzt „8.1." und bezieht sich auf das Gründungsdatum der Volksbefreiungsarmee am 1. August 1927. Die Tibeter ulken, dass der Name wohl eher daher rühre, dass hier acht Chinesen auf einen Tibeter kommen. Bayi selbst bietet keine Sehenswürdigkeiten, dafür aber unzählige Bordelle entlang der Hauptstraßen und paranoide Beamte der Public Security, weshalb man sich hier ohne gültiges Permit nicht groß aufhalten sollte. In der Umgebung gibt es aber einige interessante Klöster und Landschaften zu bewundern. Bayi ist der Ausgangspunkt der Expeditionen in den Metok-Nationalpark an der Grenze zu Indien. Er ist einer der am schwersten zugänglichen Nationalparks Tibets, und entsprechend schwierig ist es, für den Besuch Permits zu bekommen.

Methusalem-Bäume

Auf dem Weg von Bayi ins 18 km östlich gelegene **Nyangtri (Nyingchi)**, das noch bis 2005 die Hauptstadt der Präfektur war, kann man zwei Wälder besuchen, in denen einige bis zu 2500 Jahre alte Wacholderbäume und Zypressen wachsen. Bezaubernd ist der Wald 1 km südwestlich von Nyangtri, der aus unter Naturschutz stehenden, 2000 Jahre alten **Wacholderbäumen** besteht. In der Nähe befindet sich, geschützt durch ein Gebäude, der über 2000 Jahre alte Wacholderbaum **Kushuk Drong**, „der Baum des ewigen Lebens". Er wurde Tönpa Shenrab Mibo, dem Begründer des Bön, der Legende nach von einer von ihm besiegten Dämonin geschenkt – 13 rechtsläufige Umrundungen des Baumes sollen den gleichen karmischen Stellenwert haben wie eine Kora. Eintritt ¥5.

Nördlich der Straße von Bayi nach Nyangtri wächst bei Pagyi ein **Zypressenwald** mit bis zu 2500 Jahre alten Bäumen, die noch heute von den Anhängern des Bön-Glaubens als Naturheiligtümer verehrt werden. Eintritt ¥20.

Lulang-Wald

Der Lulang-Wald etwa 30 km östlich von Nyangtri ist ein unglaublich malerisches Urwaldgebiet, dessen Name übersetzt soviel bedeutet wie „Ort, an dem man seine Heimat vergisst". Ein Wanderweg führt durch das 15 km lange und

Zwölf Tempel, darunter der Buchu Lhakhang, fixieren die auf Tibet liegende Dämonin.

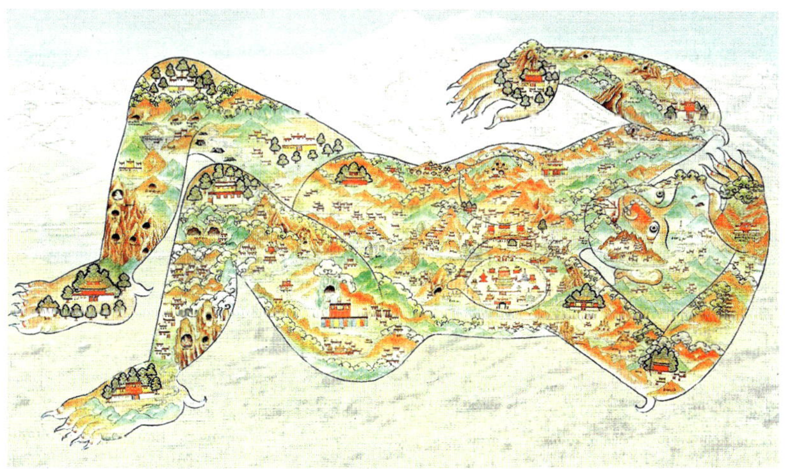

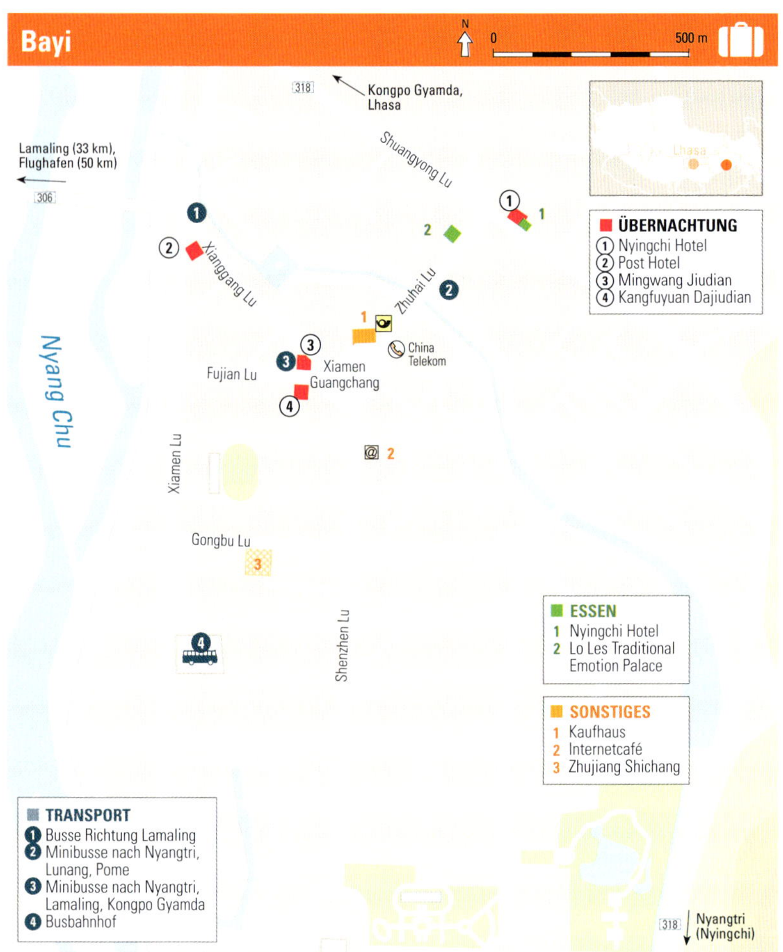

1 km breite Tal voller Wälder, Blumenwiesen, Grasland und Flüsse.

Buchu Lhakhang

Das goldene Dach dieses Gelugpa-Klosters, das 28 km südlich von Bayi steht, ist schon von Weitem sichtbar. Das Buchu-Kloster erhebt sich nahe der Mündung des Nyang Chu in den Tsangpo. Buchu ist das älteste Kloster im Kongpo-Tal und wurde im 7. Jh. unter Songtsen Gampo als einer der zwölf Tempel erbaut, die die auf Tibet liegende Dämonin festsetzen sollten. Der Buchu Lhakhang fixierte den rechten Ellbogen der Dämonin. Ursprünglich handelte es sich um ein Nyingma-Kloster, aber im späten 19. Jh. wurde es formell in ein Kloster der Gelugpa umgewandelt. Eintritt frei.

Lamaling

Hinter dem Buchu Lhakhang, etwa 4 km abseits der Hauptstraße, steht auf dem Rücken eines kleineren Berges der Lamaling. Dieses herrlich gelegene Kloster ist nicht zuletzt wegen seiner ungewöhnlichen Architektur interessant. Das Gebäude ist vier Stockwerke hoch, wobei die beiden oberen Etagen ein Achteck bilden. Das Kloster war einer der Sitze des zu seinen Lebzeiten rastlos umherreisenden Tulkus **Dudjom Rinpoche** (1904–1987), dem seit 1959 höchsten Repräsentanten der Nyingma-Tradition. Er galt als eine Emanation von Samantabhadra, der die Natur des voll erleuchteten Geistes repräsentiert und den die Nyingmapa als den „ursprünglichen" Buddha ansehen. Für Dudjom Rinpoche waren Rang und Status zeit seines Lebens absolut unwichtig. Obwohl er als einer der ganz wenigen Lamas alle existierenden Nyingma-Lehren übertragen bekam, hatte er bis 1959 keinen besonders hohen Rang in der religiösen Hierarchie.

Bis dahin gab es, anders als in den anderen Schulen des tibetischen Buddhismus, keinen Thronhalter der Gesamttradition, und im Gegensatz zu den großen Lamas der Kagyüpa waren die Nyingmapa auch niemals nach China an den Kaiserhof gegangen und besaßen folglich weder Titel noch politische Gewalt. Erst im Exil kamen die Lamas aller sechs Nyingma-Schulen zusammen und wählten Dudjom Rinpoche zu ihrem ersten Oberhaupt und Thronhalter. Zum Buchu- und Lamaling-Kloster kann man ab Nyangtri ein Taxi nehmen. Hin- und Rückfahrt kosten ¥80–100. ⌚ Lamaling, tgl. 9–17 Uhr, Eintritt ¥10.

Bön Ri

Der Bön Ri (4671 m) ist der heiligste Berg der Bönpa und ihr wichtigstes Kraftfeld. Vom Bön Ri heißt es, dass der andächtig Betende auf dem Gipfel sein zukünftiges Schicksal sehen könne. Ermöglicht wird dies durch die Kraft von vier Göttern: im Osten der Pferdekönig, im Westen der heilige Elefant, im Norden der Pfau und im Süden die heilige Schildkröte; sie halten den Bön Ri in der Luft, genau in der Mitte zwischen Himmel und Erde. Im Gegensatz zum Kailash und Takpa Shelri, deren Mittelpunkt ein Mandala ist, konzentriert sich der Pilger beim Bön Ri im Wesentlichen auf die mythischen Ereignisse um Shenrab Mibo, dessen Bewusstsein er repräsentiert. So soll er den Berg im Kampf mit dem Dämonen Khyapa Laring (Khyabpa Lagring) aus seinem Bewusstsein geschaffen haben.

Im Gestein des Bön Ri versteckte Shenrab Mibo auch Termas („Schätze"), geheime Lehrschriften, die später von Kuchok Ripa Druske entdeckt wurden. Kuchok war auch derjenige, der den Berg im 14. Jh. für Pilgerfahrten öffnete. Drei Gipfel haben innerhalb der Bön-Ri-Kette mythologische Bedeutung: der Bön Ri oder Shen Ri am östlichen Ende, der Mu Ri in der Mitte und insbesondere der Lhari Gyangtho, der „göttliche Gipfel", im Südwesten, der auch die höchste Erhebung ist. Zusammen repräsentieren sie die dreifache Wirklichkeit Shenrab Mibo: seinen Buddha-Körper, seine Buddha-Sprache und sein Buddha-Bewusstsein. Entgegen der religiösen Tradition Tibets, keine Berge zu besteigen, führen hier Wege hinauf zu einem von Ripa Druske gegründeten Kloster.

Die 60 km lange **Bön-Ri-Kora** wird von den Bönpo gegen den Uhrzeigersinn beschritten. Viele Örtlichkeiten des Pilgerpfades sind mit dem Kampf zwischen Tönpa Shenrab und Khyapa Laring verbunden. Der Pilger beginnt die wenigstens zwei Tage in Anspruch nehmende Kora in der Regel in der Stadt Nyangtri.

Wenn man die Kora nicht laufen, sondern nur ein Kloster entlang des Pilgerweges besuchen möchte, kann man zum Bön-Kloster **Taktse Gompa** fahren, das etwa 9 km südlich von Nyangtri gleich oberhalb der Ortschaft Taktse steht, und bekommt hier einen eindrucksvollen Einblick ins Pantheon des Bön.

ÜBERNACHTUNG

Kangfuyuan Dajiudian, 3 Fujian Lu, ✆ 0894-582 1181. Gegenüber vom Mingwang Hotel gelegen, aber mit besseren Zimmern und vor allem Bädern. ❷–❹

Mingwang Jiudian, 2 Fujian Lu, ✆ 0894-588 8899. Einfaches, unspektakuläres Hotel mit 50 Zimmern und ohne Flair. Es gibt ein Restaurant und Räume, in denen Mah-Jongg gespielt werden kann. ❷

Nyingchi Hotel (Linzhi Binguan), 25 Shuangyong Lu, ✆ 0894-582 1300. Das einzige echte 3-Sterne-Hotel der Präfektur wartet mit Klimaanlagen, heißem Wasser in der Dusche, der Möglichkeit, internationale Telefongespräche zu führen, und sogar Internet auf. Der zumindest für diese Region hohe Komfort hat seinen Preis. ❹

Post Hotel (Youzheng Dajiudian), Xianggang Lu, Ecke Xiamen Lu, ✆ 0894-588 9666. Das Hotel wäre kaum erwähnenswert, gäbe es hier nicht auch ein paar preiswerte Zimmer, die zwar kein eigenes Bad haben, dafür aber auch nur ¥50 kosten. Ansonsten sollte man hier nur absteigen, wenn alle anderen Unterkünfte voll sind. ❸–❹

ESSEN

Entlang der Fujian Lu gibt es ein paar gute chinesische Restaurants.

Lo Les Traditional Emotion Palace (Laliesi Minzu Fengqing Gong), Zhuhai Lu. Gemütliches, tibetisch eingerichtetes Restaurant mit relativ teuren Hauptgerichten ab ¥25, aber auch preiswerten Snacks ab ¥10.

Nyingchi Hotel, das Hotel rühmt sich seiner sechs Restaurants, aber das Essen hier ist nicht gerade preiswert. Es gibt dafür eine große Auswahl an Gerichten aus Sichuan und anderen Provinzen sowie tibetische Küche.

SONSTIGES

Einkaufen

Bayis Haupteinkaufsstraße ist die **Xianggang Lu** (Hongkong Road).

Richtung Xiamen Guangchang, Bayis zentralem Hauptplatz, gibt es ein großes **Kaufhaus**.

Zhujiang Shichang, der große Lebensmittelmarkt, befindet sich im Süden Bayis in der Gongbu Lu.

Post und Telefon

Postamt, ⌚ Mo–Sa 9.30–19 Uhr, und **China Telekom**, ⌚ Mo–Sa 9.30–19.30 Uhr, stehen einander am südlichen Ende der Zhuhai Lu gegenüber.

TRANSPORT

Der 2006 eingeweihte **Flughafen** von Nyingchi liegt etwa 50 km südlich von Bayi und gehört zu den Flughäfen, die wegen der umliegenden überaus hohen Berge außerordentlich schwer anzufliegen sind. Es gibt Flüge nach CHENGDU (¥1510) und LHASA; weitere Verbindungen sollen folgen.

Von Bayi nach Markam

Auf der Weiterfahrt von Bayi Richtung Osten geht es durch dichte Fichtenwälder hinauf auf den **Serkyim La** (4656 m), hinter dem man ins Tal des Parlung Tsangpo, eines Zuflusses zum Yarlung Tsangpo, hinabfährt. Vom Pass hat man bei klarer Sicht einen Blick bis zum Namche Barwa (7756 m) und Gyala Pelri (7294 m). Diese mächtigen Berge stellen sich hier dem Yarlung Tsangpo in den Weg und zwingen den großen Fluss in seinem langen Lauf von West nach Ost, nach Süden abzubiegen und über gewaltige Steilstufen ins indische Tiefland hinabzudonnern, wo er als Brahmaputra in Assam ankommt.

Bei der folgenden Abfahrt durchquert man mehrere Vegetationsstufen, angefangen bei Nadelwäldern bis zu Laubwäldern, und gelangt schließlich ins **Rong-Chu-Tal**, dessen tiefster Punkt am Zusammenfluss von Parlung Tsangpo und Rong Chu nur 2100 m hoch ist.

Lunang und die Yarlung-Tsangpo-Schlucht

56 km hinter der kleinen chinesischen Ortschaft Lunang (Lulang) und kurz hinter der kleinen Siedlung Pelung der Monba-Minderheit führt eine Hängebrücke zu einem Trekkingpfad, der nach 40 km an der „Großen Biegung des Yarlung Tsangpo" endet. Für den Trek zur Schlucht sollte man drei bis vier Tage einplanen. Der Eintritt in das Gebiet kostet ¥80, dazu kommen ¥400 Pfand (wofür auch immer), und man muss einen Monba-Führer für ¥100 am Tag engagieren. Nach 30 km gelangt man zu einer einfachen Unterkunft, in der man je nach Saison ¥20–30 für ein Bett zahlt. In Lunang gibt es eine Handvoll einfacher Unterkünfte, darunter das Lulang Hotel (Lulang Binguan) am Nordende der Hauptstraße mit Betten ab ¥20, DZ ❷, in denen vor allem die schnell wachsende Zahl chinesischer Backpacker absteigt, die von hier aus den Trek zur Schlucht vorbereiten.

Die Erforschung des Yarlung Tsangpo

© CHRISTOPH MOHR

Die Yarlung-Tsangpo-Schlucht hat eine durchschnittliche Tiefe von 5000 m und misst an ihrer tiefsten Stelle 5382 m. Flankiert wird sie von den beiden Bergriesen **Namche Barwa** (7756 m) und **Gyala Pelri** (7294 m), die gerade einmal 20 km weit auseinanderstehen und in ihrer Mitte die Schlucht bilden. Noch bis Ende des 19. Jhs. konnten die Geografen nicht genau sagen, ob der Yarlung Tsangpo und der Brahmaputra ein und derselbe Fluss waren. Der Grund lag in dem dramatischen **Verlauf** des Stroms, der zunächst strikt nach Westen führt und dann urplötzlich nach Osten abknickt. Auf einem etwa 240 km langen Stück müsste der Fluss über eine Höhe von 2700 m hinabstürzen – und das überstieg selbst die Fantasie der kühnsten Forscher.

1880 ließ der indische Pundit (Pundits sind Inder, die zur Erforschung der Himalaya-Regionen eingesetzt wurden) **Kinthup** 500 Holzblöcke den Yarlung Tsangpo hinuntertreiben. Seine Nachricht nach Indien, dass die Blöcke unterwegs wären, kam allerdings nicht an, und so konnte niemand beobachten, ob sie tatsächlich in Indien landeten. Erst 1924 konnte der britische Botaniker **Frank Kingdon Ward** aus der Ferne einen Wasserfall, den er auf eine Höhe von 12 m schätzte, sichten: die Rainbow Falls an der Oberen Schlucht. Er vermutete, dass der Yarlung Tsangpo nicht mehrere gewaltige Wasserfälle hinabstürzte, sondern die 2700 Höhenmeter in einer steten Folge gewaltiger Stromschnellen überwinden musste. Seitdem galt die Schlucht als nicht durchquerbar. 1993 versuchte der Japaner **Yoshitaka Takai** die Schlucht mit dem Kajak zu durchqueren und verschwand für immer.

Erst 1998 gelang einer Expedition eine teilweise Erforschung der insgesamt 240 km langen Schlucht, die wegen der tiefhängenden Vegetation auch nicht über Satellit erkundet werden kann. Die beiden amerikanischen Forscher **Ian Baker** und **Ken Storm** konnten bis zu den Rainbow Falls vordringen und stellten fest, dass dieser Wasserfall nicht 12 m, sondern 22 m hoch war. Sie drangen noch tiefer in die Schlucht vor und entdeckten einen weiteren, 32 m hohen Wasserfall. Im Anschluss versuchte der Amerikaner **Doug Gordon** eine Durchquerung der Schlucht mit dem Kajak und verschwand ebenfalls spurlos.

Im Februar 2002 machte sich schließlich ein internationales Team der besten Kajakfahrer aus sieben Ländern unter Leitung des Kaliforniers **Scott Lindgren** an die Erforschung der Oberen Schlucht, und ihnen gelang das Unmögliche: Sie durchquerten zu Fuß und mit ihren Kajaks 90 % der rund 70 km langen Oberen Schlucht und einen der gefährlichsten Flussläufe weltweit. Dann gaben sie auf, weil ein weiteres Vordringen in Richtung des 170 km langen Abschnitts der Unteren Schlucht schlichtweg Selbstmord gewesen wäre. So bleiben die restlichen Kilometer wohl bis auf Weiteres unerforscht. Ein Bericht über diese außergewöhnliche Expedition findet sich unter 💻 outside.away.com/tsangpo/index.html.

Yi'ong Tso und Gu (Kanam)

Kurz vor der Ortschaft Tangmey führt ein Abzweig nach Norden und weiter entlang dem Yi'ong Tsangpo 23 km aufwärts bis zum See **Yi'ong Tso**, der 1900 durch einen gewaltigen Erdrutsch entstand. Bei gutem Wetter hat man von hier einen herrlichen Ausblick auf das gewaltige Gebirgsmassiv des Namche Barwa.

73 km hinter Tangmey fährt man durch **Kanam**, den einstigen Regierungssitz der Könige von Poyül. Dieses Kleinkönigreich sollte erst um 1928 endgültig seine Unabhängigkeit verlieren, als es von Truppen des Dalai Lama eingenommen wurde. Der König von Poyül führte seine Ahnenlinie bis auf Nyatri Tsenpo, den ersten mythischen Herrscher der Yarlung-Dynastie, zurück. Vermutlich im 9. Jh. erhielt Poyül den Status eines feudalen Lehnsgebietes. Von da an konnte die Region sich fast immer entweder völlige oder wie unter der Herrschaft der Mongolen im 13. und 17. Jh. weitreichende Unabhängigkeit bewahren. Heute heißt das einstige Kanam Gu; die Stadt birgt einige verfallene Reste des Palasts.

Pome

Auf nur 2750 m Höhe gelegen, ist Pome (tib. „Ahnen"), das früher auch Tramog hieß, in eine für Tibet einzigartige Landschaft eingebettet: Der Parlung-Fluss, der sich in den letzten Jahren zu einem Eldorado für Wildwasserkanuten entwickelt hat, wird von hohen Bergen überragt, die von dichten Wäldern bedeckt sind. Hier liegt das moderne Zentrum des ehemaligen Königreichs Poyül. Zu sehen gibt es das kleine Kloster **Dudul Dorje**, das auf einem Hügel über dem Tal steht. Um hinzukommen, passiert man die Brücke über den Parlung Tsangpo und nimmt dahinter den rechten Weg, der den Hügel hinauf zum Tempel führt.

In der kleinen Hauptstadt des gleichnamigen Landkreises gibt es eine Reihe von Hotels und Restaurants und zahlreiche Geschäfte, in denen man sich für die Weiterreise mit Lebensmitteln eindecken kann. Gut sind das Zhongxing Binguan in der Zhamucun Lu, ❸–❹, und das Jiaotong Dajiudian am westlichen Ende der Stadt, nahe der Brücke zum Kloster, Dorm-Betten ab ¥60, ❹. Am Hauptplatz im Zentrum Pomes stehen Jeeps, die nach Yi'ong (¥100, Abfahrt wenn sie voll sind) am gleichnamigen See und nach Bayi (¥100, Abfahrt, wenn sie voll sind) fahren.

Ra'ok Tso und Lhagu-Gletscher

Die Fahrt von Pome Richtung Osten führt in steilen Serpentinen über die Ortschaft Sumzom ins Hochtal von Ra'ok (Rawok), in dem sich, eingerahmt von einer herrlichen Hochgebirgsszenerie, der gleichnamige See ausbreitet. Die schönste, aber wegen des Flughafens von Nyingchi leider oft überlaufene Sehenswürdigkeit ist der **Lhagu-Gletscher** (Eintritt ¥20), etwa 30 km südlich der Ortschaft Ra'ok. Auf dem Weg zum Gletscher passiert man das kleine Kloster **Shugden Gompa** in wunderbarer Lage am **Ra'ok Tso**.

Es gibt einige Unterkünfte und mehrere Restaurants in der Hauptstraße der unattraktiven Ortschaft **Ra'ok** selbst. Die beste Unterkunft ist das Ping'an Lüshe, ✆ 0895-456 2606, am Ostende der Siedlung, das, seitdem der Tourismus hier boomt, sogar 24 Stunden warmes Wasser zum Duschen bietet. Dorm-Betten kosten ¥30, DZ ❷. Wer ein Zelt dabeihat, kann aber am Seeufer auch wunderbar campen.

Pashod (Baxoi)

Von Ra'ok bis zur nächsten größeren Ortschaft Pashod sind es etwa 90 km. Diese Region ist dafür bekannt, dass hier zwischen dem 14. und 17. Jh. viele Terma-Texte gefunden wurden. In einigen der gefundenen Texte ist die Rede von den Bä-Yül („Verborgenen Ländern"), den geheimen Tälern Padmasambhavas. Pemako (Metok) südlich von Pome ist ein solches Bä-Yül. Padmasambhava soll auf diese Täler einen besonderen Segen gelegt und verkündet haben, dass die Menschen dort in schwierigen Zeiten Zuflucht finden könnten. Alles, was im Kraftfeld eines solchen Bä-Yül geschieht, hat einen tieferen Sinn. Wünsche haben eine stärkere Kraft als an gewöhnlichen Orten, die buddhistische Praxis ist eingängiger, und so ist es hier auch einfacher, den Weg der Erleuchtung zu beschreiten.

Auf dem Weg von Ra'ok nach Pashod geht es anfangs richtig steil bergauf, und schließlich überquert man den 4530 m hohen **Ngajug-La**, hinter dem man ins Tal des Ling Chu einfährt. Hier verlässt man auf einmal die „Schweizer Landschaft": Es wird trocken, und das Ambiente erinnert wieder mehr an das typische karge tibetische Hochland mit seinem nackten Fels und Lehm. Der Pass markiert die Wasserscheide zwischen dem nach Indien abfließenden Bhramaputra und dem nach Südostasien fließenden Salween. Hinter dem Pass geht es wieder bergab bis zum Kreisort **Pashod**, wo es einige Geschäfte, Restaurants und einfache Hotels gibt. Wer hier übernachten muss, kann im Jiaotong Binguan, Dorm-Bett ¥20, DZ ❷, an der Busstation im Westen des Ortes unterkommen.

Pangda (Bamda)

Hinter Pashod folgt die Straße weiter dem Ling Chu, dessen Schlucht immer schmaler wird, bevor sie in bedrohlicher Enge in die Hauptschlucht des großen Salween (Nak Chu) einmündet. Nach kurzer Strecke entlang dem Ufer dieses Stroms, der von Tibet nach Myanmar fließt, überquert man den Salween. Danach geht die Fahrt über die atemberaubende „72-Haarnadelkurven"-Straße hinauf zum 4618 m hohen **Gama La** auf das Hochland von Pangda, wo die Straßen von Lhasa, Chamdo und Yunnan zusammenlaufen. Etwa 97 km hinter Pashod erreicht man schließlich **Pangda**, einen heruntergekommenen Ort, der aus baufälligen Hütten und Häusern, einigen Truckstops und Gästehäusern besteht.

Zogang (Wamda)

Die Straße von Pangda nach Markam folgt zunächst dem Verlauf des Yu Chu, der Hauptverkehrsachse durch Kham nach Süden, anfangs immer an den Ufern dieses bedeutenden Salween-Zuflusses entlang. Auf der sehr abwechslungsreichen Strecke passiert man nach 110 km die Ortschaft Zogang (Wamda), wo man das imposante Kloster **Dzogang Sangakling** besuchen kann, das malerisch auf einem Bergsporn oberhalb der Siedlung Tsawo thront. Wer übernachten muss, kann im einfachen Liangshiju Binguan, Dorm-Bett ¥30, DZ mit Bad ❷, absteigen.

Markam (Gartok)

Bald nach dem Kreisort Zogang führt die Straße aus dem Tal hinauf auf den 5220 m hohen Pass **Dungda La**, der die Wasserscheide zwischen Salween und Mekong bildet. Hier hat man den Landkreis Markam erreicht. Nach kurvenreicher Berg- und Talfahrt passiert man den Mekong (Ngom Chu), den zweiten der großen Ströme. Durch weitläufiges Weideland gelangt man schließlich in die auf 3600 m Höhe gelegene Distrikthauptstadt Markam, die traditionell eigentlich Gartok heißt und das Herz der hochgelegenen Landschaft bildet. Als das Verwaltungszentrum der Region ist sie der Einfachheit halber ebenfalls Markam genannt worden.

Die Gegend um Markam gehört zu den dichter besiedelten Regionen des südöstlichen Tibets und erstreckt sich über die Hochtäler und -flächen zwischen den Schluchten der Flüsse Salween, Mekong und Yangzi. Hier im südlichen Kham sind die in tiefe Schluchten eingegrabenen Ströme einander bis auf je etwa 40 km Entfernung (Luftlinie) nahe gerückt. In **Markam** beeindrucken vor allem die schönen und großen tibetischen Bauernhäuser, von denen man einige in der Umgebung des großen, gerade im

Die Monba

Die Monba (auch Moinba oder Menba) gehören zu den 55 offiziell anerkannten Minderheiten Chinas. In der Autonomen Region Tibet leben etwa 9000 Angehörige dieser Ethnie, die meisten von ihnen in Tsona, Metok und Nyingchi. Weitere 50 000 Monba siedeln im von Indien kontrollierten Arunachal Pradesh und 140 000 in Bhutan. Interessanterweise sprechen die Monba zwei recht unterschiedliche **Sprachen**, und zwar das Tshangla, das hauptsächlich in Bhutan gesprochen wird, und das Tsona-Monba, das in Südtibet und Arunachal Pradesh verbreitet ist. Beide Sprachen sind allerdings Untereinheiten des Tibeto-Birmanischen. Von den Tibetern kann man die Monba hauptsächlich über ihre traditionelle **Kleidung** unterscheiden. Sie besteht aus einem roten Kaftan aus Pulu, einem Stoff aus Schafswolle. Während die Männer fast immer einen Dolch tragen, binden die Frauen eine Schürze aus Schafs- oder Rinderleder um. Die **Feste** entsprechen denen der Tibeter, allerdings hängt die Mehrzahl der Monba autochthonen Glaubensrichtungen an, die jedoch zunehmend vom tibetischen Buddhismus beeinflusst werden.

Wiederaufbau befindlichen Gelugpa-Klosters Öser Gompa bewundern kann.

Markam ist für Individualreisende ein schwieriges Pflaster. Fast alle, die versuchen, ohne gültige Permits über Markam nach Tibet einzureisen, werden hier aufgegriffen, mit einem Bußgeld bestraft und zurückgeschickt. Kommt man aus Lhasa, ist es natürlich nicht schlimm, wenn man auf kürzestem Wege nach Batang (S. 46), dem letzten Ort in Sichuan vor der Grenze zur Autonomen Region Tibet, geschickt wird. Umgekehrt ist es schon ärgerlicher.

Wer aus irgendeinem Grunde übernachten muss, kann das Markam Binguan, Dorm-Bett ¥30, DZ ❷, ein sehr einfaches Hotel, probieren, sollte aber möglichst spät einchecken und früh wieder verschwinden. Auch wer mit einer regulär gebuchten Jeeptour unterwegs ist, übernachtet meist in diesem Gästehaus.

OSTTIBET (KHAM)

Chamdo

Die auf einer Höhe von 3240 m gelegene und von Bergen eingerahmte Stadt Chamdo steht am Kreuzungspunkt der Fernstraßen nach Lhasa, Qinghai, Sichuan und Yunnan. Chamdo bedeutet „Vereinigung zweier Flüsse", ein Name, der sich auf die beiden Flüsse Dza Chu und Ngom Chu (die sich zum Lancang Jiang, Mekong, vereinen) bezieht. Die beiden Flüsse teilen die überraschend ansprechende Stadt in die drei Stadtteile Yunnanba, Sichuanba und Macaoba, die durch Brücken miteinander verbunden sind. Chamdo hat rund 80 000 Einwohner und ist damit nicht nur eine der größten Städte Tibets, sondern auch die einzige größere Stadt Osttibets.

Kloster Champa Ling

Das Chamdo dominierende Champa Ling (Jampaling) wurde zwischen 1437 und 1444 von Sherab Zangpo, einem Schüler Tsongkhapas, gegründet und ist bis heute eines der bedeutendsten Gelugpa-Klöster Osttibets. Das Kloster, das auf einem Berg über der Stadt thront, war früher in die fünf Fakultäten Lingtod, Lingme, Nupling, Kuchuk und Chagra-khapa aufgegliedert. In seiner Blütezeit lebten hier 2500 Mönche, heute sind es immerhin wieder 1000. Das Champa Ling blickt auf eine recht bewegte neuere Geschichte zurück. Da der Berg, auf dem das Kloster steht, strategisch wichtig war, wurde das Kloster 1912 von chinesischen Truppen zerstört. Nach der Rückeroberung Chamdos bauten die Tibeter es wieder auf. Ab 1966 wurden erneut zahlreiche Gebäude zerstört und ab 1980 wieder aufgebaut.

Wenn man das Klostergelände betritt, sieht man gleich rechts die **Fakultät für Dialektik** (Tsenyi Lhakhang) und daneben den Debattierhof. Die **Haupthalle** ist der dreistöckige Dukhang. Die roten Säulen und kostbaren Stoffbordüren leiten direkt zum zentralen Thron, der dem Dalai Lama vorbehalten ist. Dahinter sieht man eine schöne Shakyamuni-Statue, die von Tsongkhapa und Atisha flankiert wird. Wer zu den Gebetszeiten herkommt, wird die wahrscheinlich größte Ansammlung von Mönchen in Tibet außerhalb von Festzeiten zu sehen bekommen. Links der Haupthalle kann man einen Blick in den **Gönkhang** werfen, in dem man viele Schutzgottheiten, tolle Fresken und viele alte Waffen (ein Hinweis auf die gewalttätige Vergangenheit) sieht.

Das Kloster kann man über die Altstadt in etwa 20 Minuten zu Fuß erreichen. Oder man nimmt für ¥5 ein Taxi. ⌚ tgl. 9–18 Uhr, Eintritt frei.

Ruinen von Karup

In der Ortschaft Karup 12 km südöstlich von Chamdo wurden 1977 26 Ruinen und zahllose neolithische Artefakte wie Steinwerkzeuge, Küchengeräte, Schmuck usw. gefunden. Das antike Dorf hat ein Alter zwischen 4000 und 5000 Jahren und zeigt, dass die frühen Bewohner Tibets bereits eine hoch entwickelte Kultur gehabt haben müssen. Karup heißt übersetzt „Festung", ein Name, der noch aus der Zeit der mongolischen Herrschaft über Tibet während der Yuan-Dynastie herrührt. In dieser Zeit bauten Tibeter in der Region Festungen, um sich gegen den berüchtigten mongolischen General Dorda, einen Bruder Kublai Khans, zu schützen. Ihre Festungen wurden dennoch zerstört, aber der Name blieb in diesem Dorf erhalten. Wirklich viel zu sehen gibt es für Laien nicht, dafür ist die Gegend landschaftlich sehr schön, und die Ausgrabungsstätte bietet Abwechslung von den vie-

len Klöstern. Ein Taxi nach Karup kostet ¥15–25. Wer mit dem Jeep aus Pangda oder vom Flughafen kommt, kann die Ruinen auch auf dem Weg nach Chamdo besuchen. 🕒 tgl. 9–18 Uhr, Eintritt ¥25.

ÜBERNACHTUNG

Bus Station Inn (Keyunzhan Zhaodaisuo), 2 Changdu Donglu, ✆ 0895-482 3294. Sehr einfache Unterkunft, aber die Zimmer sind sauber und preiswert. Größter Vorteil ist die Nähe zum Busbahnhof, und gleich in der Nachbarschaft gibt es zahlreiche Restaurants. ❶

Chamdo Hotel (Changdu Fandian), 22 Changdu Xilu, ✆ 0895-482 5998. Das weitläufige, herrlich ruhige Hotel steht am Westufer des Ngom Chu gegenüber vom Kloster Champa Ling. Wer schon eine Weile in Tibet unterwegs ist, wird den plötzlichen Luxus sicher genießen – aber der hat seinen Preis. Heißes Wasser zum Duschen gibt es ab 19 Uhr bis jeweils 12 Uhr am Folgetag. DZ ohne Bad ❸, mit Bad ❹

Kangsheng Hotel (Kangsheng Binguan), 10 Changdu Xilu, ✆ 0895-482 3168. Einfaches Hotel mit 55 recht ordentlichen Zimmern. Heißes Wasser zum Duschen ist nur morgens von 8–10 Uhr und abends von 20.30–24 Uhr

OSTTIBET (KHAM)

Der Schlächter von Kham

Anfang des 20. Jhs. wütete der berüchtigte Warlord **Zhao Erfeng** (1845–1911) in Kham. Bereits kurze Zeit nach der Flucht des Dalai Lama ins mongolische Exil im Jahre 1904 und nach dem Ende des britischen Tibet-Feldzugs hatte China neuen Spielraum gewonnen, um seine Macht in den Randgebieten des Reiches, mithin auch in Tibet, wieder zu festigen. 1905 hatte ein Amban versucht, in die Autonomie der Klöster Osttibets einzugreifen. Er ließ die Mönche aus dem **Kloster Batang** vertreiben, was in der Folge zu blutigen Unruhen führte. General Zhao Erfeng wurde mit der Niederschlagung des Aufstands beauftragt. Im Jahr 1906 ließ er seine Truppen gegen weitere Klöster marschieren, plünderte sie, schlachtete Mönche teilweise regelrecht ab und wurde so zum meistgehassten Mann in Tibet, bis heute nur der „Schlächter von Kham" genannt. Zhao errichtete in Osttibet eine Gewaltherrschaft und schuf die Basis für die militärische Besetzung von ganz Tibet im Jahr 1910.
1907 besetzte er das südliche Kham militärisch und requirierte von der dortigen Bevölkerung entschädigungslos den Großteil der Getreidevorräte. 1908 verstärkte er seine Truppen und schickte sich zum Einmarsch in Zentraltibet an. Ein Protest der tibetischen Regierung gegen dieses militärische Vorgehen scheiterte an der Weigerung des Ambans, diesen Einspruch an die kaiserliche Regierung weiterzuleiten. Ein Protest des 13. Dalai Lama gegen das herrschende Verbot, sich unmittelbar an den kaiserlichen Hof zu wenden, wurde noch im Jahr 1909 vom Amban zurückgewiesen, zwei Jahre bevor die Chinesische Revolution das Kaiserreich zusammenbrechen ließ. Vielmehr wurden die Truppen weiter verstärkt und rückten, allerdings unter dem Kommando eines anderen Generals, Richtung Lhasa vor. Zhao Erfeng wurde wegen seines Vorgehens 1911 von der chinesischen Revolutionsregierung zum Tode verurteilt und hingerichtet. 1917 konnte eine tibetische Armee Chamdo zurückerobern, 1950 musste die Stadt allerdings erneut vor chinesischen Truppen kapitulieren.

verfügbar. Das Hotel liegt nur 5 Min. Fahrt vom Busbahnhof von Chamdo entfernt auf der Westseite des Ngom Chu kurz hinter der Brücke. Nachtschwärmer finden hier eine Disco, die aber zur Schlafenszeit ganz schön laut sein kann. ❷

ESSEN

In der Gegend um den Busbahnhof finden sich zahlreiche einfache Restaurants. Eine Reihe von Lokalen ist außerdem rund um den Platz angesiedelt, der sich am Ende der Changqing Jie befindet (dort, wo man zum Kloster hoch läuft). Die hiesige Spezialität ist **Shaguo**, ein Gericht, bei dem Nudeln oder andere Zutaten in einer heißen Brühe serviert werden.

SONSTIGES

Einkaufen

Auf dem **Markt** (Cai Shichang) im Zentrum kann man Wassermelonen, Birnen, Äpfel und anderes Obst erstehen. Etwas gruselig sind die Fleischstände, vor denen die Metzger die Yak-Köpfe ausstellen, um die Echtheit des Fleischs zu bezeugen. Rund um den Markt gibt es auch einige Kaufhäuser und Supermärkte wie **Youyi Shangchang** und **Changdu Shangcheng**.
Die Ortschaft Karma, 120 km nördlich von Chamdo, und das auf dem Weg dorthin liegende Dorf Tserwed sind für ihre 800 Jahre alte Kunsthandwerkstradition bekannt. Aus Karma kommen vor allem **Thankas**, während Tserwed für die Herstellung von **Buddha-Figuren** bekannt ist. Zur Zeit der Recherche 2011 bekam man für beide Orte kein Permit, aber viele der Kunstwerke werden auch von Geschäften in Chamdo verkauft.

Internet

Es gibt eine Reihe von Internetcafés in der Stadt. Gut gelegen sind die beiden Cafés in der Marktstraße im Zentrum. Wer im Chamdo Hotel wohnt, findet zwei Cafés ein Stück nördlich vom Hotel auf der linken Straßenseite. Das eine heißt **Renlai Renwang Wangba**, das andere gleich daneben **Wangchun Zhijia Wangba**.

Post

China Post (Zhongguo Youzheng): Es gibt zwei Postämter; eines befindet sich am oberen Ende der Changqing Jie gegenüber vom Platz vor dem tibetischen Viertel und eines in der Changdu Xilu. ⌚ beide 9–19.30 Uhr.

Telefon

China Telekom, Changdu Xilu, nördlich der Post. ⌚ 10–21 Uhr.

NAHVERKEHR

Chamdo ist nicht groß, die meisten Wege kann man zu Fuß zurücklegen. Ansonsten fahren auch **Taxis**, die für alle Ziele innerhalb der Stadt ¥10 kosten. Billiger sind die **Fahrradrikschas**, die innerhalb der Stadt ¥4 kosten sollten.

TRANSPORT

Der **Flughafen Pangda** von Chamdo befindet sich 130 km südlich der Stadt (bei Yichen) und ist auf einer Höhe von 4300 m der zweithöchste Flughafen der Welt. Es gibt ausschließlich Flüge nach LHASA (1x wöchentl., ¥930) und CHENGDU (4x wöchentl., ¥930). Zum Flughafen fährt am Vortag des Abflugs (die Flüge starten nur am Vormittag) ein Flughafenbus (¥50) vom Büro der **CAAC** (China Aviation Administration Company) ab, 500 m südlich des Dza Chu im Süden Chamdos, ✆ 0895-482 1004. Hier kann man auch Flugtickets kaufen. Am Flughafen übernachtet man im spartanischen Bangda Jichang Binguan, ❶–❷, das man möglichst schnell wieder vergessen sollte. Alternativ kann man für ¥200 am selben Tag mit einem Taxi in die Stadt fahren.

Von Chamdo nach Nagchu

Die Nordroute von Chamdo via Nagchu nach Lhasa ist landschaftlich nicht ganz so spektakulär wie die Südroute. Wegen des vielen Regens und der Schneeschmelze im Juli und August ist die Südroute aber vor allem im Sommer immer wieder nicht passierbar, sodass man dann auf die Nordroute entlang der G317 ausweichen muss. Dennoch gibt es auch an dieser Route einige interessante Sehenswürdigkeiten, die einen Halt rechtfertigen, darunter insbesondere der Riwoche Tsuglagkhang und das Kloster Sog. Für die Strecke sind bis zu vier Permits nötig, weshalb es nicht möglich ist, mit öffentlichen Verkehrsmitteln hierher zu reisen. Die zurzeit einzige Option ist also eine organisierte Tour im Jeep mit Fahrer und Guide. Insbesondere Riwoche ist für Ausländer ohne gültige Papiere off limits. Die Public Security dieses Kreises ist für ihre Unfreundlichkeit gegenüber Ausländern, die sich hier illegal aufhalten, berüchtigt.

13 HIGHLIGHT

Riwoche

Von Chamdo nach Riwoche (Ratsaka) sind es rund 110 km bzw. fünf Stunden Fahrt. Ein Großteil der Region besteht aus Weide- und Ackerland. Im Sommer sieht man Weizenfelder so weit das Auge reicht, nur unterbrochen von einzelnen Wäldern, und natürlich überall grasende Yaks. Das Wetter ist überraschend mild mit Sommertemperaturen zwischen 22° und 24° C und Wintertemperaturen um 10° C. Die 3800 m hoch gelegene Kreishauptstadt selbst bietet keine Sehenswürdigkeiten, ist aber Ausgangspunkt für den Ausflug in das gleichnamige Riwoche 29 km weiter nördlich, in dessen Nähe der außergewöhnliche **Riwoche Tsuglagkhang** steht.

Das Riwoche-Kloster, das zum Orden der Taklung-Kagyüpa gehört, wurde 1276 von Sangye On, einem Schüler Sangye Yarjons, des Abts von Taklung, als Tochterkloster Taklungs (S. 213) in Zentraltibet gegründet. Es ist ein gewaltiger dreistöckiger Bau, der eher einer Festung als einem religiösen Gebäude gleicht, ähnlich wie das Kloster Samye am Tsangpo (S. 225) oder das wuchtige Südkloster von Sakya (S. 268). Die fensterlosen Steinmauern, im Erdgeschoss anderthalb Meter dick, erstrecken sich über drei Stockwerke bis zu einer Höhe von 14 m.

Einst lebten in Riwoche 2500 Mönche; 40 000 große und kleine buddhistische Statuen schmückten das Kloster, das außerdem Tausende Bände buddhistischer Schriften besaß, 20 000 Bände in Goldtinte und 30 000 in Silbertinte geschrieben. Alle diese Schätze sind bei der chinesischen Kulturrevolution geraubt oder vernichtet worden. Aber auch hier hat seit 1982 das religiöse Leben wieder eingesetzt. Die Tempelhallen sind restauriert und neue Statuen geschaffen worden, und etwa 400 Mönche leben inzwischen wieder in Riwoche.

Die große **Haupthalle** im Erdgeschoss imponiert durch gewaltige Skulpturen und Bilder entlang der vier Wände. Beginnt man auf der linken Seite, passiert man Maitreya, Akshobya, einen elfgesichtigen Avalokiteshvara und acht Stupas, die die acht Taten Buddhas symbolisieren. An der Südwand sieht man Shakyamuni, Vajrapani, Amitayus, Padmasambhava, die acht Manifestationen Padmasambhavas und einen weiteren Shakyamuni. Die westliche Wand bildet das innere Sanktuarium. Hier sieht man acht kleinere Stupas und Skulpturen sowie Darstellungen der Buddhas der drei Zeiten sowie zwei Bildnisse Sangye Yarjons, des Abts von Taklung. Die Nordwand wird von Skulpturen des Shakyamuni, Sangye Yarjon, Sangye On, Vairocana, Dipamkara, noch mal Shakyamuni und Bhaisajyaguru geziert.

Die erste Etage wurde erst kürzlich erneuert und ist besonders wegen ihrer Wandmalereien, die die Linie der Taklung zeigen, sehenswert. Neben den bedeutenden Lamas werden 100 friedliche und zornvolle Götter sowie 1000 Aspekte des Amitayus dargestellt. Die fast immer verschlossene oberste Halle in der zweiten Etage ist die **Schatzkammer**. Neben zahlreichen antiken Skulpturen gibt es hier einen Sattel zu sehen, der König Gesar gehört haben soll.

Normalerweise wird man das Kloster auf der Durchreise besuchen, aber es gibt auch einige Übernachtungsmöglichkeiten wie das **Dashan Binguan** mit großen Zimmern und heißen Duschen, ❸. Das Kloster hat keine festen Öffnungszeiten. Für die Besichtigung besorgt der Guide die Genehmigung und sucht dann die verantwortlichen Mönche, die die Schlüssel für die Hallen, die man besichtigen möchte, haben.

Tengchen

143 km westlich von Riwoche erreicht man nach etwa vier Stunden Fahrt die Ortschaft Tengchen,

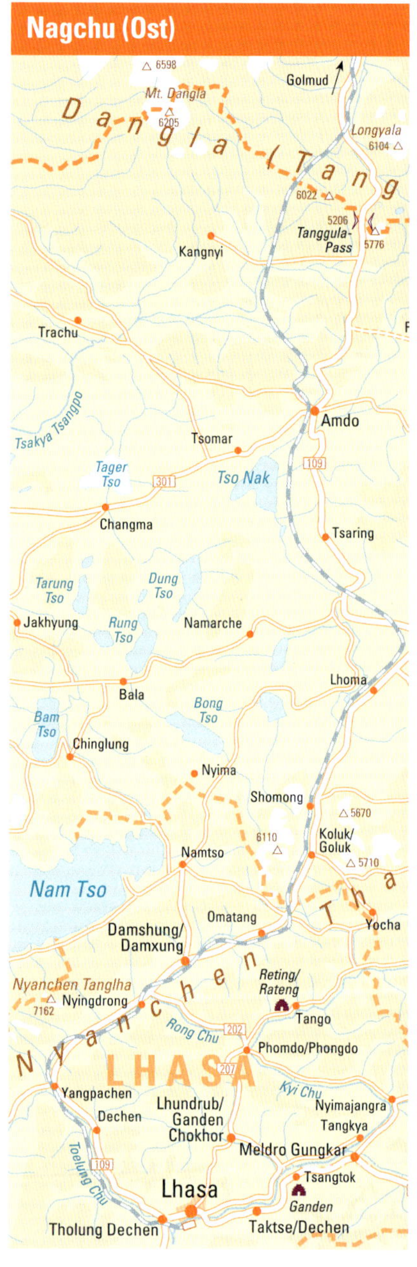

OSTTIBET (KHAM)

eines der Zentren des Bön. Der in einem weiten Tal inmitten von Hügeln aus rotem Sandstein gelegene Ort ist eher uninteressant, aber 4 km westlich von Tengchen kann man die beiden auf einem Hügel gelegenen Klöster **Tengchen** und **Ritro Lhakhang** besuchen. Beide stehen nebeneinander auf demselben Areal. Das Kloster Tengchen wurde bereits 1110 von Shenrab Gyeltsen und Monlam Gyeltsen gegründet. Der Ritro Lhakhang wurde 1180 als Einsiedelei errichtet.

Interessant sind die vielen Bön-Gottheiten, die man hier einmal zu Gesicht bekommt, darunter eine Skulptur des mythischen Religionsstifters Shenrab Mibo, des vielarmigen Palpa Phurbu, dessen untere Hälfte aus einem Ritualdolch besteht, und des Khung Mar, eines roten Garuda, der eine zornvolle Manifestation der absoluten Bewusstheit ist. Früher lebten in beiden Klöstern je 300 Mönche, heute sind es im Kloster Tengchen 85 und in Ritro 25. Übernachten kann man im **Tengchen Government Guesthouse**, ❷.

OSTTIBET (KHAM)

Sog

Von Tengchen nach Sog, das auf einer Höhe von 4000 m liegt, sind es rund 270 km. Sehenswert in Sog (Sok) ist das **Sog Tsanden Gompa**, das vom mongolischen Herrscher über Amdo, Gushri Khan, gegründet wurde. Das Kloster erinnert an einen Mini-Potala und ist über einen felsigen Hügel am Fluss über der Stadt Sog erbaut worden. Zur Zeit der Recherche 2011 durfte das Kloster leider nicht besichtigt werden, sodass man es nur von außen bewundern kann. Eine Übernachtungsmöglichkeit bietet das **Telecom-Hotel** (Dianxin Binguan), wo auch die meisten Jeep-Gruppen unterkommen (Dorm-Bett ¥30, ❷).

Nagchu

Rund 240 km hinter Sog liegt die Hauptstadt des größten Verwaltungsgebietes in Tibet, Nagchu („Schwarzer Fluss"), am Kreuzungspunkt mit der Qinghai-Tibet-Straße und -Bahn. Seit Langem schon ist der Marktflecken ein wichtiger Verkehrsknotenpunkt und das bedeutendste Handelszentrum Nordtibets. Lebten hier 1953 gerade einmal 354 Familien, zählt Nagchu heute über 70 000 Einwohner. Reiseberichten zufolge gab es schon Mitte des 18. Jhs. Wohnsiedlungen an diesem Ort, in dem sich tibetische Geschäftsleute, mongolische und Hui-Mediziner, Schmiede, Zimmerleute, Steinmetze und Silberschmiede niedergelassen hatten. Bekannt wurde Nagchu allerdings vor allem durch die Schlacht von 1718, in der die mandschurische Armee den tibetisch-dsungarischen Truppen unterlag. Heute ist Nagchu eine moderne Stadt mit breiten Straßen, neuen Wohnhäusern und ohne jegliches Flair. Zugleich ist es das politische, wirtschaftliche, kulturelle und verkehrstechnische Zentrum Nordtibets. 2015 begannen die Arbeiten am Bau des **Nagqu Dagring Airport**, dessen Einweihung für 2019 geplant ist. Auf einer Höhe von 4436 m gelegen, wird er der am höchsten gelegene Flughafen der Welt sein.

Die einzige Sehenswürdigkeit ist das **Shabden-Kloster**, das größte Kloster der Gelug-Schule in Nordtibet. Zeit seines Bestehens war es das größte dem Sera-Kloster unterstehende Kloster in Nordtibet und bis heute ist es das einflussreichste in der Region geblieben. Der Bau begann im Jahr 1774 mit einem Zelt. Das heutige Kloster wurde 1904 ausgebaut. Ansonsten ist der kalte, windgepeitschte Ort für sein jährliches, vom 10.–16. August stattfindendes Reiterfest bekannt, das über mehrere Tage geht (S. 65).

ÜBERNACHTUNG UND ESSEN

Changtang Xinyuan Hotel, 1 Chaodan Zhonglu, Ecke Zhejiang Zhonglu, an der Nationalstraße G109, ✆ 0896-382 6812. Wie die meisten anderen Hotels in Nagchu beansprucht dieses der Telekom gehörende Hotel, das höchstgelegene der Welt zu sein. Zumindest ist es das zurzeit beste in der Stadt, mit AC, 24 Std. Warmwasser und diversen anderen Annehmlichkeiten wie einem guten Restaurant. ❹

Nagqu Hotel (Nagqu Fandian), 262 Zhejiang Donglu, ✆ 0896-382 2424. Dieses Hotel wirbt damit, dass es auf einer Höhe von 4500 m an der Kreuzung der beiden National-

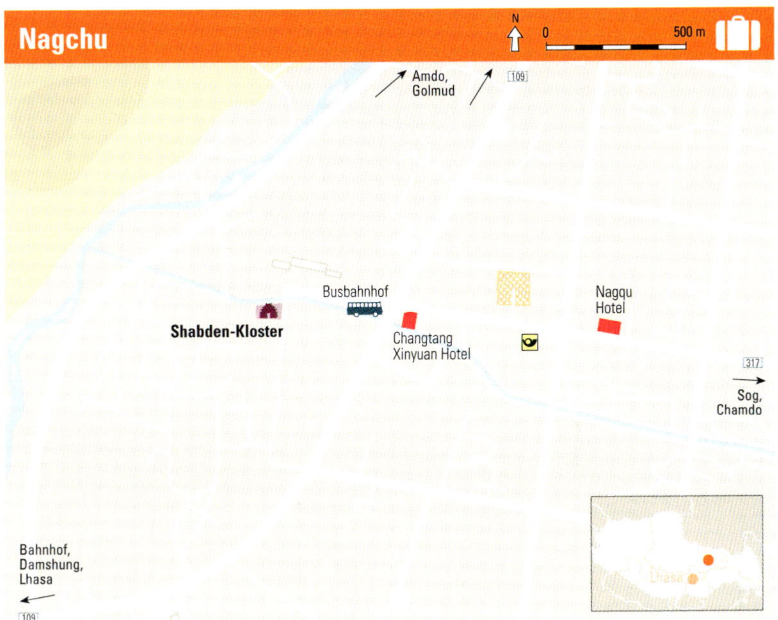

straßen 109 und 317 steht. Ansonsten bietet es immerhin 24 Std. heißes Wasser und ein internationales Telefon, aber die Zimmer sind schäbig. ❸

Essen kann man in den Hotelrestaurants, ansonsten gibt es eine Reihe von einfachen **chinesischen Restaurants** entlang der Hauptstraßen Zhejiang Donglu und Chaodan Zhonglu.

TRANSPORT

Der **Bahnhof** liegt 8 km südlich der Stadt. Ein Taxi bis hierher kostet etwa ¥20. Alle Züge nach LHASA halten hier (¥51, 4 1/2 Std.). Ansonsten gibt es noch Verbindungen nach Golmud, Xining usw. Allerdings ist es fast unmöglich, hier kurzfristig Liegewagentickets für Fernverbindungen zu bekommen.

SHANGHAI; © DUMONT BILDARCHIV / MICHAEL RIEHLE

Stippvisiten in Chinas Metropolen

Der Kontrast zwischen den einzelnen Metropolen könnte größer nicht sein: hier Beijing mit seiner zwei Jahrtausende alten Geschichte, dort die „junge" Megalopolis Shanghai, in der die Zukunft sichtbar gestaltet wird, und im Süden die beiden Metropolen Guangzhou und Chengdu mit ihrem exotischen, weltoffenen Charme.

Stefan Loose Traveltipps

Kaiserpalast, Beijing 24 Kaisern diente dieser größte bis heute erhaltene Palastkomplex der Welt als Residenz und Regierungssitz. S. 340

Große Mauer Eines der imposantesten Teilstücke der Großen Mauer befindet sich zwischen Jinshanling und Simatai, wo man auch auf der Mauer wandern kann. S. 342

Panda-Forschungsstation, Chengdu Nirgendwo sonst in China kann man so viele Große Pandas aus nächster Nähe bewundern. S. 345

Ahnentempel der Familie Chen, Guangzhou Der schönste Ahnentempel Südchinas besticht durch filigrane Holzschnitzereien und bunte Tonfiguren. S. 346

Opera House, Guangzhou Nicht nur die Akustik ist phänomenal, auch die Architektur dieses von Zaha Hadid entworfenen Opernhauses ist einzigartig. S. 348

Ehemalige französische Konzession, Shanghai In den malerischen alten französischen Vierteln trifft man auf Shanghais schönste Villen und das bunteste Nachtleben. S. 349

BEIJING, HIMMELSTEMPEL; © OLIVER FÜLLING

GUANGZHOU, MARKT; © OLIVER FÜLLING

Wann fahren? April bis Juni und September/Oktober, in Guangzhou bietet sich auch der November an.

Wie lange? Für Beijing und Shanghai mindestens drei Tage einplanen, für Chengdu und Guangzhou zwei Tage.

Bekannt für Kulturdenkmäler in Beijing; Skyline und ehemalige Konzessionsgebiete in Shanghai; exotische Märkte und Tempel in Guangzhou; Teehäuser und Pandabären in Chengdu

Feste Bloß keine Besichtigungen planen. An Festtagen sind Millionen Besucher unterwegs.

Anreise nach Tibet

Ausführliche Infos zu den Flügen von Beijing, Chengdu, Guangzhou und Shanghai nach Tibet finden sich auf S. 41. Die Überlandreise von Chengdu nach Lhasa wird auf S. 45 näher beschrieben. Die Anreise mit der Tibetbahn ist von allen vier Städten aus möglich (S. 87).

Wer Tibet besuchen möchte, wird in aller Regel zunächst nach China fliegen und von dort mit dem Flugzeug oder der Bahn nach Lhasa weiterreisen. Häufige und auch günstige Flugverbindungen gibt es von Deutschland, Österreich oder der Schweiz nach Beijing, Shanghai, Guangzhou und Chengdu. Es lohnt sich, von dort nicht gleich weiterzureisen, sondern sich wenigstens zwei oder drei Tage Zeit für die Besichtigung zu nehmen. Gleichzeitig kann man den Jetlag überwinden und sich damit schon ein wenig auf die Höhe in Lhasa vorbereiten. Wir stellen hier die vier wichtigsten Stopover-Ziele vor.

Beijing

- **Einwohnerzahl**: 21 Mio.
- **Vorwahl**: 010, vom Ausland 0086 10

Beijing ist für das Gros der Reisenden das Eingangstor nach China, und auch wenn Tibet das endgültige Reiseziel ist, lohnt es sich, hier mindestens drei Tage zu verweilen. Unschlagbar ist die ungeheure Fülle an Sehenswürdigkeiten und kulturellen Highlights, die in China ihresgleichen sucht.

Die geschichtliche Epoche der Stadt begann um 1180 v. Chr., aber erst 1272 wurde Beijing unter dem Namen Dadu erstmals Hauptstadt von ganz China. In der Ming-Dynastie (1368–1644) befahl Kaiser Zhu Di (reg. 1402–1424) einen Neuaufbau seiner Kapitale. Beijing wurde völlig umgestaltet: Kaiserpalast, Himmelstempel, Große Mauer und viele weitere große und kleine, bis heute erhaltene Bauten entstanden.

So wie die Kaiser Beijing einst als Abbild des Universums errichteten, haben sich Chinas Herrscher des 21. Jhs. ihre Hauptstadt als Abbild eines neuen, machtvollen Staates erschaffen. Bei aller Modernisierung ist Beijing dennoch eine übersichtliche, ja gemächliche Stadt geblieben. Ein hervorragendes U-Bahnnetz sorgt dafür, dass man sämtliche Teile der Stadt und nahezu alle Sehenswürdigkeiten schnell und preiswert erreicht.

Beijings Top 5

Kaiserpalast

Der 720 000 m² große Kaiserpalast, 💻 www.dpm.org.cn, wurde 1420 nach 17-jähriger Bauzeit bezogen und blieb bis 1911 Residenz und Regierungssitz der Ming- und Qing-Kaiser. Er war Spiegelbild der im Kosmos waltenden Ordnung: In seiner Architektur und Symbolik manifestierte sich die zentrale Funktion des Kaisers als Mittler zwischen Himmel und Erde, Zentrum der Welt und Herrscher über das, was unter dem Himmel ist.

🕒 April–Okt Di–So 8.30–17, in den Schulferien Juli/Aug tgl. 8–17, Nov–März Di–So 8.30–16.30 Uhr, Eintritt April–Okt ¥60, Nov–März ¥40, Ende des Ticketverkaufs jeweils 1 Std. vor Schließung oder nach Erreichen der maximalen Zahl von 80 000 Besuchern/Tag; Audiotour ¥40 plus ¥100 Pfand. Anfahrt: U1 bis Tian'anmen West oder Tian'anmen East.

Lamatempel

Der **Lamatempel** (Yonghe Gong), 12 Yonghegong Dajie, 💻 www.yonghegong.cn, ist der größte und prächtigste Tempel des tibetischen Buddhismus in der Stadt. Der Gesamtkomplex erstreckt sich auf einer Fläche von 66 400 m² über fünf Höfe. 1694 als Residenz für den Prinzen Yinzhen erbaut, ließ dieser seinen Wohnsitz 1723, nachdem er als Yongzheng-Kaiser den Thron bestiegen hatte, in einen Tempel des tibetischen Buddhismus umwidmen. Nach dem Tod des Herrschers wurde der nun **Yonghe Gong** (Palast der Harmonie und des Friedens) genannte Komplex zum Mittelpunkt des tibetischen Buddhismus, des Lamaismus, in Beijing.

🕒 Nov–März tgl. 9–16, April Okt tgl. 9–16.30 Uhr, Eintritt ¥25, Audiotour ¥20 plus ¥200 Pfand. Anfahrt: U2 oder U5 bis Lama Temple.

Drei Hintere Seen – Shichahai

Die durch Kanäle verbundenen Drei Hinteren Seen – Xi Hai, Hou Hai und Qian Hai – heißen auch **Shichahai**, Shicha-Seen, nach zehn Tempeln, die einst die Ufer säumten. Am Ufer des Hou Hai, des mittleren der Drei Hinteren Seen, residierten einst kaiserliche Prinzen, deren Paläste bis heute erhalten und teilweise zu besichtigen sind.

Auch einige Tempel finden sich hier, während sich der Qian Hai heute zum Zentrum der Nachtschwärmer entwickelt hat. Rund um die Seen gibt es noch zahlreiche Hutong, die typischen Beijinger Gassen. Anfahrt: U8 bis Shichahai oder U6 bis Beihai North.

Fabrik 798

Auf der Suche nach billigen Ateliers wurden in den 1990er-Jahren Beijinger Künstler auf die verfallenden Hallen der Haushaltswarenfabrik 798 aufmerksam und machten das 500 000 m^2 große Areal zum Zentrum für moderne chinesische Kunst, mit über 100 Galerien und Ateliers, die einen Einblick in das künstlerische Schaffen Chinas erlauben. Die hohen Mieten haben zwar viele Künstler in andere Viertel abwandern lassen, geblieben aber sind unzählige Galerien, die dem Areal zusammen mit vielen Künstlercafés und kleinen Restaurants immer noch ein unvergleichliches Flair verleihen. Anfahrt: U14 bis Gaojiayuan.

Am Osttor des Himmelstempels

Beijings **Parks** sind tägliche Begegnungsstätten zahlloser Menschen, die hier singen, tanzen, Schattenboxen üben, Schach spielen oder ihre Ziervögel ausführen. Am beliebtesten ist der Park am Osttor des Himmelstempels, wo sich jeden Morgen Tänzer, Sportler, ja ganze Chöre und Orchester sowie Müßiggänger treffen. ⌚ Park tgl. 6–22 Uhr, Anfahrt: U5 bis Tiantandongmen (Osttor des Himmelstempels).

Große Mauer

Die sich nördlich von Beijing über die Berge schlängelnde Große Mauer geht auf den Gründer der Ming-Dynastie, Zhu Yuanzhang (reg. 1368–1398), zurück. Er ließ zum Schutz gegen marodierende mongolische Truppen einen neuen Wall errichten. Insgesamt maß die Mauer der Ming schließlich 6350 km. Am imposantesten und ideal für Wanderer sind die beiden Abschnitte bei **Jinshanling** und **Simatai**, ca. 120 km nordöstlich von Beijing. Über die Hostels und einige Hotels ist eine Busfahrt buchbar (ca. ¥300 inkl. Eintritt, Wartezeit am Ende der Wanderstrecke und Rückfahrt).

ÜBERNACHTUNG

Downtown Backpackers (Dongtang Qingnian Lüshe), Dongcheng, 85 Nanluogu Xiang, ✆ 010-8400 2429, 💻 www.backpackingchina.com, U 6, 8 bis Nanluoguxiang. Typische Backpacker-Unterkunft im lebhaften Szeneviertel Nanluogu Xiang. Schlafsaalbetten ab ¥55, auch DZ. ❷

Templeside Courtyard Hostel (Guangjilin Guoji Lüshe), Zhaodengyu Lu, 8 Anping Xiang, ✆ 010-6617 2571, 💻 www.templeside.com, U4 Xisi. Oase der Ruhe. Die Zimmer sind klein, aber sauber und alle mit AC ausgestattet. DZ ab ¥290, Schlafsaalbett ab ¥80. ❹

Hotel Côté Cour Beijing (Yanyue Jingpin Jiudian), Dongcheng, 70 Yanyue Hutong, ✆ 010-6523 95 98, 💻 www.hotelcotecourbj.com, U5 Dengshikou. In dem 500 Jahre alten Vier-Harmonien-Hof, einer typischen Wohnanlage der Stadt, lebten früher Tänzer und Musiker des kaiserlichen Hofs. 14 elegant

Scheinbar endlos zieht sich die Große Mauer durch den Norden Chinas.

eingerichtete Zimmer gruppieren sich um einen geschmackvoll ausgestatteten, gemütlichen Hof. ❼

ESSEN

Typisch für Beijing sind einzelne Straßenzüge oder Viertel, die eine besonders hohe Lokaldichte aufweisen. Berühmt ist der **„Geisterstraße"** *(Gui Jie)* genannte Abschnitt entlang der Dongzhimennei Dajie (U5 Beixinqiao). Hier wetteifern Hunderte Restaurants bis spät in die Nacht um Kunden.

An den Ufern der **Drei Hinteren Seen** (U8 Shichahai oder U6 Beihai North) wimmelt es von Restaurants, die einen Besuch lohnen, und auch die malerische **Nanluogu Xiang** bietet kleine Restaurants und Kneipen (U6, 8 Nanluoguxiang).

Ausländische Küchen bietet vor allem die **Sanlitun Lu** (U10 Tuanjiehu) mit ihren Seitenstraßen.

NAHVERKEHR

Flughafentransfer

Der **Beijing Capital International Airport** liegt 26 km nordöstlich vom Stadtzentrum. Der **Airport Express** fährt alle 15 Min. ab Terminal 3 via Terminal 1 und 2 nach Sanyuanqiao (U10) und weiter bis zur Endstation Dongzhimen (Fahrzeit 25 Min., U2, U13). Erster/ letzter Zug zum Flughafen ab Dongzhimen 6/22.30 Uhr, ab Sanyuanqiao 6.04/22.34 Uhr, erster/ letzter Zug in die Stadt ab Terminal 3 um 6.20/22.50 Uhr, ab Terminal 2 um 6.35/23.10 Uhr. Ticket ¥25.

U-Bahn

Aktuell gibt es 22 U-Bahnlinien. Die Fahrt kostet ¥3 für die ersten 6 km, ¥4 (6–12 km), ¥5 (12–22 km), ¥6 (22–32 km) und ab 32 km plus ¥2 je weitere 20 km. Die Tickets kauft man an Automaten (Menüführung auch auf Englisch). Beschilderung und Stationsdurchsagen in der U-Bahn auch auf Englisch. Infos: 💻 www.explorebj.com/subway.

Sinnvoll ist der Erwerb der Beijing Transportation Smartcard, mit der man Busse, U-Bahnen und teils Taxifahrten bezahlen kann. Man erhält sie in vielen U-Bahn-Stationen (auch an der Station des Airport Express am Flughafen) gegen ¥20 Pfand und kann sie dort auch wieder abgeben. Die Karten sind mit bis zu ¥1000 an den Automaten aufladbar. In den Verkehrsmitteln werden sie über einen Sensor gehalten, der fällige Betrag wird abgebucht.

Taxis

Die Grundgebühr für die ersten 3 km beträgt ¥13, jeder weitere Kilometer kostet ¥2,3, ab 15 km ¥3,45. Bei Wartezeiten, roten Ampeln und Staus läuft der Taxameter weiter, alle 5 Min. wird 1 km abgerechnet. Von 23–5 Uhr erhöht sich die Grundgebühr auf ¥14,4 und der Kilometerpreis auf ¥2,76. Der Endpreis wird auf eine runde Summe aufgerundet. Bei Fahrten über 3 km wird ein Benzinzuschlag von ¥1 pro Fahrt aufgeschlagen.

Chengdu

- **Einwohnerzahl**: 8,5 Mio.
- **Vorwahl**: 028, vom Ausland 0086 28

Drehscheibe für das Reisen in Südwestchina ist die Provinzhauptstadt von Sichuan, Chengdu. Noch vor zwei Dekaden war der Moloch eine gemächliche Provinzstadt im trägen Fluss der

Kunsthandwerk satt

Die **Songxian Qiao Curio Arts City** (Songxian Qiao Guwan Shichang) in der 22 Huanhuaxi Beilu ist ein im Qing-zeitlichen Stil errichteter Markt, der zu den größten Kunsthandwerksmärkten Chinas zählt. Entsprechend gibt es hier ein unüberschaubares Angebot an Steintassen und versilberten Schalen, Porzellan und Teekannen in allen Formen und Größen, Steinstatuen und Buddhafiguren, Perlen und Schmuck und alles, was Chinas Werkstätten noch so ausstoßen. 🕒 tgl. 7–22 Uhr. Anfahrt: U2 bis CUTCM & Sichuan People's Hospital.

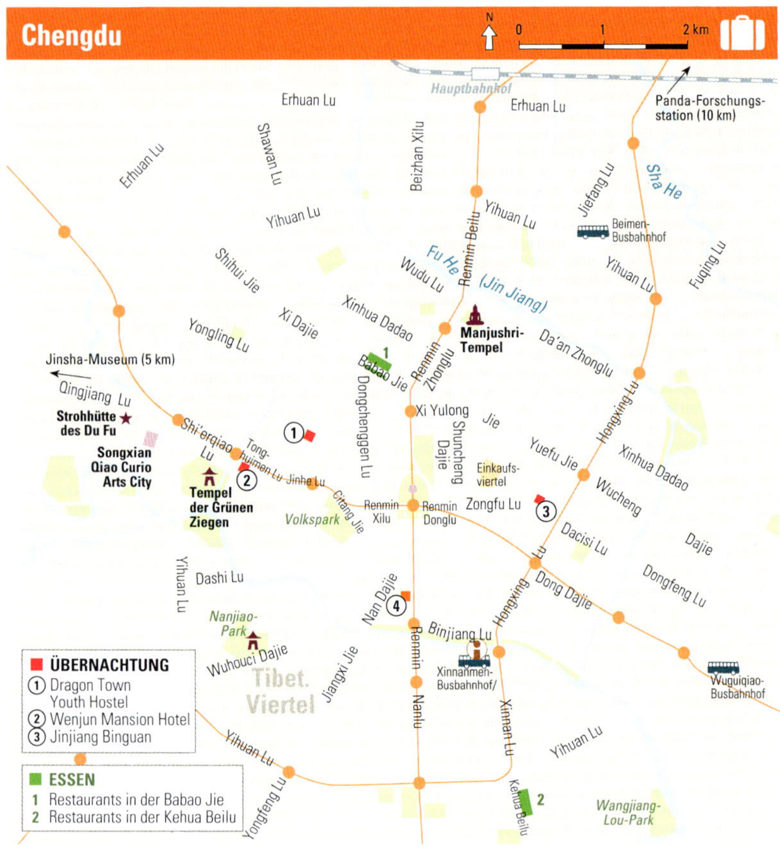

Zeit und für seine gemütlichen Teehäuser berühmt. Doch diese Zeiten sind vorbei. Kaum eine andere Stadt des Landes hat sich radikaler verändert und modernisiert. Dennoch gibt es eine Menge zu sehen, bevor man von hier in Richtung Tibet aufbricht.

Schon seit ihrer Gründung im 3. Jh. v. Chr. ist Chengdu ein Verkehrsknotenpunkt, besonders für die Handelswege nach Yunnan, Birma (Myanmar), Nordostindien, Tibet sowie in die südchinesischen Provinzen gewesen. Ab der Tang-Zeit kontrollierten die steinreichen Kaufleute aus Chengdu den Handel in China. Dank ihnen nahm der Teehandel einen außerordentlichen Aufschwung, denn unter der Tang-Dynastie war das Teetrinken zur Mode geworden, und die Teesteuer wurde zu einer der lukrativsten Einnahmequellen überhaupt.

Überhaupt waren die Sichuaner immer dabei, wenn neue Erfindungen hohe Einnahmen versprachen. Eng verknüpft mit dem Handel war die Brokatherstellung, die schon seit dem 2. Jh. v. Chr. in Chengdu florierte. Die Brokatstoffe wurden bereits damals bis nach Zentralasien und sogar an die Ostgrenze des Römischen Reiches geliefert. Nach Aufkommen des Buchdrucks wurde Chengdu im 11.–13. Jh. eines der großen Buchdruckzentren Chinas.

Chengdus Top 5

Manjushri-Tempel

Der Manjushri-Tempel (Wenshu Yuan) liegt inmitten eines im alten Stil neu aufgebauten Viertels, umgeben von kleinen Lokalen und unzähligen Läden. Gegründet wurde die größte buddhistische Anlage Chengdus, die als Sitz der Chan-(Zen-)Buddhisten Sichuans dient, im 6. Jh. Die meisten der heute zu besichtigenden Tempel und Hallen stammen aus dem Jahr 1691. In den Geschäften entlang der Zufahrtsstraße werden Devotionalien verkauft: Höllengeld für die Geldopfer, Weihrauchstäbchen und -stangen für die Duftopfer, rote Kerzen, Feuerwerkskörper, Budhafiguren etc. ⌚ tgl. 8–17 Uhr, Eintritt frei. Anfahrt: U1 bis Wenshu Monastery.

Tempel der Grünen Ziegen

Der daoistische Tempel der Grünen Ziegen (Qingyang Gong) wurde vermutlich in der Tang-Zeit gegründet und ist der größte daoistische Tempel Südchinas. Die gewaltigen Hallen, die sich über fünf weitläufige Höfe hinziehen, zeugen von der überragenden Bedeutung, die der Daoismus in alten Zeiten für die Provinz besaß. ⌚ tgl. 8–18 Uhr, Eintritt ¥10. Anfahrt: U2 oder U4 bis CUTCM & Sichuan People's Hospital.

Strohhütte des Du Fu

Am westlichen Stadtrand breitet sich die weitläufige Anlage der Strohhütte des Du Fu (Du Fu Caotang) aus. Tatsächlich handelt es sich weniger um eine Strohhütte als vielmehr um eine riesige Parkanlage mit zahlreichen hintereinander gestaffelten Hallen, in denen unter anderem Werke von Du Fu (712–770) in Form von Kalligrafien auf steinernen Stelen ausgestellt sind. Du Fu war gewissermaßen der Goethe Chinas, einer der größten Dichter des Landes überhaupt und zu seinen Lebzeiten ein verkanntes und eher glückloses Genie. ⌚ Mai–Okt 8–20, Nov April 8.30–18.30 Uhr, Eintritt ¥50. Anfahrt: U4 bis Caotang Rd. North.

Jinsha-Museum

Etwa 5 km westlich des Zentrums wurde über der Stätte einer der wichtigsten prähistorischen Siedlungen Westchinas das Jinsha-Museum (Jinsha Yizhi Bowuguan), 💻 www.jinshasitemuseum.com, errichtet. Jinsha dehnte sich auf einer Fläche von über 5 km² aus. Die Ausgrabungen förderten alte Häuser, Werkzeuge, vielfältige Kunstschätze, Tausende Gräber sowie Hunderte mit Schmuck und Tierknochen gefüllte Opfergruben zutage – alle aus der Zeit der Shang-Dynastie (ca. 1766–1122 v. Chr.). ⌚ tgl. Mai–Okt tgl. 8–20, Nov–April 8–18.30 Uhr, Eintritt ¥80. Anfahrt: U7 bis Jinsha Site Museum.

Panda-Forschungsstation

Etwa 10 km nordöstlich von Chengdu liegt die Zucht- und Forschungsstation für Große Pandabären (Daxiongmao Fanzhi Yanjiu Zhongxin). Hier gewinnt man einen guten Einblick in das Leben des Großen Pandas und des auf Bäumen hausenden Kleinen Pandas. Man sollte früh kommen, am besten gegen 9.30 Uhr, weil die Pandas dann gefüttert werden. Außer den Tieren selbst kann man hier ein Museum besuchen. ⌚ tgl. 7.30–18, Einlass bis 17 Uhr, Eintritt ¥58. Anfahrt: Die Jugendherbergen und Reisebüros der Hotels bieten Touren zur Forschungsstation an (ca. ¥100 inkl. Eintritt). Billiger (¥2 je Fahrt), aber auch deutlich langsamer fährt man mit U-Bahn und Bus: zunächst U3 bis Chengdu Zoo, wo man in Bus 198 oder 198A zur Panda-Forschungsstation umsteigt. Ein Taxi ab Hauptbahnhof sollte nicht mehr als ¥40 kosten.

ÜBERNACHTUNG

Dragon Town Youth Hostel (Longtang Guoji Qingnian Lüshe), 27 Qingyang Kuan Xiangzi, ✆ 028-8664 8408, 💻 www.dragontown.com.cn, U4 bis Wide and Norrow Alley. Die Jugendherberge befindet sich in einem restaurierten Qing-zeitlichen Gebäude mitten im Altstadtviertel Kuan Xiangzi. Schlafsaalbett ab ¥60, auch DZ. ❹

Jinjiang Binguan, 80 Renmin Nanlu Sektion 2 (Renmin Nanlu Erduan), ✆ 028-8550 6666, 💻 www.jjhotel.com, U1 bis Jinjiang Hotel. Eines der ersten Luxushotels der Stadt mit viel Atmosphäre, noch mehr Marmor und einem schönen Dachgarten. DZ ab ¥800. ❻

STIPPVISITEN IN CHINAS METROPOLEN

Wenjun Mansion Hotel (Wenjunlou Binguan), 180 Qintai Lu, ✆ 028-8613 8785, 🖳 www.dreams-travel.com/wenjun/en, U2 bis Tonghuimen. Wunderbares Boutiquehotel in einer traditionellen Hofhausanlage mit viel Flair, einem schönen Patio und Zimmern, die im traditionellen chinesischen Stil eingerichtet sind. ❸–❹

ESSEN

Eine gute und große Auswahl an Restaurants findet man im Einkaufsviertel zwischen Zongfu Lu und Dong Dajie (U2 Chunxi Rd.). Hier gibt es auch viele Teehäuser. Weitere Straßen mit unzähligen Restaurants sind **Babao Jie** (U1 Luomashi) und **Kehua Beilu** (U1 Sichuan Gymnasium).

Filialen von **Fast-Food-Ketten** wie McDonald's, Pizza Hut, Kentucky Fried Chicken etc. findet man in den zahllosen Shoppingmalls.

NAHVERKEHR

Flughafentransfer

Der **Flughafen** (Shuangliu Guoji Jichang) liegt 16 km südwestlich der Stadt. Die **U10** fährt vom Flughafen zur U-Bahn-Station Taipingyuan der U3. Es gibt vier **Buslinien** vom und zum Flughafen. **Linie 1**(tgl. 6–22 Uhr) fährt zum Minshan Hotel am U-Bahnhof Jinjiang Hotel der U-Bahnlinie 1, **Linie 2** (tgl. 6.30–20 Uhr) fährt zum Nordbahnhof, **Linie 3** (tgl. 7–20 Uhr) zum Ostbahnhof und **Linie 4** (tgl. 8.30–19.30 Uhr) zum New Convention and Exhibition Center am U-Bahnhof Century City der U1 (alle Busse ¥10).

U-Bahn

Aktuell gibt es 6 U-Bahn-Linien: die **U1** und **U3** (Nord-Süd-Linien), **U2** und **U4** (Ost-West-Linien), die sich im Stadtzentrum kreuzen, und die **U7** und **U10**. Eine Fahrt kostet zwischen ¥2 und ¥4 je nach Anzahl der Stationen.

Taxis

Die Grundgebühr beträgt ¥8/9/12 für die ersten 3 km; jeder weitere Kilometer kostet ¥1,90–3.

Guangzhou

- **Einwohnerzahl**: 13 Mio.
- **Vorwahl**: 020, vom Ausland 0086 20

Guangzhou (Kanton) erschien selbst den meisten Chinesen stets als fremde Welt – chinesisch, aber doch barbarisch. Wie weit entfernt von Zentralchina und wie anders die Hauptstadt der Provinz Guangdong ist, empfindet man auch heute noch. Sprache, Sitten und Essgewohnheiten sind anders als im vergleichsweise unterkühlt wirkenden Norden; die Menschen sind temperamentvoller und weltoffener. Dank seiner Lage am Perlfluss (Zhu Jiang), dem mit 2197 km Gesamtlänge viertgrößten Strom Chinas, entwickelte sich Guangzhou früh zum wichtigen Handelshafen. Arabische Kaufleute gründeten 850 in der von ihnen Khanfu genannten Stadt sogar ein muslimisches Viertel mit mehreren Moscheen.

1786 erhielt die East India Company das Handelsmonopol mit Guangzhou, das zum Hauptumschlagplatz für Waren, vor allem Opium, wurde, um das es schließlich zum Ersten Opiumkrieg 1840–1842 kam. Sichtbarer Ausdruck des britischen Sieges wurde die Shamian-Insel im Perlfluss im Süden Kantons, die als exterritoriales Gebiet nur Ausländer betreten durften.

Trotz seiner modernen Fassade bietet Guangzhou eine faszinierende Mischung aus Exotik und Vertrautem, entführt auf dichtestem Raum in die Welt christlicher, daoistischer, buddhistischer und islamischer Kulturdenkmäler und spannt bei den Sehenswürdigkeiten einen weiten Bogen aus der fernen Vergangenheit bis zur revolutionären Zeit des 20. Jhs.

Guangzhous Top 5

Ahnentempel der Familie Chen

Der faszinierende **Chenjia Ci** wurde 1894 während der Qing-Zeit fertiggestellt und beherbergte u. a. eine Akademie für die Lehre der konfuzianischen Klassiker. Sehenswert ist nicht nur der Gesamtkomplex, der für seine filigranen und aufwendigen Holzschnitzereien, glasierten Ton-

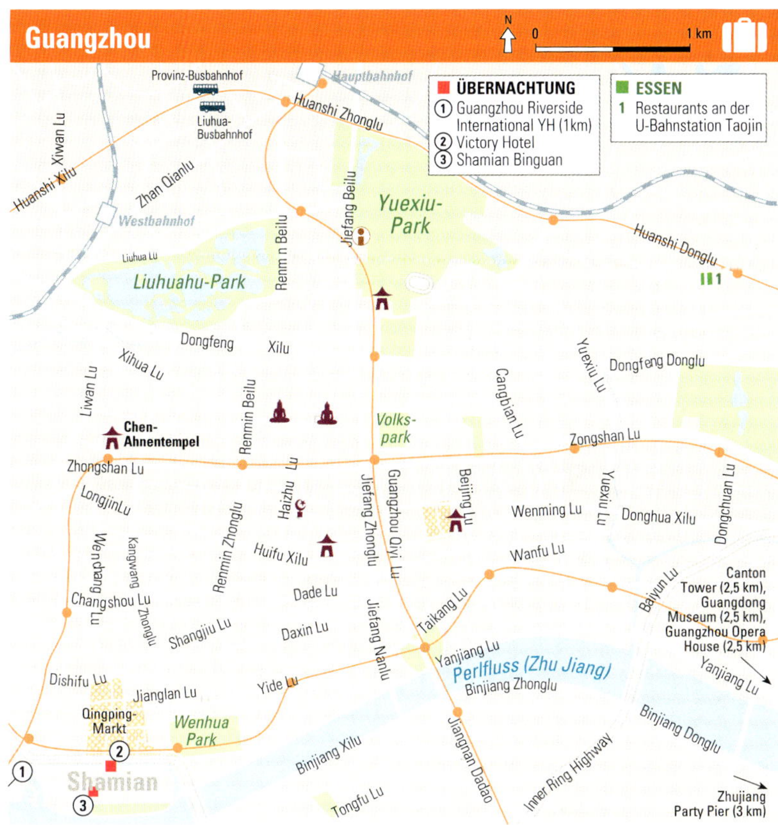

figuren und schmiedeeisernen Kunstwerke bekannt ist, sondern auch das in seinen Gebäuden untergebrachte **Museum für volkstümliche Kunst der Provinz Guangdong**. ⏲ tgl. 8.30–17.30 Uhr, Eintritt ¥10. Anfahrt: U1 bis Chen Clan Academy.

Qingping-Markt und Dishifu Lu

Gegenüber der Brücke, die von der Shamian-3-Jie zur Liu'ersan Lu führt, beginnt der **Qingping-Markt** (Qingping Shichang). Er breitet sich entlang der Qingping Lu bis zur Höhe der Heping Lu aus. Früher einer der exotischsten Märkte der Stadt, handelt es sich heute hauptsächlich um einen Markt für getrocknete Kräuter und kleinere Haustiere.

In Richtung Norden kreuzt der Qingping-Markt die **Dishifu Lu**. Sie hat den alten Markt in gewisser Weise abgelöst. Die arkadengeschmückten alten Häuser im Kolonialstil, die die Straße säumen, sind restauriert worden, und so präsentiert sich die lang gezogene Straße nunmehr als quirlige und stimmungsvolle Einkaufsmeile mit unzähligen kleinen Geschäften. ⏲ tgl. ca. 8–20 Uhr. Anfahrt: U1, U6 bis Huangsha, Exit A.

Shamian

Shamian, die „Sandfläche", ist ein Inselchen im Perlfluss, das aus der südlichen Fläche Guangzhous herausgeschnitten zu sein scheint. Bis zum Auftauchen der ersten europäischen Handelsschiffe während der Ming-Zeit war Shamian

Oper der Superlative

Das futuristische, von Zaha Hadid in Form von Flusskieseln entworfene **Guangzhou Opera House** (Guangzhou Dajuyuan), 1 Zhujiang Xilu, ✆ 020-3839 2888, 💻 www.gzdjy.org, hat sich seit seiner Eröffnung 2010 aus dem Stand heraus zu einem der wichtigsten Opernhäuser Chinas mit einem internationalen Weltklasseprogramm entwickelt. Das spektakuläre Bauwerk kann auch von innen besichtigt werden (Di–So 10–16.30 Uhr, 30 ¥). Anfahrt: U5 bis Huacheng Dadao oder APM Guangzhou Opera House.

denn auch nur ein uninteressantes Fleckchen Sand. Mitte des 18. Jhs. wurde den fremden Kaufleuten erlaubt, auf Shamian ihre Warenhäuser und Lager zu errichten. Wer heute durch die Straßen von Shamian spaziert, befindet sich noch immer in einer anderen Welt, die zahlreiche reizvolle alte Gebäude im britischen Kolonialstil, prächtige Villen und baumbestandene Alleen prägen. Anfahrt: U1, U6 bis Huangsha, Exit A.

Canton Tower

Mit einer Höhe von 610,80 m ist der elegante **Guangzhou TV & Sightseeing Tower** oder kurz Canton Tower (Guangzhou Ta) nicht nur der höchste Fernsehturm Chinas, sondern der ganzen Welt. Der Canton Tower besitzt mehrere Aussichtsplattformen, die man zum Teil über Außentreppen erkunden kann. In einer Höhe von 459 m befindet sich die letzte und höchste Plattform. Fahrgeschäfte für Adrenalinjunkies finden sich an der Spitze des Towers, die man z. B. in kleinen Gondeln umfahren kann. Infos: 💻 www.cantontower.com, 🕒 tgl. 9–22 Uhr, Eintritt bis zur Aussichtsplattform in der 32. Etage ¥50, bis zur 67. Etage ¥100, bis zur 84. Etage ¥150. Anfahrt: U3 bis Canton Tower.

Guangdong Museum

Das faszinierende **Guangdong Bowuguan**, das architektonisch eine alte Keramik mit ihren feinen, wie Risse wirkenden Netzmustern modern interpretiert, zeigt einen spannenden Querschnitt von Artefakten aus der Provinz Guangdong. Zu den über 160 000 Exponaten zählen filigrane Holzschnitzarbeiten aus Chaozhou ebenso wie Keramik und Porzellan oder Alltagsgegenstände aus der Provinz. 🕒 Di–So 9–17 Uhr, Eintritt frei. Anfahrt: U3 oder U5 bis Zhujiang New Town, Exit B1, oder U5 bis Liede, Exit D.

ÜBERNACHTUNG

Guangzhou Riverside International Youth Hostel (Jiangpan Guoji Qingnian Lüshe), 15 Changdi Lu, ✆ 020-2239 2500, 💻 www.yhachina.com, U1 bis Fangcun, Exit B2. Die Jugendherberge am Perlfluss gegenüber von Shamian ist einer der Treffs für Backpacker. Betten ab ¥50, auch DZ. ❷

Shamian Binguan, 52 Shamian Nanjie, Shamian-Insel, ✆ 020-8121 8288, 💻 www.gdshamianhotel.com, U1, U6 bis Huangsha, Exit A. Nettes kleineres Hotel mit Blick auf den Perlfluss. ❹

Victory Hotel (Shengli Binguan), 53 Shamian Beijie, Shamian-Insel, ✆ 020-8121 6688, 💻 www.vhotel.com, U1, U6 bis Huangsha, Exit A. Stilvolles und altehrwürdiges Hotel mit viel Atmosphäre. ❺–❻

ESSEN

Eine große Auswahl an Restaurants findet man rund um den U-Bahnhof **Taojin** der Linie 5.
Wer gern feiert, kann zum **Zhujiang Party Pier** (Zhujiang Bati Pijiu Wenhua Chuangyiyuan) in der Yuejiang Xilu fahren, wo es einige Clubs und Kneipen gibt. Anfahrt: U8 bis Chigang, Exit C1.

NAHVERKEHR

Flughafentransfer

Der **Baiyun International Airport** (Baiyun Guoji Jichang) liegt 28 km nördlich des Zentrums. Der Flughafen ist über die U3 (Umsteigemöglichkeiten in U1, 2, 5, 8) an die Innenstadt angebunden. Zahlreiche Busse fahren in alle Stadtteile und in die Städte der Umgebung. Ein Taxi ins Stadtzentrum kostet etwa ¥120.

U-Bahn

Guangzhou hat zzt. 13 U-Bahn-Linien, weitere sind in Bau. Dazu kommen das 3,9 km lange Automated People Mover System (APM) und die Haizhu Island Tram, die beide mit automatisierten Waggons die einzelnen Bereiche des Geschäftsviertels Zhujiang New Town verbinden. Die Tickets kosten je nach Anzahl der Stationen ¥2–19. Es gibt Tageskarten zu ¥20 oder Drei-Tageskarten zu ¥50, mit denen man innerhalb der Geltungsdauer beliebig oft fahren kann.

Taxis

Die Grundgebühr beträgt ¥10 für die ersten 2,3 km. Jeder weitere Kilometer kostet ¥2,60. Zu Stoßzeiten kann es sehr lange dauern, bis man ein freies Taxi ergattert.

Shanghai

- **Einwohnerzahl**: 24 Mio.
- **Vorwahl**: 021, vom Ausland 0086 21

Nur wenige chinesische Städte haben sich seit 1990 so gewandelt wie Shanghai. Einige Bauten erinnern noch ans 19. Jh., doch das neue Shanghai der Wolkenkratzer ist eine Stadt der Zukunft. Neben Großstadthektik findet man in Shanghai aber auch das Flair der ehemaligen französischen Konzession, chinesische Altstadtromantik und das bunteste Nachtleben Chinas.

Die Stunde von Shanghais Aufstieg zum Finanz- und Wirtschaftszentrum Chinas schlug 1842 mit dem Vertrag von Nanjing, der den Ersten Opiumkrieg beendete. Großbritannien, die USA und Frankreich durften in Shanghai Konzessionsgebiete eröffnen, das hieß, ungeniert dem Opiumhandel nachgehen, und in einem Zusatzvertrag von 1843 wurden diesen Ländern Exterritorialrechte eingeräumt. Durch die wirtschaftliche Machtstellung wurde Shanghai zu einem Herd politischer Unruhen, aber auch zum Ort von Neuerungen. In der französischen Konzession wurde am 1.7.1921 die KPCh gegründet.

Nach Jahrzehnten der Vernachlässigung seit 1949 erhielt Shanghai 1990 freie Hand für seine weitere Entwicklung. Nun begann der atemberaubende Umbau von einer verstaubten Provinzstadt zu Chinas modernster Metropole. Kosmopolitisch, hemmungslos kommerzialisiert, schamlos reich, aber auch extrem arm – Shanghai ist ein Schaufenster in die Zukunft Asiens mit dem gesamten Spektrum an Problemen und Chancen erwachender asiatischer Megacitys.

Shanghais Top 5

Bund

Bester Einstieg für eine Stadtbesichtigung ist der Bund (Waitan). Der Name kommt aus dem Anglo-Indischen und bedeutet Kaimauer. Er zieht sich als erhöht geführte, breite Uferpromenade entlang der Zhongshan Lu vom Suzhou-Kanal im Norden bis zur Altstadt im Süden. Klassizistische Hochhäuser, die Shanghai sein unverwechselbares Aussehen verleihen, säumen den Bund, während jenseits des Huangpu die dramatische Skyline von Lujiazui, dem Bankenviertel des Stadtteils Pudong, in den Himmel ragt. Anfahrt: U2 oder U10 bis East Nanjing Rd.

Ehemalige französische Konzession

Die ehemalige französische Konzession verleiht Shanghai ein menschliches Antlitz und bietet Rückzugsmöglichkeiten von der Atemlosigkeit der Stadt. In den alten Villen der Reichen und Schönen sind heute einladende Cafés, stilvolle Lokale und spannende Museen untergebracht. Interessant ist vor allem ein Bummel durch die restaurierten Viertel **Xintiandi** (U10, U13 bis Xintiandi) und das quirlige **Tianzifang** (U9 bis Dapu Bridge), während die **Huaihai Middle Road** (U1 bis South Huangpi Rd. oder U1, U10 oder U12 bis South Shaanxi Rd.) mit ihrem Mix aus modernen Malls und alten Gebäuden aus der Konzessionszeit zum weltstädtischen Flanieren einlädt.

Künstlerviertel M50

Das M50, ein Kürzel für Moganshan Lu 50 bzw. Shanghai M50 Creative Park (Shanghai M50 Chuangyiyuan), ist das bekannteste Künstlerquartier der Stadt. In den alten Fabrik- und Lagerhallen haben sich über 100 Bildhauer, Künstler und Galeristen angesiedelt und M50 ins Epizentrum der Shanghaier Kunstwelt verwan-

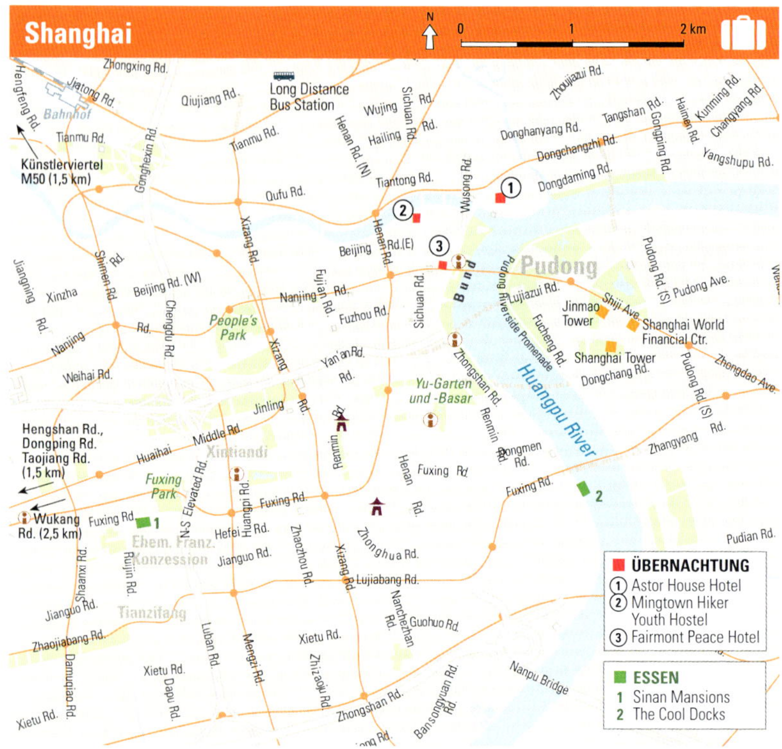

delt. In 20 kleinen und großen Hallen – teils mit mehreren Etagen – residieren an die 100 Künstler mit ihren Ateliers, und über 40 Galerien werben um die Gunst des Publikums. ◷ Galerien Di–So meist 11–18.30 Uhr. Anfahrt: U13 bis Jiangning Rd.

Yu-Garten und -Basar

Der 2 ha große Yu-Garten (Yuyuan) aus der Ming-Zeit gehört zu den berühmtesten klassischen Gärten Chinas und ist einer der wenigen kulturellen Höhepunkte der Stadt. Im Basarviertel rund um den Garten dampft und brodelt es wie vor 500 Jahren, und genauso lange ist diese Gegend schon ein blühendes, quirliges und buntes Geschäftsviertel. Mittendrin steht der Stadtgott-Tempel, dessen Götter dafür sorgen, dass es auch weiterhin so bleibt. ◷ Garten tgl. März–Okt 8.30–17.30, Einlass bis 17 Uhr, Nov–Feb 8.30–17, Einlass bis 16.40 Uhr, Eintritt April–Juni, Sep–Nov ¥40, sonst ¥30. Anfahrt: U10 bis Yuyuan Garden.

Pudong

Lange belächelt, hat sich das auf dem Reißbrett geplante **Finanzviertel Lujiazui** im Stadtteil Pudong längst als Wahrzeichen der Stadt etabliert. Mit den markanten Wolkenkratzern wie dem **Jinmao Tower**, **World Financial Center** und dem 632 m hohen **Shanghai Tower** wird hier die Zukunft sichtbar gestaltet. Die Hochhäuser sind durch hochgelegte Flaniermeilen miteinander verbunden und bieten abends eine glitzernde Lichtershow. Es gibt spektakuläre Aussichtsplattformen, und lohnend ist nicht zuletzt ein Bummel über die herrliche **Pudong Riverside Promenade**. ◷ Aussichtsplattform Jinmao Tower tgl. 8.30–21.30 Uhr, ¥120; Aussichtsplattform

WFC tgl. 8–23 Uhr, nur 94. Etage ¥120, 94., 97. und 100. Etage ¥150; Shanghai Tower tgl. 9–22 Uhr, ¥180 119. Etage. Anfahrt: U2 bis Lujiazui.

ÜBERNACHTUNG

Astor House Hotel (Pujiang Fandian), Hongkou, 15 Huangpu Rd., ✆ 021-6324 6388, 💻 www.pujianghotel.com, U10 oder U12 bis Tiantong Rd. Das stilvolle alte Gebäude wurde 1846 erbaut und war Shanghais erstes Nobelhotel. Heute kann man der Vergangenheit in 130 teilweise riesigen Zimmern im viktorianischen Stil nachspüren. ❻

Fairmont Peace Hotel (Heping Fandian), Huangpu, 20 Nanjing Rd., ✆ 021-6321 6888, 💻 www.fairmont.de/peacehotel, U2 oder U10 bis East Nanjing Rd. Das Peace war in den 1930er-Jahren das berühmteste Hotel der Stadt und ist schon wegen seiner Innenarchitektur und der fantastischen Art-déco-Restaurants einen Besuch wert. DZ ab ¥1190. ❼

Mingtown Hiker Youth Hostel (Shanghai Lüxingzhe Guoji Qingnian Lüshe), Huangpu, 450 Jiangxi Rd., ✆ 021-6329 7889, 💻 www.yhachina.com, U2 oder U10 bis East Nanjing Rd. Unter Shanghais Jugendherbergen ist diese die schönste. In Laufweite zum Bund in einem alten Gebäude – der perfekte Ort für ein preiswertes Shanghai-Erlebnis. Bett ab ¥80, auch DZ. ❹

ESSEN

Shanghai bietet unzählige trendige Restaurant- und Kneipenviertel. Die beste Gegend für Szene-, westliche und neu eröffnete Restaurants ist die ehemalige französische Konzession, insbesondere rund um die **Hengshan Rd.**, **Dongping Rd.** und **Taojiang Rd.** (alle U7 Changshu Rd. oder U1 Hengshan Rd.). Eine dichte Konzentration an stilvollen Restaurants findet man in den Szenevierteln **Xintiandi** (U1 South Huangpi Rd. oder U10 Xintiandi), **Tianzifang** (U9 Dapu Bridge), **The Cool Docks** (U9 Xiaonanmen) und **Sinan Mansions** (U1, U10 oder U12 South Shaanxi Rd.).

Shanghai per Rad

Im Stadtteil Xuhui gibt es eine Reihe von automatischen Fahrradverleihstationen, die Besuchern die Erkundung der ehemaligen französischen Konzession per Rad erlauben. Um sie zu nutzen, holt man sich in der **Touristeninformation Wukang Road**, 393 Wukang Rd., ✆ 021-6466 5500, tgl. 9–17 Uhr, U10 oder U11 bis Jiaotong University, eine Mitgliedskarte (Reisepass!). Sie kostet ¥400 (inkl. ¥300 Pfand) und ist mit ¥100 aufgeladen. Die ersten 2 Std. kosten ¥2, jede weitere Stunde ¥4. Man hält die Karte an den Sensor, und das Fahrrad wird freigegeben. In der Touristeninformation bekommt man Broschüren mit Routenvorschlägen und einer Liste aller Verleihstationen.

NAHVERKEHR

Flughafentransfer

Vom **Pudong International Airport** rast der **Maglev** (Transrapid) in 8 Min. bis zum U-Bahnhof Longyang Rd. der Linien 2 und 7. Umsteigen – und in 15 Min. ist man im Zentrum. Am Flughafen einfach der Beschilderung „Maglev" folgen. Tgl. 7.02–21.42 Uhr alle 15 Min., einfache Fahrt Economy ¥50, Hin- und Rückfahrt ¥80. Alternativ kann man mit der **U2** bis zur Station Ganlan Rd. fahren, wo man am Bahnsteig gegenüber in einen weiteren Zug der U2 Richtung Zentrum umsteigt. Vom **Hongqiao International Airport** fahren die U2 und die U10 in die Stadt.

U-Bahn

Zurzeit sind **16 U-Bahn-Linien** in Betrieb, und zwar die Linien 1–13 sowie 16, 17 und 22. Gekennzeichnet sind sie mit „M" als Symbol. Die U14, 15, 18, 19, 20 und 21 sind in Bau und werden sukzessive bis 2020 eingeweiht werden. Die Kosten für eine Fahrt betragen ¥3–8.

Taxis

Die Grundgebühr für die ersten 3 km beträgt ¥14 (ab 23 Uhr ¥18), jeder weitere Kilometer kostet ¥2,40 (¥3,10) und ab dem 10. Kilometer ¥3,60 (¥4,70).

Anhang

Sprachführer

Tibetisch

Nur wenige Tibeter, hauptsächlich jene, die im Tourismus beschäftigt sind, sprechen irgendeine Fremdsprache. Wenn sie überhaupt eine andere Sprache sprechen, dann meist etwas Hochchinesisch. Sich ohne einen Sprachkurs auf Tibetisch verständigen zu wollen, ist ein relativ aussichtsloses Unterfangen. Allerdings freuen sich die meisten Tibeter, wenn man es wenigstens versucht, und werden mit Begeisterung darauf eingehen.

Wer sich allein und abseits der ausgetretenen Pfade bewegt oder sich auf eine selbst organisierte Trekkingtour begibt, sollte sich die Mühe machen, schon im Vorfeld etwas Tibetisch zu lernen, da Sprachkenntnisse bei solchen Unternehmungen unerlässlich sind. Hilfreich ist der kleine Band *Kauderwelsch, Tibetisch Wort für Wort* von Florian Reissinger (Bielefeld, 5. Aufl. 2007), der dem Reisenden die zentraltibetische Umgangssprache Lhasas nahebringen will. Wer versucht, seine Sprachkenntnisse nach der Lektüre anzuwenden, wird viel Spaß haben.

Die tibetische Sprache gehört zur kleinen tibetobirmanischen Sprachfamilie, einer Untergruppe der sinotibetischen Sprachen. Sie weist weder Ähnlichkeiten mit dem Hochchinesischen noch mit dem Hindi auf. Das Tibetische ist eine nicht flektierende Sprache, d. h. die Wörter sind immer unverändert, und eine monosyllabische Tonsprache, d. h. eine einzelne Silbe ist Laut- und Bedeutungsträger und deren Tonhöhe signifikant für die Bedeutung. Nur bei den Verben gibt es verschiedene Stammformen, für Präsens, Perfekt, Futur und Imperativ. Den Verbstammformen sieht man allerdings nicht an, welche Person bzw. Personen (1., 2. oder 3. Sing./Plural) spricht bzw. sprechen. Es gibt keinen Passiv, keinen Konjunktiv und keinen echten Komparativ.

Komplikationen ergeben sich durch die zahlreichen regionalen Dialekte (dem folgenden kleinen Sprachführer liegt der in Lhasa verbreitete Dialekt zugrunde). Bei der Wortstellung ist zu beachten, dass das Verb stets am Ende des Satzes steht: So wird beispielsweise der Satz „Die Nudelsuppe ist köstlich" zu *tukpa de shimbo do* – wörtlich übersetzt „Nudelsuppe, die köstlich ist". Bei der Aussprache bereitet eigentlich nur das ng am Wortanfang Probleme, das wie in „sang" ausgesprochen wird.

Tibetische Schrift

Die tibetische Schrift, deren Alphabet aus 30 Grundbuchstaben und fünf Vokalzeichen besteht, entstand im 7. Jh. Die Vokale, mit Ausnahme des allein stehenden A, zählen nicht als Buchstaben, sondern werden den Konsonanten durch die Vokalzeichen in Form kleiner Häkchen zugefügt und beim Schreiben entweder neben, über oder unter die anderen Buchstaben gesetzt, was bei der Übertragung ins römische Alphabet unweigerlich zu Ungenauigkeiten führt. Die tibetische Schrift, die zur gra-

ANHANG

Konsonanten

Vokale

ཨ a ཨི i ཨུ u ཨེ e ཨོ o

fischen Darstellung einer Silbe benutzt wird, ist eine rechtsläufige Buchstabenschrift, die dreierlei leisten muss, nämlich die Lautung der Silbe angeben, eventuelle Veränderungen der Lautung (der Tonhöhe z. B.) und semantische Unterschiede bei homophonen Silben angeben.

Umschriftsysteme

Die Transkription tibetischer Begriffe und Eigennamen in die lateinische Schrift ist insofern problematisch, als es kein System gibt, das sich in nicht-wissenschaftlichen Publikationen in deutscher Sprache durchgesetzt hat. (Das in den USA weitverbreitete Wylie-System ist für Laien nur schwer zu lesen.) Das hat dazu geführt, dass so ziemlich jede Veröffentlichung ihr eigenes System benutzt. Wer einmal versucht hat, einen tibetischen Begriff per Suchmaschine im Internet zu finden, wird schnell feststellen, dass man viele verschiedene Schreibvarianten eingeben muss, um zur gewünschten Information zu gelangen. Von der Uno empfohlen ist ein chinesisches System, das sich am Pinyin, dem für die Transkription des Chinesischen in lateinische Buchstaben benutzten Umschriftsystems, orientiert. Der Nachteil ist, dass es außerhalb Chinas kaum benutzt wird und die Aussprache ebenfalls erst erlernt werden muss. Der Vorteil ist jedoch, dass es, wenn man es einmal beherrscht, die tibetische Aussprache in der Regel recht genau trifft. In vielen Orten Tibets ist dieses System jetzt für die Bezeichnung der Straßennamen eingeführt worden.

Für die Ortsnamen in diesem Buch gilt: In Tibet nimmt man es mit der Namensgebung und -schreibung in Publikationen und auf Straßenschildern nicht sehr genau. Weil das so ist und und daher oft unterschiedliche Schreibweisen und gar Namen für ein und denselben Ort kursieren, sind, soweit sinnvoll, alle gängigen Namen aufgeführt, auf die man vor Ort treffen kann. Auch in westlichen Publikationen unterscheiden sich die Schreibweisen von Ortsnamen oft erheblich. Für die Umschrift aller geografischen Namen in diesem Buch wurde das *Dictionary of Common Tibetan Personal and Place Names*, Foreign Language Press, Beijing 2004, zugrunde gelegt.

Die Namen der buddhistischen Gottheiten sind überwiegend in ihrer Sanskritform wiedergegeben, da sie unter diesem Namen bei uns meist bekannter und in anderen Quellen einfacher zu finden sind.

Aussprache

Die meisten tibetischen Konsonanten gleichen in der Aussprache den unsrigen. Ein den Konsonanten nachgestelltes „h" deutet ihre Aspiration an, also ph als aspiriertes p und nicht etwa f. Ng ist ein selbstständiges Phonem – so wie im Wort „Gesang" – und kann auch am Anfang eines Wortes stehen. Für diesen kleinen Sprachführer genügt die Darstellung der Konsonanten ohne Angabe der Tonhöhe (der Lhasa-Dialekt hat vier Töne: hoch eben, hoch fallend, tief eben und tief fallend).

Die 30 Grundbuchstaben

k wie in Kanne
kh aspiriertes k
g wie g in Gang
ng wie ng in Zeitung

Zahlen

0	*lekor*	17	*ju dun*
1	*chik*	18	*job gye*
2	*nyi*	19	*ju gu*
3	*sum*	20	*nyi shu*
4	*shi*	21	*nyi shu tsa chik*
5	*nga*	30	*sum ju*
6	*druk*	40	*shib ju*
7	*dun*	50	*ngab ju*
8	*gye*	60	*druk chu*
9	*gu*	70	*dun ju*
10	*ju*	80	*gyeb ju*
11	*ju chik*	90	*gub ju*
12	*ju nyi*	100	*gya tamba*
13	*jok sum*	200	*nyi gya*
14	*jub shi*	300	*sum gya*
15	*jo nga*	1000	*chik tong*
16	*ju druk*		

c wie tsch in Tschüss
ch wie c in ciao (etwas stärker aspiriert als in Tschüss)
j wie j im englischen Jack
ny wie ny im englischen Canyon
t wie in Tat
th aspiriertes t
d wie deutsches d
n wie deutsches n
p wie p in Papa
ph aspiriertes p
b aspiriertes b
m wie deutsches m
ts wie zz in Pizza
tsh behauchtes ts, kein tsch
dz wie ds in Dsungaren
w Reibelaut wie v im spanischen Valencia (also eher wie ein b gesprochen)
z wie stimmhaftes s in Sonne
zh wie j im französischen *journal*
y wie y in Yak
h Vokalträger für den vokalischen An- oder Auslaut einer Silbe
r tiefes, amerikanisch gesprochenes r wie in *right*
l mit deutlichem h gesprochenes l wie in Lhasa
s stimmlos wie in Tasse
sh wie sch in schließen
h wie deutsches h
a wie deutsches a

Allgemeines

ja	*re*
nein	*mare (mindu)*
danke	*tujeche*
Entschuldigung	*ghonda*
Hallo (allgemeine Grußformel)	*tashi delek*
Auf Wiedersehen	*kaleshu* (wenn man selbst geht) / kalepay (wenn der Besuch geht)
Schön, Sie zu sehen.	*Kerang tukpa gapochung.*
Wie geht es Ihnen?	*Kerang debo yinbe?*
Mir geht es gut.	*Nga debo yin.*
Mir geht es nicht gut.	*Nga debo min.*
Wie heißen Sie?	*Kerangi mingla karey re?*
Ich heiße …	*Nge mingla … min.*
Ich verstehe nicht.	*Nga hako masong.*
Ich weiß nicht.	*Nga shingi meh.*
Kein Problem.	*Kay chegi mare.*
okay	*digi re*
Das ist nicht okay.	*Yapo mindu.*
Das ist genug.	*Dik song.*

Das mag/will ich nicht.	*Mo gerh.*
Darf ich ein Foto machen?	*Nga pargyapna digi rebay?*
Wie heißt das auf Tibetisch?	*Perke nangla di kandres lab gire?*
Was bedeutet das?	*Di terntak karey re?*
Wo/Wo ist …?	*Kaba/… kaba du?*
Bank	*ngukhang*
Post	*drakhang*
Was?	*Karey?*
Wann?	*Kadu?*
Wie viel?	*Katsey?*
Wie weit?	*Ta ringpo rebay?*

Kennenlernen

Bauer	*shingpa*
Mönch	*trapa*
Nomade	*drokpa*
Pilger	*nekorpa*
ledig	*migyang*
verheiratet	*changsa*
Ehemann	*kyoka*
Ehefrau	*gyemen*
Mutter	*ama*
Vater	*apa*
Kinder	*puku*
Sohn	*pu*
Tochter	*pumo*
Woher kommen Sie?	*Kerang lungpa kane yin?*
Wie alt sind Sie?	*Kerang lo katsay yin?*

Nettigkeiten

gut	*yapo du*
schön	*nying jepo du*
sehr gut	*yapo shedra re*
sehr interessant	*nangwa dropo shedra re*
Das Essen ist lecker!	*Kala shimpo du!*
Der Ort ist herrlich!	*Nga sacha dila gapo yur!*
Es hat uns gefallen!	*Ngantso gyipo chung!*
Viel Glück!	*Lamdro yongbar shok!*

Notfall

Fieber	*tsawa pargi du*
Höhenkrankheit	*zatuki natsa*
Kopfweh	*gonagi du*
krank/sehr krank	*nagi du/shedra nagi du*
Krankenhaus	*menkhang*
Notfall	*zatrak netsul du*
Pass	*chi tern lakteb*
Permit	*lakyer (chokchen)*
Public Security	*sangwe nyen tokbe ekung*
Sauerstoff	*kabu*
Tourist	*takorwa*
Ich wurde vom Hund gebissen.	*Khi chik sogyab song.*
Ich brauche sofort einen Arzt.	*Nga gyokpo amchi laten gerh gi du.*

Transport

Fahrer	*siji/kalowa*
Fahrrad	*gangkor*
Fahrschein	*pasey*
Flughafen	*namtang*
motorisiertes Fahrzeug	*mota/noomkor*
Pferd	*ta*
Ich möchte einen Landcruiser mieten.	*Nga landkrusa chik lander yur.*
Vermieten Sie Fahrräder?	*Gangkor laya yurbe?*
Was kostet eine Stunde?	*Chutsu chik la katsey re?*
Was kostet es für einen Tag?	*Nyima chik la katsey re?*
Wann fahrt der Bus?	*Jiger lun korte chutsu katser la drogi re?*
Bitte langsamer fahren!	*Kale kale drorok nang.*
Bitte halten Sie hier!	*Tuk rok nang.*
Ich will nach/zum … gehen.	*… la dronder yur.*

Trekking

Führer	*lamtriken*
Kocher	*tapga*
Schlafsack	*nyeche*
Träger	*jalak kyerken*
Zelt	*kur*
Ich möchte ein Yak mieten.	*Nga yak chik lander yur.*
Ist das der Pfad nach …?	*Di … droya ki lamka rebay?*
Wie viele Stunden sind es noch bis …?	*… pardu chutsu katsey gorgi re?*

Übernachtung

Bett	*nyetri*
Decke	*nyejay*
Dusche	*trukhang*
heiße Dusche	*trukhang tsapo*
Gästehaus	*drongkhang*
Handtuch	*ajo*
Hotel	*drukhang*
Kerze	*yangla*
Schlüssel	*deymi*
Telefon	*kapa*
Thermoskanne mit heißem Wasser	*chadam chu tsapo*
Toilette/Klopapier	*sangcher/sangcher shuku*
Zimmer	*khangpa*
Kann ich das Zimmer sehen?	*Khangpa la migtrana digi rebay?*
Haben Sie ein Zimmer mit WC?	*Khang panang lola sangcher yur rebay?*

Essen und Trinken

(tibetisches) Bier	*chang*
Buttertee	*cha suma*
Fleisch	*sha*
Gemüse	*tsel*
gebratenes Gemüse	*tsema ngowa*
Joghurt	*sho*
Nudeln	*thuk*
Salz	*tsa*
Schüssel mit Nudeln	*thukpa*
(indischer) Tee	*cha ohma*
Teigtaschen	*momo*
Wasser	*chu*
abgekochtes Wasser	*chu kolma*
Zucker	*che makara*
hungrig	*trokok toki du*
durstig	*kha komgi du*
Restaurant	*sakhang*
Teehaus/-raum	*jakhang*
Können Sie mir … bringen?	*… chikyer yong roknang?*

Einkaufen

alt	*nyingpa*
neu	*saba*
groß	*chenpo*
klein	*chung chung*
Rabatt	*gong jakya yurbe*
Wie teuer ist das?	*Gong katsey re?*
zu teuer	*di gong chenpo shedra du*
Können Sie es billiger machen?	*Gong jak tupki rebe?*

Zeit

gestern	*kesa*
heute	*tering*
heute Abend	*tagong*
jetzt	*tanda*
morgen	*sangyin*
Morgen	*shoke*
Nachmittag	*chitro*
Abend	*gongtak*
Jahr	*lo*
Monat	*dawa*
Woche	*zankor*
Tag	*nyima*

Stunde	*chutsu*
Montag	*sa dawa*
Dienstag	*sa migma*
Mittwoch	*sa lhakba*
Donnerstag	*sa pubu*
Freitag	*sa pasang*
Samstag	*sa pemba*
Sonntag	*sa nyima*

Geografische Begriffe

Norden	*chang*
Süden	*lho*
Osten	*shar*
Westen	*nub*
Dorf	*trongsep*
Ebene	*tang*
Eis	*kyakpa*
Festung	*dzong*
Fluss	*gyuk chu/tsangpo*
Hügel, Berg	*ri*
Kloster	*gompa*
Markt	*trom*
Pass	*la*
Quelle	*chumi*
heiße Quelle	*chukerl*
Regen	*charpa*
Schnee	*kang*
See	*tso*
Stadt	*trongte*
Tempel	*lhakhang*

Chinesisch

Aussprache und Umschrift

c	**ts**-Zischlaut wie in zaubern
e	kurzes, fast stummes **e** wie am Wortende in Leute
h	**ch** wie in ach
j	**dsch** wie in Dschungel
q	**tsch** wie in deutsch
r	wie ein englisches **r**
s	stimmloses **s** wie in Nuss
u	nach j, q, x, y wie **ü**
x	**ch**, ähnlich wie in ich
y	**j** wie in ja
z	**ds** wie in Landsmann
ch	**tsch** wie in deutsch
sh	**sch** wie in schön
zh	**dsch** wie in Dschungel
ian	zwischen **iän** und **ien**
ong	wie **ung**
eng	wie **e/ö** mit **ng**, nasal

Tonhöhen

Vier bzw. fünf Tonhöhen erhöhen die Varianten der vielen gleichlautenden Silben:

¯	konstanter Ton (1. Ton)
´	ansteigender Ton (2. Ton)
ˇ	erst fallender, dann steigender Ton (3. Ton)
`	fallender Ton (4. Ton)

Zahlen

1	*yī*	一
2	*èr*	二
3	*sān*	三
4	*sì*	四
5	*wǔ*	五
6	*liù*	六
7	*qī*	七
8	*bā*	八
9	*jiǔ*	九
10	*shíyī*	十
11	*shíy*	十一
20	*èrshí*	二十
100	*yī bāi*	一百
200	*liǎng bāi*	两百
1000	*yī qiān*	一千
10 000	*yī wàn*	一万

ANHANG

Allgemeines

Guten Tag	*nǐ hǎo*	你好
Guten Abend	*wǎnshàng hǎo*	晚上好
Gute Nacht	*wǎn'ǎn*	晚安
Auf Wiedersehen	*zàijiàn*	再见
Entschuldigung	*duìbùqǐ*	对不起
Bitte	*qǐng*	请
Danke	*xiè xie*	谢谢
Wie heißen Sie?	*nǐ guì xìng*	你贵姓
Mein Name ist ...	*wǒxìng*	我姓

Unterwegs

Flughafen	*fēijīchǎng*	飞机场
Zug	*huǒchē*	火车
Bahnhof	*huǒchēzhàn*	火车站
Bus	*gōnggòng qìchē*	公共汽车
Haltestelle	*zhàn*	站
Taxi	*chūzūchē*	出租车
rechts	*yòubiàn*	右边
links	*zuǒbiàn*	左边
geradeaus	*yìzhī zǒu*	一直走
Telefon	*diànhuà*	电话
Postamt	*yóujú*	邮局
Stadtplan	*dìtú*	地图
Eingang	*rùkǒu*	入口
Ausgang	*chūkǒu*	出口
geöffnet	*yíngyè zhōng*	营业中
geschlossen	*guānmén*	关门
Tempel	*sìmiào*	寺庙
Pagode	*tǎ*	塔
Museum	*bówùguǎn*	博物馆

Zeit

Stunde	*xiǎoshí*	小时
Tag	*tīan*	天
Woche	*xīngqī*	星期
Monat	*yuè*	月
Jahr	*nián*	年
heute	*jīntīan*	今天
morgen	*míngtīan*	明天
Montag	*xīngqīyīī*	星期一
Dienstag	*xīngqīèr*	星期二
Mittwoch	*xīngqīsān*	星期三
Donnerstag	*xīngqīsì*	星期四
Freitag	*xīngqīwǔ*	星期五
Samstag	*xīngqīliù*	星期六
Sonntag	*xīngqītīan*	星期天

Einkaufen

Kaufhaus	*bǎihùo shāngdiàn*	百货商店
Markt	*shìchǎng*	市场
Geld	*qián*	钱
Kreditkarte	*xìnyòngkǎ*	信用卡

Essen und Trinken

Restaurant	*cāntīng/fàndiàn*	餐厅 / 饭店
Frühstück	*zǎofàn*	早饭
Mittagessen	*wǔfàn*	午饭
Abendessen	*wǎnfàn*	晚饭
Flasche	*píngzi*	瓶子
Glas/Tasse	*bēizi*	杯子

Übernachtung

Hotel	*bīnguǎn/fàndiàn*	宾馆 / 饭店
Einzelzimmer	*dānrén fángjiān*	单人房间
Doppelzimmer	*shuāngrén fángjiān*	双人房间
Dusche	*línyù*	淋浴
Toilette	*cèsuǒ*	厕所
Gepäck	*xínglǐ*	行李
Rechnung	*zhàngdān*	帐单

Notfall

Hilfe!	*jiùmìng*	救命
Unfall	*shìgù*	事故
Polizei	*jǐngchá*	警察
Arzt	*yīshēng*	医生
Apotheke	*yàofáng*	药房
Krankenhaus	*yīyuàn*	医院
Zahnarzt	*yákē yīshēng*	牙科医生

Im Restaurant

Ich möchte einen Tisch für … Personen reservieren.	*wǒyào yùdìng yī ge … rén de zhūozi*	我要预订一个 … 人的桌子
Ist hier frei?	*zhège wèizi kòng ma?*	这个位子空吗?
Bitte die Speisekarte!	*qǐng nǐ gěi wǒcáidàn*	请你给我菜单!
Ich hätte gern …	*wǒxiǎng yào …*	我想要 …
Ich bin Vegetarier.	*wǒchī sù*	我吃素
Spezialität des Hauses	*náshǒucài*	拿手菜
Snacks/Vorspeisen	*qǐng bú yào làjiāo*	请不要辣椒
Messer	*dàozi*	刀子
Gabel	*chāzi*	叉子
Löffel	*tiáogēng*	调羹
Essstäbchen	*kuàizi*	筷子
Salz	*yán*	盐
Pfeffer	*hújiāo*	胡椒
Prost!	*gānbēi*	干杯
Die Rechnung, bitte	*qǐng jiézhàng*	请结账

Vorspeisen

泡菜	*pào cài*	**eingelegtes Gemüse**
春卷	*chūnjuǎn*	**Frühlingsrolle**
锅贴	*gūotīe*	**gebratene Fleisch- und Gemüsetaschen**
麻辣牛肉	*málà níuròu*	**Rindfleisch in Chilisoße**
辣白菜	*là báicài*	**scharfer Weißkohlsalat**
拌青椒	*bàn qīngjiāo*	**Paprikasalat**
糖醋拌黄瓜	*tángcù bán huánggūa*	**süß-saurer Gurkensalat**

Gemüse

蔬菜	*shúcaì*	**Gemüse**
茄子	*qiézi*	**Aubergine**
竹笋	*zhúsǔn*	**Bambussprossen**
腰果	*yāoguǒ*	**Cashewnüsse**
花生米	*huāshēngmǐ*	**Erdnüsse**
黄瓜	*huángguā*	**Gurke**
土豆	*tǔdòu*	**Kartoffel**
大蒜	*dàsuàn*	**Knoblauch**
青椒	*qīngjiāo*	**grüne Paprika**
蘑菇	*mógu*	**Pilze**
豆腐	*dòufu*	**Sojabohnenquark**
豆芽	*dòuyá*	**Sojasprossen**
菠菜	*bōcài*	**Spinat**
西红柿	*xīhóngshì*	**Tomate**

Ei, Fisch, Fleisch und Meeresfrüchte

鸡蛋	*jīdàn*	**Ei**
鱼	*yú*	**Fisch**
鸡肉	*jīròu*	**Hühnerfleisch**
鸭子	*yāzi*	**Ente**
虾仁	*xiārén*	**Garnelen**
螃蟹	*pángxiè*	**Krebs**
羊肉	*yángròu*	**Lammfleisch**
牛肉	*niúròu*	**Rindfleisch**
猪肉	*zhūròu*	**Schweinefleisch**

Obst

菠萝	*bōluó*	**Ananas**
苹果	*píngguǒ*	**Apfel**
桔子	*júzi*	**Apfelsine**
香蕉	*xiāngjiāo*	**Banane**
荔枝	*lìzhī*	**Litschi**
桃子	*táozi*	**Pfirsich**
葡萄	*pútáo*	**Traube**
西瓜	*xīguā*	**Wassermelone**

Getränke

矿泉水	*kuàngqúanshǔi*	**Mineralwasser**
开水	*kāishǔi*	**abgekochtes Wasser**

汽水	*qìshǔi*	Limonade
桔子汁	*júzizhī*	Orangensaft
啤酒	*píjiǔ*	Bier
白酒	*báijiǔ*	Schnaps
干红葡萄酒	*gānhóng pútáojiǔ*	trockener Rotwein
干白葡萄酒	*gānbái pútáojiǔ*	trockener Weißwein
绿茶	*lǜchá*	grüner Tee
红茶	*hóngchá*	schwarzer Tee
咖啡 / 白糖	*kāfeī/báitáng*	Kaffee/Zucker
牛奶	*niúnǎi*	Milch

Zubereitung

干煎	*gānjiān*	frittiert
烤	*kǎo*	gebacken
蒸	*zhēng*	gedämpft
炖	*dùn*	gedünstet
烧烤	*shāokǎo*	gegrillt
煮	*zhǔ*	gekocht
焙	*bèi*	geröstet
煨	*wēi*	geschmort

Beilagen

汤	*tāng*	Suppe
面条 / 炒面	*miàntiǎo/chǎomiàn*	Nudeln/gebratene Nudeln
米饭 / 炒饭	*mǐfàn/chǎofàn*	Reis/gebratener Reis

Huaiyang-Küche (Shanghai etc.)

叫花子鸡	*jiàohuāzi Jī*	Bettlerhuhn
东坡焖肉	*dōngpō Mènròu*	geschmorter Schweinebauch nach Su Dongpo
红棉虾团	*hóngmián Xiātuán*	Krabbenbällchen
西湖醋鱼	*xīhú Cùyú*	süßsaurer Fisch aus dem Westsee
龙井虾仁	*lóngjíng Xiārén*	Drachenbrunnen-Krabbenfleisch

Guangdong-Küche

纸包虾	*zhibāo Xiā*	Garnelen in Teighülle
柠檬鸡	*níngméng Jī*	Huhn in Zitronensauce
叉烧	*chāshāo*	Schweinefleisch in Honig gebraten
蚝油白菜	*háoyóu Báicài*	Chinakohl in Austernsoße
清蒸鱼	*qīngzhēng Yú*	gedämpfter Fisch mit Ingwer

Shandong-Küche (Beijing)

红烧牛肉	*hóngsháo Niúròu*	in Sojasoße geschmortes Rindfleisch
涮羊肉	*shuàn Yángròu*	Mongolischer Feuertopf
香酥羊肉	*xiāngsū Yángròu*	knusprig frittiertes Lammfleisch
北京烤鸭	*beijing Kaoya*	Pekingente

Sichuan-Küche

公保鸡丁	*gōngbǎo Jīdīng*	gebratene Hühnerfleischwürfel mit Chili und Erdnüssen
水煮牛肉	*shūizhū Niúròu*	gekochte, scharfe Rindfleischstreifen
爆米肉片	*bàomī ròupiàn*	knusprig gebratener Reis mit Schweinefleisch
麻婆豆腐	*mápá Dòufu*	scharf gewürzter Tofu

Nachspeisen

八宝饭	*bābǎo fàn*	Acht-Schätze-Reis
荷叶饼	*héyè bīng*	Lotus-Küchlein
杏仁酥	*héyè bīng*	knusprige Mandelküchlein
拔丝苹果	*básī píngguǒ*	warm kandierte Äpfel

ANHANG

Mudras

Buddhas, Bodhisattvas und viele andere Gottheiten werden in der Ikonografie in der Regel mit verschiedenen Gesten (Mudras) und Posen (Asanas) dargestellt. Dabei können sie zusätzlich Ritualobjekte in den Händen halten. An dieser Stelle werden die wichtigsten Mudras, die man in Tibet zu sehen bekommt, vorgestellt. Rechte und linke Hand können dabei parallel unterschiedliche Mudras zeigen.

Ermutigungsgeste (Abhaya-Mudra)

Dieses Mudra wird auch Geste der Schutzgewährung oder Geste der Furchtlosigkeit genannt. Die nach oben weisende und zum Betrachter hin geöffnete Hand soll den Gläubigen ermutigen, dem Buddha oder Bodhisattva näherzutreten. Meist wird diese Geste mit der rechten Hand ausgeführt, sie kann aber auch linkshändig vorkommen. Das Abhaya-Mudra sieht man meist bei Buddha Shakyamuni und dem Dhyani-Buddha Amoghasiddhi.

Geste der Lehrdarlegung (Vitarka-Mudra)

Diese Geste wird manchmal auch Mudra der Diskussion genannt. Daumen und Zeigefinger der rechten Hand formen einen Kreis, der das Rad der Lehre symbolisiert. Alle anderen Finger sind nach oben gerichtet. Das Vitarka-Mudra sieht man meist bei den Taras und Bodhisattvas.

Erdberührungsgeste (Bhumisparsha-Mudra)

Der sitzende Buddha berührt mit den Fingerspitzen die Erde, um sie als Zeugin für die Wahrheit seiner Worte anzurufen. Der Arm hängt über dem Knie. Die Handflächen zeigen nach innen, alle Finger sind nach unten gerichtet, die linke Hand liegt mit der Handfläche nach oben auf dem Schoß. Diese Geste ist ein Zeichen dafür, dass Buddha, als er Erleuchtung erlangt hatte, die Erde als Zeugin für seine Standhaftigkeit gegen Mara, die Verkörperung der Leidenschaften und des Begehrens, anrief. Das Bhumisparsha-Mudra ist ein Erkennungsmerkmal des Dhyani-Buddha Akshobhya.

Geste der Gunstgewährung (Varada-Mudra)

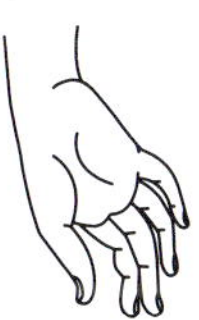

Die geöffnete, abwärts weisende rechte Hand deutet die Bereitschaft an, das Gewünschte zu gewähren. Der Arm hängt mit nach außen gerichteten Handflächen herab. Das Mudra kann auch mit der linken Hand vollzogen werden. Die Geste ist meist beim Dhyani-Buddha Ratnasambhava, beim Bodhisattva Avalokiteshvara, der Weißen Tara und gelegentlich beim stehenden Buddha Shakyamuni zu sehen.

Asketengeste (Shramana-Mudra)

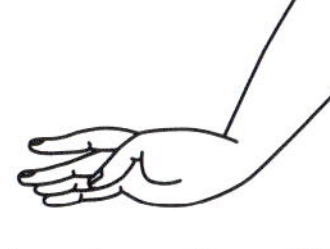

Bei der Geste der Entsagung und des Verzichts ist die rechte Hand vom Körper nach unten weggestreckt, um anzudeuten, dass alle weltlichen Genüsse aufgegeben werden.

Geste des Begreifens (Cincihna-Mudra)

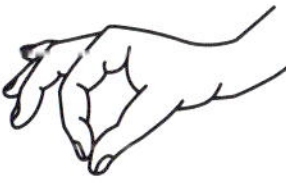

Daumen und Zeigefinger begreifen einen feinen Gegenstand, ein „Körnchen" der Wahrheit. Diese Geste ist ein Symbol des geistigen Begreifens.

Drohgeste (Tarjana-Mudra)

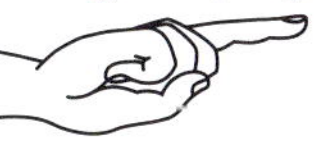

Der erhobene Zeigefinger ist auf Dämonen oder Gegner des Buddhismus gerichtet, die anderen Finger sind zu einer Faust geballt. Das Mudra kommt auch linkshändig vor. Man sieht dieses Mudra bei zornvollen Gottheiten wie Hayagriva, aber auch bei Usnisavijaya (Vijaya), die zusammen mit Amitayus und der Weißen Tara eine der drei Gottheiten der Langlebigkeit ist.

Bannungsgeste (Karana-Mudra)

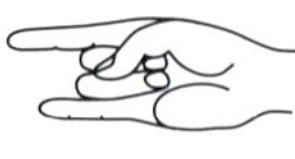

Wie mit den Hörnern eines wilden Yak geht der Adept gegen den Dämon vor. Die Hand wird waage- oder senkrecht mit der Handfläche nach vorne gehalten. Der Daumen hält die beiden mittleren Finger, während der kleine und der Zeigefinger nach vorne zeigen. Das Mudra kann auch mit der linken Hand vollzogen werden und ist vor allem bei Ekajati und Yama zu sehen.

Mußegeste (Avakasha-Mudra)

Die sitzende Person hält die linke Hand, Innenfläche nach oben auf dem Schoß. Dieses Mudra sieht man meist, wenn die rechte Hand eines Buddhas, Bodhisattvas oder Heiligen die Erdberührungsgeste oder die Geste der Lehrdarlegung zeigt. In diesem Falle ist das Mudra ein Symbol für die Stabilität ihres meditativen Gleichgewichts.

Meditationsgeste (Dhyana-Mudra)

Die sitzende Figur hält die Hände im Schoß übereinander gelegt, die rechte Hand ist immer oben, die Handflächen zeigen nach oben, die Finger sind ausgestreckt. Dies ist die Geste von Buddha Shakyamuni, Dhyani-Buddha Amitabha und den Medizin-Buddhas.

Geste des Andrehens der Lehre (Dharmachakrapravartana-Mudra)

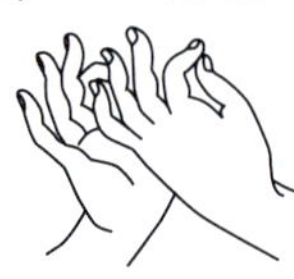

Bei der Lehrgeste werden beide Hände vor der Brust gehalten. Daumen und Zeigefinger der rechten Hand formen das Rad der Lehre, der Mittelfinger der linken Hand versetzt es symbolisch in Rotation. Damit wird an Buddhas erste Predigt erinnert, mit der er das Rad der Lehre in Gang setzte. Diese Geste ist typisch für den Dhyani-Buddha Vairocana, für Shakyamuni, Dipamkara und Maitreya.

Geste des „Hum“ (Vajrahumkara-Mudra)

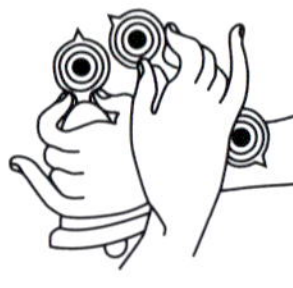

Die mit dieser Geste dargestellten Gottheiten halten in der rechten Hand einen Vajra (Donnerkeil) und in der linken Hand eine Glocke. Die Handflächen zeigen nach innen zur Brust und zum Herzen. Dieses auch Umarmungsgeste genannte Mudra versinnbildlicht das höchste Ziel aller tantrischen Meditationswege: durch zielgerichtete Übung und fortschreitende Erkenntnis, schließlich durch die Vereinigung von Mitleid und Weisheit, Buddhaschaft zu erlangen. Dies ist unter anderem die Geste von Adibuddha Vajradara, Guyasamaja und Cakrasamvara.

Gruß- oder Verehrungsgeste (Namaskara-Mudra)

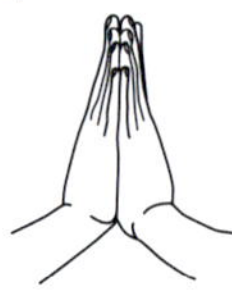

Die vor der Brust erhobenen Hände liegen mit den Handflächen fest zusammen. Dies ist die Geste des Avalokiteshvara in Manifestationen mit mehr als zwei Armen.

Geste höchster Erleuchtung (Bodhyagri-Mudra)

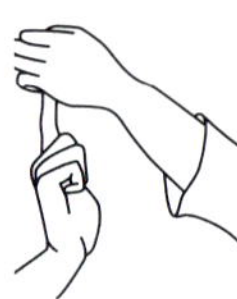

Das durch den rechten (männlichen) Zeigefinger symbolisierte Absolute ist von der Vielheit der Finger der linken (weiblichen) Hand, d. h. der Welt der Phänomene, umschlossen. Diese höchst komplexe Geste zeigt zum einen an, dass es sich bei der Gottheit um eine Emanation der fünf Tathagatas aus dem Adibuddha Vajradhara handelt, im metaphysischen Sinne deutet sie zum anderen auf das Kreisen der Welt um das unsichtbare Absolute, und im spirituellen Sinne ist die Geste die Verbindung von Mitleid und Weisheit, worin sich die höchste Erkenntnis spiegelt. Dieses Mudra sieht man z. B. beim Dhyani-Buddha Vairocana.

Glossar

35 Buddhas der Beichte um Shakyamuni herum platzierte Gruppe von Buddhas, die von den Mönchen am 15. Tag jedes Monats angerufen wird, um moralische Verfehlungen zu beichten und ein Gelöbnis zur Besserung abzulegen.

84 Mahasiddhas (Dubchen Gyächu Tsashi) klassisches Werk aus dem 11. Jh., *Die Legenden der 84 Mahasiddhas*, das kurze Biografien von 84 Mahasiddhas (Großsiddhas) enthält. Die oft auf Wandbildern oder Thankas um den Adibuddha, ihren spirituellen Lehrer, herum dargestellte Gruppe fasst die bedeutendsten indischen Siddhas zusammen.

A

Acala (Miyowa) „der Standhafte". Acala ist eine Emanation des Dhyani-Buddhas Aksobhya und gehört zur Gruppe der zehn „großen Zorneskönige". Er wird als zornvolle, Zähne fletschende Gestalt dargestellt und ist mit einem Schwert und einer Schlinge bewaffnet. Acala wird als Beseitiger der vier Grundübel Unwissenheit, Begierde, Hass und Ich-Sucht sowie als Beschützer all derer verehrt, die den Tantra-Pfad beschreiten.

Acht Große Bodhisattvas s. Acht Mahabodhisattvas

Acht Mahabodhisattvas (Thugs-sras) Gruppe von acht Bodhisattvas, die als geistige Söhne des historischen Buddhas angesehen werden. Die Mahabodhisattvas erfüllen im Bardo, dem Zwischenzustand nach dem Tode, die Aufgabe der Wandlung des Bewusstseins und helfen so den Menschen auf dem Wege zur Erleuchtung.

Acht Manifestationen Padmasambhavas (Guru Tsengye) Diese Gruppe stellt verschiedene Erscheinungsformen Padmasambhavas dar, die er in acht Ländern annahm, um die Lehre jeweils in angemessener Form darlegen zu können. Ursprünglich beziehen sich die acht Erscheinungsformen auf die Stationen seiner Lehrtätigkeit und seine verschiedenen Initiations-Namen.

Acht Medizinbuddhas (Menla Chedje) meist im Kreis um Bhaisajyaguru sitzend dargestellt. Die Anordnung symbolisiert, dass ihre heilende Kraft gleichsam in alle Himmelsrichtungen ausstrahlt.

Adibuddha (Dorje Chang) „Halter des Diamantzepters". Er verkörpert die diamantene, unerschaffene und unzerstörbare Natur des Dharma. Er wird als Urbuddha, Verkörperung des Buddha-Prinzips, des Ursprungs und Urgrunds allen Seins verehrt. Je nach Schulrichtung wird der Rang des Adibuddha dem Vajradhara (Vajrasattva), Vairocana oder Aksobhya zuerkannt.

Aksobhya (Mikyöpa) „der Unerschütterliche", einer der fünf Dhyani-Buddhas. Aksobhya verkörpert die Zuverlässigkeit. Seine kluge Einsicht wirkt dem Hass, dem Zorn und dem Ärger entgegen und neutralisiert sie durch ein klares, die Dinge durchschauendes Verständnis. In einigen Schulrichtungen wird er als Adibuddha verehrt.

Amban seit 1728 vom chinesischen Kaiser eingesetzter Kommissar, der die tibetische Regierung kontrollieren sollte. Anfangs hatten die Ambane lediglich eine Beobachterfunktion. Ab 1751 erhielten sie ein erweitertes Mitspracherecht in allen politischen Angelegenheiten und wurden Oberbefehlshaber der in Lhasa stationierten Truppen.

Amitabha (Öpagme) das „unermessliche Licht". Er ist der Buddha des westlichen Paradieses Sukhavati, in das diejenigen, die Befreiung erlangt haben, eintreten, um dort ihrer Lichtnatur gewahr und mit ihr eins zu werden. Für den nach Erleuchtung Strebenden ist der Dhyani-Buddha zugleich Sinnbild für die Überwindung von Leidenschaft und für die Weisheit der essenziellen Gleichheit der Gegensätze.

Amitayus (Tsepame) Buddha des unermesslichen Lebens. Amitayus ist eine Nebenform des Dhyani-Buddhas Amitabha. In seinen in der Meditationsgeste zusammengelegten Händen hält er eine Vase mit dem Nektar der Unsterblichkeit. Amitayus wird als Gewährer eines langen Lebens verehrt.

Amoghasiddhi (Donyöd Duppa) „Unerschütterliche Kraft", hat die Farbe Grün und steht für den Norden. Er verkörpert die Furchtlosigkeit und vollkommenes Tun. Seine Energie wandelt Neid und Eifersucht in alles vollendende Weisheit.

Arhat erleuchteter Heiliger und Schüler Buddhas. In Tibet meist in einer Gruppe von 16 Arhats dargestellt, die als 16 Schüler Buddhas gelten. Bei Buddhas Abschied in Kusinagara versprachen sie, den Dharma an allen Enden der Welt zu verkünden und bis ans Ende der Tage in seinem Dienst auszuharren.

Asana „der Sitz“, bezeichnet die verschiedenen Stellungen im Yoga, von denen viele auch für die buddhistische Meditation verwendet werden.

Atisha (980–1054) aus Bengalen stammender Lehrer, der auf Einladung der westtibetischen Könige 1042 nach Tibet kam und die Kadampa-Schule begründete.

Avalokiteshvara (Chenresig) der bedeutendste aller Bodhisattvas in Tibet. Er wird der Linie des Dhyani-Buddhas Amitabha zugeordnet. Avalokiteshvara gilt als „Herr der sechs Silben“: *om ma ni pad me hum*, des wichtigsten tibetischen Mantras. Er tritt in vielen Formen auf, meistens zweiarmig, aber auch vier-, sechs- oder sogar tausendarmig. Seine Hauptattribute sind Gebetskette und Lotos, oft auch der Mond. In seiner Krone trägt er das Bild Amitabhas. Wenn er mit elf Gesichtern dargestellt wird, deutet dies auf seine Bereitschaft hin, überall zu sein, um zu helfen. Der Dalai Lama gilt als Inkarnation des Avalokiteshvara.

B

Bardo „Zwischenzustand“ nach dem Tod, wo die folgende Existenz Form annimmt.

Barkhang Druckerei

Begtse „Kupfernes Panzerhemd“. Ursprünglich ein zentralasiatischer Kriegsgott. Er wird zu den niederen Schutzgottheiten tibetischer Herkunft gezählt, zu denen man keine Zuflucht nehmen kann, weil sie selbst noch keine volle Befreiung erlangt haben.

Bhaisajyaguru (Menla) der Buddha der Medizin, der Arzt für menschliche Leidenschaften, der unfehlbare Heiler von den Leiden des Samsara.

Bhrikuti nepalesische Gattin des Königs Songtsen Gampo. Sie gilt als Emanation der Grünen Tara.

Bodhicitta Erleuchtungsgeist, d. h. die selbstlose Entschlossenheit, das Ziel der Erleuchtung nicht aus Eigennutz, sondern zum Wohle aller Wesen zu erlangen.

Bodhisattva „Erleuchtetes Wesen“. Im Mahayana-Buddhismus ein Wesen, das die Buddhaschaft anstrebt, jedoch so lange auf das Eingehen in das Nirvana verzichtet, bis alle Wesen erlöst sind.

Bönpo Anhänger der Bön-Religion

Buddha „der Erwachte“. Bezeichnet bestimmte historische (z. B. Buddha Shakyamuni) und mythische (z. B. Buddha Amitabha) Personen und Wesen, die die aus dem Kreislauf der Existenzen führende vollkommene Erleuchtung verwirklicht haben. Zugleich Bezeichnung für die erleuchtete Wirklichkeit der Erscheinungen und die Möglichkeit der Erleuchtung, die allen Wesen eigen ist.

Buddhas der Drei Zeiten eine Dreiergruppe, die als Symbol für die Allgegenwart der Buddhaschaft dient, bestehend aus Buddha Dipamkara (Vergangenheit), Shakyamuni (Gegenwart) und Maitreya (Zukunft).

Buddhas der Zehn Richtungen Formel in buddhistischen Texten für „überall“; die acht Himmelsrichtungen sowie Zenit und Nadir. In der Ikonografie als Buddhas der Zehn Richtungen dargestellt.

Bumpa kuppelförmige Rundung des Stupas, die zur Einlagerung der Reliquien dient.

Butön Rinchen Dub (1290–1364) Schriftgelehrter und Abt von Shalu. Klassifizierte das in Tibet existierende buddhistische Schrifttum und schuf den buddhistischen Kanon Kanjur und Tanjur.

C

Cakrasamvara (Demchok, Khorlo Dechog) „Rad der Glückseligkeit“. Initiationsgottheit, die einen tantrischen Meditationspfad verkörpert, dem zu folgen nur wenigen Eingeweihten gestattet ist. Dargestellt wird sie mit vier Gesichtern und zwölf Armen. Cakrasamvara trägt eine heilige Schnur und eine Krone aus fünf Schädeln. Sein Name besagt, dass er derjenige ist, der das Rad *(cakra)* der Wiedergeburt *(samvara)* anhält. Das Ende aller durch das Dasein bedingten Spannungen symbolisiert seine Vereinigung mit seiner Weisheitspartnerin Vajravahari (Dorje Phagmo).

Champa s. Maitreya

Chenresig s. Avalokiteshvara

Chögyal s. Yama

Chörten tibetisch für Stupa

Chu tibetisch für Fluss

Chuba Fellmantel mit Stehkragen

Crocodiles Spitzname der Tibeter für die chinesische Polizei

D

Dakini „Luftwandlerinnen", feenhafte Wesen, die vielfältige Gestalt annehmen können und als spirituelle Helferinnen wirken. Die Dakinis wecken die weiblichen Weisheitskräfte im Menschen, deren Entfaltung für die vollkommene Selbstverwirklichung unerlässlich ist.

Dalai Lama ein mongolischer Titel, der so viel wie „Lama, (dessen Mitgefühl so groß ist wie) der Ozean" bedeutet. Seit dem 5. Dalai Lama das religiöse und politische Oberhaupt der Tibeter.

Demchok s. Cakrasamvara

Dharchen Masten zum Aufhängen von Gebetsfahnen. „Dhar" bedeutet „farbiger Schal" oder „farbige Fahne".

Dharma (Chö) „tragen, halten". Zentraler Begriff des Buddhismus, der vor allem in zwei Bedeutungen verwendet wird: 1.) das kosmische Gesetz, alle Manifestationen der Wirklichkeit, 2.) die Darlegung der Lehre Buddhas.

Dharmacakra „Rad der Lehre". Das Rad der Lehre erinnert den Gläubigen nicht nur an Buddhas erste Lehrrede im Gazellenhain Isipatana, wodurch er das Rad der Lehre erstmalig in Bewegung setzte; es ist darüber hinaus zum Symbol der Lehre Buddhas wie des Buddhismus überhaupt geworden.

Dharmakaya der allen Buddhas gemeinsame „Dharmaleib". Er wird ikonografisch als Adibuddha dargestellt. Es ist der Zustand absoluten, wahren Seins. Das Wesen des Dharmakaya ist die Leerheit.

Dharmapala von Padmasambhava unterworfene Dämonen und Götter, die er dann in Schutzgottheiten der buddhistischen Lehre verwandelte. Zu den Dharmapalas zählen u. a. Yamantaka, Begtse, Yama, Mahakala und Hayagriva.

Dhyani-Buddha transzendente, auch Tathagata genannte Buddhas des Sambhogakaya, die nicht mit den Sinnesorganen wahrgenommen werden können, sondern nur spirituell erfahrbar sind. Aus diesem Grund nennt man sie Dhyani-Buddhas (Meditationsbuddhas). Nur die fortgeschrittenen Bodhisattvas verfügen über die geistigen Kräfte, die transzendenten Buddhas zu erfahren.

Dipamkara (Marmedze) „Anzünder der Leuchte", legendärer Buddha, der vor unendlich langer Zeit gelebt haben soll. Dipamkara gilt als der erste der 24 Buddhas vor dem historischen Buddha Shakyamuni.

Dob Dob „Kraft-Kraft", Mönchspolizist (S. 193, Kloster Sera)

Dogmi (gest. 1074) bedeutender Übersetzer indischer Literatur ins Tibetische. Er ist der geistige Ahnherr der Sakya-Schule. Sein Schüler Könchog Gyalpo gründete 1073 das Kloster Sakya. Außerdem war Dogmi Lehrer von Marpa, dem Begründer der Kagyü-Schule.

Domtön s. Dromtön

Donyöd Duppa s. Amoghasiddhi

Dorje s. Vajra

Dorje Chang s. Adibuddha, Vairocana

Dorje Jigjed s. Yamantaka

Dorje Phagmo s. Vajravahari

Dorje Sempa s. Vajrasattva

Dorje Yudronma lokale Schutzgottheit und „Spiegelorakel". In der rechten Hand hält sie die fünf Farben und in der linken Hand einen Spiegel, mit dem sie in die Vergangenheit und in die Zukunft sehen kann.

Dri Yak-Kuh

Drigung Zweig der Kagyüpa-Schule, der 1179 von Jigten Gönpo gegründet wurde. Im 13. Jh. wurden die Drigungpa neben den Phagmodrupa zu den wichtigsten Rivalen der Sakyapa im Kampf um die politische Vorherrschaft in Zentraltibet.

Drölma s. Tara

Drölma Djangu s. Grüne Tara

Drogmi s. Dogmi

Dromtön (1003–1064) einer der bedeutendsten Schüler Atishas; er ließ im Jahre 1056 das

Kloster Reting errichten und begründete die Kadampa-Schule.

Dromtöpa s. Dromtön

Drubkhang Meditationsraum

Dubchen s. Mahasiddha

Dukhang Hauptversammlungshalle eines Klosters

Durtrö Platz für Himmelsbestattungen (S. 206)

Durtrö Lhamo „Herrin der Leichenäcker", Beschützerin der Termas

Dzogchen die „Große Vollkommenheit", bezeichnet Lehren, die traditionell in der Nyingma-Schule als Essenz der Lehren Buddhas übertragen werden

Dzong befestigter Platz, Festung, Verwaltungssitze der Distriktgouverneure

Dzongpön Regierungsbeamter im alten Tibet, der einem Kreis vorstand

E

Ekajati (Tsechigma) Göttin des schreckenerregenden Aspektes im Buddhismus. Meistens wird sie in blauer Farbe mit zornverzerrtem Gesicht und einem Tigerfell um die Hüften dargestellt. Ist sie zweiarmig, dann sind Sägemesser und Schädel ihre Attribute; ist sie vierarmig, dann hält sie rechts Pfeil und Schwert, links Bogen und Schädel. Die Göttin wird auch als Ugra-Tara („Schreckliche Tara") bezeichnet. Ihren Verehrern verleiht sie Glück.

Emanation „Ausstrahlung". Es gibt sowohl Bodhisattvas, die von Buddhas ausgestrahlt werden (= Maha-Bodhisattvas), als auch Menschen, die von Buddhas oder Bodhisattvas ausgestrahlt werden (= Tulkus).

G

Ganden Tripa spirituelles Oberhaupt der Gelugpa (Gelbmützen)

Garuda (Khyun) mythischer Göttervogel und Naturgottheit, die im Lamaismus als Bezwinger von Nagas bekannt ist. Im Tantrismus gilt Garuda als machtvolle Kraft, die unheilvolle Einflüsse abwenden kann.

Garwa Nagpo Damchen „der Schmied", eine Form des Dorje Legpa, der als Schutzgottheit der Nyingma-Schule gilt. In der rechten Hand hält er einen Vajra-Hammer und in der linken einen Blasebalg aus Tigerleder. Dargestellt wird er auf einer Ziege reitend. Da Ziegen furchtlos auch die steilsten und gefährlichsten Hänge überwinden, gelten sie als Symbol für die Gefahren des Tantrischen Weges. Ihre gewundenen Hörner stehen für die Einheit der Gegensätze.

Gedün Gyatso rückwirkend ernannter 2. Dalai Lama

Gelug-Schule Die „Schule der Tugendhaften" wird wegen der gelben Kopfbedeckung ihrer Mönche auch Gelbmützen-Schule genannt und ist eine der vier buddhistischen Hauptrichtungen in Tibet. Die Anhänger werden Gelugpa, „die Tugendhaften", genannt, ein Hinweis darauf, dass sich die Mönche besonders strengen Mönchsregeln unterwarfen, wozu auch die Verpflichtung zum Zölibat gehörte. Die bekanntesten Repräsentanten der Gelugpa sind der Dalai Lama und der Panchen Lama.

Gesar von Ling sagenumwobener Held des tibetischen Nationalepos *König Gesar*. Im buddhistischen Pantheon hat er die Funktion eines Dharmapalas.

Geshe „Heilsfreund", bei den Gelugpa eine Art Doktortitel der Philosophie

Glocke Die Glocke gilt als Sinnbild der Vergänglichkeit und des weiblichen Prinzips. Zusammen sind Vajra und Glocke das Symbol, das den Pfad zur Erleuchtung verkündet: Weg und Ziel sind eins.

Gompa „Einsiedelei", wurde später auch als Bezeichnung für große Klöster verwendet. Bei den Drigungpa früher Titel des säkularen Oberhaupts.

Gönkhang Tempel mit Schutzgottheiten

Gönpo s. Mahakala

Götter im tibetischen Buddhismus Verkörperungen der verschiedenen Qualitäten des Buddha-Prinzips und symbolischer Ausdruck für das allumfassende Wirken Buddhas in dieser Welt und in allen anderen Welten

Grüne Tara (Syamatara, Drölma Djangu) Die Grüne Tara wird aufgerufen, um Hindernisse zu überwinden, aus Gefahr zu retten oder das Böse zu bewältigen. Ihre grüne Körperfarbe weist auf die Verwandtschaft mit der Dhyani-Familie des Amoghasiddhi hin, der „Tat"-Familie. Sie wird als wunderbare Retterin verehrt.

Guru ehrwürdiger Meister, Lehrer. In Tibet entspricht der Guru dem Lama.

Guru Rinpoche s. Padmasambhava

Guru Tsengye s. Acht Manifestationen Padmasambhavas

Guyhasamaja (Sangdü Mikyöpa) Der Name dieser tantrischen Initiationsgottheit bedeutet so viel wie „Verborgene Vereinigung". Guyhasamaja ist eine Verbildlichung des gleichnamigen Tantra, das zu den ältesten buddhistischen Tantras zählt und dessen endgültige Formulierung zwischen dem 3. und 7. Jh. in Indien erfolgte.

Gushri Khan (1582–1655) Fürst der westmongolischen Koshoten und Herrscher über Amdo und das Tsaidam-Becken. Er verhalf dem 5. Dalai Lama zur politischen Macht über Zentraltibet.

Gyalpo König, Regent bis zur Volljährigkeit eines Dalai Lama

Gyalwa Karmapa Oberhaupt der Karma-Kagyü-Schule. Durch den Gyalwa Karmapa wurde das System der Tulkus, der bewussten Wiedergeburten, in Tibet eingeführt. Der Karmapa gilt als Emanation Avalokiteshvaras.

Gzi gebänderter oder geätzter Karneol, Chalzedon oder Achat, der idealerweise zylindrisch oder walzenförmig ist. Je mehr Augen ein Gzi aufweist, desto wertvoller ist er. Die Steine gelten als abgelegter Schmuck und damit als Gabe von Göttern.

H

Hayagriva (Tamdin) „der mit dem Pferdenacken", eine zornig-heldenhafte Meditationsgottheit, die zu den bedeutendsten Yidams des tibetischen Buddhismus zählt. Besonders innerhalb der Nyingma-Schule wurde ihm von Anfang an ein wichtiger Platz eingeräumt. Er gilt als die zornvolle Erscheinungsform des Buddha Amithabha oder Avalokiteshvara, der als Heruka oder „Bluttrinker" der Ich-Anhaftung das erleuchtete männliche Prinzip verkörpert. Dieses erfüllt jede Situation mit Schöpferkraft und Macht.

Hevajra (Kye Dorje) Initiationsgottheit von zentraler Bedeutung innerhalb der gesamten tantrischen Überlieferung und zugleich ein Symbol des Absoluten. Der Name Hevajra ist eine Anrufung des Absoluten in Gestalt des Vajra durch die Keimsilbe „He". Der Yidam versinnbildlicht eine unvergängliche, kosmische Kraft, aus der alles hervorgeht und von der alles getragen wird, und zugleich die Aufhebung aller Gegensätze.

Hinayana „Kleines Fahrzeug". Sammelbegriff für die vor der Entwicklung des Mahayana bestehenden buddhistischen Schulen, von denen nur noch eine existiert, der Theravada. Wird nur aus der Perspektive des Großen Fahrzeugs (Mahayana) als klein bezeichnet, da der Schwerpunkt der Praxis hier auf die Befreiung des Einzelnen vom Kreislauf der Existenz ausgerichtet ist. Auch unter der Bezeichnung „Südlicher Buddhismus" bekannt.

I/J

Inkarnation (Tulku) körperliche Wiedergeburt verstorbener Heiliger

Jampalyang s. Manjushri

Jobo (Jowo) Sambhogakaya-Form von Shakyamuni

K

Kadam-Schule Die Kadam-Schule war die erste der tibetisch-buddhistischen Schulen der Neuen Übersetzungen (im Gegensatz zu den Alten Übersetzungen der Nyingmapa) buddhistischer Schriften ins Tibetische. Der Name Kadam bedeutet so viel wie „Unterweisung im Wort Buddhas". Begründer war der bengalische Gelehrte Atisha. Die Kadam-Schule ging schließlich in der Gelug-Schule auf.

Kagyü-Schule Lehrrichtung, die auf den Übersetzer Marpa zurückgeht. Der Name Kagyü bedeutet „Ununterbrochene, fortlaufende Unterweisung". Dadurch wird zum Ausdruck gebracht, dass diese esoterische Überlieferung jeweils von einem Meister an seine Hauptschüler mündlich weitergegeben wird und bis zu Buddha zurückreicht, der sie als Adibuddha Vajradhara offenbarte. Die Kagyü-Schule verzweigte sich im Laufe der Zeit in zahlreiche Unter-Schulen.

Kalachakra Im buddhistischen Pantheon der Name einer tantrischen Gottheit und des der

ANHANG

Praxis dieser Gottheit zugrundeliegenden Wurzeltantras. Jeder höheren tantrischen Gottheit liegt ein Text zugrunde, der als „Wurzeltantra" bezeichnet wird. Dieser Text enthält alles, was zur Geschichte, Symbolik, Praxis und vielen anderen Aspekten der Gottheit zu sagen ist.

Kalachakra-System „Rad der Zeit", spezielles Praxissystem aus der Gruppe der Annuttarayoga-Tantras

Kanjur „Übersetzung des (Buddha-) Wortes", kanonisches Schrifttum des Lamaismus. Der Kanjur enthält die Unterweisungen Buddhas und umfasst rund 100, in manchen Druckversionen 108 Bände. Der zweite Teil des Kanons ist der Tanjur.

Karma Kausalzusammenhang zwischen Tat und Wirkung. Danach hat jede Handlung physisch wie geistig unweigerlich eine Folge. Diese muss nicht unbedingt im aktuellen Leben wirksam werden, sondern kann sich möglicherweise erst in einem der nächsten Leben manifestieren.

Karmapa s. Gyalwa Karmapa

Kasaya die rote Robe der Mönche

Kata Zeremonialschleife, Begrüßungsschärpe

Keimsilbe s. Mantra

Khangtsen Wohngebäude einer Klosteranlage

Khenpo/Khanpo „Lehrer", Abt oder gelehrter Lama

Khorlo Dechog s. Cakrasamvara

Khyun s. Garuda

Kora Ritualweg um ein Kloster oder eine heilige Stätte

Kublai Khan (1215–1294) Enkel von Dschinghis Khan und Begründer der mongolischen Yuan-Dynastie in China. Von 1271 bis 1294 war er Kaiser von China.

Kumbum „100 000 Abbildungen". Bezeichnet Stupas, die wie der Kumbum-Chörten in Gyantse zahllose Bilder und Skulpturen enthalten.

Kye Dorje s. Hevajra

L

La Tibetisch für Pass

Labrang Residenz des Abtes

Lama die tibetische Entsprechung des indischen Gurus. Der Lama, „der Obere", ist ein Mönch höheren Ranges und der unentbehrliche Führer auf dem Heilsweg.

Lamaismus Die eminente Bedeutung der Lamas für den tibetischen Buddhismus und ihre wichtige Funktion sowohl in der Gesellschaft als auch in der Politik brachten dem Vajrayana im Westen den Namen Lamaismus ein.

Lamrim „Stufenweg zur Erleuchtung", besondere Zusammenstellung von Anleitungen, die alle wesentlichen Unterweisungen Buddhas enthält. Man spricht von „Stufenweg", weil hier die Mittel gelehrt werden, mit denen man den Geist schrittweise entwickelt, um das angestrebte Resultat, die Erleuchtung, zu erreichen.

Langdarma (reg. 836–842) tibetischer König und Nachfolger des ermordeten Rälpachen. Unter ihm begannen die großen Buddhistenverfolgungen und wurden die meisten religiösen Stätten geschlossen oder zerstört.

Leerheit s. Shunyata

Lhakhang „Haus der Gottheiten", Halle, Nebenhalle oder Kapelle eines Tempels

Lhamo tibetisch für Göttin

Lhatse eine große Steinanhäufung, von der man glaubt, dass in ihr lokale Götter wohnen

Lhazang Khan (reg. 1697–1717) Khoshot-Mongole und Nachfolger Gushri Khans als Herrscher in Amdo. 1705 eroberte er Zentraltibet und gliederte es in sein Reich ein.

Ling „königlich", bezeichnet manchmal weniger wichtige Tempel am Stadtrand. In einer anderen Bedeutung auch „Kontinent".

Locana Buddhistische Göttin, die als Partnerin (Prajnya) dem Aksobhya oder Vairocana zugeordnet ist; häufig wird sie auf dem Schoß Aksobhyas dargestellt, ihn mit Armen und Beinen umschlingend. In ihrer weißen Farbe drückt sie die Stimmung des Friedens aus.

M

Mahabodhisattva s. Acht Mahabodhisattvas

Mahakala (Gönpo) „Großer Schwarzer". Der Name bedeutet im übertragenen Sinne „Großer zornvoller Beschützer". Als grimmige Gottheit soll er die Feinde der buddhistischen Lehre vernichten, außerdem ist er ein Gott des Reichtums. In den meisten Klöstern unterstehen ihm die Gönkhangs. Seine besondere Aufgabe ist es, die Tantras und den sie praktizierenden Sadhaka (jemand, der spirituelle Übungen, z. B. Tantra, praktiziert) vor Störungen und inneren Ablenkungen bei der Meditation zu beschützen. Es gibt zahlreiche Formen wie Maning-, Bing-, Panjara- oder Humkara-Mahakala, die aber alle als Emanationen des Dhyani-Buddha Aksobhya gelten.

Mahasiddha (Dubchen) „großer Beherrscher vollkommener Fähigkeiten", großer Gelehrter, Weiser

Mahayana „Großes Fahrzeug, umfassender Weg", der Nördliche Buddhismus. Das Mahayana legt im Gegensatz zur Lehre des ursprünglichen Buddhismus (Hinayana, Theravada) Wert darauf, dass jeder Mensch den Weg zur inneren Befreiung verwirklichen kann.

Maitreya (Champa) der Buddha des zukünftigen Weltzeitalters

Mala Gebetskette mit 108 meist nussbraunen Sandelholzperlen

Mandala (Kyilkhor) im tantrischen Buddhismus wichtigstes Sinnbild für den Zusammenhang von Mensch und Kosmos

Mani Gebet

Mani Lhakhang einzelne Kapelle mit einer großen Gebetsmühle im Inneren

Mani-Stein meist mit dem Mantra „om mani padme hum" behauener Stein, der gerne zu ganzen Mauern (Manimauern) aufgeschichtet wird.

Manjushri (Jampalyang) Bodhisattva der Weisheit. Seinen Anhängern verleiht er Wissen und Beredsamkeit. Manjushri gilt auch als himmlischer Architekt, nach dessen Eingebung die irdischen Baumeister ihre Tempel errichten, und als Emanation des Dhyani-Buddhas Ratnasambhava.

Mantra „Sprüche", hinter denen die Idee steckt, dass jedes Wesen zuinnerst eine individuelle Natur besitzt, die in einem Mantra (Keimsilbe) ausdrückbar ist. Wer die Keimformel eines transzendenten Buddha oder Bodhisattva kennt, kann diesen durch konzentriertes Aussprechen spirituell ins Dasein setzen und sich auf diese Weise einen geistigen Lehrer schaffen.

Marmedze s. Dipamkara

Marpa (1012–1097) Begründer des Kagyü-Ordens. Er übersetzte zahlreiche buddhistische Schriften aus dem Sanskrit ins Tibetische und gehörte zu den Begründern der „Neuen Übersetzungen", die eine Renaissance des Buddhismus in Tibet einleiteten. Sein bekanntester Schüler war Milarepa. Marpa selbst blieb allerdings zeit seines Lebens ein Laie.

Menla s. Bhaisajyaguru

Menla Chedje s. Acht Medizinbuddhas

Meru s. Sumeru

Mewa Tsegpa Dharmapala, der als Zerstörer von Düsternis und Negativem gilt

Mikyöpa s. Aksobhya

Milarepa (1040–1123) sein Name bedeutet etwa: „Mila, der das Baumwollgewand der Asketen trägt". Nach schwersten Prüfungen wurde er von Marpa als Schüler anerkannt und in der Folge zum berühmtesten Heiligen Tibets (S. 277). Die im 15. Jh. verfasste Biografie des Milarepa mitsamt den darin enthaltenen spirituellen Liedern ist heute noch eine der großen Inspirationsquellen des tibetischen Buddhismus.

Miyowa s. Acala Momo

Momo kleine gekochte oder gebratene Teigtäschchen, die mit Hackfleisch und Zwiebeln gefüllt sind

Mudra „Siegel, Zeichen", Körperhaltungen oder Gesten, die bestimmte Aspekte der buddhistischen Lehre verkörpern (S. 363)

N

Naga Schlangenwesen oder eine Schlangengottheit

Nagarjuna (ca. 2. Jh.) einer der großen Pioniere der Mahayana-Tradition. Nagarjuna ging davon aus, dass alles, was wir in dieser Welt wahrnehmen, unbeständig ist und nichts unabhängig voneinander existiert. Einmal, als er unterrichtete, kamen sechs Nagas und bildeten einen Schirm über seinem Kopf, um ihn vor der Sonne zu schützen. Darum sieht man in ikonografischen Darstellungen von Nagarjuna sechs Nagas über seinem Kopf.

Nampar Nangdza s. Vairocana

Nangma tibetische Disco, Mischung aus Varieté, Tanz und Musik

Ngawang Lobzang Gyatso (1617–1682) der 5. Dalai Lama, der als der „Große Fünfte" in die Annalen einging. Durch seine geschickte Verbindung von geistlicher und weltlicher Macht begründete er die buddhistische Theokratie in Tibet. Als Bauherr schuf er u. a. den Potala.

Nirmanakaya „Leib der Erscheinung". Nach dem Dharmakaya und Sambhogakaya der dritte der „Drei Leiber" (der drei Seinsebenen eines Buddhas), gewissermaßen die irdische Ebene der Erscheinung eines Buddha. Zum Nirmanakaya gehören die Buddhas, die in menschlich-physischer Gestalt in der Welt auftreten, also auch der historische Buddha. Die Buddhas des Nirmanakaya sind Lehrer und Wegweiser zur Erlösung ohne die Macht, dem Heilssucher den Weg dorthin zu verkürzen.

Nirvana die letzte Erkenntnis des Wesens der Dinge

Nyatri Tsenpo mythologischer erster König von Tibet

Nyingma-Schule „die Schule der Alten", eine der vier großen Schulrichtungen im tibetischen Buddhismus; führt ihre Lehrüberlieferung direkt auf den legendären Padmasambhava aus der Zeit der frühen Verbreitung des Buddhismus zurück. Die Nyingma-Tradition kennt vor allem zwei Arten der Übertragung: die „lange" Übertragungslinie vom Meister auf den Schüler in einer ununterbrochenen Linie und die „kurze" Übertragungslinie der „verborgenen Schätze" (Termas).

O

Om mani padme hum „Juwelen-Lotos", Mantra des Avalokiteshvara. Im tibetischen Buddhismus sind die sechs Silben „om mani padme hum" Ausdruck der grundlegenden Haltung des Mitgefühls. In ihrem Rezitieren formuliert sich der Wunsch nach Befreiung aller Lebewesen aus dem Kreislauf der Wiedergeburten.

Öpagme s. Amithaba

P

Padma Lotos

Padmapani (Chagna Padmo) der „Lotosträger", einer der Acht Mahabodhisattvas

Padmasambhava (Guru Rinpoche) „Der aus dem Lotos Geborene" ist der Begründer des tibetischen Buddhismus, der in Tibet meist nur Guru Rinpoche genannt wird. Es gelang ihm, die bodenständigen Kulte mit ihren magischen Praktiken, ihrem Geister- und Zauberglauben auf die hohe Philosophie des Buddhas und die von ihm erstrebte Bewusstseinsschulung abzustimmen. Seine Existenz ist in großem Umfang von Legenden umwoben.

Palden Lhamo (Shri Devi) eine der bedeutendsten Schutzgottheiten im tibetischen Buddhismus und die einzige weibliche Gottheit in der mächtigen Gruppe der acht Dharma-Beschützer (Dharmapala). Sie wird besonders von den Gelugpa verehrt, für die sie eine besondere Schutzgottheit Lhasas und des Dalai Lama ist. Ihr Geist soll am heiligen See Lhamo Latso residieren, wo sie auch als Orakel angerufen wird. Beim Totengericht verzeichnet sie die Sünden der Menschen auf einem Kerbholz.

Panchen Lama „Priesterjuwel", ein Linientitel des höchsten Lamas des Klosters Tashilhunpo, den der 5. Dalai Lama seinem Lehrer Chökyi Gyeltsen (1569–1637) 1636 aus Dankbarkeit verlieh. Er gilt als Emanation des Amitabha. Mit der Ernennung des Panchen Lama wurde allerdings auch der Grundstein für später immer wieder aufflammende Kompetenzstreitigkeiten gelegt, die sich vor allem China zunutze machte und macht.

Pandita „Gelehrter", ein aus dem Hindi stammender Begriff, mit dem hohe buddhistische Gelehrte wie der „Sakya Pandita", der eigentliche Begründer der Sakya-Tradition, bezeichnet werden

Pehar die durch das Staatsorakel in Nechung heraufbeschworene Gottheit (S. 198). Oft beschwören die Mönche jedoch nur deren Adjutanten, Dorje Drakden. Ein direkter Auftritt Pehars soll so gewalttätig sein, dass er das Leben seines Mediums (den Nechung-Lama) in Gefahr bringt. Pehar steht einer Gruppe von fünf zornigen Göttern vor, die zusammen das „Schutzrad" genannt werden.

Phagmodrupa (1110–1170) Begründer der gleichnamigen Lehrtradition, die eine Nebentradition der Kagyü-Schule darstellt. Ab dem

14. Jh. übernahmen die Phagmodrupa die politische Macht über Zentraltibet von den Sakyapa.

Phagpa Lama (1235–1280) Neffe Sakya Panditas, der die Sakyapa zum Zenit ihrer Macht führte und während der Mongolenherrschaft zum Vizekönig Tibets ernannt wurde.

Phodrang tibetisch für Palast

Phug tibetisch für Höhle

Pönchen in der Zeit der Sakya-Herrschaft oberster Verwaltungsbeamter von Sakya und außerhalb Sakyas oberster kaiserlicher Beamter von Zentraltibet

Prajnya Weisheitspartnerin, weibliche Entsprechung männlicher Gottheiten, die in Yab-yum-Stellung dargestellt werden. In einer anderen Bedeutung „Weisheit".

Prajnyaparamita die „Mutter aller Buddhas aller Zeiten" und die Inkarnation der Worte des Buddhas sowie Sinnbild der Vollendung höchster Weisheit und Erkenntnis. Sie ist die „Weisheit" *(prajnya)*, die „hinüber *(param)* gegangen ist". Ihren Verehrern verleiht sie Weisheit und Gelehrsamkeit.

Puja rituelle Opfer- und Verehrungshandlung

Pundit indische Gelehrte, die von den Briten zur Erforschung der Himalaya-Region eingesetzt wurden

R

Rälpachen (reg. 815–836) gilt als dritter Religionskönig nach Songtsen Gampo und Trisong Detsen. Seine Reformen, die die Macht des tibetischen Landadels beschnitten und den buddhistischen Klöstern auf Dauer bestimmenden Einfluss brachten, führten zu seiner Ermordung.

Raksha-Dämon Das Wort Raksha wird für einen kannibalischen Dämon verwendet und bedeutet Rohheit und ungezähmte Wildheit. Fortgeschrittene Praktizierende vertrauen sich dem „wild metzelnden Dämon" an, um ihr dualistisches Denken zu vernichten.

Rangchung „selbst geschaffen", Dinge (meist Reliefs), die aus sich selbst heraus entstanden

Ratnasambhava (Rinchen Djungden) Der „als Juwel Geborene" Dhyani-Buddha ist der Herr der Freigebigkeit und des Gleichmuts. Seine Energie wandelt Habsucht und Stolz in Freigiebigkeit und verbreitet Wohltaten. Sein Attribut ist das Juwel, das die Befriedigung aller Wünsche garantiert.

Rinpoche „Juwel", Anrede für einen Tulku oder hohen Lama

S

Sakya Pandita (1181–1251) Der „Sakya-Gelehrte" war eine herausragende religiöse und politische Persönlichkeit, die die politische Vormachtstellung Sakyas in Tibet begründete. Es gelang ihm, Dschinghis Khan von einer Plünderung Tibets abzuhalten; er entwickelte eine mongolische Schrift, mit der es möglich wurde, die buddhistischen Schriften ins Mongolische zu übersetzen und die Mongolen zum Buddhismus zu bekehren.

Samantabhadra „Der Allumfassend Gute" oder „Der Ringsum Segensreiche" ist einer der bedeutendsten Bodhisattvas. Er wird als Schützer all jener, die die Lehre darlegen, verehrt und verkörpert die „Weisheit der Wesensgleichheit", d. h. das Begreifen der Einheit von Gleichheit und Verschiedenheit. Er verkörpert gleichzeitig die Güte und gilt als Emanation des Adibuddha Vairocana.

Sambhogakaya „Leib des Genusses", der Zustand des reinen Seins, den die Erleuchteten, fortgeschrittenen Bodhisattvas und diejenigen, die in einem der transzendenten Buddha-Länder wiedergeboren werden, wahrnehmen. Die Buddhas des Sambhogakaya werden Tathagatas oder Dhyani-Buddhas genannt.

Samsara „Wanderung durch die Wiedergeburten", Lehre in Hinduismus, Buddhismus und Jainismus, nach der alle Wesen dem Kreislauf von Geburt, Tod und Wiedergeburt unterworfen sind. In allen drei Religionen wird als Heilsziel (Erlösung) die Befreiung aus dem Samsara angestrebt.

Sangdü s. Guyhasamaja

Sangha Bezeichnung für die buddhistische Ordensgemeinschaft und in einigen Schulrichtungen auch die Gemeinschaft der Praktizierenden des Buddhismus im Allgemeinen

Shakyamuni (Sangye Sakya Thubpa) „Weiser aus dem Hause Shakya", Name, der für gewöhnlich für Gautama Siddharta aus dem

ANHANG

Fürstengeschlecht der Shakya, den historischen Buddha, benutzt wird

Shambala „Quelle des Glücks"; für tibetische Meister, die das Kalachakra-Tantra praktizieren, ein „Reines Land", in das fortgeschrittene Yogi und Yogini gelangen können, um dort den tantrischen Pfad zu vollenden

Shinjeshe s. Yamantaka

Shri Devi s. Palden Lhamo

Shunyata „Leere", „Leerheit", zentraler Begriff des Mahayana. Bezeichnet die Ansicht, dass alle Erscheinungen über keine dauerhafte Substanz verfügen, sondern nur relativ zueinander, in wechselseitiger Abhängigkeit, existieren und dem Gesetz der Vergänglichkeit unterworfen sind. Wenn die Dinge nicht aus sich selbst existieren, sind sie bloßer Schein, ohne eigenes Wesen und damit leer.

Siddha „einer, der sich verwirklicht hat" und dadurch „übernatürliche Kräfte" *(siddhi)* erlangt hat, die er jedoch nicht zum eigenen Nutzen verwendet, sondern zum Segen für andere, indem er die geistige Überlegenheit des tantrischen Pfades demonstriert. Besonders bedeutende Siddhas nennt man Mahasiddhas.

Sitatara s. Weiße Tara

Songtsen Gampo (reg. ca. 629–649) erster historisch fassbarer König von Tibet, der das Land zu einem Großreich zusammenschloss und seine Hauptstadt nach Lhasa verlegte. Er gilt als erster Religionskönig, da unter ihm der Buddhismus in Tibet eingeführt wurde.

Stupa (Chörten) ein auf die indische Hügelgrabform zurückgehender Reliquienbau, der im Buddhismus ein Monument mit einer überaus vielschichtigen Symbolik geworden ist, S. 148.

Sumeru erweiterte Form von Meru, die so viel wie „wundervoller Meru" bedeutet. Der Weltenberg Sumeru bildet das Zentrum des buddhistischen Kosmos und der meisten Mandalas.

Sutra „Leitfaden", Lehrreden Buddhas oder seiner Nachfolger

Svastika Das rechtsläufige Hakenkreuz steht im tibetischen Buddhismus für Festigkeit, Ausdauer und Beständigkeit. Bei den Bönpa ist die Svastika linksläufig und symbolisiert den Urwirbel, der den Kosmos aufrechterhält.

Syamatara s. Grüne Tara

T

Tamdin s. Hayagriva

Tanjur Der Tanjur umfasst 225 Bände und besteht aus Übersetzungen, Kommentaren und anderen herausragenden Werken großer indischer buddhistischer Weiser und Philosophen, wie z. B. Nagarjuna und Dharmakishi. Zusammen mit dem Kanjur bildet er das kanonische Schrifttum des tibetischen Buddhismus.

Tantra „Ursprung", „Entstehung von Wissen". In einer Symbolsprache abgefasste Schriften und Lehrsysteme, die mit Absicht vielseitig auslegbar sind.

Tara weiblicher Bodhisattva, wichtigste buddhistische Göttin; der Name bedeutet sowohl „Retterin" als auch „Stern". Die Rote, Gelbe und Blaue Tara wird jeweils dem schrecklichen Aspekt des Buddhismus zugeordnet, während die Weiße und Grüne Tara milde Göttinnen darstellen.

Tathagata s. Dhyani-Buddha

Terma Schätze, apokryphes Schrifttum

Tertön Entdecker der Terma

Thanka „was man aufrollt", Rollbild

Theravada s. Hinayana

Thönmi Sambhota (vermutlich 7. oder 8. Jh.) legendärer Minister von Songtsen Gampo, dem die Erschaffung der tibetischen Schrift zugeschrieben wird

Torma „Speiseopfer", ritueller Opferkuchen aus Tsampa, oft mit kunstvollen Butterverzierungen

Tratsang Klosteruniversität, Fakultät

Tripön lokale Fürsten eines Verwaltungsdistrikts (Trikor), die vom mongolischen Kaiser der Yuan-Dynastie in China ernannt wurden

Trisong Detsen (reg. 755–797) zweiter Religionskönig von Tibet. Unter seiner Herrschaft wurde 779 der indische Buddhismus zur Staatsreligion Tibets.

Tsha Tsha kleine Lehmfiguren oder Tontäfelchen mit Reliefs von Heiligen, die an heiligen Stätten abgelegt werden

Tsaka Salzsee

Tsampa geröstetes Gerstenmehl

Tsechigma s. Ekajati

Tsemar der „rote Beschützer", der einmal im Jahr über die Seelen der Menschen zu Gericht sitzt und die Bösen bestraft

Tsepame s. Amitayus

Tsongkhapa (1357–1419) Begründer der Gelug-Schule. Tsongkhapa gilt als eine Emanation Manjushris. Laut einer Legende soll Buddha prophezeit haben, dass er im 14. Jh. in Tibet als Mönch erscheinen werde als Halter der reinen Sicht und reinen Überlieferung.

Tsuglagkhang „großer Tempel", der Begriff wird meist für den Jokhang in Lhasa verwendet, aber auch andere bedeutende Tempel werden so genannt.

Tulku Erscheinungskörper. Bezeichnung für erleuchtete Lamas, die sich nicht ins Nirvana zurückziehen, sondern in neuen Körpern wiederkehren, um der suchenden Menschheit zu helfen. Viele Tulkus gelten als Emanationen von Buddhas und Bodhisattvas.

U

Übertragungslinie In der tibetischen buddhistischen Kunst findet man als häufiges Thema die sogenannte Übertragungs- oder Überlieferungslinie, eine Versammlung von Meistern, häufig hinter bzw. oberhalb der zentralen Figur. Die Überlieferungslinien der mündlichen Übertragung der meisten Lehrreden des Buddha und ihrer Kommentierungen haben sich teilweise ohne Unterbrechung bis zum heutigen Tag fortgesetzt. Sie spielen im tibetischen Buddhismus eine zentrale Rolle. Tatsächlich definieren sich die vier tibetischen Traditionen und ihre Untergruppen über ihre spezifischen Übertragungslinien.

V

Vairocana 1.) Nampar Nangdza, der „Ringsum Leuchtende". Er ist die Manifestation der Form bzw. der Schöpfer aller Erscheinungen und verkörpert die Gesamtheit der Wirklichkeit. Er ist Herr der Familie des Rades und sitzt auf einem mit Löwen oder Drachen geschmückten Thron im Zentrum des Mandalas der fünf Dhyani-Buddhas. Seine Geste symbolisiert das Drehen des Rads der Lehre. In anderen Darstellungen hält er die drei Juwelen als Symbol von Buddha, Dharma und Sangha. Er verkörpert die Reinigung des dualistischen Bewusstseins. In einigen Schulrichtungen wird Vairocana als Adibuddha verehrt.
2.) bedeutender Übersetzer buddhistischer Lehren zur Zeit der ersten Übersetzungsphase buddhistischer Schriften aus dem Sanskrit ins Tibetische (8. Jh.).

Vaishravana (Namthöse) einer der vier Weltenwächter, die je eine Himmelsrichtung des Weltenbergs Sumeru bewachen. Vaishravana ist der Wächter des Nordens und für den Herbst und den Regen zuständig.

Vajra Der Vajra (Dorje), „Diamantzepter", ist das Symbol des unzerstörbaren Pfades des Diamantfahrzeugs (Vajrayana, S. 173). Das Sanskrit-Wort Vajra bedeutet „hart" oder „mächtig". Die tibetische Entsprechung „Dorje" bedeutet „Herr der Steine" mit seinen unzerstörbaren Eigenschaften, die dem Diamant eigen sind. Damit symbolisiert der Vajra das unergründliche, unerschütterliche, unvergängliche, unveränderliche, unteilbare und unzerstörbare Sein der absoluten Wahrheit, die Verwirklichung der Vollkommenen Erleuchtung der Buddhaschaft. Im tantrischen Buddhismus symbolisiert Vajra zudem das Mitgefühl, das dort für ein großes Glückseligkeitsbewusstsein steht. Er gilt auch als das buddhistische Sinnbild des männlichen Prinzips.

Vajra Bhairava s. Yamantaka

Vajradhara (Dorje Chang) „Halter des Diamantzepters". Er gilt bei den Gelugpa, Kagyüpa und Sakyapa als Adibuddha und wird mit Glocke und Vajra dargestellt, seine Arme sind über der Brust gekreuzt, seine Hautfarbe ist blau. Er symbolisiert die Vereinigung der Gegensätze. Auf Wandbildern sieht man ihn oft zusammen mit den 84 Mahasiddhas dargestellt.

Vajrapani (Chagna Dorje) in früher buddhistischer Zeit zunächst eine Art Schutzgeist, der im Gefolge des historischen Buddha zu finden war; später wurde er zu einem der acht Bodhisattvas. Beim einfachen Volk wird er als Wettergott angesehen. Nach tibetischer Anschauung war Vajrapani der Empfänger der esoterischen Vajrayana-Tradition, die er von Buddha selbst erhalten hat. Daher gilt er auch als Hüter der Geheimnisse, die er an seine Schüler weitergibt.

Vajrasattva (Dorje Sempa) Er gilt als mystischer Buddha vieler tantrischer Rituale und ist die erste Initiationsgottheit, die zu Beginn aller tantrischen Meditationsübungen angerufen wird. Darstellungen zeigen ihn, wie er in der rechten Hand vor der Brust einen Vajra hält, während er in der linken Hand eine Glocke im Schoß trägt. Beide Symbole vereinigen den Geist und die Welt der Vergänglichkeit. Er gilt genauso wie Vajradhara als einer der Urbuddhas oder aber als die Sambhogakaya-Verkörperung des Adibuddha.

Vajravahari (Dorje Phagmo) „Diamantsau". Die Weisheitspartnerin von Cakrasamvara. Eine weibliche Erscheinung mit übernatürlichen Fähigkeiten, die meist nackt abgebildet ist, deren Hautfarbe rot ist und die Vajra, Keule und blutgefüllte Schädelschale in den Händen hält.

Vier Weltenwächter (Gyalchen Deshi) die Beschützer der vier Haupthimmelsrichtungen, die auch die vier Deva-Könige genannt werden. Ihr Wohnort ist der Weltenberg Sumeru, von wo aus sie die ihnen jeweils anvertrauten Bereiche beobachten, um die Lehre Buddhas vor Schaden zu bewahren. Die vier heißen Virudhaka (Phagkyepo; Deva-König des Südens), Dhritarashtra (Yülkhor Sung; Deva-König des Ostens), Vaishravana (Namthöse; Deva-König des Nordens) und Virupaksha (Chenmizang; Deva-König des Westens).

W

Weiße Tara (Sitatara) weiblicher Bodhisattva des Mitgefühls mit der Fähigkeit, seine Verehrer zu schützen und sie aus Leid, Gefahr und Angst zu retten. Sie gilt als Verkörperung der mütterlichen Liebe. Ihre Augen, zu denen neben den menschlichen Augen noch je eins auf der Stirn, auf den Füßen und auf den Händen kommt, symbolisieren ihre Fähigkeit, Leiden in allen Regionen der Welt wahrzunehmen. Sie ist eine der am häufigsten verehrten Schutzgottheiten.

Weltenberg s. Sumeru

Wencheng chinesische Gattin von Songtsen Gampo, die als Emanation der Weißen Tara gilt

Y

Yab-yum „Vater-Mutter". Darstellungsform tantrischer Gottheiten im Aspekt sexueller Vereinigung. Diese Haltung ist symbolischer Ausdruck von höchstem Mitleid und höchster Weisheit.

Yama (Chögyal) Yama gehört zu den Dharmapalas und wird mit Stierkopf, einer Kette aus Menschenköpfen, flammendem Haar und einer Keule dargestellt. Im Buddhismus kennt man ihn als Richter der Toten; hier hat er häufig ein Rad auf der Brust als Symbol der buddhistischen Lehre.

Yamantaka (Shinjeshe) der „Erschreckende". Schutzgottheit, in der der Bodhisattva Manjushri Gestalt annahm, um dem Sterben Einhalt zu gebieten. Meistens ist der Gott von schwarzblauer Farbe. Er steht auf einem Stier über Sonne und Lotos. Oft zeigt er wie der von ihm unterworfene Yama ein Büffelgesicht und trägt eine Kette mit Menschenköpfen. In seinem Mandala ist er dreigesichtig, sechsarmig und tritt auf Yama, was bedeutet, dass er den Tod überwindet.

Yidam Schutz- und Initiationsgottheit, S. 145

Reisemedizin zum Nachschlagen

Hier eine alphabetische Aufstellung der wichtigsten Krankheitsgefahren, die für Tibet relevant sein können. Aber bitte keine Panik – die meisten Risiken sind durch normales, umsichtiges Verhalten minimierbar.

Durchfallerkrankungen

Die meisten Tibet-Reisenden werden irgendwann einmal von Durchfällen (Diarrhoe) geplagt, die durch Infektionen hervorgerufen werden. Verdorbene Lebensmittel, ungeschältes Obst, Salate, kalte Getränke oder Speiseeis sind häufig die Verursacher. Da auch Mikroorganismen im Wasser durchschlagende Wirkung zeigen können, sollte man unbedingt nur abgefülltes Wasser trinken.

Eine Elektrolyt-Lösung (Elotrans bzw. für Kinder Oralpädon), die verlorene Flüssigkeit und Salze ergänzt, reicht bei den meist harmlosen Durchfällen völlig aus. Man kann sich selbst eine Lösung herstellen aus 4 gehäuften Teelöffeln Zucker oder Honig, 1/2 Teelöffel Salz und 1 l Orangensaft oder abgekochtem Wasser. Zur Not, z. B. vor langen Fahrten, kann auf Imodium, das die Darmtätigkeit ruhiglegt, zurückgegriffen werden (bei der Dosierung auf den Beipackzettel achten, da die Ausscheidung von Krankheitserregern verzögert wird!). Wer Durchfälle mit Fenchel, Kamille und anderen uns bekannten Kräutertees lindern möchte, sollte sich einen Vorrat mitnehmen. Zudem hilft eine Bananen- oder Reis-und-Tee-Diät und Cola in Maßen, denn sie enthält Zucker, Spurenelemente, Elektrolyte und ersetzt das verloren gegangene Wasser. Generell sollte man viel trinken und die Zufuhr von Salz nicht vergessen. Bei länger anhaltenden Erkrankungen empfiehlt es sich, einen Arzt aufzusuchen – es könnte auch eine bakterielle oder eine Amöben-Ruhr (Dysenterie) sein. Bei Durchfällen gilt zu bedenken, dass die Wirksamkeit anderer Medikamente, darunter die Anti-Baby-Pille, beeinträchtigt werden kann.

Erkältungen

Erkältungen sind in Tibet an der Tagesordnung. Aufgrund des wüstenähnlichen Klimas mit extremer Lufttrockenheit und starken Temperaturschwankungen läuft dauernd die Nase, die Haut wird trocken und platzt, und oft plagen einen Schnupfen und Husten, wobei die Kehle zu einem Reibeisen wird. Ein weiteres Problem ist auch Zugluft in den immer unbeheizten Verkehrsmitteln und den oft eisig kalten Unterkünften. Die chinesischen Medikamente sind in der Regel sehr wirksam und gut. Nasentropfen sind sinnvoll, damit man wegen der ohnehin schon dünnen Luft bei einer Erkältung nicht das Gefühl hat, zu ersticken. Wichtig sind auch Halstabletten, da man von der extrem trockenen und staubigen Luft oft eine raue Kehle und Schluckbeschwerden bekommt.

Giardiasis/Lambliasis

Giardiasis ist eine Infektion des Verdauungstraktes, ausgelöst von dem Parasiten Giardia lamblia, der über fäkal verunreinigtes Wasser oder Lebensmittel aufgenommen wird. Die Symptome treten ein bis zwei Wochen nach der Infektion auf: Durchfälle, Bauchkrämpfe, Blähungen, Müdigkeit, Gewichtsverlust und Erbrechen. Bei ausbleibender Behandlung (Antibiotika) verschlimmert sich das Krankheitsbild, daher sollte unverzüglich ein Arzt aufgesucht werden. Reisende nach Tibet sollten wissen, dass diese Krankheit im Hochland weitverbreitet ist. Da jedoch die entsprechenden Antibiotika in den tibetischen Städten und Ortschaften meist nicht zur Verfügung stehen, sollte die eigene Reiseapotheke entsprechend ausgerüstet sein (die nötigen Medikamente sind teils nur über ärztliche Rezepte erhältlich).

Hauterkrankungen

Die hygienischen Verhältnisse in Tibet sind insbesondere außerhalb der wenigen größeren Orte miserabel. Kopf-, Kleider-, Filzläuse, Flöhe, Milben oder Wanzen sind vor allem in Pilgerunterkünften keine Seltenheit. Die beste Vorbeugung ist eine ausreichende Hygiene und ein eigener Schlafsack.

Gegen Kopfläuse hilft Organoderm, oder, falls man wieder in Deutschland ist, Nyda L. Flöhe und Wanzen, deren Bisse fürchterlich jucken können, verstecken sich bevorzugt in schmutzigem Bettzeug – in vielen Unterkünften auf dem Land wird es jahrelang nicht gewechselt. Wanzenbisse bilden gewöhnlich eine säuberliche Linie. Nicht kratzen, sondern ein Antihistaminikum (Salbe) gegen Entzündungen auftragen.

An Stellen, an denen die Kleidung eng aufliegt, treten mitunter Hitzepickel auf, die man mit Prickly Heat Powder, Zinkoxyd oder Titanoxyd behandeln kann.

Hepatitis

Die schwere Lebererkrankung Hepatitis B wird vor allem durch sexuellen Körperkontakt und durch Blut (ungenügend sterilisierte Injektionsnadeln, Bluttransfusionen, Tätowierung, Piercen, Akupunktur) übertragen. Eine rechtzeitige vorbeugende Impfung, z. B. mit Gen H-B-Vax oder Engerix, ist sehr zu empfehlen. Die Hepatitis A wird durch infiziertes Wasser und Lebensmittel oral übertragen. Vor einer Ansteckung schützt der Impfstoff Havrix oder Vaqta (auch als Kombi-Impfung Twinrix für Hepatitis A und B erhältlich). Nur ein Drittel aller Europäer sind gegen Hepatitis A immun, ob die Impfung notwendig ist, zeigt ein Antikörpertest (empfehlenswert nur bei Reisenden über 50 Jahren). Hepatitis C und D werden auf demselben Weg übertragen wie Hepatitis B und können ebenfalls zu gefährlichen Langzeitschäden führen.

HIV/Aids

Die Übertragungswege von HIV (Human Immunodeficiency Virus) dürften mittlerweile jedem bekannt sein: ungeschützter Geschlechtsverkehr, verschmutzte Injektionsnadeln bei Drogenmissbrauch oder Bluttransfusionen, kurz gesagt alle Wege, auf denen infiziertes Blut oder andere Körperflüssigkeiten in den eigenen Blutkreislauf gelangen können. Prävention wird, nachdem sich China ein Aids-Problem eingestehen musste, ernst genommen. In vielen Hotels stehen auf dem Nachttisch oder im Bad Kondome, die man für wenig Geld kaufen kann.

Höhenkrankheit

In Tibet bewegt man sich ausschließlich in Höhen von über 3000 m. Bedingt durch den verminderten Druck und geringeren Sauerstoffgehalt der Luft besteht die Gefahr, höhenkrank zu werden. Das gilt auch für Lhasa!

Warnzeichen für Höhenkrankheit sind: Schlaf- und Appetitlosigkeit, Übelkeit, Kopfschmerzen, Antriebsarmut, Atemnot bei Anstrengung, Schwindel- und Kältegefühle. Alarmzeichen sind: Atemnot auch bei Nichtbewegung, rasselnder Husten, brodelndes Atemgeräusch, bleierne Müdigkeit, schwere Kopfschmerzen, Denkstörungen, allgemeine Teilnahmslosigkeit, graue Hautfarbe, blaue Lippen. Dann besteht unmittelbare Lebensgefahr! Zu den lebensbedrohlichen Situationen gehören die Entwicklung von Lungenödemen (begleitet von schweren Atemstörungen, Husten und schaumig-weißem oder lilafarbenem Sputum) oder Hirnödemen (heftige Kopfschmerzen, Gleichgewichtsstörungen, andere neurologische Symptome und eventuell Koma). Die einzige Gegenmaßnahme ist der sofortige Abstieg in Höhenlagen, in denen sich der Patient zuletzt wohlfühlte. In Tibet bedeutet dies: ohne Verzögerung nach Kathmandu oder Chengdu fliegen. Im Falle schlimmster Symptome oder etwaiger Nachwirkungen unbedingt einen Arzt aufsuchen.

Bereits die ersten Anzeichen einer Höhenkrankheit sind unbedingt ernst zu nehmen! Die einzige wirkungsvolle Maßnahme ist der Abstieg in tiefere Regionen oder künstliche Beatmung mit Sauerstoff. In den Drogerien von Lhasa gibt es Sauerstoff aus der Spraydose, was kurze Linderung schafft. Die Sauerstoffbeatmung ist jedoch kein Ersatz für den Abstieg. Schmerzstillende Mittel können die Symptome lindern, aber gefährlicherweise auch Symptome überdecken. In den meisten Fällen verschwinden die Symptome nach kurzer Zeit, aber selbst nach einer

Diamox und Kräutertees

Unter Trekkern und Höhenbergsteigern kursiert die Ansicht, dass Diamox eines der geeignetsten Medikamente zur Vermeidung der Höhenkrankheit sei. Der Wirkstoff des Diamox, das Acetazolamid, ist in der Medizin als Diuretikum (harntreibendes Mittel) bekannt. Es entwässert und vermindert die Hirnschwellung während der Anpassungsvorgänge in der Höhe. Ferner erhöht Acetazolamid die Bikarbonat-Ausscheidung über die Niere und verringert so den pH-Wert des Blutes. Dadurch wird der Atemantrieb angeregt und die Sauerstoffsättigung im Blut wieder erhöht, was sich positiv auf Kopfschmerzen und Schlaf auswirkt. Insofern unterstützt Diamox tatsächlich den Prozess der Höhenanpassung.

Bei amerikanischen Trekkinggruppen und Bergsteigern ist die prophylaktische Einnahme von Diamox zur Vorbeugung einer Höhenkrankheit durchaus üblich. Die europäische Medizin ist hier konservativer eingestellt und lehnt überwiegend eine medizinisch nicht notwendige Einnahme ab. Unter professionellen Bergsteigern gilt Diamox als unerlaubtes Dopingmittel. Wer also vorhat, Diamox zu verwenden, sollte in jedem Fall vorher einen Arzt um Rat fragen.

In China (z. B. in Chengdu am Flughafen) und Tibet gibt es die deutlich harmloseren und ungiftigen chinesischen Tees Hongjingtian und Gaoyuanan zu kaufen, die in den ersten Tagen ebenfalls die Anpassungsprobleme lindern können. Gaoyuanan-Tee wird z. B. im Dunya-Restaurant von Lhasa als „altitude relax tea" verkauft. Ebenfalls hilfreich ist die Rosenwurzel (Radix Rhodiola), die in Chengdu und Lhasa in Form von Kapseln, Ampullen und Tees verkauft wird. Die Rosenwurzel wächst in Tibet auf Höhen zwischen 3500 und 5000 m und soll, so steht's auf einer chinesischen Internetseite, sogar gegen „Abhängigkeit vom Internet" helfen.

Akklimatisierungsphase darf man nur langsam in größere Höhen aufsteigen (pro Tag am besten nicht mehr als 300 Höhenmeter) – ansonsten können die Beschwerden erneut auftreten.

Zur Vermeidung der Höhenkrankheit empfiehlt sich die langsamere Anfahrt über Land nach Lhasa. Wer fliegt, aber auch wer mit dem Bus oder Zug ankommt, sollte mindestens drei oder vier Tage kürzer treten, sich an die Höhe gewöhnen und die Aktivitäten nur langsam steigern. Die Höhenanpassung geschieht im Wesentlichen in den ersten zehn Tagen. In dieser Zeit sollte man Tabak und Alkohol meiden und viel trinken.

Sars/Vogelgrippe

2002 gab es einen Aufsehen erregenden Ausbruch von Sars (Severe Acute Respiratory Syndrome), eine grippeähnliche Viruserkrankung, der einige tausend Menschen weltweit zum Opfer fielen. 2003 war der Ausbruch unter Kontrolle. Ebenso kommt es immer wieder zu Ausbrüchen der Vogelgrippe, die ihren Ursprung vermutlich in der Provinz Qinghai hat. Beide Epidemien sind von den Medien aufgebauscht worden; für Reisende ist es eher unwahrscheinlich, mit diesen Krankheitserregern in Kontakt zu kommen.

Sonnenbrand und Hitzschlag

Selbst bei bedecktem Himmel ist die Sonneneinstrahlung unglaublich intensiv, und aufgrund der hohen Konzentration der UV-Strahlung wird man förmlich geröstet. In den Sommermonaten wird es auch in großen Höhen manchmal sehr heiß. Viele Reisende treffen dennoch nur ungenügende Vorkehrungen gegen Sonnenbrand und Hitzschlag, obwohl dies nicht nur bei Bergwanderungen, sondern generell unter Tibets Himmel unbedingt notwendig ist. Als wichtigste Schutzmaßnahmen empfiehlt es sich, regelmäßig Mittel mit hohem Sonnenschutzfaktor, mindestens LF30 oder am besten Sunblocker, auf die Haut aufzutragen, dünne Handschuhe, Hut und Sonnenbrille zu tragen und tagsüber viel zu trinken.

Erschöpfungszustände bei Hitze äußern sich durch Kopfschmerzen, Übelkeit, Benommenheit und erhöhte Temperatur. Um die Symptome zu lindern, sollte man unbedingt Schatten aufsuchen und genügend Flüssigkeit zu sich nehmen. Erbrechen und Orientierungslosigkeit können auf einen Hitzschlag hinweisen, der potenziell lebensbedrohlich ist – deshalb muss man sich sofort in medizinische Behandlung begeben.

Thrombose

Aufgrund des Bewegungsmangels verringert sich bei langen Flugreisen der Blutfluss im Körper, vor allem in den Beinen. Dadurch kann es zur Bildung von Blutgerinnseln kommen, die, wenn sie sich von der Gefäßwand lösen und durch den Körper wandern, eine akute Gefahr darstellen (z. B. Lungenembolie). Gefährdet sind vor allem Personen mit Venenerkrankungen oder Übergewicht, aber auch Schwangere, Raucher oder Frauen, die die Pille nehmen. Das Risiko verhindern Bewegung, viel trinken (aber keinen Alkohol) und notfalls Kompressionsstrümpfe der Klasse 1–2.

Tollwut

Tibeter lieben Hunde – sie gelten als Reinkarnationen von Mönchen, die vom Weg der Erlösung abgekommen sind. Daher findet man oft große Hunderudel in und um die Klöster. Einige sehen gepflegt aus, die meisten sind erbärmlich und flohverseucht. Die Rudel liegen meist träge in der Sonne, können aber urplötzlich auch extrem gefährlich werden. Dort, wo streunende Hunde ein Problem sind (in der Nähe von Dörfern und Klöstern), sollte man immer einen Stock oder Stein parat haben. Auch Pfeffersprays sind nützlich. Besonders gefährdet sind Radfahrer und Wanderer, die allein unterwegs sind. Wer von einem Hund gebissen wird, muss sich sofort impfen lassen, da eine Tollwutinfektion sonst tödlich endet. Eine vorbeugende Impfung ist sehr teuer und nur bei längerem Aufenthalt oder besonderer Exposition (intensiver Kontakt mit Tieren etc.) ratsam. In Tibet kann man sich zurzeit nur im Peoples Hospital in Lhasa (S. 184) impfen lassen.

Typhus/Paratyphus

Typhus ist eine Salmonellenerkrankung, die durch die Einnahme infizierter Lebensmittel oder Wasser verursacht wird. Typische Symptome: über sieben Tage hohes Fieber einhergehend mit einem eher langsamen Puls und Benommenheit. Empfehlenswert ist die gut verträgliche Schluckimpfung mit Typhoral L für alle Reisenden. Drei Jahre lang schützt eine Injektion des neuen Typhus-Impfstoffs Typhim VI oder Typherix, ehe der Impfschutz wieder aufgefrischt werden muss.

Unterkühlung

Tibet erlebt nicht nur im Winter äußerst tiefe Temperaturen, auch in den Sommermonaten kann es empfindlich kalt werden. Eine Gefahr stellt eine etwaige Unterkühlung dar, welche die Körpertemperatur in lebensbedrohlicher Weise sinken lassen kann. Zu den Symptomen gehören schwacher Puls, Orientierungslosigkeit, Betäubungsanzeichen, Sprachstörungen und Erschöpfungszustände. Zum Schutz sollte man mehrschichtige Kleidung und eine Mütze (die meiste Körperwärme entweicht über den Kopf) tragen, genügend Kohlenhydrate zu sich nehmen und sich vor Nässe und Wind schützen.

Unterkühlte Personen müssen gegen Wind und Nässe geschützt untergebracht werden und heiße (nicht-alkoholische) Getränke sowie leicht verdauliches Essen zu sich nehmen. Wichtig ist eine wärmende Lagerung. In ernsten Fällen ist eine unverzügliche Krankenhausbehandlung erforderlich. In den letzten Jahren haben vor allem Tramper die tiefen Temperaturen immer wieder völlig unterschätzt und sind auf den Ladeflächen von Lkw erfroren.

Wundinfektionen

Unter unhygienischen Bedingungen können sich schon aufgekratzte Mückenstiche zu beträchtlichen Infektionen auswachsen, wenn sie unbehandelt bleiben. Wichtig ist es, dass jede noch so kleine Wunde sauber gehalten, desinfiziert und evtl. mit Pflaster geschützt wird. In jeder Apotheke gibt es Antibiotika-Salben, die den Heilprozess unterstützen.

Wundstarrkrampf

Wundstarrkrampf-Erreger findet man überall auf der Erde. Verletzungen kann man nie ausschließen, und wer noch keine Tetanusimpfung hatte, sollte sich unbedingt zwei Impfungen im Vier-Wochen-Abstand geben lassen, die nach einem Jahr aufgefrischt werden müssen. Im weiteren Verlauf genügt eine Impfung alle zehn Jahre.

Am besten ist die Kombi-Impfung mit dem Polio-Tetanus-Diphtherie-(Td-)Impfstoff für Personen über fünf Jahre, mit der gleichzeitig ein Schutz vor Diphtherie und Polio einhergeht.

Bücher

Es gibt es eine Fülle von Büchern über Tibet. Ein Großteil davon befasst sich mit dem tibetischen Buddhismus, daneben gibt es zahlreiche Bücher der Sorte „Ich war auch schon da" und viele Bildbände. Schwierig wird es aber, wenn man Literatur zu besonderen Themen sucht, beispielsweise zu den alten Königreichen Osttibets oder zu Geschichte, Religion, Sprache, Kultur und Gesellschaft. Eine ganze Reihe von zum Teil sehr speziellen Titeln zu diesen Bereichen hat das Tibet Institut Rikon in der Schweiz herausgegeben. Sie sind unter www.tibet-institut.ch/content/tir/de/publications.html zu finden.

Belletristik

Alai, *Roter Mohn* (Zürich 2005) . Der zweite Sohn des Fürsten Maichi ist ein Idiot. Als Thronfolger wird er nie zum Zug kommen. Umso unvoreingenommener beobachtet er seine Umgebung – die Festung des Fürsten im äußersten Osten Tibets, die rücksichtslose und grausame Feudalherrschaft, die in kleinliche Streitereien verwickelten Lamas, die Intrigen um schöne Frauen und die Fehden mit benachbarten Herrschern. Viele chinesische Verlage trauten sich wegen der heiklen politischen Thematik nicht, das Werk zu veröffentlichen. 1998 wurde *Roter Mohn* dann doch ein Bestseller und erhielt im Jahr 2000 den wichtigsten chinesischen Literaturpreis, den Mao-Dun-Preis.

Frederica de Cesco, *Die Tibeterin* (München 2000), Immer wieder erscheint Chodonla ihrer Zwillingsschwester Tara, die bei der Flucht der beiden in chinesische Hände gefallen war, im Traum. Als sie erfährt, dass Chodonla im tibetischen Untergrund gegen die Chinesen kämpft und in Lebensgefahr ist, handelt Tara. Sie kündigt in der Schweiz ihren Job als Ärztin und tritt eine gefährliche Odyssee in ihre einstige Heimat an. Damit beginnt ein rasant und spannend erzähltes Abenteuer, bei dem man ganz nebenbei viel über die tibetische Geschichte erfährt.

Rinjing Dorje, Addison G. Smith, *Die tolldreisten Geschichten von Onkel Tompa, dem schlimmen Schalk aus Tibet* (Basel 1983). Jeder Tibeter kennt die Geschichten von Onkel Tompa, aber im Westen ist die Figur wegen ihrer teilweise derben, nicht ins übliche Tibet-Klischee passenden Inhalte unbekannt. So versucht Onkel Tompa meist mit Frauen aus den verschiedensten Gesellschaftsschichten (Königstochter, Nachbarin, Nonnen) zu schlafen und muss dabei gesellschaftliche Regeln umgehen. Im Vordergrund steht dabei seine stets listige Vorgehensweise.

Eliot Pattison, *Der fremde Tibeter* (Berlin 2008). Schauplatz der Handlung ist das Arbeitslager 404 hoch in den Bergen des Himalaya, das mit dem Bau einer Straße durch das Hochgebirge beauftragt ist. Dabei finden die Häftlinge eine Leiche ohne Kopf. Shan, ehemals hoher politischer Funktionär und Ermittler in Korruptionsfällen, aber nun selbst ein Häftling, soll ermitteln. Ein gemächlich erzähltes Buch für lange, kalte Nächte vor Ort.

Bildbände

Highlights Tibet, Die 50 Ziele, die Sie gesehen haben sollten, Oliver Fülling, Christoph Mohr (München 2018). Der Bildband beschreibt 50 Ziele in allen Regionen Tibets. Kundige Texte beleuchten Geschichte und Gegenwart des Landes, während die Fotos des Fotografen Christoph Mohr dessen Atmosphäre bewegend einfangen.

Tibet in 1938–1939 – Photographs from the Ernst Schäfer Expedition to Tibet, Hrsg. Isrun Engelhardt (USA, Serindia Publ. 2007). Schäfer beabsichtigte mit einer vollständigen Dokumentation von Geologie, Botanik, Zoologie und Ethnologie Tibets, erstmals ein wissenschaftliches Gesamtbild dieses hinter so vielen westlichen Mythen verborgenen Landes zu geben. Eine Auswahl von 150 seiner eindringlichen Aufnahmen ist in diesem faszinierenden Band zusammengestellt worden.

Heilige Plätze im Himalaya – Von Klöstern, Göttern und Heiligen in Tibet, Indien und Nepal, Oliver Fülling, Christoph Mohr (Würzburg 2019). Was macht einen Ort für seine Bewohner heilig, wie drückt sich seine Spiritualität aus und welchen Stellenwert haben heilige Stätten in einer immer moderner werdenden Welt für die

Bewohner der Himalayaregionen? Oliver Fülling und Christoph Mohr gehen diesen und anderen Fragen in dem großformatigen Bildband mit vielen Hintergrundinformationen und grandiosen Fotos von ausgewählten heiligen Orten in Tibet, Ladakh und Nepal nach.

Biografien

Aus dem Herzen Tibets – Das faszinierende Leben des Drikung Chetsang Rinpoche, Elmar Gruber (Frankfurt 2007). Wie ist es den in Tibet gebliebenen Lamas, die vielleicht auch noch zu den verfolgten Rinpoches und Aristokraten gehörten, ergangen? Der Autor erzählt in dieser Biografie des Oberhaupts der Drigungpa von einem solchen Rinpoche und Aristokratensohn, der mit 13 Jahren „umerzogen" und dann nach einer Odyssee durch Asien, Amerika und Europa zu einem der angesehensten religiösen Führer des tibetischen Buddhismus wird.

Dalai Lama – Botschafter des Mitgefühls, Klemens Ludwig (München 2008). Der 14. Dalai Lama ist nicht nur der bekannteste Buddhist der Welt, sondern auch der mit den meisten Biografien. Diese hier gehört zu den besonders lesenswerten, das Buch strotzt von Informationen auch zu den privaten Dingen des Dalai Lama. Allerdings fehlt ein wenig die kritische Distanz.

Das Vermächtnis des Dalai Lama – Ein Gott zum Anfassen, Erich Follath (München 2007). Der Spiegel-Autor Erich Follath beleuchtet die Persönlichkeit des Dalai Lama in gekonnter Weise ohne Verklärungen oder Beschönigungen. Parallel dazu beschreibt er die unterschiedlichen Aspekte tibetischer Geschichte und Gegenwart. Leider verliert er sich dabei schließlich in der typischen sensationslüsternen Spiegel-Schreibe und vergisst die Beantwortung der Fragen, für die dieses Buch Anlass war. Dennoch ein Buch für Einsteiger in die komplizierte Thematik.

Die Dakini aus der geheimen Höhle – Das Leben der tibetischen Yogini Drikung Khandro, Jürgen Manshardt (Aachen 2008). Es ist selten, dass ein junges Mädchen sich in die Einsamkeit zurückzieht – und das nicht im fernen Mittelalter, sondern in der heutigen Zeit. Drikung Khandro (1927–1979), eine tibetische Yogini, meditierte bereits als junges Mädchen in Berghöhlen und gelangte zu hoher Verwirklichung (des eigenen Buddha-Wesens). Sie studierte bei großen Meistern und in Klosterkollegien, was für eine Frau auch in Tibet äußerst ungewöhnlich war. Als geachtete buddhistische Lehrerin und Meditationsmeisterin zählte sie selbst höchste Lamas zu ihren Schülern.

Tulkus – Die großen Meister Tibets, Egbert Asshauer (Grafing 2003). Der lange Untertitel lautet „Wahre Begebenheiten aus dem äußeren, inneren und geheimen Leben der bedeutendsten tibetischen Lamas und wie ihre Wiedergeburten entdeckt wurden". Die acht faszinierend zu lesenden Biografien geben einen tiefen Einblick in das religiöse Leben eines Lamas, und ganz nebenbei erfährt man auch eine Menge über den gelebten tibetischen Buddhismus.

Geschichte

Die Frauen von Tibet, Namgyal Lhamo Taklha (München 2007). Die Autorin ist die Schwägerin des Dalai Lama und hat die Lebensgeschichte von neun Tibeterinnen aufgezeichnet, die alle aus unterschiedlichen gesellschaftlichen Schichten stammen. Zu Wort kommen u. a. eine Nomadin, eine Bäuerin, eine Nonne, eine Adlige und auch die Mutter des Dalai Lama. Die Frauen beschreiben ihren Alltag in Tibet vor der Invasion durch die Chinesen, sodass der Leser hier viel Authentisches über das traditionelle Leben in Tibet erfährt, das es heute wegen der chinesischen Besatzung so nicht mehr gibt.

Kleine Geschichte Tibets, Karénina Kollmar-Paulenz (München 2006). Anschaulich geschriebene Geschichte Tibets vom tibetischen Großreich und der Einführung des Buddhismus über die Epoche der Dalai Lamas und die chinesische Besetzung bis zur Gegenwart. Ein „Muss" für alle, die sich jenseits verklärender Mythen für das faszinierende Land auf dem Dach der Welt interessieren.

Tibet – Die Geschichte eines Landes – Der Dalai Lama im Gespräch mit Thomas Laird, Thomas Laird (Frankfurt 2006). Aus der Perspektive des Dalai Lama, teilweise in Gesprächsform, und in historischen Berichten wird die wechselhafte Geschichte Tibets und seiner Menschen erzählt. Gelungene, leicht zu lesende, spannende und umfassende Darstellung, die auch Leser in den Bann zieht, die sich sonst nicht für Geschichte interessieren.

Karten

East Tibet / Tibet oriental; Monasteries, Pilgrimage, Sacred Places 1:1 600 000, Gecko Maps 2014. Ost-Tibet-Straßenkarte. GPS-tauglich.
Himalaya-Tibet-Bhutan-Ladakh-Nepal-Sikkim 1:1 600 000. Gecko Maps 2009. Sehr detaillierte Karte mit Klöstern, Koras, Heiligen Orten, Festorten und allem, was für Tibet noch so von Bedeutung ist. GPS-tauglich.
Tibet 1:1 500 000. Reise Know-How Verlag, 4. Auflage 2012. Kartenbild 2-seitig, klassifiziertes Straßennetz, Ortsindex, GPS-tauglich, wasserfest imprägniert (Landkarte). Praktische und gute Karte, in der auch unzählige Tempel eingetragen sind.

Kunst und Kultur

Bilder aus einer anderen Welt – Die Götterwelt des tibetischen Buddhismus, Jürgen Schick (Reute 2006). Eine sachlich fundierte und gut verständliche Einführung in die farbenprächtige und geheimnisvolle Götterwelt des tibetischen Buddhismus. Dank der klaren Gliederung bringt das Werk Übersicht und Struktur ins scheinbar undurchdringliche tibetische Pantheon.
Die Symbole des tibetischen Buddhismus, Robert Beer (München 2003). Das Spektrum der tibetischen Bilderwelt reicht von sehr komplexen mythologischen Szenen bis hin zu kleinen, einfachen Ornamenten. In seinem Lexikon erläutert Beer Ursprung, Geschichte, unterschiedliche Ausprägungen und Bedeutung der Symbole im tibetischen Buddhismus.
Gebrauchsanweisung für Tibet, Uli Franz (München 2007). Der kleine, flott geschriebene Band informiert knapp und zuverlässig über Land und Leute, Geschichte und Gesellschaft, Ernährung und Reinkarnationsglauben, die Musik und den Kailash. Er unterschlägt die Strapazen einer Tibet-Begegnung nicht. Erfreulich ist außerdem, dass der Autor sich nicht der kritiklosen Tibetophilie anschließt, die weder die Komplexität der tibetisch-chinesischen Geschichte noch die problematischen Aspekte der tibetischen Theokratie zur Kenntnis nehmen will.
Klöster, Buddhas, Rituale – Eine Einführung in die tibetisch-buddhistische Geisteswelt mit ihrer Bildersprache und Ritualen, Raimund Lindhorst (Berlin 2006). Gutes Buch, um sich auf einen Tempelbesuch vorzubereiten. Vom Chörten über Mani-Mauern und buddhistische Symbole bis zu den Kultgegenständen und Skulpturen wird die Ausstattung eines Tempels erklärt.

Medizin und Umwelt

Competition and Coexistence – Human-Wildlife Conflict in the Chang Tang Region of Tibet, John D. Farrington u. a. (WWF China-Tibet Program, Lhasa 2007). Hochinteressante Studie des WWF über das Zusammentreffen von Nomaden und Bauern mit Tibets Tierwelt und die daraus entstehenden Probleme. Man erfährt viel über das Leben der Nomaden und die Folgen der immer stärker werdenden Besiedelung des Changtang.
Tibetische Medizin – Das praktische Handbuch mit ausführlicher Anleitung zur Ernährung, Diagnose, Therapie und Selbstheilung, Sibylle Vogel (Zürich 2007). Umfassendes Handbuch zum Thema tibetische Medizin, das praxisbezogen und leicht verständlich geschrieben ist. Damit ist dieses Buch auch als Einführung für Laien geeignet.

Reiseberichte und Reportagen

Berge, Bön und Buttertee: Reise ins Tibet der Frauen, Elke Amberg (Sulzbach 2015). Die Autorin und ihre Lebensgefährtin reisten mit Jeep, zu Fuß und mit dem Rucksack durch Tibet. Wunderbar unaufgeregt beschreibt die Journalistin Tibet aus der Sicht einer Frau und erlebt viele Highlights aus einer ganz neuen Perspektive: den Mt. Everest als Sitz der Göttin Qomolangma, die uralte Bön-Religion mit ihren See- und Berggöttinnen und den Kailash, der von

ANHANG

der Göttin Tara bewacht wird. Ganz nebenbei erfährt man viele Hintergründe zum Leben der Frauen im modernen Tibet.

Ein Berg in Tibet, Colin Thubron (Ostfildern 2014). Der britische Schriftsteller schildert seine beschwerliche Reise nach Tibet und seine Wanderung um den heiligen Berg Kailash kurz nach dem Tod seiner Mutter im Jahr 2009.

Der Silberpalast des Garuda – Die Entdeckung von Tibets letztem Geheimnis, Bruno Baumann (München 2006). Bruno Baumann machte sich in einer abenteuerlichen Erstbefahrung des Sutlej-Flusses im Westen Tibets auf, um das Geheimnis des Königreichs Zhang Zhung zu lüften. Seine Entdeckungen halten sich zwar in bescheidenen Grenzen, aber immerhin hat er ein spannend zu lesendes Abenteuer geschrieben, bei dem man auch einige neue Aspekte zur Geschichte Tibets und zum tibetischen Buddhismus erfährt.

Mein Weg durch Himmel und Höllen, Alexandra David-Néel (Frankfurt 2004). Die berühmte Französin schildert in diesem Buch die Verwirklichung ihres Lebenstraums: das Land zu erforschen, in das kaum ein Ausländer je seinen Fuß gesetzt hatte. Sie durchquerte dieses Land kurz nach dem Ersten Weltkrieg per pedes und erkundete das geheimnisvolle Lhasa, die für alle Fremden bei Todesstrafe verbotene Hauptstadt Tibets. Siehe auch S. 258.

Mein Weg führt nach Tibet: Die blinden Kinder von Lhasa, Sabrye Tenberken (München 2008). In Tibet leben blinde Kinder am Rande der Gesellschaft. Dieses Buch erzählt die abenteuerliche Geschichte der damals 26-jährigen Sabriye Tenberken, die in Lhasa gegen viele Widerstände die erste Blindenschule Tibets gründete. Gleichzeitig ist es ein sehr authentischer Bericht, wie es ist, sich als Blinde in der Welt zurechtzufinden.

Sieben Jahre in Tibet: Mein Leben am Hofe des Dalai Lama, Heinrich Harrer (Berlin, 28. Aufl. 2006). Zeitloser, erstmals 1952 veröffentlichter Klassiker aus dem Tibet der 1940er-Jahre, der sich nicht nur unglaublich spannend liest, sondern auch die immensen Schwierigkeiten, mit denen frühe Reisende auf dem Weg nach Lhasa konfrontiert wurden, lebendig werden lässt.

Tibet – Flucht vom Dach der Welt, Dieter Glogowski und Franz Binder (München 2007). Dieter Glogowski begleitete zwei Kinder auf ihrer Flucht aus Tibet. Seine atemberaubende Fotoreportage führt Betrachter und Leser hautnah an die dramatischen Geschehnisse im Grenzgebiet zwischen Tibet und Nepal heran. Franz Binder erzählt dazu die wechselvolle Geschichte Tibets von den Anfängen bis zur Gegenwart, die Geschichte des Buddhismus in Tibet sowie die Umbrüche, mit denen sich die Tibeter in ihrem Heimatland und im Exil konfrontiert sehen.

Religion

Der Mönch und der Philosoph: Buddhismus und Abendland. Ein Dialog zwischen Vater und Sohn, Jean-François Revel und Matthieu Ricard (Köln 2003). Der Dialog zwischen dem französischen Philosophen Jean-François Revel und seinem Sohn Matthieu Ricard, einem buddhistischen Mönch und ehemaligen Molekularbiologen, entführt den Leser in die Tiefe östlicher Lebensweisheit und abendländischer Philosophie zugleich. Dieses Buch zu lesen ist ein Genuss, und gleichzeitig erfährt man mehr über das Wesen und die Inhalte des Buddhismus als in den meisten Fachbüchern.

Lichtvolle Klarheit – Unermessliche Weisheit – Über Zen und Tantra, Chögyam Trungpa (Stuttgart 2008). Einst wurde im Konzil von Samye die Entscheidung zwischen Zen und Tantra gefällt. Beide nehmen für sich in Anspruch, den vollständigen Weg zur Erleuchtung zu bieten. Das eine streng und reduziert auf einfachste meditative Formen, das andere farbenfroh und mit einer Fülle von Ausdruck und meditativen wie kontemplativen Methoden. In den in diesem Buch gesammelten Vorträgen umkreist der Tantra-Meister auf höchst amüsante und lehrreiche Weise die äußeren Verschiedenheiten und inneren Verbindungen dieser beiden Systeme.

Tantrische Weisheitsgeschichten – Heilige Narren, meisterliche Yogis, inspirierende Dakinis, Gottheiten und Dämonen, Sylvia Luetjohann (Aitrang 2006). Das tibetische Volk hat sie stets besonders geliebt: heilige Narren, erquickende Mahasiddhas und meisterliche Yogis wie Milarepa und Drugpa Künleg mit ihrer „verrückten Weisheit" sowie inspirierende Dakinis. Dieser Band enthält Erzählungen aus dieser Tradition.

Index

ANHANG

O

P

Q

R

S

T

HAASE
TOURISTIK
Reisen nach Maß
Ihr Spezialist für
Individualreisen
nach Tibet
www.haase-touristik.de
info@haase-touristik.com
fon 030 84 183 226
fax 030 84 183 227
Dickhardtstr. 56
12159 Berlin

ANHANG

Z

ANHANG

Bildnachweis

Umschlag

Titelfoto Christoph Mohr; Mönch im Kloster Tsurphu
Umschlagklappe vorn Getty Images/JAI/Michele Falzone; Samye, Lhoka
Umschlagklappe hinten huber-images.com/Gräfenhain; in der Altstadt von Lhasa

Highlights

S. 6 mauritius images/Blaine Harrington III/Alamy
S. 7 picture alliance/Maxppp TPG (oben); getty images/BJI/Blue Jean Images (unten)
S. 8/9 picture alliance/Martin Ruetschi
S. 10 Oliver Fülling (oben); getty images/Krzysztof Dydynski (unten)
S. 11 iStock.com/piccaya
S. 12 Getty Images/Michael Freeman/Kontributor (oben); Oliver Fülling (unten)
S. 13 Oliver Fülling
S. 14 mauritius images/Stefan Auth (oben); Glow Images/ImageBROKER/Stefan Auth (unten)
S. 15 mauritius images/Manfred Bail
S. 16 mauritius images/Peter Giovanni
S. 17 Getty Images/Alison Wright (oben); laif/EXPLORER/Michel GOUNOT (unten)
S. 18 picture alliance/Dr. Rolf Philips (oben); mauritius images/Blend Images/Jeffrey Davis (unten)
S. 19 mauritius image/Olaf Schubert
S. 20 Getty Images/Manpreet Romana

Regionalteil

Oliver Fülling S. 38, 53, 57, 64, 100, 194, 214, 222, 286, 287 (2), 297, 300, 301, 303, 305, 311, 315 (unten), 339 (2), 342
Christoph Mohr S. 24, 31, 32, 33, 37, 81, 88, 104, 108, 116, 132, 147, 151 (2), 173, 181, 202, 205, 209, 211, 216, 217 (2), 224, 231, 235, 240, 242, 243 (2), 249, 257, 271, 278, 284, 327
DuMont Bildarchiv/Michael Riehle S. 338
Fotolia/frankie's S. 315 (oben)
iStock.com bihaibo S. 314; crystaltmc S. 35; guenterguni S. 150; w6 S. 159

Impressum

Tibet
Stefan Loose Travel Handbücher
5., vollständig überarbeitete Auflage **2019**

Die in diesem Buch enthaltenen Angaben wurden von den Autoren nach bestem Wissen erstellt und vom Lektorat im Verlag mit großer Sorgfalt auf ihre Richtigkeit überprüft. Trotzdem sind, wie der Verlag nach dem Produkthaftungsrecht betonen muss, inhaltliche und sachliche Fehler nicht vollständig auszuschließen.
Deshalb erfolgen alle Angaben ohne Garantie des Verlags oder der Autoren. Der Verlag und die Autoren übernehmen keinerlei Verantwortung und Haftung für inhaltliche und sachliche Fehler.
Alle Landkarten und Stadtpläne in diesem Buch sind von den Autoren erstellt worden und werden ständig überarbeitet.

Gesamtredaktion und -herstellung
Bintang Buchservice GmbH
Zossener Str. 55/2, 10961 Berlin
www.bintang-berlin.de
Redaktion: Jan Düker
Satz und Bildredaktion: Gritta Deutschmann, Anja Linda Dicke
Karten: Klaus Schindler

Printed in Poland

Kartenverzeichnis